영화의 이론

우리 시대의 고전 28

Siegfried Kracauer

김태환 · 이경진
옮김

THEORY OF FILM
The Redemption of Physical Reality

지크프리트 크라카우어

영화의 이론

물리적 현실의 구원

문학과지성사

우리 시대의 고전 28

영화의 이론
물리적 현실의 구원

제1판 제1쇄 2024년 2월 8일
제1판 제2쇄 2024년 3월 28일

지은이 지크프리트 크라카우어
옮긴이 김태환 이경진
펴낸이 이광호
주간 이근혜
편집 최대연 김현주 홍근철
마케팅 이가은 최지애 허황 남미리 맹정현
제작 강병석
펴낸곳 **문학과지성사**
등록번호 제1993-000098호
주소 04034 서울 마포구 잔다리로7길 18(서교동 377-20)
전화 02)338-7224
팩스 02)323-4180(편집) 02)338-7221(영업)
대표메일 moonji@moonji.com
저작권 문의 copyright@moonji.com
홈페이지 www.moonji.com

ISBN 978-89-320-4240-4 93680

이 역서는 2007년 정부(교육과학기술부)의 재원으로
한국연구재단의 지원을 받아 수행된 연구임(NRF-2007-361-AL0016)

아내에게

일러두기

* 본문에서 [ ] 안의 내용은 원문의 이해를 돕기 위해 옮긴이가 덧붙인 것이며, 그 외의 모든 주석은 원서의 체제에 따른 것이다.
* 원서에서 이탤릭체로 강조한 표현은 고딕체로 표시했다.
* 단행본, 신문, 정기간행물은 『 』로, 단편과 기고문 등은 「 」로, 영화와 사진, 연극 등의 예술 작품은 〈 〉로 표시했다.
* 인명, 지명 등 고유명사는 국립국어원의 외래어표기법에 따라 표기하는 것을 원칙으로 하되, 국내에서 널리 사용되는 일부 인명은 관행을 따르기도 했다.
* 본문에서 언급된 영화의 원제가 국내에 알려진 제목과 상이한 경우에는 가급적 국내 개봉명 혹은 국내에서 통용되는 제목을 따라주었다.

서문

　혹시나 독자를 실망시키지 않기 위해 미리 밝혀두는 바이지만, 독자가 찾는 모든 것이 이 책 속에 담겨 있지는 않을 것이다. 여기서는 애니메이션도 다루지 않고 색채의 문제도 논외로 한다. 최근에 전개되고 있는 영화 매체의 발전과 확장 역시 이 책의 범위를 벗어난다. 그 외에도 누락된 것이 있음은 물론이다. 영화에 관한 최근의 저술에서 중시되고 있는 몇몇 주제들은 배경으로 밀려나 있거나 완전히 빠져 있다. 그러나 이런 결함은 누구보다 독자 자신이 먼저 알아볼 것이다. 그것이 결함이라고 한다면 말이다.

　그러면 이 책이 다루는 것은 무엇인가? 사진에서 발전해 나온 일반적인 흑백영화가 이 책의 전적인 관심사다. 내가 이렇게 대상을 제한하는 이유는 의외로 분명하다. 영화는 매우 복잡한 매체인 까닭에 그 핵심에 다가가는 최선의 방법은 적어도 일시적이나마 영화에 덜 본질적인 요소와 변이 들을 논의에서 배제하는 것이다. 나는 책 전체에 걸쳐 이처럼 상식에 부합하는 방법을 적용했다. 그런데 그렇게 하는 바람에 극히 제한적인 영역밖에 다루지 못하게 되었다고 할 수 있을까? 뤼미에르 형제의 최초의 짧은 영화에서 페데리코 펠리니의 〈카비리아의 밤〉까지, 〈국가의 탄생〉에서 〈아파라지토〉까지, 〈전함 포템킨〉에서 〈전화戰火의 저편〉까지 사실상 모든 중요한 영화적 진술은 이미 전통적 형식의 흑백영화를 통해 이루어졌다.

요컨대 내 책의 의도는 실사영화의 내적 본성에 대한 통찰을 제공하려는 것이다. 이 목적이 어느 정도라도 달성된다면──나는 그럴 거라고 감히 기대하는 바이지만──그 성과는 물론 영화 매체의 모든 요소와 그 파생 형태에 대해서도 유효할 것이다. 그렇다면 더더욱 그 이론을 색채, 와이드스크린, 텔레비전 등에까지 적용해보았어야 한다고 혹자는 주장할지도 모른다. 하지만 여기서 유의할 점은 예를 들어 색채 하나 속에도 피상적인 방식으로는 제대로 이해할 수 없는 수많은 문제가 들어 있다는 것이다. 그런 문제 가운데 하나로 색채와 리얼리즘 효과를 들 수 있는데, 경험에 의거해볼 때 카메라가 포착하는 자연색은 리얼리즘 효과를 흑백영화보다 더 강화하기는커녕 오히려 약화한다. 와이드스크린 역시 특수하게 다루어야 할 많은 문제를 제기한다. 이런 부수적인 문제들이 이 책의 문제의식과 "관련되어 있는" 것임은 틀림없지만, 영화의 기본 특성에 중점을 둔 책에서 감당하기에는 너무나 큰 짐이기도 하다. 분명 나는 딜레마에 빠진 것처럼 보인다. 아니, 그보다는, 내가 시간을 두고 살아보아야 할 장소들을 마구 달려 지나쳐버리는 것에 대해 강한 반감을 느끼지 않았다면 그런 딜레마에서 헤어나지 못했으리라고 말해야 할 것이다. 나는 숙고 끝에 색채나 기타 관련 주제는 별개로 논의되는 것이 낫다는 견해에 도달했다. 왜 모든 문제를 동시에 이야기해야 한단 말인가?

이 지점에서 나는 또 다른 반론에 직면할지도 모른다. 나는 나의 견해를 예증하기 위해 독자의 기억 속에 생생히 살아 있는 최근 영화들의 증언에 의존하기보다 독자가 오래전에 잊어버렸거나 한 번도 들어본 적 없는 영화들을 거듭 언급할 터인데, 그것이 이상하게 여겨질 수도 있을 것이다. 이런 옛날 영화들은 여러 면에서 낡아빠졌을 뿐만 아니라, 찾아서 확인해보기도 어렵지 않은가? 독자는 아마도 이렇게 주장할 것이다. 그 결과 그는 나의 논증과 결론의 상당 부분에 대해 그 타당성을 의심하거나 타당성의 범위가 제한적이지 않을까 생각할 것이다. 다음과 같이 묻는 독자의 목소리가 귀에 들리는 듯하다. 당신의 결론이 최신 영화의 성과에서 끌어낸 것이라면 더 주목받지 않겠는가?

하지만 나는 이런 식의 추론이 잘못된 것이라고 믿는다. 설사 내가 전적으로 최신 영화들을 가지고 이야기한다 하더라도 불과 몇 년 뒤면 역시 철 지난 자료에 의존하고 있다는 비난을 피할 수 없게 된다. 오늘 장안의 화제로 떠오른 것이 내일은 망각의 늪 속으로 가라앉을 것이다. 영화는 제 자식들을 탐욕스럽게 잡아먹는다. 또한 가장 최근에 나온 영화가 영화 제작에 대한 최후의 발언권을 가진다고 할 수도 없다. 기술적 혁신이 반드시 연출과 연기의 진보를 의미하지는 않는다는 것을 우리는 알고 있지 않은가. 그리하여 1915년이라는 먼 과거에 만들어진 D. W. 그리피스의 영화 〈국가의 탄생〉에서 우리는 그 후로도 더 뛰어난 것은 고사하고 그에 필적할 만한 것조차 본 적이 없는 그런 전쟁 장면을 발견하는 것이다.

게다가 오늘의 현실을 과도하게 강조하는 것은 이 책의 목적에도 부합하지 않는다. 나는 영화라는 매체의 특유한 속성을 추적하고자 하기 때문에 자연스럽게 모든 시대의 영화에서 뽑은 예증에 의지할 수밖에 없다. 나의 예시가 옛날 영화와 요즘 영화를 무작위로 섞어놓은 양상을 보이는 것은 그 때문이다. 요즘 것이 새로워 보이더라도 실은 옛 모델의 변주에 지나지 않을 때가 많다. 모든 의미 있는 클로즈업 장면은 극적 효과를 위해 처음으로 클로즈업 기법을 도입한 그리피스의 영화 〈오랜 세월이 흐른 뒤〉(1908)에 그 연원을 두고 있다. 마찬가지로 오늘날의 실험영화에서 볼 수 있는 것은 이미 1920년대의 프랑스 아방가르드 영화 속에 거의 다 들어 있다. 그런 경우에 나는 언제나 최초의 형태에 더 비중을 두었으니, 그런 원형들 속에는 그것을 만들어낸 이들의 의도가 후대의 시도에서보다 더욱 생생하게 약동하고 있기 때문이다.

게다가 이들 옛날 영화 자체도 결코 사라진 적이 없다. 뉴욕, 파리, 런던 등지의 영상자료관들은 이러한 영화들을 일반에 공개하고 있으며, 곳곳에 산재해 있는 영화관들도 때때로 재개봉 행사를 벌이거나 공백을 메우기 위해 옛 영화를 상영하기도 한다. 그런 기회가 좀더 많아진다면 사람들이 실제로는 옛이야기의 반복에 지나지 않는 것을 "뉴 웨이브"라고 착각하는 일은 줄어들 것이다. 물론 정말 새로운 물결도 가끔씩은 나타난다. 전후 이탈리아 네오리얼리즘 운동을 생각해보라.

나는 이 책에서 영화를 다루는 방법에 대한 개요를 미리 제시하지는 않을 것이다. 하지만 독자들이 앞으로 접하게 될 내용에 대해 대강의 아이디어를 가질 수 있도록 적어도 두드러진 방법상의 특징 몇 가지는 언급해두어야 할 것 같다. 나의 책은 형식적 미학이 아니라 **재료**미학이라는 점에서 영화에 관한 다른 대부분의 저술들과 구별된다. 이 책은 내용에 관한 것으로서, 영화가 본질적으로 사진의 연장이며 따라서 사진이라는 매체와 마찬가지로 우리 주위의 가시적 세계에 대해 각별히 친화적이라는 가정에 의존한다. 영화는 물리적 실재를 기록하고 드러낼 때 가장 영화다워진다. 그런데 이러한 실재 속에는 영화 카메라의 기능을 통해 생생하게 포착되지 않았다면 사람들은 알아보지도 못했을 많은 현상들이 포함되어 있다. 또한 어떤 매체든지 자신만이 고유하게 표현할 수 있는 대상에 대해 편향을 보이게 마련이거니와, 그렇다면 영화가 순간적인 물질적 삶, 가장 덧없는 삶을 찍고자 하는 열망에 지배된다는 것은 충분히 이해할 수 있는 일이다. 거리의 군중, 뜻하지 않은 동작, 흘러가버리는 인상들이 영화의 진정한 실질인 것이다. 뤼미에르의 동시대인들이 그의 영화—사상 최초의 영화—가 "바람에 흔들려 잔물결 치는 나뭇잎들"을 보여준 데 대해 찬사를 보낸 것은 우연이 아니다.

그리하여 나는 영화가 우리 눈앞의 세계를 꿰뚫는 만큼 그 매체적 본성도 더욱 충실하게 구현되는 것이라고 본다. 그런데 나의 책의 전제이자 축을 이루는 이러한 가정은 수많은 의문을 불러일으킨다. 예컨대 지나가버린 옛날의 사건을 되살리거나 환상을 투사하는 영화가 어떻게 그런 영화적 특질을 간직할 수 있을 것인가? 사운드트랙의 역할은 무엇인가? 영화가 우리로 하여금 주위의 가시적 환경과 대면하게 하는 것이라면 말, 소리, 음악을 어떻게 영상과 결합하느냐도 매우 중요한 문제가 될 것이다. 세번째 질문은 내러티브의 성격에 관한 것이다. 모든 유형의 이야기가 별 차이 없이 영화적으로 잘 다룰 만한 것일까? 아니면 그 가운데 일부 유형이 나머지 다른 유형에 비해 더 매체의 정신에 부합한다고 할 수 있을까? 나는 이런 질문들에 대한 대답을 시도하는 가운데 영화의 본성이 사진적인 것에 있다는 가정의 함의를 점차 펼쳐 보일 것이다.

어떤 생각을 지지하는 것과 그 생각에 담긴 모든 함의를—승인하는 것은 둘째 치고─인식하는 것은 별개의 문제다. 그래서 설사 영화의 관심사가 우리 삶의 물리적 측면이라는 데 동의하는 독자라 하더라도, 영화의 외적인 지향에서 도출되는 일부 결론까지 인정할 준비가 되어 있는 것은 아닐 수도 있다. 이야기 유형의 문제를 생각해 보자. 대다수의 사람들은 연극 무대에 올리거나 소설로 이야기할 수 있는 것이라면 무엇이든 당연히 영화를 통해서도 전달할 수 있을 것이라고 생각한다. 순전히 형식적 관점에서만 접근한다면 그러한 기대는 당연한 것일 수도 있다. 그 때문에 비극은 그 어떤 문학 장르와도 마찬가지로 영화화할 수 있을 뿐 아니라 가장 고귀한 영화 작업의 목표에 속한다는 인식이 널리 퍼지게 된 것이다. 영화는 이를 통해 예술 매체의 수준에 오르게 된다는 것이다.

이에 따라 문화적 소양을 갖춘 영화 관객들은 이를테면 히치콕류의 조야한 스릴러보다 오슨 웰스의 〈오셀로〉나 레나토 카스텔라니의 〈로미오와 줄리엣〉을 더 선호하는 경향을 보인다. 물론 이 두 편의 각색 작품이 셰익스피어 비극을 영화적 언어로 번역하려는 진지한 시도라는 데는 의심의 여지가 없다. 하지만 과연 사람들로 하여금 오직 영화를 통해서만 특별히 전달될 수 있는 것을 보여주고 포착하게 해주는 그런 영화라고 할 수 있을까? 결코 그렇지 않다. 관객은 이들 영화에 찬탄을 보내면서도 이야기가 영화로 찍은 물질적 삶에서 자라난 것이 아니라 잠재적으로 일관된 삶의 직조물 위에 외적으로 덮어씌운 것이라는 느낌을 떨칠 수 없을 것이다. 이들 작품이 완벽한 장인의 기술을 보여주는 것은 사실이지만 그 속에서 비극성은 통합적인 전체의 일부분이 아니라 첨가물에 지나지 않는다.

나는 영화와 비극이 서로 화합할 수 없다고 생각한다. 이 명제는 형식 미학의 관점에서는 부조리해 보일 것이다. 하지만 나의 첫번째 가정에 따른다면 필연적인 결론이다. 즉 영화가 사진적 매체라는 가정이 옳다면, 영화를 지배하는 것은 넓은 외부 현실을 향한 원심력이어야 한다. 영화의 세계는 끝이 열려 있는 무한한 세계이며, 비극 속에 설정되는 유한하고 질서 잡힌 우주와는 거의 유사성이 없다. 비극적 우주에서 운명이 우연을 이기고 모든 조명이 인간 사이의 상호작용에 집중된다면, 영화의 세계는 인간과 무생물이 함께 연루된 무작위적 사건들의 흐름으로 나타난다. 그러한 흐름에서는 결코 비극적인 것이 환기될 수 없다. 비극적인 것은 전적으로 정신적인 과정으로서 카메라 현실에서 그에 상응하는 것을 찾기란 불가능하다…

여기서 또 한 가지 언급하고 싶은 것은 내가 영화의 사진적 본성을 강조할 때 그 모든 함의가 예술의 문제로 수렴된다는 점이다. 일단 영화가 사진의 주요 특성들을 간직하고 있다는 가정을 출발점으로 삼고 나면, 현재 폭넓게 인정되는 통념에 따라 영화가 전통적인 예술과 같은 종류의 예술이라고 믿거나 그렇게 주장하는 것은 불가능해진다. 어떤 원재료에서 예술 작품이 만들어질 때 예술 작품은 그 원재료를 소비하지만, 카메라 작업의 부산물인 영화는 그것을 노출하지 않을 수 없다. 아무리 목적의식적으로 연출한다 하더라도 영화 카메라는 가시적 현상을 그것 자체로서 기록하지 않는다면 더 이상 카메라가 아닐 것이다. 말하자면 영화 카메라는 "잔물결 치는 나뭇잎들"을 표현할 때 그 진가를 발휘하는 법이다. 영화가 예술이라면 여기에는 다른 예술과는 다른 한 가지 특징이 있다. 사진과 더불어 영화는 자신의 원재료를 거의 변질시키지 않는 유일한 예술이다. 따라서 영화 속에 담긴 예술성이란 영화의 창조자들이 자연이라는 책을 얼마나 잘 독해할

줄 아느냐에 달려 있다. 영화 예술가들은 상상력 풍부한 독자, 또는
만족을 모르는 호기심에 따라 움직이는 탐험가와 비슷한 특성을 보
인다.

이 모든 것이 의미하는 바는 영화가 사물의 표면에 밀착해 있다
는 것이다. 영화는 내면적 삶, 이데올로기, 영적 관심에 직접 초점을
맞추지 않으면 않을수록 더 영화적으로 된다. 문화적 교양이 풍부한
사람들이 영화를 경멸하는 것은 우연이 아니다. 그들은 외적인 것에
대한 영화의 노골적 편향 때문에 사람들이 무상한 외적 현상의 만화
경에 현혹되어 인간의 지고한 열망을 무시하게 될까 봐 두려워하는
것이다. 영화는 관객으로 하여금 자기 존재의 본질에서 눈을 돌리게
한다고 발레리는 말한 적이 있다.

이러한 판단이 설득력 있게 들릴지는 모르지만, 내가 보기에 그
것은 충격적일 정도로 비역사적이고 피상적인 생각일 뿐이니, 왜냐하
면 그 속에는 우리 시대의 인간 조건에 대한 정당한 고려가 담겨 있지
않기 때문이다. 어쩌면 외견상 비본질적인 것을 흡수해야 비로소 잘
잡히지 않는 생의 본질에 접근할 수 있다는 것이 우리 시대의 인간 조
건이 아닐까? 어쩌면 오늘의 길은 육체적인 것에서부터 시작하여 그
것을 관통한 뒤에야 영혼으로 이어지는 것이 아닐까? 그리고 어쩌면
영화는 우리가 "아래"에서 "위"로 올라가는 데 도움을 줄 수 있지 않
을까? 내가 정말 주장하고자 하는 바는, 영화가 우리의 동시대인이며,
자신이 태어난 시대와 명백한 관련성을 지니고 있다는 것이다. 그리
고 영화는 외부의 현실을──사상 최초로, 있는 그대로──드러냄으로
써, 그리고 가브리엘 마르셀의 표현대로 우리가 "우리의 서식처인 이
지구"와 맺고 있는 관계를 심화함으로써 역설적으로 우리의 가장 내

밀한 욕구를 충족시킬 수 있다는 것이다.

여기서는 이처럼 몇 가지 암시를 던지는 것에 그칠 수밖에 없다. 내 주장을 뒷받침하는 관찰과 생각으로 직접 이어지는 지름길은 존재하지 않기 때문이다. 나는 그러한 관찰과 생각을 전개하는 작업을 이 책의 앞부분에서 이루어진 미학적 고찰을 완성하고 또 넘어서게 될 마지막 장에 가서야 비로소 수행할 것이다. 마지막 장은 통상적인 의미의 영화보다 훨씬 멀리 나아가는 내용을 담고 있다. 책 전체에 걸쳐서 수많은 영화들이 나의 이론의 다양한 요점들에 대한 예시로서 분석되고 있다면, 마지막 장에서는 영화 자체가 무언가 좀더 일반적인 것의 관점에서, 그러니까 세계에 대한 하나의 접근법으로서, 인간 존재의 한 양식으로서 고찰될 것이다.

개인적 회고로 서문을 마치고자 한다. 내가 처음 영화를 본 것은 어린 소년 시절의 일이다. 영화가 내게 준 인상은 대단히 매혹적이었음이 분명하다. 그때 그 자리에서 나는 내 경험을 글로 옮기리라 결심했으니까 말이다. 내 기억이 틀리지 않다면, 그것이 내 생애 최초의 문학 프로젝트였다. 그것을 실행에 옮겼는지는 기억나지 않는다. 그러나 내가 영화관에서 집에 돌아오자마자 즉시 종잇조각에 적어놓았던 그 프로젝트의 제목만은 잊지 않았다. "일상생활 속 신비의 발견자로서의 영화." 이것이 그 제목이었다. 그리고 나는 그 신비가 무엇인지도 마치 오늘 있었던 일처럼 잘 기억하고 있다. 나를 그토록 흥분시켰던 것은 어떤 평범한 교외의 거리, 빛과 그림자로 가득 차서 전혀 다른 모습으로 변화한 그런 거리였다. 나무 몇 그루가 서 있고 앞쪽에 고여 있는 물웅덩이에는 화면에 보이지 않는 건물의 앞면과 한 조각 하늘이 비쳤다. 그런데 건물 앞면과 그 아래 하늘이 흔들리기 시작했

다. 더러운 물웅덩이 속에서 떨고 있는 저 위의 세계——그날 이후로
이 이미지는 한 번도 내 마음을 떠난 적이 없었다.

지크프리트 크라카우어

1960년 6월 뉴욕

감사의 말

무엇보다도 나는 책을 준비하는 과정에서 도움을 준 여러 재단에 깊은 감사를 표하고 싶다. 볼링겐 재단의 넉넉한 지원이 없었다면 나는 오랜 세월 동안 생각해왔던 이 프로젝트에 몰두할 수 없었을 것이다. 또한 록펠러 재단의 존 마셜 씨에게 영원한 빚을 졌다. 그는 나의 작업에 지속적이고 적극적인 관심을 보여왔을 뿐만 아니라, 이 프로젝트에 대해 채플브룩 재단에 주의를 환기해주었고, 그 덕택에 나는 채플브룩 재단으로부터도 볼링겐에서와 마찬가지로 후한 지원을 지속적으로 받을 수 있었다. 이보다 뒤에 미국 철학협회에서 받은 보조금은 유럽에서 연구를 완성할 수 있는 소중한 기회를 선사해주었다.

또한 내 작업에 많은 도움을 준 몇몇 기관에 대해서도 사의를 표하고자 한다. 뉴욕 현대미술관의 영화 라이브러리 소속 큐레이터인 리처드 그리피스 씨는 내가 도움을 요청할 때마다 영화 라이브러리 시설을 얼마든지 이용할 수 있게 해주었다. 미술관의 사서인 버나드 카펠 씨는 찾기 어려운 정보와 자료를 제공하는 일을 마다하는 법이 없었다. 그들 못지않게, 미술관의 다른 여러 직원들도 나의 빈번한 요청에 적극적으로 도움을 주었음은 물론이다. 런던에 있는 영국 영화 연구소에서도 따뜻한 환대를 받았다. 정말이지 나는 그곳에서 영화

감상과 활기 있는 대화로 가득한 하루하루를 보낼 수 있었다. 시네마 테크 프랑세즈의 앙리 랑글루아 씨와 그의 동료들은 내 파리 시절의 옛 친구들이기도 하거니와[유대인인 크라카우어는 나치 치하에서 벗어나기 위해 1933년에 파리로 망명했다가 프랑스마저 독일에 정복당하자 미국으로 갔다], 내가 무엇을 원하는지 말하기도 전에 먼저 알아서 온갖 도움을 주었다. 나는 그들 사이에서 어쩐지 돌아온 탕아 같은 느낌이었다. 베니스영화제 집행위원장인 루이지 F. 암만나티 박사는 친절하게도 나를 1958년 영화제에 초대해주었다. 나로서는 듣고 말하고 보고 배울 수 있는 훌륭한 기회였다.

더 나아가서 나는 훌륭한 조언으로 이 책의 발전에 기여한 모든 분들에게도 진심 어린 감사의 말씀을 전하고 싶다. 내 기본 생각의 골자를 정리한 최초의 개요에 대해 에르빈 파노프스키 교수가 논평해주었는데, 그것은 결국 대단히 큰 도움이 된 것으로 드러났다. 물론 그가 관심을 보여준 것 자체가 이미 나에게 위안이었음은 두말할 나위도 없다. 사진에 관한 장은 보몬트 뉴홀, 에드워드 스타이컨 씨 같은 이 분야 권위자들의 제안에 많은 것을 빚지고 있다. 또한 나는 고 에리히 아우어바흐 교수와 마이어 샤피로 교수, 루돌프 아른하임 교수와 오랫동안 토론에 토론을 거듭하면서 그들의 학문적 경험에서, 그리고 많은 주요 문제와 논란거리에 대한 그들의 견해에서 많은 것을 배울 수 있었다. 그리피스 씨는 다시 한번 언급하지 않을 수 없다. 나는 영화와 영화사에 관한 그의 폭넓은 지식에 아주 많이 의지했다. 폴로타 씨 역시 어떤 감사의 말도 부족할 만큼 큰 기여를 했다. 그는 내 원고를 세세한 부분까지 주의 깊게 읽었고, 우리가 뉴욕, 윌밍턴(버몬트), 런던에서 가진 방대한 대화들——그것은 전문적 관심과 공감 어린 이해를 동력으로 한 대화였다——은 책 전체에 걸쳐 메아리치고 있다. 나는 아내가 앞에 나서지 않기를 원한다는 것을 충분히 알고 있지만, 그래도 여기서 아내에 대해 이야기하지 않을 수 없다. 그녀의 확실한 판단과 폭넓은 통찰은 내게 이루 말할 수 없이 소중한 것이었다.

또한 아서 나이트 씨와 에릭 래러비 씨에게 깊은 고마움을 느낀다. 두 사람 모두 사실상 완성 상태에 이른 내 원고의 검토 작업을 해주었다. 나이트 씨는 부정확한 사실이 내용 속에 포함되지 않았는지 살피는 수고를 마다하지 않았고, 여러 곳에서 개선할 점을 제안해주었다. 래러비 씨는 전체를 편집했는데, 편집에 임하는 그의 헌신적인 우정의 정신은 텍스트를 엄격하게 다루는 중에도 그 엄격함을 다시 부드럽게 완화하는 작용을 했다. 옥스퍼드 대학출판부의 셸던 마이어 씨가 출판을 위해 완성된 원고를 준비하는 과정에서 보여준 막대한 헌신적 노력에 대해서도 꼭 감사의 뜻을 표하고 싶다.

마지막으로, 다음 저작에서의 인용을 허락해준 출판사에 감사의 마음을 전한다. 마르셀 프루스트의 『잃어버린 시간을 찾아서』(랜덤하우스), 에리히 아우어바흐의 『미메시스』(프린스턴 대학출판부), 세르게이 에이젠슈테인의 『영화 형식』과 E. M. 포스터의 『소설의 이해』(하코트, 브레이스 & 컴퍼니), 볼프강 빌헬름의 『영화의 부양 작용』(아르투어 가이스트 출판사, 브레멘)이 그 책들이다.

S. K.

차례

서문 7
감사의 말 17

서론

1. 사진 29

역사적 개관 30
　　초기의 견해와 경향들 30
　　현재의 견해와 경향들 37

체계적 고찰 44
　　미학적 기본 원칙 44
　　사진적 방식 47
　　성향 56
　　매력 60
　　예술의 문제 63

I. 일반적 특징

2. 기본 개념 69

매체의 속성 71

두 가지 주요 경향 75
　　뤼미에르와 멜리에스 75
　　리얼리즘적 경향 81
　　조형적 경향 84
　　두 경향의 충돌 85

영화적 방식 87
예술의 문제 91

3. 물리적 실재의 수립 94

기록 기능 95
    운동 95
    움직이지 않는 사물 101
현시적 기능 103
    보통은 눈에 보이지 않는 것 103
    의식을 압도하는 현상 123
    현실의 특수한 양상 125

4. 본질적 성향 128

연출되지 않은 것 128
우연적인 것 131
무한성 134
    24시간 연속 134
    통과 경로 135
불확정성 142
    정신물리적 상응 관계 142
    편집의 기본 원칙 144
"삶의 흐름" 148
    다시 한번 거리에서 149
    영화 속의 무대 151

II. 영역과 요소

5. 역사와 환상 157

역사 157
    어려움 157
    타협 160
환상 166
    분석의 도식 167
    연출적 방식으로 만들어낸 환상 169
    영화적 장치를 통해 만들어낸 환상 174
    물리적 현실에 입각하여 만들어낸 환상 180

6. 배우에 대한 보론 185

특질 185
       존재에 대한 강조 187
       즉흥성 188
       신체적 외양 190
기능 191
       대상들 사이의 대상 192
배우의 유형 193
       일반인 193
       할리우드 스타 196
       직업 배우 198

7. 대사와 소리 201

도입 201
       초기의 우려 201
       기본적 요구 조건 203
대사 204
       말의 역할 204
       동기화의 방식 218
소리 239
       소리의 본성에 관하여 239
       상징적 의미에의 의존 241
       역할 245
       동기화의 방법 247

8. 음악 254

생리학적 기능들 254
       시원기始原期 254
       음악, 이미지, 관객 255
미학적 기능들 265
       해설적 음악 266
       실제 음악 274
       영화의 중핵으로서의 음악 288

9. 관객 296

효과 296

감각에 미치는 영향 297
저하된 의식 299
보론: 프로파간다와 영화 301
꿈꾸기 306

만족 313

영화와 텔레비전 313
삶에 대한 갈망 314
삶 그 자체의 개념 317
영화—"반짝이는 인생의 수레바퀴" 319
유아적 전능성 320
꿈의 세계로부터의 귀환 321

III. 구성

10. 실험영화 325

서문: 영화의 두 가지 주요한 유형 325
기원들 329

아방가르드 운동 329
아방가르드의 범례적 성격 330

아방가르드적 지향 331

논쟁적인 이야기 개념 331
영화적 언어 333
물리적 현실 334
"모든 예술 가운데 가장 리얼리즘적이지 않은 예술" 335

아방가르드의 경향들 337

〈막간〉 337
리듬에 대한 강조 340
내용에 대한 강조 346
결론 354

11. 사실영화 356

서론 356
    장르들 356
    특징들 357
    연구 범위 358
미술에 대한 영화 359
    3차원적인 자연성의 획득 360
    실험적 경향 362
    다큐멘터리적 경향 367
다큐멘터리 370
    물질적 현실에 대한 관심 371
    물질적 현실에 대한 무관심 380
    이야기의 재등장 388

12. 연극적 이야기 393

서론 393
    형식과 내용 393
    비영화적인 이야기 형식 394
기원과 원천 395
특징 398
    인간적 상호작용의 강조 398
    복잡한 단위들 399
    분리 가능한 의미 패턴들 402
    유목적적인 총체 403
조정 시도 405
    "가장 훌륭한 것들" 405
    두 가지 선택지 412
결론 419
    해결 불가능한 딜레마 419
    그리피스의 경탄할 만한 비非해결책 421

13. 막간: 영화와 소설 423

유사점 423
　　소설은 영화처럼 삶을 완전히 재현하려 한다 423
　　소설은 영화처럼 무한성을 열망한다 425
차이점 426
　　형식적 속성들 426
　　두 세계 431
소설의 각색에 대하여 435
　　영화적 특질에서의 차이 435
　　소설의 내용 436
　　영화적인 각색 437
　　비영화적인 각색 441

14. 발견된 이야기와 에피소드 446

발견된 이야기 447
　　정의 447
　　유형 448
에피소드 457
　　정의 457
　　유형 459
　　구조 463
　　액자 장치 473

15. 내용의 문제 475

내용의 세 측면 475
비영화적인 내용 477
　　개념적 추론 478
　　비극적인 것 480
영화적인 내용 490
　　소재 490
　　모티프 494

에필로그

16. 우리 시대의 영화   515

내적인 삶의 우월성?   515

지적 풍경   519

"옛 믿음의 폐허"   519

전망   521

공허를 관통하는 고속도로   526

도전들   531

경험과 그 재료들   534

"석양의 광휘"   534

접근 가능한 현실   537

영화의 영역으로서의 물리적 현실   539

물리적 현실의 구원   542

새로운 차이를 보이는 예술   542

일상적 삶의 순간들   547

물질적 증거   550

아래에서 위로   556

"인류라는 가족"   558

주   562

참고문헌   595

옮긴이 후기

카메라와 모더니즘: 크라카우어의 『영화의 이론』에 대한 단상   611

찾아보기(인명)   626

찾아보기(영화명)   640

찾아보기(용어)   652

서론

1   사진

이 연구는 모든 매체가 특수한 성질을 지니고 있어서 어떤 종류의 의사소통은 촉진하고 다른 것은 방해한다는 가정에서 출발한다. 모든 예술에 공통된 것을 찾는 데 몰두하는 철학자들조차 그러한 특수성의 존재와 거기서 생겨날 수 있는 차이를 전적으로 도외시하지는 못한다. 『철학의 새로운 열쇠』라는 저서에서 수잔 랭어는 주저하면서도 다음 사실을 인정한다. "우리가 어떤 매체 속에서 자연스럽게 생각을 만들어갈 때, 생각의 형식뿐 아니라 그 대상 영역까지도 매체에 의해 특정한 방향으로 결정된다."[1]

그렇다면 어떻게 사진 매체의 본성을 추적할 수 있을 것인가? 직관적 통찰에 기반한 현상학적 기술記述로는 사태의 핵심에 도달하기 어려울 것이다. 역사적 운동을 진공상태에서 만들어진 개념으로 포착하기란 불가능하다. 그보다는 오히려 사진의 진화 과정에서 사진에 관해 개진된 견해들, 그러니까 이런저런 방식으로 실제 존재하는 경향과 관습을 반영하는 견해들에서 출발하여 분석을 구축해가야 할 것이다. 따라서 먼저 역사적으로 주어진 이념과 개념을 연구하는 것이 바람직하다고 생각된다. 그런데 이 책의 대상은 사진의 역사도, 영화의 역사도 아니다. 그러므로 우리의 목적을 위해서는 단지 사진에 관한 두 계열의 이념만을 조사하는 것으로 충분할 것이다. 하나는 발전의 초기 무대에서 제시된 이념들이고 다른 하나는 오늘날의 중요 개념들이다. 혹시라도 개척자들의 생각과 현대의 사진가, 비평가 들의 생각이 대략적으로 같은 문제, 같은 핵심에 집중되어 있다면, 이로부터 사진이 특수한 성질을 지닌다는 결론을 끌어낼 수 있을 것이고, 이에 따라 매체 일반의 특이한 본성에 대한 가정도 힘을 얻게 될 것이다. 상이한 시대의 견해나 경향 들이 그런 유사성을 나타내는 것은 결코 놀라운 일이 아니다. 새로운 역사적 실체가 발흥하는 과정에서 중요한 역할을 한 원칙과 이념은 초창기가 지났다고 해서 그냥 사라져 버리는 것이 아니기 때문이다. 오히려 그 실체는 성장과 확장을 거치면서 초기의 원칙과 이념 속에 함축된 모든 의미를 펼쳐내도록 예정된 것처럼 보인다. 그렇기 때문에 아리스토텔레스의 비극 이론은 여전히 해석을 위한 유효한 출발점으로 기능하고 있는 것이다. 화이트헤드에 의하면 위대한 이념은 "점점 특수화되어가면서 새로운 파도를 이루며 인간 삶의 해안에 연이어 밀려드는 유령 바다 같은 것"[2]이다.

그렇다면 다음의 역사적 개관은 이후의 본격적인 체계적 고찰에 기반이 될 주요 개념들을 제시해줄 것이다.

역사적 개관

초기의 견해와 경향들

다게레오타이프[은판사진술]가 등장했을 때부터, 통찰력 있는 사람들은 새로운 매체의 특수한 성질을 예민하게 감지하고 있었다. 그것은 카메라가 가시적인, 또는 잠재적으로 가시적인 물리적 현실을 기록하고 드러낸다는 점이었다. 사진이 자연을 "자연 자체에 견줄 만큼"[3] 충실하게 재현한다는 데 사람들은 대체로 견해를 같이했다. 아라고와 게이뤼삭은 프랑스 정부가 다게르의 발명에 대한 특허권을 구입하는 법안을 지지하면서 모든 것을 세세하게 재현하는 카메라의 "수학적 정확성"[4]과 "상상을 초월한 엄밀성"[5]을 열광적인 어조로 역설했고, 이 매체가 과학과 예술 모두에 이득이 될 것이라고 예견했다. 뉴욕에서 파리 주재 특파원으로 와 있던 여러 신문사, 잡지사 기자들도 한목소리로 동조하며 다게레오타이프가 "시냇물 아래 구석에 숨은 돌들"[6] "튀어나온 처마 끝에 붙어 있는 시든 잎사귀"[7]를 상상을 초월할 만큼 정확하게 복사해낸다고 찬탄을 아끼지 않았다. 러스킨과 같은 거물 작가의 목소리도 이러한 열광의 대열에서 빠지지 않았으니, 그는 베네치아 풍경을 담은 작은 사진판의 "감각적 리얼리즘"에 찬사를 보냈다. 러스킨에 따르면 다게레오타이프는 마치 "현실을 작게 축소해서 마법에 홀린 나라로 가져가려는 마법사"와 같다.[8] 이러한 19세기 사실주의자들의 열광 속에 이미 한 가지 본질적 요점이 부각되어 있다. 사진작가는 어떤 식으로든 렌즈 앞에 놓인 대상을 재생하지 않을 수 없다는 것, 그에게는 예술가가 누리는 자유, 즉 자신의 내적 비전을 위해서 존재하는 대상의 형태나 그들 사이의 공간적 상호 관계를 폐기해버릴 자유가 없다는 것.

카메라의 기록 능력에 대한 인식은 카메라에는 우리가 보지 못하는 것을 드러내는 힘이 있다는 생각으로 이어졌다. 게이뤼삭은 어떤 디테일도, "심지어 거의 지각할 수 없을 정도로" 미세한 부분조차 "이 새로운 화가의 눈과 붓"을 피해 갈 수 없다고 주장했다.[9] 1839년 뉴욕 『스타』지의 한 기자도 사진을 돋보기로 들여다보면 육안으로는 절대 볼 수 없을 세부가 드러난다는 놀라운 사실을 지적했다.[10] 미국 작가이자 의사인 올리버 웬들 홈스는 카메라에 잠재된 과학적 가치를 처음으로 강조한 이들 가운데 한 사람이었다. 그는 1860년대 초에 즉석사진을 통해 드러난 보행자의 실제 움직임이 예술가들의 상상과 크게 다르다는 것을 알아내고, 이러한 관찰을 근거로 당시 남북전쟁 상이군인들 사이에 널리 사용되던 의족이 적합하지 않다고 비판했다. 사진의 가치를 인정하는 과학자들의 목소리는 계속 이어졌다. 『인간과 동물의 감정 표현』(1872)에서 다윈은 가능하면 판화보다는 사진을, 장노출 사진보다는 스냅숏을 사용했는데, 그 이유는 아름다움이 아니라 진실이 그의 주요 관심사였기 때문이다. 스냅숏은 "아주 잠깐 나타났다가 사라지는 얼굴 표정"을 전달하기에 꽤 믿을 만한 수단이었다.[11]

훗날 큰 변화를 가져올 중요한 발명이 처음에는 주목받지 못한 채 묻혀버리는 경우가 드물지 않다. 하지만 사진은 때를 잘 만난 편이었다. 사진을 위한 좋은 토양이 준비되어 있는 시기에 마침 사진이 발명된 것이다. 사진이 "기억력을 가진 거울"[12]로서 기록하고 드러내는 기능을 지닌다는 통찰, 즉 사진의 생래적인 리얼리즘적 경향에 대한 통찰은 상당 부분 당대 낭만주의를 강력하게 압박해오던 사실주의 사조의 힘에서 나온 것이다. 19세기 프랑스에서 사진의 등장은 실증주의의 확산과 맥을 같이하는 사건이었다. 실증주의는 철학 유파라기보다는 많은 사상가들이 공유한 지적 태도로서 형이상학적 사변 대신 과학적 접근을 장려함으로써 당시 진행 중이던 산업화 과정의 완벽한 동반자 역할을 했다.[13]

여기서 우리의 관심을 끄는 것은 오직 이러한 태도에 담겨 있는 미학적 함의뿐이다. 실증주의적 정신은 현실을 충실하게, 완벽하게 비인격적인 방식으로 표현하고자 했다. 이폴리트 텐의 극단적인 경구가 이 점을 잘 보여준다. "나는 대상을 있는 그대로 재현하고 싶다. 심지어 내가 존재하지 않을 때 그 대상이 어떨지까지 재현하고 싶다." 중요한 것은 예술가의 주제나 매우 현혹적인 상상력이 아니라, 가시적 세계를 편견 없이 객관적으로 재현하는 일이었다. 따라서 바로 이 시기에 낭만적 과장이 없는 외광파의 그림이 성공한 것은 우연이 아니다.[14] (물론 있는 그대로의 진실을 강력히 주장한 지적 보헤미안들[15]도 그러한 진실이 혁명에 복무하기를 기대했다. 1848년의 혁명은 일단 실패로 돌아갔지만, 몇 년 후 쿠르베는 스스로를 "혁명의 파르티잔"이자 "진실의 진정한 친구"라고 칭했다.[16]) 이와 같이 예술에서 일어난 리얼리즘으로의 방향 전환 속에서——그것은 쿠르베의 그림 〈오르낭의 장례식〉(1850)에서 촉발되었고, 『마담 보바리』(1857)를 둘러싼 스캔들과 함께 짧은 전성기를 누렸다——사진이 초미의 관심사가 된 것은 너무나 당연한 일이었다.[17] 카메라는 자연을 왜곡 없이 재현하고 통찰하게 해주는 이상적 수단이 아니겠는가? 당대의 경향을 주도하던 과학자, 예술가, 비평가 들은 새로이 등장한 매체의 특별한 미덕을 파악하고 그 가치를 인정할 준비가 이미 충분히 되어 있었다.

하지만 사실주의자들의 견해는 예술가 진영에서뿐만 아니라 사진작가들 사이에서도 강력한 반대에 부딪혔다. 반대자들은 현실을 회화나 사진으로 기록한다고 해서 예술이 되는 것은 아니라고 주장했다. 예술이란 기록 이상의 것이다. 그 속에는 주어진 소재에 형태를 부여하는 예술가의 창조성이 포함되어야 한다. 1853년에 윌리엄 뉴턴 경은 사진 이미지를 "공인된 미술의 원칙"[18]에 부합하도록 교정하는 것이 가능하고 또 의당 그렇게 해야 한다고 주장했다. 그의 주장은 진지하게 받아들여졌다. 자연을 단순히 복사하는 데 만족하지 못한 수많은 사진작가들은 한 영국 비평가가 주창한 대로 진실을 그저 재현하는 대신 회화처럼 아름다움을 그려내는 것을 목표로 삼았다.[19] 게다가 사진작가의 대열에 합류한 많은 화가들만이 그런 목표를 열성적으로 주장하고 실현하려고 한 것은 아니었다.

당시의 "예술사진가들"은 몇몇 유명한 예외를 빼고는 "조형적 formative"이라고 규정할 수 있는 경향을 따랐다. 날것 상태의 자연을 포착하기보다 아름다운 그림을 자유롭게 구성하고자 하는 강력한 욕구가 그러한 경향의 원천이었지만, 그들의 창조성은 한결같이 회화에서 가치 있다고 인정되고 선호되던 양식과 요소를 담은 사진으로 구현되었을 뿐이다. 그들이 의식했든 못 했든 간에, 그들의 작업은 참신한 현실 대신 전통적 미술을 모방한 데 지나지 않았다.[20] 예컨대 최상위급 예술사진 작가로 손꼽힌 조각가 아당-살로몽은 특히 인물사진으로 유명했는데, 여기서 그가 보여준 "렘브란트식 명암법"과 우아한 벨벳 주름은 시인 라마르틴으로 하여금 사진이 "자연의 표절"[21]에 지나지 않는다는 최초의 견해를 철회하도록 만들었다. 라마르틴은 이 사진들을 보면서 사진도 예술의 정점에 도달할 가능성이 있다고 확신하게 되었다. 이러한 작업이 비교적 높은 수준에서 이루어진 것이라면, 상업적 사진에서는 동일한 일이 좀더 저급한 형태로 벌어졌고, 이는 곧 확고부동한 관습으로 자리 잡았다. 상당수의 예술사진 작가 지망생들은 낭만주의 회화 또는 앵그르와 그의 유파가 대표하는 이상주의적 아카데미 회화를 즐겨 찾으면서 리얼리즘에 적대적이던 당시의 평균적 취향에 영합했다.[22] 역사적 배경처럼 연출된 전형적 장면의 효과를 우려먹는 사진들이 끝도 없이 인쇄되었다.[23] 사진은 수익성 높은 사업으로 발전했다. 초상사진 분야가 특히 그러했는데, 이 분야에서 널리 사용된 패턴을 확립한 사람은 디스데리였다.[24] 1852년부터 그의 사진명함portrait-carte de visite은 소시민 계급의 마음을 사로잡았다. 그들은 적은 비용으로 자신의 초상을 지닐 수 있게 된 데 큰 만족감을 느꼈다. 그 이전까지만 해도 그것은 귀족과 부유한 상층 부르주아나 누릴 수 있는 특권이었던 것이다.[25] 충분히 짐작할 수 있는 일이지만, 디스데리 역시 아름다움의 복음을 설파했다.[26] 시장에는 이에 대한 충분한 수요가 있었다. 제2제정기에 전문 사진작가들은 꼭 매력적이지만은 않은 고객들의 모습을 예쁘게 다듬는 데 있어 인기 있는 화가들 못지않은 실력을 발휘했고, 이로써 그림 같은 아름다움이라는 인습적 이상을 위해 진실을 희생시켰다.[27]

이 모든 것이 의미하는 바는 다음과 같다. 예술에 대한 욕망으로 인해 예술사진 작가들은 사실주의자들이 올바르게 인식한 새로운 매체의 특징을——꼭 의도적으로 그런 것은 아니라 해도——부정하고 말았다. 이미 1843년 다게레오타이프 사진사들은 소프트포커스 사진의 길을 택하면서 카메라를 통한 현실 탐사를 포기한다.[28] 아당-살로몽은 예술적 효과를 내기 위해 가필에 의존했고,[29] 줄리아 마거릿 캐머런은 "우연한" 세부의 간섭 없이 인물의 "영혼"을 포착하기 위해 좋지 않은 렌즈를 사용했다.[30] 이와 비슷하게 헨리 피치 로빈슨은 사진에서 회화적 아름다움을 만들어내기 위해 "실재와 인공을 혼합"하는 어떤 속임수나 트릭도 허용되어야 한다고 주장했다.[31]

따라서 사실주의의 옹호자와 그 적대자들 사이에 활발한 논쟁이 일어난 것은 놀라운 일이 아니다.[32] 19세기 후반에 격렬하게 전개된 이 유명한 논쟁은 결코 어떤 명백한 결론에 이를 수 없었지만, 그 바탕에는 두 유파가 공유하는 한 가지 믿음이 있었다. 사진이 자연의 복사본이라는 것이다. 하지만 그들이 동의할 수 있는 것은 여기까지였다. 빛 자체가 만들어낸 것처럼 보이는 재현의 미적 중요성을 어떻게 평가할 것이냐 하는 문제에서 두 진영의 견해는 충돌했다.

실제로 사실주의자들은 사진을 독자적 권리를 지닌 예술로 보는 데까지 나아가지는 않았지만──특히 극단적 사실주의자들은 모든 예술적 노력 자체에 불신의 눈길을 보냈다──카메라가 보여주는 요지부동의 객관성이 예술가에게 귀중한 도움이 된다고 강력히 주장했다. 사실주의를 옹호하는 한 비평가가 말한 것처럼, 사진은 예술가에게 자연을 상기시키고 이로써 소진되지 않을 무한한 영감의 원천이 된다.[33] 이폴리트 텐도, 심지어 들라크루아조차 비슷한 견해를 밝혔다. 들라크루아는 다게레오타이프를 자연의 "사전"이라고 비유하며 화가들에게 부지런히 참조하라고 조언한다.[34]

당연하게도 반대 진영의 논자들은 사진 매체가 기계적 모방 기능에 국한되어 예술적 감각을 불러일으킬 수도 없고 그에 도움이 될 수도 없다고 주장했다. 이 열등한 매체에 대한 경멸 속에는 그것이 점점 영향력을 확대해가는 쓰디쓴 현실에 대한 불평불만도 섞여 있었다. 그들은 사진의 영향력 확대가 리얼리즘 숭배 경향을 더욱 부추기며 고상한 예술에 파괴적으로 작용한다고 주장했다.[35] 보들레르는 다게레오타이프를 숭배하는 예술가들을 조롱했다. 그의 주장에 따르면 그런 예술가들은 자신의 꿈을 투영하는 대신 그저 본 것을 그림에 옮길 따름이었다.[36] 예술사진 작가들도 이러한 견해에 동의했지만, 한 가지 점에서는 생각이 달랐다. 그들은 사진이 반드시 순수하고 소박한 재현에 그쳐야 할 이유는 없다고 보았다. 그들은 사진이 창조적 예술가에게 회화와 문학만큼이나 충분히 많은 기회를 주는 매체라고 생각했다. 예술가가 카메라의 독특한 속성에 갇히지 않고 사진의 원재료에서 아름다움을 끌어내기 위해 모든 속임수나 트릭을 다 동원할 수만 있다면 말이다.

19세기의 이러한 논쟁이 오늘의 독자에게는 기이하게 들릴 것이다. 논쟁을 벌인 두 진영 모두 소박한 리얼리즘에 오도되는 바람에 사진의 기록 속에서 어떤 종류의, 혹은 얼마만큼의 창조성이 발휘될 수 있는지 제대로 가늠하지 못했다. 그들은 사진에 대해 동일한 전망을 가지고 있었으며, 그 결과 모방도 아니고 그렇다고 전통적 의미에서의 예술도 아닌 사진 매체의 본질을 통찰하는 데 실패하고 만다. 물론 이러한 낡은 관념들은 유통기한이 한참 지나버리긴 했지만, 그 관념을 뒷받침했던 사진술의 상이한 두 경향은 여전히 살아남아 위세를 떨치고 있다.

현재의 견해와 경향들

현대 사진을 양분한 두 경향 가운데 하나는 여전히 리얼리즘 전통을 따르고 있다. 대상을 있는 그대로 재현한다는 텐의 이념이 흘러간 옛 노래에 불과하다는 것은 두말할 나위도 없다. 오늘날의 사실주의자들은 현실이란 우리에게 보이는 것에 지나지 않음을 (새삼) 깨달았다. 하지만 이러한 점을 의식하고 있는 그들도 기록하고 드러내는 카메라의 능력을 더욱 강화하려 하고 "최상의 사실 진술"[37]을 사진작가의 과업으로 여긴다는 점에서는 19세기 사실주의자들을 닮았다. 예컨대 작고한 에드워드 웨스턴은 아주 세밀한 부분까지, 그리고 "검은색에서 흰색 사이의 무한히 미묘한 단계적 변화"[38]까지 기계적으로 포착해내는 즉석사진의 유례없는 정확성을 높이 평가했다. 그가 자주 자연에서 추상적 구성을 뽑아내는 작업에 빠져 있었다는 점을 생각하면 그의 증언은 더 큰 무게를 지닌다. 웨스턴이 여기서 익숙한 장면의 재현보다는 카메라를 통한 드러냄에 대해 이야기하고 있다는 것은 명백하다. 오늘날 우리를 흥분시키는 것은 기술 혁신과 과학적 발견으로 더욱 막강해진 카메라라는 매체가 지금까지 상상하지 못한 현실의 새로운 차원을 열어줄 수 있다는 사실이다. 라즐로 모홀리-나기는 결코 사실주의자가 아니었지만, 특이한 각도에서 대상을 포착하고 지금까지 본 적이 없는 현상들의 결합을 보여주는 사진들, 그리고 고속 촬영, 마이크로 촬영, 매크로 촬영이 드러내는 환상적인 현실, 적외선 감광유제를 이용한 비가시적 세계의 투시에 대해 찬사를 아끼지 않았다. 그는 사진이란 "외부 세계의 신비로 들어가게 해주는 황금 열쇠"[39]라고 선언한다. 시적 과장일까? 독일 사진작가 구스타프 셴크는 『물방울로부터의 창조』라는 책에서 흐르는 물 속 1평방밀리미터 크기의 소인국 세계를 보여준다. 그것은 현실에서 발견된 것이라기보다는 꿈속에서 나온 것 같은 환상적 형상들의 무한한 연속이다.

리얼리즘 사진은 이처럼 "외부 세계의 신비"를 드러내는 가운데 그 초기 발전 단계에서는 아직 예상할 수 없었던 중요한 두 가지 기능을 떠맡게 된다. (예를 들면 현대의 카메라가 이룬 성과에 대한 모홀리-나기의 설명에서 그에 상응하는 19세기의 진술에서는 찾아볼 수 없는 열기와 참여의 기운이 느껴지는 것은 아마도 이 때문일 것이다.)

　우선 현대 사진은 우리의 시지각을 크게 확장했을 뿐만 아니라, 테크놀로지 시대의 인간 상황에 적응시키기도 했다. 이러한 상황의 두드러진 특질 가운데 하나로 꼽을 수 있는 것은 과거 오랜 세월 동안 자연 이미지에 일정한 틀을 제공해온 우리의 시점視點이 상대성을 띠게 되었다는 사실이다. 아주 단순하게 물리적 의미에서 우리는 과거와 비교할 수 없이 빠른 속도로 아주 쉽게 이동할 수 있게 되었고, 이에 따라 안정적인 인상 대신 변화하는 인상들의 연속이 지배적인 경험이 되었다. 지상의 풍경을 조감하는 일도 상당히 일반화되었다. 명백히 확인 가능한 외양으로 고정되어 있는 대상은 단 하나도 없다.

　이데올로기의 차원에서도 같은 현상을 관찰할 수 있다. 우리는 믿음, 이념, 문화의 형태로 우리에게 닥쳐오는 모든 복합적 가치 체계들을 검토하고, 이를 비교 가능한 요소들로 쪼개어 분석한다. 그 과정에서 당연히 그러한 체계들이 내세우는 절대성은 약화된다. 그리하여 우리는 점점 더 자의적으로 해석할 수 있는 정신적 구도에 둘러싸인다. 각각은 의미의 무지갯빛으로 빛나지만 그 빛의 원천인 위대한 믿음이나 사상은 점점 더 흐릿해진다. 이와 비슷하게 사진은 전통적 시점의 해체를 인상적으로 보여주었다. 현실의 기이한 측면을 보여주는 수많은 사진들을 생각해보라. 공간적 깊이와 평면성이 기묘하게 얽혀 있는 사진. 분명 잘 아는 대상이건만, 이를 불가해한 무늬로 변형시키는 사진. 전체적으로 현대의 리얼리즘 사진작가들은 우리의 시각적 경험을 다른 차원에서 이루어지고 있는 당대의 경험과 동기화한다.

즉 그들은 우리가 실제로 살고 있는 세계를 그대로 지각하게 해주는 것이다. 그것 자체로도 대단한 성취라고 하지 않을 수 없다. 우리의 시각적 습관이 변화에 강하게 저항한다는 점을 생각하면 말이다. 실제로 그런 과거의 습관은 끈질기게 살아남는다. 예컨대 오늘날 많은 사람들이 넓은 조망이나 파노라마적 시야를 선호하는 것은 지금처럼 동적이지 않았던 시대의 유산이라고 할 수 있다.

두번째로, 지각의 전통을 파괴한다는 바로 그 사실 때문에, 현대 사진은 또 하나의 기능을 담당하게 된다. 현대 사진은 이제 예술에 영향을 미친다. 마르셀 뒤샹이 술회한 바에 의하면 1912년 그가 〈계단을 내려오는 누드〉를 그릴 무렵, 파리의 예술가들은 섬광 촬영과 다중노출 고속 촬영에 자극을 받았다.[40] 사진과 회화의 관계는 얼마나 변했는가! 기껏해야 자연——여전히 오랜 전통의 시각적 관습에 따라 이해된 자연——에 충실하고자 하는 예술가의 보조장치로 기능하던 19세기 사진과 달리, 20세기 초 수십 년 동안의 과학적 카메라 실험은 이러한 관습에 도전하는 예술가들에게 영감의 원천이 되었다.[41] 모든 매체 가운데 하필이면 리얼리즘적 사진이 이렇게 해서 추상미술의 발흥에 기여했다는 것은 역설적으로 들릴 수 있다. 그러나 사진작가들은 기술적 진보를 통해 말하자면 우리의 시각을 갱신할 수 있었고, 바로 그러한 기술적 진보에 영향을 받은 화가들 역시 전통적 시각 도식이 실효성을 상실했다고 느끼고 거기에서 등을 돌리게 된 것이다. 또한 두 매체에서 이루어진 성취가 어느 정도 유사성을 보이는 것도 궁극적으로 놀라운 일은 아니다. 그러니까 오늘날의 사진 기록물과 추상적 회화는 기술적으로 초보적인 시대에 사람들이 그려볼 수 있었던 현실의 이미지와 동떨어져 있다는 점에서 상통한다. "추상적" 성격의 사진들, 그리고 그러한 사진과 표면적 유사성을 보이는 일부 현대 회화는 이러한 사정을 반영하고 있다.

하지만 오늘날에도 조형적 요구는 여전히 리얼리즘적 의도와 경쟁하고 있다. 모홀리-나기는 리얼리즘적 사진 기술의 시각적 성취를 환영하고 그것이 예술에 미치는 영향을 인정함에도 불구하고, 이 매체를 "좁은 의미의 자연 묘사"에서 해방시키는 데 더 큰 관심을 보인다. 사진을 회화 못지않게 "시각적 표현의 이상적 도구"[42]로 보아야 한다는 것이 그의 핵심적 생각이다. 그는 외친다. "우리는 창조하기를 원한다."[43] 따라서 그는 만 레이가 그랬던 것처럼 목적의식적으로 빛에 민감한 사진판의 성질을 이용하여 흑백의 구성을 생산해낸다. 현대의 모든 실험적 사진가들은 본질적으로 동일한 작업을 수행한다. 그들은 있는 그대로의 자연에 구속된다는 것에 고통스러워하면서, 예술가가 되기 위해서는 주어진 그대로의 자연을 재현하기보다는 거기에서 표현적인 의미의 창조물을 만들어내야 한다고 느끼고 있는 것처럼 보인다. 그리하여 그들은 다양한 기교와 기술, 이를테면 네거티브, 포토그램, 다중노출, 솔라리제이션, 레티큘레이션 등을 사용하고 이들의 조합을 시험해보기도 한다. 이때 그들이 만들어내는 것은 실험적 사진가 레오 카츠가 "우리의 주관적 경험, 우리의 개인적 비전, 우리의 상상력의 역동성"[44]이라고 부른 것을 외적으로 분명히 드러내도록 설계된 사진 작품이다.

의심의 여지 없이 이처럼 예술 지향적인 실험가들은 사진적 가치에 대한 열정을 품고 있다. 특히 그들은 실험실에서 이루어진 작업의 순수성을 해친다는 이유로 사진에 덧칠하기를 거부한다.[45] 그럼에도 불구하고 그들은 분명히 19세기 예술사진 작가들의 후예다. 그들은 물론 회화적 스타일과 모티프를 모방하지는 않았지만, 전통적 의미의 미술에 도달하려 한다는 점에서는 그들의 선배 작가들과 다르지 않았다. 그들의 작품은 추상화나 초현실주의적 회화의 본을 따른다고 할 수 있다. 더구나 그들은 매체의 특수한 성질을 무시하려는 경향을 보인다는 점에서 회화주의의 초기 주창자들과 전혀 다르지 않다. 물론 1925년까지만 해도 모홀리-나기는 천문사진과 엑스레이 사진이 자신의 포토그램의 모태가 되었다고 말한다.[46] 그러나 그 후로 리얼리즘적 사진과 실험적 사진 사이의 탯줄은 (어차피 그렇게 강한 것도 아니었지만) 완전히 끊어진 것처럼 보인다. 안드레아스 파이닝어는 "예술적 단순성"을 위해 "과잉된 성가신 세부들"이 제거되어야 한다고 제안한다. 그의 주장에 따르면 예술 매체로서의 사진의 목표는 "묘사된 대상과의 최대한의 '유사성'에 도달하는 것이 아니라, 기록보다 구성을 부각시키는 추상적 예술 작품을 창조하는 데 있다."[47] 그가 자기표현을 위해 "외부 세계의 신비"를 깎아내린 유일한 사람은 아니다. 독일의 실험사진 작가 오토 슈타이네르트에 관한 한 논문에 따르면 그의 "주관적" 사진은 리얼리즘적 입장과의 의도적인 결별이다.[48]

　이 모든 것은 사진의 의미가 여전히 논란에 싸여 있음을 의미한다. 19세기에 중대한 이슈가 되었던 문제, 즉 사진이 예술 매체인가, 아니면 적어도 그러한 매체로 발전할 수 있을 것인가 하는 문제는 지금도 화두로서의 가치를 전혀 잃지 않았다. 현대의 사실주의자들은 이러한 오랜 이슈와 씨름하면서 입장의 동요를 보이고 있다. 그들은 사진 매체의 예술적 잠재력을 강조하려는 열망에서 흔히 사진가의 선별 능력에 주목한다. 어떤 사진들이 사진가의 개인적 비전을 암시하며 풍부한 미적 만족감을 전해줄 수 있는 것은 분명 그러한 선별성 때문이라고 할 수 있을지 모른다. 하지만 그런 이유로 사진작가를 화가나 시인과 동렬에 놓을 수 있을까? 그가 찍은 사진을 엄격한 의미에서 예술 작품이라고 할 수 있을까? 이 핵심적 문제와 관련하여 리얼리즘 진영 내에서도 많은 논의가 있었는데, 그러한 논의는 사진의 예술성을 긍정하는 주장과 사진이라는 매체가 작가에게 넘어설 수 없는 한계를 부과한다는 체념적 태도 사이를 오락가락한다. 이와 유사한 이중 감정은 실험사진 작가들 사이에서는 발견되지 않는다. 그들은 우연한 현실이 아무리 아름답다 해도 그것의 재현이 예술로 간주될 수는 없다고 주장함으로써 이 난제를 단칼에 해결한다. 그들은 예술이란 통제 불가능한 조건에의 의존이 끝나는 데서 시작된다고 주장한다. 파이닝어 등은 카메라의 기록적 기능을 의도적으로 무시하면서 사진을 그들이 주장하는 예술 매체로 변모시키려고 시도한다.

1951년 말, 『뉴욕타임스』에 실린 기고문에서 리젯 모델은 "삶에의 직설적 접근"을 옹호하며 실험사진에 반기를 들었다. 그녀의 선언에 대한 사람들의 반응 역시 같은 신문에 게재되었는데, 그것은 약간의 도발도 리얼리즘의 옹호자들과 자유로운 창조성을 주장하는 사람들 사이의 오래된 적대감을 다시 타오르게 할 수 있음을 충격적일 정도로 분명히 보여준다. 자신을 "거칠 것 없는 실험사진 작가"라고 소개한 한 독자의 편지는 리젯 모델이 매체를 원하는 대로 사용할 수 있는 예술가의 자유를 자의적으로 축소시키려 한다고 비난한다. 또 다른 독자는 "사진작가의 작업은 매체의 한계 안에서 이루어질 때 최상이 된다"는 논거로 모델의 입장을 지지한다. 제3의 독자는 어떤 의견도 제시하지 않는 편을 택하는데, 왜냐하면 "우리 예술의 기능을 명확하게 정의하거나 정식화하려는 시도는 결국 예술의 정체 상태로 이어지고 말 것"[49]이기 때문이다. 이와 같은 논전은 적대적인 두 진영 사이의 간극이 조금도 좁혀지지 않았음을 증명해준다.

요컨대 사진의 초창기에 부각된 관점과 경향은 사진의 발전에도 불구하고 크게 변화하지 않았다. (물론 사진의 기술과 내용은 변화했다. 하지만 그것은 논점이 아니다.) 사진의 역사 내내 사진을 자연의 기록물로 만든 리얼리즘의 경향과 예술적 창조를 목표로 하는 형식주의적 경향이 병존해왔다. 이때 형식주의적 열망은 종종 현실을 재현하고자 하는 욕망과 충돌하고, 이 과정에서 후자를 압도하곤 했다. 사진은 형식주의적 경향과 리얼리즘적 경향 사이의 경연장으로서, 양자의 갈등은 언제라도 재연될 여지가 있다. 그러면 이제 이러한 상황에서 제기되는 미학적 문제에 눈을 돌려보자.

체계적 고찰

미학적 기본 원칙

어떤 특수한 매체 속에서 이룩되는 성취는 그 매체의 특별한 성질을 토대로 했을 때 더욱 만족스러울 것이라고 가정할 수 있다. 같은 얘기를 부정적으로 표현한다면, 어떤 식으로든 매체의 고유한 결을 거슬러서 만들어진 작품은——말하자면 다른 매체에 더 "자연스러운"

효과를 흉내 내어 만든 작품은——잘 받아들여지지 않을 것이다. 고딕 석조 건축을 본떠 만든 오래된 철제 구조물은 숭엄해 보이기도 하지만, 불쾌감을 일으키는 것도 사실이다. 강한 회화적 성향을 지닌 사진 작가들도 사진의 속성들에 끌리는 탓에 종종 모순적인 태도를 보이거나 작품의 일관성을 잃곤 한다. 초기의 예술사진 작가 중 한 사람인 헨리 피치 로빈슨은 아름다움을 위해서라면 진실을 희생시켜야 한다고 주장하면서도, 다른 한편으로는, 마치 어떤 강제적 힘에 떠밀린 사람처럼, 현실을 있는 그대로 충실하게 재현하는 데에는 사진 매체에 필적할 만한 것이 없다는 찬사를 늘어놓기도 한다.[50] 에드워드 웨스턴의 작품에서 나타나는 이중성도 그러한 모순을 보여준다. 추상주의와 리얼리즘을 동시에 추구하던 웨스턴은 양자가 양립 불가능하다는 것, 자신이 양다리를 걸치고 있다는 것을 깨달은 뒤에야 리얼리즘을 우선적 가치로 인정하기에 이른다.[51]

그러나 매체의 특수한 성질을 강조하는 입장에 대한 반론 또한 만만치 않다. 그중의 하나로 다음과 같은 논리가 있을 수 있다. 매체의 특성을 간명하게 정의하는 것은 가능하지 않다. 따라서 그런 속성을 미리 설정하고 미학적 분석의 출발점으로 삼는 것은 온당치 못하다. 무엇이 매체에 적합한 것인지는 사전에 교조적 방식으로 결정될 수 있는 문제가 아니다. 어떤 혁명적 예술가가 등장하여 자신이 작업하는 매체의 "본성"에 관한 모든 기성의 관념들을 뒤엎어버릴 가능성은 언제나 열려 있기 때문이다.

하지만 다른 한편으로는 우리의 경험이 말해주듯이 모든 매체가 그 본성을 한정하는 데 대해 똑같은 강도로 저항하는 것은 아니다. 따라서 우리는 매체의 본성을 얼마나 명료하게 정의할 수 있는가를 기준으로 삼아 다양한 매체를 하나의 열 위에 배열해볼 수 있을 것이다. 그 한쪽 극단에는 예컨대 회화가 놓일 것이다. 회화의 다양한 방법들은 매체가 가지는 어떤 고정된 물질적, 기술적 요인에 거의 영향받지 않는다. (레싱은 『라오콘』에서 회화와 시의 경계를 규정하려는 위대한 시도를 수행한다. 하지만 그는 두 예술 각각의 잠재력을 제대로 헤아리지 못했기 때문에 한계에 부딪히고 만다. 그렇다고 해서 그의 시도가 무의미하다고 할 수는 없다. 그러한 경계 확정 작업이 거의 불가능한 일이라고 하더라도, 화가나 시인이 다른 매체에서 이루어진 진술을 자신의 매체로 옮겨 오려 할 때마다, 양자의 차이는 분명히 드러난다.) 벤베누토 첼리니는 훗날 레싱의 논의를 대강이나마 예견하기라도 한 것처럼 다음과 같이 말한다. "말로 하면 충분히 아름답지만, 미술가가 표현하면 잘 어울리지 않는 것들이 많이 있다."[52] 연극이 회화보다 더 제한적이라는 점은 에이젠슈테인의 경험에서 인상적으로 드러난다. 아직 극작품을 연출하던 시절 에이젠슈테인은 시행착오 끝에 무대 조건이 무한히 확장될 수 없다는 것, 무대의 경직성이 자신의 예술적 의도를 실현하는 데 장해가 된다는 것을 깨달았다. 그에게 유일하게 적합한 표현 수단은 영화였다. 그리하여 그는 연극에서 영화로 분야를 바꾼다.[53] 적어도 우리 시대에는 소설 또한 온갖 목적에 얼마든지 활용될 수 있는 것은 아니다. 작가들에게 소설의 본질적 특성에 대한 숙고가 거듭 요청되는 것은 이 때문이다. 오르테가 이 가세트는 소설을 두고 "넓지만 한정되어 있는 채석장"[54]에 비유한 바 있다.

하지만 회화의 반대편 극단에 배치되어 마땅한 매체가 있다면 그것은 사진이다. 초창기에 게이뤼삭과 아라고가 제시한 사진의 특성에 대한 정의는 상당히 명확하며, 시간이 많이 흘렀음에도 그 영향력은 거의 줄어들지 않았다. 그런 만큼 사진이라는 특수한 매체에 위에서 말한 미학적 기본 원칙을 적용하는 것은 충분히 정당화될 수 있는 것처럼 보인다. (사진에 의존하는 혼성 장르가 사실상 존재하지 않기 때문에, 그러한 장르들의 미학적 가치의 문제는 아예 제기될 여지가 없다.)

미학적 기본 원칙을 준수한다는 것은 다음 세 가지 측면에서 일정한 함의를 지닌다. (1) 사진작가가 매체를 다루는 방식, (2) 사진의 성향, (3) 사진의 특별한 매력.

사진적 방식

사진을 다루는 사진작가의 방식은 미학적 기본 원칙과 합치될 때 "사진적"이라고 할 수 있을 것이다. 즉 미학적 견지에서 사진작가는 어떤 경우에도 리얼리즘적 경향을 추종해야 한다. 이는 물론 최소한의 요구 조건이다. 하지만 그것을 충족시키기만 한다면 적어도 사진적 방식을 따르는 사진 작품을 만들어낸 셈이 될 것이다. 이는 비인격적이고 무기교적인 사진 기록이 사진으로서 미학적으로 흠잡을 구석이 없는 반면, 보통은 아름답고 의미심장하다고 평가할 만한 작품이라 하더라도 사진적 품격이 완전히 결여되어 있을 수 있다는 것을 의미한다. 어떤 기교도 가미되지 않은 채 소박하게 기본 원칙을 따르는 사진은 그 나름의 가치를 지닌다. 특히 그것이 우리의 시지각을 실제 현실에 맞추어주는 기능을 수행한다면 말이다. 그리고 그런 기능을 하는 사진은 예술적 창조의 인상을 불러일으키려는 사진작가의 의식적 노력 없이도 얼마든지 만들어질 수 있다. 보몬트 뉴홀은 지난 세계대전 동안 철저하게 군사적 목적에서 자동카메라로 찍은 연속 항공사진에 고유한 "아름다움"이 담겨 있다는 점을 지적한다.[55] 하지만 이와 같은 특별한 종류의 아름다움은 의도되지 않은 부산물일 뿐이며, 설사 그런 아름다움이 없더라도 자동카메라를 통한 기계적 자연 탐사는 여전히 미학적 정당성을 지닐 것이다.

그런데 기교 없는 소박한 사진이 매체의 본성에 충실한 것이라면, 사진작가란 어떤 조형적 욕망도 지니지 않은 인간, 순수한 "카메라 눈"이라고 상상하는 것이 자연스러울지도 모른다. 그런 의미에서 사진작가는 이를테면 1856년의 사실주의 선언문에서 천명된 미술가의 유형에 정확히 상응하는 존재일 것이다. 이 선언문에 따르면 현실에 대한 미술가의 태도는 철저하게 비개인적이어야 하며, 그리하여 같은 대상을 열 번을 그리더라도 항상 한 치의 오차도 없이 똑같은 결과가 나와야 한다는 것이다.[56] 프루스트가 『게르망트 쪽』에서 사진사에 대해 표명한 생각도 바로 이런 것이다. 오래 떠나 있었던 프루스트의 서술자는 자기가 온 것을 알리지 않고 할머니의 객실에 들어선다.

나는 방에 들어와 있었다. 아니 아직 들어와 있지 않았다. 할머니가 아직 내가 온 것을 모르고 있었으니까. [⋯] 나 자신 가운데 [⋯] 그곳에 존재하는 것은 오직 목격자뿐이었다. 나는 모자와 여행 코트를 입고 있는 관찰자였고, 집안사람이 아닌 이방인, 다시는 또 볼 일이 없는 장소의 사진을 찍으려 하는 사진사였다. 나의 시선에 할머니가 들어왔을 때 내 눈 속에서 일어난 기계적 과정은 그야말로 사진 찍기였다. 우리는 우리에게 소중한 사람들을 살아 있는 체계 속에서밖에는, 그러니까 그들을 향한 끝없는 사랑이 만들어내는 항구적인 움직임 속에서밖에는 바라보지 못한다. 그 사랑은 그들의 얼굴이 제시하는 이미지가 채 우리에게 도달하기 전에 그것을 자신의 소용돌이 속으로 낚아채어 우리가 그들에 대해 늘 가지고 있던 관념으로 되돌려 그것에 밀착시키고 그것과 일치하게 한다. 나는 할머니의 이마와 뺨에서까지 가장 섬세하고 영속적인 할머니의 마음의 특질을 읽어내는 데 익숙해져 있었으니, 또한 우리가 우연히 시선을 던질 때마다 그것은 강신술처럼 과거를 불러내고, 우리가 사랑하는 모든 얼굴은 곧 과거의 거울이니, 내 어찌 할머니가 칙칙하게 변해가는 모습을 무시하는 데 실패할 수 있었겠는가. 삶의 가장 사소한 광경에 관해서도 우리의 눈은 생각에 잠긴 채, 마치 고전 비극이 그러하듯이, 극의 줄거리에 필요하지 않은 이미지는 간과하고 그것의 목적을 이해할 수 있게 해주는 것밖에는 기억하지 않으니 말이다. […] 내게는 할머니가 여전히 나 자신이고, 할머니는 오직 내 영혼 속, 늘 과거의 같은 자리에서, 연속적으로 겹쳐지는 투명한 기억의 낱장들을 통해서만 보아왔건만, 나는 이제 갑자기 새로운 세계, '시간'의 세계의 일부가 된 우리 응접실에 서서, 벌건 얼굴에 무겁고 평범하고 병든 여자, 내가 모르는 쇠약해빠진 늙은 여자가 생각에 빠진 채 등불 아래 소파에 앉아 거의 온전해 보이지 않는 눈으로 책의 글자를 따라가는 모습을 보았다.[57]

프루스트는 우리가 사랑으로 인해 사랑의 대상이 시간의 흐름 속에서 겪는 변화에 대해 눈멀게 된다고 가정한다. 따라서 그가 사진사의 최우선적 미덕으로서 감정적 거리를 강조하는 것은 이러한 생각의 논리적 귀결이다. 그는 사진사를 목격자, 관찰자, 이방인에 비유함으로써 자신의 논리를 뒷받침한다. 목격자, 관찰자, 이방인은 자신이 목도하게 된 사건 속에 얽혀 있지 않은 것으로 여겨지는 세 가지 유형의 주체다. 그들은 무엇이든 지각할 수 있다. 그들이 보는 그 어떤 것도 우리의 마음을 사로잡아 대상을 제대로 볼 수 없게 만드는 기억에 물들어 있지 않기 때문이다. 이상적인 사진사는 맹목적인 연인의 반대항에 놓여 있다. 그는 차별하지 않는 거울을 닮았다. 그는 카메라 렌즈와 동일하다. 사진은 프루스트가 보았듯이 완벽한 소외의 산물이다.

이러한 규정이 일면적이라는 것은 명백하다. 하지만 위 구절의 전체 문맥을 보면 프루스트의 의도는 무엇보다도 일정한 의식 상태 속에서 비자의적 추억의 효과가 그러한 추억을 촉발한 외적 현상을 흐릿하게 만든다는 것을 보여주려는 데 있음을 알 수 있다. 그는 명확성을 위해 이러한 의식 상태를 사진사의 의식 상태와 대비시키고자 했고, 아마도 그러한 욕망에서 사진사가——어쩌면 어떤 예술가라도——자연에 거울을 들이대는 존재라는 19세기 사실주의자들의 믿음을 수용한 것이라고 할 수 있을 것이다.

그러나 애당초 거울은 없다. 사진은 단순히 자연을 복사하지 않는다. 사진은 3차원 현상을 평면에 옮기고, 이를 주변에서 오려내며, 주어진 색채 도식을 흑백의 스케일로 대체함으로써, 자연을 근본적으로 변형시키기 때문이다. 하지만 거울의 이념에 저항하는 것은 이러한 불가피한 변형이라기보다는——그러한 변형에도 불구하고 사진은 여전히 강력한 재현적 성격을 지닌다——우리가 가시적 현실을 인지하는 방식이다. 프루스트의 소외된 사진사조차 자신에게 흘러오는 인상들을 즉흥적으로 구조화한다. 그가 대면하는 시각적 원재료들은 시각적 활동의 과정 속에서 다른 감각의 영역에서 동시에 일어나는 지각 활동, 신경 체계 속에 내재하는 일정한 지각 형식의 범주들, 그리고 무엇보다도 그의 일반적 성향의 영향을 받으며 조직화된다.[58] 그리고 그가 이처럼 무의식적으로 수행하는 활동은 그가 찍는 사진을 일정한 방식으로 규정한다.

하지만 위에 언급된 것처럼 그저 기계적 작동에 의해 만들어진 순수한 사진은 어떤가? 그런 경우에 구조화 작업은 사진을 보는 사람의 역할로 돌아간다고 보아야 할 것이다. (뉴홀이 언급한 항공정찰 사진은 알아볼 수 없는 모양을 만들어내는 까닭에 관습적 구조화 과정을 방해하며 관찰자를 미적 차원으로 물러나게 한다.) 리얼리즘 선언에서 말하는 객관성이란 도달할 수 없는 목표다. 그렇다면 객관성에 도달한다는 실패할 수밖에 없는 시도를 하느라 사진작가가 자신의 조형적 능력을 억압해야 할 이유가 대체 무엇인가. 그의 선택이 자연을 기록하고 드러낸다는 결단에 기반한 것임을 전제한다면, 모티프, 프레임, 렌즈, 필터, 감광유제, 질감 등의 요인을 자신의 감수성에 맞게 선별하는 것은 전적으로 정당하다. 아니, 그는 최소한의 요구 조건을 뛰어넘기 위해서라도 선별적인 태도를 취하지 않으면 안 되는 것이다. 그가 이 과정에 참여하는 자신의 모든 감각과 전 존재를 긴장시켜 자연을 빨아들이려 하지 않는데, 자연이 스스로 나서서 그에게 자신을 내어줄 리는 만무하기 때문이다. 그렇다면 조형적 경향이 반드시 리얼리즘적 경향과 상충된다고 할 수는 없을 것이다. 오히려 정반대로, 조형적 경향은 리얼리즘적 경향을 뒷받침하고 완성할 수 있을지도 모른다. 19세기 사실주의자들은 이와 같은 상호작용의 가능성에 대해 인식하지 못했지만 말이다. 프루스트가 말한 것과 반대로 사진사는 사물을 "그 자신의 영혼" 속에서 바라본다.

그러나 프루스트가 사진적 방식을 소외 상태와 연결시킨 것은 타당하다. 사진 매체의 특성을 인정하는 사진사가 프루스트가 생각하듯이 완전한 감정적 거리를 보여주는 경우는 드물거나 아예 없다고 할 수 있지만, 그렇다고 해서 그가 자신의 내적인 비전을 사진 속에 자유롭게 표현할 수 있는 것은 아니기 때문이다. 중요한 것은 리얼리즘적 충실성과 조형적 열정의 "적합한" 배합이다. 그런데 이 배합에서는 조형적 경향이 아무리 강력하게 발전한다 해도 그 자체로 독립성을 지닐 수 없고 리얼리즘적 충실성의 종속변수로 머무를 뿐이다. 루이스 멈퍼드는 다음과 같이 말한다. 사진작가의 "내적 충동은 주관적 환상 속에 퍼져나가는 대신 외부 상황과 조화를 이루어야 한다."[59] 예술사진 작가들 가운데 나다르, 데이비드 옥타비우스 힐, 로버트 애덤슨 같은 사람들은 이러한 위태로운 균형을 잘 유지하는 법을 알고 있었다. 물론 그들은 회화의 영향을 많이 받았지만, 그들이 일차적인 목표로 삼은 것은 역시 사진 속 인물의 본질적 특성을 드러내는 데 있었다.[60] 이들 사진작가의 인물사진이 보여주는 품격은 뉴홀에 따르면 결국 "그들의 지각이 도달한 깊이와 위엄"[61]에서 찾아야 한다.

이것은 곧 사진작가의 선별적 태도가 무관심한 즉흥성보다는 공감에 더 가까운 것임을 의미한다. 그는 아마도 난해한 텍스트를 탐구하고 해독하려는 상상력 풍부한 독자와 흡사한 존재라고 할 수 있을 것이다. 사진작가는 자연이라는 책 속에 침잠해 들어가는 독자다. 폴 스트랜드는 주장한다. 사진작가의 "비전의 강도"는 "눈앞의 대상에 대한 진정한 존중에서 나오는 것"이라고.[62] 혹은 웨스턴에 따르면, 카메라는 "사진작가에게 자연을 깊이 들여다보고 대상의 근본적 현실을 드러낼 수 있는 수단을 제공한다."[63] 감추어진 것을 밝혀주는 카메라의 힘 덕택에 사진작가는 탐험가의 면모를 지닌다. 완전히 충족될 수 없는 호기심 때문에 그는 미개척의 개활지를 배회하고 그 속에서 나타나는 기이한 패턴을 포착하려 한다. 사진작가는 자신의 존재를 불러내서 자유로운 창조물 속에 방출하는 것이 아니라, 자신을 에워싸고 있는 대상들의 본질 속에 용해시킨다. 이번에도, 프루스트는 옳다. 이 매체 속에서 선별성은 소외 과정과 불가분의 관계에 있는 것이다.

여기서 사진적 비전과 관련하여 멜랑콜리가 어떤 역할을 맡을 수 있는지에 대해 한 가지 언급을 해두고자 한다. 뉴홀이 『사진의 역사』에서 사진적 정신이 담긴 회화 작품과 관련하여 두 차례나 멜랑콜리를 언급한 것은 분명 우연이 아닐 것이다. 그는 나폴레옹 3세 치하 파리의 거리와 집들을 묘사한 마르빌의 그림들이 "사라진 과거의 멜랑콜리한 아름다움"을 보여준다고 말한다.[64] 또한 외젠 아제가 그린 파리의 거리 장면 역시 "훌륭한 사진작가의 사진에서 강하게 환기되는 것과 같은 멜랑콜리"[65]로 충만해 있다는 것이다. 〔그림 1〕 내적인 기질로서의 멜랑콜리는 이제 애상적 대상을 매력적으로 보이게 만드는 데 그치지 않는다. 여기에는 또 다른, 더욱 중요한 함의가 있으니, 멜랑콜리는 자기소외를 촉진하고, 이로 인해 온갖 대상과의 동일시를 가능하게 만든다는 것이다. 낙심한 개인은 주변의 지엽적인 상황들 속에서 길을 잃고, 그것을 자신의 선호와 무관하게 무차별적으로 강력히 빨아들인다. 그는 일종의 수용체로서, 이방인의 자리에 놓인 프루스트의 사진사와 흡사한 입장이 된다. 영화감독들은 종종 특정한 마음상태를 가시적인 형태로 표현하기 위해 멜랑콜리와 사진적 방식 사이의 내밀한 관계를 활용하기도 한다. 그 전형적인 경우는 다음과 같은 양상을 보인다. 영화는 우울한 인물이 목표 없이 배회하는 모습을 보여준다. 그가 걸어감에 따라 주변 환경도 변화하는데, 그것은 건물들, 네온사인들, 비켜 지나가는 행인들의 숏을 무수히 교체하는 방식으로 표현된다. 관객은 별다른 이유 없이 출현하는 그러한 장면들을 보면서 이를 실의에 빠진 주인공의 내면과 그에 따른 소외 상태와 연관 짓게 된다.

조형적 경향은 때로 충분히 약화되어 그 결과로 얻은 사진들이 간신히 최소한의 요구 조건을 충족시킬 수도 있지만, 때로는 조형적 경향의 비중이 너무 커져서 리얼리즘적 경향을 묻어버릴 위험도 존재한다. 지난 수십 년 동안 많은 유명한 사진작가들이 객관적 세계의 질료를 탐사하거나 자기 내면의 이미지를 투영하기 위한 사진 찍기에 몰두해왔으며 때로는 두 가지 목적을 동시에 추구하기도 했다. 모홀리-나기는 껍질에 눈처럼 보이는 구멍이 나 있는 나무줄기 사진을 논하면서 다음과 같이 말한다. "초현실주의자는 종종 자연 속에서 자신의 감정을 표현해주는 이미지를 **발견**하곤 한다."[66] 또는 〈베를린 무선전신탑에서〉〔그림 2〕와 같은 모홀리-나기 자신의 사진, 혹은 자세히 살펴보면 암석이나 토양의 퇴적 지형, 혹은 기묘한 방식으로 조합된 대상, 과대하게 클로즈업된 얼굴로 드러나는 추상적, 반≠추상적 구성 작품들〔그림 3〕을 생각해보라.

이런 유형의 사진에서 공감과 즉흥성 사이의 균형은 깨지기 쉽다. 그러한 작품을 찍는 사진작가는 조형적 충동을 리얼리즘적 충동에 종속시키기보다는 양자를 똑같은 강도로 표출하고자 하는 것처럼 보인다. 그는 스스로 깨닫지 못하고 있을지 모르지만 두 개의 상반된 충동에 따라 움직인다. 자신의 내적 이미지를 외부로 드러내고자 하는 욕망과 외부 세계의 형태를 그려 보이고자 하는 욕망. 상충하는 두 욕망을 조화시키기 위해 그는 외부적 형태와 내면 이미지의 우연한 일치에 의존하게 된다. 여기에 그런 절묘한 사진들의 이중성이 있다. 이를 잘 보여주는 사례로 메리 앤 도어의 작품 〈햇빛 속의 의자들〉을 꼽을 수 있다.[67] 〔그림 4〕 한편으로 이 사진은 매체의 속성을 정당하게 살린 작품이다. 사진 속 구멍 뚫린 의자와 그림자 들은 실재하는 대상이다. 다른 한편으로 그것이 예술적 창작 의도에 따라 만들어졌다는 점 또한 분명히 드러난다. 여기서 의자와 그림자는 자연적 대상이라기보다는 자유로운 창작의 구성 요소라는 느낌을 더 강하게 준다.

이처럼 어느 쪽으로도 분류하기 어려운 경계선상의 작품들의 경우, 사진작가가 자연의 결을 살리려고 헌신했다는 느낌이 있다면 사진적 특질은 살아남을 것이고, 반대로 사진작가의 "발견"이 그가 카메라를 외부 세계에 들이대기 전에 이미 자기 안에서 잠재적으로 발견한 것의 반영에 지나지 않는다는 인상이 더 강하다면 사진으로서의 가치는 거의 사라지고 말 것이다. 이때 그의 작업은 자연의 탐사라기보다는 자신의 비전을 표현하기 위해 자연을 이용하는 사이비 리얼리즘의 성격을 띨 뿐이다. 그는 자신의 자유로운 상상과 현실 사이의 일치를 열망한 나머지 후자에 살짝 손을 대서 목표를 이루고자 하는 유혹에 빠질 수도 있다.

실험사진 작가는 이처럼 이질적인 의도들이 혼합되어 있는 경계지대 속으로 침입하려는 경향을 보인다. 그의 작품을 두고 사진의 본성을 벗어난 것이 아니라고 할 수 있을까? 포토그램이나 레이요그래프는 카메라조차 없이 만들어진다. 앞에서 언급한 "창조적" 성과는 그래도 카메라를 사용하기는 하지만 그 속에 들어간 원재료는 소비의 대상으로서 근본적인 변형을 겪는다. 포토몽타주 역시 마찬가지다.[68] 이러한 유형의 창작물들은 사진이라기보다는 특수한 종류의 그래픽 예술로 분류함이 마땅할 것이다. 이들은 사진 예술과 명백한 친연 관계에 있음에도 불구하고 실제로는 사진에서 멀리 떨어져 있다. 우리가 본 것처럼, 실험사진 작가들 스스로가 자신들의 사진 작품을 어떤 독특한 매체에 속하는 예술적 창작품으로 간주하면서 이를 현실 그대로의 기록이라고 할 수 있는 다른 사진들——그것이 거의 추상화에 가깝게 보이고, 미적인 매력에 있어서 뒤처질 것이 없다 하더라도——과 혼동해서는 안 된다고 주장하고 있는 것이다.[69] 그러나 이들 창작품이 기록물이 아니라고 해서 이를 회화나 소묘와 동일한 범주에 넣을 수 있는 것은 아니다. 제임스 스롤 소비는 언젠가 이러한 종류의 작품들이 "회화로 전시하기에는 어울리지 않는다"[70]고 말한 바 있다. 엄격한 의미에서 예술적 목적을 달성하기 위해 사진을 활용할 때 도달하게 되는 곳은 재현과 표현 사이에 있는 일종의 무인 지대인 셈이다.

성향

사진적 방식을 따르는 사진——오해의 여지가 없다면 이를 가리켜 그냥 사진이라고 부를 수 있을 것이다——은 사진 매체 자체의 특성만큼이나 일정하게 유지되는 몇 가지 성향을 나타낸다. 그중 특별한 주목을 요하는 것은 다음 네 가지 성향이다.

첫째, 사진은 연출되지 않은 현실을 뚜렷하게 선호한다. 사진의 본질에 대한 충실성을 통해 우리에게 강한 인상을 남기는 작품들은 자연을 날것 그대로, 우리에게서 독립적으로 존재하는 모습 그대로 묘사하려는 의도를 지닌 것처럼 보인다. 그런데 자연이 특히 연출되지 않은 모습을 드러내는 것은 덧없이 쉽게 변화할 수 있는 자연적 형태 속에서인바, 오직 사진만이 그것을 포착할 수 있는 것이다.[71] 이는 왜 초기의 사진작가들이 "움푹 꺼진 쇠시리 속에 쌓인 먼지"[72]라든가 "햇살의 우연한 반짝임"[73]과 같은 것에 열광했는지를 설명해준다. (하지만 폭스 탤벗 ── 햇살에 찬탄한 바로 그 사람 ──도 아직은 자신의 선호가 정당하다는 확신을 가질 수 없었고, 이를 뒷받침하기 위해 네덜란드 회화의 선례를 근거로 삼으려 했다.) 인물사진에서는 사진작가들이 주어진 조건을 그대로 내버려두지 않는 것이 다반사다. 그러나 이 분야에서 연출된 현실과 연출되지 않은 현실 사이의 경계는 매우 유동적이다. 인물사진을 찍는 사진작가가 특별한 배경을 제공하거나 모델에게 고개를 약간 숙여달라고 요청하는 것은 대상의 전형적 특징을 더 잘 살리기 위한 조치일 수도 있기 때문이다. 이때 결정적인 것은 자연 그대로의 가장 특징적인 모습을 포착함으로써 인물사진이 "생의 환영 幻影으로 충만한"[74] 우발적인 자아의 현시처럼 보이게 하려는 사진사의 욕망이다. 그런데 다른 한편으로 그의 내면에서 표현주의적 예술가가 상상력 있는 독자나 호기심 많은 탐험가를 제압하고 전면에 나선다면, 그의 인물사진은 위에서 다룬 것 같은 애매한 경계선 위의 현상이 된다. 그러한 사진은 조명이나 대상의 면에서 과도하게 작위적으로 구성된 듯한 인상을 줄 것이다. 우리는 그것이 더 이상 현실의 자연스러운 흐름을 포착한 것이 아니라 회화에서 볼 수 있는 것과 같은 패턴으로 요소들을 배치한 것이라고 느끼게 될 것이다.

둘째, 이처럼 연출되지 않은 현실에 대한 관심 때문에, 사진은 우연성을 강조하는 경향을 보인다. 스냅숏에서는 아무렇게나 우발적으로 일어나는 사건들이 실질적 내용을 이룬다. 한 프랑스인은 최초의 영화가 등장하기 거의 10년 전에 즉석사진에 관해 이렇게 말했다. "우리는 지나가면서 예기치 않게 우리 눈에 들어와 왠지 흥미를 끄는 것은 무엇이든 찍으려 한다."[75] 거리의 군중이 사진작가에게 매력적으로 보이는 것도 이 때문이다. 1859년경 뉴욕에서 입체사진의 인기 있는 모티프는 보행자와 수레가 뒤섞여 만들어내는 만화경적 장면이었다.[76] 이와 마찬가지로 무질서한 무리 혹은 더미는 좀더 뒤에 유행한 빅토리아 시대 스냅숏에서도 단골 소재가 되었다. 앞서 언급한 것처럼 마르빌, 스티글리츠, 아제 등의 사진작가들은 모두 도시의 삶이 사진에 잘 어울리는 현대적 테마라고 생각했다.[77] 대도시가 키워낸 꿈들은 우연한 만남, 기이한 겹침, 환상적인 우연의 일치를 담은 사진의 기록으로 구현되었다. 비슷한 경향은 인물사진에서도 나타난다. 심지어 가장 전형적인 인물사진도 우연적 성격을 띠지 않으면 안 된다. 마치 오는 도중에 막 꺾어 온 꽃이 여전히 생의 활기를 띠고 전율하듯이. 이처럼 우발적인 것에 끌리는 사진의 경향에서 재차 확인되는 바는 "명백한 구성적 패턴"[78]을 강요하는 작품이 사진 매체에 어울리지 않는다는 사실이다. (물론 사진을 통해 자연이나 인공적 현실이 보여주는 독창적 구성을 보여주는 것은 또 다른 문제다.)

셋째, 사진은 무한을 암시하는 경향이 있다. 그것은 사진이 강조하는 우연적 복합체가 전체보다는 단편적인 것을 재현하기 때문이다. 인물사진이든 행위를 재현하는 사진이든 사진이 자신의 본질에 충실하기 위해서는 완결성의 관념을 배제하지 않으면 안 된다. 사진의 테두리는 잠정적인 경계선일 뿐이다. 사진의 내용은 그 테두리 바깥에 있는 다른 내용들을 가리킨다. 그리고 사진의 구조는 그 전체를 아우를 수 없는 어떤 것, 즉 물리적 실재를 나타낸다. 19세기 작가들은 이 무언가를 자연 혹은 삶이라고 불렀다. 그들은 사진이 자연 또는 삶의 무한성을 우리 마음속에 새겨줄 것이라고 확신했다. 그들이 카메라에 적합한 모티프 가운데 하나로 꼽은 나뭇잎을 생각해보자. 나뭇잎은 "연출"될 수 없으며, 수적으로 무한히 생기한다. 이런 점에서 사진적 방식과 과학적 탐구 사이에는 어떤 유비 관계가 성립한다. 둘 다 결코 전체를 파악할 수 없는 무한대의 우주에 대한 탐사인 것이다.

네번째이자 마지막으로 꼽을 수 있는 사진 매체의 성향은 불확정적인 것에 대한 지향이다. 이 점은 프루스트도 날카롭게 인식하고 있었으니, 앞에서 발췌 인용한 것과 같은 문단에서, 프루스트는 프랑스 학사원 건물을 나서는 학사원 회원의 사진을 상상한다. 사진이 여기서 보여주는 것은 프루스트에 따르면 "합승 마차를 잡으려 하는 학자의 위엄 있는 등장이라기보다는 그의 비틀거리는 걸음, 나자빠지지 않게 조심하는 태도, 술에 취하기라도 한 듯, 혹은 빙판에 미끄러지기라도 한 듯, 포물선을 그리며 넘어지는 모습일 것이다."[79] 여기서 프루스트가 말하는 사진은 학자가 품위를 잃었음을 암시하지 않는다. 사진은 그의 일반적 행동 방식이나 전형적 태도에 대해 그 어떤 이야기도 해주지 못한다. 사진은 학자의 순간적 자세를 너무나 고립적으로 보여주기 때문에 이 자세가 그의 인격의 전체 구조 속에서 어떤 기능을 하는지는 오직 추측만 할 수 있을 뿐이다. 자세는 어떤 맥락을 가리키지만, 그 맥락은 주어져 있지 않다. 프루스트가 여기서 암시하는 바에 따르면, 사진이 전달하는 것은 정의되지 않은 원재료다.

분명 프루스트는 사진의 비인격적 특질을 과장하는 것만큼이나 그 불확정성도 지나치게 과장하고 있다. 실제로 사진작가는 의도적인 선택과 결정을 하는 과정에서 사진에 구조와 의미를 부여하게 된다. 그의 사진은 자연을 기록할 뿐만 아니라, 동시에 자연을 소화하고 해독하려는 그 자신의 노력을 반영한다. 하지만 프루스트는 사진사의 소외를 지적할 때와 마찬가지로, 이 문제에서도 역시 근본적으로는 옳다. 왜냐하면 사진사가 아무리 선별적으로 작업한다고 해도 조직화되지 않고 혼잡한 것을 향한 경향은 어쩔 수 없이 사진에 남아 있기 때문이다. 바로 그 점이 사진이 기록으로서 지니는 변별적 특징이다. 따라서 사진은 불가피하게 모호한 복수의 의미에 에워싸인다. (물론 전통적 예술 작품 역시 복수의 의미를 지니지만 여기서의 다의성은 해석 가능한 인간의 의도와 정황에서 나오는 것이므로, 작품 속에 내재하는 의미는 사실상 확인 가능하다고 할 수 있다. 반면 사진의 의미는 필연적으로 불확정적이다. 왜냐하면 사진은 모양이 없는 자연, 불가해한 자연 자체를 전달해야 하기 때문이다. 사진과 비교하면, 회화는 상대적으로 명확한 의미를 나타낸다. 따라서 복수의 의미, 의미의 모호함 같은 관념은 사실상 사진 작품과의 관계에서만 유의미하다고 할 수 있을 것이다.)

매력

이처럼 분명한 성향을 드러내는 매체의 작품들은 다른 본격 미술 매체와는 구별되는 특수한 매력을 발산할 것이다. 사진 매체의 매력으로는 다음 세 가지를 꼽을 수 있다.

뉴홀이 말한 것처럼 우리는 사진이 대상을 "잘못 재현하거나 왜곡하고 위조할 수 있다는 것, 심지어 때로는 기꺼이 그렇게 한다는 것도 알고 있지만, 그러한 앎이 사진 기록의 진실성에 대한 암묵적 믿음을 근본적으로 흔들어놓지는 못한다."[80] 이러한 사정은 사진에 대한 사람들의 일반적 반응을 이해할 수 있게 해준다. 다게르가 사진을 발명한 때부터 이미 사진은 의심의 여지가 없는 진실한 기록으로 간주되어왔다. 미술이 사진으로 전락하는 것도, 사진이 미술인 척하는 것도 비웃었던 보들레르조차 사진에는 적어도 "우리 기억의 기록보관소"에 한자리 차지할 자격이 있는 모든 무상한 사물들을 재현하여 보존할 수 있는 장점이 있음을 인정했다.[81] 사진이 기념물로서 누린 초기의 인기는 정말 상상을 초월하는 것이었다. 집집마다 자랑스럽게 내보이는 가족 앨범에는 다양한 배경 앞에 선 여러 세대의 가족 구성원 사진이 넘쳐났다. 그런 앨범이 없는 집이 없다시피 했다. 시간이 흐르면서 이런 기념물에는 중대한 의미의 변화가 일어난다. 앨범에 담긴 추억이 점점 희미해짐에 따라, 그 속의 사진들은 점점 더 기록물로서의 성격을 띠게 되는 것이다. 결국 사진 기록으로서의 효과가 기억의 보조 수단이라는 매력을 압도하기에 이른다. 할머니는 가족 앨범을 뒤적거리며 자신의 신혼여행을 다시 경험하겠지만 아이들은 호기심 어린 눈길로 기괴한 곤돌라, 구식 패션, 한 번도 본 적 없는 옛날 사람들의 젊은 얼굴을 꼼꼼히 살펴볼 것이다.

그리고 그들은 할머니가 당시에 알아차리지 못한 괴상한 세목을 가리키며 자신들의 발견에 희열을 느낄 것이 분명하다. 또는 사람들이 확대된 사진을 들여다보다가 그 속에서 원래 사진이나 현실 자체에서 발견할 거라고 상상조차 하지 못했던 것이 하나하나 나타날 때 얼마나 큰 만족을 느끼는지 생각해보라. 이것 역시 사진에 대한 전형적 반응이다. 우리는 실제로 뭔가 새롭고 예기치 않은 것을 발견하리라는 희망에서 사진을 보곤 하는데, 이는 그만큼 우리가 감추어진 것을 드러내는 사진의 능력을 신뢰한다는 뜻이다.

마지막으로 사진은 언제나 미의 원천으로 인정받아왔다. 그러나 아름다움의 경험에도 여러 가지 방식이 있다. 사진이 회화와 같은 인상을 남길 거라고 기대하지 않는 사람이라면 예컨대 나다르의 인물사진, 매슈 브래디의 남북전쟁 장면, 아제의 파리 거리 풍경이 자율적 창작물이라기보다는 기술적으로 흠잡을 데 없고 현실에 대한 예민한 독해의 결과라는 데 동의할 수 있을 것이다.[82] 일반적으로 말해서, 사진이 아름답다고 느껴질 가능성은 사진이 얼마나 사진적 방식에 충실한가에 달려 있다. 사람들이 흔히 증언하듯이, 우리의 시각 경험을 확장하는 사진이 카메라의 발견적 능력을 증명하는 데 그치지 않고 미적 호소력까지 발휘하는 이유는 바로 여기에 있다. 그것이 고도의 선별 작업의 산물이건, 항공정찰 사진처럼 순수하게 기계적인 결과물이건 간에.

폭스 탤벗은 사진이 사진을 찍은 사람도 알지 못하는 것, 그 자신조차 사진을 찍은 뒤에야 발견할 수 있는 것을 담고 있다는 데 사진의 한 가지 "매혹"이 있다고 보았다.[83] 마찬가지로 제1차 세계대전 이후 프랑스 영화의 대표 주자 가운데 한 사람인 루이 델뤼크는 코닥 사진이 주는 놀라운 발견의 기쁨——미적 기쁨——에 대해 이야기한다. "바로 이것이 나를 매혹시킨다. 필름이나 감광판에서 갑자기 카메라 렌즈에 우연히 포착된 어떤 행인이 독특한 표정을 짓고 있는 것을 발견할 때, 마담 X가 흩어져 있는 고대의 여러 단편적 작품 속에 표현된 고

전적 자세들의 무의식적 비밀을 간직하고 있는 것을 발견할 때, 또는 나무, 물, 섬유, 동물이 보여주는 우리에게 친숙한 그들 특유의 리듬이 사실은 혼란스럽게 느껴지는 여러 개별 운동으로 구성되어 있다는 것을 발견할 때, 그것이 특별한 경험이라는 건 여러분도 이해할 것이다."[84] 사진의 미적 가치는 어느 정도는 사진이 가지는 탐구적 힘에 대한 함수다.*

우리가 사진에 대해 반응할 때 앎을 향한 욕망과 미의 감각은 상호 침투한다. 사진은 많은 경우 앎을 향한 욕망을 충족시키기 때문에 아름다움을 발산하며, 나아가 그러한 욕망을 충족시키기 위해 미지의 우주 공간과 물질의 심연을 뚫고 들어가는 과정에서 그 자체로 아름다운 디자인의 세계를 언뜻 엿보게도 해준다.

예술의 문제

이 지점에서 사진이 과연 예술인가 하는 논란이 다시 수면 위로 부상한다. 현재 이 논쟁 구도에서 결정적인 것은 창조성의 옹호자들이 사진적 작업 과정에서 조형적 충동에 가해지는 제약을 참지 못하고 반발한다는 사실이다. 그들은 사진적 방식에 따라 작업하는 사진 작가를 예술가에 미치지 못하는 존재로 간주하고 그러한 사진작가가 기꺼이 감당하려 하는 기록의 의무를 거부하고 부정한다. 그들이 보

---

*   발레리는 날아가는 새 떼를 찍은 즉석사진이 일본 판화가들이 옳다는 것을 증명해준다고 말한다. Valéry, *Degas, dance, dessin*, p. 73. 즉석사진과 일본 미술 사이의 유사성에 대해서는 Wolf-Czapek, *Die Kinematographie*, pp. 112~13을 참조.

는 문제의 핵심은 예술가로서의 실험사진 작가에 대한 모홀리-나기의 정의에서 더할 나위 없이 명료하게 표현되었다. 실험사진 작가는 "자신이 발견한 것을 선별할 뿐만 아니라… 상황을 만들어내고, 지금까지는 사용되지 않고 무시되어왔지만 사진적 표현의 필수불가결한 특질을 지닌다고 생각되는 장치들을 도입하기도 한다."[85] 여기서 강조되는 것은 예술을 위해 우연적 현실이 제거되어야 한다는 점이다. 싱크로플래시와 스피드램프를 이용하여 자신의 고유한 세계를 구축한 바버라 모건은 "인공조명과 그것이 허용하는 창조의 자유에 대해 감사의 뜻"[86]을 표명한다.

　그러나 이러한 선언의 배경에 놓여 있는 예술 또는 창조성의 개념은 주로 전통적 예술에 적용될 수 있는 것이니만큼, 사진 기록물이 지닐 수 있는 고도의 선별성을 정당하게 인식하는 데는 한계가 있다. 좀더 정확히 말하자면 이런 것이다. 사진작가의 진정한 조형 작업은 물리적 현실을 제압하지 않으면서, 즉 렌즈에 비친 날것 그대로의 재료를 고스란히 보존하고 투명하게 드러내는 가운데 그것의 중요한 측면들을 재현하는 것인데, 예술에 관한 전통적 관념은 이러한 사진적 작업의 고유한 성격을 가리는 경향이 있는 것이다. 사진작가들의 조형적 시도가 미적 함의를 지닌다는 것은 의심의 여지가 없다. 바람에 떨리는 나무들을 보여주는 스티글리츠의 사진은 가을의 비애에 대한 인상적 이미지다. 카르티에-브레송의 스냅숏이 포착하는 인물들의 얼굴 표정, 인간과 건축물 사이의 상호 관계는 기이한 감동을 불러일으킨다. 〔그림 5〕 그리고 브라사이는 벽과 젖은 자갈로 하여금 유창하게 말하게 한다.

　그렇다면 "예술"이라는 이름이 어떤 의미에서는 본격 사진의 영역을 벗어나 있다고 할 수 있는 실험사진 작가의 자유로운 창작의 전유물로 취급되어야 할 이유가 있을까? 그러한 입장은 사진 매체의 특징적 성격을 도외시하게 만들 위험이 있다. 따라서 "예술"이라는 용어를 좀더 느슨하게 사용하여 진정한 사진적 정신 속에서 이룩된 성취까지도, 그러니까 전통적 의미의 예술 작품은 아니지만 그렇다고 미적인 특성과 무관하다고 할 수 없는 작품까지 그 속에 포함될 수 있도록 함이 더욱 생산적일 것이다. 그 속에 들어간 감수성과 그 속에서 풍겨 나올 수 있는 아름다움을 생각할 때 이러한 예술 개념의 확장은 그 나름의 정당성을 얻을 수 있을 것이다.

I. 일반적 특징

2   기본 개념

　자궁 속의 태아처럼 실사영화도 상이한 요소의 결합을 통해 생겨났다. 머이브리지와 마레 같은 이들이 시도했듯이 즉석사진 기술을 환등기, 페나키스토스코프[원반을 이용한 초기 애니메이션 장치] 같은 더 오래된 기술적 장치에 결합하여 실사영화가 탄생한 것이다.[1] 뒤에 가면 편집과 음향 등, 사진 이외의 또 다른 요소들이 추가된다. 하지만 이들 여러 요소 가운데서도 가장 중요한 지위를 차지하는 것은 역시 사진, 특히 즉석사진이라고 해야 할 것이다. 왜냐하면 의심의 여지 없이 사진이야말로 영화의 내용을 이루는 결정적 요소이며 이 사실에는 변함이 없을 것이기 때문이다. 사진의 본성은 영화의 본성 속에 살아 있다.

　사람들은 애초에 영화가 사진의 진화 과정을 완성할 것이라고 기대했다. 영화를 통해서 비로소 움직이는 것을 그린다는 인간의 오랜 욕망이 충족될 것이기 때문이다. 사진 매체 자체 내에서 일어난 몇 가지 주요한 발전을 추동한 것 역시 이러한 욕망이었다. 1839년 다게레오타이프와 탤버타이프[종이인화술]가 처음 등장했을 때부터 사람들은 물론 사진에 찬탄했지만, 그 속에는 적막한 거리, 흐릿한 풍경에 대한 실망의 목소리도 섞여 있었다.[2] 핸드 카메라의 혁신이 일어나기 훨씬 전인 1850년대에 이미 움직이고 있는 대상을 찍으려는 시도가 여러 차례 성공적으로 이루어졌다.[3] 장노출 사진에서 스냅숏으로의 발전을 추동한 바로 그 욕망이 사진을 동일한 방향으로 더 진화시키고자 하는 꿈을 낳았다. 그것은 영화의 꿈이었다. 포토바이오스코프라고 불리는 장치를 개발한 쿡과 보넬리는 1860년경에 "사진 예술의 완전한 혁명"이 일어날 것이라고 예측했다. "우리는 나뭇가지가 바람 부는 대로 흔들리고 나뭇잎이 햇살 속에서 반짝이며 살랑거리는 풍경을 보게 될 것이다."[4]

사진의 발전에 대한 초기의 예측에서는 나뭇잎처럼 친숙한 사진의 주요 모티프 외에도 물결의 출렁임, 구름의 이동, 얼굴 표정의 변화가 자주 언급되었다. 이 모든 예상 속에는 우리 주변의 극히 사소한 변화들을 포착해줄 도구에 대한 갈망이 담겨 있었다. 나뭇잎이나 물결과 마찬가지로 어지럽게 움직이는 군중 장면에 대한 예상도 빠지지 않았다. 존 허셜 경은 즉석사진이 등장하기 전에 발표한 주목할 만한 글에서 영화 카메라의 기본 특질이 어떠할지 예견했을 뿐만 아니라 지금까지도 변함없이 남아 있는 영화 카메라의 고유한 임무에 대해서도 정확하게 지적했다. "실제 삶에서 벌어지는 온갖 인간사——전투, 논쟁, 공적인 제의, 권투 경기 등——를 생생하게 사실적으로 재현하고 먼 후손에게까지 전승하는 것."[5] 뒤코 뒤 오롱과 다른 선구자들 역시 훗날 뉴스영화나 다큐멘터리라고 불리게 될 어떤 것, 즉 실제 현실의 사건을 보여주는 영화의 등장을 꿈꾸었다.[6] 기록 기능에 대한 강조에는 움직이는 영상이 우리가 보통은 지각할 수 없고 복사할 수도 없는 움직임을 포착하게 해줄 것이라는 기대가 깔려 있었다. 이를테면 물질의 섬광 같은 변화, 천천히 진행되는 식물의 성장 같은 것.[7] 요컨

대 영화는 당연히 사진의 발전 노선을 계속 이어갈 것이라고 여겨진 것이다.[*]

이상의 논의에서 끌어낼 수 있는 결론은 무엇인가. 사진에 관한 앞서의 모든 명제는 영화 매체와 관련해서도 똑같은 타당성을 지닌다는 것이다. 그러나 그러한 명제가 사진에 기계적으로 적용될 수 있는 것도 아니고, 영화의 잠재력을 모두 끌어낼 수 있을 만큼 충분히 진전된 것이라고 할 수도 없다. 여기에서 생각을 더 정교하게 발전시키고 확장하지 않으면 안 된다. 그 작업이 영화 매체의 일반적 특징을 설명하는 첫 세 장에서 이루어질 것이다. 이번 장에서 중점적으로 다룰 것은 향후 분석의 바탕을 이룰 몇몇 기본 개념이다. 그다음 장에서는 영화의 기록적, 현시적 기능에 대한 상세한 논의가 전개된다. 세번째 장은 영화 매체의 특수한 성향을 다룬다. 여기서 제시되는 개념적 뼈대는 나중에 영화의 세부 영역과 요소, 그리고 영화 구성의 여러 가지 문제를 탐구해가는 가운데 채워질 것이다.

매체의 속성

영화의 속성은 기본적인 것과 기술技術적인 것으로 나누어볼 수

---

[*] 조르주 사둘은 원시적 영화 카메라에 붙여진 다양한 이름에서 당시 사람들의 열망을 읽어낼 수 있음을 날카롭게 지적한다. 바이타스코프, 바이타그래프, 바이오스코프, 바이오그래프와 같은 이름에는 의심의 여지 없이 카메라가 "삶"과 밀접한 관계를 맺고 있다는 의미가 담겨 있었다. 한편 키네토스코프, 키네토그래프, 시네마토그래프 등의 용어는 운동에 대한 관심을 증언하고 있다. Georges Sadoul, *L'Invention du cinéma*, p. 298.

있다.

기본 속성은 사진의 경우와 동일하다. 다시 말해 영화는 물리적 현실을 기록하고 현시하는 데 독보적인 능력을 지니며 그런 까닭에 자연스럽게 물리적 현실에 이끌린다.

물론 이와 다른 가시적 세계도 있다. 무대 공연이나 회화를 생각해보자. 이들 역시 실재하며 우리가 감각적으로 지각할 수 있는 대상이기는 하다. 그러나 여기서 우리의 관심사는 오직 실제로 존재하는 물리적 현실, 우리가 살아가고 있는 무상한 현실뿐이다. (다음에서는 경우에 따라 "물리적 현실physical reality"이라는 용어 대신 "물질적 현실 material reality" "물리적 실재physical existence" "실제actuality" 혹은 느슨한 의미로 "자연nature" 같은 개념도 사용될 것이다. "카메라 현실camera-reality"도 적절한 용어라 할 수 있겠다. 마지막으로 "삶life" 역시 대안적 표현의 하나로 고려될 수 있는데, 그 이유는 4장에서 드러날 것이다.) 물론 그 외의 다른 가시적 세계도 이 세계 속에 포함되어 있기는 하지만, 정말로 그 일부를 이루는 것은 아니다. 예컨대 한 편의 연극은 그 자체로 고유한 우주를 구성하는데 이 우주는 그것을 둘러싸고 있는 현실적 삶의 환경과 연결될 수 없는 것이다. 우리가 굳이 그렇게 연결시키려 든다면 연극의 우주는 무너지고 말 것이다.

물론 영화는 재현 매체인 까닭에 기념할 만한 발레나 오페라 공연을 녹화하여 재생하는 것 역시 영화의 정당한 역할이라고 할 수 있다. 그러나 공연의 재현이 영화 매체의 특수한 요구에 아무리 부응하려 한다 한들, 거기서 공연을 장기 보존하는 "통조림" 같은 것 이상의 결과물이 나오기는 어렵고, 따라서 우리의 관심사일 수도 없다. 물리적 현실을 탐사하기에 최적의 조건을 갖춘 영화 매체로서는 그러한 현실 바깥에 있는 공연을 보존한다는 것은 기껏해야 부업 정도의 의미밖에 지니지 못하는 것이다. 그렇다고 해서 이를테면 무대 공연의 재현이 때로 극영화나 일정한 영화 장르에서 영화적으로 잘 활용될 수 있다는 것을 부정하는 것은 아니다.*

영화에 특징적인 모든 기법 가운데 가장 일반적이고 필수불가결한 것은 편집이다. 편집은 여러 숏의 의미 있는 연속성을 확립하는 데 필요한 작업이며, 따라서 사진과는 무관하다. (일종의 편집 작업을 통해 만들어지는 포토몽타주는 사진 장르라기보다는 그래픽 아트에 해당한다.) 좀더 특수한 영화적 기술 가운데는 클로즈업, 소프트포커스 렌즈나 네거티브의 사용, 이중 혹은 다중 노출 등, 사진 기법에서 그대로 수용된 것도 있다. 그 외에 랩디졸브, 슬로모션, 퀵모션 같은 "특수 효과" 기법은 당연하게도 영화에서만 가능한 것이다.

여러 가지 기술적 문제에 대해서는 이상의 몇 안 되는 힌트만으로도 충분하다. 대부분의 기존 영화 이론서에서 다루어온 이런 문제에 대해 새삼 상론을 펼칠 필요는 없을 것이다.[8] 기존의 영화 이론서는 거의 예외 없이 편집 장치, 조명 방식, 클로즈업의 다양한 효과 등에 상당한 분량을 할애한다. 하지만 이 책에서 영화적 기법이 관심의 대상이 되는 것은 오직 그러한 기법들이 영화의 본성, 즉 영화의 기본 속성과 그 다양한 함의와 관련되는 경우에 한해서다. 우리의 관심을 끄는 것은 목적과 무관한 편집 그 자체가 아니라 매체의 실체적 특징에 부합하는 잠재력을 현실화하는──혹은 그것에 저항하는(그 역시

---

*   이 책의 151~53쪽을 보라.

동일한 귀결에 이르지만)——수단으로서의 편집이다. 다시 말해서, 이 책의 과제는 그 자체로서 가능한 모든 편집 방법을 조사하는 것이 아니라, 편집이 어떤 경우에 영화적으로 유의미한 성취를 거둘 수 있는지를 규정하는 것이다. 그렇다고 해서 영화 기술적 문제를 아주 도외시하지는 않을 것이다. 다만 기술에 관한 논의는 기술적 관점을 넘어서는 문제가 이를 요구하는 한에서 이루어진다.

방법론적인 문제에 관한 이상의 고찰이 전제하는 바는 꽤나 자명하다. 기본적 속성과 기술적 속성은 본질적으로 다르다는 것이다. 일반적으로 전자는 영화의 영화적 특질을 결정한다는 의미에서 후자에 우선한다. 어떤 영화가 기본적 속성에 충실하면서 물리적 현실의 흥미로운 국면을 기록하지만 기술적으로는 불완전하다고 해보자. 조명이 어정쩡하다든지, 편집이 진부하다든지 말이다. 그럼에도 불구하고 그런 영화는 모든 영화적 장치를 현란하게 구사하며 카메라 현실과 무관한 장면을 꾸며내는 영화보다 더 영화의 본질에 가깝다. 물론 그렇다고 해서 기술적 속성의 영향을 과소평가해서는 안 될 것이다. 뒤에서 보겠지만 때로 다양한 기법의 적절한 활용을 통해 다른 면에서는 리얼리즘적이지 않은 영화에 영화적 향취를 첨가하는 것도 가능하기 때문이다.*

---

* 이 책의 130~31, 174~75쪽을 보라.

Ⅰ. **일반적 특징**

두 가지 주요 경향

영화가 사진에서 발생한 것이라면, 영화에서도 틀림없이 리얼리즘적 경향과 조형적 경향의 긴장과 갈등이 중요한 문제일 것이라고 추측해볼 수 있다. 영화라는 매체가 등장하자마자 두 경향이 나란히 모습을 드러낸 것이 순전히 우연한 일일까? 마치 시작부터 영화적인 시도의 모든 영역을 아우르기라도 하려는 듯이 영화의 창설자들은 두 경향에 내재하는 각각의 가능성을 끝까지 밀고 나갔다. 두 경향의 원형을 체현한 것은 엄격한 사실주의자인 뤼미에르와 예술적 상상력에 고삐를 풀어준 멜리에스다. 그들이 만든 영화는 말하자면 헤겔적 의미에서 테제와 안티테제를 이룬다.[9]

뤼미에르와 멜리에스

뤼미에르의 영화는 조이트로프나 에디슨이 발명한 활동사진의 레퍼토리와 비교할 때 엄청난 혁신이었다.[10] 그는 사진에서 볼 수 있는 것과 같은 일상생활의 장면을 영화 속에 담아냈다.[11] 〈아기의 아침밥〉이나 〈카드놀이 하는 사람들〉 같은 몇몇 초기작은 평화로운 가정의 일상이나 풍속화적 주제에 대한 아마추어 사진사다운 열광을 보여준다.[12] 〈정원사 골려먹기〉라는 영화는 일상생활의 흐름에서 재미있는 클라이맥스를 지닌 이야기를 끌어냈기에 대단한 인기를 누릴 수 있었다. 한 정원사가 꽃에 물을 주고 있다. 그가 아무 의심 없이 일을 계속하고 있는데, 개구쟁이 소년이 호스를 발로 밟는다. 물이 나오지 않자 정원사는 당황하여 물 분사구를 점검하고, 바로 그 순간 소년은 발을 뗀다. 물이 갑자기 뿜어져 나와 정원사의 얼굴을 강타한다. 영화는 영화의 스타일에 충실하게 정원사가 소년을 쫓아가 엉덩이를 두들겨 패는 것으로 끝난다. 이 영화는 장차 만들어질 모든 코미디 영화의 씨앗이자 원형으로서 뤼미에르가 자기 나름의 방식으로 사진을 스토리텔링의 수단으로 발전시키기 위해 감행한 창의적 시도였다.[13] 그러나 여기서 이야기라고 해봐야 실제 삶에서 일어날 수 있는 한 가지 사건에 지나지 않았고, 바로 이 영화의 사진적 진실성이야말로 막심 고리키를 쇼크에 가까운 상태에 빠뜨린 원인이었다. 그는 〈정원사 골려먹기〉에 대해 다음과 같이 적고 있다. "관객은 마치 물줄기가 자기한테 뿌려지는 것처럼 느끼고, 본능적으로 뒤로 물러선다."[14]

결국 뤼미에르는 스토리텔링이 자기 소관 사항이 아님을 깨달은 것처럼 보인다. 스토리텔링이 제기하는 여러 가지 문제에 대해 뤼미에르는 별 관심을 보이지 않았다. 뤼미에르나 그의 회사에서 만든 스토리텔링 영화——그런 종류의 영화로는 〈정원사 골려먹기〉와 유사한 코미디 영화, 역사적 장면을 보여주는 짧은 영화 몇 편 정도가 더 만들어졌다——는 전형적인 뤼미에르 영화라고 보기 어렵다.[15] 그가 남긴 다수의 영화는 우리 주변 세계를 기록한 것으로서 주변 세계를 있는 그대로 제시하는 것 외에 다른 목적을 지니지 않는다. 적어도 뤼미에르의 "에이스" 카메라맨 가운데 한 사람이었던 메스기슈는 바로 그것이 뤼미에르 영화의 메시지라고 여겼다. 유성영화가 이미 한창인 시절에 그는 스승의 작품 세계를 다음과 같이 요약했다. "내가 볼 때, 뤼미에르 형제는 영화의 진정한 영역을 올바른 방식으로 확립했다고 할 수 있다. 소설이나 연극은 인간의 마음을 탐구하는 데 충분한 역할을 한다. 영화가 보여주는 것은 삶과 자연과 그것의 현상 형태 속에서 드러나는 역동성, 소용돌이치는 군중의 움직임이다. 운동을 통해 자신을 드러내는 모든 것은 영화에 의존한다. 영화 카메라의 렌즈는 세계를 향해 열린다."[16]

뤼미에르의 렌즈는 바로 이런 의미에서 세계를 향해 눈을 떴다. 〈뤼미에르 공장을 나서는 노동자들〉〈열차의 도착〉〈리옹의 코르델리에 광장〉과 같은 그의 불멸의 첫 영화들을 생각해보라.[17] 이들 영화의 주제는 모두 사람들이 다양한 방향으로 움직이고 있는 공공장소다. 1850년대 말의 입체사진에 포착된 번잡한 거리가 이렇게 해서 초창기 스크린 위에 다시 나타난 것이다. 여기에는 삶 속에서 가장 통제하기 어렵고 가장 무의식적인 순간들, 혼란스럽게 뒤섞인 채 끊임없이 해체되어가는, 오직 카메라만이 기록할 수 있는 덧없는 패턴들이 담겨 있다. 수많은 모방작을 낳은 기차역 장면은 도착하고 출발하는 사람들이 교차하는 혼잡한 상황을 강조하면서 이러한 패턴의 우연성을 효과적으로 제시한다. 그리고 그것의 단편적 성격은 나른하게 하늘로 올라가는 기차 굴뚝의 연기가 예증해준다. 의미심장하게도 뤼미에르는 연기 모티프를 몇 차례나 사용했다. 그는 또한 주어진 데이터에 어떤 개인적 의도를 가지고 개입하기를 극도로 꺼린 것처럼 보인다. 무심한 기록으로서의 뤼미에르의 영상은 프루스트가 할머니에 대한 기억 속의 이미지와 대비시킨 상상 속 사진사의 사진을 닮았다.

당시 사람들은 뤼미에르의 영화에 감탄했는데, 그것은 무엇보다도 예언자와 선구자 들이 영화 매체의 미래를 내다보면서 특별히 강조한 특질 때문이었다. 뤼미에르에 대한 논평자들이 열광적으로 "바람에 흔들려 잔물결 치는 나뭇잎들"을 언급한 것은 너무나 당연한 일이었다. 떨리는 나뭇잎의 이미지를 사용한 파리의 언론인 앙리 드 파르빌은 뤼미에르의 전반적 주제가 "활동 중인 자연"[18]임을 지적했다. 또 어떤 이들은 과학이 뤼미에르의 발명에서 많은 이점을 취할 수 있으리라고 내다봤다.[19] 미국에서 뤼미에르의 카메라 리얼리즘은 연출된 주제를 위주로 한 에디슨의 활동사진을 누르고 승자가 되었다.[20]

하지만 뤼미에르의 대중적 영향력은 오래가지 못했다. 1897년, 그러니까 그가 영화를 만들기 시작한 지 채 2년도 되지 않아서 그의 인기는 수그러들었다. 그의 영화는 더 이상 센세이션을 불러일으키지 못했다. 좋은 시절은 지나가버렸다. 관심이 줄어든 탓에 뤼미에르는 영화 제작을 감축하지 않을 수 없게 된다.[21]

뤼미에르가 떠나간 자리를 떠맡은 사람이 바로 조르주 멜리에스다. 그는 사그라지는 영화의 매력을 되살리고 더욱 강화하고자 했다. 물론 멜리에스도 때로 뤼미에르를 따라 한 것은 사실이다. 초기에는 그 역시 관객에게 관광지의 볼거리를 제공하거나 당시 유행대로 시사적 사건을 사실주의적으로 연출하여 극화하기도 했다.[22] 하지만 영화에 대한 그의 주된 기여는 연출되지 않은 현실을 연출된 환영으로, 일상생활 속의 사건을 잘 꾸며낸 플롯으로 대체했다는 데서 찾아야 할 것이다.[23]

영화의 두 개척자, 뤼미에르와 멜리에스는 자신의 방법과 상대방의 방법이 근본적으로 다르다는 것을 잘 알고 있었다. 뤼미에르는 멜리에스에게 자신은 영화란 "과학적 호기심" 이상이 아니라고 본다고 말한 바 있다.[24] 이 말은 자신의 영화 기술이 예술적 목적에 사용될 수 없을 것임을 암시하는 것이었다. 멜리에스는 멜리에스대로 1897년에 뤼미에르를 논박하는 듯한 홍보 책자를 발간한다. "멜리에스와 뢸로씨는 주로 환상적, 예술적 연출, 연극 장면의 재현을 전문으로 한다. […] 그들은 이로써 영사기가 제공하는 전형적 장면 ─ 거리 풍경이나 일상생활의 풍경과는 완전히 다른 특별한 장르를 창조한다."[25]

멜리에스의 엄청난 성공은, 뤼미에르의 사진적 리얼리즘이 충족시켜주지 못한 수요가 존재하고 멜리에스의 영화가 바로 이 수요에 부응하는 것이었음을 말해주는 듯하다. 뤼미에르가 관찰의 감각, "활동 중인 자연"에 대한 호기심에 호소했다면, 멜리에스는 예술가의 순수한 환상에 탐닉하는 가운데 자연의 활동에 대해서는 무관심했다. 〈열차의 도착〉에 나오는 열차는 진짜 열차이지만, 멜리에스의 〈불가능한 여행〉에서는 실제 기차가 아닌 장난감 기차가 그 기차만큼이나 비현실적인 풍경 속을 달려간다. 〔그림 6〕〔그림 7〕 멜리에스는 현상의 무작위적 운동을 묘사하는 대신 매혹적인 동화적 플롯이 요구하는 대로 상상적 사건들을 자유롭게 결합시켰다. 영화와 아주 가까운 매체들 역시 이와 유사한 즐거움을 제공하지 않았던가? 예술사진 작가들도 자연의 탐사보다는 자기들이 보기에 미학적 매력을 지닌 창작으로 여겨질 만한 쪽을 선호한 것이다. 그리고 영화 카메라가 등장하기 직전, 환등기 공연장 스크린에서 주로 볼 수 있었던 것은 종교적 이야기, 월터 스콧의 소설, 셰익스피어 극 등이었다.[26]

그러나 물리적 세계를 기록하고 현시하는 카메라의 능력을 활용하지 않은 멜리에스도 환영을 창조하기 위해 점점 더 매체 특유의 기술에 의존하게 된다. 그중 어떤 기술은 우연히 발견되기도 했다. 멜리에스는 파리 오페라 광장을 촬영하던 중 셀룰로이드 필름 롤이 제대로 돌아가지 않는 바람에 촬영을 잠시 중단해야 했다. 그런데 그 결과로 그가 얻은 것은 놀랍게도 버스 한 대가 난데없이 영구차로 변신하는 영화였다.[27] 물론 뤼미에르도 일정한 사건의 연쇄를 뒤집어보는 식의 실험을 해보지 않은 것은 아니다. 하지만 멜리에스야말로 영화적 장치를 체계적으로 활용한 최초의 영화 제작자였다. 그는 사진과 무대를 이용하여 장차 엄청나게 중요한 역할을 맡게 될 여러 혁신적 기술을 도입했다. 이를테면 가면의 사용, 다중노출, 유령을 불러내는 합성 기법, 랩디졸브 등등.[28] 멜리에스는 이러한 기술을 독창적인 방식으로 구사했고, 이로써 그의 유희적 서사와 마술 트릭은 영화적 색조를 띠게 되었다. 무대 위의 속임수는 불필요해졌다. 교묘한 손놀림은 오직 영화만이 보여줄 수 있는 놀라운 변신으로 대체되었다. 이제 환영의 생산은 마술사의 솜씨와는 다른 종류의 기술을 요구했다. 그것은 영화적 환영으로서 연극적 가상을 월등히 능가하는 것이었다. 멜리에스의 〈악마의 성〉을 두고 "오직 영화에서만 가능한, 영화이기에 가능한 작품"이라고 말한 것은 탁월한 초기 영화 평론가 가운데 한 사람인 앙리 랑글루아였다.[29]

이런 영화적 감각에도 불구하고 멜리에스는 본디 연극 연출가였고, 끝내 연극 연출가로 남았다. 그는 사진을 사진 이전 시대의 정신에 따라 사용했다—즉 무대 전통의 영향에서 나온 종이 반죽 우주의 재현을 위해 사진이 동원된 것이다. 그가 만든 뛰어난 작품 가운데 하나인 〈달나라 여행〉에서 달은 얼굴을 찡그린 달의 사나이를 품고 있고, 별들은 뮤직홀 아가씨들의 예쁜 얼굴이 총총히 박힌 둥근 창이다. 게다가 배우들은 마치 무대 위에서 공연한 것처럼 관객에게 허리를 굽혀 인사했다. 그의 영화는 기술적인 면에서는 연극과 변별되지만 진정으로 영화적인 주제의 구현을 통해 연극의 경계를 뛰어넘는 데는 실패했다. 이것은 왜 멜리에스가 많은 기술을 발명하면서도 끝내 카메라를 움직일 생각은 하지 못했는지를 설명해준다.[30] 고정 카메라는 바로 무대를 바라보는 관객의 시선을 보존한다. 그의 이상적인 관람객은 아동극을 보는 어린이까지 포함하는 의미에서 전통적인 연극 관객이었다. 흔히 사람들은 나이를 먹어가면서 본능적으로 자신의 노력과 성취가 처음 시작된 지점으로 되돌아가려는 경향을 보인다고 하는데, 이 말에도 일말의 진실은 있는 듯하다. 멜리에스는 말년에 점점 더 연극적 영화에서 촬영된 연극으로 방향을 옮겨 가면서, 파리 샤틀레의 야외무대를 연상시키는 요정극을 만들기도 했다.[31]

리얼리즘적 경향

리얼리즘적 경향을 따르는 영화는 두 가지 점에서 사진을 넘어선다. 첫째, 영화는 운동의 어떤 순간이 아니라 운동 자체를 찍는다. 그렇다면 영화가 보여주는 운동이란 어떤 종류의 운동인가? 카메라가 바닥에 고정되어 있던 영화 초창기에는 영화 제작자들이 움직이는 물리적 현상에 집중할 수밖에 없었다. 스크린 위의 삶은 오직 그것이 외적인 "객관적" 운동을 통해 모습을 드러낼 때만 삶으로 인정될 수 있었다. 영화 기술의 발전과 함께 영화는 메시지를 전하기 위해 점차 카메라 자체의 움직임과 편집 장치를 이용하기 시작했다. 물론 영화의 강점이 다른 매체로는 접근할 수 없는 운동을 재현할 수 있다는 데 있음은 의심의 여지가 없지만, 이제는 영화가 재현하는 운동이 반드시 객관적인 것이어야 할 이유가 없었다. 기술적으로 완숙한 단계에 이른 영화에서는 "주관적" 운동——즉 카메라에 유도되어 관찰자가 수행하게 되는 운동——이 객관적 운동과 항시적으로 경쟁한다. 카메라가 (움직이는 것이든 움직이지 않는 것이든) 대상에 주의를 끌기 위해 상하, 좌우, 전후로 움직일 때, 관객은 자신을 이 카메라와 동일시하지 않을 수 없게 된다.[32] 또한 숏의 적절한 배치는 관객으로 하여금 장대한 시간과 공간을 빠르게 통과하며 상이한 시기와 공간의 사건을 거의 동시에 목격하도록 만들 수도 있다.

그럼에도 불구하고 중점은 예나 지금이나 객관적 운동에 놓여 있는 것이 사실이다. 영화라는 매체는 아무래도 객관적 운동을 편애하는 것처럼 보인다. 르네 클레르는 다음과 같이 말한다. "영화의 미학이라는 것이 존재한다면… 그것은 '운동'이라는 단 하나의 낱말로 요약할 수 있을 것이다. 우리의 눈이 지각하는 사물의 외적 운동, 그리고 오늘날에는 여기에 행동의 내적 운동이 추가되고 있다."[33] 이처럼 외적인 운동이 영화에서 지배적인 역할을 담당한다는 그의 진술은 그 자신의 초기 영화에서 두드러지게 나타나는 특질을 이론적 차원에서 재확인한다. 클레르의 인물들은 춤추듯이 변화해간다.

두번째로 영화는 사진에서는 꼭 필수적이라 할 수 없는 하나의 매개적 공정을 통해 물리적 현실과 그 다채로운 운동을 포착하기도 한다. 그 매개적 공정이란 연출이다. 영화감독은 플롯을 이야기하기 위해 행위뿐만 아니라 행위가 이루어지는 주변 배경도 연출해야 한다. 그런데 연출이라는 수단이 가장 잘 정당화될 수 있는 것은 연출된 세계가 현실 세계의 충실한 재현으로 보일 때다. 중요한 것은 스튜디오의 세트가 실제 현실 같은 인상을 불러일으켜야 한다는 점이다. 그럼으로써 관객은 진짜 삶 속에서 발생하여 그 현장에서 촬영된 사건

을 보고 있는 듯한 느낌을 받게 된다.[34]

에밀 뷜러모즈는 화가의 날카로운 눈에 비친 것처럼 현실을 재현하는 세트를 "리얼리즘"의 이름으로 옹호한다. 그의 생각에 따르면 그러한 세트 장면은 현실을 그대로 촬영한 것보다 현실의 본질을 더 잘 전달하기 때문에 더욱 현실적이다. 하지만 그것은 흥미로운 오해일 뿐이다. 영화적 관점에서 볼 때 소위 리얼리즘적 세트라는 것도 입체파나 추상화의 구성 못지않게 연출적 성격을 지닌다. 주어진 원재료를 그대로 무대화하는 대신, 이를테면 그 원재료의 핵심을 추려서 제공하기 때문이다. 바꾸어 말하면, 영화의 스튜디오 세트는 영화가 구현하고자 하는 카메라 현실을 억압한다는 것이다. 이런 까닭에 예민한 영화 관객은 세트화된 배경 앞에서 불편함을 느끼기도 한다.[35] (이와 관련하여 물리적 현실이 거의 관심사가 될 수 없는 환상적 영화에서 어떤 문제가 제기되는지는 뒤에 가서 논의하기로 하자.)

기이하게 여겨질 수도 있지만, 스크린 위에서는 현실적 사건의 연출이 원래 사건을 직접 촬영한 것보다 더 강한 현실의 환영을 불러일으킬 수 있다. 그것은 얼마든지 가능한 일이다. 팝스트 감독의 영화 〈동지애〉에서 광산 사고의 스튜디오 세트를 제작한 에르노 메츠너는 극명하게 사실적인 배경을 요구하는 이 이야기에서 진짜 광산 사고 현장을 있는 그대로 찍었다면 결코 영화만큼 설득력 있는 장면을 만들어내지 못했을 것이라고 주장했다.[36]

다른 한편으로 혹자는 과연 카메라의 시선이 원본과 사본의 차이를 조금도 잡아내지 못할 만큼 완벽하게 현실을 연출하는 것이 가능한가 하는 의문을 제기할 수도 있을 것이다. 블레즈 상드라르는 한 가지 명쾌한 가설적 실험으로 이 문제에 답하고자 했다. 그는 완벽하게 동일한 두 영화 장면을 상상한다. 단 하나의 차이점이라면 하나는 실제로 유럽 최고봉인 몽블랑산 위에서 찍은 것이고 다른 하나는 스튜디오에서 연출되었다는 사실뿐이다. 그럼에도 그는 전자에는 후자에 없는 특질이 있다고 주장한다. 산 위에서는 "뭔가 밝게 빛나는 것 같은 기운이 퍼져 나온다. 그것이 영화에 영향을 미치며 영혼을 불어넣는다."[37] 아마도 우리의 환경은 자연적인 것이든 인공적인 것이든, 대체로 복제에 저항하는 것 같다.

조형적 경향

영화감독에게는 사진작가의 경우보다 조형 능력을 발휘할 수 있는 기회가 훨씬 더 폭넓게 열려 있다. 그것은 영화의 가능성이 사진으로는 접근할 수 없는 차원까지 아우르기 때문이다. 영화와 사진의 차이는 영역과 구성이라는 두 측면에서 고찰해볼 수 있다. 우선 영역의 관점에서 살펴본다면, 영화감독들은 결코 카메라 렌즈 앞에 놓인 물리적 현실을 탐사하는 데 만족하지 않았고, 처음부터 역사와 환상의 세계를 집요하게 파고들었다. 멜리에스를 상기해보라. 리얼리즘적 성향의 뤼미에르조차 역사적 장면을 보고자 하는 대중의 요구에 굴복하지 않을 수 없었다. 구성의 관점에서 보자면, 가장 일반적인 두 유형은 서사적 영화와 비서사적 영화다. 비서사적 영화는 다시 실험영화와 사실영화로 구분되고, 후자에는 미술영화, 뉴스영화, 다큐멘터리와 같은 하위 장르들의 전부 혹은 일부가 포함된다.

여기서 어떤 차원이 다른 차원에 비해 더 강하게 영화감독으로 하여금 리얼리즘적 경향을 뒷전으로 돌리고 조형적 욕망을 전면에 내세우도록 자극하는지는 명백하다. 영역의 측면에서는 환상의 차원을 생각할 수 있다. 영화감독들은 언제나 꿈이나 공상을 리얼리즘과는 동떨어진 세트의 도움으로 표현해왔다. 그리하여 〈분홍신〉에서 모이라 시어러는 몽유병적인 황홀경 속에서 환상적 세계 속을 춤추며 나아간다. 이때 연극 무대의 형상화 방식에 따라 풍경화 같은 형태, 거의 추상에 가까운 모양, 유혹적인 색채의 덩어리들로 이루어진 그 세계는 그녀의 무의식을 투영하려는 의도를 명백히 드러낸다. 〔그림 8〕고삐 풀린 창조적 충동은 매체의 기본적 관심사로부터 멀어져간다. 구성의 몇몇 차원에서도 이와 유사한 경향이 나타난다. 대부분의 실험영화는 애초에 물리적 실재에 초점을 맞추지 않는다. 또한 극적 이야기를 따라 전개되는 영화는 사실상 거의 대부분이 자연의 원재료를 내러티브의 구현에 동원하며, 이에 따라 원재료 자체의 의미는 내러티브적 의미에 가려진다. 그 외의 영화에서도, 워낙 물리적 현실에 강조점이 놓여 있기에 그러한 침해의 소지가 크지 않은 부분에서까지 영화감독의 조형적 야심이 리얼리즘적 충실성을 훼손하는 경우가 있다. 이를테면 해설자의 목소리가 자족적 의미를 전달하고, 현실에서 직접 찍은 장면들은 이러한 해설에 대한 구체적 예시 정도의 의미밖에 지니지 못하는 많은 기록영화가 그런 예일 것이다.

두 경향의 충돌

한 영화에서 두 가지 혹은 그 이상의 차원이 결합되어 나타나는 것은 대단히 흔한 일이다. 예컨대 많은 영화가 일상적 사건을 다루면서 그 속에 꿈 장면이나 다큐멘터리 부분을 포함시키기도 한다. 그런 결합에서 리얼리즘적 경향과 조형적 경향 사이의 충돌 현상이 나타날 수 있다. 그런 일은 예컨대 재료를 자유롭게 꾸며 상상적 우주를 창조하는 경향을 보이는 영화감독이 카메라 현실도 보여주어야 한다는 의무감을 느낄 때 일어난다. 로런스 올리비에는 〈햄릿〉에서 배우들을 스튜디오에 인공적인 느낌이 두드러지게 구현한 엘시노어성에 데려다 놓는다. 그 미궁 같은 건축 구조는 햄릿이라는 존재의 불가해성을 재현하려는 의도인 듯하다. 이 기괴한 구조물은 우리가 살아가는 실제 환경과 차단된 채 영화 전체를 지배한다. 다만 진짜 바다 장면만이 이러한 꿈의 궤도에서 벗어나 있다. 이 장면은 그 자체로는 별 의미가 없지만, 실제로 촬영된 바다가 나타나자마자 관객은 충격에 가까운 느낌을 받게 된다. 관객은 이 짧은 장면에서 뭔가 노골적인 침입이 일어난다는 것, 전반적인 영화의 상상적 이미지와 양립하기 어려운 요소가 불쑥 등장했다는 것을 느낄 수밖에 없을 것이다. 이에 대해 어떤 반응을 보이는가는 관객의 감수성에 달려 있다. 영화 매체의 특이한 속성에 무관심한 까닭에 연극적 무대로 꾸며진 엘시노어성을 아무 의문 없이 받아들인 관객이라면 갑작스레 있는 그대로의 자연이 돌출한 것에 대해 실망하고 언짢은 기분을 느낄지도 모른다. 반면 영화적 속성에 좀더 예민하게 반응하는 관객은 바다 장면을 보는 순간 즉각적으로 엘시노어성의 신화적 광채 뒤에 가려져 있던 모조품적 성격을 알아볼 것이다. 레나토 카스텔라니의 〈로미오와 줄리엣〉은 이질적 결합의 또 다른 사례를 제공한다. 셰익스피어 극을 자연적 환경 속에서 연출하려는 시도의 바탕에는 분명 카메라 현실과 셰익스피어 극의 시적 현실이 서로 융합할 수 있다는 믿음이 깔려 있다. 하지만 셰익스피어의 대화와 극적 플롯이 수립하는 우주는 베로나의 진짜 거리와 성벽으로 이루어진 우연적 세계와 너무나 멀리 떨어져 있어서, 두 이질적 세계가 혼합되어 나타나는 모든 장면은 갈등하는 세력 사이의 부자연스러운 동맹 상태를 눈앞에 보고 있는 듯한 느낌을 불러일으킨다.

하지만 이런 종류의 충돌과 갈등이 반드시 일반적인 현상이라고 할 수는 없다. 오히려 영화 매체의 상반된 두 경향이 이와는 다른 종류의 상호 관계를 맺을 수 있다는 것을 뒷받침하는 증거는 충분히 많다. 리얼리즘적 경향과 조형적 경향 사이에 성립할 수 있는 관계 가운데 미학적으로 더 만족스러운 것과 덜 만족스러운 것이 있는 까닭에, 다음에서는 어떤 관계가 바람직한지 고찰해보고자 한다.

영화적 방식

앞 장의 논의를 바탕으로 우리는 영화가 매체 본연의 기본 속성에 맞게 만들어진다면 미학적 정당성을 확보할 수 있으리라는 결론을 끌어낼 수 있을 것이다. 사진과 마찬가지로 영화 역시 물리적 현실을 기록하고 현시해야 한다. 나는 앞에서 이미 매체의 특성이란 일반적으로 미학적 기준으로 삼기에는 너무 막연하다는 반론의 가능성에 대해 논의한 바 있다.* 사진의 매체적 속성을 이어받은 영화에 이러한

---

*   이 책의 44~47쪽을 보라.

반론이 해당되지 않음은 명백하다. 하지만 또 다른 반론의 가능성이 남아 있다. 매체와 물리적 현실 사이의 기본적 관계를 과도하게 강조하는 것은 영화를 일정한 틀에 넣어 옥죄는 결과로 이어지지 않을까? 이러한 반론은 자연의 재현에 전혀 무관심한 수많은 영화가 증명해주는 것처럼 보인다. 우선 추상적인 실험영화가 있다. 이에 더해 현실의 삶 자체를 찍는 것이 아니라 연극적 방식으로 플롯을 구성하기 위해 현실을 이용하는 "영화극photoplay" 혹은 "연극적 영화"가 끝도 없이 만들어지고 있다. 외부 세계를 무시하고 꿈과 환상을 자유롭게 표현하는 판타지 영화도 많다. 옛날 독일 표현주의 영화들이 그런 경향을 극단적으로 밀고 나갔다. 심지어 표현주의 영화의 옹호자 가운데 한 사람인 헤르만 G. 셰파우어는 스크린상의 표현주의가 훌륭한 것은 바로 사진적 현실과 동떨어져 있기 때문이라고까지 주장했다.[38]

그렇다면 대체 무슨 근거로 이런 장르가 물리적 실재에 집중하는 영화보다 덜 "영화적"이라고 말할 수 있겠는가? 이 물음에 대해서는 당연히 오직 후자만이 다른 식으로는 얻을 수 없는 통찰과 즐거움을 제공해주기 때문이라고 답할 수 있다. 물론 외부 현실에 괘념하지 않는 모든 장르가 사라져야 한다고 할 수는 없으니 위의 주장은 다소 독단적으로 들릴지 모른다. 하지만 다음 두 가지 사항을 고려한다면, 그렇게 무리한 주장이라고만 볼 것은 아니다.

우선 한 장르의 인기가 매체에 얼마나 적합한가에 따라 결정되는 것은 아니다. 사실상 많은 장르가 폭넓은 사회적, 문화적 수요에 부응하기 때문에 대중적 인기를 누리고 있다. 즉 미학적 정당성의 문제와는 무관한 이유로 인기를 얻고 유지하는 경우가 적지 않다. 그리하여 영화극은 영화의 결을 거스른다는 이유로 대부분의 진지한 비평가에게서 부정적 평가를 받고 있음에도 불구하고 하나의 장르로서 성공적으로 자리 잡았다. 예컨대 〈세일즈맨의 죽음〉의 영화 버전에 관객이 매혹을 느끼는 것은 원작인 브로드웨이 극이 히트한 것과 동일한 이유 때문이고, 그런 관객은 거기에 어떤 영화 특유의 장점이 있는지는 전혀 신경 쓰지 않는다.

다음으로, 논증을 위해서 일단 미학적 타당성에 대한 나의 정의가 실제로 일면적인 것이라고 가정해보자. 즉 그러한 정의는 영화적 작업의 한 가지 특수한——설사 중요한 것이라 하더라도 보편적이라 할 수는 없는——유형에 대한 편향적 태도에서 나온 것이어서, 혼성적 장르의 가능성이라든가 영화 매체의 비사진적 요소의 영향 등을 고려할 수 없다고 가정해보자는 것이다. 이 가정이 참이라 하더라도 그것이 나의 정의가 부적절하다는 증거가 되지는 못할 것이다. 전략적 견지에서 보더라도 일면적인 관점——그것이 충분한 근거를 갖추고 있다는 전제하에——에서 시작하여 이를 완화하는 것이 모든 것을 다 끌어안는 일반적 전제를 먼저 세우고 뒤에 가서 이를 특수화하는 것보다 더 바람직한 경우가 많다. 후자의 방식은 매체 사이의 차이를 불분명하게 만들 위험이 있다. 왜냐하면 처음에 일반적 범주가 설정되면 거기서 충분히 멀리 벗어나기란 쉬운 일이 아니기 때문이다. 이때 문제는 상이한 예술의 혼동이 야기될 수 있다는 데 있다. 이론가로서의 에이젠슈테인이 영화와 전통적 예술 매체 사이의 유사성을 강조하면서 영화를 예술 매체의 궁극적 완성으로 간주하기 시작했을 때, 예술가 에이젠슈테인은 영화와 잘 만들어진 연극적 스펙터클 사이의 경계를 점점 더 지워갔다. 〈알렉산드르 넵스키〉라든가, 오페라적 면모를 보이는 〈폭군 이반〉 같은 작품을 생각해보라.[39]

"사진적 방식"이라는 용어와 정확히 동일한 의미에서, 우리는 미학적 기본 원칙을 인정하는 영화감독의 작업 방식을 "영화적" 방식이라고 부를 수 있을 것이다. 리얼리즘적 경향을 따르는 모든 영화 속에서 영화적 방식이 구현된다는 것은 자명하다. 그것은 뉴스영화, 과학영화, 교육용 영화, 혹은 소박한 다큐멘터리처럼 창조적 야망이 거의 없는 영화조차 예술적 기교만 있고 주어진 외부 세계에 거의 관심을 두지 않는 영화보다는 미학적 관점에서 더 견고한 입지를 지닌다는 것을 의미한다. 하지만 보도사진의 경우와 마찬가지로, 뉴스영화 등의 장르는 최소한의 요건만을 충족시킬 뿐이다.

　　사진도 그러하지만 영화에서 핵심적인 것은 매체가 다루는 모든 차원에서 영화감독의 조형적 에너지가 개입한다는 사실이다. 그는 물리적 실재의 이런저런 단면에서 받은 인상을 다큐멘터리적 양식 속에 제시하기도 하고, 환각이나 정신적 이미지를 스크린에 투영하거나 리드미컬한 패턴의 표현에 탐닉하기도 하며, 휴먼드라마적인 스토리를 이야기하기도 한다. 이 모든 창조적 노력은 어떤 식으로든 영화 매체의 주요 관심사인 가시적 세계를 다루는 데 도움이 되는 한에서 영화적 방식과 양립할 수 있다. 사진의 경우와 마찬가지로, 문제는 리얼리즘적 경향과 조형적 경향 사이의 "올바른" 균형이다. 그리고 두 경향 사이의 좋은 균형은 후자가 전자를 압도하려 하지 않을 때, 후자가 전자의 주도권을 따라갈 때 달성될 수 있다.

예술의 문제

영화를 예술 매체라고 말할 때, 사람들은 자연의 탐사보다는 전통적 의미의 예술, 즉 자유로운 창작으로서의 예술에 가까운 영화를 머리에 떠올린다. 이러한 예술적 영화는 외부 세계를 있는 그대로 받아들이는 대신 어떤 자족적 구성물을 만들기 위한 원재료로 사용한다. 다시 말해서, 그 바탕에 깔린 조형적 충동이 너무나 강하기 때문에 카메라 현실에 대한 관심에서 출발하는 영화적 방식은 설 자리를 잃는 것이다. 흔히 예술영화로 간주되는 유형 가운데 대표적인 것의 하나가 앞에서 언급된 제1차 세계대전 후에 등장한 독일 표현주의 영화다. 회화적 정신이 잉태한 표현주의 영화는 바로 〈칼리가리 박사의 밀실〉 세트의 설계자 중 한 사람인 헤르만 바름의 공식을 구현하고 있는 것처럼 보인다. 그에 따르면 "영화는 살아 움직이는 그림이어야 한다."[40] 많은 실험영화 또한 자유로운 창작으로서 예술영화에 속한다. 대체로 이러한 유형의 영화는 자족적인 전체를 지향할 뿐만 아니라, 더 나아가 물리적 현실을 아예 무시하거나 사진적 진실과는 무관한 목적을 위해 이를 이용하는 경향을 나타낸다.* 마찬가지 이유에서, 강렬한 예술적 구성이 의미심장한 주제나 가치의 표현과 결합되어 있는 영화도 일반적으로 예술 작품으로 분류된다. 위대한 극작품이나 기타 문학 작품의 영화화가 대개 그런 경우에 해당된다.

그러나 이처럼 "예술"이라는 용어를 전통적 의미에서 사용하는 것은 영화에 대한 오해를 유발할 뿐이다. 그러한 예술관은 어떤 영화

---

*　실험영화에 대한 더 자세한 논의는 10장을 참조할 것.

가 예술성을 인정받기 위해서는 미술, 연극, 문학이 이룬 성취와 경쟁하기 위해 영화의 기록 매체로서의 임무를 무시해야 한다는 믿음을 유포하며, 그 결과 매체 본연의 성질에 충실한 영화가 가지는 미학적 가치는 가려지고 만다. 만일 "예술"이라는 용어가 〈햄릿〉이나 〈세일즈맨의 죽음〉 같은 작품에만 적용될 수 있는 것이라면, 우리는 물질적 현상 자체를 포착하는 많은 다큐멘터리 영화 속에 흘러들어 간 엄청난 창조적 에너지를 제대로 평가하기 어려울 것이다. 요리스 이벤스의 〈비〉나 로버트 J. 플라어티의 〈북극의 나누크〉처럼 조형적 의도로 충만한 다큐멘터리 영화를 생각해보자. 대상에 대해 선별적인 모든 사진작가가 그러하듯이, 이들 다큐멘터리 영화감독 역시 상상력 있는 독자이자 호기심 많은 탐험가의 자질을 지니고 있다. 그리고 그들의 독해와 발견은 주어진 재료 속에 완전히 몰입한 가운데 의미 있는 선택을 수행하여 얻어낸 성과다. 물론 영화적 과정에서 요구되는 몇몇 기술——특히 편집 기술——은 사진작가가 알지 못하는 새로운 과제를 던져준다. 그리고 이 역시 영화감독의 창조적 힘을 말해주는 추가적 증거가 된다.

여기에서 곧바로 용어상의 딜레마가 생겨난다. 예술 개념의 고착된 의미 때문에 진정 "영화적인" 영화, 즉 물리적 현실의 일정 국면을 구현하여 관객에게 경험할 수 있게 해주려는 영화는 예술의 영역에 포함될 수 없다. 그러나 미학적 정당성을 지니는 것은 바로 그러한 영화이지, 전통적 예술 작품을 연상시키는 영화가 아니다. 영화가 예술이라고 하더라도, 영화를 기성의 예술과 혼동해서는 안 될 것이다.*

* 아르놀트 하우저는 바로 이 점을 인식한 몇 안 되는 저자 가운데 한 사람이다. 「예술사의 철학」

이 불안정한 개념을 느슨하게 사용하여 〈북극의 나누크〉나 〈전화의 저편〉이나 〈전함 포템킨〉과 같이 카메라 현실 속에 깊이 침윤되어 있는 영화까지 예술에 포함시키는 것도 일리가 없지는 않을 것이다. 하지만 그럴 때도 잊지 않아야 할 것은 가장 창조적인 영화감독도 화가나 시인보다는 있는 그대로의 자연에 대해 덜 독립적인 위치에 있다는 사실이다. 그의 창조성은 자연을 수용하고 자연 속으로 파고드는 데서 현현한다.

에서 그는 이렇게 말한다. "영화는 상당한 양의 현실을 변형시키지 않은 채 그대로 받아들이는 유일한 예술이다. 물론 영화는 그렇게 받아들인 현실을 해석한다. 하지만 그 해석은 사진적 해석 이상도 이하도 아니다"(p. 363). 하지만 이러한 통찰에도 불구하고 하우저는 이와 같은 영화의 기본적 사실이 어떤 함의를 지니는지 정확히 인식하지는 못한 것으로 보인다.

3 물리적 실재의 수립

"내가 이룩하고자 하는 과업은 무엇보다도 사람들로 하여금 보게 만드는 것입니다."

—D. W. 그리피스의 1913년 인터뷰에서[1]

물리적 실재를 수립함에 있어서 영화는 사진과 두 가지 면에서 차이를 보인다. 영화는 현실을 시간 속에서 전개되는 대로 재현한다. 이러한 시간 속 현실의 재현은 영화적 기술과 장치를 통해서 이루어진다.

따라서 두 인접 매체가 짊어지고 있는 기록과 현시의 임무는 부분적으로만 일치할 뿐이다. 그렇다면 이러한 차이점은 특히 영화에 대해 어떤 함의를 지니는가? 영화 카메라의 사냥터는 이론적으로 무제한적이다. 사방으로 펼쳐지는 외부 세계 전체가 그 대상이 되기 때문이다. 그러나 이 세계 속에서도 영화 매체의 관점에서 특별히 매력적이기에 "영화적"이라 부를 수 있는 그런 주제가 있다. 마치 영화 매체가 그러한 주제를 제시해야 하는 운명을 타고나기라도 한 것처럼, 또 그 운명의 실현을 열망하기라도 하는 것처럼 말이다. 지금부터는 그러한 영화적 주제를 상세히 검토해보려 한다. 그중 몇몇 주제는 말하자면 겉으로 나와 있다. 이에 대해서는 "기록 기능"이라는 절에서 논의하고자 한다. 반면에 영화 카메라나 영화적 테크닉의 개입이 아니었다면 누구도 주목하지 않았을, 혹은 아예 지각조차 하지 못했을 주제도 있다. 이에 대해서는 이어지는 "현시적 기능"에 관한 절에서 논의할 것이다. 물론 카메라를 통한 현시는 언제나 기록이기도 하다. 하지만 모든 기록이 현시적 기능을 하는 것은 아니다.

기록 기능

운동

적어도 두 부류의 꽤나 일상적인 외적 현상이 스크린에 꼭 맞는 성질을 타고난 듯이 보인다. 충분히 예상할 수 있겠지만 그중 하나는 오직 영화 카메라만이 기록할 수 있는 것이기에 영화적이라 할 수 있는 온갖 종류의 운동이다. 그중 가장 대표적인 영화적 운동의 세 가지 유형을 살펴보기로 하자.

추격

히치콕은 이렇게 말한 바 있다. "추격은 영화 매체의 궁극적 표현이 아닐까 합니다."[2] 상호 연관된 여러 운동의 복합체로서의 추격은 운동의 극단, 혹은 운동 그 자체라고까지 말할 수 있을 것이다. 스릴 넘치는 물리적 움직임의 연속체를 만들어내기에 추격 장면이 얼마나 유용한지는 두말할 나위도 없다. 그리하여 이미 20세기 초부터 지금까지 추격 장면은 그 매력을 잃지 않고 있다.[3] 초창기 프랑스 코미디는 넓은 공간에서 펼쳐지는 모험의 골격을 잡기 위해 추격을 활용했다. 경찰들이 개를 쫓아가다가, 나중에는 반대로 그 개에게 쫓겨 다닌다(〈경찰관의 경주〉). 수레에서 굴러 떨어진 호박들을 가게 주인과 그의 당나귀, 행인들이 하수관을 통해서, 또 지붕을 넘으며 쫓아가기도 한다(〈호박 경주〉, 1907). 키스톤 코미디[키스톤 스튜디오Keystone studio에서 제작한 코미디 영화]에서 추격 장면이 빠진다는 건 상상조차 할 수 없는 일이다. 추격은 전체의 클라이맥스, 광란의 피날레를 이룬다. 돌진하는 열차가 자동차들을 들이받고 사자 굴 위로 걸린 로프에 매달려 탈출하는 등 대혼란의 장면이 연출된다.

하지만 이 같은 속도에의 탐닉이 지니는 영화적 의미를 D. W. 그리피스만큼 극적으로 보여준 사람도 또 없을 것이다. 그리피스의 모든 위대한 작품 마지막에는 줄거리가 이데올로기적 차원에서 "마지막 순간의 구원"이라고 불리는 순수하고 단순한 추격의 차원으로 넘어간다. 추격이라기보다는 차라리 경주 장면이라고 보아야 할까? 뭐라고 부르든, 구원자들은 악당을 잡기 위해, 혹은 마지막 순간에 희생자를 구출하기 위해 내달린다. 이와 동시에 극적 갈등이 불러일으킨 내적 감정은 왕성한 물리적 운동과 그 직접적 결과에 대한 예상이 초래하는 첨예한 생리적 긴장으로 대체된다. 말을 타고 달리는 추격이나 경주 장면이 없는 서부영화는 상상조차 할 수 없다. 플라어티가 말한 것처럼 서부영화의 인기 비결은 "초원을 가로지르는 말 달리기 장면이 아무리 봐도 물리지 않는다는 데 있다."[4] 달리는 말은 먼 지평선의 헤아릴 수 없는 고요함과 대비를 이루며 더욱 강렬한 효과를 내는 것처럼 보인다.

춤

영화적 특질이 특히 두드러지는 운동의 두번째 유형은 춤이다. 물론 여기서 춤이란 현실의 시공간 바깥인 무대 위에서 펼쳐지는 발레 같은 무용을 말하는 것이 아니다. 흥미로운 것은 지금까지 발레를 적절하게 영화 매체를 통해 보존하려는 모든 시도가 실패로 돌아갔다는 사실이다. 무용 공연의 녹화 영상은 전편을 담았을 경우에는 지루하기 짝이 없게 되고, 매력적인 세부 장면을 선별하여 보여줄 경우에는 원본을 보존하기보다 해체함으로써 혼란을 초래할 뿐이다. 춤은 오직 물리적 현실의 일부를 이룰 때만 영화적 가치를 인정받을 수 있다. 사람들은 르네 클레르의 초기 유성영화를 두고 발레라고들 했다. 이는 참으로 정확한 평가였지만, 다만 클레르의 영화에서 특이한 점은 춤추는 이가 무용수가 아니라 실제로 파리에 사는 인물들이라는 것이었다. 그들은 사랑의 모험에 나설 때나 소소한 다툼을 벌일 때 춤 동작을 실행하지 않을 수 없었다. 클레르는 무한히 섬세한 감각으로 그들을 인도하여 현실과 비현실의 경계선을 따라 움직이도록 한다. 때때로 그의 영화에 등장하는 배달 소년, 택시 운전사, 소녀, 점원, 기타 인물들은 레이스 장식처럼 정교한 디자인에 따라 서로 모이거나 멀어져가는 마리오네트처럼 보인다. 그러다가도 다음 순간에 그들은 다시 파리의 거리와 음식점에서 볼 수 있는 평범한 사람처럼 보이고 또 그렇게 행동한다. 여기서 지배적인 것은 후자의 인상이다. 설사 그들이 상상적 우주 속에 끌어들여진 것이라고 하더라도, 이 우주 자체는 우리의 진짜 현실을 일정하게 양식화하며 반영하고 있다. 여기서는 어떤 춤이든 순간적 기분에 따라 즉흥적으로 시작되는 것처럼 보인다. 이러한 발레의 기원은 삶의 우여곡절이다.

프레드 애스테어 역시 무대 안무보다는 즉흥적 인상을 주는 퍼포먼스를 선호했다. 그는 이러한 유형의 퍼포먼스가 영화 매체에 적합하다는 것을 꽤나 분명히 인식하고 있었다. "모든 춤은 어떤 식으로든 인물의 성격이나 상황에서 발생하는 것이어야 한다. 그렇지 않을 경우 그것은 보드빌 쇼의 한 코너에 지나지 않는다."[5] 물론 그가 춤추고 노래하는 연극적 장면을 완전히 없앴다고 할 수는 없다. 하지만 보드빌 스타일의 공연이 시작되기가 무섭게, 그는 준비된 안무의 감옥에서 벗어나 천재적인 즉흥적 감각으로 테이블 위를 넘고 자갈길을 건너 일상 세계 속으로 들어온다. 그것은 각광의 세계에서 카메라 현실의 심장부로 이어지는 일방통행로다. 그의 뮤지컬은 진짜 삶의 사건을 장난감처럼 가지고 노는데, 이때 그의 신기에 가까운 춤은 그런 사건들 사이에 섞이도록 구상된 것이다. 이러한 구성 속에서 춤은 부지불식간에 일상적 해프닝의 흐름에서 떠올랐다가 마찬가지로 눈에 띄지 않게 사라진다.

그런데 일상사의 흐름과 분리할 수 없이 얽혀 있기로 말하자면 "자연스러운" 춤만 한 것이 또 어디 있겠는가? 영화감독들은 끊임없이 카메라를 춤추는 남녀나 사교 무도회 장면에 맞춘다. 마치 삶 자체에서 생성되는 운동의 영화적 본성에 저절로 이끌리기라도 하는 듯이. 〈제저벨〉과 〈피그말리온〉의 아름다운 무도회장 에피소드나 〈물랑루즈〉의 기교 넘치는 캉캉 춤 장면을 생각해보라. 또는 로저 틸튼의 다큐멘터리 〈재즈댄스〉에서 재즈광들의 집단적 희열을 드러내는 꾸밈없는 춤 장면들의 몽타주를 보라. 영화 팬이라면 이런 예를 끝도 없이 댈 수 있을 것이다. 춤의 촬영은 때로 춤추는 사람의 내밀한 사적 영역을 침범하는 결과로 이어지기도 한다. 그가 빠져드는 망아의 희열은 괴상한 몸짓이나 일그러진 얼굴 표정 속에 드러나지만, 그것은 함께 춤추는 사람들 외에는 누구에게도 보여줄 의도가 있다고 할 수 없거니와, 이들조차 춤의 와중에 있으므로 결국 그 누구도 볼 수 없는 것이다. 그러한 비밀스러운 순간을 보는 것은 일종의 염탐 행위다. 관객은 금지된 왕국에 진입하는 순간 이로 인해 부끄러움을 느낀다. 여기서 벌어지는 일들은 사실상 목격이 아니라 경험의 대상이기 때문이다. 하지만 카메라의 최고 덕목은 바로 엿보는 자의 역할을 할 수 있다는 데 있다.

운동의 탄생

영화적으로 특별히 주목할 만한 세번째 유형의 운동은 지금까지 살펴본 것과는 달리 상호 관련된 움직임들의 집합 이상의 의미를 지닌다. 그것은 무운동성에 대한 대립으로서의 운동이다. 영화는 이러한 대조에 집중함으로써 객관적 운동──객관적이기만 하다면 어떤 운동이든──이야말로 최상의 영화적 주제라는 것을 뚜렷하게 증명한다. 알렉산드르 도브젠코는 〈병기고〉와 〈대지〉에서 빈번히 행동을 잠시 정지시켰다가 재개하곤 한다. 이 기법에서 첫번째 단계──인물들 혹은 그들 중 일부가 갑자기 움직임을 멈춘다──는 충격 효과를 일으킨다. 우리는 별안간 진공상태에 빠진 듯한 느낌을 받는다. 그 직접적인 결과로 우리는 영화뿐만 아니라 외부 세계의 경우에도 운동이 본질적인 구성 요소라는 사실을 아주 분명하게 깨닫게 된다. 하지만 이것은 이야기의 절반일 뿐이다.

스크린 위의 움직이는 이미지가 정지된다고 하더라도, 그 움직임을 추동하는 힘이 너무나 강력하기 때문에 화면의 정지와 동시에 운동이 중단되는 것은 아니다. 〈병기고〉나 〈대지〉에서 사람들이 정지된 이미지로 나타날 때도, 운동은 계속 진행된다. 다만 외적 운동이 내적 운동으로 바뀔 뿐이다. 〔그림 9〕 도브젠코는 이러한 변환을 현실 탐구에 유익하게 활용할 줄 알았다. 〈대지〉에서 움직이지 않는 연인들은 투명해진다. 그들의 마음을 흔드는 깊은 행복이 겉으로 드러나는 것이다. 그리고 관객은 관객대로 외적 운동이 중단됨에 따라 연인들과 더욱 강렬하게 교감하고 그들의 내적 흥분을 잘 느낄 수 있게 된다.[6] 하지만 이처럼 값진 경험에도 불구하고, 인물들이 되살아나는 순간은 우리에게 어떤 안도감을 제공한다. 운동의 재시작이 이 기법의 두번째이자 마지막 단계를 이룬다. 우리는 움직임을 내적 본질로 하는 영화의 세계로 복귀한다. 이전 단계에서 정지의 소용돌이 속으로 빠져들 수 있었던 것도 이러한 영화의 운동적 본성 덕택이었음은 물론이다.

도브젠코처럼 움직이는 삶을 살아 있는 부동성으로 변환시킬 수도 있지만, 운동을 그 운동이 이루어지는 과정의 무수한 단계 가운데 하나와 대비시킬 수도 있다. 다큐멘터리적 성격을 띤 주목할 만한 독일 무성영화 〈일요일의 사람들〉(1929)의 해변 에피소드에는 현장의 한 사진사가 찍은 해수욕객들의 이런저런 스냅숏이 삽입되어 있다. 이들 스냅숏은 운동의 흐름에서 기괴하고 부자연스러운 순간적 신체 자세를 뽑아낸다.[7] 부산하게 움직이는 사람들의 몸과 삽입된 사진에 포착된 그들의 자세는 서로 극명한 대조를 이룬다. 관객은 우스꽝스럽게 경직된 자세를 보면서 부동성과 생명의 부재를 동일시하고, 더 나아가 삶과 운동을 동일시하지 않을 수 없을 것이다. 또한 앞에 제시된 부산한 장면의 영향으로 인해 시간은 의미 있는 **지속으로서의 시간**temps durée에서 기계적인 **공간으로서의 시간**temps espace으로 돌변하고 이와 동시에 관객은 즉시 폭소로 반응하게 된다. 도브젠코의 정지 화면이 관객을 화면의 궤도 속으로 점점 더 깊이 빨아들이는 반면, 해변의 스냅숏은 삶을 부조리한 정지 상태 속에 동결함으로써 즐거운 충격을 선사한다. 여기서 지적해둘 만한 또 한 가지 사실은 그러한 장면들이 당시 하류 중산계급의 이데올로기적 공허함을 폭로하는 사회학적 기능을 수행한다는 점이다.[8]

움직이지 않는 사물

사물은 회화의 단골 소재인 까닭에 그것을 영화적 주제로 규정하는 것이 정당한가 하는 의문이 제기될 수 있다. 하지만 오직 영화만이 하나의 모자, 의자, 손 혹은 발 속에 잠자고 있는 수많은 가능성을—클로즈업을 통해—느낄 수 있게 해준다는 탁월한 주장은 다름 아닌 화가 페르낭 레제에게서 나왔다.[9] 코엔-세아 역시 비슷한 말을 했다. "그럼 나는? 떨어지는 낙엽이 말한다. 그럼 우리는? 오렌지 껍질이, 한 줄기 바람이 말한다. […] 영화는 의도와 무관하게 그들의 대변인이 된다."[10] 또 한 가지 잊어서는 안 될 것은 스크린과 무대가 어떤 면에서 아무리 가깝다 해도 오렌지 껍질이나 손자국을 따로 분리하여 보여줄 수 있는 카메라의 능력으로 인해 양자 사이에 결정적 차이가 생겨난다는 점이다. 무대의 장면 구성은 불가피하게 배우를 중심에 둘 수밖에 없지만, 영화는 자유롭게 배우의 부분적 모습을 부각시키거나 주위에 있는 사물을 상세하게 묘사할 수 있다. 영화는 움직일 줄 모르는 사물을 전면에 내세워 줄거리 전개의 담지자로 만듦으로써 인간적인 것이든 비인간적인 것이든 가리지 않고 모든 물리적 실재를 탐사해야 한다는 매체 특유의 요구에 부응한다. 이러한 맥락에서 우리는 연극 작품의 각색과 무대 공연 스타일의 드라마로 넘쳐나던 1920년대 초 프랑스 영화에서 루이 델뤼크가 대상을 강조함으로써 영화 매체의 독자적 입지를 마련하고자 했다는 사실에 주목할 필요가 있다. 그는 대상이 응당 맡아야 할 몫을 담당한다면, 배우 역시 하나의 디테일, 즉 물질로 이루어진 이 세계의 한 조각 파편에 지나지 않을 것이라고 주장했다.[11]*

그 후로도 모자나 의자를 온전한 배우의 지위로 끌어올려야 한다는 요구는 결코 사그라들지 않았다. 무성 코미디 영화에 나오는 사악한 에스컬레이터, 말을 듣지 않는 머피 베드[벽 침대], 미친 자동차에서부터 전함 포템킨, 〈루이지애나 스토리〉의 유정탑, 〈움베르토 D.〉의 황폐한 부엌에 이르기까지, 잊을 수 없는 대상의 긴 행렬이 스크린을 지나갔다. 스스로 주인공으로 우뚝 솟아 나머지 배역을 거의 가려버리는 대상들.[그림 10] 또는 〈분노의 포도〉에서 주변 환경의 영향이 얼마나 강력하게 표현되는지 생각해보라. 〈어린 도망자〉에서 밤의 코니아일랜드가 어떤 역할을 하는지, 〈전화의 저편〉 마지막 에피소드에서 늪지대와 게릴라 전사들이 서로 어떻게 반응하는지 생각해보라. 물론 그 반대의 경우도 있다. 사물이 인물의 자족적인 대화나 인간관

*　이 책의 192~93쪽 참조.

계의 폐쇄회로 뒤편에서 배경 역할에 머무는 영화 말이다. 그런 영화는 근본적으로 영화답지 못하다.

현시적 기능

"나는 영화가 내게 뭔가를 **발견**해주는 것이기를 바란다." 그 스스로 영화의 열정적 개척자였던 루이스 부뉴엘은 이렇게 말한 바 있다.[12] 그렇다면 영화는 대체 무엇을 발견하는가? 우리에게 주어진 자료에 의거할 때 영화의 현시적 기능에는 세 가지 종류가 있는 것으로 보인다. 그러니까 영화가 드러내는 것은 보통은 눈에 보이지 않는 것, 의식을 압도하는 현상, 마지막으로 "현실의 특수한 양상"이라고 부를 수 있는 외부 세계의 어떤 국면, 이렇게 세 가지라고 할 수 있다.

보통은 눈에 보이지 않는 것

평범한 상황에서 관찰되지 않는 많은 물질적 현상은 다시 세 그룹으로 나누어볼 수 있다. 첫번째 그룹에는 너무 작아서 잘 눈에 띄지 않거나 육안으로는 아예 보이지 않는 대상과 너무 커서 전체로서 파악되지 않는 대상이 포함된다.

작은 것과 큰 것

작은 것　작은 것은 클로즈업의 형태로 전달된다. D. W. 그리피스는 영화적 서사에서 클로즈업이 필요불가결하다는 것을 가장 먼저 깨달은 사람 중의 하나다. 그는 앨프리드 테니슨의 「이녹 아든」을 각색한 영화 〈오랜 세월이 흐른 뒤〉(1908)에서 클로즈업 장면을 최초로 활용한 것으로 알려져 있다. 루이스 제이컵스가 묘사한 바에 따르면 역사적인 첫 클로즈업 장면은 다음과 같은 맥락에서 제시된다. "애니 리가 생각에 잠겨 남편이 돌아오기를 기다리는 장면에서 그리피스는 이전의 실험보다 더 멀리 나아갔다. 그는 과감하게 그녀의 얼굴을 크게 클로즈업하여 보여준다. […] 그는 여기서 그치지 않고 더욱 급진적인 시도로 관객에게 또 하나의 놀라움을 선사한다. 애니의 클로즈업 장면 바로 뒤에 그녀가 생각하는 대상, 즉 황량한 섬에서 길 잃은 남편의 사진을 삽입한 것이다."[13]

표면적으로 이러한 장면의 연쇄는 단순히 관객을 고뇌하는 애니의 내면세계 속으로 유인하기 위한 장치로 보일 것이다. 관객은 먼저 애니를 멀리서 바라보다가 얼굴밖에 보이지 않을 때까지 그녀에게 가까이 다가간다. 논리적으로 볼 때 영화가 인도하는 대로 같은 방향으로 더 나아간다면 관객은 애니의 외면을 뚫고 들어가 결국 그녀의 마음속 풍경을 접하게 될 것이다. 이러한 해석이 타당하다면 여기서는 얼굴 클로즈업 그 자체가 목적은 아닌 것이다. 그것은 이어지는 장면들과 함께 얼굴 안쪽에서 벌어지고 있는 일을 암시한다. 남편과의 재결합을 희구하는 애니의 마음이 그 속에서 드러나는 것이다. 그녀의 신체 가운데 어떤 세부를 의도적으로 선택하여 보여줌으로써 영화는 일정한 극적 맥락 속에서 그녀의 존재 전체를 빚어낸다.

그리피스의 또 다른 유명한 클로즈업 장면에 대해서도 같은 이야기를 할 수 있다. 〈인톨러런스〉의 재판정에서 박수 치는 메이 마시의 손. 커다랗게 클로즈업된 그녀의 손과 함께 손가락의 발작적인 움직임을 보여주는 장면은 오직 재판의 결정적인 순간에 그녀가 느낀 고뇌를 분명하게 표현하기 위해 삽입된 것처럼 느껴진다. 일반적으로 말해서 전체 상황 속에 우리를 더욱 강력하게 연루시키는 것이 그러한 세부가 수행하는 기능의 전부이기라도 한 것처럼 말이다.[14] 이것이 바로 클로즈업에 대한 에이젠슈테인의 생각이다. 그에 따르면 클로즈업의 주된 기능은 "**보여주거나 제시하는** 것이 아니라 **의미하는** 것, **의미를 부여하는** 것, **가리키는** 것이다." 무엇을 가리키는가? 당연히 서사 속에서 중요한 의미를 지니는 것을 가리킨다. 몽타주를 중시하는 평소의 입장을 확인하기라도 하듯, 에이젠슈테인은 곧바로 플롯과 관련된 클로즈업의 의미가 장면 자체보다는 그것을 주위의 다른 장면과 병치하는 방식에서 나온다고 덧붙인다.[15] 즉 에이젠슈테인에게 클로즈업은 무엇보다도 몽타주의 단위인 것이다.

하지만 과연 그것이 클로즈업의 유일한 기능일까? 애니의 얼굴이 클로즈업된 장면의 맥락을 다시 생각해보자. 이 시퀀스에서 클로즈업된 얼굴이 차지하는 위치로 볼 때 그리피스는 관객이 그저 얼굴을 통과하여 다음으로 넘어가기보다 얼굴 그 자체에 빨려 들어가기를 원한 듯하다. 애니의 얼굴이 클로즈업되어 나타나는 것은 얼굴이 지시하는 욕망과 감정이 확실히 밝혀지기 전이다. 이 얼굴의 수수께끼 같은 불확정성은 우리를 유혹하여 그 속에서 길을 헤매도록 만든다. 애니의 얼굴은 그 자체로서 목적이다. 메이 마시의 손 이미지 역시 마찬가지다. 〔그림 11〕 그것이 우리에게 그녀의 내면 상태에 대한 인상을 남기기 위한 것이라는 데는 의심의 여지가 없다. 이 클로즈업 장면은 메이 마시의 내면 상태를 보여줄 뿐만 아니라(그런 것이야 우리가 영화 속의 인물들을 잘 알고 있는 만큼 어떻게 해서라도 알게 될 것이었다), 순간적이며 독특한 어떤 것을 드러내는 데 기여한다. 즉 극도의 절망 속에서 그녀의 손이 어떻게 움직이는지가 클로즈업을 통해 드러나는 것이다.[*]

에이젠슈테인은 그리피스 영화의 클로즈업 장면을 비판하는데, 그의 비판은 바로 이들 장면이 맥락에서 상대적으로 자유롭다는 점을 겨냥한다. 그것은 고립된 단위로 남아, "보여주거나 제시하는" 경향을 띤다. 에이젠슈테인은 클로즈업이 고립 상태에 빠질수록 몽타주의 교직 과정에서 산출되는 의미의 가능성에서 멀어진다고 주장한다.[16] 에이젠슈테인이 몽타주의 마력에 덜 집착했다면 분명 영화적인 측면에서 그리피스의 클로즈업이 우월함을 인정했으리라. 그리피스의 영화에서 작은 물질적 대상의 거대한 이미지는 서사 속에 통합된 구성 요소일 뿐 아니라 물리적 현실의 새로운 면을 드러내는 역할도 담당한다. 그리피스가 그러한 대상을 재현하는 방식을 보면, 플롯을 구성하는 모든 감정적, 정신적 사건의 물질적 기원, 결과, 함의를 뚜렷이 보여줄수록 영화는 더욱 영화답다는 신념이 그의 영화를 이끌어가는 듯이 보인다. 내면의 전개 과정은 물질적 삶에서 솟아나 다시 그 맥락 속에 편입되기에, 오직 물질적 삶의 덤불을 통해 나아가는 영화만이 내면의 과정을 적합하게 서술할 수 있다는 신념.

---

[*]   벨라 발라즈 역시 클로즈업의 의미를 유사하게 정의한다(Balázs, *Der sichtbare Mensch*, p. 73). 조지 스티븐스의 〈젊은이의 양지〉 리뷰에서 보슬리 크라우더는 이 영화의 전형적 클로즈업이 "젊은이의 흥분된 혈기와 약동하는 심장, 압력에서 나오는 육체의 열기, 고뇌에 찬 절망 또는 공포의 눈빛을 포착하기 위한 것"이라고 말한다(Crowther, "Seen in Close-up," *The New York Times*, Sept. 23, 1951).

그런데 우리 눈앞에 커다란 클로즈업 장면, 이를테면 메이 마시의 손이 나타난다고 해보자. 그것을 바라보고 있으면 뭔가 이상한 일이 일어난다. 우리는 그것이 평범한 손에 지나지 않는다는 사실을 잊어버린다. 신체의 나머지 부분에서 분리되어 크게 확대된 손은 더 이상 우리가 알고 있는 손이 아니라 독자적 생명으로 전율하는 미지의 유기체로 탈바꿈한다. 거대한 클로즈업은 확대를 통해 변신을 초래한다. 프루스트의 서술자는 정확히 연인의 행위는 아니지만 결국 키스라고 할 수 있는 행위를 묘사하면서 이러한 변신을 선취한다. 그는 알베르틴의 뺨에 키스한다. "나의 입은 나의 눈이 하자는 대로 키스하기 위해 점점 두 뺨에 접근해갔는데, 눈의 위치가 바뀜에 따라 두 뺨은 다르게 보였다. 가까운 거리에서 자세히 살펴본 목은 마치 돋보기로 본 듯이 확대되어 거친 결을 드러내며 얼굴을 강인한 인상으로 바꾸어놓았다."[17] 거대한 클로즈업 장면은 물질의 예기치 못한 새로운 형태적 특징을 드러낸다. 피부 조직은 항공사진을 연상시킨다. 눈은 호수로, 또는 화산의 분화구로 변화한다. 그런 이미지는 우리의 환경을 두 가지 의미에서 팽창시킨다. 문자 그대로의 의미에서 세계를 확대할 뿐만 아니라 예전에는 기껏해야 꿈에서나 탐사할 수 있었을 광활한 공간을 열면서 인습적 현실의 감옥을 폭파하는 것이다.[18]

익숙한 대상의 모습을 기이한 무늬로 변형시키는 것은 비단 클로즈업만이 아니다. 다양한 영화 기법과 장치가 현실의 인습적 이미지에서 벗어난 그림 또는 그림의 결합을 만들어내기 위해 물리적 현실의 촬영에 의존한다. 이와 관련하여 흥미로운 사례는 주어진 공간적 상호 관계를 해체하는 쿨레쇼프의 "창조적 지오그래피"다.[19] 그것은 상이한 장소에서 찍은 물질적 현상들을 병치하여 이러한 조합으로부터 공간적 연속성의 환상을 만들어내는 기법이다. 물론 그러한 공간은 자연에는 그 어디에도 존재하지 않는다. 이렇게 창조된 인공적 공간은 대부분 환상 세계로의 여행을 위해 이용된다(물론 물리적 현실 자체의 잠재적 성질을 드러내기 위한 것일 수도 있다). 예컨대 르네 클레르의 〈막간〉에서 키메라는 발레리나의 하반신에서 수염 난 남자의 머리로 올라가면서 장난스럽게 이질적인 부분들로 이루어진 불가능한 형상을 암시한다. 또한 마야 데렌의 〈카메라를 위한 안무 연구〉에서는 한 무용수가 숲에서 다리를 들지만 들었던 다리를 내려놓는 곳은 방이다. 이때 그는 마치 부지불식간에 바뀌는 꿈 이미지처럼 비현실적으로 변화하는 장면 속의 일부가 된다.[20] 또는 네거티브의 삽입이나 시간 전도를 생각해보라. 이 역시 우리의 시습관에 강력하게 도전한다. 카메라를 통한 기괴한 형상화의 다른 유형에 대해서는 이후에 다시 논의하기로 하자. 어쨌든 이러한 기법을 통칭하여 "다른 차원의 현실" 또는 "고안된 현실"이라고 할 수 있을 것이다.

여기서 대단히 흥미로운 질문이 나온다. 이러한 일탈적 이미지는 물리적 실재와 정확히 어떤 관계를 맺고 있는가? 영화를 전통적 예술과 동렬에 두는 비평가들은 영화가 주어진 외부 세계를 그리는 것이 아니라는, 또는 적어도 그것이 반드시 영화의 주요 관심사일 필요는 없다는 자신들의 견해가 다른 차원의 현실을 보여주는 영화의 사례를 통해 증명되며, 따라서 영화감독은 자신이 표현하고 싶은 환상적 장면을 위해 얼마든지 현실의 재현을 포기할 수 있다고 주장한다.

그러나 이는 위에서 제기된 문제에 대한 단순하고 소박한 답변에 지나지 않는다. 거대하게 클로즈업된 메이 마시의 손처럼 현실 조작적 장면의 의미는 이중적이다. 그것은 일반적으로 지각되는 물리적 현실을 가리킬 수도 있고 가리키지 않을 수도 있다. 조작된 현실은 전반적으로 리얼리즘적인 영화의 일부로 제시되는 경우에 영화의 나머지 부분을 작동시키는 원리로서의 리얼리즘과 동일선상에서 지각될 것이다. 즉 우리가 살고 있는 세계의 숨은 면모를 드러내는 장치로 받아들여진다는 것이다. 그리하여 메이 마시의 손은 그녀의 존재 전체를 구성하는 신체 부분들에 대한 심화된 인식을 가져온다. 이와 유사하게 〈재즈댄스〉의 몇몇 장면은 맥락에서 떼어놓으면 실제 삶 속의 그 어떤 대상과도 닮아 보이지 않겠지만, 사실은 우리를 무용수들의 광적인 격정에 불타오르는 물질적 우주의 비밀 속으로 안내해주는 것이다. 〔그림 12〕 다른 한편으로 다른 차원의 현실을 보여주는 그림들이 물리적 현실과 무관한 창작적 구성 요소로 사용된다면, 그 현실적 성격은 사라지고 자유롭게 창조된 형상으로 느껴질 것이다. 많은 실험영화들이 바로 이러한 일탈적 이미지의 모호성을 유희적으로 활용한다. 이때 우리는 일탈적 이미지들이 현실 재현의 성격을 잃고 현실과 완전히 분리된 무늬로 탈바꿈하는 것을 볼 수 있다. 예컨대 〈기계들의 행진〉에서 크게 클로즈업된 기계 부품들은 처음에는 그래도 기계 부품이라는 것은 알아볼 수 있지만, 결국 리드미컬하게 움직이는 형태로 변하면서 더 이상 본 모습을 찾아볼 수 없게 된다.

하지만 클로즈업된 기계 부품이 자유롭게 부유하는 추상적 형상으로 쉽게 변화할 수 있다고 해서 그것이 근본적으로 카메라 현실의 파생물임을 무시해서는 안 될 것이다. 당연히 다른 차원의 현실에 속하는 모든 유형의 이미지에 대해서도 같은 얘기를 할 수 있다. 이러한 일탈적 이미지도 그 이미지의 원천인 실제 삶의 물질에 밀착해 있을 때, 그만큼 더 큰 의미를 지닌다. 그럴 때에만 우리는 일탈적 이미지들에서 영화 매체 특유의 현시 기능을 기대할 수 있기 때문이다.

작은 것을 다루는 영화는 과학과 유사하다. 영화는 과학과 마찬가지로 물질적 현상을 작은 입자로 쪼개고 물질의 미세한 구조 속에 축적된 엄청난 에너지를 느낄 수 있게 해준다. 이러한 유비는 당연히 영화의 본성과 관련되어 있다. 영화의 이미지가 운동의 미세한 단계들의 숏으로 구성되는 만큼 그 반대 경향, 즉 주어진 전체를 분해하는 경향이 영화에서 선호된다는 것도 충분히 납득할 만한 일이다. 영화라는 매체가 19세기 과학에 대한 관심에 크게 빚지고 있다면, 그것이 과학적 접근 방법과 상통하는 특징을 보인다고 해서 대단히 놀랄 이유는 없을 것이다. 영화의 발흥을 촉발한 생각과 열정은 프루스트의 소설에도 고스란히 그 흔적을 남기고 있다. 프루스트의 소설이 영화와 상당한 유사성을 나타내는 것, 특히 프루스트가 지속적으로 클로즈업 기법을 사용하는 것은 바로 이 때문일 것이다. 그는 소설 내내 진정 영화적인 방식으로 극히 작은 현실의 요소, 현실의 세포를 확대한다. 마치 그 미세한 요소 속에서 삶을 구성하는 폭발적 힘의 원천이자 기반을 확인하려는 욕망에 사로잡힌 것처럼.

큰 것 드넓은 평원, 온갖 종류의 파노라마적 광경처럼 거대한 대상 중에서도 특별히 주목할 대상은 바로 군중이다. 물론 이미 로마제국도 군중으로 북적거렸다. 그러나 근대적 의미에서의 군중이 역사의 장으로 들어온 것은 산업혁명의 물결 속에서다. 군중은 이때 비로소 사회적 힘으로서 유례없는 중요성을 획득하게 되었다. 국가들은 일찍이 경험해보지 못한 규모로 젊은이들을 전쟁에 동원하기 시작했고,

개인의 신원이 드러나던 사회집단은 형태 없는 군중의 형태로 대도시를 채우는 익명의 다중으로 변화했다. 발터 벤야민은 사진이 발흥하던 시대에 이리저리 움직이는 군중의 일상적 광경은 여전히 눈과 신경이 익숙해지지 않은 스펙터클이었다고 지적한다. 예민한 당대인들의 증언은 벤야민의 명민한 관찰을 뒷받침해주는 것처럼 보인다. 보들레르의 『악의 꽃』에 편재하는 파리의 군중은 현란한 만화경적 감각을 촉발하는 자극제로 기능한다. 에드거 앨런 포의 「군중 속의 남자」에서 가스등 켜진 런던의 거리를 가득 메운 채 다른 사람을 거칠게 떠밀며 지나가는 수많은 행인들은 일련의 전기적 충격을 일으킨다.[21]

군중, 이 거대한 동물이 처음으로 등장했을 때, 사람들은 이를 생소하고 불편한 경험으로 받아들였다. 충분히 짐작할 수 있듯이, 전통적 예술은 군중을 포용하거나 표현할 수 없었다. 전통적 예술이 실패할 때, 사진은 손쉬운 성공을 거두었다. 사진은 우연적 집합체로서의 군중을 있는 그대로 묘사할 수 있는 기술적 수단을 지니고 있었던 것이다. 하지만 움직이는 군중을 포착하는 과업은 어떤 의미에서 사진의 완성이라고 할 수 있는 영화만이 감당할 수 있었다. 어쨌든 사진과 영화의 경우는 재현의 도구가 자신이 주로 다루게 될 주제와 거의 동시에 탄생한 사례라고 말할 수 있을 것이다. 군중은 처음부터 사진과 영화의 입장에서 아주 매력적인 대상이었다.[22] 뤼미에르의 최초의 영화들이 노동자의 무리나 기차역에서 타고 내리는 사람들의 혼란상을 담은 것은 단순한 우연 이상의 의미가 있다. 초기 이탈리아 영화들은 군중이라는 주제를 세심하게 다루었고,[23] 이탈리아 영화에서 영감을 얻은 D. W. 그리피스는 군중을 어떻게 영화적으로 재현할 수 있는지를 보여주었다. 러시아인들은 그리피스에게서 배운 것을 자기 나름으로 적용했다.

큰 대상은 작은 대상과 마찬가지로 무대 위에서 표현될 수 없으며 이 사실 하나만으로도 영화적 대상의 목록에 포함되기에 충분하다. 영화는 어떤 큰 대상이든, 예를 들면 광대한 풍경 같은 것도 롱숏으로 포착할 수 있다. 물론 그리피스의 영화에서 이런 유형의 숏이 중요한 역할을 하기는 하지만, 그것만으로 거대한 현상을 영화 속에서 온전히 정립할 수 있는 것은 아니다.[24] 큰 대상에는 그것의 전체 그림 속에 담기지 않는 무언가가 있으며 영화는 그것을 드러내지 않으면 안 된다. 큰 것은 상이한 거리에서 촬영한 여러 개의 이미지를 결합함으로써만 완전하게 제시될 수 있다는 점에서 작은 것과 구별된다. 영화는 거대한 풍경의 본체를 포착하기 위해 마치 여행객이 풍경 속을 완보하면서 눈을 이리저리 돌려 잡다한 세부와 전망으로 구성된 결정적 이미지를 만들어내는 것과 유사한 방식으로 작업한다.[25] 거리의 시위 장면을 생각해보자. 푸돕킨은 말한다. "관찰자는 시위에 대한 명료하고 확실한 인상을 얻기 위해서 특정한 행동을 해야 한다. 먼저 집의 지붕 위에 올라가서 시위 행렬 전체를 조감하고 그 규모를 어림잡는다. 그런 다음 지붕에서 내려와 2층 창문을 통해 시위자들이 들고 있는 피켓을 확인해야 하고, 마지막으로 군중과 섞여서 참가자들의 외양을 살펴보아야 한다."[26]

시위 장면을 구성하는 데 필수적인 이 모든 작업은 카메라가 움직이면서 전체와 그 다양한 요소를 차례로 보여주는 단일한 이동숏으로 실현될 수도 있다. 하지만 가장 기본적이고 일반적인 방식은 롱숏과 클로즈숏을 병치하는 것이다. 그런 장면 구성에서 롱숏이 먼저냐 클로즈숏이 먼저냐는 중요하지 않다. 전체가 몇 개의 숏으로 이루어지는지도 중요한 문제가 아니다. 문제의 핵심은 장면의 교차가 정말로 관객의 시선을 적절하게 움직여 거리의 시위처럼 거대한 규모로 압도해오는 사태를 파악할 수 있게 해주느냐에 있다. 이러한 편집 기술은 특히 큰 대상에 적용되었을 때 결정적인 기능을 발휘한다고 할 수 있을 것이다. 하지만 평범한 크기의 현상이라고 하더라도 그것을 깊이 천착하려 한다면, 즉 인습적 현실의 복제를 넘어서는 묘사에 이르고자 한다면 역시 특별한 편집 기술이 필요해진다. 그리피스는 애니의 모습 전체를 제시한 다음에야 애니의 얼굴에 가까이 다가간다. 이 두 개, 혹은 그 이상의 숏이 결합됨으로써 비로소 그녀의 이미지가 만들어진다. 이때 '롱숏-클로즈숏-롱숏'의 순서로 배열하는 것은 편집의 가장 기초적인 원칙에 속한다.

우리는 이러한 배열이 일반적이라는 사실에서 영화적 방식과 과학적 방식 사이의 또 다른 유사성을 확인할 수 있다. 과학은 우주 혹은 우주의 특정한 차원의 본성에 관하여 어떤 원리를 가정하고 그로부터 여러 가지 함의를 도출하며 실험과 관찰로 이를 검증한다. 궁극적으로 물리적 우주를 정의하는 것이 불가능한 까닭에, 가정과 검증의 과정은 무한히 계속될 수밖에 없다. 늘 새로운 가설이 제시되고, 늘 새로운 검증 작업이 이루어진다. 최초의 가설에 맞지 않는 사실들이 나타나면 좀더 적합한 가설이 구성되고 다시 검증에 맡겨진다. 그 과정은 복합적인 대상의 특성에 대한 가설과 그 대상을 이루는 요소들의 특성에 대한 관찰(직접적 관찰이 불가능한 부분도 있지만) 사이를 오락가락하는 운동으로 기술할 수 있을 것이다. 이러한 과학적 운동과 롱숏-클로즈숏-롱숏 등의 영화 편집 배열 순서를 엮어주는 것은

바로 거대한 전체를, 궁극적으로 자연 자체를 각자의 방식으로 이해하려는 보편적 열망이다.[27]

무상한 것

보통은 보이지 않는 사물의 두번째 그룹으로 무상한 것을 들 수 있다. 먼저 "평원을 가로질러 지나가는 구름의 그림자, 바람에 흔들리는 나뭇잎"[28]처럼 순간적인 인상이 여기에 속한다. 영화 관객은 이로부터 만들어지는 이야기를 잊어버리고 오랜 시간이 지난 뒤에도 꿈속의 대상처럼 덧없이 사라져버린 그런 인상들에 계속 사로잡혀 있을지도 모른다. 프레드 니블로의 영화 〈벤허〉의 전차 경주 에피소드에서 달리는 말들의 갈기——갈기라기보다는 실은 휘날리는 실이나 작은 깃발처럼 보이는 것——도, 〈사막의 승리〉에서 밤을 찢는 탄환의 맹렬한 궤적도 관객에게 잊을 수 없는 인상을 남긴다. 〔그림 13〕 영화 카메라는 우리의 환경에서 영속성과 가장 거리가 먼 요소를 편애하는 듯이 보인다. 가장 넓은 의미에서 길거리는 이러한 종류의 인상이 필연적으로 발생하는 장소다. 아라공은 스냅숏처럼 순간적인 것에 대한 영화의 편향에 관해 열광적으로 말한다. "불과 몇 년 만에 영화는 회화가 우리에게 지난 수 세기 동안 가르쳐준 것보다 더 많은 것을 가르쳐주었다. 일시적으로 떠올랐다가 사라지는 표정, 믿기 어렵지만 사실적인 자세, 매혹적인 것과 혐오스러운 것."[29]

둘째로 운동 가운데는 그 무상함의 정도가 너무 심해서 영화적 기술이 아니라면 아예 지각되지 않는 것들이 있다. 예컨대 고속 모션은 극단적으로 느리게 진행되기 때문에 관찰 불가능한 변화, 이를테면 식물의 성장 같은 발전 과정을 압축해서 보여주고, 슬로모션은 우리의 눈이 지각하기에는 너무 빨리 지나쳐버리는 운동을 확대경을 통하듯이 자세히 펼쳐 보인다. 거대한 클로즈업 화면처럼 이러한 상호 연관된 기법들은 "다른 차원의 현실"로 직접 이어진다. 성장 과정에서 땅을 뚫고 들어가는 줄기의 영상은 상상의 공간을 열어준다. 그리고 경주자들의 다리가 슬로모션으로 제시될 때 변화하는 것은 단순히 속도만이 아니다. 다리는 외형적으로도 변화하며 기괴한 진화를 이룩한다. 그리하여 우리가 알고 있는 현실과 동떨어진 패턴이 나타난다. 슬로모션 숏은 일반적인 클로즈업과 유사한 현상이다. 일반적인 클로즈업이 공간 속에서 성립하는 것이라면, 슬로모션은 이를테면 시간 속에서 성립하는 시간적 클로즈업인 셈이다. 슬로모션이 클로즈업만큼 흔히 사용되지 않는 것은 아마도 클로즈업이 실현하는 공간적인 확대가 일정한 시간 간격의 확장보다는 더 "자연스러운" 것처럼 느껴지기 때문일 것이다. (다른 한편으로 영화감독들은 고속 모션 기법보다는 슬로모션을 더 즐겨 사용하는 것 같다. 아마도 슬로모션에는 그다지 긴 준비 작업이 필요하지 않기 때문이리라.)

고속 모션과 슬로모션, 그중에서도 특히 슬로모션으로 얻은 일탈적 이미지들은 고안된 현실의 영상으로서 비사실적인 실험영화에서도 충분히 나올 수 있는 것이다. 하지만 그런 일탈적 이미지들도 물리적 실재가 중심이 되는 맥락 속에서 현시적 기능을 수행할 때만 영화적 방식에 부응하는 가치를 지닌다. "다른 차원의 현실"에 엄청나게 매혹된 장 엡스탱은 이것이야말로 슬로모션과 같은 기법의 진정한 사명이라고 생각했다. 그는 슬로모션으로 제시되는 파도와 고속 모션으로 제시되는 구름에서 "놀라운 물리학과 기이한 역학"을 보면서도 그것이 특정 시점에서 포착된 우리가 사는 세계의 초상화라고 주장한다.[30]

정신의 맹점

그냥은 보이지 않는 것으로서 세번째이자 마지막 유형은 정신의 맹점이라고 할 수 있는 현상이다. 습관이나 편견에 가려서 우리가 보지 못하고 지나쳐버리는 현상들.[31]* 아프리카 원주민이 현지에서 만들어진 영화에 보인 반응에 관한 일화는 이러한 배제의 과정에서 문화적 표준이나 전통이 어떤 역할을 할 수 있는지 극명하게 예시해준다. 영화라는 매체를 처음 접한 이 관객들은 영화 상영이 끝난 뒤에 진흙 속에서 먹이를 쪼아 먹는 닭을 보았다면서 떠들어댔다. 하지만 정작 영화감독은 애초에 닭이 찍혔다는 것을 전혀 알지 못했고, 상영되는 영화를 몇 번이나 다시 보아도 그런 장면을 발견할 수 없었다. 원주민들이 엉뚱하게 지어낸 것일까? 감독은 영화 필름을 한 장면 한 장면 뒤져본 다음에야 문제의 닭을 찾아낼 수 있었다. 닭은 한 장면의 구석자리에서 아주 짧은 순간 등장했다가 다시는 나타나지 않았다.[32]

다음과 같은 유형의 대상들은 일상생활에서 우리의 주의가 미치는 범위 바깥으로 한사코 빠져나가며 그런 의미에서 영화적이다.

비인습적인 복합체   보통은 인습적인 인물/배경의 패턴에 의해 우리의 눈에 보이지 않게 가려지는 실제 삶의 복합체가 영화에서 드러날 수 있다. 방 안에 한 사람이 있다고 상상해보라. 우리는 인간의 모습을 몸 전체로 지각하는 데 익숙해져 있는 까닭에, 우리의 눈에 들어오는 것 가운데서 한 사람의 몸 전체 대신 그의 오른쪽 어깨와 팔, 방에 있는 가구의 일부, 벽의 한 구역으로 이루어진 부분을 그림의 한

---

*   이 책의 48~49쪽에 나오는 프루스트 인용문도 참조하라.

단위로 인식하고자 한다면 엄청난 노력이 필요할 것이다. 하지만 바로 이것이야말로 사진이, 그리고—더욱 강력한 정도로—영화가 우리로 하여금 보게 만드는 것이다. 영화 카메라는 친숙한 대상들을 해체하고, 그저 이리저리 돌아다니는 것만으로 이전에는 보이지 않던 부분들 사이의 상호 관계를 표면에 드러낸다. 이러한 복합체들은 친숙한 사물들의 배후에 도사리고 있다가, 쉽게 알아볼 수 있는 맥락을 가로지르며 새롭게 떠오른다. 예컨대 영화 〈재즈댄스〉에서 우리는 신체의 토르소, 여러 가지 옷, 여기저기 흩어져 있는 다리들, 그 외 다양한 요소가 하나로 어우러진 장면을 숱하게 볼 수 있다. 영화는 물리적 실재를 표현할 때 반#추상적 현상들의 배열 형태를 드러내는 경향이 있다. 때로 이러한 구성은 장식적 성격을 띠기도 한다. 나치의 프로파간다 영화 〈의지의 승리〉에서 휘날리는 깃발들은 스크린을 가득 채워가면서 전체적으로 매우 아름다운 문양을 만들어낸다.

쓰레기　우리가 어떤 대상을 보지 못하고 지나친다면, 그것은 많은 경우 그쪽으로 고개를 돌릴 생각 자체가 아예 떠오르지 않기 때문이다. 사람들은 대부분 쓰레기통이나 발밑의 오물, 버리는 물건을 굳이 들여다보려 하지 않는다. 하지만 영화는 그런 기피 대상을 알지 못한다. 우리가 일상에서 무시하고 넘어가고자 하는 대상이 영화에서는 사람들에게 무시된다는 사실 때문에 오히려 매력적인 것이 된다. 발터 루트만의 〈베를린〉은 하수구, 시궁창, 쓰레기가 나뒹구는 거리를 풍부하게 보여준다. 카발칸티의 〈오직 시간뿐〉도 쓰레기 선호에서는 이에 뒤지지 않는다. 물론 이런 식의 장면들은 줄거리 전개상 필수적인 것일 수도 있다. 하지만 영화에서는 대체로 줄거리 자체가 이미 매체 고유의 정신의 영향으로 카메라의 태생적 호기심과 넝마주이로서의 기능을 충족시킬 수 있는 방향으로 구성되기 마련이다. 채플린의 〈개의 삶〉 같은 옛날 무성영화나 범죄, 전쟁, 궁핍을 다루는 영화들을 생각해보라. 쓰레기 장면은 삶의 기쁨을 예찬하는 스펙터클 뒤에 올 때 특히 더 인상적이기 때문에, 영화감독들은 화려한 파티와 파티가 끝난 뒤의 황량함 사이의 극명한 대비를 즐겨 부각시킨다. 그래서 우리는 스크린 위에서 연회 장면을 보다가 모든 사람이 떠난 뒤에도 잠시 그 자리에 머물러 구겨진 테이블보, 반쯤 남은 술잔들, 지저분한 접시들을 바라보게 되는 것이다. 고전적인 미국 갱스터 영화들은 이 효과를 한껏 활용한다. 〈스카페이스〉는 동이 틀 무렵 간밤의 파티로 난장판이 된 레스토랑의 모습을 보여주는 것으로 시작한다. 요제프 폰 슈테른베르크의 〈지하세계〉에서 갱들의 무도회가 끝난 뒤 조지 밴크로프트는 파티가 남긴 색종이 조각과 깃발이 어지럽게 널려 있는 사이로 비틀거리며 걸어간다. 〔그림 14〕

친숙한 것   우리는 친숙한 것도 잘 알아차리지 못한다. 쓰레기의 경우처럼 일부러 외면해서가 아니라 그저 너무나 당연해서 그것에 주의를 돌릴 생각을 하지 않기 때문이다. 잘 아는 얼굴, 우리가 매일 걷는 거리, 우리가 살아가는 집. 이 모든 것은 우리 자신의 살처럼 우리의 일부를 이룬다. 마음으로 너무나 잘 알기에 눈으로는 알지 못하는 대상이 그런 것들이다. 이들은 일단 우리의 삶 속에 통합되고 나면 더 이상 지각의 대상도 아니고, 획득해야 할 목표일 수도 없다. 실제로 우리가 그것에 주의를 집중한다면 아무것도 할 수 없게 될 것이다. 이는 일상적 경험을 통해서도 확인되는 바다. 누구든 자기 방에 들어갔을 때 자신이 없는 사이에 뭔가가 바뀌어 있다면 즉시 정상이 아니라는 느낌을 받을 것이다. 하지만 그런 이상한 느낌의 원인을 알아내기 위해서는 일상적 삶을 중단해야 한다. 그는 방을 애써 뜯어보고 나서야 실제로 무엇이 바뀌었는지 발견할 수 있을 것이다. 이때 나의 익숙한 공간이 낯선 타인의 방처럼 된다. 프루스트의 화자가 할머니를 보았을 때 갑자기 날카롭게 느낀 낯섦 역시 이런 감정이었다. 그가 늘 생각한 할머니의 모습은 사라지고 할머니의 실제 모습이, 아니면 적어도 할머니를 처음 본 사람의 눈에 비칠 법한 모습이 그 순간 나타났던 것이다. 할머니에 대한 그의 꿈과 기억에서 분리된 스냅숏 같은 초상.

영화는 우리에게 이와 유사한 경험을 수도 없이 하도록 만든다. 영화는 우리의 환경을 노출시킴으로써 동시에 그것을 낯설게 만든다. 이를테면 우리는 영화에서 다음과 같은 장면을 자주 접할 수 있다. 두세 사람이 담소를 나눈다. 한창 대화가 진행되는 가운데 카메라는 마치 대화 자체에는 전혀 무관심하다는 듯이 실내를 천천히 훑어가면서 우리로 하여금 말을 듣고 있는 사람들의 표정과 다양한 가구를 무심하게 바라보도록 유도한다. 그러한 기법이 주어진 맥락 안에서 무엇을 의미하든, 익숙한 전체적 상황을 여러 부분으로 해체하여 관객으로 하여금 이전에는 해당 상황의 당연한 요소로서 간과하거나 무시했던 현상 하나하나를 대면하게 한다는 것만은 변함없는 사실이다. 카메라가 움직임에 따라 커튼은 달변가가 되며 눈동자들도 자기만의 이야기를 하기 시작한다. 친숙한 것 속에서 생소한 것을 향한 길이 열린다. 우리는 영화 장면 속에서 우리가 평생 동안 보아서 잘 알고 있는 길모퉁이들, 건물들, 풍경들과 심심치 않게 마주친다. 우리는 당연히 그것을 알아보면서도, 마치 가까움의 심연에서 솟아오른 최초의 인상처럼 받아들인다. 장 비고의 영화 〈품행 제로〉의 시작 부분은 기차를 타고 학교로 돌아가는 두 소년을 보여준다. 이는 그저 평범한 야간 여행의 장면일까? 비고는 낯익은 열차 객실을 자랑과 농담에 취한 두 소년이 둥둥 떠다니는 마법의 천막으로 탈바꿈시키는 데 성공한다.[33]

이러한 변형은 사진적이고도 영화적인 성격을 지니는 기법에 부분적으로 의존하고 있다. 통상적이지 않은 카메라 앵글의 사용이 그것으로, 여기에 어느 정도 주목할 필요가 있다. 비고는 때로 열차의 객실을 비스듬히 아래에서 위로 올려다보는 각도에서 재현한다. 그리하여 극도로 흥분된 남학생들의 창백한 얼굴 앞에서 작은 고무풍선이 이리저리 떠도는 가운데 그들이 피우는 시가의 연무 속에서 객실 전체가 떠내려가는 것처럼 보이게 된다. 프루스트는 이러한 기법이 발휘하는 낯설게 하기 효과를 잘 알고 있었다. 사람들이 자연 풍광이나 도시의 모습을 담은 어떤 사진들을 보고 경탄을 자아낸다고 말할 때, 그것은 무엇을 의미하는가? 프루스트는 이에 대해 다음과 같이 적고 있다. "그렇게 감탄하는 사람들이 '감탄할 만하다'고 말할 때 이 수식어가 무엇을 의미하는지 정의하고자 한다면, 우리는 일반적으로 친숙한 대상이 특이한 이미지로 재현되었을 때 그 말을 사용한다는 사실을 발견하게 될 것이다. 우리가 늘 익숙하게 보아오던 것과 다른 그림, 특이하지만 본성에 충실하여, 바로 그 때문에 이중의 의미에서 인상적인 그림. 즉 그것은 우리에게 충격을 주고, 우리를 우리 자신의 습관 밖으로 끌어내는 동시에 이전의 인상을 환기시킴으로써 우리 자신에게 되돌아가게 한다." 그는 이 정의를 구체화하기 위해 통상적인 성당의 모습——즉 시가지 한복판에서 바라본 성당의 모습——과 다르게 재현된 성당의 사진을 예로 제시한다. 그것은 성당을 "다른 집들보다 30배는 더 높아 보이게 하는"³⁴ 시점에서 찍은 사진이다. 메이크업에 약간의 변화를 주는 것만으로도 사람의 용모가 완전히 달라질 수 있다는 것은 많은 사람들의 관찰을 통해 확인된 바 있다. 마찬가지로 통상적인 시점에서 약간 어긋나게 촬영하는 것도 이에 비견할 만한 효과를 낳을 수 있다. 르네 클레르는 특이한 카메라 앵글이 풍부하게 활용된 장 엡스탱의 영화 〈충실한 마음〉에 대한 리뷰에서 "카메라를 살짝 기울이는 것만으로 그토록 많은 호기심을 자아낼 수 있건만"³⁵ 수많은 영화감독들이 온갖 카메라 트릭에만 매달리는 이유가 무엇인지 의아해한다. 특이한 앵글을 사용한 숏은 대상을 탈바꿈시키는 변형적 효과 덕택에 프로파간다 영화에 자주 사용되며, 고안된 현실을 재현하는 데 동원될 가능성 역시 상존한다.

우리의 지난 시절 삶의 일부였기에 친숙한 사물과의 대면은 특히 큰 감흥을 불러일으킨다. 그 시절을 되살아나게 하는 영화의 기묘한 효과, 심지어 트라우마적 충격에 가까운 효과는 여기에서 비롯된다. 그것이 반드시 우리 자신의 유년기여야 하는 것도 아니다. 어린아이의 마음속에서는 진짜 경험이 그림책이나 할머니의 옛날이야기에서 나온 상상적 경험과 무차별하게 뒤섞이기 때문이다. 〈찬란한 20년대〉 〈지나간 50년을 눈앞에〉 〈1900년의 파리〉와 같이, 진짜 뉴스영화, 그당시의 극영화와 사진들을 모아놓은 1950년의 회고적 기록영화들은 우리가 한때 아무 의심 없이 받아들인 관습과 유행의 양상을 보여준다. 지나간 과거의 모습이 스크린 위에 되살아나자, 관객은 우스꽝스러운 모자, 온갖 가구로 가득 채워진 방, 과장된 제스처 앞에서 웃음을 터뜨리지 않을 수 없다. 하지만 진실한 카메라에 의해 제시된 그런 장면들을 보며 웃을 때에도 내밀한 자아의 다락방 속에 떠밀려 들어왔다는 오싹한 깨달음이 우리를 엄습해온다. 우리는 의식하지도 못한 채 저 속에서 살았던 것이다. 이제 와서 보니 순진하거나 갑갑하게만 느껴지는 저런 관습들을 우리는 당시에 맹목적으로 받아들인 것이다. 카메라는 순식간에 우리의 과거 삶을 동반한 물품들을 눈앞에 꺼내놓는다. 그것이 과거에는 그 자체 고유한 성질을 지닌 사물이 아니라 삶을 떠받치는 비가시적인 도구로 머물러 있었다면, 이제 그것은 그러한 의미를 박탈당한 채 날것의 상태로 우리에게 제시되는 것이다.

영화의 이미지들은 그림과는 달리 소비되지 않은 질료 자체에 관심을 집중하는 까닭에 그러한 해체를 촉진한다. 저 옛날 영화의 감흥은 우리가 세상에 왔을 때 이제 막 시작된, 번데기 고치 속과 같은 세계를, 즉 우리가 번데기 상태였을 때 우리와 함께했던 모든 대상들, 아니 좀더 정확히 말하면 그 대상의 침전물을 대면하게 해준다는 데서 나온다. 이렇게 하여 가장 친숙한 것, 우리의 무의식적 반응과 즉흥적인 충동을 여전히 좌우하는 것들이 가장 낯선 것으로 돌변한다. 이 때문에 우리는 한편으로 시대에 뒤떨어진 과거의 광경을 우스꽝스럽게 여기면서도, 다른 한편으로는 우리의 내밀한 존재의 갑작스러운 출현 앞에서 전율하거나 시간의 무자비한 흐름에 대한 향수 어린 멜랑콜리에 빠지는 식의 감정적 반응을 보이기도 하는 것이다. 수많은 영화들, 그중에서도 르네 클레르의 〈이탈리아 밀짚모자〉와 〈소심한 두 사람〉, 또는 빅토리아 시대를 배경으로 하는 많은 미스터리 드라마들은 현재와 과거 사이의 경계 지대에 놓인 멀고도 가까운 시절이 발휘하는 비할 데 없는 마력에 의존하고 있다. 그것을 넘어서면 역사의 왕국이 시작된다.

의식을 압도하는 현상

천재지변, 전시에 벌어지는 잔혹한 만행, 폭력과 테러, 성적 방탕, 죽음 등은 의식을 압도하는 사태에 속한다. 이런 사건들은 거리를 둔 관찰을 불가능하게 하는 흥분과 고통스러운 격정을 불러일으킨다. 그 속에서 적극적 역할을 한 사람은 두말할 나위도 없고, 그것을 단지 목격하기만 한 사람이라 해도, 그에게서 본 것에 대한 정확한 보고를 들을 수 있으리라고 기대할 수는 없는 노릇이다.[36] 인간이나 자연의 거친 본성이 표출되어 물리적 실재의 영역에 들어오는 순간, 그것은 영화적 주제가 된다. 오직 카메라만이 그것을 왜곡하지 않고 재현할 수 있다.

실제로 카메라라는 매체는 일찍부터 이런 종류의 사건에 대한 편애를 노골적으로 드러내왔다. 뉴스영화치고 홍수든, 허리케인이든, 비행기 추락이든, 때마침 일어난 재난의 피해 상황을 보여주는 데 인색하게 구는 경우는 없다. 극영화에 대해서도 비슷한 얘기를 할 수 있다. 사상 최초로 제작된 영화 가운데 하나인 〈스코틀랜드의 여왕 메리의 처형〉(1895)에서 사형집행인은 메리의 머리를 잘라낸 뒤에 손으로 그것을 치켜들어, 어떤 관객도 그 끔찍한 광경을 피하지 못하게 만든다. 포르노적 모티프 역시 영화사에서 아주 일찍부터 등장한다. 영화사의 궤적에는 재앙과 악몽 같은 사건에 탐닉하는 영화들이 수두룩하게 깔려 있다. 도브젠코의 〈병기고〉와 팝스트의 〈서부전선 1918〉에 그려진 전쟁의 참상, 에이젠슈테인의 멕시코 영상 자료를 바탕으로 한 영화 〈멕시코 하늘의 천둥〉 마지막 부분을 장식하는 잔혹한 처형 장면, 〈샌프란시스코〉의 지진 장면, 로셀리니의 〈무방비 도시〉에 나오는 고문 에피소드〔그림 15〕, 〈마지막 무대〉에 묘사된 폴란드의 나치 강제수용소, 부뉴엘의 〈잊혀진 사람들〉에서 젊은 불량배들이 한 맹인을 아무 이유 없이 마구잡이로 학대하는 장면 등.〔그림 25〕

이런 식의 예는 얼마든지 더 들 수 있을 것이다. 영화 매체는 끔찍한 것, 한계를 넘어서는 것에 대한 선호를 지속적으로 보여온 까닭에 싸구려 선정주의를 조장한다는 비난을 자주 받아왔다. 그러한 비난을 뒷받침하는 하나의 논거는 영화가 통상 어떤 도덕적 목적을 위한 것이라고 양해될 수 있는 정도보다 훨씬 긴 분량을 선정적인 것에 할애하는 경향을 보인다는 부정할 수 없는 사실이다.

혹자는 영화 매체를 옹호하려는 의도에서 다음과 같이 주장할지도 모른다. 놀라운 센세이션을 제공하지 못한다면 그것이 어찌 대중 매체라 할 수 있겠는가. 선정적 장면을 보여주는 영화는 그저 유구한 전통을 따르고 있을 뿐이다. 까마득히 먼 과거부터 사람들은 대화재의 격렬한 불길, 극도의 잔혹한 행위나 고통, 이루 말할 수 없는 욕정 등을 대리 체험하게 해주는 구경거리를 열망해왔다. 오싹해하며 즐거워하는 구경꾼에게 충격을 주어 맹목적으로 그 속에 빠져들게 만드는 스펙터클들을.

그러나 이러한 논리를 펴는 이들은 요점을 놓치고 있다. 요점은 영화가 고대의 검투 시합이나 그랑기뇰Grand Guignol[살인이나 강간, 유령 따위를 통해 관객에게 공포와 전율을 느끼게 하는 연극]을 계승하고 모방할 뿐만 아니라, 뭔가 새롭고 결정적인 것을 덧붙인다는 사실에 있다. 영화는 보통은 내적 흥분의 물살 속에 잠겨버리는 것을 고집스럽게 가시화하려 한다. 물론 그와 같은 현시는 실제로 발생한 재난이나 참사를 대상으로 할 때 더욱더 영화적 방식에 부합하는 것이 된다. 로셀리니와 부뉴엘은 영화 속에서 의도적으로 사디즘적 행위를 세밀하게 묘사하면서 관객에게 이 끔찍할 정도로 혐오스러운 광경을 보도록 강요할 뿐만 아니라, 그것이 냉혹한 카메라로 기록된 실제 삶의 사건이라는 인상을 남긴다.[37] 마찬가지로 1920년대의 러시아 영화들은 프로파간다 메시지 외에도 실제 군중들의 움직임 속에서 일어나는 폭발적 사변을 전달한다. 그것은 감정적인 면에서나 공간적인 면에서나 엄청난 규모의 사태인 까닭에, 그 거대함을 지각할 수 있게 하는 것에도 이중의 영화적 처리방식이 요구된다.

이때 영화의 목표는 흥분한 목격자를 의식적인 관찰자로 변화시키는 것이며, 따라서 마음을 괴롭히고 불편하게 만드는 광경을 묘사하는 데 금기가 없다는 영화의 특성은 더할 나위 없이 정당한 가치를 지닌다고 할 수 있을 것이다. 그렇게 영화는 우리로 하여금 "맹목적으로 추동되는 사태의 진행"[38] 앞에서 눈을 감아버리지 못하게 한다.

현실의 특수한 양상

마지막으로, 영화는 물리적 실재를 있는 그대로가 아니라, 위에 언급된 압도적 사건이나 정신적 착란, 혹은 어떤 다른 외적, 내적 요인으로 인해 극단적 정신 상태에 빠져든 한 개인의 눈에 비치는 대로 그려낼 수도 있다. 극단적 마음의 상태가 폭력 행위에 의해 촉발되었다고 하자. 이때 카메라는 종종 감정적으로 흥분한 목격자나 참여자가 그 사태에 관해 만들어내는 이미지를 그대로 재현하려는 야심을 보인다. 이러한 이미지들 또한 영화적 주제에 속한다. 그 이미지들은 거리를 둔 관찰자의 관점에서는 모두 왜곡된 형상으로 나타나지만, 어떤 마음의 상태에서 유래한 것이냐에 따라 그것들 사이에도 차이가 있다.

예컨대 에이젠슈테인은 〈10월: 세계를 뒤흔든 열흘〉에서 환희의 감정을 반영하는 물리적 우주를 구성한다. 이 에피소드는 다음과 같이 전개된다. 10월 혁명 초기에 노동자 대표단은 코사크족의 한 분견대를 자기편으로 끌어들이는 데 성공한다. 코사크인들은 장식이 있는 안장머리가 달린 칼을 반쯤 잡아 빼다가 다시 칼집에 넣고 두 집단은 기쁨 속에서 떠들썩하게 서로 우의를 다진다. 이어지는 무도 장면은 빠르게 교체되는 몽타주 시퀀스로 제시되는데, 이는 곧 세계를 격한 기쁨의 감정에 빠진 사람들이 경험하는 대로 재현하는 방식이다. 춤추는 이들과 구경꾼은 커다란 희열 속에서 끊임없이 뒤섞이고 움직이면서 자기 주변을 일관성 없는 조각들의 연속으로 지각하게 된다. 무리 지어 소용돌이치는 수많은 단편이 그들을 에워싸고 있는 것이다. 에이젠슈테인은 이 혼란상을 완벽하게 포착한다. 크라코비아크krakoviak[4분의 2박자로 된 폴란드 민속춤]를 추는 코사크인들의 장화, 웅덩이를 춤추며 지나가는 노동자들의 다리, 박수 치는 손, 웃음으로 과다하게 일그러진 얼굴들이 꼬리를 물고 이어진다. 희열이 커질수록 숏의 교체 속도도 빨라진다.

공포에 빠진 개인의 세계 속에서 웃음은 찡그린 표정으로, 현기증 나는 혼란은 무서운 경직 상태로 변한다. 어쨌든 에르노 메츠너는 영화 〈습격〉에서 세계를 그렇게 파악한다. 가난에 찌들어 보이는 작은 남자가 거리에서 주운 동전을 주사위 노름에 걸었다가 횡재를 한다. 두툼해진 지갑을 들고 걸어 나가는 남자를 어떤 불량배가 간격을

　　　　　　　　　　　　　I. 일반적 특징

점점 좁히면서 따라온다. 〔그림 16〕 주인공은 공포에 빠진다. 그가 도
망치기 시작하자, 주변의 모든 대상이 추격자와 합심한다. 어두운 지
하철도는 사악한 덫으로 탈바꿈한다. 위협의 응결체처럼 황폐한 빈민
가의 집들이 열을 지어 그를 노려본다. (이러한 효과가 빼어난 사진에
힘입은 것이라는 사실은 주목할 만하다.) 길을 가던 여자가 일단 위험
에서 그를 구해준다. 그는 그녀의 방으로 따라 올라가지만 저 아래 거
리에 자기를 쫓아오던 불량배가 여전히 기다리고 있음을 안다. 커튼
이 흔들릴 때 그는 방 자체가 위험을 품고 있다고 느낀다. 어디로 눈
을 돌려도 탈출구는 보이지 않는다. 그는 거울을 들여다본다. 이때 거
울에 비쳐 나오는 것은 그의 가면 같은 이목구비의 일그러진 반영이
다.[39]

본질적 성향

사진이 영화 속에서 명맥을 이어간다면, 영화도 사진과 동일한 성향을 나타낼 것이다. 그리하여 영화에 특징적인 것으로 보이는 다섯 가지 성향 가운데 네 가지는 사진의 경우와 중복되는 것이다. 그럼에도 불구하고 이 네 가지 성향에 대해서도 새로운 논의가 필요한데, 그것은 영화에서 이들의 작용 범위가 확장되고, 그에 따라 특별히 영화적인 함의를 획득하기 때문이다. 그리고 마지막으로 검토할 성향, 즉 "삶의 흐름"을 선호하는 성향은 오직 영화만의 고유한 특성이다. 사진은 움직이는 삶을 포착하지 못하기 때문이다.

연출되지 않은 것

이미 지적한 대로 카메라로 재현할 수 있는 모든 것은 스크린상에서도 재현할 수 있다. 따라서 연극 공연을 그대로 녹화하는 것 역시 원칙적으로는 금지할 수 있는 일이 아니다. 그러나——앞에서도 강조한 바 있거니와——영화 고유의 방식에 충실한 영화가 되려면 리얼리즘적 경향을 받아들여 현실의 물리적 실재에 집중하지 않으면 안 된다. D. W. 그리피스가 1947년의 어느 인터뷰에서 당시의 할리우드를 두고 "나무들 사이로 부는 바람의 아름다움"[1]에 대해 알지 못한다고 쓴소리를 했을 때도 바로 이 점을 지적한 것이다. 환언하면, 영화는 온갖 시각적 데이터를 가리지 않고 재현할 수 있지만, 그중에서도 특히 연출되지 않은 현실에 강하게 이끌린다. 그리고 여기서 연출에 관해 상호 연관된 두 명제가 도출된다. 첫째, 연출은 현실의 환영을 불러일으키는 한에서 미학적으로 정당화될 수 있다. 같은 이유에서 영화 매체의 기본 속성을 무시하는 모든 연출적인 것은 비영화적이다.

다만 연출적인 것에 대한 두번째 명제는 추가적인 설명을 필요로 한다. 인위적으로 연출된 세트나 구성이 날것 그대로의 자연을 선호하는 영화 매체의 명백한 특성과 충돌한다는 것은 분명 타당한 이야기지만, 그럼에도 여기에는 일정한 제한 조건이 따른다. 경험적으로 볼 때 적어도 다음 두 가지 경우에는 연출적인 설정에도 불구하고 비영화적 효과가 완화된다.

첫째, 〈칼리가리 박사의 밀실〉에서 일본 영화 〈지옥문〉에 이르기까지 노골적으로 회화를 본떠 만든 영화들을 생각해보자. 이들 영화가 회화적 처리 이전의 가감 없는 현실을 무시하고 있음은 틀림없다. 그러나 이와 동시에 "그림을 살아 움직이게"* 해야 한다는 헤르만 바름의 요구가 이들 영화 속에 구현되어 있는 것도 사실이다. 그런데 바로 이처럼 바름의 요구가 충족되어 있다는 사실이 영화적 관점에서 중요한 의미를 지닌다. 앞 장에서 정지와 대비되는 운동이 영화적으로 흥미로운 주제로 지목되었다는 것을 상기해보자. "그림을 살아 움

---

*   이 책의 91쪽을 보라.

직이게 하는" 영화들 또한 이 그룹의 부속물로 간주할 수 있을 것이다. 이들이 운동을 정지 상태와 대비시키지는 않지만, 적어도 정지 상태에서 운동이 태어나는 것은 보여주기 때문이다. 실제로 우리는 그림처럼 보이는 인물이나 대상이 그 근본적인 부동성에도 불구하고 생명을 얻어 움직일 때마다 운동이 새로 태어나는 것을 경험한다. 이 경험은 그들이 변함없이 그림으로 남아 있을 수밖에 없는 까닭에 더욱 강렬한 인상을 일으킨다. 영화 〈칼리가리 박사의 밀실〉의 주인공──칼리가리 박사 자신과 영매 체자레──은 표현주의적 세트 속에서 움직이면서 주위의 움직이지 않는 그림자들, 기괴한 디자인들과 끊임없이 뒤섞인다.[2] 또한 〈지옥문〉의 몇몇 장면은 마치 요술 지팡이로 움직이게 되어 있는 두루마리처럼 보인다. 이들 영화에서 우리를 매혹시키는 것은 움직임의 기적 자체다. 그것이 영화답다는 느낌을 만들어낸다.

두번째 경우는 특수한 영화적 기법과 장치의 도움으로 위와 유사한 효과를 산출한다. 이는 영화의 기본적 속성과 기술적 속성 사이의 관계에 대한 2장의 논의와 연결된다. 이 논의에서 제시된 원칙에 따르면 세트장에서 연출된 영화조차──이는 연출적인 것의 한 측면일 뿐이지만──기술적 실행의 관점에서 영화 매체의 감각에 충실하기만 하다면 영화 고유의 특질을 나타낼 수 있다. 단, 그러한 영화가 어떤 경우에도 카메라 현실에 온전히 바쳐진 영화만큼 영화다울 수는 없음은 두말할 나위도 없다. 로런스 올리비에의 〈햄릿〉에서 카메라는 쉬지 않고 움직인다. 이러한 움직임에 이끌린 관객은 지금 카메라가 돌아다니고 있는 이 실내가 사실 어떤 외적인 것을 그대로 보여주기보다는 극의 분위기를 표현하기 위해 설정된 것임을 거의 망각하기에 이른다. 좀더 정확히 말하자면, 관객은 충돌하는 두 세계 사이에서 주의가 분산되지 않을 수 없다. 카메라의 운동이 만들어내는 영화 특유의 세계와 무대미술가가 창조한 비현실적 세계는 본래 의도에 따르면 하나의 전체로 통합되어야 하겠지만, 실제로는 잘 섞이지 못한다. 같은 식으로 프리츠 랑의 〈메트로폴리스〉는 많은 점에서 타의 추종을 불허하는 연출성을 과시하지만 랑은 홍수 에피소드에서만큼은 어떻게든 영화적 삶의 외관을 부여하려 한다. 달아나는 군중은 핍진하게 연출되며 롱숏과 클로즈업의 혼합을 통해 우리가 현실에서 같은 광경을 목격했더라면 받았을 무작위적 인상을 정확하게 재현한다. 그러나 군중 이미지가 주는 영화 특유의 효과는 해당 장면이 양식화의 극한을 보여주는 건축적 배경 속에 배치된 탓에 다소 약화된다.*

우연적인 것

우연성이 카메라 현실의 특징 가운데 하나인 까닭에 영화도 사진 못지않게 우연적인 것을 선호한다. 진정 영화적인 장르라고 할 수 있는 미국의 코미디 무성영화에서 우연이 얼마나 중심적인 역할을 하는지 생각해보라. 물론 버스터 키튼이나 채플린의 떠돌이는 파괴적인 자연의 힘, 적대적 대상, 야수 같은 인간에 맞서서 때때로 곡예에 가까운 기술 덕택으로 소소한 승리를 거두기도 한다. 그러나 대부분의 서커스 공연과 달리 코미디 영화는 죽음에 대항하고 극도의 난관을

---

*   이 책의 85~87쪽 참조.

극복하는 과정에서 연기자의 숙련성을 강조하지는 않는다. 반대로 성공적인 구출을 순전한 우연의 산물로 거듭 묘사하면서 연기자 자신의 업적에는 최소한의 의미만을 부여한다. 우발적 사건이 운명을 대체한다. 예측할 수 없는 상황은 비운의 조짐을 드러내다가, 아무런 뚜렷한 이유 없이 기막힌 행운으로 돌변한다. 마천루 위의 해럴드 로이드[버스터 키튼, 채플린과 함께 무성영화 시대의 가장 성공적인 코미디 배우. 여기서는 영화 〈안전제일!〉(1923)의 장면을 암시한다]를 생각해보자. 그가 떨어져 죽지 않게 보호해준 것은 그의 용감성이 아니고, 전혀 연관성이 없는 외적인 사건들의 무작위적 결합이다. 사건들은 그를 도우려는 어떤 의도의 개입도 없이 너무나 완벽하게 꼭 맞아떨어져서 추락하고 싶어도 추락할 수 없게 만든다. 우발적 사건은 슬랩스틱 코미디의 정수다.[3]

　영화가 무계획적 우연성을 선호한다는 것을 보여주는 가장 강력한 증거는 영화의 지칠 줄 모르는 "거리" 사랑이다. 여기서 거리라는 용어는 도시의 거리 같은 문자 그대로의 거리만을 가리키는 것이 아니라 기차역, 무도장이나 회관, 공항 등 다양한 변이형을 포괄한다. 영화 매체가 사진의 후손으로서 사진과 유사성이 있다는 주장에 추가적인 증명이 필요하다면 양자에 공통된 이 특수한 선호가 바로 그 증거가 되어줄 것이다. 앞에서도 이미 거리를 순간순간 스쳐 지나가는 인상들의 발생 지대로 규정한 바 있지만, 현재의 맥락에서 중요한 것은 우발성이 섭리에 우선하고 예측 불가능한 사건들이 예외가 아니라 규칙이 되는 공간으로서의 거리다. 많은 영화에서 특정한 거리가 주요 인물들의 공간으로서 중요한 역할을 하는 것은 물론이려니와——놀랍게 들릴지 모르겠지만——그런 영화가 아니더라도 살짝이라도 거리에 시선을 던지지 않은 영화는 뤼미에르 시대 이래 단 한 편도 없다.

이 전통의 시발점에 D. W. 그리피스가 있다. 영화적으로 중요한 의미를 지닌 원형 가운데서도 언제나 그리피스에게서 시원을 찾아야 할 것이 있다면 바로 거리를 떠올리지 않을 수 없다. 그는 거리를 뤼미에르의 북적이는 공공장소처럼 우연이 지배하는 공간으로 묘사했다. 제목부터 의미심장한 〈피그가의 총사들〉이라는 그의 초기 영화에서 사건의 배경은 대부분 허름하고 더러운 건물들, 익명의 행인들로 붐비는 뉴욕 이스트사이드의 어느 거리, 싸구려 술집, 십대들이 늘 어슬렁거리는 저가 임대주택 사이의 작은 마당이다. 〔그림 17〕 더 중요한 것은 절도를 중심으로 전개되다가 추격으로 끝나는 줄거리 자체가 이러한 장소에서부터 생성되고 발전한다는 사실이다. 이들 장소는 도둑이 속해 있는 갱단에 기회를 제공한다. 또한 줄거리의 핵심적 요소인 모험적 조우와 우연한 모임이 이루어지는 것도 모두 이러한 곳에서다. 그리피스의 〈인톨러런스〉 "현대 편"에서는 이 모든 것이 더 큰 규모로 다시 나타나며, 오직 거리만이 수행할 수 있는 또 하나의 기능이 추가된다. 이제 거리는 파업 노동자들과 그들을 저지하기 위해 파견된 병사들 사이의 유혈 충돌의 무대가 된다. (달아나는 노동자의 무리와 남겨진 시체 장면은 혁명을 다룬 러시아 영화들의 선구를 이룬다.)

"현대 편"의 거리 에피소드들이 이처럼 대규모의 폭력적 충돌을 포함하고 있지만, 그것이 거리 장면의 전부는 결코 아니다. 에이젠슈테인은 이보다 덜 자극적인 요인 때문에 그리피스의 거리 장면을 상찬한다. 그가 주목하는 것은 그리피스의 거리 장면이 거리 그 자체의 본질적 특성, 즉 현상과 사건의 우연성을 관객에게 인상적으로 전달한다는 점이다. 1944년에 그가 이 영화의 거리 에피소드들 가운데 기억하는 것은 오직 슬쩍 스쳐 지나가는 행인뿐이었다. 에이젠슈테인은 이 행인을 묘사한 뒤에 다음과 같이 말을 잇는다. "행인은 길을 지나가면서 고통받는 소년과 소녀의 대화에서 가장 격정적인 대목을 순간적으로 중단시킨다. 나는 소년과 소녀에 대해서는 거의 아무것도 기억하지 못하지만 아주 잠깐 장면 속에 나타났다가 사라져버린 이 행인만은 지금도 눈앞에 선하다. 이 영화를 본 지 벌써 20년이 지났는데도! 그리피스의 영화들에서는 이런 잊을 수 없는 인물들이 때때로 실제 거리에서 불쑥 영화 속으로 걸어 들어온다. 그리피스의 손을 거쳐 스타덤에 오른 엑스트라. 다시는 영화에 나온 적이 없을지도 모르는 행인."[4]

무한성

사진과 마찬가지로, 영화는 사실상 카메라가 닿을 수 있는 모든 물질적 현상을 담아내려는 경향을 보인다. 다르게 말하면 영화라는 매체는 물리적 실재의 연속성을 확립하려는 괴물 같은 욕망에 의해 추동되는 것처럼 보인다.

24시간 연속

이 욕망에 대한 극단적인 사례로 페르낭 레제의 영화 구상을 들 수 있다. 레제는 한 남자와 여자의 삶을 24시간 내내 연속해서 끈기 있게 기록하는 괴물 같은 영화를 꿈꾸었다. 그들의 일, 그들의 침묵, 그들의 내밀한 시간. 어떤 것도 누락되어서는 안 된다. 또한 그들이 카메라의 존재를 결코 의식해서도 안 된다. 레제는 말한다. "그런 영화를 만든다면 사람들은 너무나 끔찍해서 마치 대재앙 속에 붙들리기라도 한 것처럼 겁에 질려 달아나버릴 것이다."[5] 맞다. 그런 영화는 일상생활의 견본을 묘사하는 데 그치지 않고 묘사 과정에서 일상생활의 친숙한 윤곽을 해체하고 우리의 인습적 관념이 보지 못하게 가리는 것을 노출시킬 것이다. 그리하여 날것 그대로의 실존 속에 넓게 분기하며 뻗어 있는 뿌리들이 드러날 것이다. 이 생소한 구조는 우리 자신과 자연의 결속을 일깨우면서, 자신을 우리가 살고 있는 세계, 우리가 구성하고 있는 세계의 일부로 인정하고 받아들이라고 요구해올 테고, 우리는 아마도 그 앞에서 겁에 질려 몸을 움츠릴 것이다.

통과 경로

영화감독은 물리적 실재의 연속체를 통과할 때 상이한 경로를 선택할 수 있다. (연속체는 무한하기 때문에 그것을 완전히 재현하고자 하는 감독의 욕망은 설사 그 범위를 단 한 방향만으로 한정한다 해도 실현 불가능한 것이다. 따라서 감독은 페이드인이나 페이드아웃, 랩디졸브 등의 장치를 사용하여 연속체의 재현에 필연적으로 따라올 수밖에 없는 단절의 경계를 표시하거나 연속체의 상이한 구간들을 부드럽게 연결해야 한다.)

통과 경로는 다음 다섯 가지 정도로 구별할 수 있다.

첫째, 영화는 광범위한 물리적 실재를 다룰 수 있다. 여행기 성격의 영화나 내용 속에 여행이 포함된 극영화를 생각해보라. 이런 영화들은 분명 영화 특유의 향기를 지닌다. 진짜로 여행을 하고 있는 듯한 인상을 지속시키면서 영화 속에 제시되는 먼 지방들에 대해 진지한 관심을 나타낸다면 말이다. 추격전 역시 어떤 의미에서 이런 경우에 속한다. 알베르 라페는 영화적 특성을 잘 드러내는 여행영화를 두고 "이동의 순수시"라고 찬양하며 추격전에 대해서는 "우주를 사방으로 열어젖히고 그 무한한 연결성을 관찰하게 한다"고 말한다.[6]

우주의 연결성을 증명하는 방법으로는 다음 두 가지가 있다. 추격전에서처럼 상이한 장소에서 일어나는 현상들을 하나의 시간적 시퀀스 속에 엮어내는 것, 그리고 이러한 현상들이 동일한 순간에 우리 눈앞에 드러나는 듯한 인상을 만들어내는 것. 현상들의 공존을 강조하는 두번째 방식은 통상적 시간의 흐름이 영화적 개입에 의해 교란되는 결과를 낳는다는 점에서 "다른 차원의 현실"을 재현하는 수법의 사례라고 보아야 할 것이다. 편집 조작만으로도 관객은 넓은 공간에 흩어져 있는 사건들을 동시적으로 목격하면서 자신이 이곳저곳에 편재하고 있다는 느낌을 받을 수 있다. 물론 그러한 사건의 모음은 감독이 이를 통해 공간적 연속성의 인상을 성공적으로 만들어낼 때만 본래의 목적을 달성할 수 있다. 루트만은 베를린의 일상생활 단면을 다큐멘터리 스타일로 보여주는 영화 〈베를린〉에서 동시적 현상들이 일정한 유사와 대조 관계에 따라 가능한 패턴을 이루는 순간에 주목함으로써 이 과제를 해결하려고 시도한다. 지가 베르토프와 아주 흡사한 방식으로 루트만은 거리를 걷는 인간의 다리에서 암소의 다리로 건너뛰고, 호화 레스토랑의 맛있는 특별 요리들을 극빈층의 형편없는

음식과 병치한다.[7]

그러나 이런 연결 방식은 순전히 장식적이며 다소 진부하다. 더의미 있는 것은 공간의 부분들로 촘촘한 직조물을 빚어내어 놀라운 완숙함을 보여주는 아브람 룸의 영화 〈제3의 소시민〉(1926)이다. 당대 모스크바의 열악한 주거 상황을 극화한 이 소비에트 영화는 시선의 편재성을 지속적으로 부각함으로써 관객에게 과밀한 주거 단지들과 넓은 도시 조망을 마치 한눈에 보는 것처럼 아우를 수 있게 해주고, 이로써 대체 이 모든 것이 어떻게 공존할 수 있는가 하는 의문을 자아낸다.[8] 라페가 꼽은 동시성의 또 다른 중요한 예는 〈오페라의 밤〉이다.[9] 이 영화에서 막스 형제는 주어진 우주의 결속 관계를 과격하게 파괴함으로써 역으로 그것을 증명한다. 그들은 우주를 채운 모든 대상을 본래의 위치에서 떼어내어 억지로 뒤죽박죽 섞어버리고 이로써 전 우주가 붕괴하는 듯한 인상을 불러일으킨다.*

둘째, 영화는 어떤 사건으로 이어지는 인과적 연쇄를 추적할 수있다. 이 경로 역시 물리적 현실의 연속체, 혹은 크게 보아 그러한 현실을 포함하는 연속체의 인상을 불러일으킨다. 이러한 경로를 구성하려는 시도는 질베르 코엔-세아가 말하듯이 "극히 미세한 우발적 변화가 운명의 전개에 미치는"[10] 영향을 부각시킨다는 점에서 그만큼 더영화 매체에 충실한 것이라 할 수 있다. 코엔-세아의 진술은 우연적인 것을 선호하는 영화의 성향이 인과적 연관 관계에 대한 관심과 잘어울린다는 것을 시사한다. 어떤 물리적 또는 심리적 현상 배후의 원

---

* 스크린 위에 재현된 공간적 동시성이 작가와 예술가 들의 상상력에 충격을 가했다는 데 주목하라. 존 더스패서스는 몇몇 소설에서 전 세계의 상이한 지점에서 동시에 발생한 사건들을 병치하는데, 이때 그가 영화에서 개척한 길을 따르고 있음은 분명하다.

인을 하나하나 추적하는 과학영화는 물론이거니와, 그 외에도 많은 극영화가 동일한 탐구 정신을 보여준다. D. W. 그리피스의 영화에서 전형적인 '마지막 순간의 구원' 장면은 구원자의 영웅적 기도를 방해하거나 도와주는 모든 요인을 상세하게 보여준다. 충돌과 개입, 간발의 차이로 놓치거나 간신히 올라탄 기차, 고속도로 위를 달리는 말, 유빙에서 유빙으로 건너뛰는 다리 등, 어떤 의미에서든 최종 결과에 영향을 미치는 모든 것이 주의 깊은 관찰의 대상이 된다.

설령 그리피스의 의도가 서스펜스를 최대한 길게 연장하기 위해 마지막 해피엔딩의 순간을 지연하는 데 있다고 하더라도, 그가 이 의도를 실현하는 방식은 줄거리의 처음과 끝을 이어주는 연결 고리들의 확립에 대한 그의 진지한 관심을 증명해준다. 그는 사소한 동기나 부차적인 계기들을 드러내는 데도 아주 열성적인데, 여기에는 뭔가 탐험가의 호기심 같은 것이 작용하고 있다. 그리고 이러한 호기심은 전염성이 있어서, 그 자체에서 서스펜스가 발생한다. 그것은 이를테면 팝스트의 무성영화 〈영혼의 비밀〉에서 일어나는 서스펜스와 같은 종류의 것이다. 팝스트의 영화에서 극적 관심은 칼에 대한 주인공의 공포증을 야기한 원인을 정신분석학적으로 조사하고 규명하는 데 있다. 반은 과학이고 반은 허구인 이 영상 분석은 감정이 깃들어 있는 주위 환경과 대상물의 연쇄를 제시하면서 지나버린 과거가 된 정신물리학적 세계의 덤불 속으로 우리를 이끌어간다. 인과적 상호 관계를 펼치는 것에 역점을 두는 이러한 영화는 "운명의 전개"를 이야기하는 영화의 통상적 방향과는 정반대 방향을 취하는 것처럼 보인다. 운명을 전개하는 서사가 시간과 함께 나아간다면, 〈영혼의 비밀〉은 현재에서 과거로 여행을 떠난다. 이러한 경향이 팝스트의 영화보다 더 확연히 드러나는 예로 〈시민 케인〉과 〈라쇼몽〉을 꼽을 수 있다. 두 영화 모두 이미 결말에 이른 사태에서 시작하여 그 자초지종을 밝히기 위해 과거로 거슬러 올라간다. 〈라쇼몽〉에서는 처음에 제시된 살인 사건이 어떻게 일어났는지 알 수 있는 위치에 있는 서너 명의 사람이 그에 관한 중요한 사실들을 각자 '목격한 대로' 이야기한다. 각각의 설명은 그 나름으로 사건의 경과를 복원하지만 그 가운데 어느 하나도 다른 것과 일치하지 않는다. 〈라쇼몽〉은 무엇보다도 인과적 연속체의 무진장함을 인상적으로 보여주는 영화적 성과의 대표적 사례다.

셋째, 영화는 단 하나의 대상을 천천히 어루만지면서 관객으로 하여금 그것의 한없이 다양한 면모를 상상하게 할 수 있다. 그런데 이러한 경로는 지리적 무한성이나 인과적 무한성을 암시하는 경로만큼 극적 줄거리를 담는 데 적합하지 않기 때문에 지금까지 그다지 널리 활용되지 못했다. 쿠르트 외르텔은 〈거인: 미켈란젤로 이야기〉에서 미켈란젤로의 조각 작품들을 묘사할 때 이 기법을 이용한다. 빛의 상태가 부단히 변화하는 가운데 카메라는 조각상의 사지와 몸통을 근거리에서 반복적으로 이동하며 촬영하고, 이로써 동일한 원본에서 풍부하고 다양한 이차원의 형상을 끌어낸다. 이러한 방식은 탐구의 대상이 된 조각상과의 연관성을 얼마나 유지하느냐 하는 문제와는 별개로, 어떤 주어진 대상 속에 잠자고 있는 형상의 무한한 세계 속에 관객을 몰입시킨다는 점에서 영화적이다.[11] 로베르 브레송은 〈어느 시골 사제의 일기〉에서 같은 종류의 무한성에 대한 열망을 보여준다. 젊은 사제의 얼굴은 볼 때마다 달라진다. 그의 얼굴에서 나오는 끝없이 새로운 면모가 이 영화를 꿰어주는 실이 된다.

넷째, 영화는 개인이 삶의 결정적인 한순간에 겪게 될 무수히 많은 경험을 환기할 수 있다. 이 가능성도 인과적 상호 관계의 많은 사례처럼 물질적 현실을 포함하지만 그것에만 국한되는 것은 아니다. 그 구체적 예로는 에이젠슈테인이 〈미국의 비극〉의 시나리오 작업을 하면서 그 속에 삽입하려고 계획한 내적 독백을 들 수 있다. 이 독백은 클라이드가 로버타를 익사시키고 사고사처럼 꾸미려고 준비하는 극적 순간에 이루어진다. 이 결정적 지점에서 클라이드의 마음속에 무슨 생각이 흘러가는지가 나중의 재판을 이해하는 데 아주 중요한 의미를 지닌다는 것은 두말할 나위도 없다. 그래서 에이젠슈테인은 주인공 내면의 작동 과정을 영화적으로 재현하기로 한 것이다. 그리고 이 아이디어에 대해서는, 그가 1932년의 한 에세이에서 말한 것처럼, 제임스 조이스도 엄청난 관심을 보였다. 같은 글에서 에이젠슈테인은 내적 독백의 틀을 짜기 위한 사전 노트인 "몽타주 목록"에 관해 회상한다. 이에 의하면 내적 독백의 시퀀스 속에는 클라이드의 마음속에서 진행되는 생각의 과정만이 아니라, 그 생각과 당시의 외적 사건 사이에서 일어나는 상호작용 전체──그것은 인과적일 수도 있고 그렇지 않을 수도 있다──가 투영되어야 한다.

이 몽타주 목록은 얼마나 멋진 계획이었던가!

그것은 생각과 마찬가지로 때로 시각적 이미지를 통해 전개될 것이다…

그다음에 갑자기, 명확하게 지성적으로 표명된 말들──실제로 발설된 말만큼이나 "지성적"이고 냉정한. 검은 스크린과 함께 쇄도하는 이미지 없는 시각성.

다음에는 연관성 없는 격정적인 말. 명사로만 된 말. 또는 동사로만 된 말. 이어서 감탄사들. 정처 없이 지그재그로 움직이는 형태들과 함께. 이들과 함께 동시적으로 소용돌이치며.

이어서 완전한 침묵 위로 질주하는 시각적 이미지들.

다음으로 다성적 소리들로 이어진다. 다음에는 다성적 이미지들. 그리고 두 가지가 동시에.

다음에 외적 사건의 행로 속에 삽입된다. 그다음에는 외적 사건의 요소들을 내적 독백 속에 끼워 넣는다.

에이젠슈테인은 이야기가 이 지점에 이르렀을 때 클라이드의 심리 상태에 대한 완전한 인식이 꼭 필요해진다고 확신했을지 모른다. 그러나 그가 표면적으로 뭐라고 말했든 간에 이렇게 계획된 내적 독백이 이야기의 필요에 부합하는 도구 이상도 이하도 아니라고 정말로 믿었을 리는 없다. 실제로 이 "몽타주 목록"은 그 격정적인 표현이 증명하듯이 외적인 고려에서 오는 어떤 제약도, 어떤 경계선도 다 뛰어넘는 이미지와 소리의 흐름에의 도취라는 점에서 "멋진" 것이다. 에이젠슈테인이 그 개요를 제시한 독백은 명백히 이야기의 틀을 벗어난다. 이야기의 틀 안에 들어오는 것의 범위를 아무리 폭넓게 잡는다고 해도 말이다. 그것은 심지어 클라이드 자신의 존재조차 벗어난다. 그의 독백이 전달하는 것은 이 특별한 순간에 클라이드에게 밀려오는 상황과 감각의 끝없는 연쇄다.

그 자신의 표현이 암시하는 것처럼 에이젠슈테인은 이러한 목록을 작성하면서 이야기의 필요조건에 대해서 거의 괘념치 않았을 뿐만 아니라, 그러한 조건에서 해방된다는 것, 전체적인 이야기에 미칠 영향을 따지지 않고 홍수처럼 넘쳐나는 감각 자료의 물결을 그대로 기록하도록——아니, 기록하는 척하도록——허락받는다는 것에서 커다란 기쁨을 느낀다. 그의 결론은 이를 확인해준다. "유성영화의 재료는 대화가 아니다. **유성영화의 진정한 재료는 당연히 독백이다.**"[12] 즉 진정한 재료는 단지 정확히 언어적으로 표명된 의미 차원에서의 삶이 아니라 그 아래의 삶, 물리적 실재 깊은 곳에까지 미치는 인상과 표현의 직조물로서의 삶인 것이다.

마지막으로 다섯번째, 영화는 수많은 물질적 현상——예를 들면 파도, 나무, 기계 부품 등등——을 재현하되 이때 그 형태, 운동, 밝기가 눈에 띄는 리듬을 형성하도록 만들 수 있다. 내용에 반하여 리듬을 만들어내려는 경향에 대해서는 10장에서 더 자세히 검토할 것이다.* 여기서는 일단 이 통과 경로가 프랑스 아방가르드의 시대에 개척되었다는 사실만 지적해두기로 하자. 제르멘 뒬라크 같은 전위주의자들은 순수영화cinéma pur를 주창하고 영화를 교향곡에 비견될 창조물로 만들고자 했다.

불확정성

정신물리적 상응 관계

영화는 사진의 확장판으로서 사진과 마찬가지로 날것 그대로의 자연에 큰 관심을 가진다. 자연적 대상물은 상대적으로 무질서하고

---

*   특히 이 책의 340~46쪽을 보라.

따라서 그 의미도 불확정적이지만, 경우에 따라 불확정성에도 상당한 편차가 있다. 음산한 풍경이나 웃는 얼굴은 상대적으로 구조화되지 않은 현상이지만, 어느 문화에서나 일정한 의미를 지니는 것으로 보인다. 몇몇 색깔이나 빛의 효과 역시 그러하다. 그러나 이처럼 비교적 확연한 의미를 지닌 듯이 보이는 현상조차 본질적으로는 불확정적이다. 이들 현상에 고정되어 있는 듯한 의미도 맥락의 변화에 따라 얼마나 쉽게 변할 수 있는지 생각해보라. 영화에서 한 가지 사례를 들면, 〈알렉산드르 넵스키〉에서 튜턴 기사들은 하얀 두건을 쓰고 있다. 보통 순수함, 결백함을 암시하는 흰색이 여기서는 교활하고 무자비한 성격을 나타내는 기호가 된다. 마찬가지로 맥락에 따라서는 음산한 풍경이 불굴의 용기를, 웃는 얼굴이 히스테릭한 공포의 표현이 될 수도 있다.

그러니까 자연적 대상은 다양한 정조, 감정, 일련의 언어화되지 않은 생각을 촉발할 수 있는 의미들이 그 가장자리를 에워싸고 있는 것이다. 달리 말하면, 자연적 대상에 상응하는 심리적, 정신적 차원의 의미는 이론적으로 무제한적이다. 그러한 상응 관계 가운데 일부는 마음의 삶이 물질적 현상 속에 남겨놓은 흔적에 현실적 기원을 둔다. 인간의 얼굴은 그의 내적 경험으로 주조된다. 오래된 건물에 깃든 고색은 거기서 일어난 일들의 침전물이다. 이는 정신과 물질의 상응성이 양방향의 과정임을 말해준다. 주어진 대상만이 자극으로 기능하는 것은 아니다. 심리적 사건도 반응을 일으키는 핵이 될 수 있고 여기에는 다시 일정한 물리적 현상이 조응한다. 프루스트의 화자는 차에 마들렌 과자를 찍어 먹는 순간 찾아온 충격의 영향 속에서 몸과 영혼 전체가 장소들, 장면들로, 외적인 사물의 이미지를 압도하는 이름들의 핵심으로 되돌려진다. "정신물리적 상응 관계"라는 일반적 용어는 물리적 세계와 가장 넓은 의미에서의 심리적 차원——물리적 세계와 경계를 접하고 있는, 그러면서 이 세계와 내밀하게 연결되어 있는 차원——사이에 존재하는 이 모든 유동적 상호 관계를 포괄한다.

앞에서 논의한 바 있는 몇 가지 이유로 스크린 이미지 속에는 자연 대상의 불확정성이 반영되어 나타나곤 한다. 영화의 어떤 숏도——그것이 대상에 대해 아무리 선별적이라고 해도——다양한 의미를 지닌 날재료 혹은 뤼시앵 세브가 "현실의 익명적 상태"라고 부른 것을 일부라도 포함하지 않고는 영화적인 숏이라고 할 수 없을 것이다. 명민한 프랑스의 젊은 비평가 뤼시앵 세브는 영화적 숏의 이러한 특성을 꽤나 잘 알고 있다. 그는 숏의 본질을 아주 정확하게 간파한다. 그에 따르면 그것은 "경계를 정하되 정의하지는 않"고, "현실 자체보다 특별히 더 많은 설명을 제공하지 않는다는 점에서 다른 예술에서 찾아보기 어려운 유니크한 특징"을 나타낸다.[13]

그런데 이러한 특성은 영화의 편집에 한 가지 중대한 문제를 제기한다.

편집의 기본 원칙

영화감독은 어떤 이야기를 전개시키려 할 때 양립하기 어려워 보이는 두 가지 의무를 동시에 충족시켜야 한다는 요구에 직면한다. 한편으로 그는 이야기를 진전시키기 위해 각각의 숏을 플롯과의 관계에서 일정한 의미를 지닌 단위로 만들어야 한다. 이러한 의미의 축소가 편집의 과업이라는 것을 쿨레쇼프는 푸돕킨과 함께 수행한 실험에서 증명한 바 있다. 그는 편집이 숏에 의미상의 변화를 가져온다는 것을 증명하기 위해 그 자체로는 의미가 불분명한 모주힌의 얼굴 숏을 상이한 이야기 맥락에 삽입했다. 배우의 얼굴은 슬픈 상황에서는 슬픔에 잠긴 표정으로 보였고, 명랑한 환경에서는 만족스럽게 웃고 있는 것처럼 느껴졌다.[14] 쿨레쇼프 실험의 결론에 따르면 감독은 모주힌의 얼굴을 삽입할 때 이야기가 특정한 지점에서 요구하는 바로 그 의미가 얼굴에 나타나도록 신경을 써야 한다. (이야기가 제대로 작동하기 위해 이야기에 "속하지" 않는 의미는 어느 정도로 제거되어야 할까? 나중에 보겠지만[*] 이 문제는 이야기 유형에 따라 다르다. 어떤 유형은 철저한 제거를 요구하고 어떤 유형은 덜 그러하다.)

다른 한편으로 영화감독은 물리적 현실을 드러내거나 그 속으로 파고드는 것 자체를 목적으로 삼을 수 있다. 이를 위해서는 다중적 의미를 아직 상실하지 않은 숏, 다양한 심리적 상응성을 산출할 수 있는 숏이 중요하다. 감독은 모주힌의 얼굴이 원초적 불확정성을 유지하도록 유의해야 한다.

그러나 어떻게 엄격히 짜인 이야기에서 이러한 요구를 충족시킬 수 있을까? 장 엡스탱은 1920년대 중반 미국 영화에 나오는 정형화된 권총 장면 — 반쯤 열린 서랍에서 천천히 들어올린 권총이 스크린을 채울 정도로 확대되면서 결정적인 순간을 어렴풋이 예고하는 거대한 위협으로 나타난다 — 에 거역하기 어려운 매혹을 느낀다고 고백한다. "나는 이 권총을 사랑했다. 그것은 천 가지 가능성의 상징으로 보

---

[*]   특히 이 책의 403~405쪽을 보라.

였다. 그것은 수많은 욕망과 좌절을 표현했고, 수많은 조합 가능성의 단서를 제공했다."[15] 권총 장면을 특별하게 만드는 것은 물론 그 편집 방식이다. 이 장면을 구성하는 여러 숏은 병렬적 배치를 통해 그중 적어도 하나——권총 숏——는 플롯으로부터 어느 정도 독립성을 유지하도록 되어 있다. 엡스탱은 바로 그러한 숏에 매혹된다. 그것은 단순히 뒤에 일어날 것을 가리키는 것이 아니라 다수의 의미가 아롱거리는 이미지로 두드러져 보이기 때문이다. 그럼에도 불구하고 이 숏이 줄거리 진행에 기여하지 말라는 법도 없다. 불명확한 의미의 숏들을 하나의 이야기 속에 통합하는 것은 충분히 가능하다.

이 가능성이 독자들에게 전적으로 놀랍게 느껴지지만은 않을 것이다. 그리피스가 〈오랜 세월이 흐른 뒤〉에서 최초로 사용한 클로즈업에 대한 분석도 이미 그러한 점을 보여준 바 있기 때문이다. 그리피스는 잠정적으로 애니의 얼굴이 특정한 의미를 표현하지 못하게 하여, 그 불확정성을 유지하는 데 성공한다. 그것은 모두 편집의 문제다.

이러한 편집 방식의 예는 꽤나 빈번히 발견된다. 〈제3의 사나이〉에서 사악한 소년은 처음에는 익명의 인물로 등장하여 우리의 상상력을 휘젓는다. 뒤에 다시 등장할 때에야 비로소 그는 잘 정의된 역할을 수행하며 이와 함께 그의 잠재적 특질에 대한 앞서의 추측은 상당 부분 자동적으로 제거된다. 〈상트페테르부르크의 종말〉의 도입 부분에서는 젊은 농부가 고향을 떠나 대도시로 향해 가는데, 여기에 겉보기에 명백한 이유 없이 풍차의 이미지가 삽입된다. 이 풍차는 어떤 특별한 의미도 없고, 그렇기 때문에 모든 것을 의미할 수 있다. 그러나 농부가 일자리를 얻기 위해 거대한 공장에 다가가자 풍차의 이미지가 다시 끼어들고 이제 그것은 당연히 전원을 향한 그리움이라는 의미를 획득한다. 또는 〈전함 포템킨〉에서 이야기 전개와 그저 느슨하게만 연결되어 있는 이미지들을 생각해보라. 이들은 바로 그러한 느슨함 때문에 관객을 다중적인 함의 속으로 끌어들인다. 항구에 정박한 배들의 실루엣, 죽은 동료의 시신을 들고 철계단을 오르는 선원들의 그림자 등등.[16*]

이들 숏은 이야기의 전개와 관련하여 잠재적인 의미를 지니며 때로는 종국에 가서 그 의미가 확연해지기도 하지만, 그럼에도 불구하고 모두 어느 정도는 자유롭게 떠다니는 물질적 현실의 이미지라고 할 수 있다. 그러한 이미지로서의 숏은 그것이 본래 이야기하도록 정해진 사건과 무관한 맥락을 암시할 수 있다. 숏의 영화적 특질은 바로 암시성에 있다. 그 암시성 덕택에 물질적 현실의 이미지는 자신이 가진 모든 심리적 상응 관계를 펼쳐 보일 수 있는 것이다. 예민한 영화감독이나 비평가가 순수하게 암시적 성격을 지닌 그림 자료에 열광하는 것은 이 때문이다. 헤르만 G. 셰파우어는 말한다. "얼굴을 찌푸린 탑, 음험한 골목의 성난 표정… 소실점을 향해 곧게 뻗어 있는 도로의 최면술적 마력——이들은 우리에게 영향을 미치고, 스스로의 본성을 표현한다. 이들의 본질은 장면 밖으로 흘러넘치며 줄거리와 뒤섞인다. 유기적인 세계와 비유기적인 세계 사이에서 교향악이 일어난다. 카메라 렌즈가 불가해한 베일 뒤편을 들여다본다."[17]

---

* 1929년에 이론가 에이젠슈테인은 영화 숏의 지배적 의미와 그 외 다수 의미를 구별하고 후자를 음악에 비유하여 숏의 "배음"이라고 부른다. 그리고 지배음을 위해 배음을 무시하지 않겠노라고 선언한다. 에이젠슈테인에게 자주 일어나는 일이지만, 이러한 이론적 통찰은 그를 지나치게 의식적인 예술가로 만든다. 그의 후기 영화에서 볼 수 있는 의도적인 배음의 몽타주는 대단히 작위적으로 느껴지는 장면과 에피소드를 산출한다. 이들은 그가 〈전함 포템킨〉과 〈10월: 세상을 뒤흔든 열흘〉에서 자연스럽게 삽입한 불확정적인 숏에 비해 설득력이 한참 떨어진다.

이상의 논의에서 다음과 같은 편집의 기본 원칙이 도출된다. 영화 서사는 단순히 플롯의 구현에만 봉사하는 데 그치지 않고 플롯에서 등을 돌려 재현되는 대상 쪽을 향하도록, 그리하여 그 대상들이 불확정적인 암시의 빛 속에 나타나도록, 그렇게 편집해야 한다.

"삶의 흐름"

　　지금 말한 내용으로부터 자신의 본성에 충실한 영화는 실제로 촬영된 현실보다 더 포괄적인 현실을 환기한다는 결론이 나온다. 영화는 물리적 세계 너머를 가리킨다. 영화를 구성하는 숏 또는 숏의 조합이 다중적 의미를 지닌다는 점에서 말이다. 이렇게 환기된 정신물리적 상응 관계의 부단한 흐름 때문에, 영화의 숏을 통해 암시되는 현실을 지칭하는 가장 적합한 이름은 "삶"일 것이다. 이런 의미에서 삶이라는 용어는 삶이 그 정서적, 지적 내용의 모태인 물질적 현상과 아직 탯줄이 끊어지지 않은 것처럼 내밀하게 연결되어 있을 때, 바로 그런 상태의 삶을 가리킨다. 영화에 무한하게 뻗어 있는 물리적 실재를 포착하려는 성향이 있다면, 사진으로는 접근할 수 없는 삶의 연속성, "삶의 흐름," 끝이 열려 있는 삶을 재현하는 것 역시 영화의 고유한 성향에 속할 것이다. 따라서 "삶의 흐름"이라는 개념은 물질적 상황과 실제로 벌어지는 일들의 흐름에 더하여 그 속에 함축된 감정, 가치, 생각의 측면까지 모두 포함한다. 이상에서 알 수 있는 것은 삶의 흐름이 그 정의상 정신적 차원으로까지 확장되지만, 그 근본에 있어서는 정신적이기보다는 물질적 연속성을 나타내는 개념이라는 사실이다.

(잠정적으로, 영화는 일상생활로서의 삶을 선호한다고 말할 수도 있을 것이다. 이러한 가정은 영화 매체가 주로 지금 이곳의 현실에 관심을 보인다는 사실에서 어느 정도 근거를 찾을 수 있다.)

다시 한번 거리에서

앞에서 인용한 것처럼 에이젠슈테인은 그리피스 영화의 "잊을 수 없는 인물들"이 때때로 "거리에서 불쑥" 영화 속으로 걸어 들어온다고 말한 바 있다. 그는 같은 문맥에서 "그리피스의 독특한 단역 인물들은… 삶에서 곧장 스크린 속으로 뛰어 들어온 듯"하다고도 말한다.[18]* 이로써 그는 뜻하지 않게 삶과 거리를 등치시킨다. 넓은 의미에서 거리는 덧없는 인상이 생성되고 우연한 만남이 일어나는 장일 뿐 아니라 삶의 흐름이 전면적으로 나타나는 장소이기도 하다. 다시 도시의 거리에서 끝없이 이동하는 익명의 군중을 생각해보라. 만화경처럼 알아볼 수 없는 형상과 단편적 시각 이미지들이 뒤섞이고 서로를 지운다. 그리하여 이 광경을 바라보는 자는 이미지들이 제공하는 수없이 많은 단서를 일일이 따라갈 수 없게 된다. 그에게 보이는 것은 특정한 활동을 하고 있는 선명한 윤곽의 개개인이 아니라 대강 스케치된 불확정적 형상들로 이루어진 느슨한 집합체다. 개개인에게는 저마다 이야기가 있겠지만, 그 어떤 이야기도 우리에게 주어지지 않는다. 대신 가능성들, 거의 파악 불가능한 의미들의 끝없는 흐름이 있을

* 이 책의 134쪽 참조.

뿐이다. 이 흐름은 마법의 힘으로 산책자를 사로잡는다. 혹은 심지어 산책자를 창조하기까지 한다. 산책자는 어떤 패턴을 만들어내다가 이를 다시 해체해버리기를 영구적으로 반복하는 거리의 삶에 도취된다.[19]

삶의 흐름을 선호하는 영화 매체의 성향은 왜 거리가 처음부터 스크린 위에서 그토록 매력적인 대상으로 여겨졌는지를 충분히 이해하게 해준다. 아마 의도적으로 거리를 삶의 현장으로 부각시킨 최초의 사례는 반쯤은 표현주의적이고 반쯤은 사실주의적인 카를 그루네의 영화 〈거리〉일 것이다. 제목 자체도 의미심장한 이 영화의 주인공은 중년의 소시민으로서, 생기 없는 아내의 보살핌과 다람쥐 쳇바퀴 같은 반복으로 굳어져가는 가정생활의 감옥에서 벗어나고 싶은 욕망에 사로잡혀 있다. 거리가 그를 부른다. 그곳에서 삶은 크게 물결치고 모험이 그를 기다리고 있다. 그는 창밖을 내다본다. 그가 보는 것은 거리 자체가 아니라 환각 속의 거리다. "질주하는 자동차들, 불꽃놀이, 군중 등의 장면은 롤러코스터에서 찍은 숏들과 함께 혼란스러운 전체를 이루며, 이때 다중노출 기법이 동원되고 클로즈업된 서커스 광대, 여자, 손풍금 연주자의 투명 이미지가 삽입됨으로써 혼란은 더욱 심화된다."[20] 어느 날 저녁 그는 정말 거리로 걸어 나간다—엄밀히 말하자면, 스튜디오에 지은 거리 세트로 나간다. 그는 카드 사기꾼들, 매춘부들과 마주치고, 게다가 살인 사건까지 일어나면서, 실컷 아니 그 이상으로 감각의 자극을 맛본다. 파도치는 바다처럼 삶이 그를 덮치며 익사시키려 한다. 영화의 역사에서는 이런 식의 영화들이 끝을 모르고 줄을 잇는다. 진짜 거리가 아니라 해도, 술집이나 기차역처럼 확장된 의미에서 거리의 부류에 들어갈 만한 장소를 보여주는 영화들까지 포함해서 말이다. 물론 삶도 그 성격이 바뀔 수 있다. 카를 그루네의 영화에서처럼 꼭 그렇게 거칠고 무정부적이어야 하는 것은 아니다. 델뤼크의 〈열기〉나 카발칸티의 〈정박지〉는 붐비는 선원들의 선술집에 떠도는 세기말적 환멸의 분위기나 먼 이국을 향한 노스탤지어적 동경을 보여준다. 비토리오 데시카의 〈자전거 도둑〉과 〈움베르토 D.〉에서 편재하는 거리를 감싸고 있는 것은 불행한 사회적 상황에서 비롯된 것이 분명한 우울의 공기다. 〔그림 18〕 그러나 어떤 경우에도 이들 영화가 보여주는 거리의 삶은 그러한 지배적 특징에 의해 완전히 결정되지는 않는다. 결코 고정시킬 수 없는 거리의 흐름은 언제나 두려운 불확실성과 매혹적인 흥분을 동반한다.

영화 속의 무대

무대 에피소드는 일반적 극영화, 이를테면 〈국가의 탄생〉이나 〈위대한 환상〉과 같은 영화에 곧잘 들어갈 뿐만 아니라 대부분의 범상한 뮤지컬 영화에서 중추적 역할을 담당한다. 떠돌이 채플린은 걸핏하면 연극 공연을 혼란에 빠뜨리고, E. A. 뒤퐁은 〈바리에테〉에서 신뢰할 수 있는 완벽한 무대 공연과 예측할 수 없는 행로를 따라가는 무대 밖의 사랑을 효과적으로 대비시킨다.

리얼리즘 영화 안에 삽입된 무대 에피소드는 마치 부조처럼 대비를 통해 삶의 흐름을 두드러지게 만든다는 점에서 영화적 기능을 수행한다고 할 수 있다. 역설적으로 들리겠지만 영화 매체의 결을 거스르는 연출적 요소도 영화의 비연출적인 특성을 강화하는 데 사용됨으로써 긍정적인 미학적 효과를 발휘할 수 있는 것이다. 따라서 삽입된 무대 공연은 양식화된 것일수록 그만큼 더 효과적으로 카메라 현실을 부각시키는 배경이 된다. 실제로, 오페라 신을 살짝 보여주는 많은 영화들이 해당 장면의 작위적 특성을 과장하는 경향을 보이는데, 이는 물론 대비 효과를 통해 관객으로 하여금 오페라의 섬을 둘러싼 우연적 사건 진행을 더욱 예민하게 느끼게 하려는 것이다. 제르멘 뒬라크 감독의 프랑스 아방가르드 영화 〈미소 짓는 마담 뵈데〉(1922)에서 파우스트와 메피스토펠레스 역을 맡은 가수들의 중첩된 이미지는 따분한 시골 마을 거리들, 사랑받지 못하는 사람들, 헛된 백일몽들——이 모든 것이 마담 뵈데의 칙칙한 삶을 구성하고 좀먹어간다——과 동떨어진 휘황찬란한 오페라의 세계를 조롱하려는 의도를 뚜렷이 드러낸다. 아마도 사상 최고의 오페라 풍자는 르네 클레르의 〈백만장자〉에 나오는 탁월한 무대 장면일 것이다. 풍채 좋은 두 가수가 사랑의 이중창을 부르는 동안 그들 뒤로는 젊은 두 연인이 무대 세트에 가려져 극장 관객에게 보이지 않는 위치에서 자신들이 지금 있어서는 안 될 곳에 와 있다는 사실조차 잊어버린 채 서로에게 열중하고 있다. 〔그림 19〕 그들은 그 세계에 속하지 않은 이방인이다. 진짜 삶 속의 인물로서 그들이 지닌 현실적 성격은 그들과 세심한 계획에 따라 움직이는 가수들을 계속 대비시키는 카메라의 시선을 통해 강조된다.*

그러나 이것이 전부는 아니다. 클레르는 무대가 의도한 찬란한 마법을 두 젊은 연인과 그들의 세계로 돌리는 데 성공한다. 1층 객석에서 풍채 좋은 가수들을 바라보면 그들이 서 있는 무대 배경은 매혹

---

* 이 책의 287~88쪽을 보라.

적이기는 하지만 노래하는 목소리와도 어우러지지 않고, 그 어떤 환상도 불러일으키지 못한다. 그것은 그저 자기 자신으로 남아 있다. 즉 그림이 그려진 캔버스일 뿐이다. 그러나 카메라가 연인들에 초점을 맞추자마자 같은 배경이 기적적으로 변화한다. 비록 여기서 사용된 클로즈숏들은 그것이 순전히 가장에 지나지 않음을 가차 없이 폭로하기는 하지만 말이다. 조화들을 지나 떠가는 골판지가 연약한 한 조각 하얀 구름이 되고 무대 천장에서 나온 종이 쪼가리들이 향기로운 장미 꽃잎이 된다. 그렇게 무대의 환상이 깨지고, 그러면서도 동시에 이 환상을 통해 가감 없는 삶의 광휘와 영광이 전달된다.

지금 이곳에서 우리를 둘러싸고 있는 가시적 세계가 영화에 독특한 매력을 행사하고 있는 것은 사실이지만, 그렇다고 해서 영화감독들이 매체의 초창기부터 오직 이 영역에서만 탐구 작업을 계속해왔다고 말할 수는 없을 것이다. 다른 영역으로 진출하는 영화나 영화 속의 시퀀스도 꽤 많이 찾아볼 수 있다. 특히 역사와 환상이 그 대표적 영역이다. 이로부터 흥미로운 미학적 문제가 제기된다.

II. 영역과 요소

5 역사와 환상

한 가지는 분명하다. 역사적 주제를 조명하거나 환상의 왕국으로 뛰어드는 영화감독은 언제나 영화 매체의 기본 속성에 역행해야 하는 어려운 상황에 처하게 된다. 거칠게 표현하자면, 그가 관심을 쏟는 것은 더 이상 물리적 현실이 아니라, 아주 명백하게 현실성의 궤도 밖에 있는 세계를 구현하는 일인 것처럼 보인다.

다음에서는 과거 혹은 "비현실" 세계를 스크린에 담으려 할 때 주로 발생하는 어려움에 관해, 그리고 이를 위해 이루어지는 회화적 실험과 영화적 방식을 화해시키려는 몇 가지 의미 있는 시도에 관해 논의할 것이다.

역사

어려움

가까운 과거와 달리, 역사적 과거는 현재의 삶과는 완전히 다른 의상과 배경을 기반으로 연출되어야 한다. 따라서 영화 매체의 특성에 예민하게 반응하는 관객은 역사영화를 볼 때 지워지지 않는 연출성으로 인해 불편을 느낄 것이다. 연출되지 않은 것을 선호하는 영화의 특성은 관객의 감수성에 강한 영향을 미쳐서 결국 관객은 영화 속 사건과 행위의 자극에 무감한 채, 스크린의 가상 세계를 보는 대신 조작되지 않은 자연에 더 관심을 보이게 된다. 다시 말해 관객은 자신을 카메라와 동일시하고, 소위 복원된 과거의 마법에 넘어가기보다 그것을 구성하는 데 들어간 노력을 잊지 않고 의식한다는 것이다. 카발칸티는 말한다. "카메라는 너무나 고지식해서 카메라 앞에 분장한 배우를 데려다 놓으면, 분장한 배우를 **볼 뿐** 인물은 보지 않는다."[1] 시대 의상은 연극이나 가면무도회를 상기시킨다.

역사영화는 연출성 외에도 다른 독특한 어려움을 안고 있다. 역사영화는 유한하다. 역사영화는 무한성을 선호하는 영화의 매체적 성향에 거역한다. 지난 시대를 재현할 때 영화가 보여주는 것은 현재 살아 있는 시공간 연속체와 근본적으로 단절된 채 인공적으로 창조된 세계, 확장을 허용하지 않는 닫힌 우주다. 그런 영화를 보는 관객은 폐소공포증에 빠질 위험이 크다. 그는 시선이 가닿을 수 있는 잠재적 영역이 실제로 보이는 영역과 엄격하게 일치한다는 것, 따라서 영화가 보여주는 세계의 한계 밖으로는 한 치도 나갈 수 없다는 것을 깨닫는다. 물론 현재를 소재로 한 영화도 연출된 장소를 배경으로 할 수 있다. 그러나 이러한 장소도 실제 삶의 환경을 복제한 것이기 때문에 관객은 카메라가 방해받지 않고 현실을 얼마든지 탐색할 것이라고 자유롭게 상상할 수 있다. 역사영화는 무한성의 관념을 허용하지 않는다. 영화를 통해 부활시키고자 하는 과거가 현실에는 더 이상 존재하지 않기 때문이다. 라페가 역사영화에 이의를 제기하는 것도 바로 이

지점에서다. "예컨대 1871년의 점령된 파리 이미지를 보자. 탁월한 구도, 흠잡을 데 없는 감각… 기동대gardes mobiles는 무대의상실에서 나온 것 같은 인상을 조금도 주지 않는다. 모든 것이 완벽하다. 왜 나는 찬사를 보내는 데 주저하는가? […] 카메라를 왼쪽이든 오른쪽이든 살짝 움직이기만 하면 스튜디오의 쓸모없는 혹은 괴상한 부대 용품들이 불쑥 나타날 거라는 느낌을 지울 수가 없기 때문이다. […] 영화는 이와 반대로 촬영된 곳이 무작위로 선택된 지점이고 얼마든지 다른 곳을 찍었을 수도 있었으리라는 인상, 카메라의 눈이 아무 지장 없이 전방위로 움직일 수 있을 거라는 인상을 유지해야 하고 그럼으로써 세계의 무진장함을 느끼게 해주어야 한다."[2]

이 지점에서 엘리 포르의 사이언스픽션 판타지를 떠올려보자. 그는 예수의 수난에 관한 다큐멘터리 영화를 상상한다. 그 영화는 멀리 떨어진 어느 별에서 **지금** 제작되어 발사체로 지구에 보내지거나 행성 간 영사 장치를 통해 우리에게 제공된다.[3] 이런 상상이 실현된다면 우리는 최후의 만찬, 십자가형, 겟세마네 동산에서의 고뇌를 목격할 수 있을 것이다. 그리고 그것이 영화인 이상, 저 중대한 사건 주변에서 우연히 함께 일어나는 일견 전혀 의미 없는 듯한 일들, 예컨대 카드를 돌리는 군인들, 말들이 일으키는 먼지구름, 이리저리 옮겨 다니는 군중, 어느 인적 없는 거리의 빛과 그림자 등도 모두 우리의 눈에 들어올 것이다. 포르의 이 매혹적인 제안은 위의 소견을 뒷받침해준다. 논증을 위해서 예수의 수난에 관한 역사영화가 포르의 상상적 다큐멘터리와 모든 면에서 일치하게끔 연출되었다고 가정해보자. 이렇게 이상적으로 제작된 작품도 영화감독이 자유롭게 탐색할 수 있는 우주의 일부를 제시하고 있다는 인상을 불러일으키지는 못하기 때문에 다큐멘터리와는 명백히 구별된다. 역사영화에는 잠재적 무한성이 없다. 관객은 영화가 실제로 일어났을 **것 같은** 모습대로 사건을 보여준다는 데 감탄하겠지만, 포르의 다큐멘터리를 볼 때처럼 사태가 실제로 바로 저렇게 전개되었다는 확신을 얻지는 못할 것이다. 그리고 찬탄의 감정은 보이는 모든 것——먼지구름, 군중, 빛과 그림자——이 작위적으로 삽입된 것이며 눈앞에 제시된 장면의 경계선이 곧 이 세계의 끝을 의미한다는 암묵적 인식으로 방해받을 것이다. 무한한 현실을 암시하는 기적 같은 다큐멘터리와는 달리, 이토록 완벽을 자랑하는 역사영화도 결국은 생생한 재현 이상이 아니며 여기에 영화적 삶은 빠져 있는 것이다.

게다가 역사영화가 정말 그렇게 완벽할 수 있을까? 완벽한 사실성에 도달할 수 없는 것은 무엇보다도 오늘날의 배우를 그들이 입고 있는 의상에 꼭 맞는 인간으로 만드는 것이 거의 불가능하기 때문이다. 장기적인 환경의 영향에 따라 형성된 배우들의 아주 미묘한 얼굴 표정이나 제스처는 쉽게 바뀌지 않는다. 의상은 완전히 과거에 속하지만, 배우들은 여전히 반쯤 현재에 남아 있다. 이로 인해 외부 세계를 진실하게 재현하려는 경향을 가진 매체와는 어울리지 않는 인위적 관습이 생겨나는 것은 불가피하다.

타협

현재를 소재로 하는 영화 중 일부가 그러하듯이, 역사영화도 영화 특유의 방식으로 전달하기 어려운 이야기를 다룰 수 있다. 이런 경우 예민한 영화감독은 자신의 이야기를 어떻게든 스크린에 적합하게 만들기 위해 고도의 노력을 기울이지 않으면 안 된다. 이런 범주에 들어가는 대표적인 이야기 유형과 그것이 요구하는 적응 노력에 관해서는 12장에서 논의할 것이다. 여기서는 일단 과거를 부활시키는 영화에서 그 비영화적 본성을 완화하기 위해 동원할 수 있는 타협책만을 살펴보기로 한다.

카메라 현실로의 이동

한 가지 탈출구는 역사에서 카메라 현실로 강조점을 이동하는 것이다. 이런 방향의 해결 시도 가운데 가장 철저한 것은 칼 드레이어의 영화 〈잔 다르크의 수난〉(이하 〈잔 다르크〉)이다. 〔그림 20〕 다큐멘터리적 방식의 "인간 얼굴 탐구"[4]라고 불린 이 영화에서 드레이어는 클로즈업된 얼굴 이미지들을 촘촘하게 엮어 끝없이 이어감으로써 잔 다르크의 인생을 이야기한다. 혹은 이야기하려고 시도한다. 그렇게 함으로써 일반적으로 역사영화에서 불가피하게 나타나는 연출성과 유한성의 인상이 거의 제거된다. 물론 드레이어도 전체 장면을 완전히 피할 수는 없었다. 양식적인 의상과 부속물이 포함된 전체 장면이 중간중간 삽입되는데, 그런 장면은 매번 클로즈업된 얼굴의 생생한 결과 두드러지게 대비됨으로써 더더욱 핏기를 잃고 인위적인 구성물이라는 인상을 주게 된다. 그러나 이는 요점이 아니다. 진짜 문제는 인상학적 다큐멘터리의 영화적 특성 자체가 일정한 대가를 치르고 얻은 것이라는 데 있다. 드레이어가 역사적 주제에서 카메라 현실을 성공적으로 정제해낸 것은 사실이다. 그러나 이 현실 자체가 결국 비현실적인 것이 되어버린다. 그가 아낌없이 펼쳐 보이는 고립된 얼굴의 이미지는 특정한 시간적 위치에 고정되기를 고집스럽게 거부하는 까닭에, 이들이 과연 진짜인가 아닌가 하는 질문을 제기하는 것조차 불가능해진다. 그리고 클로즈업 이미지에 대한 드레이어의 집착은 이 드라마에서 얼굴 못지않게 중요한 많은 물질적 현상이 배제되는 결과를 낳는다. 〈잔 다르크〉는 역사영화가 품고 있는 난관을 그저 역사를 무시함으로써 빠져나갈 뿐이다. 그리고 역사에 대한 무시를 만회하는 것은 클로즈업 이미지들의 사진적 아름다움이다.[5] 그것은 과거도 현재도 아닌 전인미답의 경지를 펼쳐 보인다.

드레이어는 〈잔 다르크〉에서 과거의 현실 전체를 카메라 현실로 변환하는 것을 목표로 삼는다. 드레이어의 영화는 내가 아는 한 이런 방향에서 근본적 "해결책"을 찾은 유일한 사례다. 그러나 이 "해결책"을 그가 상정한 목표에 이르는 유일한 길이라고 할 수 있을까? 〈잔 다르크〉의 급진성에 필적할 만한 대안적 가능성으로는 아마도 다음과 같은 방식을 생각해볼 수 있을 것이다. 우리가 알고 있는 역사적 사건들 사이에 존재할 원인과 결과의 무한한 연쇄를 제시하는 영화. 인과적 연속체를 수립하려는 그러한 노력은—앞 장에서 언급한 이유로 영화 특유의 방식에 잘 부합하거니와—"운명의 전개"에 필요한 수많은 사건들을 전면에 부각시킬 테고, 관객을 포스터 속 이미지 같은 활인화tableaux vivants의 폐쇄적 우주에서 끌어내어 무한히 열린 세계로 데려갈 것이다. 그러나 공인된 전승에 대한 비판적 검토를 필요로 하는 이러한 대안은 아직 주목할 만한 성과로 실현되지는 못했다.* 충

---

*   제2차 세계대전 발발 직전 파리에서 영화감독 슬라탄 두도프가 내게 이야기한 바에 따르면, 그는 당시에 전쟁에 관한 역사영화 한 편을 계획하고 있었고, 그 내용은 기술의 발전과 경제 조건의 변화에 따라 전쟁이 어떻게 변화했는지를 추적하는 것이었다. 지금 제시한 대안적 가능성에

분히 이해할 만도 한 것이, 그러한 방식은 기존 관념에 대한 저항을 요구하고 오락보다는 계몽을 앞세울 위험이 있기 때문이다. 여기서 알 수 있는 것처럼, 역사가의 탐구와 스크린 위의 역사는 서로 다른 곳을 바라보고 있다.

드레이어의 전면적 실험은 후에 다시는 반복되지 않았지만, 전반적으로 평범한 역사극의 틀에 머무르면서도 그 속에서 리얼리즘적 경향을 실현하려 한 시도가 전혀 없었던 것은 아니다. 많은 역사영화들이 오늘의 현실을 파고드는 카메라가 보여주는 것과 거의 다르지 않은 장면들을 포함한다. (물론 부분적으로는 실제로 오늘의 현실을 파고들기도 한다.) 이들이 다루는 것은 군중, 폭력적 싸움, 추격전과 같은 영화적 주제다. 이러한 영화들은 무엇에 초점을 맞추든 간에 매체의 성향에 부합하는 방식으로 대상에 접근하며 영화 특유의 기법들을 풍부하게 활용한다. 〈인톨러런스〉 가운데 현대 이전의 역사를 다루는 부분에서 군중의 움직임과 추격 장면, 또는 프레드 니블로의 〈벤허〉에서 전차 경주의 장관을 생각해보라. 전차 경주가 주는 스릴은 관객을 현재의 감각에 완전히 몰입시키고 이로써 역사는 의식에서 사라져버린다. 이들 에피소드에는 언제나 회화적 재현의 인공성을 완화하고 물리적 실재를 최대한 재수립하려는 분명한 의도가 담겨 있다.

진짜에 대한 관심

영화감독은 역사 속에 카메라적 삶camera-life을 흘려 넣는 대신

부합하는 두도프의 영화가 실제로 만들어졌다면 — 의미심장하게도 — 결국 다큐멘터리가 되었을 것이다.

정반대 노선을 취하여 과거와 영화를 중재하기도 한다. 어떤 역사적 시대의 특수한 삶을 그대로 재현한다는 목표를 극단까지 밀고 나가는 것이 그 길이다. 분명 그런 목표는 해당 시대에 완벽히 몰입할 것을 요구하고, 그 까닭에 처음부터 영화적 방식과 충돌한다. 이런 노선의 영화들은 과거를 되살려내기 위해 당대의 그림 자료에 의존하기 마련이지만, 그런 경우에도 일정 정도 영화적 특징이 나타나는 것은 드문 일이 아니다.

다시 드레이어의 영화 한 편을 예로 들어보자. 〔그림 21〕〈분노의 날〉이라는 주목할 만한 이 영화는 공간적, 시간적 무한성의 경험이 상대적으로 새로운 것이며 따라서 저물어가는 중세를 19세기 매체의 입장에서 재현하는 것이 역사적 진실에 위배된다는 합당한 전제에서 출발한다. 마녀들이 종교재판을 받고 화형당하던 시절, 세계는 동적이기보다는 정적이었으며 인구 밀도도 높지 않았다. 현기증을 일으킬 만큼 빠른 물리적 이동의 감각은 아직 존재하지 않았고, 무형의 대중도 태어나기 전이었다. 사람들은 본질적으로 유한한 우주 속에 살고 있었다. 그것은 우리가 지금 살고 있는 무한한 세계가 아니었다.

드레이어는 모든 차원에서 후기 중세의 심성을 표현하려고 굳게 결심한 듯이 자신의 영화 속에 영화 특유의 삶이 주입되는 것을 조금도 허용하지 않는다. 예외적 장면이 있긴 하지만 아마도 실수로 들어간 듯하다. 숲을 거니는 연인의 장면이 그것인데, 진짜 나무와 시대 의상이 혼합된 이 문제적인 에피소드는 2장에서 논의한 리얼리즘적 경향과 조형적 경향 사이의 충돌을 선명하게 보여준다. 나무들이 카메라가 찍고 또 찍을 수 있는 무한한 현실의 일부를 이룬다면, 두 연인은 본질적으로 인공적인 우주의 궤도에 속해 있다. 그들이 자기가 속한 궤도를 이탈하여 날것 그대로의 자연과 마주친 순간, 이 자연, 즉 나무들의 존재는 그들을 분장한 배우로 되돌려놓는다. 그러나 전체적으로 볼 때 드레이어는 해당 시대의 회화를 본으로 하여 상상적 세계를 창조했고, 거친 현실이 그 속에 끼어드는 것을 잘 막아냈다고 말할 수 있다. (그가 플롯에 살짝 첨가한 현대 심리학의 요소는 또 다른 문제다.) 그리하여 영화는 마치 옛날 네덜란드 회화의 거장들이 부활한 듯한 느낌을 준다. 또한 인물들은 그러한 외양에 어울리게 단자單子와 같은 양상을 보인다. 그들은 천천히 돌아다니며, 서로 널찍한 간격을 유지하는데, 이는 잡스러운 뒤섞임에 저항하는 그들의 태도를 반영한다.

〈분노의 날〉이 영화 매체의 명백한 성향에 역행하는 것이 사실이라고 해도, 여기에는 영화적으로 상당히 주목할 만한 점이 두 가지 있다. 첫째, 이 영화는 그림 같은 대상에 생명을 불어넣음으로써, 어쨌든 그 자체로 영화적 주제임이 분명한 '운동의 탄생'이라는 환상을 창조한다. 둘째, 〈분노의 날〉은 사실성의 측면에서 강한 호소력을 지니며, 여기서 생겨나는 영화 특유의 효과는 비영화적인 역사의 영역에서 얻은 것이라는 사실을 잊게 할 만큼 충분히 강렬하다. 이 영화는 거의 극화된 회화적 기록이라고 불릴 만하다. 비록 그 대상이 기록될 수 없고 구성될 수 있을 뿐인 세계이긴 하지만 말이다. 〈잔 다르크〉와 〈분노의 날〉은 둘 다 다큐멘터리의 특성을 띤다. 전자는 과거에서 벗어남으로써, 후자는 과거에 충실함으로써 그러한 성격을 얻는다.

두번째 대안의 예는 드물지 않다. 자크 페데는 〈플랑드르의 사육제〉에서 자신이 묘사하는 역사적 시대의 미술로부터 영감을 얻는다. 카스텔라니의 〈로미오와 줄리엣〉이나 〈지옥문〉과 같은 영화도 일부 장면에서 동일한 방식을 따른다. 한 뉴욕 비평가가 1955년에 쓴 〈황제와 골렘〉에 관한 리뷰에 따르면 이 체코 영화는 "거의 모든 장면이 마치 그 시대의 회화가 살아 움직이는 것 같은 느낌을 준다."[6]

환상

영화적 관점에서 볼 때 좁은 의미의 카메라 현실을 초월하는 세계에 관한 모든 (특히 시각적인) 경험을——의도적으로 상상된 것이든, 진실이라고 믿어지는 것이든 관계없이——아우르는 최상의 용어는 아마도 "환상"일 것이다. 초자연적인 것, 모든 종류의 환영, 시적 형상, 환각, 꿈 등등. 역사의 경우 오늘의 현실성이 결여되어 있다는 사실이 영화적인 면에서 약점으로 작용하는 데 비해, 환상적인 것은 지금 여기에 나타나 진짜 삶의 인상과 혼합될 수 있다. 그러나 환상도 결국 물리적 실재의 영역 바깥에 있기에 영화적 방식의 접근이 어렵기는 과거 세계와 다르지 않다.

그럼에도 불구하고 영화 매체의 역사 내내 환상은 매우 인기 있는 주제였다. 조르주 멜리에스의 시대 이래 영화감독들은 조형적 충동을 좇아 유령, 천사, 악령, 만화경 같은 꿈의 이미지들로 넘쳐나는 환상의 왕국을 스크린 세계의 일부로 만들려는 시도를 거듭해왔다. 〈노스페라투〉〈묵시록의 네 기사〉〈바그다드의 도적〉〈물의 딸〉〈성냥팔이 소녀〉〈뱀파이어〉〈피터 팬〉〈피터 이벳슨〉〈악몽의 밤〉 등 이런 계열의 영화는 끝도 없이 이어진다.

일반적인 실천 양상은 이론으로 뒷받침된다. 영화에 관해 논의하는 대부분의 저자들은 비현실과 현실을 구별해야 할 이유를 알지 못하며, 따라서 카메라 현실을 어떤 특권적인 영역으로 인정해야 한다고 보지도 않는다. 예컨대 르네 클레르는 영화 매체의 잠재력을 근거 없이 제한한다는 이유로 리얼리즘을 거부한다. "순간적으로 객관적인 것에서 주관적인 것으로 이동하고, 추상과 구체를 동시에 환기할 수 있는 영화적 표현의 유연성을 생각할 때 영화가 리얼리즘과 같이 협소한 미학 원칙에 구속되어야 한다는 주장은 정당하다고 할 수 없다."[7] 많은 비평가들은 심지어 "영화의 진정한 목표는 꿈의 왕국"이라고까지 주장한다.[8] 이와 같은 극단적 견해도 일정한 지지를 받을 수 있는 것은, 영화가 상상을 시각적으로 표현하는 데 다른 재현 매체에 비해 의심의 여지 없이 우월한 특수 장치를 갖추고 있기 때문이다. 여기에 더하여 내면의 삶이 압도적으로 중요하다는 믿음, 전통적 예술과 영화를 융합하고자 하는 경향 역시 위의 견해를 더 강화한다. 게다가 창조적 예술가로서의 자유에 대한 관념은 많은 영화감독으로 하여금 매체의 특성이 조형적 경향을 제약한다는 사실에 눈감게 만든다.

분석의 도식

환상을 스크린에 재현하는 것은 영화적 방식에 부합할 수도 있고 부합하지 않을 수도 있다. 여기에 어떤 가능성이 포함되어 있는지 확인하고 이들을 정확하게 평가하기 위해서는 환상적인 것의 표현에서 중요한 역할을 하는 두 요인을 검토해야 한다. 하나는 환상이 성립하는 방식에 관한 것이다. 연출적인 방식인가? 영화 특유의 기술적 장치에 의한 것인가? 또는 물리적 현실의 재료 자체를 통해서인가? 이 요인은 기술의 문제를 제기하므로 "기술적" 요인이라고 명명할 수 있다.

두번째 요인은 한 작품 속에서 환상이 물리적 현실과 어떤 관계를 맺는가에 관한 것이다. 양자의 관계는 각각에 어떤 비중이 주어지느냐에 따라 달라질 것이 분명하다. 이때 두 가지 대안적 가능성이 주목을 요한다. 환상은 매체와의 관계에서 가시적 현실과 동일한 비중을 부여받을 수도 있고 그러지 못할 수도 있다. 초자연적 사건을 예로 들어보자. 첫번째 경우에는 초자연적 사건이 상당한 비중을 차지하는 만큼 진짜 삶의 사건 못지않게 영화적으로 다루기 좋은 대상으로 간주된다. 두번째 경우 초자연적 사건은 있는 그대로의 자연보다는 영화에 덜 적합한 영역에 속하는 것처럼 보일 수 있다. 이를 "관계적" 요인이라고 부를 수 있다.

스크린 환상이 영화 고유의 특질을 획득하느냐 여부는 명백히 두 요인의 상호작용에 따라 결정된다. 예컨대 연출적 환각도 전적으로 물리적 현실의 맥락에서 출현하여 그 맥락에 종속된 채로 머무른다면 비영화적 효과가 완화될 수 있다. 이러한 예를 통해서 앞으로 밟아가야 할 분석적 절차의 순서 또한 분명해진다. 즉 환상이 만들어지는 세 가지 기술적 방식을 차례로 검토하면서 각각의 경우마다 두 "관계적" 대안이 어떤 영향을 미치는지를 살펴보는 것이 바람직할 것이다.*

---

* 이하의 논의는 원칙적으로 모든 유형의 영화 속에 들어 있는 환상을 아우른다. 그러나 많은 실험적 영화에 등장하는 몽환적 이미지에 관해서는 특별히 따로 논의할 필요가 있다. 내적 삶의 과정, 그중에서도 무의식의 내용을 투사하는 데 흔히 사용되는 이러한 이미지는 10장에서 다룰 것이다.

연출적 방식으로 만들어낸 환상

"기술적" 요인에 관한 탐구의 첫번째 단계에서 살펴볼 것은 괴기스러운 무대장치, 부자연스러운 장식, 별난 분장 등을 통해 환상적인 것을 재현하는 영화다. 그러한 노골적인 연출성이 창조된 환상을 비영화적으로 만드느냐 여부는 환상의 재현에서 "관계적" 요인이 관철되는 방식에 좌우된다.

제1안 (현실과 동일한 미적 정당성을 주장하는 환상)

〈칼리가리 박사의 밀실〉(이하 〈칼리가리〉) 이래, 명백하게 스튜디오에서 만들어진 상상된 세계를 위해 자연적 세계를 아예 배제하는 영화나 시퀀스가 제작되어왔다. 물론 그런 영화에서도 일부는—예컨대 〈분홍신〉이나 프리츠 랑의 〈피곤한 죽음〉 같은 영화에서—연출적 환상의 스펙터클을 진짜 삶의 재료에서 나온 장면과 혼합하기도 하지만, 이때도 양자의 혼합은 자연이 더 우월한 대접을 받아야 할 이유가 없으며 연극성이 카메라 리얼리즘만큼이나 유효한 요소라는 영화감독의 암묵적 믿음을 드러내는 방식으로 이루어진다. 이런 점에서는 D. W. 그리피스조차 때때로 소박한 몽상가로 변모한다. 〈인톨러런스〉의 마지막 부분에서는 지상의 감옥에서 벌어지는 반란에 개입하는 베일을 두른 천사들의 합창이 울려 퍼지는 가운데 천국의 모습이 전혀 거리낌 없이 제시된다.[9]

연출성에 의존하여 만들어진 스크린 위의 환상이 영화 매체에 합당한 표현으로서의 지위를 요구한다면, 이는 명백히 미학적 기본 원칙에 역행하는 것이다. 영화라는 수단을 통해 충족시키기에 특별히 적합하다고 할 수 없는 어떤 목적을 위해 영화 매체의 독특한 성질이 희생되는 셈이기 때문이다. 베일을 두른 그리피스의 천사들은 종교화 속에 등장한다면 자연스럽게 느껴질 것이다. 그리고 〈피곤한 죽음〉이나 〈천국으로 가는 계단〉이 보여주는 환상적 세계는 본질적으로 연극 무대의 환영을 확대하고 영화화한 결과물일 뿐이다. 스크린의 예술을 갈망하는 모든 사람들 사이에서 이러한 시도가 호평을 얻은 것은 놀라운 일이 아니다. 멍크 기번이 〈분홍신〉의 발레에 찬사를 보내면서 사용한 구절을 빌려 말하자면, 〈칼리가리〉는 "예술 세계로의 도약"[10]을 이룬 환상영화의 원형이다.

〈칼리가리〉가 여러 면에서 감탄할 만한 성취이기는 하지만,[11] 그것이 전통적 의미의 예술을 향한 야심 때문은 아니다. 이 독특한 영화는 "예술 세계로의 도약"을 통해 오히려 퇴행한다. 표현주의 회화에서 영향받은 이 영화의 화면이 아무리 매혹적이라 할지라도 말이다. 〈칼리가리〉가 촉발한 논란의 핵심은 당연히 카메라 리얼리즘의 근본적 부정과 관련된 것이었다. 영화 속에 마땅히 들어가야 할 주관성의 몫을 확고히 했다는 점이야말로 르네 클레르가 1920년대 초에 〈칼리가리〉와 〈피곤한 죽음〉에 찬사를 보낸 이유였다. 클레르가 보기에 배경, 조명, 연기의 인공성은 주어진 원재료에 대한 지성의 승리를 의미하는 것이었다. 그러나 그의 주장은 지나치게 기계적인 당대의 "리얼리즘 도그마"에 대한 반감에서 비롯된 과장으로 보인다. 그 자신이 나중에 만든 파리 배경의 코미디들이 보여주듯이, 지성을 포함한 주관성에 적합한 역할을 부여하면서도 물리적 현실의 우월성을 받아들일 수 있는 가능성이 존재함에도 불구하고 클레르는 당시에 이 점을 제대로 인식하지 못한 것이다.[12]

〈칼리가리〉에 대한 에이젠슈테인의 혹독한 어조——그는 "우리 예술의 건강한 인간적 유년기를 파괴하는 야만적 사육제"[13]라고 말한다——는 아마도 그의 평가가 내려진 시점이 나치 독일과 소련의 전쟁이 막바지에 이른 때였다는 사실 탓이겠지만, 칼리가리즘에 대한 다른 중요한 논평은 이 책의 기본 명제와 동일한 노선에 있다. 카발칸티에 따르면 독일 표현주의 영화들은 "카메라를 카메라의 본성에 맞지 않는 방식으로 사용하려 했기 때문에 이내 사람들의 관심 밖으로 사라지고 말았다. 이 시기에 영화는 현실에서 점점 더 멀어져갔다."[14] 네르고르는 칼 드레이어가 〈뱀파이어〉에서 환상을 다루는 방식을 〈칼리가리〉에서 사용된 방식과 비교하면서 〈칼리가리〉가 "촬영된 연극"[15]에 지나지 않는다는 결론에 도달한다. 아마도 프랑스의 아방가르드적 분위기의 영향이겠지만, 장 콕토조차 1923년 혹은 1924년에 죽음을 환기하는 으스스한 효과를 내기 위해 카메라의 움직임이 아니라 유별난 세트에 의존한다는 이유로 〈칼리가리〉를 비난한 바 있다.[16] 훗날 유사한 반론에 극히 취약한 영화를 만들게 될 그 콕토가 말이다.

일관된 연출적 환상은 연출성 일반의 특수한 경우인 까닭에, 그 비영화적 특성 역시 일반적인 연출적 영화에서와 마찬가지 이유에서 경감될 여지가 있다.* 게다가 여기서 검토되는 유형의 환상이 전반적인 리얼리즘적 성향의 영화 속의 일부로서 이를테면 꿈과 같은 형태로 나타난다면, 그것을 둘러싸고 있는 진짜 삶의 사건이 필연적으로

---

* 이 책의 128~31쪽을 보라. 예컨대 옛날 독일 영화 〈밀랍인형 전시실〉의 잭-더-리퍼 에피소드는 표현주의적 배경에 배치된 환상임에도 불구하고 테크놀로지가 가능하게 만든 감탄할 만한 수법을 활용한 덕택에 영화적 삶과 유사한 외관을 얻는다. 여기서 환상의 "몽타주"는 카메라 현실과의 거리를 잊게 만든다(Kracauer, *From Caligari to Hitler*, pp. 86~87 참조).

지배적인 위치를 점할 것이고, 이에 따라 삽입된 부분의 비영화적 특성도 약화될 것이다. 그러나 꿈이 확연하게 연극적 재료로만 구성되어 있는 경우에는, 이와 같은 효과도 기대하기 어려울 수 있다. 예컨대 〈어둠 속의 여인〉에 나오는 꿈 시퀀스는 리얼리즘적인 영화의 나머지 부분에 가려 흐려지기에는 너무나 강렬하다.

제2안 (물리적 현실만큼의 유효성이 인정되지 않는 환상)

연출적 환상은 영화 고유의 방식을 방해하기보다 촉진할 수도 있는데, 그것은 다음 두 조건하에서다. 첫째, 연출적 환상이 리얼리즘적 영화에서 중간에 삽입된 무대로서의 기능을 수행하는 경우. 이때 환상은 대조를 통해서 관객으로 하여금 그것을 둘러싼 카메라 현실을 더욱 예민하게 느낄 수 있게 해준다는 점에서 영화적 효과에 기여한다. 환상은 현실과 경쟁하지 않는다. 무대 뒤의 삶을 다루는 많은 영화들이 그러하다. 특히 〈분홍신〉은 첫 부분에서 무대 위의 공연 장면을 환상적 스타일로 가공하여 보여준다. 이러한 막간극은 언제나 인접한 장면들의 자연스러움을 강화하는 기능을 한다.

둘째, 연출적 환상이라고 하더라도 제1안에서와 같은 야심을 환상에 결부시키지 않고 유희적으로 다룬다면, 매체의 정신과 어긋난다고 할 수 없을 것이다. 채플린은 거듭하여 이러한 길을 탐사했다. 그는 영화 〈양지〉에서 숲의 요정들——어디서 왔는지 알 수 없는 그리스식 옷차림의 유령 소녀들——과 춤추는 발레 뤼스[디아길레프가 1909년에 세운 발레단]의 공연을 조롱한다.[17] 〔그림 22〕 그리고 〈키드〉에서는 익살스러운 천국을 볼 수 있다. 더러운 슬럼가의 마당은 천상의 축복을 받은 장소로 변모하고 그곳의 주민은 하얀 옷을 입은 천사로 등장한다. 강아지에게도 날개가 돋고 깡패는 꽃으로 장식된 집 사이로 다른 사람들과 날아다니면서 하프를 연주한다.[18] 물론 두 에피소드 모두 꿈이고, 따라서 그 중요성에 있어서 진짜 삶을 배경으로 한 본 줄거리에 필적할 수 없다는 것은 명백하다. 이들은 본 줄거리에서의 탈선이며, 그것이 끝나면 진짜 삶이 복귀한다. 그러나 우리는 여기에서도, 이들이 꿈으로서 기능한다는 사실과는 전혀 무관한 이유에서, 어떤 영화적인 특성을 발견할 수 있다. 채플린은 연출성을 애써 숨기기는커녕 오히려 대놓고 과장하며, 그렇게 함으로써 이러한 장면이 진지한 것이 아님을 암시한다. 그것은 유희적이고 아이러니컬한 분위기의 환상이다. 따라서 환상이 우리 주위의 세계만큼이나 현실적인 어떤 상상의 세계를 묘사하기 위해 만들어진 것이라는 인상은 애초에 생겨날 여지가 없다. 환상의 연출적 성격이야말로 환상이 물리적 현실에 대한 기본적 관심에서 싹튼 것임을 말해준다. 그리피스의 베일을 쓴 천사와 달리 채플린의 천사는 패러디다. 패러디는 꼭 꿈일 필요가 없다. 많은 뮤지컬 영화——예컨대 〈밴드 웨건〉——에서는 과장되고 기묘한 배경 장치와 장식이 풍부한 만큼 진지함과는 거리가 먼 환상 장면을 즐겨 사용한다. 물론 문제는 연극성과 유희성의 비율이다. 〈천국으로 가는 계단〉의 경우 연출적 정경이 눈에 거슬릴 만큼 과도하게 꾸며져 있어서 그 배후의 유쾌한 의도(그 의도 자체도 아주 희박하긴 하다)를 무색하게 할 뿐만 아니라 영화 전체의 꿈 같은 성격마저 지워버린다.

어떤 괴물 영화들은 환상적 괴물들이 사실적 존재인 것처럼 보이게 하려는 경향이 있다. 프랑켄슈타인, 킹콩, 늑대인간 등을 생각해보

라. 이렇게 사실적으로 재현된 환상적 괴물은 까다로운 문제를 제기한다. 지금까지의 논의에 따르면 정당한 영화적 대상으로 제시된 환상적 괴물은 한마디로 비영화적 연출성으로 규정된 제1안의 범주에 들어간다고 보아야 할 것이다. 그러나 연출적 조작이 워낙 정교해서 괴물이 진짜 삶의 환경 속에 완벽하게 섞여 들어가고 거의 완벽하게 진짜같이 보일 수도 있을 것이다. 자연이 괴물을 낳지 말라는 법이 있는가? 개연적 가능성은 카메라 리얼리즘의 한 징표로서 결국 이들 괴물을 영화의 궤도로 되돌려놓는다. 또한 잊어서는 안 될 것은 적어도 어떤 괴물들의 경우는 재현의 흠결도 상당히 너그럽게 용인된다는 사실이다.

영화적 장치를 통해 만들어낸 환상

여기서 주목해볼 것은 우리가 일상적으로 지각하는 대로의 현실을 재료로 삼아, 영화의 기술적 장치를 적용하는 경우만이다. 〈노스페라투〉에서 〈유령은 서쪽으로 간다〉나 〈물랑 루즈〉에 이르기까지 수없이 많은 영화들이 영화적 (사진적) 기술의 변신술적 힘에 의존하여 진짜 삶의 장면에서 환상적인 것이 피어나게 한다. 〈노스페라투〉에서 이 목적에 봉사하는 것은 네거티브와 원-턴-원-픽처one-turn-one-picture 기법[스톱 모션 애니메이션]이다. 다른 영화에서는 다중노출, 사진 합성, 왜곡 거울, 특수 편집 장치 등등이 초자연적인 것, 비현실적인 것을 만들어내는 데 동원된다. 기억해두어야 할 것은 모든 환상이 이런 방식으로 생성될 수 있는 것은 아니라는 사실이다. 예컨대 날개 달린 천사는 연출적 개입을 필요로 한다. 그래서 사람의 자연적 외양에 날개를 붙여야만 천사가 나타날 수 있고, 이는 결국 연출적인 인상을 불러일으킬 수밖에 없다.

이 유형의 환상이 영화 매체에 적합한지 판단하려고 할 때도 "관계적" 요인에 따른 두 가지 대안을 검토해보아야 한다. 두 가능성을 가르는 질문은 공상적 세계가 물리적 현실과 동일하게 유효한 것으로 인정되느냐의 여부다.

제1안

우선 〈노스페라투〉를 생각해보자. 이 희귀한 하위 장르를 창설한 최초의 작품이면서, 여전히 그 장르의 대표작으로 남아 있는 〈노스페라투〉. 영화의 주인공은 나타나는 곳마다 사람들을 파멸시키고 그 주변을 초토화하는 흡혈귀다.[19] 영화 전체가 영화적 수법을 통해 창조된 공포의 환상이다. 이 세계에는 유령이 존재하고, 이들이 일상생활 속에 개입한다.〔그림 23〕 이처럼 〈노스페라투〉는 진짜 삶의 재료를 가지고 초자연적 신비를 구축하여 그것의 실재성을 주장하지만, 정작 재료 자체에 내재하는 신비는 무시한다. 그럼에도 불구하고 이런 계통의 영화나 영화 속 에피소드——예컨대 〈어셔가의 몰락〉 가운데 현란한 수법이 동원된 몇몇 장면들——는 악마와 유령의 창조를 위해 영화 매체의 기술적 속성에 의존한다는 점에서 어느 정도 영화적 특성을 나타낸다. 감탄할 만한 기술적 성과라고 해도 과언이 아니다. 그런 성공을 자주 만날 수 없는 것은 우연이 아니다. 마술적 효과는 쉽게 닳아 없어진다. 이러한 마술은 영화 특유의 기술로 만들어낸 것임에도 불구하고 주요한 영화적 관심사와 맞지 않는 다른 목적에 이용되기 때문이다. 관객은 곧 그것이 순전히 트릭에 지나지 않는다는 것을 알아차리고 그 가치를 폄하하게 된다.[20]

제2안

영화적 기술로 창조된 환상은 유희적으로 다루어지거나 꿈의 지위를 부여받을 때, 물리적 현실의 우선성에 순응하면서 영화 고유의 특성을 획득하게 된다. 유희적 방식의 경우 강조점은 무엇보다도 물리적 실재와의 놀이에 놓일 수도 있다. 이러한 종류의 환상으로서 원형적인 것은 슬로모션이나 패스트모션, 기타 여러 기술적 트릭을 사용하여 자연적 움직임을 과장하는 데서 추가적인 웃음을 끌어내는 옛날 무성영화 시대의 코미디 영화들이다. 어마어마한 속도의 추격전, 공중에서 정지 상태에 이른 점프 동작, 1초도 채 안 되는 마지막 순간에 기적적으로 모면한 충돌의 위험. 보통은 일어날 수 없는 이 모든 일이 그러한 영화에서는 평범한 일상적 환경에서 일어난다. 스크린 위의 인물은 그저 평범한 사람들이다. 고속도로도, 술집도 친숙해 보인다. 옛날 코미디 영화의 허구적 현실은 뚜렷한 사실적 특성을 나타낸다. 이러한 사실성은 표현이 풍부한 사진보다 기교 없는 기록에 더 가까운 화면, 물리적 충돌과 우연의 일치가 난무하는 소동을 끝없이 집중적으로 보여주는 화면을 통해 더욱 강화된다.[21] 그것은 즉석 촬영에 잘 포착되는 조악한 물질적 삶이다. 이러한 진짜 삶의 사건들과 그 사이에 산발적으로 끼어드는 트릭 신은 그보다 더 큰 대조를 생각하기 어려울 정도로 현격한 대조를 이룬다. 트릭 신은 모든 자연법칙을 뻔뻔하게 무시하기 때문에 진짜 삶의 순간들의 코믹한 인상을 심화한다. 그것은 악귀와 수호천사로 가득한 자연이다. 노골적인 환영은 이

II. 영역과 요소

렇게 하여 영화적 삶에 방점을 찍는다. 첨언하면, 이 환영 자체, 즉 우리가 살고 있는 물리적 세계의 익숙한 조건을 가지고 노는 이러한 유희는 그것만으로도 즐거운 경험이다. 채플린의 꿈 삽화는 떠돌이의 현실적 궁핍을 강조할 뿐만 아니라, 모든 구속에서의 해방과 적극적 행복을 예고한다. 공간과 시간, 중력에 맞서는 채플린의 도전에는 뭔가 유토피아적인 데가 있다.

또 하나의 가능성은 환상 자체와의 놀이에 강조점을 두는 것이다. 이 경우 환상적 사건은 진짜처럼 보이도록 만들어진다. 〈상상의 여행〉〈투명인간〉〈유령은 서쪽으로 간다〉〈토퍼〉〈천국의 사도 조단〉〈즐거운 영혼〉〈유령과 뮤어 부인〉〈멋진 인생〉에 나오는 유령은 보통 인간과 조금도 다르지 않다. 그들은 그저 이웃 사람처럼 인간사에 개입하고 기적을 만들어내되 그것이 마치 당연한 일상사인 것처럼 해치워서 일반 상식의 관점에서 일어날 수 있는 의구심을 잠재운다. 여기서 사용되는 모든 기술은 비현실적 사태를 일상적인 경과 속에 통합시키는 경향을 보인다. 앨러다이스 니콜은 〈유령은 서쪽으로 간다〉에 관해 논하면서 환상적인 것 속의 리얼리즘을 지적한다. "우리는 합리적으로는 이 사건들이 실제로 일어날 수 없다고 판단하면서도, 이를 가능하게 할 만한 조건을 받아들이기만 한다면 바로 스크린 위에 제시된 것과 같은 일이 그런 식으로 일어났을 것임을 깨닫게 된다. 그런 의미에서 이 영화에 나오는 모든 것은 가능하다. 그래서 유령은 '리얼리즘적' 유령이다."[22] 이런 노선의 영화들은 자연적인 것을 낯설게 만드는 대신 초자연적인 것을 자연적인 것에 동화시킨다. 영화 속의 유령적 요소들은 뤼미에르가 최초로 포착한 저 "물질적 삶의 작은 요소들"[23]과 거의 구별되지 않는다. 캐프라의 〈멋진 인생〉은 현실적 사건과 비현실적 사건을 똑같이 보여주는 다큐멘터리에 준하는 숏으로 가득하다.

환상을 유희적으로 도입하는 기법도 종국에 가서는 관객에게 권태감을 줄 수 있겠지만, 그럼에도 불구하고 환상을 유효한 영화적 대상으로 수립하는 트릭보다는 관객에게 더 쉽게 받아들여질 것이다. 아마도 유희적인 수법이 영화 매체에 더 적합하기에 관객에게도 내적 저항을 덜 일으키는 것이라고 가정할 수 있을 것이다.

리얼리즘 영화 속에서 영화적 기술을 통해 창조된 꿈은 연출적 꿈을 뛰어넘는다. 꿈의 지위에 있다는 사실이 이미 현실 세계의 우선성을 인정하는 것이지만, 영화적 기술은 여기서 한 걸음 더 나아가 꿈 장면 자체를 현실 세계의 숏에서 끌어내기 때문이다. 이러한 꿈 장면은 비사실적 이미지 대신―비록 조작된 것이긴 하지만―주어진 물질적 현상의 이미지를 제시한다. 〈영혼의 비밀〉의 꿈 장면들에서 대부분의 대상과 인물은 영화의 다른 현실 에피소드에 이미 나온 바 있고, 그러한 에피소드에 기원을 두고 있는 것이 분명하다. 또는 〈물랑루즈〉에서 죽어가는 툴루즈-로트레크에게 나타난 꿈 같은 환시를 생각해보라. 쇼콜라, 라 굴뤼 등등이 이제 에테르 같은 영이 되어 툴루즈-로트레크의 내면의 눈앞에 어른거린다. 어두운 벽에서 환한 빛을 발하며 나와, 소리를 죽인 오펜바흐의 음악에 맞추어 무無를 향해 춤추는 그들은 툴루즈-로트레크가 활발하게 활동하던 시절 공연에서 자주 보았던 바로 그 인물들이다. 물론 이 모든 이미지는 꿈 같은 특징을 강화하도록 고안된 방식에 따라 처리되고 편집되었다. 그러나 그러한 처리와 편집은 결코 이들 이미지의 유래가 카메라 현실이라는 것을 알아볼 수 없을 정도의 조작으로까지 나아가지는 않는다. 자연적 재료에서 "다른 차원의 현실"을 만들어내는 많은 모호한 숏——슬로모션 영상, 상궤를 벗어난 각도에서 찍은 숏 등——은 일반적으로 자연적 재료와 동떨어진 다른 형태로 발전하기보다 바로 그 재료를 환기하도록 구성된다. 마치 리얼리즘적 경향의 작용이 이들을 울타리 안에 잡아두고 있기라도 한 것처럼.

물론 실사영화에 관하여 전적으로 타당한 이러한 인식이 움직이는 만화, 즉 애니메이션에까지 적용될 수 있는 것은 아니다. 실사영화와 달리 애니메이션의 과제는 비현실적인 것, 결코 일어나지 않은 일을 묘사하는 데 있다. 이러한 가정에 따를 때, 월트 디즈니가 점점 더 환상을 리얼리즘적 방식으로 표현하려 하는 것은 영화적 방식과 일치하는 방향이지만, 역설적으로 바로 그렇기 때문에 미학적으로 의심스러운 것이 된다. 그의 첫 애니메이션인 〈미키마우스〉 영화에서 〈신데렐라〉와 그 이후의 작품에 이르기까지 디즈니는 화가의 상상력으로 불가능한 것을 그려왔다. 그러나 그의 안에 있는 화가는 점점 더 카메라를 의식하게 되었다. 디즈니의 후기 장편영화에서는 카메라 현실을 추구하는 경향이 점점 더 강화된다. 현실의 풍경과 진짜 인간의 모사물이 풍부하게 등장하는 이들 영화는 더 이상 "살아 움직이는 그림"*이 아니라 그림으로 재생된 삶이다. 디즈니의 초기 만화에서 연필의 터치를 느끼게 해주던 물리적 세부는 후기에 오면 그저 삶을 복제하는 데 그친다. 한때 불가능한 것을 보여주는 것이 그의 기술의 존재

---

*   이 책의 91쪽을 보라.

이유였지만, 이제 그 모든 것이 여느 자연 대상과 다르지 않아 보인다. 〈백설공주〉〈밤비〉〈신데렐라〉에서 우리가 보는 것은 또 한 번의 자연이다. 디즈니는 이러한 인상을 강화하기 위해 자신이 만든 가짜 자연을 마치 진짜 자연처럼 촬영한다. 카메라가 엄청난 군중 위로 빙빙 돌다가 그 속에 있는 한 명의 얼굴을 클로즈업하기 위해 내려간다. 이러한 수법은 관객으로 하여금 군중과 그 속의 얼굴이 화판 위에 그려진 것임을 잊게 한다. 촬영된 것이라 해도 이와 다르게 보이지 않을 것이다. 영화적 방식을 충실하게 따른 이들 만화영화의 시도는 잘못된 것이며, 그림 그리는 이의 상상력을 무자비하게 질식시켜버리는 결과를 낳는다.

물리적 현실에 입각하여 만들어낸 환상

기술적 요인에 관한 세번째이자 마지막 단계의 탐구에서 다룰 환상의 유형은 칼 드레이어가 〈뱀파이어〉 작업을 하면서 들려준 이야기를 통해 가장 잘 정의할 수 있을 것이다. "평범한 방에 앉아 있다고 상상해보자. 이때 갑자기 누군가에게서 문 뒤에 시체가 있다는 이야기를 듣는다. 그 순간 우리가 앉아 있는 방은 완전히 변한다. 방 안의 모든 것이 다른 표정을 얻는다. 조명도, 분위기도 모두 변한다. 물리적으로는 전혀 변한 것이 없음에도 말이다. 그것은 **우리**가 변했기 때문이다. 우리가 지각하는 바가 곧 대상**이다**. 그것이 내가 영화를 통해 얻고자 하는 효과다."[24] 드레이어는 이 효과를 얻기 위해 심혈을 기울였다. 출연진 중 일부가 아마추어 배우였던 영화 〈뱀파이어〉는 자연적 환경에서 촬영되었고 "초자연적인 것에 대한 모호한 암시"[25]를 주기 위해 아주 제한적인 트릭만을 사용했다.[26] 에베 네르고르에 따르면 "이 극도로 환상적인 영화에서 가장 기이한 점은 드레이어가 이 영화만큼 리얼리즘적인 재료로 작업한 적도 없다는 사실이다."[27] 〔그림 24〕

그런데 환상적인 것이 주로 "리얼리즘적 재료"로 구성된다면, "관계적" 요인은 더 이상 결정적 의미를 지닌 문제라고 할 수 없게 된다. 다시 말해 환상에 물리적 현실과 동일한 유효성이 부여되느냐 여부가 여기서는 크게 중요하지 않다는 것이다. 어떤 경우든 진짜 삶의 장면이 지배적이라면, 영화 매체의 기본적 속성에 충실히 따른 것이라고 볼 수 있기 때문이다.

그러나 매체에의 충실성에도 정도의 차이가 있다. 이는 환상이 얼마나 많은 자연적 원인을 포함하느냐와 관련이 있다. 환상이 초자연적인 것을 강조할수록, 환상의 바탕에 놓은 의도는 카메라 현실에 충실한 화면과 더 어긋날 것이다. 따라서 진짜 삶에서 온 재료로 만들어진 환상이 초자연적인 사건들을 의도하는 것이 분명한 경우, 현실의 재현은 중의적 효과를 산출하게 된다. 이는 드레이어의 〈뱀파이어〉뿐 아니라, 기괴한 나무줄기, 흐르는 안개, 섬뜩한 두꺼비 등의 숏을 활용하는 엡스탱의 〈어셔가의 몰락〉에도 적용된다. 엡스탱도 드레이어와 유사한 방식을 택한다. 그는 물론 간헐적으로 슬로모션 같은 영화적 수법에 의존하기는 하지만, 물질적 현상을 직접 기록한 영상을 통해 초자연적인 영향력이 존재함을 암시하려고 애쓴다는 점은 드레이어의 경우와 같다.

그러나 두 영화의 플롯이 이미 초자연적인 것의 존재를 어느 정도 당연한 것으로 전제하고 있기 때문에, 초자연적인 것이 단순히 이러한 영상의 효과로 산출된다고 할 수는 없다. 영상은 다만 초자연적인 것의 현존을 뒷받침하는 증거로 이용되고 있다고 보는 편이 맞을 것이다. 즉 현실의 영상은 이미 영상과 무관하게 암시된 초현실적인 힘의 실재를 증명하려는 목적에 따라 선별되고 편집된 것이다. 이렇게 물리적 현상의 묘사가 그 현상의 의미를 특정한 것으로 환원하려는 목적에 종속됨으로써 영화 고유의 성질은 불가피하게 훼손된다. 관객은 자유롭게 나무줄기와 안개와 두꺼비의 이미지를 향유하지 못하고 처음부터 이들을 초자연적인 것의 징표로 받아들인다. 비현실을 현실로 만든다는 과업이 사실적 이미지에 부여됨으로써, 오히려 이들 사실적 이미지가 뭔가 비현실적인 것으로 보이게 된다. 두 영화가 불러일으키는 정체된 인공성의 인상은 여기에서 비롯된다.

도브젠코의 영화 〈병기고〉의 피날레 장면은 이와 관련한 또 한 가지 흥미로운 사례다. 사둘의 이야기를 들어보자. "영화는 은유적 비상飛上, envolée으로 끝난다. 저항하는 노동자들에게 일제 사격이 가해진다. 그러나 주인공은 계속 행진한다, 이미 총알이 여러 발 몸을 관통하여 죽은 것이 명백함에도."[28] 순수하게 시각적인 차원에서만 본다면 행진하는 노동자의 숏은 가감 없는 현실을 제시한다는 점에서 영화적이다. 그러나 우리는 노동자가 죽었고 죽은 노동자는 행진할 수 없다는 것을 알기 때문에 행진하는 주인공이 신기루 같은 것임을 즉시 깨닫는다. 마치 아무 일도 없었다는 듯이 계속 살아 있다는 사실이 그를 현실의 존재에서 프로파간다 메시지가 담긴 상징으로 변용시킨다. 그는 이제 계속 전진하는 혁명을 의미한다. 따라서 주인공의 숏은 여전히 사실적임에도 불구하고 사실적 성격을 상실한다. 외부에서 부여된 의미를 나타내는 이 숏의 상징적 기능은 물리적 실재의 어떤 측면을 드러내는 영화적 기능과 상충한다.

따라서 지금 논의되고 있는 유형의 환상의 경우, 영화적 방식과 완벽한 합일을 이루려면, 환상이 단순히 카메라 현실에 입각하여 만들어진 것에 그치지 않고 어떻게든 그러한 현실과 연관된 현상으로서의 성격까지도 아울러 획득해야 한다. 그럴 때 환상과 결부된 의미는 그 환상을 실현한 숏의 리얼리즘적 특성을 뒷받침해준다. 〈악몽의 밤〉은 이러한 노선의 에피소드들을 보여준다. 한 에피소드에서 어느 사립 병원에 입원한 환자가 잠을 이루지 못해 한밤중에 병실 창밖을 내다보다가 햇빛이 내리쬐는 거리에서 검은 영구 마차를 발견한다. 마부가 그에게 타라고 권유한다. "안에 꼭 한 자리가 있소." 병이 다나아 퇴원한 환자는 버스에 타려다가 갑자기 놀라 뒤로 물러선다. 그 유령 같은 마부와 똑같이 생긴 버스 운전사가 그에게 똑같은 말을 건넸기 때문이다. 이어서 버스 충돌 사고가 나는 것은 물론이다. 또 다른 에피소드는 인격분열의 경우를 다룬다. 복화술사의 인형은 독립적인 개인의 모든 속성을 보이면서 주인에게 반항하고, 주인은 내내 정신질환을 앓고 있는 사람으로 규정된다. 두 환상은 두 가지 이유에서 영화적 특질을 지닌 것으로 판단된다. 첫째, 환상은 여기서 평범한 일상생활의 광경과 구별되지 않는 숏으로 만들어진다. 한밤중에 나타난 밝은 낮의 거리도 영화 속에서 설정된 그 특수한 위치만 아니라면 진짜 밝은 낮의 거리일 수 있다. 둘째, 두 환상은 기이한 또는 병적인 심리 상태에서 기원하는 환각의 자리에 놓여 있고, 따라서 이 책의 앞에서 "현실의 특수한 양태"라고 말한 현상을 재현하는 것으로 해석될 여지가 있다. 유령 같은 마부와 반항적인 인형은 각각 예지력을 타고난 남자와 정신분열증 환자에게 나타난 현실이다.

그러면 광인에게 현실은 어떻게 나타나는가? 루이스 부뉴엘은 〈이상한 정열〉의 탁월한 성당 에피소드에서 이 물음에 대한 독창적인 답을 제시한다. 영화의 주인공 프란시스코는 광적인 질투심에 사로잡혀 어떤 커플이 자신의 아내와 그 정부라고 믿고 그들의 뒤를 따라 대성당으로 들어간다. 그러나 그들을 향해 총을 쏘려는 찰나, 그는 엉뚱한 사람들을 오인하여 희생시킬 뻔했다는 것을 깨닫는다. 그는 자리에 앉는다. 미사가 시작되고 사람들은 기도를 한다. 고개를 들었을 때 그는 지금까지 겪어보지 못한 충격을 경험한다. 사람들이 그를 쳐다보고 있다. 점점 더 많은 사람들이 그의 어리석음을 재미있어하면서 그를 바라본다. 사제조차 미사 집전을 중단하고 프란시스코가 앉아 있는 쪽으로 시선을 던진다. 그는 손가락으로 이마를 톡톡 두드리며 웃고 있다. 대성당 전체에 웃음소리가 가득 울려 퍼진다. 프란시스코가 조롱거리가 된 것이다. 그때 경건한 낮은 기도 소리가 다시 들려온다. 사람들은 고개를 숙이고 기도서에 열중하고 있다. 그렇게 장면은 계속된다. 예배 장면이 유쾌하게 터지는 웃음소리와 교차한다. 주목할 점은 여기서 성당의 신도들이 실제로 웃기도 하고 기도하기도 한다는 것이다. 그리고 광인의 환각을 보여주는 영화의 장면 역시 인공적으로 조작되지 않은 현실, 즉 광인의 특수한 현실을 그리고 있다는 것이다. 약간의 편집상의 트릭이 들어가기는 한다. 이러한 환상 속의 극단적 리얼리즘을 가능하게 하는 것은 물론 종교 예배 중에는 아무도 웃지 않는다는 일반적 상식이다.

배우에 대한 보론

영화배우는 연출된 삶과 연출되지 않은 삶의 교차 지점에서 독특한 위치를 점한다. 영화배우가 연극배우와 다르다는 것은 이미 영화사의 초창기부터 알려진 사실이다. 가브리엘 레잔과 사라 베르나르는 카메라 앞에서 연극을 했다. 카메라는 그들을 잔인할 정도로 보잘것없게 만들었다. 그들의 연기는 어디가 잘못되었던 걸까? 연극 관객이 열광하던 그 연기를 그대로 했을 뿐인데?

연극배우와 영화배우는 두 가지 면에서 차이가 있다. 첫번째 차이는 각 매체의 요구에 합당한 자질과 관련된 것이고, 두번째 차이는 배우들이 연극과 영화 서사에서 각각 수행하는 기능의 문제다.

특질

배역을 구현하는 연극배우의 기여는 영화와 비교하여 어떻게 정의될 수 있는가? 물론 영화배우와 마찬가지로 그는 자신이 맡은 인물을 표현하기 위해 가장 넓은 의미에서 자신의 본성에 의존해야 한다. 그리고 그의 환기력이 무한히 다양한 인물에 미치는 경우는 드물기 때문에, 한 배우가 어느 정도 특정한 역할에 고정되는 것은 연극에서도 불가피하다. 그러나 유사성은 여기서 끝난다. 극장의 조건 때문에 연극배우는 관객에게 자신이 맡은 배역의 신체적인 면을 이루는 많은 세부, 종종 거의 알아차릴 수 없을 정도로 미묘한 세부를 직접 전달할 수 있는 입장이 못 된다. 신체의 세부는 무대와 관객 사이의 거리를 건너가지 못한다. 무대 위에서 연기하는 배우의 신체적 실존은 전달 불가능하다. 따라서 연극배우는 관객에게 인물의 정신적 이미지를 환기하기 위해 노력하지 않으면 안 된다. 그는 이 목적을 달성하기 위해 가용한 연극 장치——꼭 맞는 분장과 적절한 제스처, 특별한 억양의 목소리 등등——를 동원한다.

영화비평가들은 영화배우를 연극배우와 비교하여 이야기할 때 보통 연극배우의 과장된 언어와 몸짓을 지적하곤 한다.[1] 실제로 연극배우는 분장이나 행동 모두 "부자연스러운데," 그렇게 하지 않으면 자연스러움의 환영을 창조하기가 불가능하기 때문이다. 진짜 삶의 모습에 충실한 초상을 그리는 것은 무대 위에서는 효과를 보기 어렵기에, 연극배우는 관객이 인물을 눈앞에 두고 있다고 믿도록 계산된 암시적 수법을 사용한다. 이러한 암시의 힘에 따라 관객은 실제로 눈앞에 없는 것을 보고 있다고 느끼게 된다. 물론 연극 작품 자체가 환영을 불러일으키는 배우의 마술적 노력을 뒷받침해준다. 관객들은 배우가 등장하는 상황과, 그의 동기와 두려움과 욕망에 대한 언어적 설명에 힘입어 배우 자신이 제시하는 인물의 정의를 보충할 수 있다. 그 결과 그가 환기하는 이미지는 일정한 폭과 깊이를 획득하고, 실제 삶 속의 인간과 마술적인 유사성을 이룰 수 있는 것이다. 그러나 삶 자체, 존재의 미묘한 양상들의 흐름은 무대를 빠져나간다. 진정한 연극은 애초에 그런 것을 추구하지 않는다.

존재에 대한 강조

레너드 라이언스는 한 신문 칼럼에서 어느 스튜디오의 일화를 이야기한다. 유명한 연극배우이자 영화배우인 프레드릭 마치가 영화 촬영 중이었는데, 감독이 촬영을 중단시켰다. "미안합니다. 내가 또 실수했네요." 스타는 사과했다. "자꾸 잊어버려요. 영화를 찍고 있으니 연기를 해선 안 되는데."[2]

프레드릭 마치의 말이 영화 연기에 관한 진실의 전부는 아닐지라도 적어도 그 부분적 본질을 지적하고 있는 것은 분명하다. 뉴욕 현대 미술관에서 옛날 영화가 상영될 때면 관객은 항상 배우들의 표정과 몸짓이 얼마나 연극적인지 깜짝 놀라며 즐거워한다. 관객의 웃음은 그들이 영화 속 인물에게서 자연스러운 행동을 기대한다는 것을 일러 준다. 관객의 감수성은 이미 오래전에 있는 그대로의 자연을 선호하는 영화 카메라에 적응한 결과다. 또한 클로즈업의 일반적 사용은 관객에게 보통 인물의 표정과 태도에서 미세한 변화를 유심히 보도록 하기 때문에, 배우는 무대 위에서라면 인물을 분명히 표현하는 데 필수적이었을 "부자연스러운" 과잉 동작이나 양식적 연기도 그만큼 더 많이 생략하지 않으면 안 된다. 르네 클레르는 말한다. "몸짓과 말하는 태도에 약간의 과장만 들어가더라도 가차 없이 기계 장치에 포착되고 영사 과정에서 증폭된다."[3] 배우가 전달하려고 하는 것 — 한 인물의 육체적 실존 — 은 스크린 위에서 압도적으로 제시된다. 카메라는 스쳐 지나가는 눈빛과 무의식적인 어깨의 으쓱임도 기막히게 잡아 낸다. 히치콕이 "부정의 연기, 아무것도 하지 않음으로써 말하는 능력"[4]을 고집하는 것도 이러한 측면에서 이해할 수 있다. 프레드릭 마치가 말했듯, "연기를 해선 안 된다." 더 정확히 말하자면 영화배우는 전혀 연기하지 않는 것처럼, 행위 중에 카메라에 포착된 진짜 삶 속의 사람인 것처럼 연기해야 한다. 그는 자신의 배역을 연기하는 것이 아니라 바로 그 인물**인 것처럼** 보여야 한다.[5] 그는 어떤 의미에서 사진작가의 모델이다.

즉흥성

즉흥성은 뭔가 무한히 미묘한 것을 함축한다. 진정으로 사진적인 초상은 언제나 연출되지 않은 현실의 느낌을 유지하려는 경향이 있다. 그러한 초상이 얼굴의 전형적 특징에 집중한다 해도 이러한 특징들은 대상이 즉흥적으로 의도치 않게 자기를 드러낸 순간에 포착된 것이라는 느낌으로 우리에게 다가온다. 사진적 초상에는 어딘지 단편적이고 우연적인 데가 있기 마련이고, 또 그래야 한다. 따라서 영화배우가 자신이 연기하는 인물처럼 보여야 한다고 할 때, 여기에는 모든 표정, 제스처, 자세가 그 자체를 넘어서 그것이 발생한 다양한 맥락을 지시해야 한다는 요구까지 포함된다. 즉 표정, 제스처, 자세에서 어떤 즉흥적인 분위기가 풍겨 나와야 한다. 그 즉흥성을 통해 이들은 어떤 끝없는 직조물 속의 단편적 부분임이 환기된다.

많은 위대한 영화감독은 이 직조물이 여러 층으로 이루어진 정신의 깊은 지대까지 뻗어 있다는 것을 잘 알고 있다. 르네 클레르는 영화배우의 경우 자연스러운 반응이 더욱 중요하다고 주장한다. 그들은 연기하는 과정에서 자신의 역할을 극히 세부적으로 표현해야 하기 때문이다.[6] 또한 푸돕킨은 배우들과 작업하면서 "인간의 내적 심리를 반영하는 표정의 작은 디테일과 음역을 탐색했다"고 말한다.[7] 두 감독 모두 무의식의 투사를 중시한다. 그들이 이루고자 하는 목표를 영화에 경도된 프로이트 제자인 한스 작스는 정신분석학 용어로 표현한다. 그의 주장에 따르면 영화배우는 "언어 이전의, 혹은 언어를 넘어서는 심리적 사건, 무엇보다도 프로이트가 증상 행위라고 말한 부지불식중의 부조리한 행동"을 구현함으로써 이야기를 진전시켜야 한다.[8]

그렇다면 영화배우의 연기는 자족적인 성취의 분위기를 풍기기보다는 인물의 연출되지 않은 물질적 실존에 일어난 사건으로서——많은 가능한 사건들 중의 하나로서——우리에게 깊은 인상을 남기는 한에서 영화 매체에 충실하다고 할 수 있을 것이다. 오직 그럴 때만 그가 표현하는 삶은 진정 영화적인 특성을 나타낼 것이다. 영화비평가들이 때로 배우의 과장된 연기를 비난하는 것은 반드시 그 연기가 연극적이기 때문만은 아니다. 오히려 비평가들은 배우의 연기가 어쩐지 너무 강하게 목적을 의식하고 있어서 사진에 특징적으로 나타나는 불확정성, 미결정성의 기운이 결핍되어 있다는 느낌을 받고, 이를 표현하고자 하는 것이다.

신체적 외양

이런 까닭에 영화배우는 연극배우만큼 신체적 외양에 대해 독립적인 입장이 될 수 없다. 연극배우는 얼굴로 관객의 시야를 가득 채울 일이 결코 없다. 카메라는 연극적 분장을 노출시킬 뿐만 아니라 신체적 속성과 심리적 속성, 외부적 운동과 내적 변화 사이의 섬세한 상호작용도 드러낸다. 이러한 심신의 상응 관계는 대부분 무의식적으로 실현되기 때문에, 영화배우가 이를 관객이 만족할 만큼 연기해낸다는 것은 매우 까다로운 과업이다. 관객은 모든 중요한 시각적 데이터를 체크하면서 인물의 자연스러움을 방해하는 것이 없는지 주의 깊게 살펴보고 있기 때문이다. 1939년에 에이젠슈테인은 영화배우들이 "자신의 움직임을 1밀리미터 단위까지 통제"[9]할 수 있어야 한다고 주장했다. 터무니없이 비현실적으로 들리는 이러한 주장은 당시 에이젠슈테인의 관심이 전통적 의미의 예술, 주어진 원재료를 완벽하게 소화해내는 비영화적 예술의 방향으로 옮겨 갔음을 말해준다. 그는 조형적 야심에 사로잡힌 나머지 아무리 끈기 있는 자기통제도 무의식적인 반사 행동의 효과를 만들어낼 수는 없다는 것을 잊어버렸다. 이런 이유 때문에 감독은 일반적으로 스크린에 비치는 신체적 외양이 플롯에 잘 들어맞는 배우를 찾게 된다. 일반적으로 알려진 것처럼 배우의 외양은 그의 본성, 존재의 전체 양식을 어느 정도 징후적으로 나타내기 때문이다. "나는 전적으로 신체적 외양을 보고 배우를 고른다."[10] 로셀리니의 이러한 선언은 영화 제작이 사진술에서 유래한 만큼 연극 제작보다 훨씬 더 신체적 측면에 따른 캐스팅에 의존하게 된다는 것을 꽤나 분명히 보여준다.

기능

영화의 관점에서 볼 때, 연극배우의 기능은 연극이란 결국 인물 사이의 관계 재현이라는 사실에 의해 규정된다. 연극 작품의 줄거리는 인물을 통해 흘러간다. 그들의 말과 행동이 극의 내용을 구성한다. 사실상 그것이 극의 전부라고 할 수 있다. 무대의 인물들은 연극 플롯에 담긴 모든 의미의 운반자다. 이는 그들을 둘러싼 주변 세계를 통해서도 확인된다. 사실적 무대장치조차 무대의 제약 조건에 맞추어 조정되어야 하고 이에 따라 환영을 불러일으키는 효과 역시 제한된다. 현실을 그 자체로 의미 있는 어떤 것으로서 환기하려는 의도가 무대장치에 담겨 있다고 할 수 있는지는 의심스럽다. 일반적으로 연극은 양식화의 필요를 인정한다.* 사실적이든 아니든, 무대장치는 인물과 그들의 상호작용을 뒷받침하도록 설계되어 있다. 그 뒤에는 무대장치가 완전한 진실성──무대에서는 어차피 실현 불가능한 이상이다──에 도달하려 할 것이 아니라 인물들의 행동과 대화를 통해 우리에게 전달되는 얽히고설킨 인간사를 되울리고 고조시키는 역할을 해야 한다는 생각이 깔려 있다. 무대 배경을 이루는 이미지는 무대 위의 행위를 돋보이게 하는 바탕 같은 것이다. 인간은 연극 우주의 절대적 척도다. 이 우주는 오직 인간에게 달려 있다. 그리고 인간은 여기서 최소 단위를 이룬다. 각각의 인물은 무대 위에서 더 이상 분해할 수 없는 실체로 나타난다. 관객은 인물의 얼굴이나 손을 신체적인, 심리적인

---

* 「무대에서 스크린으로」에서 니컬러스 바르닥은 19세기 연극의 과도한 리얼리즘이 영화를 예고하는 것이었다고 말한다. 그의 논리에 따르면 당시 연극은 무대의 제약에 저항했다는 점에서 이미 새로운 매체를 잉태한 셈이었다.

그의 전체 외양과 연결시키지 않고 외따로 바라볼 수 없다.

대상들 사이의 대상

이런 의미에서 영화는 연극처럼 전적으로 인간적이지는 않다.* 영화의 주제는 가시적 현상의 무한한 흐름, 끝없는 변화 과정 속에 있는 물리적 실재의 패턴이다. 그 흐름은 인간적인 것의 표출을 포함할 수 있지만, 꼭 인간적인 것을 정점으로 해야 하는 것은 아니다.

따라서 영화배우가 반드시 서사의 중추, 모든 서사적 의미의 담지자가 될 필요는 없다. 영화의 줄거리는 언제나 인간 존재가 보조적이고 불특정한 방식으로만 포함되어 있거나 아예 포함되지 않은 지대를 거쳐 갈 가능성이 있다. 많은 영화가 버려진 아파트에 남아 있는 가구를 통해 기이한 감정을 환기한다. 그때 누군가가 들어오는 것이 보이거나 들어오는 소리가 들린다면, 이 공간에 인간이 틈입했다는 사실 자체가 아주 잠시 동안 관객에게 아주 강렬한 느낌을 줄 것이다. 그런 경우에 배우는 잘 정의된 개인이라기보다는 인류를 대표하는 존재로 나타난다. 게다가 하나의 전체로서의 배우의 존재도 신성불가침의 대상이 아니다. 영화에서는 배우의 신체 가운데 일부분이 주변 환경과 융합되면서 흘러가는 물리적 현실의 이미지들 사이에서 갑자기 두드러져 보이는 어떤 유의미한 형태를 이룰 수도 있다. 네온 불빛과 어른거리는 그림자들, 거기에 어떤 사람 얼굴이 더해져 하나의 전체

---

*   이 책의 101~103쪽을 보라.

를 만들어내는 장면을 누구나 한 번쯤은 본 기억이 있지 않은가?

이러한 전체성의 분해는 배우가 배역을 구성하는 요소들을 오직 단속적으로밖에 제공하지 못한다는 사실과도 관련이 있다. 푸돕킨은 말한다. "영화배우는 작업 과정에서 줄거리의 중단 없는 발전에 대한 의식을 가질 수 없다. 작품의 연속적 부분 사이에 존재하는 유기적 연결과 그 결과로서 창조되는 뚜렷한 전체적 이미지는 그의 것이 아니다. 배우의 전체 이미지는 오직 감독의 편집 작업이 끝난 뒤에 장차 스크린에 나타날 모습으로서만 존재하는 어떤 것이라고 보아야 할 것이다."[11]

"연기를 해선 안 된다"라는 프레드릭 마치의 말은 그 자신은 아마 생각지도 못했을 또 다른 의미에서도 옳다. 스크린의 배우들은 원재료다.[12] 그들은 종종 개인적 주체나 배우로서의 위상을 인정받지 못하는 맥락 속에 등장하도록 요구받는다. 이런 식으로 이용당할 때면 극도의 억제가 그들의 주요 미덕이 된다. 대상들 사이의 대상으로서 그들은 본성조차 드러내서는 안 된다. 바르자벨이 말한 것처럼 영화배우는 "가능한 한 자연적인 것보다 더 아래에 머물러 있어야 한다."[13]

배우의 유형

일반인

영화배우의 연출되지 않은 본성이 중요하다는 점, 배우가 그러한 본성을 가지고 작품의 원재료가 된다는 점을 고려할 때, 많은 영화감독들이 자신의 이야기 속에 일반인을 활용하고픈 유혹을 느끼는 것은 이해할 만하다. 플라어티는 즉흥적으로 행동하는 아이와 동물이 모든 영화 재료 가운데 최고의 재료라고 주장한다.[14] 엡스탱도 이렇게 말한다. "어떤 세트도, 어떤 의상도 진실의 면모나 특성을 나타낼 수 없다. 어떤 직업 배우도 돛대 꼭대기에 오르는 선원이나 어부의 경탄할 만한 숙련된 동작을 완벽히 흉내 낼 수 없다. 친절한 미소나 분노의 절규는 하늘의 무지개나 바다의 성난 파도만큼이나 모방하기 어렵다."[15] 진정한 미소와 진정한 절규를 열망한 G. W. 팝스트는 무성영화 〈잔네이의 사랑〉 가운데 반볼셰비키 군대의 흥청대는 술잔치 장면을 찍으면서 그런 진짜를 인공적으로 만들어냈다. 그는 100여 명의 러시아 전역 장교를 모아놓고 그들에게 보드카와 여자들을 제공한 다음, 자연스럽게 벌어진 방탕한 술판을 촬영했다.[16]

일반인 배우가 국민 영화의 궁극적 해답인 것처럼 보이는 시대가 있다. 러시아인들은 혁명의 시대에 일반인 배우의 캐스팅을 장려했고, 이탈리아인들은 파시즘 지배에서 벗어난 후에 같은 태도를 취했다. 니콜라 키아로몬테는 이탈리아 네오리얼리즘의 기원을 전쟁 직후의 시기로 소급하면서 다음과 같이 논평한다. "당시 영화감독들은 다른 모든 사람들과 마찬가지로 길거리에 살았다. 그들은 누구나 보는 것을 보았다. 그들은 본 것을 꾸며낼 수 있는 스튜디오도, 거대한 무대장치도 없었다. 그들은 돈이 거의 없었다. 그들은 임시변통으로 수를 내야 했고, 그러다 보니 진짜 거리를 배경으로 사용하고 스타 대신에 거리의 사람들을 끌어온 것이다."[17] 역사가 거리에서 만들어진다면, 거리는 스크린을 향해 가려는 경향을 보인다.* 이데올로기와 기법에서 서로 큰 차이를 보임에도 불구하고 〈전함 포템킨〉과 〈전화의 저편〉은 이러한 "길거리"적 특질을 공유하고 있다. 이들 영화는 개인사보다는 인간을 둘러싼 환경적 상황에, 개인적 갈등에 집중된 이야기보다는 사회 전반을 아우르는 에피소드에 더 강조점을 둔다. 달리 말하면, 이들은 다큐멘터리가 되려는 경향을 보인다.

특히 일반인 배우를 활용한 모든 극영화는 이런 패턴을 따른다. 그런 영화들은 예외 없이 다큐멘터리적 특징을 보인다. 〈조용한 사람〉이나 〈잊혀진 사람들〉 또는 비토리오 데시카의 〈자전거 도둑〉이나 〈움베르토 D.〉 같은 극영화를 생각해보라. 이들 영화에서 강조점은 모두 우리를 둘러싼 세계에 놓여 있다. 영화의 주인공은 특수한 개인이 아니라 인간 집단 전체를 대표하는 유형들이다. 영화의 이야기는 사회적 조건 일반을 극화하는 데 기여한다. 현실 속 사람들에 대한 선호와 다큐멘터리적 방식 사이에는 긴밀한 상호 연관 관계가 있는 것처럼 보인다.

그 이유는 다음과 같다. "티파주typage," 즉 현실의 일부로서 그 현실에 특징적이고 전형적이라고 생각되는 사람들을 캐스팅하는 것은 사회적인 측면이든 어떤 다른 측면이든 넓은 영역의 현실 세계를 묘사한다는 과업 자체로부터 제기되는 요구다. 폴 로타는 다음과 같이 말한다. "'티파주'는… 현실의 가장 덜 인위적인 구조를 재현한다."[18] 비교적 광범위한 현실적 삶의 구획을 재현하는 데 전념하는 영화감독들이 직업 배우들의 연기를 "위조"라고 비난하는 것은 우연이 아니다. "직업적 위조"에 등을 돌린 엡스탱과 마찬가지로 로셀리니 역

---

* 주목할 만한 예외는 제1차 세계대전 이후의 독일 영화다. 이때 독일 영화는 외부 현실을 기피하며 껍질 속으로 기어 들어갔다. Kracauer, *From Caligari to Hitler*, pp. 58~60 참조.

시 전문 배우들이 "감정을 위조"[19]한다고 믿었다고 한다. 일반인 배우에 대한 이 같은 편애는 개인의 운명보다 사회적 유형에 대한 비상한 관심과 긴밀하게 연결되어 있다. 부뉴엘의 〈잊혀진 사람들〉은 희망 없는 청소년들이 나타내는 믿기 어려울 정도로 냉담한 태도를 조명한다. 데시카의 위대한 영화들은 실업자들의 고통과 제대로 부양받지 못하는 노년의 참상에 초점을 맞춘다. 〔그림 25〕〔그림 54〕 일반인 배우들은 외모와 행동의 진실성 때문에 선택된다. 그들의 주된 미덕은 현실을 탐사하는 내러티브 속에 등장하여 그것을 구성하는 데 기여하지만 그들의 삶 자체에 주목하게 하지는 않는다는 점이다.

할리우드 스타

할리우드는 자연스러운 매력을 마치 석유처럼 활용하는 방법을 개발했는데, 그것이 바로 스타 시스템이다. 스타 시스템은 경제적 타산뿐 아니라 많은 미국인들이 공유하고 있는 내적 욕구에도 부응했다. 품행의 다양한 모델을 제공하고 이로써 간접적이나마 인간관계의 질서를 정립하는 데 기여하고 있는 것이다. 이는 역사가 오래지 않아서 아직 위안을 주는 별이나 탈선한 자를 위협하는 별이 하늘에 충분히 채워지지 않은 이 나라의 문화에서는 중요한 기능이다. 물론 이런 별은 할리우드의 별과는 다른 것이기는 하지만 말이다.

전형적인 할리우드 스타는 자기 자신과 동일한 인물을, 아니면 적어도 자기 자신을 기반으로—자주 분장과 홍보 전문가의 도움에 의지하여—발전시킨 어떤 고정적인 인물을 연기한다는 점에서 일반인 배우와 닮은 데가 있다. 진짜 삶에서 온 인물이 스크린에 등장할 때 그렇듯, 영화에서 스타의 존재는 영화의 경계 너머를 가리킨다. 그가 관객에게 어떤 인상을 남기는 것은 단순히 이런저런 배역에 적합하기 때문만이 아니다. 오히려 그의 영향력은 그가 어떤 특수한 종류의 인간이거나 혹은 그런 인간으로 보인다는 사실에서 나온다. 즉 그는 그가 연기하는 배역과 무관하게 영화 바깥의 세계에 존재하는 인간으로 지각된다. 관객은 그것이 스타의 진짜 모습이라고 믿거나 그냥 그것이 마음에 들기 때문에 그렇게 받아들이기로 결심한다. 할리우드 스타는 스크린 위에 비친 자신의 신체적 이미지—그것은 거의 현실 그대로일 수도 있고 양식화된 것일 수도 있다—와 그 이미지가 함축하고 연상시키는 모든 의미를 자기가 만들어내는 영화 속 인물에 투여한다. 그가 혹시라도 연기에 재능이 있다면 그 재능은 전적으로 그 자신을, 혹은 사람들에게 보이는 자신의 이미지를 표현하는 데 사용된다. 이때 그의 자화상적 인물이 몇 가지 스테레오타입에 머무르는지, 아니면 그의 깊은 본성에서부터 다양한 잠재적 가능성이 실현되는지는 또 다른 문제다. 험프리 보가트는 선원이든 사설탐정이든 나이트클럽 주인이든 관계없이 언제나 험프리 보가트로서 등장한다.

　그렇다면 누구는 스타덤에 오르고 누구는 탈락하는가? 스타의 걸음걸이, 얼굴 형태, 반응하고 말하는 방식에서 대중의 마음에 깊이 파고드는 뭔가가 있는 것이 분명하다. 그래서 그들은 스타를 보고 또 보고 싶어 하는 것이다. 이런 인기는 때로 아주 오래 지속되기도 한다. 스타의 역할이 수요에 맞게 만들어져야 하는 것은 당연하다. 관객을 사로잡을 수 있는 스타의 마력은 스크린 위에 나타나는 그의 모습이 당대의 광범위한 욕망을 충족시키기 때문이라고밖에는 설명할 수 없다. 그리고 그러한 관객의 욕망은 어떤 식으로든 그가 재현하거나 암시하는 삶의 양식과 관련되어 있을 것이다.*

직업 배우

그 자신 영국 배우이기도 한 버나드 마일스는 직업 배우와 일반인 배우의 활용에 대해 논하면서 일반인 배우는 오직 다큐멘터리 영화에서만 만족스러운 결과를 낼 수 있다고 주장한다. 다큐멘터리 영화에서 "일반인 배우들은 일급의 직업 배우가 같은 조건에서 이루었을 성과를 전부, 아니면 적어도 그 대부분을 달성한다. 그러나 이는 다큐멘터리 영화 대다수가 인간 행위의 함축적 의미를 표현하기를 회피하거나, 회피하지는 않는다 해도 지극히 단편적으로 표현하는 데 그치기 때문이다. 그래서 배우를 일반인과 구분 짓는 천부적 자질과 훈련의 성과가 시험대에 오를 기회가 없는 것이다." 그의 결론에 따르면, "지금까지 다큐멘터리는 결코 일관된 성격 구성의 문제에 직면한 적이 없다."[20]

이에 반해 대부분의 극영화는 이 문제를 제기한다. 그리고 문제 해결에 기여해야 하는 상황에 부딪혔을 때 일반인 배우는 자연스러움을 잃어버리고 말 것이다. 로셀리니가 증언하듯이 그는 카메라 앞에서 딱딱하게 굳어버린다.[21] 그런 일반인 배우에게 자신의 진정한 본성을 되찾도록 만드는 것은 대개 불가능한 과업임이 드러난다. 물론 예

---

*   이 책의 307~308쪽을 보라.

외는 있다. 비토리오 데시카는 〈자전거 도둑〉과 〈움베르토 D.〉에서 한 번도 연기를 해본 적이 없는 사람들을 데려다 일관된 인간 존재를 재현하도록 하는 데 성공한다. (이탈리아 사람들은 데시카가 "감자 한 자루도 연기하게 만들 줄 알았다"고들 말한다.[22]) 광범위한 감정과 반응을 보이는 잘 완성된 인물 움베르토 D.는 특히 인상적이다. 강렬한 감동을 주는 그의 현재 모습 속에 그의 모든 과거가 살아나는 듯이 보인다. 그러나 여기서 유념해야 할 것은 이탈리아인이 표현이 풍부한 몸짓의 귀재이며 모방 재능을 타고난 사람들이라는 사실이다. 여기에 덧붙여 얘기해둘 것은 프레드 진네만 감독의 관찰이다. 그가 하반신이 마비된 노병에 관한 영화 〈맨〉을 찍으면서 발견한 바에 따르면 강렬한 감정적 경험을 한 적이 있는 사람들은 그 상황을 되살리는 데 특히 능하다.[23]

그러나 일반적으로 일관성 있는 성격 구성은 직업 배우들을 필요로 한다. 참으로 많은 스타들이 그 일을 한다. 역설적이게도 과도하게 긴장한 일반인은 형편없는 배우같이 연기하는 경향이 있는 반면, 자신의 본래 존재를 밑천으로 하는 배우는 솔직한 일반인 같은 외관을 만들어내면서 2차적인 순수함에 도달할 수 있다. 그는 연주자이자 악기다. 이 악기의 자질—실제 삶에서 형성된 그의 자연적 자아—은 악기를 연주하는 재능만큼이나 중요하다. 레뮈를 생각해보자. 영화배우가 자기 속에 있는 일반인에 의존한다는 것을 인식한 어느 탁월한 영화비평가는 제임스 캐그니에 대해 이렇게 말한다. 캐그니는 "어떤 환상적인 대본의 한 장면이 그 자신이 기억하는 삶 속의 한 장면이 될 때까지 감독을 어르고 달래어 자기 뜻을 관철시킬 줄 안다."[24]

아주 소수의 배우들만이 자기 자신의 본성을—영화적 삶의 정수인 우발적 동요까지도 포함하여——완전히 변형시킬 줄 안다. 일단 폴 무니가 떠오른다. 론 체니와 월터 휴스턴도 잊을 수 없다. 찰스 로 턴이나 베르너 크라우스가 여러 역할을 연기하는 것을 보면 배역에 따라 키마저 바꾸는 게 아닌가 하는 느낌이 들 정도다. 이런 변화무쌍 한 배우들은 자기 본모습대로 스크린 위에 등장하는 대신, 아무 공통 분모도 없는 듯한 다양한 영화 속 인물들 뒤로 사라져버린다.

도판

1

외젠 아제. 〈파리의 거리〉(사진)

2
라즐로 모홀리-나기. 〈베를린 무선전신탑에서〉(사진). 1928

3

윌리엄 A. 가넷. 〈누드 사구沙丘〉(사진). 1953

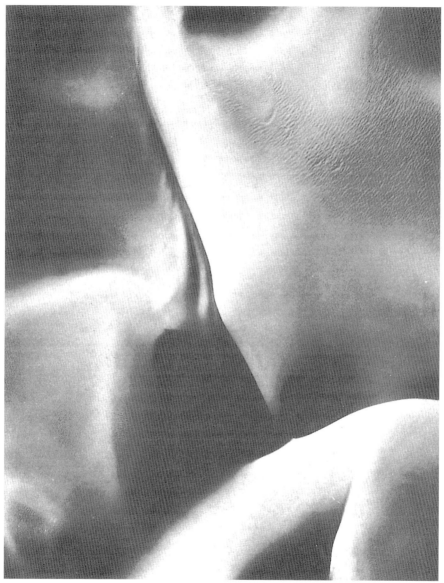

항공 촬영한 데스밸리의 사구. 윌리엄 A. 가넷의 허락을 받아 게재함

4

메리 앤 도어. 〈햇빛 속의 의자들〉(사진)

뉴욕 현대미술관 소장. 매리 앤 도어의 허락을 받아 게재함

5
앙리 카르티에-브레송. 〈폐허의 아이들〉(사진). 스페인. 1933

6

〈열차의 도착〉
뤼미에르. 프랑스

7

〈불가능한 여행〉
조르주 멜리에스. 프랑스

8

〈분홍신〉
마이클 파월과 에머릭 프레스버거. 영국

9
〈대지〉
알렉산드르 도브젠코. 소련

10
〈루이지애나 스토리〉
로버트 J. 플라어티. 미국

11

〈인톨러런스〉

D. W. 그리피스. 미국

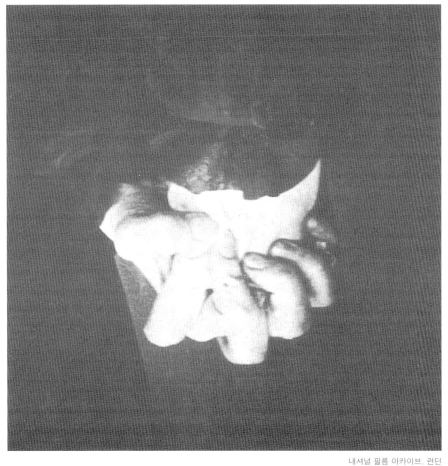

12

〈재즈댄스〉
로저 틸튼. 미국

13

〈사막의 승리〉
군 영화 및 사진 부대와 영국 왕립 공군 영화제작 부대. 영국

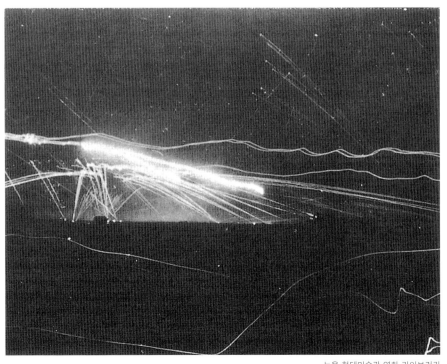

14

〈지하세계〉

요제프 폰 슈테른베르크. 미국

15

〈무방비 도시〉
로베르토 로셀리니. 이탈리아

16

〈습격〉

에르노 메츠너. 독일

내셔널 필름 아카이브. 런던. 한스 카스파리우스의 허락을 받아 게재함

17

〈피그가의 총사銃士들〉

D. W. 그리피스. 미국

18

〈자전거 도둑〉
비토리오 데시카. 이탈리아

19

〈백만장자〉
르네 클레르. 프랑스

20
⟨잔 다르크의 수난⟩
칼 드레이어. 프랑스

21

〈분노의 날〉
칼 드레이어. 덴마크

22

〈양지〉

찰리 채플린. 미국

23

〈노스페라투〉

F. W. 무르나우. 독일

24

⟨뱀파이어⟩
칼 드레이어. 프랑스

25

〈잊혀진 사람들〉
루이스 부뉴엘. 멕시코

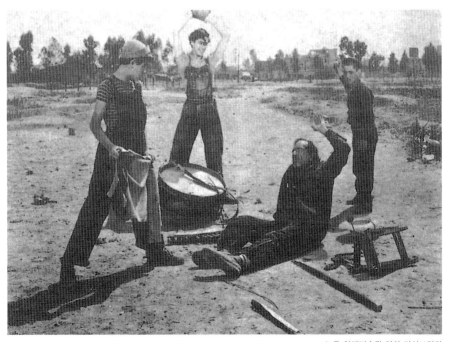

뉴욕 현대미술관 영화 라이브러리

26

〈햄릿〉
로런스 올리비에 경. 영국

27

⟨제3의 사나이⟩
캐럴 리드 경. 영국

28

〈파리의 지붕 밑〉
르네 클레르. 프랑스

29

〈밴드 웨건〉
빈센트 미넬리. 미국

30

〈오케스트라의 소녀〉
헨리 코스터. 미국

31

〈영매〉

잔-카를로 메노티. 미국

32

〈상트페테르부르크의 종말〉

W. I. 푸돕킨. 소련

33

⟨조용한 사람⟩
시드니 메이어스. 미국

조셉 버스틴사의 허락을 받아 게재함

34

〈막간〉

르네 클레르. 프랑스

35

〈기계적 발레〉
페르낭 레제. 프랑스

36

〈안달루시아의 개〉
루이스 부뉴엘과 살바도르 달리. 프랑스

37

〈피카소의 신비〉
앙리-조르주 클루조. 프랑스

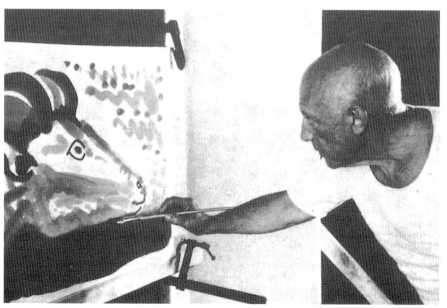

로퍼트 영화사의 허락을 받아 게재함. 뉴욕

38

〈주거 문제〉
에드거 앤스티와 아서 엘턴 경. 영국

39

⟨보리나주의 비참⟩

요리스 이벤스와 앙리 스토르크. 벨기에

40

〈기즈 공작의 암살〉
필름 다르. 프랑스

41

〈폭군 이반〉
세르게이 M. 에이젠슈테인. 소련

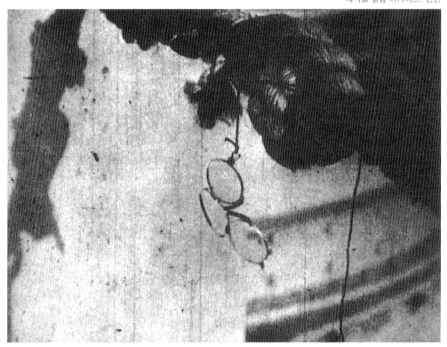

42

〈전함 포템킨〉
세르게이 M. 에이젠슈테인. 소련

43

〈산딸기〉
잉마르 베리만

44

〈목로주점〉
르네 클레망. 프랑스

도널드 L. 벨드 소장. 뉴욕

45
〈어느 시골 사제의 일기〉
로베르 브레송. 프랑스

46
〈적과 흑〉
클로드 오탕-라라. 프랑스

47

〈도시인들〉
아르네 숙스도르프. 스웨덴

48

〈모아나〉
로버트 J. 플라어티. 미국

49

〈온 더 바우어리〉
라이어널 로고신. 미국

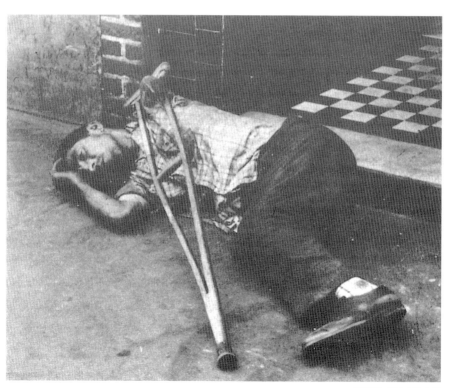

50

〈투게더〉

로렌차 마체티. 영국

51

〈어린 도망자〉
모리스 엔젤, 루스 오킨, 레이 애슐리. 미국

52

〈전화의 저편〉 로마 에피소드
로베르토 로셀리니. 이탈리아

53

〈백만 도시 나폴리〉
에두아르도 드 필리포. 이탈리아

54

〈움베르토 D.〉
비토리오 데시카. 이탈리아

55

〈길〉
페데리코 펠리니. 이탈리아

벤 애들러 소장. 뉴욕

56

〈카비리아의 밤〉
페데리코 펠리니. 이탈리아

57

〈라쇼몽〉

구로사와 아키라. 일본

58
〈순례자〉
찰리 채플린. 미국

59

〈짐승의 피〉
조르주 프랑쥐. 프랑스

60

〈앵발리드관〉
조르주 프랑쥐. 프랑스

61

〈아파라지토〉
사티야지트 레이. 인도

7 대사와 소리

"소리sound"라는 용어는 보통 두 가지 의미로 사용된다. 엄격히 말해서 본래 의미의 소리가 있다. 모든 종류의 잡음이 여기에 포함된다. 그러나 느슨하게는 이렇게 본래 의미의 소리뿐만 아니라 발설된 말, 영화 대사도 소리에 포함된다. "소리"의 의미는 언제나 문맥에서 유추될 수 있으므로 설사 비논리적이라 하더라도 전통적인 용어를 폐기할 필요는 없다[한국어판에서는 문맥에 따라 명백히 언어적인 소리를 한정적으로 가리키는 경우 'sound'를 때로 '음성'으로 번역했음을 밝혀둔다].

도입

초기의 우려

유성영화의 시대가 도래했을 때 명민한 영화감독과 비평가 들은 걱정이 이만저만이 아니었다. 특히 발화發話로서의 말이 ──그들 가운데 누군가가 이름 붙인 대로 이 "오래된 인간의 굴레"가── 영화에 추가된다는 것에 대한 우려가 컸다. 그들은 예컨대 말이 들어옴으로써 카메라의 움직임이 사라질 것이라고 걱정했다. 적어도 이 걱정은 금세 근거 없는 것으로 드러나기는 했지만 말이다.[2] 채플린에게 말하는 떠돌이란 정말 상상도 할 수 없는 것이었기에, 그는 〈시티 라이트〉와 〈모던 타임스〉에서 관습적 대화를 풍자하며 조롱했다. 에이젠슈테인, 푸돕킨, 알렉산드로프는 1928년——러시아의 스튜디오에 아직 음향 장치가 도입되기 전이다——에 유성영화에 관한 공동선언문을 발표했는데, 여기에는 막연한 걱정과 건설적 제안이 교차하고 있다. 오늘 읽어봐도 대단히 흥미로운 이 선언문은 아마도 에이젠슈테인이 발의하고 편집했을 것이다. 그는 변증법적 유물론자로서 유성영화의 등장 시기가 영화 매체의 진전을 위해 소리가 필요하게 된 시점과 일치한다는 점을 지적하며 소리의 역사적 필연성을 인정한다. 날이 갈수록 플롯이 거창하고 복잡해짐에 따라 무성영화는 줄거리 전개를 위해 점점 더 거추장스러운 자막과 설명을 위해 삽입된 시각 이미지에 의존하게 되었는데, 이런 곤란한 상황을 해결해줄 수 있는 것은 오직 인물의 말뿐이었던 것이다. 다른 한편으로 에이젠슈테인과 함께 선언문에 서명한 동료들은 대사의 도입이 환영의 무대를 만들어내고자 하는 강력한 욕망을 불러일으킬 것이라고 확신했다. 그들의 선언문이 예측한 바에 따르면 "'고급 교양 드라마'나 기타 연극류의 공연 촬영"[3]에 탐닉하는 유성영화의 물결이 밀려올 것이었다. 에이젠슈테인은 그런 현상이 대사가 가져올 결과라고 보았는데, 이때 그는 유성영화의 발명 전에도 이미 오랫동안 그런 영화들이 존재해왔다는 사실은 깨닫지 못하고 있는 것처럼 보인다. 영화가 침묵하던 시절에도 스크린은 온통 "고급 교양 드라마"로 꽉 차 있었다. 르네 클레르는 이미 1927년에 이렇게 말했다. "치명적인 '각색'의 유행으로 인해, 언어적 표현에만 익숙한 정신으로부터 나온 연극 작품이나 문학 작품이 영화의 모델이 되고, 그 결과 연극적 영화가 만들어진다."[4] 덧붙일 것은 이런 입장을 취한 감독과 비평가 들이 나중에는 모두 소리를——무조건적으로는 아니지만——받아들였다는 사실이다.

기본적 요구 조건

유성영화로의 이행기에 여러 우려가 표명된 것은 유성영화가 매체의 정신에 부응하기 위해서는 반드시 시각적 이미지가 주도적 역할을 담당해야 한다는 의식이 고조된 것과 관련이 있다. 영화는 시각적 매체다.[5] 르네 클레르를 다시 인용한다면, 영화의 역사를 많이 알지 못하는 사람들 가운데 어떤 무성영화를 두고——그 영화의 다른 내용은 다 잘 기억하면서도——유성영화라고 고집스럽게 주장하는 경우가 있다고 한다. 클레르는 이미지의 우위를 인정하고 싶어 하지 않는 사람들도 누구나 이런 기억의 오류 앞에서는 멈칫할 수밖에 없을 것이라고 명민하게 추론한다.[6] 영화에서 시각적 이미지가 우선이라는 주장은 영화를 영화로 만드는 가장 본질적인 부분은 사운드 카메라가 아니라 영화 카메라라는 움직일 수 없는 사실에서 직접 그 정당성을 끌어낸다. 소리도 대사도 영화에만 있는 것이 아니다. 혹자는 영화에 말이 추가됨으로써 말과 이미지 사이에서 균형을 취하려는 시도가 정당화될 수 있다고 주장할지도 모른다. 그러나 잠시 후에 확인하겠지만 그러한 시도는 필연적으로 실패하게 되어 있다. 유성영화가 미학적 기본 원칙에 충실하고자 한다면 영화 메시지의 중요한 부분은 역시 영상에서 나와야 한다.

소리의 문제를 다룰 때는 대사 혹은 발화로서의 말과 이를 제외한 좁은 의미의 소리를 분리하여 고찰하는 것이 좋다. 우선 말의 경우를 살펴본다면 소리와 이미지 사이에 성립하는 두 종류의 관계를 고려해야 한다. 첫번째 관계는 음성과 이미지에 부여된 역할에 관한 것이다. 영화의 메시지는 주로 사운드트랙을 통해서 전달되는가, 아니면 이미지적 방식으로 전달되는가? 두번째 관계는 일정한 시점時點에 음성과 이미지가 어떤 방식으로 동기화되는가 하는 문제와 관련된다. 동기화에는 다양한 가능성이 있는데, 이 모든 가능성은 영화 속 말이 매체에 적합한가라는 문제와 관련이 있다.

대사

말의 역할

문제적 용법
에이젠슈테인은 왜 유성영화의 도래가 "고급 교양 드라마"의 물결로 이어질 것을 예견하면서 우울에 빠진 걸까? 의심의 여지 없이 그는 영화에서 발화로서의 말이 모든 중요한 진술의 전달체가 됨에 따라 줄거리를 추동하는 주요 수단이 될지 모른다고 염려한 것이다. 그의 걱정은 결코 공연한 게 아니었다. 소리의 시대가 열리자 영화는

"말에 대한 열광speech-mad"에 빠져들었다. 많은 영화감독이 "연극을 촬영하기만 하면 유성영화가 된다"[7]는 터무니없는 가정으로 영화를 만들기 시작했다. 그리고 이런 흐름은 한때의 유행으로 끝나지 않았다. 대화에 중점을 둔 말 많은 영화들은 지금도 여전히 넘쳐난다.

대사 위주 언어적 진술에 의존할수록 영화 매체는 필연적으로 연극에 가까워진다. 대화적 영화는 연극 작품을 재생하거나 플롯을 연극적 스타일로 전달한다. 그것이 함축하는 바는 다음과 같다. 스포트라이트는 당연히 배우를 비춘다. 배우는 해체할 수 없는 일체적 존재로 제시되며 같은 논리에 따라 움직이지 않는 자연은 배경으로 밀려난다.[8] 특히 주목해야 할 것은 말을 강조하는 태도가 카메라 현실에서 멀어지려는 경향을 강화하는 데 그치지 않고 영화에 새로운 것, 지극히 위험한 무언가를 덧붙인다는 점이다. 말을 통해 담론적 추론의 영역이 개방되어, 영화 매체는 정교한 사고의 전환과 굴곡을 전달할 수 있게 된다. 즉 이미지에 의존하지 않고도 이해하고 감상하는 데 지장이 없는 모든 합리적, 시적 메시지가 영화를 통해 전달될 수 있는 것이다. 연극적 정신에 가장 투철한 무성영화도 구현해낼 수 없었던 것, 버나드 쇼의 재담이나 햄릿의 독백까지도 이제 영화 스크린에 병합되기에 이르렀다.

그러나 이러한 노선을 따르다 보면, 발화로서의 말에서 불가피하게 의미와 이미지의 확정적 패턴이 만들어질 수밖에 없다. 그리고 이러한 패턴이란 프루스트의 화자가 할머니에 대해 간직하고 있는 추억, 할머니의 육신을 사진이 보여주는 그대로 지각하지 못하게 하는 사랑의 추억과 본질적으로 유사한 것이다. 언어에 의해 환기되는 이들 패턴은 그 자체로서 고유한 현실, 자족적인 정신적 현실을 이루며, 그러한 현실이 영화에서 일단 수립되면 카메라 자체가 추구하는 사진적 현실을 간섭하고 방해하는 요인이 된다.* 언어적 논변이나 시의 의미가 이와 함께 제시되는 영상을 흐릿한 삽화에 지나지 않는 것으로 만들면서 영상 고유의 의미는 사멸해버릴 위험에 빠진다.[9] 에르빈 파노프스키는 영화 매체에 문학적으로 접근하는 태도를 신랄하게 비판하면서 바로 이 점을 지적한다. "1945년 『케니언 리뷰』 봄호에서 에릭 러셀 벤틀리가 한 말은 내가 기억하는 영화에 관한 진술 가운데 가장 심각한 오해를 드러내고 있다. '말하는 영화는 무성영화와 달리 대사의 차원이 추가되었다는 데 그 잠재력이 있다. 이때 대사는 시일 수도 있을 것이다.' 나라면 이렇게 말하겠다. 말하는 영화는 무성영화와 달리 가시적 운동을 대사와 통합한다는 데 그 잠재력이 있다. 그러니 대사는 시가 아닌 편이 나을 것이다."[10]

균형　대사가 들어간 영화의 연극적 효과를 의식하면서도 그런 언어적 커뮤니케이션의 역할을 축소하는 데 반대하는 사람들은 앞서 언급한 말과 이미지의 균형을 실행 가능한 해결책으로 상정하는 경향이 있다. 앨러다이스 니콜은 막스 라인하르트의 영화 〈한여름 밤의 꿈〉을 그러한 사례로 지목하고, 라인하르트의 관심이 "시각적 상징"과 "언어"에 동등하게 주어진다는 점을 높이 평가한다. 이를 뒷받침하

---

*　대화적 영화로 넘어가는 경계선상의 작품으로 프랭크 캐프라와 프레스턴 스터지스의 코미디 영화를 들 수 있다. 여기서는 고도로 복합적인 대화의 맞은편에 이와 무관하게 주의를 끄는 영상 이미지가 균형추로 작용하여 대화로의 쏠림을 막아준다. 즉 참신한 슬랩스틱 장면은 재치 있는 대화부를 보완하고 또 대화부의 비영화적 속성을 만회한다.

기 위한 그의 논거는 흥미롭다. 셰익스피어의 대사가 겨냥하는 관객은 언어가 이제 막 성장하는 상황에 직면했지만 아직 독서를 통해 지식을 얻는 데는 익숙하지 않았던 사람들로, 오늘의 관객보다 훨씬 더 예민하게 발설된 말에 주의를 기울였다. 발화에 대한 우리의 이해는 셰익스피어 당시의 이해와는 완전히 다르다. 따라서 대사를 풍성한 이미지들로 보충하여 활기를 복원하려 한 라인하르트의 시도는 정당하다. 니콜의 추론에 따르면 이미지의 활용은 우리의 시각적 상상력을 활성화하여 이미 오래전에 신선한 자극으로서 힘을 발휘하지 못하게 된 언어적 커뮤니케이션을 보완한다.[11]

니콜의 논리는 명백한 결함을 지닌다. 사실 니콜 스스로도 자신의 논리에 대해 확신하지 못하는 듯하다. 그는 이 논리를 개진하기 전에, 라인하르트의 〈한여름 밤의 꿈〉이 셰익스피어의 언어가 가지는 매력보다 영상 이미지에 관객의 주의를 더 쏠리게 할 만큼 후자에 너무 많은 비중을 부여한다는 비난도 충분히 가능하다고 인정하기 때문이다. 그리고 이편이 오히려 정확한 판단이다. 라인하르트가 불러내는 호사스러운 이미지들은 발화로서의 말에 대한 관객의—니콜의 주장에 따르면—둔감해진 감수성을 자극하여 말이 되살아나게 하기에는 그 자체로 너무 눈에 띈다. 이미지들은 관객을 청중으로 변화시키기보다는 오히려 자신에게 주목하라고 강하게 요구한다. 그래서 말의 의미는 그만큼 더 소실되며, 이 영화가 목표로 하는 균형은 도달 불가능한 것임이 드러난다. (더욱이 〈한여름 밤의 꿈〉은 연출적인 무대 장치와 고정된 카메라로 인해 서로 효과를 상쇄하는 화려한 볼거리들의 무미건조한 집합으로 그치고 만다.)

아마도 언어적 진술과 시각 이미지적 진술 사이의 균형을 시도한 가장 주목할 만한 사례는 로런스 올리비에의 〈햄릿〉일 것이다. 이 영화가 풍기는 불안의 기운은 대부분 감독의 역량에 힘입은 것이다. 올리비에는 셰익스피어의 대사가 가지는 그 모든 아름다움을 손상 없이 그대로 스크린 위에 옮기려 한다. 그러나 그는 영화에 대한 예민한 감각으로 〈햄릿〉이 촬영된 연극이 되는 것을 피하고자 하며, 시각적 이미지의 역할과 영화적 수법의 중요성을 부각시킨다. 그 결과는 매혹적인 걸작이지만 동시에 짜증이 나기도 한다. 올리비에는 한편으로 대사를 강조하며 우리를 암시가 풍부한 시적 매력에 빠져들게 만든다. 그러나 다른 한편으로는 대사를 의미 있는 숏들의 짜임새 속에 통합시키는데, 그러한 숏의 효과로 인해 우리는 대사를 받아들이는 데 방해를 느낀다.〔그림 26〕

햄릿의 위대한 독백이 진행되는 동안 카메라는 독백의 마법에는 전혀 아랑곳하지 않고 햄릿의 신체를 닥치는 대로 탐사한다. 이 장면은 햄릿의 독백 자체, 그 언어와 사고의 독특한 구성물까지 동시에 흡수하라는 요구만 아니었다면 관객에게 극장에 온 보람을 느끼게 해주었을 것이다. 그러나 관객의 수용 능력이 제한되어 있는 까닭에 사진적 이미지와 언어적 형상은 필연적으로 서로를 상쇄한다.[12] 뷔리당의 당나귀처럼 그는 무엇을 받아먹을지 몰라 결국 굶어 죽는다. 〈햄릿〉은 대사 위주의 영화 속에 영화적 삶을 주입하려 한 주목할 만한, 그러나 돈키호테적 실패로 끝난 시도다. 케이크를 먹으면서 케이크가 그대로 있기를 바라서는 안 된다.

영화적 용법

말을 영화에 통합시키려는 시도 가운데 성공적이었던 사례에는 모두 하나의 공통된 특징이 있다. 영상의 복권을 위해 대사의 비중을 낮춘다는 점이다. 이를 실현하는 데는 다양한 방식이 있다.

강조되지 않는 발화 사실상 모든 책임감 있는 비평가들은 발화의 비중과 양을 축소하고 연극적 양식의 대사에서 자연스러운 진짜 삶 속의 발화로 옮겨 가는 것이 영화적 흥미를 고조시키는 길이라는 데 동의한다.[13] 이러한 입장은 영화 매체의 "기본적 요구 조건"과 합치된 다. 그 바탕에 있는 것은 영화에서 언어적 진술이 영상 커뮤니케이션 의 흐름에서 생성되어 나와야 하며, 역으로 언어가 이 흐름을 좌우해 서는 안 된다는 확신이다. 많은 영화감독은 이에 따라 발화를 강조하 지 않는 방향으로 나아갔다. 카발칸티는 1939년에 이렇게 말했다. "영화 제작자들은 지난 10년의 경험을 통해 깨달았다. 발화의 사용은 경제적이어야 하며, 영화의 다른 요소와 균형을 이루어야 한다. 대본 작가들은 문학적 문체가 아니라 직설적인 회화적 문체를 구사해야 한 다. 말투는 가볍고 빠르며 즉흥적이어서 줄거리의 빠른 전개와 한 인 물에서 다른 인물로 옮겨 가는 컷의 흐름에 조응해야 한다."[14]
이를테면 르네 클레르의 파리를 배경으로 한 코미디 영화들은 이 러한 요구에 정확하게 부합한다. 영화의 대사는 그저 우발적이다. 얼 마나 우발적인지, 인물들은 때로 술집으로 들어가 사라지는 사이에도 계속 대화를 나눈다. 잠시 관객은 그들이 창 뒤에서 얼쩡거리는 것을 볼 수 있으며 그들의 입술이 상응하는 몸짓과 함께 달싹이는 것이 보 이기도 한다. 이는 대사 중심 영화의 목표와 요구를 극단적으로 부정 하는 독창적인 장치다. 말을 통해 전달되는 메시지가 우리의 이해에 서 벗어날 때, 말하는 사람의 모습만이 우리가 파악할 수 있는 전부일 때, 말은 가장 영화적으로 된다. 클레르는 눈앞의 장면을 통해 이를 입증해 보이고 싶어 하는 듯하다.

시각적 맥락 속에 대사를 삽입하려는 경향을 가장 놀라운 방식으로 구현한 것은 아마도 〈레드 갭의 러글스〉에서 러글스 역을 맡은 찰스 로턴이 링컨의 게티즈버그 연설을 암송하는 에피소드일 것이다. 언뜻 보기에 이 에피소드는 지금 논의의 문맥에서 전혀 적절한 예가 아닌 것처럼 보일 수도 있다. 러글스는 연설문을 암송하면서 그 의미를 완전히 의식하고 있을 뿐만 아니라 바에 앉아 있는 청중에게 깊은 인상을 남기고자 하기 때문이다. 그러나 그의 암송은 또 다른 목적에도 봉사하며, 이 목적이야말로 더욱 긴급한 중요성을 지니기에, 링컨의 말 자체가 가지는 효과는 뒤로 물러나게 된다. 암송은 러글스가 링컨의 연설문을 완전히 외우고 있다는 사실을, 그리하여 그가 영국 신사의 신사[귀족의 집사를 의미한다]에서 자립적인 미국인으로의 내적 변신을 이루었음을 관객에게 드러낸다.

이 주요 목표에 충실하게 카메라는 러글스가 아직 혼잣말로 연설의 첫 문장을 웅얼거릴 때 그의 얼굴을 클로즈업하고, 그가 자리에서 일어나 자신 있게 목소리를 높일 때 다시 한번 그의 모습을 비춘다. 카메라는 관객의 우선적 욕망을 예견하듯이 행동한다. 실제로 우리는 러글스의 연설 내용보다는 그가 변모해가는 과정에 더 관심을 가지며 그의 모든 얼굴 표정에서, 그의 전체적인 동작에서 그러한 변화의 외적 징후를 읽어낼 수만 있다면 더 바랄 나위가 없다고 느낀다. 여기서 말은 영상을 방해하는 것이 아니라 오히려 영상이 눈부시게 돋보이도록 작용한다. 그 점에서 이 에피소드는 희귀한 성취라 할 만하다. 이 장면은 우리가 말의 내용을 깨닫는 순간 이미 관심은 말하는 사람의

II. 영역과 요소

외관과 그 의미 쪽으로 옮겨 가도록 구성되어 있다. 이는 물론 링컨의 연설처럼 말의 내용이 이미 관객에게 알려져 있는 경우에만 가능한 방식이다. 듣는 사람들은 이 말이 기억 속에 잘 간직되어 있기에 정말 주의 깊게 듣지 않더라도 내용을 떠올릴 수 있고, 따라서 말을 듣는 동시에 그 말에 수반되는 영상에 집중할 여유를 갖게 되는 것이다. 러글스가 게티즈버그 연설문을 암송하지 않고 극적으로 새로운 중대한 생각을 개진했다고 상상해보자. 그랬다면 관객은 동시에 전달되는 언어 진술과 영상 진술을 동일한 강도로 받아들이는 데 실패했을 것이다.

내부로부터 무화되는 말   채플린은 처음으로 영화에 말을 집어넣으면서 오히려 말을 침식시키는 데 목표를 두었다. 그는 말을 조롱했다. 정상적으로 재현되었다면 틀림없이 언어에 기반한 의미 패턴을 이루었을 말들이지만, 핵심은 채플린이 그것을 정상적으로 재현하지 않았다는 데 있다. 〈시티 라이트〉의 시작 부분에서 동상 제막식 축사를 하는 연사들은 행사에 어울리는 과장된 억양으로 불분명한 소리를 내뱉는다. 이 부분은 그런 행사장에서 행해지는 어리석은 연설을 놀림감으로 만들 뿐 아니라, 연설에의 몰입 가능성을 효과적으로 차단함으로써 관객으로 하여금 그만큼 더 영상에 집중하도록 유도한다. 채플린은 〈모던 타임스〉의 급식 기계 에피소드에서 시한 폭탄처럼 작동하는 개그에 의지하여 거의 같은 목표를 달성한다. 발명가가 급식 기계에 대한 설명을 시작할 때, 그의 전 동작은 관객으로 하여금 그 자신이 말한다고 믿게 하려는 계산에 따라 이루어진다. 그런데 카메라가 살짝 움직이자 우리는 당장 그의 판촉 담화가 축음기에서 나온다는 것을 알게 된다. 이러한 지체된 폭로는 잘 속아 넘어가는 우리의 어리석음을 조롱하면서 이중의 즐거움을 안겨준다. 그리고 말하고 있다고 여겨졌던 사람이 꼭두각시, 기계화에 따른 잉여물에 지나지 않는다는 것이 드러난 까닭에 우리는 당연히 축음기가 쏟아내는 소리에 더 이상 주의를 기울이지 않게 된다. 우리는 순진한 청중에서 영상에 시선을 집중하는 관찰자로 변모한다. (최근에 나온 두 편의 영화 〈살인광 시대〉와 〈라임라이트〉에서 채플린은 연극적 대화 양식으로 전환한다. 영화의 시각에서 볼 때 이는 엄연한 퇴보다. 그러나 채플린이 자신의 매체가 부과하는 제약 때문에 고통받은 유일한 거장은 아니다. 사람은 나이를 먹는다. 그러면서 어렵게 획득하여 마음속에 꾹꾹 담아둔 통찰을 전달하고자 하는 절박한 욕구가 다른 모든 고려 사항을 제쳐놓게 한다. 아마도 자신의 속내를 이야기하고자 하는 욕망은 팬터마임 연기자로서 평생 침묵해야 했던 채플린의 이력과도 어떤 연관이 있을 것이다.)

그루초 막스 역시 발화된 말을 내부에서부터 무력화한다. 정말, 그는 곧잘 말을 한다. 그러나 타일 위로 흘러내리는 물처럼 유창하면서도 대홍수처럼 격하게 휘몰아치는 그의 부조리한 연설 방식은 일반적으로 공인된 말의 기능을 차단한다. 더 나아가 그는 진행 중인 대화에 기여하기는 하지만 진정으로 대화에 참여하는 것은 아니다. 어리석으면서도 명민하고 산만하면서 전복적인 그의 말대꾸는 상대에 대한 응답이나 명령이라기보다는 거품이 많이 낀 자기과시일 뿐이다. 그루초는 활기차고 무책임하며 외향적인 성격의 소유자로서 상대와 조율된 대화를 하지 못한다. 그것이 그의 발언이 늘 빗나가는 이유다. 그의 말은 진행 중인 대화를 극심하게 방해하는 까닭에, 발화된 어떤 메시지도, 어떤 의견도 목적지에 도달하지 못하고 만다. 그루초가 무

II. 영역과 요소

슨 말을 하든, 그를 둘러싼 모든 말이 해체되어버린다. 그는 스스로 만들어낸 무정부 상태의 한가운데에서 분출하는 모나드다. 따라서 그가 쏟아내는 말들은 무성영화 시대의 유산인 하포 막스의 슬랩스틱과 잘 어울린다. 고대의 신들이 몰락하고 더 이상 사람들이 믿지 않게 된 뒤에도 수 세기 동안 꼭두각시로, 도깨비로, 그 밖의 이런저런 귀신으로 살아남아 계속 출몰해온 것처럼, 하포는 과거의 잔재, 장난꾸러기 요괴 역할을 연기하도록 허락받은, 아니 그 역할만 하도록 저주받은 망명길 위의 코미디 신이다. 그러나 그가 등장하는 세계는 대화로 너무 혼잡하여 요괴의 파괴적인 계획을 지원하는 그루초가 없었다면 이미 오래전에 사라졌을 것이다. 무성영화의 충돌 장면만큼이나 어지러운 그루초의 말 폭포는 언어를 엉망으로 만들고 그 결과로 벌어진 난장판 속에서 하포는 편안하게 삶을 이어간다.

말의 의미에서 물질적 특성으로　영화감독은 스포트라이트를 커뮤니케이션 수단으로서의 언어에서 자연적 현상으로서의 언어로 옮길 수 있다. 예컨대 〈피그말리온〉에서 관객은 엘리자가 말하는 내용보다 그녀의 런던 토박이 말씨에 주의를 집중하도록 유도된다. 이러한 강조점의 이동은 말을 낯설게 하면서 그 물질적 특징을 드러낸다는 점에서 영화 매체의 성향에 부합한다고 할 수 있다.[15] 소리의 세계에서 이렇게 생성된 효과는 가시적 세계에서 사진이 만들어내는 효과에 견줄 만하다. 화자가 할머니를 타인의 눈으로 바라보는 프루스트 소설의 대목을 상기해보자. 화자는 낯설어진 할머니에게서 자신이 상상해온 모습이 아니라, 다소 단순하게 표현하자면, 그녀의 진짜 모습을 보게 된다. 이와 유사하게 대사가 어떤 메시지를 전달한다는 일반적인 목표에서 멀어질 때마다 우리는 프루스트의 화자처럼 낯설어진 목소리와 대면한다. 이제 그 목소리는 평소 목소리의 본성을 덮어 가리던 모든 의미와 함의에서 벗어나 우리에게 처음으로 비교적 순수한 상태의 모습을 드러내는 것이다. 이런 식으로 제시되는 말은 영화 카메라에 포착된 가시적 현상과 동일한 차원에 놓여 있다. 말은 그 물리적 속성으로 영화 관객에게 작용하는 음향 현상이 된다. 따라서 일반적으로 대사가 주의를 독점하면 동반되는 시각 이미지를 보지 못하게 가로막는 데 반해, 음향이 된 말은 관객으로 하여금 시각 이미지를 더 주의 깊게 살피게 하며, 어떤 의미에서 시각 이미지를 보충해준다.

사례는 드물지 않다. 〈피그말리온〉으로 일단 되돌아오면, 여기서 중요한 것은 일라이자가 구사하는 말의 스타일이다. 사운드 카메라에 녹음된 그녀의 자기표현 방식은 그 자체로 주목할 만한 특별한 존재 양식을 나타낸다. 〈마티〉에서 이탈리아계 미국인 사회의 특징을 보여주는 일부 대사도 그러하다. 〈폭군 이반〉의 즉위식에서 들려오는 낮은 음성, 부뉴엘의 〈로빈슨 크루소〉에 나오는 메아리 장면, 〈월로 씨의 휴가〉에서 이리저리 톡톡 던지는 대화의 조각들도 모두 마찬가지다. 무성영화 시대의 슬랩스틱 코미디 이래 가장 독창적인 작품 가운데 하나인 자크 타티의 멋진 코미디 영화 〈월로 씨의 휴가〉에서 월로는 휴양 호텔 리셉션에서 체크인을 하는데, 입에 파이프를 물고 있어서 이름을 분명하게 말하지 못한다. 반복 요청에 그는 정중하게 이름을 다시 대지만, 이번에는 파이프를 입에서 떼고 두 음절 "윌-로"를 어찌나 또박또박 발음하는지, 관객의 주의는 이번에도 그가 처음 웅얼거릴 때 못지않게 말의 물질적 측면에 쏠린다. 관객의 귀에 "월로"라는 발화는 의사소통적 메시지라기보다는 특정한 형태의 소리로 남

II. 영역과 요소

는다.

러스킨은 말한다. "사람들의 말을 한마디도 알아듣지 못한 채 이국 도시의 거리를 걷는 것은 왠지 모를 특이한 즐거움을 준다! 귀는 수많은 목소리가 내는 모든 소리에 대해 완전히 불편부당하다. 음절들의 의미에 주의가 팔려 그 소리가 가진 후두음적인 또는 유음적인 특성, 또는 달콤한 꿀 같은 성질을 놓치는 일은 없다. 사람들의 몸짓과 얼굴 표정은 팬터마임에서와 같은 가치를 지닌다. 모든 장면이 아름다운 선율의 오페라나 그림같이 예쁘고 말 없는 인형극으로 다가온다."[16] 이것은 예컨대 채플린이 〈모던 타임스〉에서 춤추는 웨이터로 등장했다가 즉흥적으로 부르는 노래에서 확인된다. 곡조에 맞추어진, 하지만 아무렇게나 조합되어 이해할 수 없는 노랫말은 그 자체로 매력적인 음향 구성이며, 우연찮게 가객이 된 채플린이 이와 동시에 보여주는 팬터마임 퍼포먼스에 관객을 완벽하게 적응시키는 정교한 장치다.

또한 러스킨의 관찰은 다중언어 영화의 영화적 효과를 잘 설명해준다. 그런 영화의 상당수가 제2차 세계대전 후에 제작되었으며, 그중 일부는 세미다큐멘터리 장르에 속한다. 2개 언어 영화인 G. W. 팝스트의 〈동지애〉와 장 르누아르의 〈위대한 환상〉에서 이미 예고된 이러한 경향은 수백만의 평범한 사람들이 타의에 의해 고국을 떠나 전 유럽에 퍼지며 뒤섞이던 전쟁 시기 고난의 경험을 통해 본격화된다. 로셀리니의 〈전화의 저편〉은 전쟁의 결과로 빚어진 모국어의 혼란을 가장 인상적으로 보여주는 영화로서, 여기서 한 미군 사병이 시칠리아의 농촌 소녀와 대화를 시도한다. 그는 이해되지 않는 말을 과장된 몸짓으로 보충하면서 어느 정도 소통에 성공한다. 그러나 이 원시적 소통은 대화 자체를 통해 이루어진 것이 아니기 때문에 대화가 만들어내는 소리는 독자적인 생명을 얻는다. 손짓 발짓을 동원한 의사소통과 나란히 부각되는 소리는 관객으로 하여금 두 인물이 느끼는 것을 함께 강렬하게 느끼게 하고, 만일 말이 의미의 전달체였다면 알아차릴 수 없었을, 그들 내면에 또 그들 사이에 작용하는 어떤 감정의 흐름에 반응하도록 만든다. 대사에 전적으로 의지하는 연극이 외국어를 기피하는 반면, 영화는 외국어를 허용하며 때로는 말 없는 행동을 부각시키기 위해 외국어를 장려하기까지 한다.

음향으로서의 목소리에 강조점을 둘 때는 언어 세계의 물질적 지대를 그 자체로서 드러낼 수 있는 가능성도 생겨난다. 무슨 말인가 하면 대화나 기타 커뮤니케이션의 단편으로 직조된 말의 양탄자가 일관성 있는 음향 패턴을 이루며 관객에게 인상을 남길 수 있다는 것이다. 존 그리어슨은 그런 패턴을 가리키기 위해 "코러스chorus"라는 개념을 만들어내고 두 가지 예를 든다. 영화 〈삼각 달〉에서 코러스 또는 양탄자는 빵을 받으려고 줄을 서 있는 실직자들의 대화 토막으로 구성되어 있다. 또 하나의 예는 시카고 지하세계를 그린 할리우드 영화 〈도시의 야수〉에서 경찰 본부의 단조로운 무선 메시지가 이어지는 장면이다. "장면은 이런 식으로 진행된다. '차량 324 324 호출 차량 528 528 호출 차량 18 18 호출' 등등…"17 그런데 이러한 코러스가 영화에 삽입될 때는 함께 제시되는 시각적 이미지보다 코러스 자체가 관객의──혹은 청중이라고 해야 할까?──주의를 온통 사로잡을 수도 있다. 그럴 경우 관객은 코러스에 정신이 팔려 영상이 무엇을 전달하는지 신경을 쓰지 않을 것이다.

표면적으로 이러한 말의 사용은 시각 이미지의 역할을 도외시한다는 점에서 영화 매체의 본성에 역행하는 것처럼 보인다. 그러나 그것 역시 넓은 의미에서는 영화적이라고 할 수 있다. 목소리 패턴은 시각적 요소만큼이나 우리를 둘러싼 물리적 세계에 속하며, 충실하게 기록해주는 사운드 카메라가 아니라면 거의 포착할 수 없을 만큼 미묘한 현상이다. 영화관 밖에서 기계 장치를 통해 재생되는 소리를 논외로 한다면, 순간적으로 사라져가는 말의 덩어리들은 다른 가시적인 현상과 마찬가지로 오직 촬영을 통해서만 붙잡아둘 수 있는 것이다. 목소리 패턴은 명백히 삶의 우연한 흐름을 구성하는 한 부분이며, 바로 그 사실로 인해 목소리 패턴과 영화 매체 사이의 긴밀한 관계는 더욱 강화된다. 이를 잘 보여주는 탁월한 사례로 뉴기니에서 활동한 미 전투기 편대의 이야기를 다룬 할리우드 B급 영화 〈정글 정찰대〉가 있다. 이 영화는 그야말로 엄청난 공중전 장면에서 정점에 이르지만, 정작 전투 자체는 전혀 보여주지 않는다. 비행기 내 통신 장치와 연결된 작전 막사의 스피커가 우리가 보는 것의 전부다. 전투가 불운하게 전개되면서, 어디서 오는지 알 수 없는 여러 목소리가 라디오에서 흘러나오면서 끝없는 소리의 띠를 만들어낸다.[18] 물론 우리는 뭉개지고 불분명해진 메시지의 비극적 함의를 알아차린다. 그러나 그것이 이들 목소리를 통해 전해지는 이야기의 전부는 아니다. 오히려 여기서 핵심적인 것은 끝없는 웅얼거림 그 자체, 목소리와 목소리가 짜이며 만들어내는 소리의 직물이다. 그것이 펼쳐지는 과정에서 우리는 공간과 물질이 미치는 영향과 그 영향이 개인의 운명에서 차지하는 몫을 예민하게 인식하게 된다.

동기화의 방식

관련 개념들

A. 동기법―비동기법　음성은 그 자연적 원천을 나타내는 이미지와 동기화될 수도 있고 되지 않을 수도 있다.

첫번째 방식의 예:

1. 우리는 말하는 사람을 보면서 동시에 그의 말을 듣는다.

두번째 방식의 예:

2. 우리는 말을 들으면서 그 말을 하는 사람에게서 눈을 돌린다. 그 결과 그의 말은 예컨대 그 방에 있는 다른 사람이나 가구 같은 것과 동기화된다.

3. 거리에서 도와달라고 외치는 소리가 들려온다. 우리는 창밖을 내다보지만 달리는 승용차와 버스만 보일 뿐 거리의 소음은 들리지 않는다. 처음에 우리를 놀라게 한 비명 소리만 귀에 울리고 있기 때문이다. (이 예는 푸돕킨에게서 얻은 것이다.[19])

4. 예컨대 다큐멘터리 영화를 볼 때 우리는 화면에 한 번도 등장하지 않는 내레이터의 목소리를 듣는다.

논의를 진전시키기 전에 몇 가지 기술적 용어를 설명해두어야겠다. 일반적으로 "동기법"은 스크린에서 동시에 나오는 음성과 이미지가 실제 삶에서도 동시적이어서, 원칙적으로 동기화된 사운드 카메라와 영상 카메라에 의한 촬영이 가능한 경우를 가리킨다.* 반대로 현실에서는 동시에 발생하지 **않은** 음성과 이미지를 스크린상에서 일치시키는 경우를 "비동기법"이라고 한다. 그렇다면 이러한 개념은 현재 논의되고 있는 두 방식과 어떻게 관련되는가? 첫번째 방식——음성을 그 자연적 원천의 이미지와 동기화하는 것——은 분명히 가장 명백하고 아마도 가장 빈번하게 발견되는 **동기법**의 예일 것이며, 따라서 동기법이라 부르는 데 아무 문제가 없을 것이다. 두번째 방식——음성을 그 원천이 아닌 다른 이미지와 동기화하는 것——은 예 2번의 내용도 포함하는데, 이는 물론 특정 조건에서는 동기법으로 분류될 수도 있지만, 조건을 바꾸면 비동기법의 사례가 될 수도 있다. 즉 예 2번은 모호한 경계선상의 사례다. 이를 제외하면 두번째 방식은 예 3번과 4번에서 쉽게 유추할 수 있듯이 명백하게 비동기적인 음성만을 포괄한다. 그렇다면 이 방식을 비동기법으로 간주해도 무방할 것이다.

분석을 위해서는 여기에 더하여 실제로 또는 잠재적으로 스크린 위에 재현된 세계에 속하는 음성(예 1~3번)과 그렇지 않은 음성(예 4번)을 구별해야 할 것이다. 카렐 라이스의 제안에 따라 이 두 가능성을 각각 **실제** 음성과 **해설적** 음성으로 명명해보자.[20] 동기법은 필연적으로 실제 음성의 경우만 포함하고, 비동기법은 실제 음성과 해설적 음성 모두에서 가능하다.

B. 병행법―대위법　이제 잠시 이런 다양한 대안적 가능성에 대한 생각은 접어두고, 음성과 그에 동기화된 이미지가 저마다 무엇을 전

---

* 　따라서 "동기법"은 순수하게 형식적인 의미로 쓰이는 "동기화"라는 용어와 구별되어야 한다. 혼동을 피하기 위해 오해의 여지가 있는 경우에는 언제나 "동기법"에 따옴표를 붙여 사용한다.

하려 하는지 탐구해보자. 우선 말과 영상 가운데 어느 한쪽만이 커뮤니케이션의 부담을 짊어지도록 하는 결합 방식이 있다. 느슨하게 말해서 그것은 양자가 평행적인 의미를 표현하는 경우다. 물론 이와 반대로 양자가 상이한 의미를 전달하는 경우, 그리하여 동기화를 통해 만들어지는 최종 메시지에 말과 영상이 저마다 부분적인 기여를 하는 경우도 생각할 수 있을 것이다.

첫번째 방식의 예:

5. 예 1번—말하는 사람의 영상과 동기화된 언어적 커뮤니케이션 장면—을 생각해보자. 그 순간 전적으로 중요한 것이 말의 내용이라고 가정하자. 말에 동반된 숏은 중요하게 고려할 만한 어떤 새로운 내용도 덧붙이지 못한다. 그것은 거의 불필요하다고까지 말할 수 있다. 정반대의 경우도 물론 가능하다. 말하는 사람의 몸짓이나 외모의 특징이 풍부한 이미지를 통해 우리에게 강한 인상을 남기며 그의 의도를 아주 극명하게 드러낸다면 그가 이와 동시에 발설하는 말은 어차피 이미지를 통해 우리에게 전달된 것의 단순한 중복에 지나지 않게 될 것이다. 이러한 종류의 구성을 보통 **병행법**이라고 부른다.

두번째 방식의 예:

6. 위에서 본 동기적 음성의 사례를 가지고 두번째 방식 또한 설명할 수 있다. 음성과 이미지가 상이한 것을 가리키는 경우, 영상은 발화자의 진술과 중첩되지 않고, 진술 속에 포함되지 않은 현실을 보여준다. 예컨대 말하는 사람의 얼굴이 클로즈업되면 그가 말과 다른 생각을 하고 있는 위선자임이 드러날 수 있다. 또는 스크린에 재현된 그의 외양이

말을 보완하여 관객으로 하여금 그의 말에 내포된 의미에 관해 이 방향 혹은 저 방향으로 생각해보도록 유도할 수도 있다. 따라서 동기화된 시각적 메시지와 언어적 메시지가 얼마나 어긋나는지가 중요한 것은 아니다. 중요한 것은 양자가 다르다는 것, 그리하여 장면의 의미가 서로 다른 두 메시지의 협력을 통해 확립된다는 사실이다.

영화에 관한 연구 문헌에서는 음성과 영상 사이의 이러한 종류의 관계를 **대위법**이라고 부른다.

요컨대 두 쌍의 대안적 방식이 있다. 동기법과 비동기법, 병행법과 대위법. 그러나 이 두 쌍은 서로 독립하여 별개로 나타나지 않고, 언제나 동기법/비동기법 가운데 하나가 병행법/대위법 가운데 하나와 결합하여 효과를 발휘한다. 조합을 통해 네 가지 동기화의 유형이 도출되는바, 다음의 도표를 통해 각각의 특징을 명확히 해보자.

[도표] 동기화의 네 유형

범례

동기법

유형 I: **병행법**(말과 이미지가 유사한 의미를 전달). 예 5번 참조.

유형 II: **대위법**(말과 이미지가 상이한 의미를 전달). 예 6번 참조.

비동기법

유형 III: **병행법**(IIIa는 **실제** 음성을 포함, IIIb는 **해설적** 음성). 예는 이하에서 제시될 예정.

유형 IV: **대위법**(IVa는 **실제** 음성을 포함, IVb는 **해설적** 음성). 예는 이하에서 제시될 예정.

동기법	비동기법
실제 음성	실제 음성
	유형 IIIa
유형 I	해설적 음성
	유형 IIIb
	실제 음성
	유형 IVa
유형 II	해설적 음성
	유형 IVb

병행법 { 유형 I

대위법 { 유형 II

기존 이론

일단 모든 관련 개념이 정의되었으니 생각의 중심 줄기를 다시 따라갈 수 있게 되었다. 문제는 이미지와 말 사이의 다양한 관계가 음성의 매체 적합성 여부에 어떤 함의를 지니는가 하는 것이다.

우선 기존 이론을 검토해보는 것이 좋겠다. 대부분의 비평가들은 음성을 영화에 통합하는 과제가 전부는 아닐지라도 상당 부분 동기화 방법에 달려 있다고 주장한다. 그렇다고 해서 그들이 말에 어떤 역할이 부여되는가 하는 문제의 중요성을 아예 무시하는 것은 아니다. 앞에서 지적한 것처럼 그들은 대체로 말을 절제하는 영화의 편에 서서 대사가 지배적 위치를 차지하는 데 반대한다. 그러나 그들은 말의 역할과 말과 영상이 동기화되는 방식 사이에 어떤 의미 있는 연결 관계를 설정할 수 있을지에 대해서는 사실상 고민한 바가 없다. 그리고 동기화 기법을 강조하는 태도로 미루어 볼 때, 그들은 결국 말의 역할보다는 동기화 기법을 더 결정적인 요인으로 보고 있음이 분명하다.

이러한 편견은 유성영화의 시대가 시작되자 대위법과 비동기법을 지지하면서 두 기법이 서로 분리되지 않는다고 가정해버린 러시아인들의 입장과 일맥상통하는 것이며, 오늘날 이론적 저술에서도 이를 추종하는 경향이 널리 퍼져 있다. 1928년의 공동선언문에서 에이젠슈테인, 푸돕킨, 알렉산드로프는 다음과 같이 밝힌다. "소리를 시각적 몽타주 조각과의 관계에서 **대위법적으로 사용하는 것만이** 몽타주를 발전시키고 완성할 수 있는 새로운 잠재력을 제공해줄 것이다."[21] 약간 뒤에 가서 푸돕킨은 이렇게 말한다. "유성영화에서 기본적 요소가 동기적 소리가 아니라 비동기적 소리라는 사실은 일반적으로 인정되지 못하고 있다."[22] 푸돕킨과 에이젠슈테인은 비동기법이 소리의 대위법적 사용을 요구하고, 역으로 대위법은 비동기법을 요구한다는 것을 자명한 사실처럼 받아들인다. 아마도 그들이 이 특수한 조합이 가지는 최상의 미덕을 굳게 믿으면서 마찬가지로 충분히 가치 있는 다른 가능성에는 눈감은 것은 몽타주 원칙에 대한 강박적 집착 때문이었을 것이다. 이러한 러시아적 교리가 역시 근거 없이 병행법과 "동기법"을 동일시하는 입장으로 귀결되거나 적어도 그렇게 유도하는 작용을 하고 있음[23]은 두말할 나위도 없다.

물론 대사 중심의 유성영화 30년의 경험 덕택에 최근 이 분야의 저자들은 지나치게 단순한 교리의 주창자들보다는 더 섬세하게 접근하는 것이 사실이다.[24] 그럼에도 불구하고 그들은 여전히 비동기적 소리와 대위법적 구성의 영화적 장점을 주장하는 러시아인들의 견해를 승인한다. 푸돕킨이 자신의 명제를 뒷받침하기 위해 제시한 중심 논거는 지금도 전혀 도전을 받지 않고 있다. 그가 비동기법을——또는 대위법을——옹호하는 것은, 그것이 실제 상황에 가장 잘 부합하며, 반대로 병행법에 해당하는 경우는 현실에서 생각보다 훨씬 덜 발생하기 때문이다. 이러한 주장을 증명하기 위해 푸돕킨은 앞에서 언급한 예를 구성한다. 거리에서 도와달라고 외치는 소리가 들려온다. 우리는 창밖을 내다보지만, 외침 소리가 계속 귀에 남아 눈앞에서 움직이는 자동차와 버스의 소음을 지워버린다(예 3번). 청자로서 우리의 자연스러운 행동은 어떤가? 푸돕킨은 우리가 대화를 따라가는 동안 눈을 움직이는 몇 가지 가능성에 대해 묘사한다. 우리는 이야기하는 사람을 바라보다가 그가 막 이야기를 끝내고 모임의 다른 이의 말을 들을 때에도 그 사람에게 계속 시선을 둘 수도 있고, 아니면 현재 말하고 있는 사람이 말을 끝마치기도 전에 시선을 돌려 그 말에 대꾸하려고 준비하는 사람을 볼 수도 있으며, 혹은 말의 효과가 궁금하여 듣는 사람의 얼굴 표정에 나타난 반응을 하나하나 살펴볼 수도 있다.[25] 이 세 가지 대안적 가능성——그것이 예 2번의 범위 안에 들어온다는 것은 쉽게 알아볼 수 있다——은 모두 일상생활에서 도출된 것이다. 또한 이들 모두는 말과 이미지가 대위법적 방식으로 서로 연결되어 있으며, 최소한 비동기법의 경계 지대를 이루는 사례라고 할 수 있다. 푸돕킨의 주장의 요지는 이러한 유형의 동기화가 우리의 지각 습관에 부합하며 우리가 실제 경험하는 대로의 현실을 재현하기 때문에 영화적이라는 것이다.

새로운 테제

여기 제시된 이론들이 매우 중요하다는 데는 이론의 여지가 없다. 그러나 이 책의 시각에서는 두 가지 미흡한 점이 눈에 띈다. 첫째, 이들 이론은 동기화의 방법이 어떤 목적에든 동원될 수 있는 기법에 불과한데도 여기에 독자적 의미를 부여한다. 둘째, 이들 이론은 대위법적 비동기법이 우리의 현실 지각 방식을 충실히 재현한다는 이유에서 이를 옹호한다. 그러나 영화 고유의 특질은 영화가 우리의 현실 경험 혹은 일반적 의미의 현실에 충실한지 여부보다는 카메라 현실, 즉 가시적인 물리적 실재에 얼마나 몰입하는가와 관계가 있다.

어떻게 이런 이론적 결점을 극복할 것인가? 다음과 같은 관찰에서 논의를 시작해보자. 당연한 이야기지만 어떤 영화감독이든 관객의 주의를 조종하고 극적인 서스펜스를 만들어내고 싶어 한다. 따라서 그는 그때그때마다 가장 적합하다고 믿는 동기화 방법을 택할 것이다. 더 나아가 그가 숙련된 예술가라면, 그의 선택은 서사를 주어진 상황에서 가능한 한 효과적으로 구성하는 데 기여할 것이고, 그런 의미에서 분명 "좋은" 것이라 할 수 있을 것이다.

하지만 그것이 영화적 의미에서도 반드시 "좋은" 것일까? 동기화 방법의 매체 적합성은 당연히 그것의 도움으로 실현되는 서사의 "좋음"에 달려 있다. 그런데 서사는 언어적 부분을 통해 형성되는가, 시각적 부분을 통해 형성되는가?──문제는 바로 이것이다. 그렇다면 결정적인 요인은 해당 맥락 안에서 말이 하는 역할이다. 만약 말이 서사를 주도한다면, 가장 노련한 영화감독조차 영상에서 의사소통 원천으로서의 의미를 박탈하는 식으로 말과 영상을 동기화할 수밖에 없을 것이다. 반대로 시각적 요소가 지배적이라면, 그는 영화적 접근법에 따라 영상적 진술을 통해 줄거리를 전개시키는 데 맞는 동기화 방식을 자유롭게 활용할 수 있을 것이다.

이 지점에서 재미있는 사실이 드러난다. 이미 강조한 바와 같이 기존의 이론들은 보통 병행적 동기화를 경계하면서 비동기적 음성을 대위법적으로 다루는 것이 바람직하다고 말한다. 나의 새로운 테제 역시 어느 정도까지는 이러한 이론을 뒷받침해준다. 언어적 메시지가 지배적일 경우 영상 이미지는 언어와 병행적으로 배치될 가능성이 크다. 이와 반대로 말이 강조되지 않는 영화는 대위법을 대단히 선호하고, 이로써 시각적 요소가 풍부한 의미를 획득한다. 물론 에이젠슈테인과 푸돕킨이 소리의 대위법적 사용을 옹호한 것 자체를 놓고 오류라고 할 수는 없다. 다만 현재의 관점에서 볼 때 그들이 이러한 입장을 뒷받침하기 위해 내세운 근거는 잘못된 것이었다.

요컨대 우리의 테제에 비추어 볼 때 대사가 우위인 경우에는 의심스러운 동기화 방법을 동원할 수밖에 없고, 이와 반대로 영상적 메시지가 지배하는 경우에는 영화적 동기화 방법이 숙련된 영화감독에게 활용 가능한 대안으로 주어진다. 그렇다면 영화감독이 실제로 사용할 수 있는 동기화 방법에는 어떤 것이 있는가? 물론 그것은 앞의 도표에 제시되어 있는 네 유형이다. 전체적으로 말이 우선하는 경우와 영상이 우선하는 경우가 가능하다면 두 경우에 영화감독이 반드시 사용해야 하거나 사용할 수 있는 동기화 방법이 무엇인지 확인해야 한다. 이제 도표를 다시 한번 살펴보면서, (1) 말의 의미가 중심이 될 때와 (2) 영상이 온전한 의미를 가질 때 동기화의 네 가지 유형에 각각 어떤 일이 일어나는지를 따져보기로 하자.

말의 우위와 문제적인 동기화 기법

동기법

유형 I: 병행법　말하는 사람의 모습이 말하는 내용에 아무것도 추가하지 않는 이 평범한 동기화 방식은 이미 앞에서 논의되었다(예 5번). 이 경우 영상은 특별한 의미를 더하지 못하는 삽화 같은 것으로 전락한다. 더구나 관객은 인물이 말하는 내용에 몰두하느라 그를 자세히 들여다볼 생각은 아예 하지 않을 것이다. 카메라의 주요 관심사인 가시적인 물질적 현실은 이렇게 보려 하지 않는 관객의 눈앞에서 증발해버린다.

유형 II: 가짜 대위법　말에 중점을 둔 영화 장면 가운데는 때때로 말하는 인물의 숏이 마치 동기화된 말에 고유한 무언가를 추가하려는 듯이 보이는 경우가 있다. 아마도 영화감독은 발언의 표면적 내용을 은밀하게 교정하기 위해 발언하는 인물의 얼굴을 클로즈업했을 것이다. 그러나 영화가 애초에 이 순간 중요한 것이 오직 발언 자체임을 전제하고 있기 때문에, 관객은 자연스럽게 인물의 말을 최대한 이해하려고 노력할 것이고, 따라서 다른 방향을 가리키는 얼굴의 함축적 의미를 동시에 파악하기는 어려울 것이다. 우리는 발언자의 표정을 아예 지각하지조차 못할 것이다. 설사 그 표정을 알아차린다 해도, 우리는 기껏해야 그 표정에 놀랄 뿐, 그 의미를 더 생각해볼 여유는 없을 것이다. 이 경우, 병행법이 대위법의 시도에 자리를 양보하는 것은 사실이지만, 그러한 시도는 실패로 돌아갈 수밖에 없다. 말은 전혀 감소하지 않은 영향력을 발휘하며 동반되는 이미지를 약화시키고, 말에서 이탈하는 이미지의 의미를 흐려놓기 때문이다.

비동기법

비동기적 소리를 선호하는 러시아 감독들의 태도는 영화 관련 문헌에서 폭넓은 반향을 일으켜왔지만, 실제로 영화적 잠재력이라는 면에서 비동기법과 병행법 사이에는 조금의 차이도 없다. 여기서는 전자가 후자만큼 "나쁠" 수도 있음을(그리고 물론 후자가 전자만큼 "좋을" 수도 있음을) 보여주고자 한다.

유형 III: 병행법   **실제** 음성의 경우(IIIa)로 논의를 시작해보자. 수많은 영화에서 배우 중 한 명이 전쟁을 입에 올리면, 그의 모습을 비추는 숏은 그 즉시 전쟁터, 공중전 같은 장면으로 바뀐다. 즉 그의 불길한 언급을 더욱 구체적이고 생생하게 만들기 위해 짧은 컷-인이 삽입되는 것이다. 또 다른 예로, 종종 영화감독들은 어떤 인물, 이를테면 외국에서 돌아온 여행자가 파리나 런던 같은 마법의 단어를 발음하면 바로 그 순간에 에펠탑이나 빅벤의 숏을 삽입하는 것이 적절하다고 믿는다. 다소 호의적으로 해석해서 이런 삽입물들을 영화감독의 입장에서 말의 우위를 보완하기 위한 시도, 혹은 시각적 커뮤니케이션을 선호하는 영화 매체에 바치는 헌사라고 볼 수 있을지도 모르겠다. 그러나 이러한 노력은 헛된 낭비에 지나지 않는다. 전쟁터와 에펠탑의 비동기적 이미지는 병치된 언어적 진술을 반복할 따름이기 때문이다. 더 나쁜 것은, 불필요하게 말을 설명적 삽화와 나란히 제시함으로써, 말의 의미론적 가능성이 협소해진다는 점이다. 에펠탑의 이미지와 결합된 파리라는 단어는 더 이상 매혹적인 추억을 환기하지 못하고, 그 장면으로 인해 우리의 상상력은 틀에 박힌 고정관념 속에 갇히게 된다. 또한 우리는 에펠탑 이미지도 그 자체로 지각하지 못한다. 그것은 주어진 맥락 안에서만 기능하는 표지, 기호일 뿐이다.

이런 그림 장식이 얼마나 빈번히 활용되는지를 감안하면 〈길〉에서 펠리니가 보여준 절제는 더욱 돋보인다. 어느 도시의 황량한 변두리에서 야영 중인 유랑 곡마단 사람들의 모습이 보이고 그중 한 사람이 지금 로마에 도달했다는 의미로 뭔가를 말한다. 이 시점에서 로마의 대표적 건축물이 제시되었다면 이는 단순히 장소 이름의 병행에 그치지 않고, 그들이 머물고 있는 곳의 장소적 맥락을 가시화한다는 점에서 충분히 정당성을 획득했을 것이다. 그러나 이런 일은 일어나지 않는다. 우리는 단지 로마라는 단어를 들었을 뿐이다. 펠리니는 이미지의 옆길로 새는 것을 경계하면서 많은 가치를 환기하는 로마라는 단어 자체의 암시적인 힘만으로도 충분히 — 대조법에 의해 — 떠돌이 곡마단원들의 가련하고 생기 없는 삶을 관객의 마음에 각인시킬 수 있으리라고 생각한 듯하다.

해설적 음성(IIIb)——재현된 세계에 속하지 않는 발화자——은 두 종류의 병행법에 적합하며, 둘 다 미국 다큐멘터리 영화에서 흔히 그 사례를 찾아볼 수 있다. 첫번째 경우에서 영상은 그 자체만으로 대략 이해할 수 있는 연속체를 이룬다. 그럼에도 불구하고 해설자는 마치 언어적 도움 없이 스스로를 이해시킬 수 있는 이미지의 능력을 질투하는 것처럼 상세한 해설로 영상을 압도할 수도 있다. 뉴스영화나 스포츠 영화의 해설자들은 심지어 시각적으로 자명한 상황에서조차 엄청난 말의 홍수를 쏟아내는 경향을 보인다. 과거의 처참한 토양 착취에서부터 테네시강 유역 개발공사TVA의 성공적인 복구에 이르기까지 미시시피 유역 이야기를 그린 페어 로런츠의 〈강〉은 대단히 생생한 영상 서사로서, 최소한의 보충 설명으로도 충분할 만큼 거의 빈틈이 없다. 그러나 로런츠는 이 서사에 끝없이 이어지는 서정적 미사여구를 덧입혀야 한다고 생각했다. 이러한 말들은 대체로 영상의 내용을 반복하는 것이지만, 특히 장소의 이름들은 많은 연상과 다양한 시적 이미지를 떠오르게 하면서 시각적 요소를 초점에서 더욱 멀리 밀어낸다.

두번째 경우, 모든 중요한 메시지는 처음부터 해설자에게 맡겨지고, 따라서 그의 언어적 진술은 이해 가능한 일관된 하나의 전체로 연결된다. 이때 동기화된 영상은 부차적인 역할에 머물 수밖에 없다. 영상은 유기적으로 상호 연관되는 대신에, 해설자의 자족적 설명을 보충하면서 매끄럽지 않게 겨우 이어진다. 이런 종류의 다큐멘터리 영화는 실제로 매우 많이 만들어지고 있다. 그 원형은 아마도 〈마치 오브 타임〉 시리즈[1935~51년에 상영된 미국 뉴스영화]일 것이다. 이 시리즈에 속한 영화들은 대개 입으로 하는 시사 논평이었으며 영상은 그저 덤에 지나지 않았다.[26] 그러면 영상 이미지 자체가 가지는 남은 기능은 무엇인가? 이 문제는 나중에 다시 논의하기로 하자.

유형 IV: 가짜 대위법　이미 (유형 II에서) 살펴보았듯이, 말이 지배하는 한, 동기적 음성을 대위법적으로 처리하려는 시도는 실패로 돌아갈 수밖에 없다. 비동기법으로 같은 시도를 한다고 성공 가능성이 더 높아질 이유는 없다. 먼저 비동기적 **실제** 음성(IVa)을 이해하기 위해, 대화를 따라가는 세 가지 방식에 대한 푸돕킨의 예를 다시 상기해보자. 특히 여기서 주목해야 할 것은 마지막 방식, 즉 발언자에 대한 반응을 보여주기 위해 청자의 얼굴에 초점을 맞추는 이른바 "반응

숏"이다. 그러나 말의 지배라는 조건하에서는 이러한 이미지들도 관객에게 별 호소력을 발휘하지 못할 것이다. 우리는 귀에 들어오는 말의 궤도에 빨려 들어가, 눈앞에 어른거리는 게 무엇인지 잘 볼 수 없을 것이기 때문이다. 말의 지배는 스크린에 비친 청자의 얼굴을 무력화하고, 그 대위법적 효과를 파괴한다.

해설적 음성(IVb)을 포함하는 가짜 대위법의 좋은 예는 로런스 올리비에가 각색한 〈햄릿〉에서 볼 수 있는 주인공의 장대한 독백이다. 앞에서 이 대목을 논의하면서 보여준 것처럼, 거의 동일한 비중의 말과 이미지 사이의 평형은——그것이 과연 가능한지는 차치하고——어느 한편을 강화하는 효과를 내기보다는 양쪽을 모두 중성화하는 결과로 이어질 가능성이 높다. 추가되어야 할 두 가지 사항이 남아 있다. 첫째, 햄릿의 독백은 해설적인 말로 규정해야 한다. 올리비에는 반향 장치를 이용하여 말을 하는 것이 햄릿이 아니라 그의 비신체적 영혼이라는 인상을 전달하기 때문이다. 우리가 보는 햄릿 자신은 듣는 사람이지, 말하는 사람이 아니다. 그는 재현된 세계 너머 저 깊은 곳에서 솟아오르는 자신의 "내적" 목소리에 귀 기울이고 반응할 뿐이다. 둘째, 올리비에는 독백이 진행되는 동안 햄릿의 눈에 띄는 특징을 강조하고 이에 고유한 의미를 부여한다. 이로써 그가 말과 그 말에 동기화된 이미지 사이에 대위법적 관계를 확립하려 한다는 것이 명백히 드러난다. 그러나 위에서 말한 바가 여기에도 똑같이 적용된다. 햄릿의 외적 이미지에서 생성되어야 할 대위법적 효력은 독백의 언어적 이미지에 몰입한 사람들에게는 전혀 먹히지 않을 것이다.

시각적 이미지의 우위와 영화적 동기화 기법

동기법

유형 I: **병행법**　말하는 인물을 보고 있다고 다시 한번 상상해보자. 그러나 이번에는 말이 아닌 영상이 커뮤니케이션의 주요 원천이다. 더 나아가서 발언자의 말이 동기화된 그의 이미지에 아무것도 추가하지 않고 단지 평행하게 그 이미지의 메시지를 복사한다고 생각해보자(예 5번의 마지막 부분 참조). 말이 전혀 없더라도, 우리는 여전히 그의 모습이 무엇을 표현하는지 이해할 것이다. 이러한 유형의 병행법은 말에 어떤 역할이 주어지는지가 얼마나 중요한지를 생생하게 보여준다. 말이 지배적인 경우 말의 내용을 중복적으로 표현하는 이미지는 보이지 않는 반주로 전락한다는 사실을 독자들은 기억할 것이다. 이는 영화적 방식의 구현을 방해한다. 그러나 이제 영상이 우세해진 까닭에, 발언자의 이미지 숏은 그것을 중복적으로 표현하는 말이 곁들여짐에도 불구하고 영화적 특질을 잃지 않는다. 이때 병행하는 말들이 정말로 불필요한 것이라 해도, 이는 기껏해야 옥에 티 같은 문제일 것이다. 하지만 그러한 말이 잉여적이라고 해서 그저 쓸데없는 짐 덩어리일 뿐일까? 이미지의 중복이라 불필요한 말이라 해도 장면의 사실적 효과를 증대시키는 데는 쓸모가 있을 수 있다. 그리고 이는 불필요한 삽입을 상쇄할 만한 효용이다.

유형 II: **대위법**　이미 예 6번에서 본 것처럼, 말하는 사람의 얼굴은 동기화된 언어 진술과 충돌하거나 그것을 보완하는 의미를 전달할 수 있다. 이것은 분명히 이미지와 말이 서로 대위법적으로 연관되는 "동기법"에 해당된다. 이미지와 말이 이러한 방식으로 상호 결합될 수 있는 것은, 말이 더 이상 주의를 독점하지 않고——말이 주의를 독점하는 경우 다른 조건이 같다면 가짜 대위법이 되고 말 것이다——그 중요성이 약화됨으로써 이미지에 발언권이 돌아가기 때문이다. 스크린상에 진정한 대위법이 구현되기 위해서는 영상의 우위라는 조건이 필요하다. 그리고 어떤 경우가 되었든, 이러한 대위법적 결합의 영화적 특질을 담보하는 것은 영상의 기여다.

〈레드 갭의 러글스〉에서 게티즈버그 연설을 암송하는 로턴은 이점을 완벽하게 보여준다.* 낭송이 이루어지는 내내 러글스로 분한 로턴의 클로즈업 및 미디엄 숏이 바에 앉아 그에게 점점 더 주목하는 손님들을 비추는 "반응 숏"과 번갈아 나타난다. 잘 알려진 링컨의 말이 전해지면서, 우리는 그 말의 흐름과 긴밀하게 관련되지만 그 속에 함축되어 있지는 않은 무언가를 경험하게 된다. 즉 공동체에 통합되었다는 데서 오는 러글스의 행복감과 그가 "우리" 사람이라는 손님들의 인정이 그것이다. 이 이야기는 오직 그림으로만 전해진다. 물론 동기화된 연설이 영상의 대위법적 암시를 유발한다는 점에서 연설이 없었다면 영상이 그런 이야기를 해줄 수도 없었을 것이라고 말할 수 있겠지만, 어쨌든 연설 자체는 작은 촉매 역할을 하고 뒤로 물러난다.

오슨 웰스의 〈오셀로〉에서는 동기적 대위법의 예를 볼 수 있는데, 이는 매우 불리한 조건에서 만들어진 것이기에 주목할 만하다. 가까운 거리에서 촬영된 두 인물 오셀로와 이아고가 성벽을 따라 걸어 올라가고, 하늘과 바다를 배경으로 그들의 상반신 윤곽이 드러난다. 그들이 나아가면서 잘 알려진 대화, 즉 이아고가 의혹의 씨앗을 뿌리

---

*   이 책의 210~11쪽을 보라.

고 오셀로가 점차 그 씨앗의 독성에 굴복해가는 과정이 전개된다. 언뜻 보기에 이 대목은 대위법이 실현될 조금의 기회도 허용하지 않을 것처럼 여겨진다. 극적인 흥미는 온통 대화에 쏠려 있고, 따라서 대화는 이에 동반되는 영상의 생명을 빼앗을 것으로 예상되는 것이다. 그러나 오슨 웰스는 조밀한 언어의 조직을 해체함으로써 이미지를 소생시킨다. 일단 이아고의 암시적인 말이 무어인 장군의 마음속에 내려앉는 데 시간이 걸리고, 오셀로가 마침내 반응을 보이면 이아고는 다시 자기 먹잇감의 대답에 대해 곰곰이 생각한 뒤에야 공격을 재개한다. 그래서 대화 사이에는 상당한 침묵의 시간이 끼어든다. 리드미컬한 발소리가 들어가지 않았다면 완전한 정적이었을 것이다. 그러나 발소리는 언어적 토론을 상기시키는 대신 그 소리를 내는 두 사람의 신체적 외양에 대한 우리의 감각을 더욱 예민하게 한다. 그리하여 주위의 바다, 하늘과 융합된 그들의 이미지는 활력을 되찾고 말해지지 않은 채 남아 있는 많은 것을 암시하기에 이른다. 우리는 발소리와 나란히 그들의 이미지를 통해 말이 드러내기보다 숨기는 은밀한 사태 속으로 빠져든다. 웰스는 말과 말 사이에 침묵의 시간을 둠으로써 대화를 지배적 위치에서 끌어내리고 시각 이미지에 대위법적 의미를 부여하는 데 성공한다.

비동기법

유형 III: 병행법   이 유형은 유형 I과 모든 면에서 흡사하기 때문에 따로 상론을 필요로 하지 않는다. 스크린에 눈 덮인 산 정상이 비치고, 당장은 보이지 않는 여행객(IIIa: **실제** 음성)이나 해설자(IIIb: **해설적** 음성)가 지금 스크린에 보이는 산을 두고 눈에 덮여 있다고 말한다면,

우리는 그 중복적 진술이 불필요하다고 느낄 수 있다. 하지만 그런 말이 가볍게 즉흥적으로 나온 것이라면, 관객은 그 말로 인해 이미지로부터 크게 주의를 빼앗기지는 않을 것이다. 적어도 실제 음성이 사용되는 경우 이런 종류의 우발적 병행법은 이를테면 수다스러운 인물의 성격을 구성하기 위해서, 또는 극적 긴장을 고조시키기 위해서, 또는 언어 차원의 연속성을 유지하기 위해서 꼭 필요한 것일 수도 있다.

유형 Ⅳ: 대위법　영상이 우위에 있기만 하다면, 이 유형의 동기화는 이론적 문헌에서 인정하는 모든 영화적 장점을 완전히 발휘할 수 있다. **실제** 음성의 경우(Ⅳa) 말하는 사람이 내내 보이지 않는 것은 흔치 않은 일이다. 여러 가지 구성적 이유에서 발언자의 이미지는 목소리가 먼저 들린 다음에 나타날 수도 있고, 이야기를 시작할 때 나왔다가 그의 목소리와 마찬가지로 동기화된 다른 이미지로 대체될 수도 있다. 예컨대 장 엡스텡의 영화 〈태풍〉에서 바다가 거칠게 몰아칠 때 함께 들려오는 노래가 첫번째 방식에 해당된다고 할 수 있다. 처음에 그 노래는 해설적 음성일 가능성을 남겨두지만, 관객은 노래가 진행되면서 결국 그 노래를 부르는 소녀의 얼굴을 마주하게 된다. 더 흔하게 볼 수 있는 두번째 방식에서 특히 전형적인 것은 반응 숏이다. 물론 반응 숏이 완전한 현시적 위력을 발휘하려면 일단 말이 중심 역할을 내려놓아야 한다. 두 방식 모두 관객에게 본질적으로 영화적인 우주를 탐사하도록 독려하며, 이러한 사실에 비추어 볼 때 양자가 각각 어떤 특수한 효과를 낳느냐 하는 물음은 크게 중요한 것이 못 된다.

프리츠 랑의 〈엠〉에서 엘지 에피소드를 생각해보자. 학교에서 돌아오지 않는 어린 딸을 절망적으로 기다리던 어머니는 창밖을 내다보다가 더 이상 어찌할 바를 모르고 밖에 대고 딸의 이름을 부른다. 공기는 그녀의 외침 소리로 가득 찬다. 그 후 그녀는 사라지고, 대신 우리 눈에 들어오는 것은——여전히 그녀의 목소리 "엘지!"가 쟁쟁히 울리는 가운데——텅 빈 계단실, 텅 빈 다락방이다. 이어서 식탁 위에 사용되지 않은 엘지의 접시, 엘지가 가지고 놀던 공, 살인자가 아이의 환심을 사는 데 사용한 풍선이 차례로 제시된다.[27] 계단실, 다락방 숏과 병치된 비동기적 외침 소리 "엘지!"는 관객에게 다음 두 가지 방식으로 작용할 것이다. 관객은 우선 이들 장면의 이루 말할 수 없는 슬픔을 더욱 예민하게 느끼게 되고, 더 나아가 이 슬픔을 그 외침 소리 배후에 있는 어머니의 절망과 연결하도록 유도된다. 바꾸어 말하면, 계단실과 다락방은 엘지 어머니의 내면 상태를 선명하게 드러내는 역할만 하는 게 아니다. 오히려 계단실과 다락방은 그 자체로서 관객에게 강한 인상을 심어준다. 우리는 스크린을 보면서 이들의 몇 가지 속성을——내재적인 것이든 아니든——분명히 지각하지 않을 수 없으며, 따라서 우리가 실제로 경험하는 것은 이들 대상 자체와 절망적 외침의 원인이 된 어머니의 감정과 충동 사이에서 벌어지는 상호작용이다. 엘지 에피소드는 감수성 있는 관찰자를 정신물리적 상응 관계의 차원 속으로 깊숙이 끌어들인다.

또 다른 예. 앨프리드 히치콕의 〈협박〉에서 습격자를 칼로 찔러 죽인 젊은 여주인공은 마침내 부모가 운영하는 가게로 돌아와서 손님으로 온 집시 여인의 수다를 우연히 듣게 된다. 카메라는 그저 듣고 있는 여자의 얼굴을 비추고 있다. 이때 갑자기 집시 여인의 입에서 "칼"이라는 단어가 튀어나온다. 이 순간, 시간은 정지된 것처럼 보인다. 칼이라는 단어가 끝없이 반복되는 위협처럼 맴돌고, 여자의 얼굴도 마찬가지로 화면에 머물러 있다. 오직 그녀의 클로즈업된 얼굴과 불길한 단어만으로 채워진 간주부가 이어진다. 그러다가 마법의 주문이 풀린다. 집시 여인은 다시 수다를 이어간다. 우리는 그녀가 실제로 이야기를 멈춘 적이 없다는 것을 깨닫는다.[28] 이 유명한 "칼" 장면과 엘지 에피소드는 물리적, 심리적 영향의 불가해한 연결망을 환기함으로써 인과적 연속성을 선호하는 영화 매체의 성향을 확인해준다. 두 장면은 줄거리의 진행을 잠시 멈춰 세우고 그 원천에 있는 여명의 지대를 탐색한다. 플롯을 진전시키는 대신 오히려 반대 방향을 취하는 것이다. 우리는 이제 대단원에서 멀어지면서 플롯의 전제와 기원을 향해 거슬러 올라간다. 따라서 이러한 장면은 본래 이야기가 진행되면서 뒤에 남겨둔 무한한 궤적을 언뜻언뜻 드러내고 이야기를 보완해준다.

"구두로 제시되는 텍스트가 자막의 문자 텍스트를 대체하는 영화를 상상해보자. 그 텍스트는 이미지의 하인으로 남아 '보조적인' 표현 수단으로만 영화에 개입한다. 시각적 표현의 의의를 조금도 희생시키지 않는 간단하고 중립적인 텍스트. 약간의 영리함과 선의만 있다면 충분히 이러한 타협책에 동의할 수 있을 것이다."[29]

르네 클레르는 어떻게 말을 적절하게 영화적으로 활용할 수 있을지 모색하던 1929년에 이미 **해설적** 음성(IVb)에 관하여 위와 같은 글을 발표했다. 그의 핵심 논지는 다음과 같이 요약할 수 있다. 단지 꼭 필요한 정보를 제공하는 데 국한된 절제된 해설은 그것과 대위법적 관계에 있는 영상을 방해하지 않는다. 혹은 영상을 방해할 필연성이 있는 것은 아니다. 클레르의 제안에 따라 곧 다른 이들도 이러한 방향에서 실험을 시작했다. 프리츠 랑의 영화 〈엠〉에서는 형사가 상관과 통화하면서 경찰 수사가 직면한 어려움을 설명하는데, 그러는 동안 형사의 구두 보고가 대강 제시하는 바대로 경찰과 사복을 입은 남자들이 수사를 진행하는 장면이 제시된다.[30] 사샤 기트리의 〈어느 사기꾼의 이야기〉가 만들어낸 패턴은 이보다 덜 기계적이면서 더 높은 통합성을 보여준다. 이 영화에서는 늙은 사기꾼이 화자로 등장하여 시니컬한 태도로 젊은 날의 전과를 회상한다. 그러나 그는 있었던 일을 상세하게 이야기하는 게 아니라 몇 개의 그림 설명 같은 힌트만 던져주고, 이를 단서로 이야기를 전개하는 것은 영상의 임무로 맡겨둔다. 따라서 그의 설명은 이야기를 촉발하고 틀을 제공하는 역할에 머물고 본격적인 서사는 대체로 무성영화에 가까운 여러 개의 긴 구간으로 구성된다.[31]

이처럼 절제된 해설과 넘쳐흐르는 영상 사이의 대위법적 관계는 소수의 다큐멘터리 영화에서도 구현된 바 있다. 이러한 영화는 주로 영국과 나치 독일에서 제작되었는데 그것은 어쩌면 영국식 절제 성향이나 독일인들의 다성악적 기악 편성 감각과 관련이 있는지도 모르겠다. 여기서 해설자는 단순히 영상의 내용을 소개하거나 보완하는 것이 아니라 영상에 관해 다소 어긋나는 방식으로 논평한다. 마치 객석에 앉아서 자기가 보고 있는 영상에 대한 생각을 간혹 방백의 형태로 내뱉고 싶은 욕구를 느끼는 사람처럼. 그의 우발적 진술은 영상의 연속성에 균열을 일으키기는커녕 바로 그 예상치 못한 출현 덕택에 사유의 길을 열고 이미지의 복수적 의미에 대한 우리의 감수성을 증대시킨다.

II. 영역과 요소

소리

소리의 본성에 관하여

소리——여기서는 전적으로 발화 이외의 소리를 의미한다——는 정체불명의 소음에서 분명하게 식별할 수 있는 소리에 이르기까지 하나의 연속체 속에 배열해볼 수 있다. 전자의 예로서 밤에 들리는 모종의 소음을 생각해보라. 그런 소리는 말하자면 익명적이다. 우리는 그 소리가 어디에서 나는지 전혀 알지 못한다.[32] 그 반대편 끝에는 그 원천이 우리에게 잘 알려져 있는 소리가 있다. 그런 소리는 그저 듣기만 해도 어디에서 나는 소리인지 알아맞힐 수 있다. 일상에서 멍멍 소리가 들리면 우리는 즉시 개가 근처에 있다는 것을 안다. 일반적으로 땡땡 소리를 듣고 교회에서 종을 울리고 있다고 생각하면 틀리지 않는다.

밤에 곧잘 들려오는 저 수수께끼 같은 소음은 청자 주변의 물리적 환경 어딘가 알려지지 않은 곳에서 발원하기 때문에 청자는 그 환경에 더욱 유의하게 된다. 그렇다면 연속체의 반대편 끝에 있는 익숙한 소음들은 어떤가? 다시 종소리를 생각해보자. 우리는 종소리를 듣는 즉시 막연하게나마 교회나 시계탑을 눈앞에 그릴 것이다. 그리고 거기서 우리의 마음은 태평하게 흘러가, 일요일 예배를 위해 잘 차려입고 마을 광장을 가로질러 교회로 가는 사람들의 모습에 이르게 될지도 모른다. 일반적으로 말해서 모든 친숙한 소리는 그 소리를 내는 사물 자체의 이미지를, 더 나아가 그 원천과 통상적으로 연결되거나 청자의 추억 속에서 결합되어 있는 활동이나 행동 양식의 이미지를 불러일으킨다. 다시 말해서 원천을 특정할 수 있는 소리는 일반적으로 개념적 추론이나 언어에 의거한 사유를 촉발하지 않는다. 그것은 정체불명의 소음과 마찬가지로 현실의 물질적 측면에 주의를 환기한다는 특성을 지닌다. 이 점은 그러한 소리가 말과 결합되어 있는 장면에서 분명히 드러난다. 앞에서 이미 살펴본 것처럼 오슨 웰스의 〈오셀로〉에서 이아고와 무어인 장군의 저 유명한 대화 사이에 끼어드는 발소리는 대화의 효과를 강화하는 것이 아니라 관객의 주의를 주인공들의 신체적 현존에 돌리는 역할을 한다.

　　요컨대 카발칸티가 말했듯이 "소음은 지성을 건너뛰어 매우 깊은 곳에 있는 선천적인 어떤 것에 말을 건넨다."[33] 유성영화로의 이행기에 여전히 영화의 무성성에 집착한 사람들이 왜 마지막 희망을 말보다 소음을 부각시키는 영화에 걸었는가 하는 물음도 여기서 그 해답을 찾을 수 있다.[34] 에이젠슈테인은 1930년에 소르본 대학에서 나눈 대담에서 이렇게 말한다. "'100퍼센트 말로 이어지는 영화'는 어리석다고 생각합니다. […] 그렇지만 유성영화는 뭔가 더 흥미로운 것입니다. 미래는 유성영화의 것입니다."[35] 르네 클레르에 따르면(참고로 덧붙이면 그는 에이젠슈테인처럼 미래에 대한 환상을 품지는 않았다), 당시 전문가들이 소음을 선호한 것은 물질적 현상으로서의 소음이 환기하는 현실이 전적으로 대화를 통해 전달되는 현실보다 스크린상의 이미지에 덜 위협적이라는 믿음 때문이었다.[36] 이런 믿음은 더할 나위 없이 정당해 보이는 것이 사실이다. 소리가 시각적 대상과 동일한 세계에 속하는 물질적 속성을 나타낸다면, 시각적인 것에 대한 관객의 관심이 소리로 인해 방해받을 이유도 없을 것이기 때문이다.

　　그러나 소리를 영화에 투입할 경우 어떤 상황에서도 소리의 물질적 특성을 강하게 부각시켜야 하는 것이 영화감독의 의무일까? 사실 그는 얼마든지 특정한 소리에서 자연적 실체로서의 성격을 박탈하고 물리적 우주가 그 소리의 원천이라는 사실이 더 이상 상기되지 않게 만들 수 있다. 이때 신체를 잃은 소리는 다른 기능을 담당하게 된다. 당연하게도 이러한 가능성은 전적으로 잘 알려진 소리에만 해당된다.

상징적 의미에의 의존

사실 잘 알려진 소리는 친숙한 상징적 의미를 담고 있는 경우가 많다. 그리고 영화감독이 서사의 전개를 위해 이러한 의미를 활용한다면, 그 의미를 산출하는 소리는 물리적 현상이기를 그치고 정신적 과정의 구성 요소로서 언어적 진술과 같은 성격의 단위로 작용할 것이다.

르네 클레르는 〈백만장자〉에서 주요 인물들이 귀중한 복권이 들어 있다고 믿는 재킷을 두고 뒤엉켜 다투는 장면에서 소리를 이런 방식으로 가지고 논다. "동기적" 소리 대신 럭비 경기 소리를 재킷을 둘러싼 소동과 동기화하는 것이다. 이러한 해설적 소리는 실제 싸움과 병행적이면서도 동시에 대위법적 관계를 형성한다. 분명 그 소리를 삽입한 의도는 일단 재현된 영상 속의 싸움과 상상적인 럭비 경기 사이에 유비 관계를 수립하는 것이지만, 그 궁극적 의의는 뒤엉킨 사람들을 럭비 선수로, 그리고 그들이 이리저리 패스하는 재킷은 공으로 보이게 하여 심각한 재킷 쟁탈전을 조롱하는 데 있다. 비동기적인 럭비공 소리가 클레르의 의도를 정말 구현한다고 가정하면, 그 소리의 효과는 물질적 특질을 통해서가 아니라 럭비 경기를 가리키는 의미론적 기능을 통해서 발생하는 것이다. 즉 소리가 가리키는 것은 특정한 럭비 경기가 아니라 일반적 의미의 럭비 경기로서, 여기서 중요한 것은 소리의 상징적 가치다. 따라서 럭비 경기 소리는 관객에게 영상을 자세히 보도록 하기보다는 모든 면에서 문학적 재치가 넘치는 흥미 만점의 즐거운 유비를 제공한다. 사실, 그 소리가 암시하는 바는 말을 통해서도 전달할 수 있었을 것이다. 어쨌든 이 장면 전체는 영화적으로 문제가 있다. 왜냐하면 외부에서부터 재킷 쟁탈전 이미지에 덧씌운 익살스러운 비교에서 정점에 이르는 이 장면은 불가피하게 그 내적 의미를 흐려놓기 때문이다. 게다가 여기 삽입된 해설적 소리는 클레르가 의도한 효과도 발휘하지 못할 수 있다. 그 소리가 과연 필연적으로 구기 시합의 관념을 떠오르게 할 정도로 충분히 특정성을 가지는지는 의심스럽다. 정체를 알 수 있는 모든 소리가 모든 사람에게 친숙한 것은 아니며, 그런 모든 소리가 확실하게 인식될 것이라고는 절대 장담할 수 없다. 많은 관객이 그 의미를 파악하지 못한 채, 그저 기이한 소리라고 생각할지도 모른다.*

이런 유형의 유비 기법은 소리 대신 이미지를 통해서도 연출할 수 있다. 채플린의 〈모던 타임스〉 시작 부분에서 달리는 양 떼 숏이 빠르게 움직이는 노동자들의 숏으로 이어진다. 이 맥락에서 양 떼 이미지는 〈백만장자〉의 럭비 경기 소리와 정확히 동일한 기능을 수행한다. 즉 양 떼 자체를 보여주는 것이 아니라 이어지는 숏과의 병치를 통해 노동자와 양 떼의 유사성을 암시하는 데 이 장면의 의의가 있는

---

* 옛날 슬랩스틱 코미디 영화들에서는 클레르의 익살스러운 소리를 생각나게 하는 방식으로 영상 촬영 이후에 소음의 동기화 작업이 이루어지는 경우가 많았다. 예컨대 어떤 인물이 입만 뻐금거리며 말할 때 우리 귀에 들리는 것은 자동차 경적 소리다. 저속하지만 재미는 있다.

것이다. 노동자들도 마찬가지로 그렇게 고분고분 복종하고 있지 않은 가? 노동자들이 등장할 때, 우리는 그 자체로 평범한 기록영화 같은 두 숏에서 갑자기 멋진 비유가 나타나는 것을 보고 웃음을 터뜨리지 않을 수 없다. 이때 비유 자체는 이데올로기적 함의를 전달하며, 비유를 구성하는 영상들의 물질적 실체성은 그 속에서 자동적으로 소모되어버린다. 이 점은 채플린이 〈모던 타임스〉가 "추상적 아이디어"—우리의 기계화된 삶에 대해 논평한다는 아이디어—에서 나온 작품이라고 말한 것[37]에서도 확인된다.

때때로, 특히 극작품을 연극적 방식으로 각색한 영화들에서 친숙한 소리의 상징적 잠재력이 이용되는 방식은 분명 고상한 연극 무대 전통에서 영감을 얻어 조야하게 옮겨 온 것에 지나지 않는다. 예컨대 비극적 갈등이 정점에 가까워짐에 따라 인간적 격정 또한 고조되는데, 이는 바깥에서 몰아치는 불길한 폭풍 소리와 동기화된다. 이런 비동기적 실제 소리를 통해 암시되는 격렬한 자연의 힘은 음울한 실내에 곧 닥쳐올 파국과 병행적 관계를 이루면서 관객을 극 속에 더욱 강하게 연루시킨다는 목적에 기여한다. 하지만 그런 식의 소리로 섬세한 영화 관객을 만족시키기는 어려울 것이다. 이런 식의 소리 활용의 바탕에는 자연적 사건이 인간 운명에 상응하는 폐쇄적 우주라는 전제가 깔려 있지만, 그것은 물리적 실재의 무한한 연속체를 전제하는 카메라 리얼리즘과는 양립할 수 없는 관념이기 때문이다. 게다가 관객이 폭풍 소리의 상징적 의미에 주의를 기울여야 할 때, 폭풍의 물질적 특성에 대한 관심은 설 자리를 잃어버린다. 정신적 현실을 강조하는 이러한 전체적 구성은 시각적 이미지에 불리하게 작용한다.*

비슷한 종류의 또 다른 가능성으로는 다음과 같은 것이 있다. 평화로운 가정생활 장면을 제시하면서 사악한 힘이 이 평화로운 세계에 침입할 것임을 경고하기 위해 이 장면과 자연의 대격변을 나타내는 폭풍의 포효 소리를 동기화시킨다. 위에 논의된 예에서 폭풍 소리가 끓어오르는 인간의 격정이라는 표면적 의미와 병행 관계를 이루면서 쉽게 파악할 수 있는 의미를 전달하는 데 반해, 동일한 소리가 그 소리의 의미와 크게 어긋나는 이미지와 대위법적으로 연결될 때는 거의 이해할 수 없는 것이 된다. 알아볼 수 있는 소리의 상징적 내용은 너무 막연해서 그 자체로서 유비 관계나 비유의 기반을 제공하기에는 무리가 있다. 스크린 위의 평화로운 이미지에 빠져든 관객이 포효하는 폭풍 소리를 운명의 불길한 징조로 받아들일 가능성은 결코 크지 않다. 관객은 불협화음을 이루는 폭풍 소리를 그저 우연이라고 받아들일지도 모른다. 그러한 해석은 적어도 영화 매체의 본질적 성향에는 부합한다. 어찌 되었든 간에 한 가지만큼은 확실하다. 상징적 대위법은 야심 찬 시도에도 불구하고 실패할 수밖에 없다는 것이다. 대위법적으로 사용된 소리는 동기화된 이미지와 이해 가능한 방식으로 연결되어야 한다. 그래야만 뭔가 이해 가능한 의미를 전달할 수 있다.

소리 상징법에 대한 논의는 이 정도에서 마무리하기로 한다. 영화감독들이 소리 상징을 활용한 예는 아주 산발적으로만 발견될 뿐이

---

* 이러한 종류의 상징적 병행법은 영화를 기존 예술의 범주에서 이해하는 이들에게 매력적으로 느껴지는 듯하다. 1930년에 퐁단은 소리의 예술적 활용 가능성에 대해 고찰하면서 "유리 깨지는 소리를, 행운을 날리고 나서 잃어버린 행운에 대해 추억하는 어떤 남자의 이미지와" 동기화할 것을 제안한 바 있다(Fondane, "Du muet au parlant," in L'Herbier(ed.), *Intelligence du cinématographe*, p. 157). 그러나 그러한 제안은 실현 가능성이 없다. 관객이 잘 정의되지 않은 소리와 이미지의 병치에서 그렇게 특수하고 복잡한 유비 관계를 발견해낼 것이라고 기대하기는 어렵기 때문이다.

다. 그들이 보통 중요하게 다루는 것은 친숙한 소리의 상징적 의미라기보다는——식별할 수 있는 소리든 정체불명의 소리든 간에——소리의 물질적 특성이다. 다음의 분석은 바로 이 두번째 의미의 소리에 관한 것이다.

역할

물질적 현상으로서의 소리는 병치된 이미지의 효과를 약화시키지 않는다. 거의 당연해 보이는 이러한 가정이 의미하는 바는 영화에서 소리에 부여되는 역할이 크게 중요한 요소는 아니라는 것이다. 말과 좁은 의미의 소리는 이 점에서 서로 근본적으로 갈린다. 말은 영화 속에서 지배적인 역할을 할 경우 영상을 희미하게 만들지만, 소리는 때로 전면에 내세워진다 하더라도 영상에 부정적 영향을 미치는 일이 거의 없다. 새된 비명이나 커다란 폭발음이 소리의 원천이나 주변 환경의 이미지와 동기화된다고 가정해보자. 그 소리가 아무리 강렬한 인상을 남긴다 하더라도, 관객이 이로 인해 영상을 받아들이는 데 방해를 느낄 가능성은 크지 않다. 오히려 관객은 소리에 자극받아 이미지의 다양한 의미를 받아들일 수 있는 감수성이 더 높아지고 그런 내적 상태에서 이미지를 더 자세히 살펴볼 수도 있다. 이미지와 폭발음 역시 그 자체는 불확정적이지 않은가?

생각은 여기서 더 나아갈 수도 있다. 소리와 가시적 현상 사이에는 두 가지 공통된 특징이 있다. 양자는 모두 카메라로 기록되며 일반적 의미에서 물질적 현실에 속한다. 그렇다면 카메라로 소리의 세계를 탐사하는 것 역시 영화적 관심사에 속한다고 말할 수 있을 것이다. 플라어티는 말에 중요한 메시지를 담는 것을 극히 꺼려했지만 "특징적" 소리의 효과에 대해서는 높은 평가를 아끼지 않았다. "내게 〈북극의 나누크〉를 위한 소리가 있었으면 좋겠다… 북녘의 바람 소리와 개떼의 울부짖음이 있다면 그 나라의 느낌 전부를 얻을 수 있다."[38] 영화감독들은 카메라 현실을 구성하는 수많은 현상을 보여주기 위해 늘 클로즈업이나 그 외의 다양한 기법을 사용해왔다. 그렇다면 자연의 소리에도 이와 유사한 방식으로 파고들어 가자는 장 엡스탱의 제안은 너무나 자연스러운 논리적 귀결로 보인다.

엡스탱의 일반적 아이디어는 음향 슬로모션을 이용하여 복합적인 소리 패턴을 더 단순한 원소로 분해한다는 것이었다. 이에 따라 그는 〈태풍〉에서 격렬한 태풍을 이루는 다양한 소리를 대단한 바다의 숏과 동기화하면서 세밀하게 들려준다. 독창적이고 매혹적인 이 영화는 영화 고유의 접근법을 소리의 영역으로 확장하며, 이러한 확장은 청각적 발견과 시각적 메시지가 서로를 상쇄하기보다 강화하는 관계가 되도록 하는 데 기여한다. 엡스탱 자신은 이 영화의 기법에 대해 다음과 같이 설명한다. "눈처럼 귀도 매우 제한적인 분별력밖에 없다. 눈은 속도를 낮추어야 더 잘 볼 수 있다. […] 마찬가지로 귀 역시, 예컨대 혼잡한 폭풍우 소리가 실제로 더 자세하게는 인간 귀에 낯선 낱낱의 소음의 중첩이라는 것, 절규하는 소리, 비둘기의 구구 소리, 콸콸 소리, 울부짖음, 폭발음, 대부분 아직 이름이 없는 온갖 음색과 강조점을 지닌 소리들의 묵시록이라는 것을 발견하기 위해서 소리의 시간적 확대, 즉 음향 슬로모션을 필요로 한다." 슬로모션으로 재현되는 운동에 비교하여 말한다면 이러한 익명의 소음들은 "다른 차원의 소리 현

실"이라고 부를 수도 있을 것이다.[39]

동기화의 방법

병행법

어떤 소리가 환기하는 모든 관념은 어느 정도 소리의 원천과 관련되어 있다. 그것이 말과 소리 사이의 또 한 가지 차이점이다. 동기적이든 비동기적이든 말은 동기화된 이미지와 비슷한 의미를 전달할 수 있는 반면에, 소리는 오직 "동기법"의 경우에만 그러한 의미를 얻을 수 있다(이 책 222쪽의 도표에서 유형 I에 해당함). 예외처럼 보이는 경우가 없는 것은 아니다. 비동기적 소리의 상징적 의미와 동기화된 이미지의 의미 사이에 병행적 관계가 성립하는 것이 그러한 경우다 (유형 IIIa와 IIIb). 그러나 이러한 예는 오히려 규칙을 확증해준다. 왜냐하면 여기서 소리는 거의 언어적이라고 할 수 있는 메시지를 전달하기 위한 상징적 단위일 뿐이기 때문이다. (첨언하면, 해설적 소리는 희극적 효과를 위해서 그 소리를 가리키는 언어적 진술과 병행적으로 삽입될 수 있다. 예컨대 영화 속에서 인물이 폭풍을 언급하면 바로 그 순간 폭풍 소리가 들리는 것이다. 이 경우에 폭풍 소리는 마치 말과 함께 제시되는 중복적 이미지처럼 작용한다. 즉 에펠탑의 이미지가 파리라는 단어를 구체화하는 것과 정확히 동일한 방식으로 폭풍을 가리키는 말을 예시하는 것이다.)

그래서 소리의 경우 "동기법"이 병행법의 전제 조건이 된다. 이때 관객은 개를 보고, 개가 짖는 소리를 듣게 된다. 클레르는 예술의 경제를 이유로 병행법에 반대한다. 병행법은 효과의 중복이라는 것이다. "박수 치는 손을 **보고 있을** 때 박수 소리를 **듣는** 것은 큰 의미가 없다."[40] 그리고 병행법은 우리가 실제로 소리를 지각하는 방식과 항상 일치하지는 않는다. 한 개인이 받는 청각적 인상의 폭은 그의 심리적 조건에 따라 변화한다. 거리에서 도와달라는 외침 소리가 눈앞을 지나가는 자동차와 버스의 소음을 가릴 수 있다는 푸돕킨의 말도 바로 이 점을 지적하고 있다. 그런데 이때 찻길의 소리가 삽입된다면 어떨 것인가? 적지 않은 영화에서 그렇게 과도하게 소리가 사용되는 것을 볼 수 있다. 기계적으로 적용된 병행법은 우리가 경험하는 현실에서 반박될 위험을 안고 있다.

그럼에도 불구하고 전체적으로 볼 때 동기적 소리의 병행법은 시각적 요소가 지배하는 영화에서 동기적 말의 병행법만큼이나 미학적으로 합당하다. 중복적 병행법에 대한 클레르의 비판은 전적으로 옳다고는 할 수 없다. 한편으로 그는 유성영화를 승인하면서도 중복적 소리가 유성영화에서 불가피하다는 점은 인정하지 못한다. 게다가 중복적 소리에 대한 그의 반론은 그 자신의 예에서도 알 수 있듯이 과도한 우려에 근거하고 있다. 박수 소리가 그리 중요하지 않을 수는 있지만, 박수를 보내는 손에 대한 관객의 관심이 그로 인해 줄어들지는 않을 것이다. 중복적 소리는 적절한 음악 반주처럼 관객에게 영상과 더 강렬하게 교감할 가능성을 열어줄지도 모른다.

대위법

동기법 "동기적" 소리는 그 원천의 이미지와 대위법적 관계를 맺을 때(유형 II) 이미지 자체에는 함축되어 있지 않은 물질적 현실의 측면을 열어 보인다. 〈오셀로〉의 대화 장면에서 이아고와 무어인 장군의 발소리는 우리가 어차피 보는 것을 단순히 반복한다기보다는 우리로 하여금 그것을 정말로 보게 하는 데 기여한다. 마찬가지로 〈전화의 저편〉에서 혼자 남겨진 채 시체 사이로 비틀비틀 걷는 아기의 울음소리는 아기의 이미지에 뭔가를 덧붙인다. 그것은 어쩔 줄 모르는 불안과 극단적 절망에 대한 있는 그대로의 직접적 진술로서, 플라어티가 "북녘의 바람"을 이야기할 때 염두에 둔 "특징적" 소리 가운데 하나다. 게다가 아기의 가장 내적인 본성을 직접적으로 표현하는 이 끔찍한 울음소리는 눈에 보이는 모습도 새롭게 조명해준다. 이렇게 하여 우리가 보는 이미지는 더욱 깊어진다. 그리고 그 울음 자체가 감정을 심하게 뒤흔들어 존재 전체를 상황 속에 빠져들게 할 정도이므로, 관객은 그 울음소리에 그만큼 더 잘 반응하게 된다.

비동기법   1929년, 런던에서 최초의 미국 유성영화들을 관람한 르네 클레르는 〈브로드웨이 멜로디〉의 다음 장면에 특히 찬사를 보냈다. 차 문이 쾅 닫히는 소리가 들리고, 이때 우리는 베시 러브의 우울한 얼굴을 본다. 그녀는 창문을 통해 거리에서 벌어지는 어떤 사태를 바라보는데, 우리는 그 장면을 직접 보지는 못하지만 소음으로 미루어 자동차가 막 출발했다는 것을 짐작할 수 있다. 클레르에 따르면 이 짧은 장면의 아름다움은 여배우의 얼굴에 집중하면서도 동시에 무성영화라면 몇 개의 이미지를 이어놓음으로써만 전달할 수 있었을 이야기를 그 안에 모두 담아냈다는 데 있다. 그는 이렇게 결론 내린다. "소리가 적절한 순간에 이미지를 대체했다. 유성영화에 독자적 효과의 가능성이 있다면, 그것은 바로 이러한 표현 수단의 경제성에 있다."[41]

그러니까 클레르가 승인하는 것은 식별할 수 있는 원천에서 나오는 비동기적 실제 소리와 이에 동기화된 영상(유형 IVa)이 대위법적 관계를 이루는 경우다. 그의 주장을 일반화하고 보완한다면, 이 동기화 방식은 세 가지 이유에서 영화적으로 중요하다.

(1) 그것은 관객에게 제시된 영상을 받아들이도록 장려한다고까지 할 수는 없어도, 적어도 이에 방해가 되지 않는 것은 분명하다.

(2) 이러한 동기화 방식으로 비본질적인 기능의 이미지, 즉 우리가 앞에서 "설명을 위해 삽입된 시각 이미지"*라고 부른 유형의 이미지를 제거할 수 있다. 자동차 문이 쾅 닫히는 소리는 그저 차의 출발을 알려주는 의미밖에 없는 거추장스러운 컷-인을 생략할 수 있게 해준다. 카메라 현실에 매혹된 플라어티조차 클레르와 똑같이 그런 장면 대신 이를 암시하는 소리를 사용하는 것에 대해 환영하는 입장을 밝힌다. "소리 자체가 이미지다. 일단 소리가 식별할 수 있는 것이라면, 시각 이미지의 뒷받침 없이 소리만을 사용하여 소리의 원천인 대상을 환기할 수 있다."[42]

(3) 마지막으로 비동기적 소리의 대위법은 우리의 상상력을 뒤흔들어 영화 매체의 경향과 일치하는 방향에서 현실을 탐사하도록 유인한다. 이때 우리가 따라갈 수 있는 여러 경로 가운데 하나는 클레르가 예시한 〈브로드웨이 멜로디〉의 장면이 보여주듯이 더 넓은 물질적 환경으로 이어진다. 출발하는 차의 소리는 베시 러브의 얼굴에 더 잘 몰두할 수 있게 해줄 뿐만 아니라——그것이 클레르가 말하고자 한 요지였다——우리를 베시 러브의 얼굴에서 차와 사람들이 다니는 거리

---

*   이 책의 202쪽을 보라.

로 데려가기도 한다. 이와 같은 장면은 꽤나 빈번하게 발견된다. 킹 비더의 〈할렐루야〉 중 멋진 늪 장면은 보이지 않는 늪 속 생명의 존재를 인상적으로 전해주는 혼잡한 소리 패턴과 공명한다. 그 소리의 효과는 〈정글 정찰대〉에서 전투기 통신 시스템으로부터 흘러나오는 메시지들이 주는 효과와 어딘지 닮은 데가 있다. 또는 〈무도회의 수첩〉의 마르세유 에피소드를 생각해보자. 그칠 줄 모르는 크레인의 소음을 통해 항구 전체가 이야기가 펼쳐지는 허름한 방 안으로 침범하여 들어온다. 〈뒷골목〉에서도 동일한 기법이 사용된다. 또한 클레르의 〈파리의 지붕 밑〉 가운데 비할 데 없이 훌륭한 갱들의 에피소드도 있다. 갱들이 가스등이 켜진 변두리 거리에서 노리고 있던 사냥감을 덮칠 때, 평범한 철도역의 소음——기관차의 경적, 철커덕거리는 열차 출발 소리——이 예상치 않게 밤의 정적을 꿰뚫는다. 그것은 줄거리와는 아무런 상관이 없는 것 같지만, 그 소리를 듣는 순간 우리는 장면에 뭔가 본질적인 것이 더해졌음을 느낀다. 소리의 비합리적인 현존은 사건이 벌어지고 있는 현장의 주변 환경 전체를 부각시키며, 그것이 사건에 완전히 결부되도록 만든다. 그리고 소리의 뚜렷한 우연적 본성은 우리로 하여금 상황의 맥락이 단편적이며 습격 또한 그 단편적 맥락의 일부에 지나지 않는다는 것을 예민하게 느끼게 해준다. 크게 보아 기차 소리는 카메라 현실을 강화하는 효과를 가진다.

때때로 이런 식으로 사용된 비동기적 소리는 우리를 정신물리적 상응 관계의 영역으로 인도한다. 〈전화의 저편〉에서 우리는 아기가 모습을 드러내기 전에 아기의 울음소리를 듣는다. 울음소리는 비밀스럽게 늪지대를 가로질러 전진하는 게릴라 전사들의 모습과 동기화된다. 물론 이 소리의 의도는 울음을 촉발한 공포를 예견케 하는 데 있다. 그러나 아직 소리의 원천이 불확정적인 까닭에 관객은 그 소리를 일단 적군과 우군을 똑같이 집어삼키는 자연의 풍경과 연결하게 된다. 납빛 하늘. 죽음의 냄새를 풍기는 늪지대. 마치 자연 자체가 울음 소리를 통해 이루 말할 수 없는 슬픔을 표출하고 있는 것처럼. 마치 이 형체 없는 울부짖음이 자연의 깊은 영혼에서 나오기라도 하는 것처럼. 르누아르의 〈야수 인간〉에서는 가까운 댄스홀로부터 노랫소리가 흘러나와——이때 그 노래는 잡음으로 작용한다——세브린의 방을 가득 채운다. 그러다 자크가 젊은 여자를 살해할 때 정적이 찾아오고, 모든 것이 다 끝나버리자 댄스홀의 소리가 다시 들리기 시작한다.[43] 르누아르는 소리의 사라짐과 귀환을 통해 물질적 환경과 삼투적으로 연합하는 무의식적 감각 반응의 차원에서 살인자의 내면 상태의 변화를 섬세하게 보여준다. 이처럼 소리와 침묵 사이의 교차가 발휘하는 암시적 효과는 영화적 풍미를 더해준다.

이러한 동기화 유형에 해당하는 대단히 복합적인 사례로 논의를 마무리하도록 하자. 엘리아 카잔의 〈워터프론트〉에서 말런 브랜도가 사랑하는 여자에게 그녀의 오빠를 살해하는 데 가담했노라고 고백하는 장면이 그것이다. 이 장면은 항구가 보이는 야외에서 촬영되었다. 여기서 눈에 띄는 점은 브랜도가 관객이 이전에 목격한 살인을 이야기하지만 그 이야기 소리가 들리지 않는다는 것이다. 귀를 찢는 듯한 뱃고동 소리는 그의 고백과 여자의 대답을 모두 삼켜버린다. 배경에 배가 보이는 까닭에 뱃고동 소리는 분명 동기적 병행법의 범주에 들어간다. 그러나 우리의 눈이 배보다는 브랜도와 여자에게 꽂혀 있는 까닭에 뱃고동 소리는 무엇보다 대화 장면과의 관계에서 비동기적 대위법의 사례라고 볼 수 있을 것이다. 그리고 이러한 구도 속에서 길게 늘어지는 소리는 두 가지 영화적 기능을 수행한다. 환경의 영향을 강조하는 동시에 이미지에 대한 관객의 관심을 유지해주는 것이다. 이미지가 연인들 사이에서, 그리고 그들의 내면에서 무슨 일이 일어나는지를 완벽하게 드러낸다는 것은 두말할 나위도 없다.

해설적 대위법(유형 IVb)은 사실상 존재하지 않는다. 소리의 상징적 의미가 그 물질적 속성을 희생시키면서 전면에 나서는 경우가 아니라면 말이다.*

---

*   이 책의 243~44쪽의 예시를 보라.

8 음악

영화음악의 미학적 측면들을 살펴보기 전에 영화음악의 생리학적 기능에 대해서 숙고해야 할 것이다. 영화가 실질적으로 음악 없이 상영된 적이 없다는 사실은 바로 이러한 생리학적 기능으로 설명될 수 있으며, 이를 다르게 설명할 길은 없다.

생리학적 기능들

시원기始原期

영화를 태생적인 무성성으로부터 구원하려는 노력들은 초창기부터 끈질기게 이루어져왔다.[1] "변사"가 직접 관객들의 구미를 맞추어주었고, 축음기는 영상에 대응하는 소리들을 어쨌거나 무리 없이 재생해 들려주었기에 호의적인 관객이라면 수탉 울음소리나 아리아의 선율, 심지어는 약간의 대화까지도 직접 듣고 있다는 착각에 빠질 수 있었다. 물론 영화의 태동기부터 늘 함께했던 음악 반주musical accompaniment도 빼놓을 수 없다. 그러나 말과 소리를 얻기 위한 초창기의 노력은 수포로 돌아갔다. 변사는 자막에 밀려났고 얼마 뒤에는 축음기 음반도 치워졌다.[2] 아직 유성영화를 위한 시대는 도래하지 않았다. 하지만 살아남은 것이 있었으니 바로 음악이었다. 녹음된 음악이든 피아니스트의 반주든 간에 음악은 살아남았다. [그 이유로] 초기 극장주들이 영사기가 돌아가는 시끄러운 소리를 음악 소리로 덮으려 했기 때문이라는 설이 제기된 바 있다.[3] 하지만 이런 설명을 지지할 수는 없다. 사실 시끄러운 영사기는 얼마 지나지 않아 관객석 바깥으로 옮겨졌는데도 음악은 끈질기게 살아남았기 때문이다. 음악이 대두된 데는 보다 그럴 만한 이유가 있었음이 틀림없다. 그리고 그 이유가 특수한 미학적 욕망과 무관하다는 것은 초창기에 영화음악의 내용과 의미에 대해 사람들이 무관심했다는 사실을 통해 알 수 있다. 어떤 것이든 그것이 음악이기만 하면, 더욱이 인기 있는 음악이라면 아무래도 좋았던 것이다. 중요한 것은 음악 반주 그 자체였다. 일찌감치 사람들은 단지 음악의 존재만으로도 무성 이미지들의 효과가 현저하게 상승한다는 것을 감지했던 것으로 보인다. 본래 영화음악은 영화의 자체적인 한 요소라기보다는 영화 상영의 구성 요소였다. 영화음악의 본질적인 기능은 관객들을 스크린상의 이미지 흐름에 생리학적으로 적응시키는 것이었다.

음악, 이미지, 관객

무성영화의 시대
소리 없는 현실   이와 같은 생리학적 적응이 필요한 것은 우리의 실제 삶의 환경이 소리로 가득 차 있기 때문이다. 우리가 비록 그 소리들의 현존을 긴 시간 동안 의식하지는 않는다고 하더라도 우리의 눈은 우리의 귀가 함께하지 않는다면 어떠한 대상도 인지하지 못할 것이다. 일상의 현실은 시각적 인상들과 청각적 인상들의 끊임없는 뒤섞임에서 발생한다. 완벽한 고요란 실질적으로 존재하지 않는다. 한밤의 정적은 수천 가지 소리로 채워져 있으며, 그 소리 모두를 차단한다 한들 본인이 숨 쉬는 소리를 막을 도리는 없다. 삶은 소리로부터 절대 떼어낼 수 없다. 따라서 소리가 사라지면 세계는 림보limbo로 돌변한다. 이는 갑자기 귀가 들리지 않게 된 사람들이 느끼는 공통된 감각이다. 이것을 경험한 누군가는 이렇게 전한다. "지각 가능한 삶의 현실은 단번에 텅 비게 되었고 그 현실의 원초적인 현상들이 중지되었다. 죽음의 정적처럼 고요가 세계를 덮쳤다."[4] 바로 이런 경험이 무성의 스크린을 대할 때의 경험과 완벽하게 일치한다. 거기서 인물들은 실제 사람처럼 움직이지만 소리 한 번 나지 않으며, 들리지 않는 바람에 따라 나뭇잎은 살랑거리고 파도는 일렁인다. 오랜 영화 팬들은 아무런 음악이 깔리지 않던 무성영화나, 갑자기 사운드트랙이 꺼진 영화를 맞닥뜨린 경험을 기억할 것이다. 그것은 그야말로 소름 끼치는 경험이다. 그림자가 육신을 지닌 삶이 되기를 갈망하고 삶은 만질 수 없는 그림자로 해체된다.

영화의 숏이 사진에서 연장된 것이기에 사진 역시 동일한 효과를 낳으리라고 짐작하는 사람이 있을 것이다. 하지만 사진은 본질적으로 자족적이다. 우리가 사진의 제한적인 가능성을 의식하고 있기 때문이다. 우리는 사진이 찰나간 나타난 가시적 현실의 형세만을 기록할 수 있다는 사실을 알기에 사진을 전체 현실의 대응물로 여기는 실수를

범하지 않으며, 사진의 순수하게 시각적인 인상 앞에서 뒤숭숭해지지도 않는다. 하지만 움직이는 세계를 실제로 보여주는 영화의 숏 앞에서 이야기는 달라진다. 영화 숏 또한 하나의 사진이지만 스틸 사진에서는 불가능한 포괄적인 방식으로 현실을 재현한다. 따라서 우리는 영화 숏이 불러내는 환영에 굴복할 수밖에 없다. 우리는 영화 숏을 사진이라기보다는 오히려 삶의 완전한 재생이라고 믿게 된다.

아니 더 정확히 말하면, 그 숏들이 완벽한 정적 상태에서 스크린을 스치고 지나간다는 사실만 아니었다면 그것들이 삶의 완전한 재생이라고 믿었으리라. 그러나 이때에도 영화 숏이 생산해내는 온전한 현실이라는 환영은 너무나도 강력해서, 우리는 그 환영을 그것에 반대되는 환영으로 대체함으로써 영구화하려고 시도하게 된다. 마치 사랑이 증오로 변함으로써 용케도 지속되는 것처럼. 우리는 무성영화 숏의 사진적 특질을 인정하는 대신, 그 숏에서 유별난 불쾌감을 느끼는 가운데 실제 사물과 실제 인물 들의 대응물이 나타나야 했을 바로 그 장소에 창백한 환영들이 출몰해 있다고 무심코 여기게 된다.[5] 이런 이미지들은 우리가 사는 세계의 유령적인 복사물처럼 느껴진다. 저 귀먹은 자들이 통과하던 림보가 그렇게 보였듯이 말이다. 우리가 영화의 숏을 환영이라고 인지하는 즉시, 환영이라는 것이 그렇듯이 우리들 눈앞에서 흩어질 것이다.

사진적 삶으로 복원된 영상　　바로 이런 이유에서 음악이 요구된다. 음악은 일반적인 소리처럼, 아니 그 이상으로 청중의 전반적인 지각 능력을 촉진하는 경향이 있다. 신호가 울리면 빛이 더 밝게 빛나는 것처럼 보인다는 실험 결과가 있다.[6] 음악은 이런 "상호 감각적인

intersensory"효과를 통해서 스크린 위의 창백한 무성 이미지들을 환하게 비춰줌으로써 그것들을 우리 곁에 머물게 한다. 물론 음악은 단순한 소리가 아니다. 그것은 리듬과 선율이 있는 운동이자 유의미한 시간적 연속성이다. 이 음악이라는 운동은 우리의 감각기관이 그 운동에 참여하게끔 작용할 뿐만 아니라, 우리가 그 순간에 받는 모든 인상들에 영향을 미친다.[7] 따라서 우리는 음악이 개입하는 순간 그전에는 보이지 않았던 구조화된 패턴을 인지하게 된다. 혼란스러운 자세의 변화도 이해할 수 있는 제스처로 드러나며, 산재된 시각 정보들도 하나로 융합되어 특정한 방향으로 나아가게 된다. 음악은 특유의 연속성을 무성 이미지에 부여한다. 음악은 이미지들을 밝게 하여 우리에게 한결 가까이 접근시킬 뿐만 아니라, 우리가 의미심장한 연관들을 파악하는 틀인 내적인 시간 속에 그 이미지들을 통합시키기도 한다. 그리하여 구름처럼 변덕스러운 허깨비 그림자가 믿음직한 형상이 되는 것이다.

반주 음악이 무성영화에 생명을 불어넣는다는 사실은 의심의 여지가 없다. 하지만 음악이 무성영화를 소생시킨다면, 그것은 다만 무성영화를 본연의 모습, 즉 사진으로 보이게 하기 위해서일 뿐이다. 이는 대단히 중요한 점이다. 보통 생각하는 바와 달리 음악은 묵음의 스펙터클에 소리를 더함으로써 그것을 완전한 현실로 복원시키려 하지 않는다. 정확히 그 반대가 진실이다. 음악은 관객을 무성 이미지의 한 복판으로 끌어들이기 위해서 추가되며, 관객으로 하여금 무성 이미지의 사진적 삶photographic life을 경험케 한다. 음악의 기능은 소리에 대한 욕구를 제거하는 것이지, 충족시키는 것이 아니다. 음악은 무성성을 제거하는 것이 아니라 긍정하고 정당화한다. 만일 우리에게 음악

II. 영역과 요소

이 전혀 들리지 않는다면, 즉 우리의 감각이 [음악을 청취하기보다는] 음악을 통해 영화 숏들에 완전히 적응하여 그것들이 사진적 방식으로 자족적인 총체라는 인상을 받는다면 음악은 이로써 자신의 임무를 다한 것이다.[8]

긴장 서린 침묵   놀랍게도 이런 효과는 극단적인 서스펜스의 순간에 음악이 돌연 멈추면, 그리하여 우리가 침묵한 화면하고만 남겨지면 더욱더 배가된다. 이는 서커스에서 곡예의 경이로운 효과를 고조시키기 위해 사용하는 장치다. 그렇게 음악에게 버림받은 화면은 맥 빠진 상태가 될 것이라고 생각하겠지만, 실제로는 앞서 음악이 배경으로 깔리던 때보다 우리를 훨씬 더 강렬하게 매료시킨다. 〈프로그먼〉을 예로 들어보자. 제2차 세계대전 때의 미 해군 수중폭파대를 다루는 이 세미다큐멘터리는 수중폭파대가 해저에서 놀라운 활약을 펼치는 몇몇 에피소드에서 절정을 맞이하는데, 이 에피소드들에는 특기하게도 반주 음악이 깔리지 않는다. 그렇다고 이 인간 개구리들을 감싸는 정적이 이들을 허공을 부유하는 허깨비들로 바꾸어놓는 것은 아니다. 정적은 오히려 그들의 현실에 대한 관객들의 신뢰와 해저 기동 훈련에 대한 관심을 고조시키는 역할을 한다.

이와 같은 이미지들이 발산하는 매력을 어떻게 설명할 수 있을까? 영상이 우리에게 미치는 마력이 부분적으로는 그것이 보여주는 숨 막히는 모험에서 비롯되었음을 감안하더라도, 정적이 들어서기 직전에 음악이 없었더라면 우리는 그 장면에서 황홀감보다는 불안감을 느꼈으리라. 우리가 그 영상을 거리낌 없이 받아들이게 된 것은 음악이 우리의 감관을 공감적 에너지로 채운 덕분이리라. 비록 결정적인 순간 직전에 음악이 철회되지만, 음악의 잔향이 음악이 계속 흐를 때보다 침묵 속의 절정을 더 효과적으로 밝혀준다. 비슷한 방식으로 도브젠코의 〈병기고〉와 〈대지〉의 정지한 이미지는 앞뒤의 동적인 이미지에 힘입어 그와 같은 효과를 낸다.* 여담이지만 소리 없는 영상은 지켜보는 사람 모두를 침묵시키는 장면이나 사건을 보여줄 때도 역시 효과적일 수 있다. 카발칸티는 발터 루트만이 영화 〈세계의 멜로디〉에서 "전쟁 시퀀스에서는 발포 장면으로 긴장감을 고조시키고, 날카로운 비명을 지르는 한 여성을 클로즈업으로 비춤으로써 이 긴장감을 한층 더 끌어올리더니, 하얀 십자가들이 줄지어 서 있는 장면에서 돌연 완전한 정적으로 끝내버렸다"라고 말한다. 카발칸티는 이에 덧붙여 말한다. "루트만과 같은 탁월한 예술가의 손에서 정적은 가장 시끄러운 소리가 될 수 있다."[9]

보론: 착색 영화 숏의 본질을 끄집어내는 데 있어 음악만으로 충분치 않다는 듯이 무성영화 시대에 사람들은 시각적으로 이미지에 활기를 더하기 위해 특정한 장치로 음악을 보조했다. 바로 영화의 한 대목 전체에 색을 입히는 것이었다. 붉은 색조가 큰불이나 원초적인 열정의 폭발을 강조하는 데 사용되었다면, 푸른 색조는 범죄자나 연인들의 은밀한 행위가 벌어지게 마련인 밤 장면에 적합한 것으로 여겨졌다. 또 다양한 색들이 주제와 줄거리에 어울리는 정조를 불러내기 위해 사용되었다. 하지만 색조는 비단 관객의 감정을 일정 방향으로 끌고 가는 데 그치지 않고, 이보다는 눈에 덜 띄지만 실제로는 훨씬

---

*   이 책의 99~100쪽을 보라.

중요한 효과를 산출했다. 이 효과는 특정한 색채에서 비롯된다기보다는 색채의 사용 그 자체에서 생겨난 것이었다.

어떤 색이든 간에 색채는 흑백의 재현에서는 주어지지 않았던 총체적 현실의 영역을 시사한다. 따라서 색의 추가는 무성성에 짓눌려 유령적인 성격을 띠기 십상인 이미지들의 생동감을 강화해주었다. 착색은 유령을 내쫓는 장치였던 것이다. 게다가 보다 큰 단위의 연속적인 숏들에 한 가지 색을 입히면 무성성으로 인해 초래되기 마련인 응집성의 결핍을 막아주는 효과를 냈다. (하지만 이것은 단일한 적색이나 청색이 그렇게 착색된 숏의 다양한 의미를 덮어 가리지 않을 정도로 연하게 사용되었을 때만 바람직한 것으로 입증되었다.) 그 외에는 색이 아무리 음악만큼 중요하다고 해도 음악을 대체할 수는 없었다. 총천연색 영화가 보통의 영화 못지않게 음악의 뒷받침을 필요로 한다는 사실은 이미 충분히 입증되었다. 착색은 음악을 시각적 차원에서 반영했다.

술 취한 피아니스트　오래전 매일같이 드나들던 낡은 영화관이 마치 엊그제 다녀온 것처럼 아직도 생생하게 떠오른다. 그곳은 원래는 고상한 레뷰[노래와 춤, 재담이 결합된 공연] 극장으로, 화려하게 치장된 여러 열의 박스석이 뽐내듯 뿜어내는 광휘가 바뀐 극장의 용도와는 잘 어울리지 않는 곳이었다. 그곳의 음악은 한 백발의 피아니스트가 담당했는데 그는 극장의 빛바랜 플러시 천 좌석과 도금된 석고 천사만큼이나 노쇠해 있었다. 그에게도 좋은 시절이 있었다. 젊은 시절에는 미래가 창창한 재능 있는 예술가였지만, 술에 손을 대기 시작했다. 그리고 이제 그의 전도유망했던 청년 시절을 상기시켜주는 것은 팔랑대는 나비넥타이뿐이었다. 영광스러운 꿈이 있었던 학창 시절의 흔적이었다. 그는 멀쩡하게 깨어 있다고 할 만한 때가 없다시피 했다. 그리고 연주를 할 때면 스스로에게 완전히 몰입하여 단 한 순간도 영사막을 쳐다보느라 시선을 낭비하는 법이 없었다. 그의 음악은 예측불허하게 제멋대로 흘러갔다.

그는 이따금씩 가벼운 도취감에 사로잡혀, 자유롭게 즉흥연주를 선보였다. 마치 알코올이 그의 내면에 풀어놓은 흐릿한 기억과 변덕스러운 기분을 표현하려는 욕망에 이끌리는 것 같았다. 또 한번은 인사불성이 되어 유행가 몇 가락을 도돌이표처럼 계속 연주하더니 기계적으로 음의 끝을 반짝이는 빠른 장식음과 8분음표로 꾸며댔다. 그러다 보니 내가 그때 보고 있던 영화 속에서, 예컨대 격분한 백작이 바람피운 부인을 집에서 내쫓던 순간 쾌활한 멜로디가 울려 퍼지고, 그두 사람이 마침내 화해하던 푸른 색조의 장면에서는 장송곡이 깔리는것도 결코 드문 일이 아니었다. 음악적 주제와 그 음악이 받쳐주는 줄거리 사이에 어떤 식의 관계도 없다는 것이 내게는 실로 크나큰 즐거움이었는데, 이로써 영화 줄거리를 예상치 못했던 새로운 시각에서 바라볼 수 있었고, 더 중요하게는 다의적인 영화 숏들에 의해 열린 미개척의 야생지를 마음껏 헤매고 다니라는 자극을 받았던 것이다.

노쇠한 피아니스트가 그 영사막 위 이미지들의 비밀 가운데 일부를 들춰낼 수 있었던 것은 바로 이미지들을 무시했기 때문이다. 한편, 그가 이미지들을 의식하지 않았음에도 불구하고 이미지와 음악 사이에 놀라운 병행 관계들이 생성될 가능성이 완전히 차단된 것은 아니었다. 이따금씩 그의 음악은 극적인 사건과 아주 정확하게 맞아떨어졌고, 그것은 전혀 의도치 않은 것이었기에 내겐 더욱더 기적처럼 느껴졌다. 마치 내가 거리를 걷다 시계점 문 앞에 그려진 시계판 속의 시침이 내가 그 앞을 지나갈 때의 시각을 정확히 가리키고 있음을 알아차렸을 때 느꼈던 것과 같은 종류의 감각이었다. 여타의 불일치가 일으킨 도발적인 영향 속에서 이런 우연의 일치는 내겐 그 술 취한 피아니스트의 음악적 독백과 눈앞의 드라마 사이에 아무리 포착하기 어렵다 해도 결국에는 어떤 연관 관계가, 그 우연성과 불특정성으로 인해 더욱더 완전한 것으로 감지되었던 어떤 연관 관계가 존재한다는 인상을 주었다. 나는 그보다 더 잘 어울리는 반주를 들은 적이 없다.

유성영화의 시대

소리가 도래하자 악사들은 영화관에서 사라졌다. 하지만 그들이 연주하던 음악의 유형은 사운드트랙의 일부로 살아남았다. 실제로 발성영화 역시 에런 코플런드가 말했던 것처럼 "듣기 위한 음악이 아니라 대화의 여백을 채우기 위한 음악"[10]에 의지했다. 그 음악이 여백을 채우기 위해서만 필요한 것은 아니다. 스트라빈스키는 그런 음악이 "극과 맺는 관계는 레스토랑 음악이 레스토랑 개개의 테이블의 대화와 맺는 관계와 같다"고 지적한다. ("난 그걸 도저히 음악으로 받아들일 수가 없네요"라고 그는 신랄하게 말을 끝맺는다.[11])

아무튼 음악 반주, 즉 "해설적" 음악은 유성영화에서 제도로 구축되어왔다. 거기서 음악 반주는 중요한 역할을 수행하는 것일까, 아니면 그저 무성영화 시절의 잔재일 뿐일까? 후자를 지지하는 논자라면 해설적 음악이 과거에는 불가피했던 무성성을 물리치는 필수 해독제였는데 이제는 실제 삶의 소리를 대신 집어넣을 수 있게 되면서 존재의 이유를 잃었다고 말할 수도 있다. 실제로 삶의 소리들은 언제 어디서나 실재하게 되었으므로 영상이 소리로부터 버림받을 위험은 거의 없다. 그렇다면 대체 왜 외부 음악을 굳이 삽입해야 하는가? 인위적인 첨가물로서의 음악은 자연적 소리와 여하간 합치될 수 없다. 그리고 그 음악이 대단히 풍부한 자연적 소리들의 이점을 이용하는 영화들의 자연스러움을 훼손할 것은 분명하다. 그렇다면 결론은 음악 반주가 차라리 완전히 포기하는 것이 좋을 과거의 유물이라는 것이다.[12]

   이 모든 것은 논리적으로 들린다. 그럼에도 불구하고 우리는 이런 주장을 거부할 수밖에 없는데, 이 주장이 이 책에서 우리가 제시해온 이론적 구상들과 상충하는 다음과 같은 전제에 기대고 있는 까닭이다. 바로 영화란 완전한 자연스러움을 갈망한다는 것이고, 영화는 소리와 이미지 양자를 동등하게 강조함으로써 총체적 현실로 화했을 때에야 비로소 자신의 본령을 발휘한다는 것이다.* 하지만 바로 이것이 의심스러운 점이다. 해설적 음악이 실제 소음들의 직조물로 완전히 대체된 영화를 상상해보자. 그런 영화는 총체적 현실의 기록을 목표로 한다. 그런데 그런 영화가 달성한 자연스러움은 우리에게 너무나 강렬한 인상을 주어서 우리는 엄밀한 의미에서의 가시적 현상들을 간과하는 경향을 보일 것이다. 실제로 우리는 총체로서의 현실과 마주할 때 그 현실의 가시적인 측면에 언제나 특별한 주의를 기울이지는 않는다. (이것은 영화 속 소음이 그것과 동기화된 영상에 대한 관객의 관심을 감소시키기는커녕 오히려 증가시킨다는 경험과 배치되지 않는다. 여기서 문제가 되는 것은 특수한 소리의 효과라기보다는 영화의 자연스러움이 주는 효과다.) 그러면 이미지는 어떻게 다시 주목을 받을 수 있

---

*   예컨대 〈살인의 해부〉에서 완전한 자연스러움은 카메라 현실로 혼동되는 것처럼 보인다.

을까? 이 임무는 물론 해설적 음악이 맡는다.

여기에 두 가지 숙고를 덧붙여보자. 첫째, 자연적 소리는 그 편재성에도 불구하고 간헐적으로만 지각된다.* 영화는 현실을 우리가 경험한 대로 재생산하고자 하므로 소리 없는 구간들을 포함하려 할 것이다. 만일 그렇지 않고 영화가 존재하는 모든 소리를 온전히 재생하려 하면 우리는 그 소리들을 어떨 때에는 아예 듣지 못할 수도 있다. 음악 반주가 필요한 이유는 바로 소리가 녹음되지 않았거나 심리학적 이유로 들리지 않는 그런 빈 구간이 있을 때 이미지들을 우리에게 가까이 접근시키기 위해서다. 둘째, 음악은 말에 잠식될 지경에 놓인 이미지를 지탱해줄 수 있다. 예를 들어 영화 〈빗물 가득〉은 많은 대화 장면에서 해설적 음악을 금욕적으로 절제하는 바람에 그 영화적 효과에서 실패하고 말았다. (이 영화의 가장 큰 잘못은 대화에 과하게 방점을 찍은 데 있다.) 그런 경우 음악 반주는 단순한 수단 이상으로 쓰였다고 보기 어렵다.

미학적 기능들

그 고풍스러운 영화관의 술 취한 피아니스트는 시대착오적이었던 듯하다. 심지어 그의 시대에조차 "활기찬 음악 연주와 장엄한 영화가 빚어내는 부조화는 확연한 것이었다."[13] 일반적으로 이미지적 요소들과 음악적 요소들은 미학적인 이유에서 어떻게든 상호 관련되어 있

★   이 책의 218쪽에 나오는 푸돕킨의 사례를 보라.

을 것이라는 점이 일찍부터 감지되어왔다. 혹은 한스 아이슬러가 표현하듯 "이미지와 음악은 간접적이든 아니면 심지어 대립적이든 간에 서로 조응해야 했다."[14] 그렇다면 양자는 어떤 방식으로 조응하는 것일까? **해설적** 음악 혹은 반주로서의 소용 말고도, 음악은 **실제** 음악으로 쓰이기도 하고, 영화의 **중핵**으로 쓰이기도 한다.

해설적 음악

병행법

병행적인 해설적 음악은 음악의 고유한 언어를 통해 자신이 뒷받침하는 영상의 분위기나 경향, 또는 의미를 강조한다. 따라서 맹렬한 갤럽gallop[2/4박자 또는 4/4박자의 빠른 장단에 경쾌한 곡]은 추격을 나타내며, 강렬한 린포르찬도rinforzando[악보에서 그 음만 세게 치라는 표시]는 스크린에 펼쳐질 절정이 임박했음을 반영한다.[15] 이런 음악은 관객을 영화 숏의 사진적 성격에 생리학적으로 적응시키는 기능 외에도 영화 숏의 함의들을 점잖게 강조하는 영화적 기능을 수행한다.

그렇다면 이제 반주의 여러 유형을 구분하고 하나의 연속체로 파악하여 배열하는 일이 가능할 것이다. 이 연속체의 한쪽 끝에는 영화의 특정한 시퀀스를 보강하기보다는 전체 서사의 독특한 분위기 전달이 목적인 음악이 위치한다. 예컨대 캐럴 리드의 〈제3의 사나이〉와 채플린의 〈라임라이트〉를 라이트모티프의 형식으로 관통하는 멜로디가 이런 경우에 해당한다. 첨언하면, 이 멜로디는 해당 영화들의 정서적 내용을 전형적으로 보여줄 뿐만 아니라 코플런드가 명명하듯 영화 전체에 걸쳐 "배경을 채우는 요소"[16]로 남아 있다. 착색이 시각적 차원에서 음악을 반영한다면, 계속해서 반복되는 선율은 음악적 차원에서의 일종의 지역색에 해당한다. 따라서 〈제3의 사나이〉에서 치터[골무로 줄을 뜯어 음을 내는 현악기의 일종]의 선율은 몇몇 장면——그중에는 동상과 광장 등을 포함한 한밤중의 빈 시가지의 풍경도 있다——과 병행적으로 흐르면서도 다른 장면과는 간접적인 관계를 맺거나 심지어 대립적인 관계를 맺을 수도 있다. 〔그림 27〕 이때의 치터 악사는 그 술 취한 피아니스트를 연상시킨다.

〈라임라이트〉나 〈제3의 사나이〉에서 한결같은 배경음악과 변화무쌍한 영상 사이에 형성되는 유동적인 관계는 영상의 모호성을 과도하게 제한하지 않으면서도 이야기를 위한 영상의 의미를 돋보이게 한다. 환언하자면 두 영화에서 라이트모티프로 흐르는 음악은 우리를 이미지 속으로 침투시킨다. 그렇다고 음악이 시각적 전언 뒤에서 사라지는 것은 아니다. 우리는 두 눈을 크게 뜨고 영상을 똑똑히 지켜보면서 치터 소리와 채플린의 선율에도 마찬가지로 귀를 기울인다. 역설적으로 이 두 곡은 순수한 배경음악이면서 동시에 독립적인 작품이다. 그 음악은 모든 "레스토랑 음악"처럼 배경 소리로 기능하면서도 아름답다는 이유에서 우리의 이목을 끌 권리를 주장한다.

하지만 그 음악들은 어떻게 이것이면서 동시에 자신의 반대인 저것일 수 있는가? 그 답은 아마도 그 음악들이 서로 모순되는 역할을 번갈아 맡는다는 데 있을 것이다. 우리는 음악이 스크린상의 광경을 받아들이기 쉽게 해줄 때는 그 음악을 귓등으로 넘긴다. 하지만 영상에 내재한 쇠락과 노쇠의 분위기에 침잠하게 되면, 그 즉시 그전에는 전혀 들리지 않았던 그 음악이 바로 이러한 분위기를 훌륭하게 환기하는 장본인이라는 사실을 알아차리지 않을 수 없게 된다. 음악이 언제나 거기 있었다는 놀라운 발견은 음악이 지금 우리에게 작용하는 매력을 한층 고조시킨다. 그리고 나서 이 과정은 처음부터 다시 시작된다. 우리는 우리를 이미지 속으로 되돌려 보내는 멜로디를 다시 넘겨듣는 것이다.

음악 반주라는 연속체의 다른 한쪽 끝에는 영화의 전반적인 분위기가 아니라 특정한 시각적 테마를, 대부분은 이런저런 영화 에피소드에서 다루곤 하는 시각적 테마를 묘사하는 음악이 자리한다. 예컨대 추격 장면과 동기화된 질주하는 갤럽이 있다. 이런 음악이 "배경을 채우는 요소"의 역할에만 국한되어 있다고 하더라도 그것은 최소한 생리학적 자극체로라도 작용하는 것이다. 이런 반주는 시각적 테마의 물질적 측면을 배가시키고 강화하는 한에서는 영화적으로 바람직하다. 다시 한번 갤럽을 떠올려보라. 그것은 추격의 목적보다는 추격의 역동성 자체를 시사한다.

하지만 어떤 시각적 테마를 뒷받침하는 것과 그것을 과도하게 강조하는 것은 다른 문제다. 병행적인 해설적 음악은 더 이상 반주로 기능하는 것이 아니라 주도적인 역할을 넘보게 될 정도로 노골적이고 두드러질 수 있다.[17] 그런 경우에 음악은 자기 본분을 넘어서 관객으로 하여금 그 음악이 되풀이하는 주요 테마가 담긴 에피소드에서 별눈에 띄지 않는 점들은 무심히 지나치게 만들 수도 있다. 특히 처음부터 고정된 의미를 지닌 선율에서 편곡된 곡들은 눈가림 효과를 낼 수 있다. 예로부터 서커스 공연이나 장례식, 일상생활에서 늘 반복되는 사건들을 연상시키는 그런 대중적인 선율이 있다. 오래전에 클리셰로 굳어진 이런 선율들은 그에 부합하는 영상과 동기화된다면 저절로 전형적인 반응들을 이끌어낸다. 멘델스존의 〈결혼 행진곡〉 몇 마디만 들려줘도 관객은 결혼식을 보고 있다는 것을 알게 되며, 이 예식과는 직접적으로 관련이 없는 시각적 정보들, 혹은 예식이 나올 것이라 예단하는 생각들과 충돌하는 모든 시각적 정보들은 의식에서 제거해버린다.

심지어 디즈니는 그의 자연영화에서 동물들의 삶을 찍은 사실적인 숏들을 일체의 개연성에 역행하는 방식으로, 친숙한 멜로디 반주가 우리 안에 불러일으키는 기대에 부합하도록 편집했다. 동물들은 춤을 추고 운동선수처럼 비탈을 미끄러져 내려가는데, 이때 이러한 행동은 이를 암시하는 음악과 정확히 맞아떨어진다. 이것은 음악적 클리셰와 영화 장치의 도움을 받아 만들어낸 익살스러움이다. 하지만 이렇게 카메라 현실의 재료를 가지고 만들어낸 자연의 세련된 위조가 정형화된 과정으로 굳어지면 관객들은 그런 속임수를 다 알아차리고 더 이상 재미를 느끼지 않는다. 아무튼 시각적 클리셰는 음악적 클리셰만큼이나 흔하게 쓰인다. 수많은 할리우드 영화의 결말에 길게 이어지는 키스 장면은 볼만한 장면이라기보다는 행복을 암시하는 정형화된 징조다.[18]

대위법

병행적인 해설적 음악에 대해 이야기한 많은 부분들이 대위법적 반주에도 해당된다. 대위법적 반주는 배경에 머무는 한에서는 영상을 뒷받침해줄 것으로 기대할 수 있다. 악몽 같은 음악 소리에 맞춰 어느 잠자는 사람의 얼굴이 클로즈업으로 나타나는 모습을 상상해보라.[19] 이런 소리와 평화로운 이미지 간의 간극에 우리는 어리둥절하지 않을 수 없을 것이다. 그래서 그 연유를 알아내기 위해서 우리는 그 얼굴을, 또 그것의 심리적인 대응물들과 그 잠재적 변화를 면밀하게 살피고 싶어진다. 하지만 다른 한편으로 대위법적 음악이 주도권을 쥐게 되면 행동의 방향을 결정하는 여느 언어적인 소통처럼 기능하게 된다. 코플런드가 말하기를 "잘 배치된 불협화음은 관객들을 감상적인 분위기의 한복판에서 얼어붙게 만들 수도 있고, 잘 계산된 목관악기 악절은 장엄한 순간에 웃음보를 터뜨리게 할 수도 있다."[20] 두 경우 모두에서 음악적 모티프의 효과는 이미지의 효과를 약화시키는 것으로 보인다.

병행적 반주와 대위법적 반주는 그 유사성에도 불구하고 한 가지 중요한 지점에서 구분된다. 병행법의 경우에는 감독이 음악을 통해 시각적 진술을 반복하는 데 반해서 대위법의 경우에는 음악에 가능한 모든 기능과 과제를 자유롭게 위임한다. 예컨대 감독은 음악에 상징적 의미를 부여할 수도 있다. 이것이 바로 비동기화된 대위법을 선호한 푸돕킨의 편향이 낳은 직접적인 결과였다. 그는 이 편향 탓에 음악이 "제 갈 길을 가야 한다"고 주장했다. 그는 그의 첫 유성영화 〈탈주자〉 제2부에서 음악을 실제 상황과 전혀 관련 없는 메시지를 전달하는 도구로 썼다. 패배한 노동자들의 음울한 농성 장면은, 푸돕킨이 패배자의 꺾이지 않는 투쟁 정신을 표현하고 관객에게 그들의 궁극적인 승리를 예감케 하리라는 확고한 믿음에서 집어넣은 유쾌한 음악과 동기화되어 있다.[21]

하지만 제아무리 공산주의에 동조하는 관객이라도 이러한 메시지를 파악하기란 대단히 어렵다. 그 유쾌한 음악은 일시적인 승리자의 기분을 표현하는 것일 수도 있으니 말이다. 또 다른 사례로는 전원적인 가족 풍경이 곧 와장창 부서져버릴 것임을 예고하는 무시무시한 폭풍우 소리가 있다.* 소리 본연이 그렇듯 음악 역시 이미 우리가 잘 아는 관념이나 개념 들을 특징짓는 것을 도와줄 수 있다. 하지만 음악은 그것들을 자립적으로 정의하거나 상징적으로 대변할 수는 없다. 〈탈주자〉의 음악은 자신의 목적에 부응하지 못한다. 그 음악이 물질적 현실과 그것의 연장보다는 이데올로기적인 영역과 관련된 특정한 목적을 지닌다는 점에서 문제적이라는 사실은 차치하고서라도 말이다.

서사와의 관계

그런데 영화적으로 문제가 되는 것은 해설적 음악이 동기화된 영상과 맺는 관계만이 아니라——지금까지 오직 이것만을 검토해왔지만——해설적 음악이 서사와 맺는 관계 역시 그러하다. 음악 반주가 줄거리에 잘 어울려야 한다는 가정은 얼핏 자명해 보인다. 대위법적 음악이 특히나 이러한 요구를 충족시켜야 할 것이라는 점은 분명하지 않을까? 그 음악의 이질적인, 즉 영상이 전달하는 바에 이질적인 모티프들이 플롯의 전개에 아무런 공헌도 하지 않는다면 무슨 소용이 있겠는가.

이 같은 생각은 주류 이론의 근간을 이룬다. 이미 1936년에 커트 런던이 유성영화에서 음악은 "사건의 심리적 발전"에 복무해야 한다고 주장했다. 이어서 그는 이렇게 말한다. "음악은 대화의 부분들을 매끄럽게 연결해주어야 한다. 음악은 관념들 간의 연상 작용을 만들어내

---

* 이 책의 243~44쪽을 보라.

고 사고의 전개를 추동해야 한다. 음악은 무엇보다도 절정에 다다른 사건을 강조하고 앞으로 다가올 극적 사건들을 준비해야 한다."[22] 어니스트 린드그렌은 런던의 이론을 완전히 받아들이고는 음악은 때때로 "감정의 완화를 제공"[23]해주어야 한다는 요구로 확장시킨다. 아이슬러는 여기에 특히 대위법적 반주를 포함시키면서 맞장구를 친다. "심지어는 극단적인 상황에서도, 즉 공포영화에서 살인 장면에 고의적으로 무심한 음악이 깔린다 하더라도 작품 전체의 의미에서 그 음악의 무관계성이 특정한 방식의 관계로 정당화되어야 한다. 음악이 대조적 기능을 수행할 때조차 구조적인 통일성은 유지되어야 한다."[24] 코플런드 역시 음악의 구조적 기능들에 대해서 무관심하지 않았다. 그랬다면 그는 "자신의 고유한 본성으로 인해 계속해서 해체될 위험에 있는 시각 매체를 결속시키"[25]는 수단으로서의 음악의 유용성을 향상시키지 않았을 것이다.

이런 식으로 서사의 구축을 보조하는 음악은 당연히 극작을 위한 것이다. 하지만 이것이 영화적 의미에서도 반드시 "좋다"는 뜻은 아니다. 이는 서사에 도움이 될 수도 있지만 도리어 영화 매체와의 친화성에 역행할 수도 있다. 어떤 발화와 동기화를 이루든 간에 음악의 매체적합성 역시 그 음악이 받쳐주는 서사의 "좋음"에 달려 있다.* 실질적으로 모든 비평가가 영화음악의 극작적 특성을 영화음악의 영화적 특성과 혼동한다는 사실은 영화적 서사 유형과 비영화적 서사 유형을 구분하지 않은 전통적 이론의 실패에서 기인한다고 보아야 할 것이다. 이러한 구분을 무시해버리는 순간, 음악 반주가 극적 연속성을 장

---

*   이 책의 225쪽을 보라.

려하거나 긴장을 생성하는 데 도움이 될수록 더 좋다고 생각하게 된다.

　주류 이론은 너무나 형식적이다. 주류 이론의 잘못은 모든 종류의 이야기들이 다 동일한 정도로 영화화될 수 있다고 당연하게 전제한다는 데 있다. 그러나 사실은 그렇지 않다. 12장에서 더 자세히 상술하겠지만 미리 예고해본다면, 적어도 한 가지 흔한 플롯 유형이 영화적 가공에 고집스럽게 저항한다. 바로 "연극적" 이야기다. 이런 이야기 형식이 영화적 방식에 적합하지 않은 이유 중 하나는 그것이 이른바 이념적 구심점을 갖기 때문이다. 그런 이야기 형식은 어떻게 구현되든 정신적 현실이 물리적 현실을 지배한다. 그러면 그런 이야기를 전달하는 영화가 이야기 구성상의 의무에 완전히 충실한, 그래서 이야기의 연극적 성격을 강화하는 음악을 갖는다고 가정해보자. 그 음악은 바로 그런 극작적 완전성 때문에 그 이야기만큼이나 영화 매체에 부적합할 것이다. 음악은 이야기에 의무를 다함으로써 카메라적 삶에 낯선 내용과 의미를 강조하고 만다. 이야기 형식의 성격은 그것에 충성을 맹세하는 음악의 성격을 규정한다. 그런 이유에서 이전에 반주 음악의 병행적 사용이나 대위법적 사용에 대해 말한 바를 한정할 필요가 있다. 악몽 같은 음악은 그 음악과 함께 나오는 잠자는 사람의 얼굴을 더 자세히 탐색하도록 반드시 독려하지 않을 수도 있다.* 그 음악이 연극적 서사를 받쳐주는 데 쓰인다면 그것은 우리의 관심을 그 얼굴에서 떼어내어 물리적 실재가 별로 중요하지 않은 차원으로 돌릴 것이다.

---

*　이 책의 269~70쪽을 보라.

물론 가장 중요한 사실은 음악 반주가 현실의 보다 물질적인 측면을 환기함으로써 이미지에 생기를 불어넣는다는 것이다. 영화 매체의 정신에 적합한 서사는 자신과 구조적으로 통합된 음악을 통해서 이러한 목적을 달성할 수 있지만, 연극적 플롯은 이와 달리 음악이 그러한 목적을 달성하지 못하게 한다. 따라서 연극적 플롯에 봉사하도록 만들어진 음악은 그 플롯에 잘 들어맞지 않을수록 오히려 더 영화적인 음악이 된다. 바꿔 말하면, 비영화적인 서사에서는 음악의 극작적 부적합성이 도리어 미덕으로 드러날 수 있다. 음악이 주어진 이야기의 의도가 아니라 그 의도가 간과하는 물질적 현상들을 강조한다면 영화적 특질을 획득할 수 있는 것이다. 그런 경우에 음악의 장점은 줄거리를 추동하는 대신, 줄거리를 경시한 데 있다. 영사막을 보지 않고 연주했던 술 취한 피아니스트가 결국에는 그렇게 틀린 것도 아니었던 셈이다.

실제 음악

부수적 음악

바이올린을 켜는 거지나 휘파람으로 멜로디를 흥얼거리는 한 사환 아이를 떠올려보자.[26] 이런 임의적 사례들은 부수적 음악incidental music이 본질적으로는 삶의 흐름 속에 삽입된 일상적 연주라는 것을 보여준다. 여기에 부수적 음악의 영화적 성격이 존재한다. 그것은 결코 음악 자체를 위해 관객의 주의를 끄는 것이 아니라, 그 이름 그대로 우리의 관심을 끄는 어떤 전체적인 상황에 부수적인 것이라고 할 수 있다. 겸손한 반주처럼 부수적 음악은 배경 역할을 한다. 그 말은 부수적 음악이 영상과의 동기화 여부와 상관없이 영상을 받쳐주기 위해 만들어졌다는 뜻이다. 지금까지 소리의 동기화 방식에 대해 논의한 많은 사항이 부수적 음악에도 해당된다. 부수적 음악은 주변 환경과 긴밀하게 연결된다는 점에서 자연적 소리와 유사하기 때문이다. 사환 아이의 휘파람 소리는 우리가 길을 걷다 보면 어디서나 들을 수 있는 많은 소리 가운데 하나다. 손풍금의 멜로디가 울려 퍼지는 거리에는 생기가 돈다. 중요한 것은 그 멜로디의 내용이 아니라 울려 퍼지는 장소다.

　부수적 음악과 소음 간의 유사성은 비동기적인 대위법적 소리의 영화적 기능을 설명하기 위해 들었던 사례를 통해 설명하는 것으로 충분하리라. 〈야수 인간〉에서 근처 댄스홀에서 흘러나오던 노랫소리를 생각해보자.* 소음이라 생각했던 그 노래는 위에서 논한 것과는 다른 목적에 봉사한다. 꼭 영화 〈할렐루야〉에 나오는 늪지대의 소리처럼 그 노래는 자신이 태어난 더 넓은 물질적 환경을 불러들인다. 더 정확히 말하면, 그 노래는 등장했다 사라졌다가 하면서 살인자의 내면 상태를 표현하고, 이와 더불어 조명으로 번쩍이는 붐비는 댄스홀, 그리고 우연적 만남과 덧없는 접촉의 영역을 떠올리게 한다. 세브린의 방은 살인이 우발적으로 벌어지는 그런 영역을 담아내기 위해서 확장된다. (윈스럽 사전트는 "살인 사건을 통속적인 음악 소리에 맞춰 일어나도록 하는 수법은 오페라에서 흔하게 발견되는 것이다"라고 주지시킨다. 그는 〈리골레토〉와 〈카르멘〉을 가리켜 이렇게 말한다. "바로 그 음

---

*　이 책의 252쪽을 보라.

악의 통속성이야말로… 죽음이 영웅적인 것이 아니라, 그 멜로디가 불러내는 반짝이면서도 값싼 행복의 꿈 이상을 바라지 않았던 불쌍하다면 불쌍하다 할 한 인간의 명멸을 보여주는 것이다."[27]

물론 부수적 음악은 말과 소리처럼 그 음악이 탄생한 영상뿐만 아니라 다른 영상과도 번갈아가면서 동기화될 수 있다. 동기화와 비동기화를 오가는 수법이 계속해서 성공적으로 활용되고 있다. 예컨대 르네 클레르의 〈파리의 지붕 밑〉에서 공동주택의 몇몇 세입자들이 부르기도 하고 흥얼거리기도 하고 연주하기도 하는 늘 동일한 그 가요는 어디서나 들리는 반면에, 세입자들의 모습이 보이는 것은 건물 앞 어딘가에서 패닝과 틸팅으로 이동하는 카메라가 그들의 방에 초점을 맞출 때뿐이다. 〔그림 28〕 이런 맥락에서 그 노래 자체의 음악성은 별로 중요하지 않으며, 노래는 카메라의 운동에 동기를 부여할 뿐만 아니라 똑같은 곡조의 반복 자체를 통해서 관객들이 그 곡을 부르고 연주하는 사람들의 다양한 행동을 관찰하도록 유도한다. 그러면 그 곡조의 편재성이 주는 희극적 효과가 더해진다. 프리츠 랑은 〈엠〉에서 같은 수법을 사용한다. 감독은 일단 아동살해범이 그리그의 〈페르 귄트 조곡〉[28]의 유명한 테마를 휘파람으로 부는 강박적 습관이 있음을 우리에게 주지시킨 다음, 이런 습관에 대한 우리의 선지식을 이용하여 휘파람 부는 남자를 보여주지 않으면서 그리그의 모티프를 삽입한다. 우리가 남자 대신 보게 되는 것은 사람들로 가득한 쇼윈도나 거리이고, 이 불길한 휘파람 소리를 분명 들어본 적이 있다고 기억하는 맹인 거지의 모습이다. 그러면 우리는 저 거지처럼, 살인자가 다시 이 도시를 누비고 다닌다는 것을 알게 되면서 우리 눈앞에 펼쳐진 거리를 더욱 유심히 관찰하게 된다.

프로덕션 넘버로서의 음악: 문제적 용법

소리의 도입과 함께 눈과 귀를 동시에 즐겁게 해주려고 꾸준히 노력한 결과 스크린은 오페라 장면이나 콘서트 곡, 독주회, 노래 등등으로 넘쳐나게 되었다. 여기서 다시 문제는 과연 그런 공연들이 영화에 적합한가다. 그런 음악들은 어떻게 사용되는지에 따라서 문제적일 수도 있고 영화다울 수도 있을 것이다.

음악 자체만을 위해 음악을 포함시키는 영화가 영화 매체에 부합하지 못하리라는 점은 강조할 필요가 없을 것이다. 스크린 위에서 상연되는 뮤지컬의 프로덕션 넘버production number[(뮤지컬·영화에서) 많은 출연자들이 함께 노래하고 춤추는 장면]에 귀를 기울이다 보면 흘러들어 오는 리듬과 사운드 패턴으로 환기되는 내적인 감각의 차원이 외적인 인상의 차원을 대체하고야 만다. 영화의 본질에 전적으로 역행하는 쪽으로 방점이 이동한 것이다. 이렇게 되면 공연장에 앉아 있는 편이 나을 수 있다. 하지만 우리가 실제로 콘서트 관객으로 변신했는가? 흥미롭게도 마치 영화의 정신이 이러한 변신을 가로막는 듯하다. 콘서트의 복제에 바쳐진 영화가 있다고 상상해보자. 그리고 그 영화가 음악의 효과를 높이기 위해 할 수 있는 모든 것을 다했다고 가정해보자. 카메라의 운동은 최소한으로 제한되고 영상은 우리의 관심을 끌기 위한 아무런 시도도 하지 않을 것이다. 이런 유리한 상황에서라면 원칙적으로 우리는 콘서트의 아름다움과 그것의 특별한 의미를 방해받지 않고 즐길 수 있는 상황에 있어야 한다. 하지만 실제로는 그렇지 않다.

영화에서 음악이 연주되는 동안 카메라가 운동을 멈추면──마치 어느 콘서트 관객이 음악에 너무 몰입하여 숨 쉬는 것을 잊어버리듯이——이에 따른 시각적 활기의 상실이 관객의 수용 능력을 향상시켜주는 것이 아니라 보통은 대체 이 전체 공연은 왜 기획되었는가 하는 불편한 느낌이 생겨나는 정반대의 결과를 가져온다. 마치 음악에서 삶이 사라진 것 같기 때문이다. 음악은 카메라 현실을 억압할 뿐만 아니라, 아무리 훌륭하게 연주되더라도 카메라 현실에 "속하지" 않은 것처럼 느껴진다. 탁월한 성취이기보다는 시간을 끄는 방해로 여겨지는 것이다. 우리가 지루함을 느끼지 않으려면 의식적으로 영화 관객에서 콘서트 관객으로 변신해야 할 것이다. 하지만 그건 체념하는 것이나 다를 바가 없으리라.

프로덕션 넘버로서의 음악: 영화적 용법

음악 공연은 영화와의 비정합성에도 불구하고 영화적 목적에 유용한 것으로 입증될 수 있다. 그 한 가지 가능성이 **뮤지컬**이다. 뮤지컬은 영화 매체의 여러 특수성을 어떻게든 고려한 방식을 사용해 노래 등을 선보인다. 그 외에도 영화감독이 시도해볼 수 있는 가능성으로, 음악 자체를 위해서 음악을 영화적 삶의 흐름 속에 **통합시키는** 방법이 있다.

뮤지컬

뮤지컬은 옛 보드빌과 유사하게 오페레타풍의 노래, 뮤직홀[영국 빅토리아 시대에 인기를 끌었던 오락적 공연장. 레스토랑이나 바를 겸했다]에서 가져온 화려한 춤, 약간의 희극적 대화, 중간에 삽입된 무대, 온갖 종류의 솔로 퍼포먼스 등이 있음직하지 않게 결합된 것이다. 뮤지컬은 겉보기에 통일을 이룬 듯하지만 언제든지 부분들로 떨어져 나갈 수 있다. 어느 누구도 진지하게 뮤지컬이 이치에 맞다고 주장하지는 못할 것이다. 하지만 그것은 훌륭한 오락물이자 심지어는 영화적인 오락물일 수도 있다.

뮤지컬 장르는 유성영화의 초창기에, 본래 끈끈한 유대를 자랑했던 연극과 소원해지면서 형성되었다. 유럽에서는 틸레의 〈주유소의 세 사람〉(1930)과 코미디와 음악이 훌륭히 융합된 르네 클레르의 첫 발성영화들이 선구적인 사건이었다. 할리우드는 뮤지컬이 대공황의 분위기를 해소하는 수단이자 뉴딜 낙관주의를 부양하는 수단이라 생각해 달려들었다. 에른스트 루비치가 〈러브 퍼레이드〉(1929), 〈몬테 카를로〉(1930), 〈미소 짓는 중위〉(1931)로 기반을 닦았다. 모두 은근슬쩍 노래를 집어넣는 기술들을 가르쳐주는 모범적 사례들이다. 〈42번가〉(1933)는 무대 뒤의 예술가들을 등장인물로 만들어서 무대 위의 사건들에 대한 훈훈한 선후맥락을 제공하는 이야기 구성을 부활시켰다. 매년 찾아오는 〈브로드웨이 멜로디〉와 〈빅 브로드캐스트〉는 늘씬한 다리와 무대 세트, 개개인의 재능이 제공하는 화려한 볼거리로 모든 레뷰 무대를 압도해버렸다. 진정한 걸작은 프레드 애스테어가 진저 로저스와 함께 출연한 댄스영화들이다. 두 사람은 자신들의 재능에 대단히 매력적인 안무를 결합하여 영화에 공헌했다.[29] 이렇게 발전은 계속되었다.[30] 뮤지컬은 이제 확고한 장르로 자리 잡았다.

뮤지컬 영화의 전반적인 패턴은 언뜻 보면 아주 단순하다. 뮤지컬은 레뷰나 바리에테 쇼에 녹아들기에는 지나치게 두드러지지만, 그렇다고 옆길로 자주 새는 코미디나 오페레타의 견고함을 부여하기에는 그다지 두드러지지 못한 이야기를 따라서 전개된다. 이런 이야기는 시시껄렁한 연애나 질투 어린 사랑의 갈등 같은 것으로 실제 삶을 보여주는 고만고만한 이야기라 할 수 있다. 조지 스티븐스의 〈스윙 타임〉이나 빈센트 미넬리의 〈밴드 웨건〉에서 뉴욕의 거리 장면은 르네 클레르의 파리 영화처럼 보통의 삶에 가깝게 다가온다. 〔그림 29〕 또한 뮤지컬의 노래들은 보통 뮤지컬을 관통하는 줄거리에 종속되어 있다. 클레르의 〈파리의 지붕 밑〉은 더없이 자연스러운 방식으로 삽입된 동명의 노래를 중심으로 전개된다. 카메라는 굴뚝이 즐비한 풍경을 보여주다가 거리로 미끄러져 내려간다. 그러면 우리는 거리의 가수 알베르가 이웃들과 행인들이 몰려 있는 한복판에서 자신이 최근에 만든 곡을 선보이는 모습을 보게 된다. 보통의 뮤지컬에서 노래들은 일상적인 말 한마디에서 출발하기도 하고 진행 중인 줄거리를 보강하기도 한다.

하지만 뮤지컬의 줄거리 자체를 사실적이라고 할 수 있을까? 사실 뮤지컬에는 일반적인 영화들이 지닌 진지함이 결여되어 있다. 뮤지컬이 일상의 삶을 그린다 하더라도 거기에는 언제나 반쯤 장난기가 어려 있다. 뮤지컬의 빈약한 줄거리는 뮤지컬의 춤이나 노래만큼이나 의도된 것으로 드러날 때가 많다. 〈백만장자〉에서 어린 사환들은 당장은 평범한 사람처럼 행동하지만, 곧 발레를 연상시키는 몸짓으로 도망갈 것이다. 그들이 어디에 속하는지 말하기란 실로 어렵다.* 이처럼 서사가 전하는 현실에 노래가 쉽게 침투하여, 실제 삶 그대로라는 인상을 주려는 에피소드가 노래의 작위적인 성격에 물들기도 한다. 대부분의 뮤지컬은 그런 혼란스러운 중첩들로 넘쳐난다.

* 이 책의 97~98쪽을 보라.

II. 영역과 요소

뿐만 아니라 뮤지컬은 화려한 무대를 선호하는 경향이 있다. 뮤지컬은 실사적 진실성에는 별로 관심이 없기 때문에 일상적 삶의 장면들을 종종 연극적인 무대로 선보인다. 물론 뮤지컬에서 각각의 프로덕션 넘버는 스펙터클한 장면을 뽐낼 좋은 구실로 쓰인다. 무용수들은 번쩍번쩍한 실내에서 비현실적 장소로 나아가고, 스튜디오에서 제작한 꿈의 나라에서는 노래가 울려 퍼진다. 〈밴드 웨건〉은 공간적 깊이가 있는 것처럼 보일 생각도 없는 양식화된 배경으로 이루어진 근사한 무대로 가득하다. 종합하자면 뮤지컬 장르는 카메라 리얼리즘보다는 연극적 환상에 더 이끌린다.

이런 모든 점을 고려해볼 때, 대체 왜 뮤지컬이 영화로서의 매력을 입증해야 하는지 납득하기 어렵다. 뮤지컬의 비현실적인 세트와 자족적인 노래들은 스크린보다는 무대 위가 더 알맞아 보인다. 물론 노래와 세트는 그에 내재된 연극성을 약화시키는 유희적인 방식으로 제공되기는 한다.* 하지만 이것만으로 뮤지컬이 영화와 맺는 긴밀한 관계를 설명하기에는 충분치 않다. 그럼에도 뮤지컬은 어느 정도는 영화 장르 가운데 하나인데, 그것은 다음과 같은 이유 때문이다.

첫째, 뮤지컬은 언제나 다채로운 프로덕션 넘버들을 선보이기 위해 일상적 사건들을 이용한다. 그 안에서 목적의식적인 구성은 즉흥 연기에 자리를 양보하는 것처럼 보인다. 한 비평가가 평했던 대로 애스테어의 뮤지컬에서 "가장 성공적인 영화 속 춤 장면은 그 춤이 무대 위에서 벌어지는 쇼의 일부로 보이는 대신, 춤추는 사람이 발을 가만히 놀려둘 수 없는 것이 유일한 이유라는 듯 그 순간의 행동에서 튀어

---

*   이 책의 172~73쪽 참조.

나온 듯한 내밀하고 즉흥적인 사건으로 보일 때라는 사실을 발견할 수 있다."[31] 뮤지컬에 삽입된 음악도 마찬가지다. 카메라 현실에 있어서 그 현실을 구성하는 현상들과 사건들의 우연성보다 더 특징적인 것은 없다. 뮤지컬 장르는 노래를 삶의 우연에서 발생한 것처럼 보이게 함으로써, 비록 직접적이지는 않더라도 영화 매체와의 친화성을 드러낸다.

둘째, 뮤지컬은 영화의 중핵에 놓인 긴장들을 반영한다. 그 긴장은 리얼리즘적인 경향과 조형적인 경향 사이에 늘 잠복해 있는 갈등에서 비롯된 것이다. 전자가 실제 삶의 해프닝들과 느슨하게 결합된 플롯을 아주 진지하게는 아니더라도 우직하게 고집하는 뮤지컬의 경향 속에서 두드러지게 나타난다면, 후자는 노래와 여타 프로덕션 넘버들이 지속적으로 등장하는 이유를 설명해준다. 내가 "영화적 방식"이라 부르는 것은 이 두 가지 경향의 "올바른" 균형에서 나온다. 뮤지컬이 그러한 균형을 만들려고 하지 않는다는 것은 사실이다. 하지만 뮤지컬은 그에 못지않게 중요한 다른 것을 성취한다. 뮤지컬은 진부한 이야기들로 암시되는 리얼리즘적 경향, 그리고 노래에서 자연스레 자신을 발산하는 조형적 경향 사이에서 벌어지는 끊임없는 투쟁을 바로 자신의 구조를 통해서 보여준다. 한데 뮤지컬 장르는 자족적인 프로덕션 넘버를 선호하는 경향이 있지 않은가? 그러나 뮤지컬 장르는 음악 공연 자체를 전면에 내세운다 하더라도 그 공연이 실제 삶의 사건들을 밀어낼 정도로 완전한 우위를 확보하는 것은 허락하지 않는다. 도리어 이러한 공연들을 고립된 단위로 따로따로 내세움으로써 음악과 영화가 비영화적으로 융합되도록, 즉 자유로운 창조성이 우리의 가시적 세계에 대한 관심을 넘어서도록 내버려두지 않는다. 뮤지컬은 오페라 영화들과는 반대로 허위적인 통일성보다는 파편화된 전체를 선호한다. 이것이 바로 아이슬러가 이 장르를 인정한 이유다. "뮤지컬 코미디에서 테마 송과 프로덕션 넘버들은… 두 매체의 합일에 대한 환상을 심어주는 데는 결코 기여하지 않지만… 자극제로서는 기능하는데 그것들이 극의 맥락을 방해하는 이질적인 요소들이기 때문이다."[32]

요약하자면 뮤지컬은 영화적 가치들을 순수한 여흥의 차원에서 유희적으로 지지한다고 할 수 있다. 뮤지컬은 노래와 춤에 탐닉하면서도 그것이 지배적이어야 한다는 요구는 은근히 거부한다. 뮤지컬이 아무리 작위적이라고 해도 카메라적 삶에 경의를 표하는 데는 어려움이 없다.

통합

음악 공연을 사실적인 맥락에 통합시켜 성공을 거둔 시도가 드물지는 않다. 여기에는 모두 다음과 같은 공통점이 있다. 음악의 순수성을 지키기 위해 음악을 고립시키는 대신, 관심의 중심에서 밀어내어 최대한 영화의 구성 요소로 만든다는 것이다.

환경의 일부 또는 삽입공연 이런 시도의 완벽한 사례가 히치콕이 자신의 옛 스릴러 〈나는 비밀을 알고 있다〉를 리메이크한 1956년 버전이다. 영화는 런던의 앨버트 홀에서 칸타타가 공연되는 동안 일어나는 길게 늘인 시퀀스에서 절정에 달한다. 그런데 이 공연 자체는 서스펜스가 감도는 줄거리의 배경으로만 기능할 뿐이다. 음악이 절정에 달하는 순간 객석에 앉아 있는 외국인 외교관을 암살하기 위한 모든 준비가 끝나 있다는 것을 우리는 알고 있다. 박스석에서 살인청부업자가 곧 희생될 자를 향해 총을 겨누는 것이 보인다. 그리고 계단과 복도가 즐비한 붐비는 건물 안에서 길을 내려고 애쓰는 여주인공이 한발 늦게 도착해 살인을 막지 못할까 봐 우리의 심장은 고동친다. 살인은 그 음악의 악보에 미리 정해놓은 위치에 맞춰 일어나게 되어 있다. 이것은 공연 자체를 주목하게 만드는 것처럼 여겨지는 영리한 기법이다. 하지만 우리는 그 음악을 음악과는 무관한 이유에서 경청하는 것이므로 음악 본래의 내용은 간과하게 된다. 이로써 우리는 음악이 환경의 일부——일시적으로 중요한 소도구——로 기능함으로써 영화 매체에 적합해진 음악 공연의 예를 보게 된다.

동시에 그 콘서트는 그 자체로도 충분히 매력적인 공연으로 우리에게 지속적인 여운을 남긴다. 그렇다면 이 때문에 음악이 실제 삶의 사건에 종속되는 효과가 반감되는가? 그러기는커녕 칸타타는 독자적인 공연으로서 여느 중간에 삽입된 무대처럼 작용한다. 그것은 자족적인 구성물로 존재하는 까닭에 주변의 우연적 삶의 효과를 강화시켜주고 사건들을 한층 우연적인 것으로 만든다. 히치콕의 영화에서 칸타타는 환경의 일부이자 음악적인 삽입공연으로 간주될 수 있다. 그런 짧은 오케스트라 공연이나 독주회와 같은 삽입공연들은 주변 환경에 얼마나 녹아드는지와 무관하게 자신들을 에워싼 시퀀스의 사실적 성격을 고조시켜주는 한에서 영화적으로 얼마든지 향유될 수 있다.*

서사의 구성 요소 음악 공연이 왜 등장하는지 사실적으로 설명하

---

*   이 책의 151~52쪽을 보라.

고 정당화해주는 플롯 속에 음악 공연을 집어넣는 것 또한 흔한 방법이다. 발성영화의 모범을 보여주는 기념비적인 선구작 〈재즈 싱어〉의 방식을 따라 수많은 영화들이 자신의 전 생애를 음악에 바친 명인, 작곡가 또는 연예인의 일생을 그린다. 그런 영화에서는 음악을 들려주는 것이 영화의 본 목적이라기보다는 그 인생을 재구성하는 수단이 된다. 음악의 중요성은 부분적으로 그 음악을 통해 전달되는 이야기에 빚지고 있다. 헨리 코스터 감독의 매력적인 영화 〈오케스트라의 소녀〉는 실직 연주자로 구성된 관현악단과 그들을 복직시키려는 디애나 더빈의 열성적인 투쟁을 다루는 영화로, 모든 삽입곡은 실제 삶의 사건을 촉진하고 강화하며 확장함으로써 음악이 연주되는 동안에도 사건의 흐름은 계속된다. 우리는 디애나의 노래와 스토코프스키가 지휘하는 협주곡에 귀를 기울이는 동안에도 지휘자를 설득하려는 소녀의 노력에 계속해서 관심을 보내며, 그 결과 우리를 사로잡는 긴장감에 [음악이 주는] 순수한 미학적 희열이 압도당하지는 않는다 해도 제약당하는 것만은 분명하다. 〔그림 30〕 이런 제약은 이야기가 주로 영화적 방식에 유리한 일상적 사건들로 구성되어 있는 만큼 더욱 합당한 것이다. 많은 부분이 무성 코미디 영화를 연상시키는 가벼운 농담을 통해서 이야기된다.

영화에 포함된 어떤 음악이든 그것을 영화적 현실에 통합하려는 충동은 대단히 강력하기 때문에 심지어 음악 연주를 보여주는 것을 뚜렷한 목표로 내세우는 영화에서도 그 점은 잘 드러난다. 아르투르 루빈스타인, 야샤 하이페츠, 디미트리 미트로폴로스 같은 스타 연주자들에 관한 다큐멘터리 〈인간과 음악〉은 제목에 완전히 부합하는 영화다. 이 작품은 본래의 목적이라 할 수 있는 그들의 공연을 보여주는 것을 넘어서 그 예술가들의 사적인 삶, 보다 내밀한 순간까지도 들여다보게 한다. 예컨대 루빈스타인의 독주는 그의 인터뷰로 에워싸여 있다. 그는 자신의 삶에 대해 시시콜콜한 것까지 진솔하게 이야기하다가 피아노 앞에 앉아 연주를 시작하고, 또 그러다가 다시 대화를 이어나간다. 원래 텔레비전 방영을 위해 제작된 〈파블로 카살스와의 대담〉도 완전히 같은 방식을 취한다. 이 거장이 무엇을 연주하건 음악은 인터뷰를 하던 상황에서 발전되어 나와, 그의 견해를 구체적으로 예시하거나, 마치 켄타우로스처럼 그가 악기와 완벽한 일체가 된다는 것을 증명해준다. 이렇게 영화 속 음악이 용인될 수 있으려면 부차적인 존재로 머물러야 하는 것으로 보인다.

실제 삶의 과정의 산물　일부 영화들은 음악의 자율성을 빼앗기 위해 음악의 탄생을 앞지르는 창조 과정을 음미하기도 한다. 이는 완성된 작품을 그 음악의 자양분이 된 인생의 우여곡절 속으로 다시 끌고 들어가기 위함이다. 쥘리앵 뒤비비에는 그가 만든 요한 슈트라우스에 대한 영화 〈위대한 왈츠〉에서 〈빈 숲속의 이야기〉가 슈트라우스가 마차를 타고 바로 그 빈Wien 숲속을 지날 때 밀려들어 온 인상들에서 생겨난 곡임을 보여준다. 마부가 휘파람을 불고 새들은 지저귀는 바로 그때 왈츠의 형상이 떠오르기 시작한다. 비슷한 방식으로 〈왈츠 전쟁〉은 〈라데츠키 행진곡〉의 탄생을 묘사한다. 〈인간과 음악〉에서 미트로폴로스의 에피소드도 마찬가지다. 에피소드의 대부분은 어떤 리허설로 이루어지는데, 리허설이 진행되는 동안 지휘자는 계속해서 오케스트라를 중단시킨다. 우리는 셔츠를 걷어올린 음악가들이 그 작품을 연주하기 위해 어떤 노력──작품 안에 잠재된 가능성을 충분히 떠올리게 하는 노력——을 기울이는지 엿들은 뒤에야 비로소 정식 공연을 즐길 수 있다. 실현보다는 기대가, 최종 선택보다는 선택의 과정이 더 선호되는 것이다.

　이것은 동일 선상에 있는 또 다른 대안적 가능성으로 이어진다. 음악 자체보다 음악 연주에 관심을 갖게 하는 것이다. 카메라적 삶에 이끌리는 영화들에서 음악 공연을 감상할 때 음악의 실제 연주와 연주자들——그들의 손과 그들의 얼굴——사이에서 우리의 관심이 분산되지 않는 경우란 거의 없다. 마치 음악적 사건으로서의 공연을 무시하기로 작정이라도 한 듯이 카메라는 관악기와 현악기의 죽 늘어선 열을 따라서 이동하기도 하고, 독주자나 지휘자를 단독으로 잡기도 한다. (아니면 수업에서 딴청을 피우는 소년처럼 카메라는 오케스트라를 완전히 떠나 객석에서 황홀한 표정을 짓고 있는 여성을 향하기도 한다.) 그러면 우리는 당연히 카메라의 진로를 쫓아간다. 한가한 호기심으로 보이는 것, 사소한 것에 대한 정당치만은 않은 몰두로 보이는 것이 주의 깊은 경청을 압도한다. 그것은 바로 무상성을 가장 중요한 본질로 갖는 영화 매체가 요구하는 무게중심의 이동이다.

　되찾은 음악　영화 매체에 대한 이런 충성심은 특별한 보상을 안겨주기도 한다. 매체에의 충실함으로 인해 시각적 모험을 떠나게 된 관객은 바로 그 덕분에 보통은 무시할 수밖에 없었을 음악의 중핵으로 인도될 수도 있는 것이다. 이 때문에 관객은 마치 자신의 헌신과 한결같음을 시험하는 일련의 시련을 통과한 뒤 마침내 전혀 예상치 못한 장소에서 사랑하는 여성을 만난 동화 속 왕자와 같아진다. 〈백만장자〉의 오페라 에피소드에서 카메라는 풍채 좋은 가수들과 그들이 부르는 사랑의 이중창에는 별 관심을 보이지 않고, 오히려 말 그대로 그들에게 등을 지더니 알록달록한 그림으로 그려진 무대의 세계를 이리저리 비추다가 그 속에서 길을 잃은 어느 다투는 한 쌍의 연인에게로 향한다. 우리는 그 두 사람의 화해를 목도하는데, 그것은 사랑의 이중창의 울림에 어울리는 열렬한 포옹으로 끝나는 팬터마임이다. 우리는 두 연인이 황홀한 목소리와 화음에 감동을 받고 서로의 품 안으로 뛰어드는 장면을 본다. 그러면 어떤 기적적인 일이 일어난다. 연인들의 광경을 보면서 우리는 그들에게 완전히 빨려 들어가 그들의 현존을 잊어버리고 마치 우리가 그들 자신인 양 그 이중창의 마력에 빠져든다. 이미지들을 완전히 관통하고 나자 우리는 그 핵심에서 [아까는 바로 그 이미지들 때문에] 떠나올 수밖에 없었던 음악을, 그러나 우리를 기다리고 있던 그 음악을 다시 발견하게 된다.*

영화의 중핵으로서의 음악

시각화된 음악

"시각화된 음악visualized music"이라는 용어는 해설적 음악이든 실제 음악이든 간에 음악에 따라 이미지들을 선별하고 리드미컬하게 배치하여 그 이미지들이 음악의 분위기와 의미를 어떤 형태로든 반영하게 되는 영화에 적용된다.

그런 영화 가운데 몇몇은 날것 그대로의 자연에 의존한다. 알렉

---

*   이 책의 152~53쪽을 보라.

산드로프와 에이젠슈테인의 〈센티멘털 로맨스〉의 일부는 가을날의 슬픔과 봄날의 활기를 표현하는 실제 삶의 숏들로 이루어져 있다. 그리고 다큐멘터리 〈무언가Songs without Words〉는 수면 위에 아른거리는 풍경부터 교회 창, 그림자, 석조 마스크에 이르기까지 베네치아의 인상들을 멘델스존 음악의 투영으로 보이게끔 전달한다. 현실 그 자체가 아니라 해도 현실과 유사한 이미지가 쓰일 수도 있다. 프랑스의 대중가요 〈울타리〉에서 곧바로 튀어나온 듯한 대단히 양식화된 영화인 카발칸티 감독의 〈어린 릴리〉를 떠올려보라. 또는 제르멘 뒬라크 감독의 〈디스크 957번〉처럼 추상적 형식과 실제 삶의 숏들을 혼합한 것도 있다. 애니메이션도 빼놓을 수 없다. 수많은 애니메이션이 음악을 시각 용어로 옮기기 위해서 현실의 모상과 추상의 조합을 이용하거나—이보다 더 선호하는 방식으로서—추상을 단독으로 활용하기도 한다. 이러한 추세는—그것이 하나의 추세라면—오스카 피싱거의 작품에서 만개한다. 그의 우직한 창조물들은 기하학적 형태들의 운동으로 구성되는데, 그 형태들은 모였다가 퍼졌다가 느려졌다가 빨라졌다가 하면서 리스트나 브람스의 음악에 맞춰 정확하게 움직인다. 이런 분야의 전문가인 피싱거는 디즈니가 〈판타지아〉를 만들 때 짧게 협력하기도 했다.

이 작품들은 모두 실질적으로 실험영화의 성격을 띠고 있는데, 이는 10장에서 논의할 일군의 유형들에 해당한다. 다만 다음의 관찰은 이들 영화에서 음악이 수행하는 역할에 관한 것이기 때문에 지금의 맥락에서 중요한 의미를 갖는 것으로 보인다. 이런 영화들에서 음악은 이미지가 소리보다 우세해야 한다는 기본적인 요구를 전반적으로 따르는 가운데 주도적인 역할을 포기하고 반주 역할로 물러나려는 경향을 보인다. 바로 이것이 예컨대 베토벤의 〈전원 교향곡〉과 슈베르트의 〈아베 마리아〉 등에 대한 "삽화"를 제공하는 영화 〈판타지아〉에서 벌어진 사태다. 음악이 이미지를 생성한다 하더라도 음악은 언제나 이미지들에 압도된다. 음악은 실제 자기 역할에 걸맞게 주도권을 쥐는 대신 일반적 의미에서의 반주로 작용한다. 이는 마치 영화 매체가 음악에 주역을 절대로 배정할 수 없으며, 그런 까닭에 음악이 우위를 차지하겠다는 요구를 기각하는 것처럼 보인다. 물론 애니메이션의 영상으로 음악의 정신을 전달하는 것은 전적으로 피싱거나 디즈니의 정당한 권리다. 다만 그렇게 하는 순간 음악은 일반적으로 자신의 지배적 지위를 포기하게 된다는 문제가 있다.

따라서 기묘한 상황이 발생한다. 이상의 전제에 따르면 시각 이미지는 무엇을 표현하든 동기화된 음악을 가시화하거나 최소한 병행시키는 데 기여한다. 그럼에도 불구하고 이미지의 산출과 배열을 초래한 음악은 정작 배경 속에 갇혀버리고, 따라서 이미지는 거의 존재하지 않는 어떤 것을 구현하는 셈이 된다. 이런 종류의 영화를 보면서 관객은 곤경에 빠진다. 그가 감상하고자 하는 숏들은 그 영감의 원천이 된 음악을 가리켜 보이지만, 그 음악 스스로는 장면으로부터 물러나버리기 때문이다.

오페라 공연

오페라 공연을 관람할 때 우리는 이 괴상한 혼합물의 순전한 비개연성을 감수할 용의가 있다. 비개연성은 오페라의 본질에 속한다. 그것이 없으면 음악은 숨을 쉴 수가 없다. 그 양식에서 어떤 차이가 있든 간에 예술 형식으로서 오페라가 열어 보이는 것은 온통 음악에 휩싸여 있는 세계, 때로는 바로 이 음악으로부터 비로소 탄생한 세계다. 그 세계는 어떤 다른 무대 위의 세계보다도 일상적인 현실로부터 돌이킬 수 없을 만큼 멀리 떨어져 있다.

오페라의 세계는 무엇보다도 마법적인 초혼의 세계다. 오페라의 아리아는 시간을 정지시키고, 오페라의 풍경은 선율에 기초하며, 노래로 불린 정념들은 물리적 삶을 관통하는 대신 변용시킨다. 오페라의 세계는 영화적 방식의 전제들에 급진적으로 대항하는 전제들 위에 세워진 것이다.

(오페라 영화의 모든 특징을 다 지닌) 라인하르트의 〈한여름 밤의 꿈〉을 상찬하는 기사에서 작고한 프란츠 베르펠은 "지금까지 영화가 예술의 왕국으로 도약하는 데 어려움을 겪은 것은 의심의 여지 없이 외부 세계를, 그 세계 속의 거리와 실내와 기차역과 식당, 자동차와 해변을 그저 있는 그대로 밋밋하게 재현하기만 해왔다는 사실에 있다"[33]고 말했다. 이토록 정확하게 진실을 뒤집어 말한 경우도 또 찾아보기 어려울 것이다. 영화는 자신의 사진적 기원을 부정하지 않고 오히려 베르펠이 경시한 외부 차원을 탐사함으로써 그 기원을 긍정하는 한에서만 예술에 근접할 것이다, 아니 예술이 될 것이다. 영화의 가장 정당한 노력 가운데 하나는 무대 마술을 해소하고 오페라가 환기하는 영역의 물리적 측면을 추적한 것이다. 그림으로 표현한 마법에 걸린 숲의 광휘보다 외딴 기차역의 매혹을 선호하는 것이 영화에서는 자연스러울 뿐만 아니라, 영화가 예술적으로 전도유망한 근거다.

스크린 위의 오페라는 두 세계를 서로 훼손시키는 충돌이다. 물론 그렇다고 해서 그저 오페라 공연을 가능한 한 충실하게 복제하는 것만을 목표로 하는 영화의 상대적 유용성까지 부정할 수는 없을 것이다. 이들 "통조림에 들어간" 오페라는 그런 공연을 기록하는 것, 또 공연에 친숙하지 않은 사람들에게 실제 오페라의 모습을 막연하게나마 알려주려는 것 외에는 아무런 야망도 갖고 있지 않다. 하지만 보다 야심 찬 영화들도 있다. 그 영화들은 예술의 이름으로 갈등하는 두 세계를 하나의 새롭고 보다 높은 차원의 총체성 속으로 융합시키고자 한다. 충분히 예상할 수 있다시피 이른바 더 높은 차원의 총체라고 하는 것도 실은 예외 없이 서로 합일될 수 없는 독립체들 간의 절충적인 타협으로 드러난다. 그것은 오페라나 영화, 아니면 양자 모두를 왜곡시키는 가짜 총체다.

샤르팡티에 오페라의 영화 버전 〈루이즈〉의 감독 아벨 강스는 원작을 영화의 요건에 맞게 각색하려는 시도를 극단까지 밀고 간다. 영화계의 거장 가운데 한 사람인 강스는 레치타티보를 대화로 전환하고, 설혹 오페라적 요소를 보존한다고 하더라도 주목할 만한 촬영 기법을 통해 이를 상쇄하려고 시도한다.[34] 감독은 심지어 루이즈의 아버지가 〈난 네 아버지다〉를 부르며 딸을 아직도 어린애라는 듯이 무릎에 앉혀놓고 어르는 장면에서 음악과 영상 간의 까다로운 균형을 만들어내는 데 성공한다. 이 아리아가 불리는 동안 카메라는 두 사람에게 가까이 다가가고 그들의 얼굴을 단독으로 보여준 다음에 아래로 미끄러지면서 그들 옷의 질감과 손의 움직임을 크게 클로즈업하여 보여준다. 이러한 클로즈업은 아리아가 환기시키는 어렴풋한 유년 시절의 소용돌이 속으로 우리를 빨아들인다. 하지만 그 밖의 부분에서는 영화적 서사에 대한 감독의 고집 때문에 오페라는 절단 나 있고, 영화의 서사 또한 오페라 음악의 지속적인 간섭(그리고 그레이스 무어[루이즈 역할로 분한 소프라노 배우]의 간섭)에 시달린다.

잔-카를로 메노티의 〈영매〉는 심지어 더욱 불안정한 혼종의 성격을 띤다. 오페라를 단순히 영화로 만들고자 한 강스와 달리 메노티는 작곡가이자 감독으로서 두 매체의 완벽한 융합을, 양보나 희생이 없는 융합을 원했기 때문이다. 그의 〈영매〉는 진짜 오페라이면서 동시에 진짜 영화여야 했다. 즉 진정한 영화 오페라 말이다. 우선 감독의 카메라는 거리의 광경, 가구들, 얼굴 표정을 샅샅이 탐색하여 우리의 상상력이 물리적 현실의 광활함을 편력하도록 독려한다. 그런데 감독은 그의 인물들로 하여금 가장 흔해빠진 대사들을 레치타티보의 형식으로 말하게 함으로써 관객을 차라리 두 눈을 감은 청중이 되게 한다. 〔그림 31〕영매의 세 손님은 조용히 계단을 올라 영매의 방으로 향한다. 이는 사진적인 정확성으로 포착된 실제 삶의 행동이다. 그다음에 영매와 손님들은 노래로 대화를 나누는데, 이는 오페라 장면이면서도 시각적인 면에서는 여전히 순수하게 영화적인 성격을 유지한다.

우리가 여기에서 불편함을 느낀다면 그것은 단지 이들 레치타티보의 이상한 인위성이나 이미지를 마비시키는 듯한 효과 때문만은 아니다. 오히려 우리가 영화적 리얼리즘과 오페라 마법 사이의 끔찍한 충돌 속에 옴짝달싹하지 못하게 걸려들었다고 하는 편이 현실에 더 부합할 것이다. 메노티의 영화는 역사적, 사회적, 미학적 이유에서 상호 배제적인 두 가지 방식을 통합하려는 좌초된 시도다. 두 방식의 강제적 융합이 만들어내는 스펙터클은 너무나 강렬해서 예민한 관객 혹은 청자라면 자신이 그 사이에서 산산이 찢기는 것 같은 느낌을 받게 될 것이다.

〈호프만 이야기〉에서 그렇게 노골적인 충돌은 일어나지 않는다.

그럼에도 이 현란한 작품을 창조한 두 예술가 마이클 파월과 에머릭 프레스버거는 모든 해결책 중에서도 가장 문제적인 "해결책"을 제시한다. 두 사람은 강스의 방식대로 오페라를 스크린에 맞추지도 않고 메노티처럼 과감하지만 어딘가 소화불량의 방식으로 두 매체를 섞어 놓지도 않는다. 그들은 오페라적 분위기를 위해 사진적 삶을 억누른다. 그들의 영화는 일정 정도는 촬영된 연극에 지나지 않는다. 대학생들은 무대 위에 있는 것처럼 행동하고 그리스 풍경은 물감 냄새가 나며 카메라는 로버트 라운스빌이 분한 호프만에게 클로즈업을 남발하면서 그가 영화 캐릭터가 아니라 오페라 가수라는 것을 지나치게 분명히 보여준다. 만일 이 모든 것이 단지 모범적인 오페라 공연을 보여주고 싶다는 욕망에서 나온 것이었다면 지겹기는 해도 옹호될 수도 있었을 것이다. 하지만 파월과 프레스버거는 통조림 오페라[녹취된 오페라]에 가장 근접한 에피소드, 즉 이런 이유에서 영화로서는 구제불능일 마지막 에피소드를 제외한다면 실은 그 이상을 원한다. 두 사람은 원작의 향취를 전하는 데 만족하는 대신, 원작을 가다듬고 풍부하게 하기 위해 온갖 영화적 기교와 환상을 동원한다. 〈호프만 이야기〉는 발레와 색채와 의상과 장식적인 형상들로 꽉 찬 일종의 과부하가 걸린 무대에서 전개된다.

하지만 그럼에도 이런 호화찬란한 볼거리를 옹호하는 말을 몇 마디 해야 할 것이다. 아무리 과도한 장식과 어지러운 양식의 혼란으로 손상되었다 하더라도 이 영화가 무대의 가능성을 뛰어넘는 스펙터클을 제공하며 때때로 매력을 발산하는 것은 사실이다. 특히 모이라 시어러가 오색찬란한 공간을 표표히 부유할 때 그렇다. 이 영화는 단연코 영화다. 하지만 그것은 오페라적 가치와 의미에 종속됨으로써 스스로에게서 소외된 영화다. 호화찬란한 볼거리는 오펜바흐 오페라의 마법을 배가하기 위해 고안된 것이다. 파월과 프레스버거는 실제 삶을 포착하기 위한 수단으로서의 영화를 희생시킨 다음, 본질상 무대 그림에 불과하지만 그렇다고 연극 무대 위에 올릴 수는 없을 이미지들을 전개하기 위해서 영화를 다시금 도입한다. 그들의 영화는 뤼미에르에게서 신선하고 새로웠던 모든 것을 버리고 멜리에스식의 연극적인 요정극으로 후퇴한다. 추측건대 그들의 목적은 오페라가 핵심에 놓인 "총체적 예술 작품Gesamtkunstwerk"[바그너가 제창한 오페라를 중심으로 한 종합 예술의 개념], 즉 영화를 예술의 왕국으로 끌어올린다는 베르펠의 기만적 꿈에 부응하는 영화를 실현하는 것이리라.

하지만 영화는 자신을 배반한 자들에게 복수를 가한다. 디즈니의 애니메이션 〈판타지아〉처럼 시각적으로 현란한 축제는 자신의 자양분인 음악을 먹어치운다. 오페라는 고사해버리고 기생적인 미장센만이 남아 우리 눈을 현혹시키고 정신을 어리벙벙하게 한다. 기적적인 스튜디오 효과로 탄생한 그런 미장센은 카메라가 현시할 수 있을 모든 기적을 차단해버린다. 그 미장센의 거짓 광채를 폭로하는 데는 단한 장의 나뭇잎의 떨림만으로 충분하다.

9 관객

효과

　무성영화 시대에 사실상 모든 비평가들은 영화가 관객에게 특수
한 방식으로 영향을 미친다는 데 의견이 일치했다. 예컨대 1926년 르
네 클레르는 스크린의 이미지를 우리의 잠을 침입하는 환각에 빗대
고, 관객을 그런 환각의 암시적 마력에 사로잡힌 꿈꾸는 자에 비유한
바 있다.[1] 이미지로만 작동하는 무성영화가 영화 고유의 효과를 자아
낸 것은 분명했다. (물론 영화 매체로부터 얼마든지 떼어낼 수 있는 플
롯을 단지 시각적으로 설명할 뿐인 "영화극photoplay"과 연극을 각색한
영화가 충분히 많이 존재했지만, 이런 영화들조차 순수하게 줄거리의 의
미로만 설명되지 않는 독특한 효과를 발휘하는 숏과 장면 들을 담고 있는
경우가 많았다.)

　혹자는 무성영화에 해당되는 설명이 유성영화에는 더 이상 해당
되지 않는다고 이의를 제기할 수도 있을 것이다. 현재 이 분야에서 관
객 반응에 대한 연구는 이제 걸음마 단계이므로 해당 정보를 얻기 위
해서는 사실상 인상비평적인 관찰에 의존할 수밖에 없다. 지난 몇 십
년간의 문헌은 이런 관찰을 풍부하게 제공한다. 이들 대부분은 음향

의 도래가 영화를 현저하게 바꿔놓지 않았으며 오늘날의 영화 관객은 무성영화 시대의 영화 관객과 거의 동일한 경험을 한다는 가정에 동의한다.[2] 1950년에 르네 클레르가 말했던 대로 말과 소리가 관객을 꿈에 빠뜨리는 영화의 작용——그가 1926년에 영화의 고유한 작용으로 규정했던 바로 그것——에 방해가 되는 현실적인 요소를 더해준 것은 사실이다.[3] 하지만 영화에 대한 그의 1950년의 발언은 대화로 넘쳐나는 영화에나 해당되는 것이지, 클레르 자신의 파리 코미디처럼 시각적인 면을 계속해서 강조함으로써 영화적 방식에 상당히 부합할 법한 발성영화에는 그다지 들어맞지 않는다. 무성이든 아니든 영화, 즉 진정으로 영화다운 영화라면 다른 매체에는 허용되지 않는 고유한 방식으로 관객에게 영향을 미칠 것이라고 기대할 수 있다.

감각에 미치는 영향

다양한 종류의 이미지들은 다양한 반응을 불러일으킨다. 어떤 것은 직접 지성에 호소하기도 하고 어떤 것은 단지 상징 등으로만 기능한다. 영화 이미지가 다른 종류의 이미지와는 달리 주로 관객의 감각에 영향을 미치고, 관객이 지적으로 반응할 태세를 갖추기 전에 이미 생리적으로 그를 끌어들인다고 가정해보자. 다음과 같은 논거가 이러한 가정을 뒷받침한다.

첫째, 영화는 물리적 현실을 물리적 현실 자체를 위해 기록한다. 관객은 그 기록의 결과로 탄생한 이미지의 현실적 성격에 강한 인상을 받기에, 이들 실사 이미지에 의해 재현되는 날것 그대로의 물질적 자연을 직접 눈앞에서 보는 것처럼 반응하게 된다. 영화 이미지가 관객의 감성에 호소력을 발휘하는 것은 이 때문이다. 이미지가 단순히 거기 있다는 것만으로 관객은 이미지의 불확정적이고 때로는 무형적인 패턴을 흡수하도록 유도되는 듯이 보인다.

둘째, 영화는 자신의 기록 임무에 걸맞게 세계를 운동의 상태로 보여준다. 아무 영화나 하나 떠올려보자. 영화는 그 순수한 본질상 부단히 변화하는 이미지들의 연속으로서 전체적으로 물의 흐름과도 같은 지속적인 운동의 인상을 준다. 당연히 사물의 운동을 재현하지 않는, 아니 보여주지 않는 영화는 없다. 운동은 영화 매체의 알파이자 오메가다. 운동의 광경은 "공명 효과"가 있어서 관객에게 근육 반사나 운동 충동 등의 운동감각적 반응을 불러일으키는 것 같다. 좌우간 대상의 운동은 생리학적 자극체로 작용한다. 앙리 왈롱은 운동이 우리에게 발휘하는 매력을 다음과 같이 기술한다. "우리가 이미지들이 계속 교체되는 스크린에서 눈을 뗄 수 없는 것은 안 그러면 줄거리의 흐름을 놓치고 이어지는 장면을 이해하지 못할까 봐 그런 것만은 아니다. 잇따른 이미지들의 흐름 속에 이미 모종의 인력引力이, 어떤 유인작용induction이 있어서 우리의 관심과 감각과 시선을 묶어두고 [그 흐름에서] 아무것도 놓치지 않게 만든다. 그러니까 운동은 그 자체로 매력적이고 시선을 붙드는 성질이 있다."[4] 이런 거역할 수 없는 매력을 어떻게 설명할 수 있을까? 예를 들어 코파이는 많은 동물들이 관심의 대상, 가령 먹이나 적이 움직이지 않으면 그 대상을 아예 보지 못한다고 말하면서 운동의 매력을 생물학적 유전의 결과로 설명한다.[5] 이 설명이 맞든 틀리든 간에 운동의 재현이 우리 몸의 심층부에서 어떤 반응을 일으킨다는 것은 확실해 보인다. 여기에서 동원되는 것은 우리의 감각기관이다.

셋째, 영화는 물리적 현실을 기록할 뿐만 아니라 영화가 없었다면 가려져 있었을 현실의 영역도 현시한다. 예컨대, 영화 기법과 장치를 이용하여 주어진 정보에서 이끌어낼 수 있는 공간적·시간적 형태가 그러한 영역에 속한다. 여기서 중요한 것은 이러한 (앞의 맥락에서 상세히 다룬 바 있는) 발견이 관객의 생리적 기질을 더 많이 요구한다는 것이다. 관객은 낯선 형상을 마주하게 되면 추론 능력보다는 원초적인 감정적 능력을 발동시킨다. 그러한 형상은 관객의 생래적 호기심을 자극함으로써 감각적 인상이 무엇보다도 중요한 차원 속으로 관객을 끌어들인다.

저하된 의식

이 모든 것은 신체 기관의 긴장, 즉 뭐라고 말하기 어려운 흥분에 우호적으로 작용한다. 코엔-세아는 관객의 상태에 대해서 이렇게 논평한다. "우리로 하여금 고도의 정신적 능력을 발휘하려는 노력을 포기하게 만드는 것은 다소 뚜렷하게 나타나는 안일한 만족감이 아니다. 제아무리 반성적 사유 능력이 탁월한 사람도 충격파 같은 감정의 소용돌이 속에서는 이러한 사유도 무력해진다는 것을 깨닫게 된다." 같은 맥락에서 코엔-세아는 관객을 엄습하는 "정신적 현기증"과 그의 몸 안에 휘몰아치는 "생리적 폭풍"도 언급한다.[6]

사고와 결정의 주요 원천인 자아는 영화 관객이 되면 통제권을 포기한다. 유럽의 논평가와 비평가 들이 거듭 지적한 바 있는, 영화 관객과 연극 관객의 극명한 차이는 바로 여기에서 비롯된다. "연극을 볼 때 저는 항상 저 자신이었어요"라고 어느 통찰력 있는 프랑스 여성이 필자에게 말한 적이 있다. "그런데 영화를 볼 때 저는 모든 사물과 존재로 해체됩니다."[7] 여기서 언급된 해체 과정을 왈롱은 다음과 같이 구체적으로 설명한다. "영화가 제대로 작용한다면 그것은 내가 그 영화의 이미지와 나 자신을 동일시한 덕분이고, 내가 스크린에 비치는 것들 속에서 사실상 자아를 잊어버린 덕분이다. 나는 더 이상 내 삶 속에 있는 것이 아니라 지금 내 앞에서 상영되는 영화 속에 있다."[8]

그렇다면 영화는 관객의 의식을 약화시키는 경향이 있다. 의식이 현장에서 물러나는 현상은 영화관의 어둠으로 인해 조장되는 듯하다. 어둠은 적합한 판단과 여타 정신적 활동에 필요한 많은 환경적 정보를 박탈함으로써 우리가 현실과 대하는 접촉면을 절로 감소시킨다. 어둠은 정신을 잠들게 한다.[9] 이는 1920년대부터 오늘날까지 왜 그토록 많은 영화 애호가들이나 적대자들이 한결같이 이 매체를 마약에 비유했으며 그 도취 효과를 지적했는지 설명해준다.[10] 첨언하자면 이는 말소리의 도입이 영화를 본질적으로 바꿔놓지 못했다는 확실한 증거이기도 하다. 마약은 중독을 낳는다. 그렇다면 영화가 생리적 욕구 때문에 영화관을 찾는 단골 관객을 만들어낸다고 가정해도 과히 틀리지 않으리라.[11] 그들은 특정한 영화를 보고 싶어서 또는 유쾌한 오락을 즐기려는 마음에 영화관을 찾는 것이 아니다. 그들이 진정으로 갈망하는 것은 단 한 번이라도 의식의 장악력으로부터 해방되는 것, 자신의 정체성을 어둠 속에서 놓아버리는 것, 지금 스크린에서 시시각각 바뀌는 이미지 그대로를 감각적으로 흡수할 태세를 갖추고 그 이미지 속에 침잠하는 것이다.*

보론: 프로파간다와 영화

관객은 최면에 빠진 사람의 상황에 가깝다. 관객은 최면술사의 손에 들린 반짝이는 물건을 닮은, 자기 눈앞에서 빛나는 사각형에 현혹되어 마음 빈 곳으로 침투하는 암시들에 자신을 내줄 수밖에 없다.[12] 영화는 전례 없는 프로파간다 도구다.[13] 따라서 레닌의 명언은 주효하다. "우리에게 영화는 모든 예술을 통틀어 가장 중요한 도구다."[14]

다큐멘터리 영화를 프로파간다 메시지를 위해 신이 내린 선물로 간주한 그리어슨은 "다큐멘터리는 머리로만 찍는 것이 아니라 육감肉感으로도 찍는 것이다"[15]라고 말한 바 있다. 푸돕킨은 개혁의 필요성을 대중적으로 선전한 영화가 인도의 문맹 소작인들에게 어떤 소용이 있을 거라고 생각하느냐는 질문을 받자 놀랍게도 유사한 비유를 사용한다. "영화는 최고의 교사다. 영화는 머리만이 아니라 몸 전체를 통해서 가르치기 때문이다."[16]

어떠한 생각이든 먹혀들기 위해서는 정신뿐만 아니라 감각 또한 사로잡아야 한다. 생각이란 모름지기 많은 함의를 지니는 법이며, 그 중 다수는, 특히나 생각 자체에서 비교적 멀리 떨어져 있는 잠재적인 함의일수록 행동 습성이나 심신상관적 편향 등으로 이루어진 의식의 저 심층부에서 반응을 이끌어낼 가능성이 크다. 어떤 생각을 장차 신

---

*   영국의 저명한 만평 작가 데이비드 로는 폴 로타에게 이렇게 말했다(그리고 폴 로타는 친절하게도 그 말을 내게 전해주었다). 그가 습관적으로 영화관에 가는 것은 오로지 압도적인 이미지들의 운동을 즐기기 위해서일 뿐이라고. 그는 자신이 무슨 영화를 보는지 결코 알지 못했으며, 그렇게 이미지들의 홍수에 잠김으로써 노동의 긴장을 상당히 많이 해소했다고 한다.

봉할 가능성이 있는 사람들은 그 생각을 머리로는 거부할지 모르나 감정적으로는 무의식적인 충동(보통 이성을 따르려는 노력 속에서 합리화하게 마련인)의 압박하에서 그것을 수용할 수도 있다. 아니면 이와는 정반대로, 어떤 생각이 자신의 지성에 대해 발휘하는 매력보다 감정적 저항감이 더 세면 이 때문에 그 생각을 반대할 수도 있다. 프로파간다가 효과를 보려면 "머리"보다는 "육감"에 영향을 미치기 쉬운 암시와 유인을 통해 논리적 설득력을 보강해야 한다.

영화는 정확히 이를 실행한다. 물론 이들 영화가 단순히 선전 문구를 시각화한 것이 아니라, 그리어슨과 푸돕킨이 넌지시 시사하듯이, 시각적 커뮤니케이션에 방점이 찍힌 진정한 영화라는 조건하에서 그렇다. 영화 이미지들은 관객의 비판 능력을 저하시키므로 관객의 감각이 선전된 생각에 부합하도록 이미지들을 선별하고 배치하는 일은 언제든지 가능하다. 이미지들은 생각을 직접 언급할 필요가 없다. 오히려 이미지가 더 간접적인 방식을 취한다면, 즉 전하려는 생각과 무관해 보이는 사건과 상황 들을 보여주는 방식을 취한다면, 그것은 문제의 주의 주장과 멀리 떨어져 있더라도 관련된 무의식적인 고착과 신체적 성향에 더 큰 호소력을 발휘할 수 있을 것이다.

많은 프로파간다 영화들이, 다큐멘터리건 아니건 간에, 인간의 내면적 성향을 특정한 방향으로 유도하려고 시도했다. 1920년대 러시아 영화를 사사한 나치 영화감독들*은 본능에 기대어 정신의 불분명한 지대를 동원하는 기술에 정통했다. 나치가 대승한 전투를 다룬

---

* 〈전함 포템킨〉을 모범으로 추켜세우면서 독일 영화 제작자들에게 비슷한 영화로 나치 "혁명"을 영광스럽게 만들라고 주문했던 사람은 괴벨스였다. Kracauer, *From Caligari to Hitler*, p. 289 참고.

다큐멘터리 〈서부에서의 승리〉의 플래시백 장면을 예로 들어보자. 그것은 프랑스 군인들이 흑인들과 뒤섞여 마지노선에서 춤추는 모습을 보여준다. 나치가 압수한 프랑스 영상 자료들에서 짜깁기한 이 장면은 분명 프랑스인들이 경박하고 타락했다는 암시를 주면서, 관객이 본인조차 거의 의식하지 못할 심리적 기제에 의해 건전하고 역동적인 승자의 진영으로 자발적으로 넘어오게끔 계산된 것이었다.[17] 이것은 일종의 폭로, 아니 거짓된 폭로라 해야 할 것이다. 그리고 이런 폭로에 호소하는 방식은 관객의 정신을 조작하는 데 더없이 분명한 역할을 수행했다. 언어적 해설이 완벽히 부재했기에 이미지의 각인력은 더 커졌고, 관객의 마음속에 본능적인 불호와 동정심, 혼란스러운 공포, 희미한 기대와 같은 감정들은 보다 쉽게 일어났다. 이미지들이 진짜로 증명된 것임을 알게 된 관객은 이미지의 유효성에 대해 처음 품었던 어떠한 의구심도 날려버리게 되는 것이다.

이는 영화적 프로파간다가 왜 효과적인지 말해주는 다른 이유로 우리를 인도한다. 물론 그것은 오직 다큐멘터리 영화에만 적용되는 이유이기는 하다. 다큐멘터리 영화는 사실에 충실할 것이라고 가정된다. 그리고 진실이 프로파간다의 최고 무기가 아닌가? 다큐멘터리가 정신을 흔들어대는 데 매번 성공한다면, 그 성공은 반박 불가능한 증거를 눈앞에 보고 있다는 관객의 확신에 부분적으로 빚지고 있다. 모든 사람들은 현장에서 촬영된 이미지들이 거짓말을 할 수 없다고 생각하는 경향이 있다. 하지만 당연히 이미지들은 거짓말을 할 수 있다. 중립적인 다큐멘터리라고 자부하는 어떤 영화가 전달하려는 의도에 맞게 연출된 장면이라고는 전혀 없이 현실을 있는 그대로 재현하는 의무를 엄격히 따른다고 해도——물론 관객이 이것을 확인할 길은 없다——그 영화는 주어진 대상의 다른 측면을 희생시켜서 특정한 측면을 부각시킨 것일 수 있고 그렇게 함으로써 대상에 대한 우리의 태도에 영향을 미칠 수 있다. 당연하게도 실제 보여지는 숏들은 가능한 숏들 가운데 선택된 것이다.

다른 요인들도 조작 가능하다. 조명에 변화를 주면 같은 얼굴도 새롭게 보인다. (이는 독일 사진작가 헬마르 레르스키가 1930년대에 팔레스타인에서 시도한 매력적인 실험에서 입증되었다. 그가 파리에서 내게 이야기해준 바에 따르면, 평균적인 얼굴의 어떤 젊은 남자가 지붕 위에 앉아 그를 위해 포즈를 취해주었다고 한다. 그의 얼굴을 레르스키는 아주 가까운 거리에서 100컷 정도 촬영했다. 이때 그는 가림판을 이용하여 빛에 매번 조금씩 변화를 주었다. 이렇게 촬영된 거대한 클로즈업 사진은 피붓결을 지극히 세세하게 보여주어서 뺨과 눈썹이 마치 비행기에서 내려다보이는, 대지 위에 그려진 해독 불가능한 룬 문자의 미로로 변한 듯했다. 실험 결과는 놀라웠다. 그 사진들 가운데 어떤 것도 모델을 닮지 않았으며, 각각의 사진은 모두 달랐다. 원얼굴로부터 100가지 다양한 얼굴이 다양한 조명으로 떠오르고 깨어난다. 그 얼굴들 중에는 영웅의 얼굴, 예언자의 얼굴, 농부의 얼굴, 죽어가는 군인의 얼굴, 노파의 얼굴, 수도승의 얼굴이 있었다. 이러한 초상사진들은——이것들이 초상사진이 맞다면——그 젊은이가 앞으로 겪게 될 변신들을 선취한 것일까? 아니면 그것들은 그 남자에게 영원히 낯설게 남을 꿈과 경험을 그의 얼굴에 변덕스럽게 투영시킨 빛의 유희일 뿐인가? 프루스트라면 레르스키가 수행한 이러한 심오한 가능성의 실험에 황홀해했으리라.)

카메라 각도의 변화도 비슷한 결과를 가져온다. 에이젠슈테인과 푸돕킨은 러시아혁명을 영화적으로 신격화하는 작업에서 계급투쟁의 이념을 강조하고 관객을 노동자의 편으로 끌어들이기 위해서 통상적이지 않은 카메라 각도를 사용했다. 차르의 앞잡이나 부르주아의 일원을 보여줄 때는 그들 발치의 한 점에서 올려다보는 앵글을 사용하여 그들이 마치 높은 탑처럼 솟아올라 있는 것처럼 보이게 했다. 이는 그들의 오만함과 잔인성을 단번에 시사하는 수법이다.〔그림 32〕(이같은 수법은 다른 맥락에서는 영웅을 암시할 수도 있다.)

때로는 숏과 장면에 음악을 끌고 들어와 동기화시킴으로써 평소라면 여기에 부여되지 않았을 의미가 부여되기도 한다. 가령 〈서부에서의 승리〉에서는 전형적인 의미를 지닌 음악적 테마들이 때로는 지친 군인들의 얼굴을 생기 있게 만들고, 때로는 영국 탱크를 마치 장난감처럼 보이게도 하며, 나아가는 몇 대의 나치 탱크에는 이와 정반대로 누구도 독일군의 전진을 막을 수 없다는 암시적 의미를 부여하기도 한다.[18] 디즈니는 이런 수법을 그의 자연영화에서 과하다 싶을 정도로 많이 활용하는데 거기서 그는 특정한 선율을 감정적인 호소력을 자아내는 주요한 자극체로 이용, 아니 오용한다.*

하지만 다큐멘터리 감독이 영상에 특정한 색을 입히는 것을 자제하고 그 대신 실제 사실에 대한 사심 없는 보고를 위해 노력한다 하더라도──객관적 보고의 모범 사례인 영국의 다큐멘터리 영화 〈주거문제〉를 떠올려보라[19]──그는 여전히 프로파간다적 메시지를 순전히 편집을 통해서 전달할 수 있다. 쿨레쇼프의 유명한 실험은 이런 가능성이 유효함을 완벽히 입증해 보인다.** 이에 대한 고전적 사례가 바로

---

*   이 책의 269쪽을 보라.
**   이 책의 145쪽을 보라.

1928년 베를린에서 물의를 일으켰던 좌익 뉴스영화다. 그것은 어느 독일 좌파 지식인 연합이 발표한 뉴스영화로, 그 자체로는 모두 우파 UFA 영화사의 뉴스영화 자료에서 가져온 중립적인 이미지들로 이루어져 있었다. 그 이미지들은 모두 이미 상영되었던 것으로서 그전에는 하등의 논란도 일으키지 않았다. 바뀐 것은 단지 숏들의 배치뿐이었다.[20] 이 모든 것은 다큐멘터리 영화의 진실성에 대한 우리의 신뢰가 불안정한 기반 위에 있음을 확인시켜준다. 하지만 어째서 우리는 이른바 다큐멘터리의 확실성에 그리도 쉽게 넘어가는가? 다큐멘터리에 대한 우리의 신뢰는 다큐멘터리 숏이 종국적으로는 실제 사물과 사건 들을 보여준다는 점에서 아주 근거 없는 것은 아니다. 그리고 그 신뢰는 스크린을 바라볼 때 우리가 처하게 되는 일종의 트랜스 상태에 힘입어 더욱 굳건하게 유지되고 강화된다.

논의를 보다 완전하게 하기 위해 덧붙이자면 영화 프로파간다의 효력은 결국에는 영화의 복제 가능성과 연관되어 있다. 로타가 지적하는 바처럼, 영화는 "100만 명의 사람들에게, 단 한 번이 아니라 하루에도 셀 수 없이 많이, 내일도, 그리고 필름 상태가 좋다면 앞으로 10년은 너끈히 상영될 수 있는 기계화된 공연이라는 미덕을 지닌다."[21]

꿈꾸기

저하된 의식은 꿈으로 쉽게 이어진다. 가령 가브리엘 마르셀은 영화 관객이 수면과 각성의 중간 상태에 있기에 최면 상태의 환상에 빠져들기 쉽다고 말한다.[22] 그렇다면 이제 관객의 상태와 그가 관람하는 스펙터클의 종류 사이에 상관이 있다는 점은 꽤 확실해 보인다. 르보비시의 말로 하자면, "영화는 꿈을 꾸게 만드는 [⋯] 꿈이다."[23] 이는 영화의 어떤 요소가 관객을 꿈꾸게 하고 심지어는 그 꿈의 진로까지 결정짓는 몽환적 특징들을 지니는지에 대한 질문을 곧바로 제기한다.

영화의 꿈 성격에 대하여

대량 생산된 꿈   영화가 대중오락인 한 일반 대중의 욕망과 백일몽을 고려하지 않을 수 없다.[24] 의미심장하게도 할리우드는 "꿈의 공장"이라고 불렸다.[25] 대다수의 상업영화들이 대량 소비를 위해 제작되는 만큼 우리는 그런 영화들의 이야기와 영화의 후원자들에게 널리 퍼져 있는 것으로 보이는 백일몽 사이에 모종의 관계가 있으리라고 정당하게 가정할 수 있다. 다른 말로 표현하자면 스크린 위에서 일어나는 사건들은 어느 정도는 실제 꿈의 패턴을 지녔을 수 있고, 그래서 동일시하기 더 쉬울 수 있다.

물론 이런 관계가 쉽게 포착되지 않는다는 점도 언급해야 할 것이다. 대중의 성향은 그 모호함 때문에 대개는 다양한 해석을 허용한다. 인간은 자기가 동의하지 않는 것을 거부할 때는 단호하지만 자기가 끌리고 원하는 진짜 대상들에 대해서는 잘 확신하지 못한다. 따라서 현재 대중의 욕망 충족을 목표로 삼은 영화 제작자들이 개입할 여지가 생긴다. 가령 억눌려 있는 현실도피 욕구는 갖가지 방식으로 잠재워질 수 있다. 그리하여 대중의 꿈과 영화의 내용 사이에 영원한 상호작용이 일어난다. 대중영화는 저마다 대중의 욕망에 부합한다. 하지만 그렇게 함으로써 영화는 그 욕망에 내재된 모호성을 어쩔 수 없이 제거해버린다. 그런 영화들은 모두 이러한 욕망들을 특정한 방향으로 유도하여 여러 의미들 가운데 오직 한 가지 의미와 대면시킨다. 영화는 그러한 고유의 한정성 탓에 자신의 발생 원천인 모호한 것의 본성을 한정 짓고 마는 것이다.[26]

하지만 이 특수한 맥락에서 할리우드가——꼭 할리우드만은 아니지만——지어내고 판매하는 백일몽이 중요한 것은 아니다. 그 백일몽은 전체 영화가 아니라 줄거리에서 실현되며, 대개는 영화 매체에 외적으로 부과된 것이다. 그런 꿈들은 사회 기저에 깔린 흐름들을 시사하는 암시체로서 중요할 수 있지만, 미학적으로는 별다른 관심을 끌만한 것이 아니다. 여기서 중요한 것은 대중오락 수단으로서의 영화 매체가 갖는 사회학적 기능과 함의가 아니다. 오히려 문제는 영화가 영화로서 꿈 같은 요소를, 관객으로 하여금 꿈을 꾸게 하는 요소를 담고 있는가의 여부다.

엄연한 현실 영화다운 영화는 실제로 꿈과 유사할 때가 있다고 할 수 있다. 이런 특성은 영화가 환상이나 상상의 영역을 빈번히 드나든다는 사실과는 아무런 상관이 없는 것이고, 심지어는 영화가 실제 삶의 현상에 집중하는 장면에서 가장 두드러지게 나타날 수도 있다. 시드니 메이어스의 〈조용한 사람〉에서 할렘가의 집과 거리를 촬영한 다큐멘터리 숏들, 그중에서도 특히 마지막 부분의 숏들이 이러한 특성을 나타낸다고 할 수 있다. 〔그림 33〕 여자들은 집 현관에서 미동도 없이 서 있고, 정체 모를 사람들이 어슬렁거린다. 누추한 건물 외관처럼 그들 또한 서사로 인해 점화된 우리 상상력의 산물일 수 있다. 분명히 하자면 이것은 의도된 효과이긴 하지만, 엄연한 현실을 선명히 기록함으로써 이룩해낸 효과이기도 하다. 어쩌면 영화는 자연적 대상들의 투박하고 꾸밈없는 현전으로 우리를 압도할 때 가장 꿈처럼 보일는지도 모른다. 마치 카메라가 그 대상들을 물리적 실재의 모태에서 방금 막 끄집어내 놓은 것처럼, 이미지와 현실을 잇는 탯줄이 아직 끊어지지 않은 것처럼 말이다. 그런 이미지의 돌연한 직접성과 충격적인 진실성에는 그것들을 꿈의 이미지로 식별하는 것을 정당케 하는 무언가가 들어 있다. 영화 매체만의 특수한 다른 전달 방식 또한 이와 비슷한 효과를 자아낸다. 여기에서는 갑작스러운 시공간의 변화, "다른 차원의 현실"로 구성된 숏들, 그리고 현실의 특수한 양태를 보여주는 대목을 통해서도 꿈과 같은 인상들이 전달된다는 사실을 언급하는 것으로 만족하겠다.

꿈꾸기의 두 가지 방향

대상을 향하여   관객은 일단 의식의 통제에서 해방되면 눈앞의 현상들에 매혹되지 않을 수 없다. 현상들은 그에게 가까이 오라고 손짓한다. 세브가 지적하듯이 현상들은 관객의 마음속에 확신을 주기보다는 불안을 일으키고, 그렇기에 영화가 기록한 사물들의 존재에 대해 탐구할 것을, 그것을 설명하기 위해서가 아니라 그것들의 비밀을 끄집어내기 위해서 그 탐구를 어서 시작해볼 것을 촉구한다.[27] 그러면 관객은 자신도 모르게 대상을 향해 가고 그 안으로 들어간다. 이때의 관객은 꼭 자신이 창조한 평화로운 풍경을 갈망하다가 그 안으로 들어가버렸다던, 자기가 붓을 휘둘러 그려낸 외딴 산을 향해 걸어가 그 산 속으로 영영 사라져버렸다던 전설 속의 중국 화가를 닮았다.

하지만 관객은 자신을 매혹시키는 대상의 다채로운 의미들과 심리적 상응 관계들의 미로 속에서 꿈꾸듯이 헤매지 않고서는, 그 대상의 존재를 불완전하게나마 파악하리라는 희망조차 가질 수 없다. 영화 속에서 잘 드러나듯이, 물질적 현존은 관객에게 끊임없는 노력을 촉발시킨다. 영화 관객은 아마도 프랑스인 미셸 다르가 최초로 알아챘을 특이한 유형의 감수성을 갖는다. 1928년 무성영화가 절정에 달했을 때 다르는 영화관을 드나드는 젊은이들에게서 새로운 감수성을 발견했다. 그는 과장되기는 했지만 진정한 직접 체험의 분위기가 물씬 풍기는 언어로 이 감수성을 다음과 같이 특징지었다. "실제로 이제껏 단 한 번도 프랑스에서 이런 종류의 감수성을 만난 적이 없다. 수동적이고 사적이며, 최대한 덜 인본주의적이거나 덜 인도적이고, 산만하고 무질서하며 아메바처럼 자의식이 없고, 대상을 잃었거나 아니면 안개처럼 모든 대상에 붙어 있고 빗줄기처럼 대상을 관통하며, 견디기 어렵고 만족시키기 쉬우며 통제 불능이고, 마치 어수선한 꿈처럼 어디서나 도스토옙스키가 말한 사색, 어떤 것도 표현하지 않으면서 끊임없이 안으로 쌓아만 가는 사색에 잠긴 모습이다."[28] 관객이라는 존재는 자신이 사색하는 대상의 바닥을 드러내는 데 성공한 적이 있던가? 그의 방랑에는 끝이 없다. 그래도 가끔은 관객이 천 가지 가능성을 시험해본 뒤에 자신의 온 신경을 다 집중하여 혼란스러운 잡음에 귀를 기울이는 것처럼 보일 때도 있다. 이미지는 소리를 내기 시작하고 소리는 다시 이미지가 된다. 이러한 불분명한 잡음——존재의 잡음——이 귀에 들려오면, 그때 관객은 도달할 수 없는 목표에 가장 가까이 도달했을 수도 있다.

표범을 닮은 모자 또 다른 방향의 꿈꾸는 과정은 심리적 영향들의 산물이다. 관객의 정연한 자아가 일단 항복하기만 하면, 그의 잠재의식적인 또는 무의식적인 경험들, 불안, 희망이 모습을 드러내고 그를 지배하게 된다. 영화 숏은 그 불확정성 덕분에 점화 불꽃으로 작용하기에 특히 적합하다. 그런 숏들은 어떤 것이든 관객의 마음에 연쇄반응을 일으킬 수 있다. 비약적인 연상의 운동은 이제 더 이상 연상의 원천 주위를 돌지 않고, 흥분한 관객의 내면 환경에서 일어난다. 이런 운동은 관객의 정신을 주어진 이미지에서 떠나보내며 주관적인 몽상 속으로 끌고 간다. 이미지 자체는 억압되어 있었던 관객의 두려움을 이끌어내거나 관객으로 하여금 소망이 성취될 듯한 기대감에 빠져들도록 유도한 다음 물러나버린다. 블레즈 상드라르는 어느 옛 영화를 회고하면서 이렇게 이야기한다. "스크린에 한 무더기의 사람들이 보였고 그중에는 자기 모자를 팔 아래 끼고 있던 소년이 있었다. 여느 모자처럼 보였던 이 모자는 별안간, 움직이지는 않았지만 강렬한 생명력을 띠기 시작했다. 그 모자가 꼭 표범처럼 튀어오를 것만 같았다. 어째서? 그건 모르겠다."[29] 어쩌면 모자가 표범으로 변신하게 된 것은 그 모자의 모습이 (프루스트에게 마들렌이 그랬듯이) 화자에게 비의지적 기억을 환기시켰기 때문일 것이다. 그것은 어렴풋한 유년 시절의 나날들을 소생시키는 감각의 기억으로서, 팔 밑의 작은 모자는 그 당시 그가 그림책에서 보았던 얼룩덜룩한 맹수와 잘 알 수는 없지만 어떤 식으로든 연결되어 있던 강렬한 감정을 전달하는 물건이었던 것이다.[30]

두 가지 운동 간의 상호 관계 상반된 것처럼 보이는 꿈의 두 가지 운동은 실제로는 거의 분리될 수 없다. 하나의 숏이나 일련의 숏에 대한 무아지경 상태의 침잠은, 자신을 촉발시킨 이미지들로부터 점점 멀어지는 몽상으로 언제라도 넘어갈 수 있다. 그런 일이 생길 때마다 원래는 부지불식간에 자신의 상상력을 자극한 이미지의 심리적 상응 관계에 집중했던 꿈꾸는 관객은 그 이미지에서 벗어나 그것의 권역 너머의 생각들로 넘어가게 된다. 이때 이 생각들은 그 이미지의 상응 관계에 속한다고 말할 수 없을 정도로 이미지 자체의 함의로부터 너무나 멀어지게 된다. 하지만 몰아 상태의 몽상가는 스크린의 마력에 계속해서 노출되기 때문에, 언제고 다시 자신이 떠나왔던 그 이미지의 마력에 굴복하여 그것을 인내심 있게 탐험할 것이라고 예상할 수 있다. 그는 자기 몰입과 자기 망각 사이를 오간다.

이렇게 서로 엮여 들어가는 꿈의 두 가지 과정은 의식의 진정한 흐름을 형성하는데, 그 내용은 모호한 환상의 폭포수와 이제 막 배태되기 시작한 생각들로 이루어지며, 그것이 발원한 몸의 감각들이 남긴 자국을 여전히 간직하고 있다. 의식의 흐름은 영화 매체의 주요 관심사 중 하나인 "삶의 흐름"과 어느 정도는 병행적 관계를 이룬다. 따라서 그런 흐름을 보여주는 영화는 꿈의 두 가지 운동을 가장 잘 일으킬 수 있다.

만족

영화와 텔레비전

이 지점에서 영화가 관객에게 어떤 만족감을 제공하는지 물을 수 있다. 이에 대한 탐구는 텔레비전의 대중적 인기로 인해 영화관의 관객 수가 계속해서 감소하는 시대에는 그다지 의미가 없다고 이의를 제기할 수도 있을 것이다. 하지만 이러한 이의 제기는 다양한 이유에서 성립될 수 없다. 첫째, 두 매체가 특정한 본성을 공유한다는 사실은, 그토록 많은 사람들을 열광시켰고 또 현재도 열광시키는 영화가 선사하는 만족감들 가운데 적어도 몇 가지는 텔레비전이 보증해준다는 결론을 정당화하는 것으로 보인다. 고로 영화가 실제로 쇠퇴하고 있다고 하더라도, 영화 관객이 한때 누렸던 즐거움에 대한 통찰은 텔레비전의 대중적 매력을 설명하려는 모든 시도에 긴요한 틀을 제공할 것이다. 둘째, 영화는 사실 결코 과거의 유물이 아니다. 영화 관객뿐 아니라 영화 자체도 텔레비전 수상기로 대거 옮겨 가고 있기에, 텔레비전은 피정복자의 문화에 굴복한 정복자처럼 영화 제작물들로 생명을 유지하고 있다. 실제로 신매체의 매력은 부분적으로는 구매체의 지속적인 영향력 덕분이라 할 수 있다. 그렇다면 이상의 근거에서 셋째, 현재 텔레비전을 선호하는 추세가 전통적인 영화의 몰락을 말해준다는 견해는 완전히 부당하다는 결론을 이끌어낼 수 있다. 연극은 영화가 유행하기 시작하자 사망 선고를 받았다. 하지만 연극은 영화라는 폭풍을 온전히 버텨냈을 뿐만 아니라 많은 점에서 영화로부터 이득을 보기도 했다. 이와 유사하게 미국에서 이루어진 최근의 발전을 보면 텔레비전의 파급력에 대한 대형 라디오방송국의 우려는 과장된 것임을 알 수 있다. 텔레비전의 부상은 두 매체 간에 임무의 분배를 가져왔고, 그것은 라디오에도 이득이 되었다. 마찬가지로 영화 또한 위기를 잘 극복할 것이다. 영화의 가능성은 아직 전혀 소진되지 않았으며 영화의 지위 상승에 우호적인 사회적 조건들 역시 본질적으로는 크게 바뀌지 않았다. (덧붙여 말하자면, 영화 매체의 생존 가능성이 높아진 것이 와이드스크린 덕택은 분명 아니다.)

삶에 대한 갈망

1921년 후고 폰 호프만스탈은 「꿈의 대체물」이라는 기고문에서 영화 관객이라는 군상의 정체가 공장 노동자, 저임금 사무직 노동자 등과 같이 거대한 산업 중심지와 도시에 사는 대중이라고 주장한 바 있다. 그는 그들의 내면이 공허하다고 말하면서, 그 이유를 사회가 강제하는 삶의 방식에서 찾는다. 이 사람들은 언어가 자신들을 사회적으로 통제하는 수단이 아닐까 의심하고 있으며, 따라서 언어를 두려워한다. 그들은 신문이나 전당대회에서 전달되는 지식으로 인해 감각이 자신들에게 말해주는 삶 그 자체로부터 점점 더 멀어지는 것은 아닌가 걱정한다. 그래서 그들은 무성영화가 있는 영화관으로 도피하는 것이고, 무성영화는 바로 말이 없기 때문에 더욱 매력적으로 다가온다. 그곳에서 관객은 사회가 그에게는 허락하지 않은 더 충만한 삶을 발견한다. 그런 삶은 그가 유년 시절에 꿈꾸었던 것이고 영화는 바로 이런 꿈의 대체물이다.[31]

여기서 호프만스탈은 성공담을 다루거나 부유한 유한계급의 삶을 엿보게 해주는 많은 영화에서 노동자 대중이 얻어낼 수 있는 상상적 쾌락에 관해 넌지시 이야기하는 것처럼 보인다.[32] 그러나 사실 그는 노동자와 하위 중간계급의 경제적·사회적 욕구에 대해 전혀 신경 쓰지 않는다. 그렇다고 이런 욕구에 안전밸브 역할을 하는 전형화된 줄거리 도식에 관심을 갖는 것도 아니다. 그에게 중요한 것은 오히려 뿌리 깊고 거의 형이상학적인 욕망을 충족시키는 영화의 능력이다. 그는 자신의 계급적 지위와 당시 자신이 받은 환경적 영향과 연관된 이유 때문에 이 욕망을 노동자 계급에게 귀속시킨 것뿐이다. 극장에 앉아서 스크린을 바라보는 대중의 경험은 호프만스탈에게는 "집집마다 지붕을 벗겨내고 모든 비밀을 들춰내는 악마 아스모데우스와 함께 비행하는 것"과 같다. 환언하자면 영화가 갈급한 대중에게 보여주는 것은, 소진 불가능한 것으로 드러난 삶이다. 호프만스탈은 이것을 분명하게 말한다. 그는 꿈꾸는 관객들의 상상력을 가득 채우는 이미지들 속에 "삶의 정수"가 농축되어 들어 있다고 말한다. 그리고 그는 스크린을 스쳐가는 꿈을 "영원히 굴러가는 반짝이는 인생의 수레바퀴"에 비유한다.

영화 매체의 역사는 다음의 두 가지 가정, 즉 "삶"에 대한 널리 퍼진 갈망이 존재하고 영화는 그 갈망을 해소하는 데 유달리 적합하다는 두 가지 가정에 부합하는 주장들로 점철되어 있다. 이미 1919년에 빈에 살고 있는 어느 작가는 영화관에서 우리가 "삶의 맥박 자체"를 느끼고 "우리의 상상력보다 한없이 우월한 그 삶의 압도적인 풍요로움에 우리 자신을 내맡긴다"고 단언한다.[33] 마치 꿈처럼 우주를 손에 잡힐 듯이 가깝게 보여준다는 이유로 영화를 찬양한 바 있는 프랑스 작가

앙드레 뵈클레르는 한번은 극장에서 모르는 사람이 그에게 다음과 같이 말을 걸었다고 1930년의 어느 기사에서 전한다. "제겐 영화가 삶만큼이나 귀중합니다."[34] 이런 발언은 볼프강 빌헬름이 독일 영화 관객을 대상으로 실시하여 자신의 박사논문 『영화의 부양 작용』(1940)에 수록한 설문조사의 모토로 삼을 수 있을 것이다. 그 조사는 스무 명의 대학생과 강사들에게 돌린 설문지 답변과, 여기에 더해서 다양한 직업과 연령층의 사람들에게 실시한 스물세 번의 집중 인터뷰에 기초한다.[35] 무작위로 추출한 표본의 범위가 어떤 결론을 이끌어내기에는 너무 작지만 그래도 이들 답변이 호프만스탈의 몇 가지 지적을 입증한다는 점에서는 흥미를 끌 만하다. 그중 일부는 다음과 같다.

"영화는 연극보다 삶에 더 가깝다. 극장에서 내가 보는 것은 어쩐지 꾸며진 예술 작품 같다. 그런데 영화 상영이 끝나면 마치 내가 삶의 한복판에 있었던 것 같은 느낌을 받는다." (가정주부)*

"결국에는 삶에서 뭔가를 얻어내고 싶은 것이다." (젊은 노동자)

"좋은 영화는 내게 사람들을 만나게 하고 '삶'을 만나게 한다." (간호사)

"아는 사람들이 흥미롭지 않을수록 더 자주 영화관에 간다." (회사원)

"어떤 날에는 일종의 '인간에 대한 갈망Menschenhunger'이 날 영화관으로 몰고 간다." (대학생)

"나를 영화로 몰고 가는 것은 감각의 흥분에 대한 갈망이다. 비정상적인 상황들, 투쟁들, 열정적인 충돌들, 사랑의 장면, 군상들, 미지의 세계, 지하세계… 전쟁, 사회를 통해 신경이 곤두서기를 원한다." 응답자

---

* 이 진술은 이 책 300쪽에 인용된 프랑스 여성의 진술과 흡사하다.

는 흥미롭게도 다음과 같이 덧붙였다. "영화는 전체적으로 형편없는 영화일 수도 있다. 하지만 적당히 분위기가 맞아서 위에서 말한 세부 사항들이 기대를 충족시켜주면 나는 전체적으로 만족한다." (대학생)[36]

이러한 응답들은 호프만스탈의 가정과는 반대로 노동자 대중이 처한 흔한 조건이, 혹은 그런 조건만 가지고는 영화관에 자주 가고픈 욕구를 설명할 수 없음을 시사한다. 영화에 중독된 대중 속에는 다른 계층 출신도 많다. 그들의 내적 동기에 대한 위의 진술과 응답들로 미루어 볼 때, 그들은 소외와 고독에 시달리는 것처럼 보인다. 또한 영화광이 사회에서 억압받거나 배척당한다고 느끼지 않는다는 증거도 있다. 그는 자신이 겪는 고통의 원인으로 고립을 지목하지만, 그 고립은 충분하고 만족스러운 인간관계의 부족에서 올 뿐만 아니라, 자기를 둘러싼 살아 있는 세계, 저 사물과 사건 들의 흐름과 단절된 데서 기인하는 것이기도 하다. 만일 그 흐름이 그를 완전히 관통했더라면 그의 현재 삶은 훨씬 더 흥미진진하고 의미로 충만했으리라. 그에게는 "삶"이 부족하다. 그래서 그는 영화에 매료된다. 영화가 자신을 대신해서 충일한 삶에 참여하고 있다는 환상을 제공하기 때문이다.

삶 그 자체의 개념

가령 월트 휘트먼과 에밀 베르하렌의 시에 나타나는 것과 같은 강력한 실체로서의 삶은 상대적으로 역사가 짧은 개념이다. 이 개념의 발전 과정을 추적해보는 것도, 가령 낭만주의자들로부터 니체와

베르그송을 거쳐 오늘날에 이르기까지 그 발전 과정을 따라가보는 것도 흥미로운 일일 것이다. 하지만 그런 연구는 그 자체로 방대한 작업을 요하는 것으로서 이 책의 범위를 넘어선다. 여기서는 삶 자체에 대한 동경을 탄생시키는 데 기여했을 두 가지 발전을 언급하는 것으로 충분하리라. 첫째, 현대 대중사회의 등장과 함께 개개인이 따라야 할 규범, 유대 관계, 가치의 총체를 확립한 믿음과 문화적 전통이 해체되었다. 규범적 유인의 침식이 우리로 하여금 그러한 유인의 모체로서의 삶, 그 저변에 깔린 기층으로서의 삶에 주목하게 만든 원인일 수 있다.

둘째, 우리는 "분석의 시대"에 살고 있다. 이것은 무엇보다도 현대인의 의식 속에서 추상적인 사유가 구체적인 경험을 압도한다는 뜻이다. 화이트헤드는 자연과학적인 인식이 미적인 통찰보다 훨씬 협소하다는 사실과 우리가 기술적으로 정복한 세계가 사실은 감각과 마음으로 접근 가능한 현실의 일부에 불과하다는 사실을 뼈저리게 알고 있었다. 삶이라는 개념은 자연과학의 빈약한 시공간 세계를 넘어서는 현실을 가리키는지도 모른다. 흥미롭게도 빌헬름은 그의 인터뷰 자료를 토대로, 영화의 부양 작용 가운데 하나가 기술과 분석적 사고의 지배로 인해 감수성이 무뎌진 사람들로 하여금 "삶"과의 "감각적이고 직접적인" 접촉을 재개할 수 있도록 하는 것이라는 결론을 도출한다.[37] 그렇게 해서 포용된 것은 바로 측량으로는 포착할 수 없는 종류의 현실이다.

영화——"반짝이는 인생의 수레바퀴"

　　그러면 영화는 고립된 개인들의 동경을 어떻게 충족시키는가? 스크린에 밀려드는 현실의 무상한 현상들에 대한 감수성이 발달했다는 측면에서 관객은 (이 점을 제외하면 별로 공통점이 없지만) 19세기의 산책자flâneur를 연상시킨다. 알려진 증거들이 말해주듯이 관객을 가장 강하게 사로잡는 것은 무상한 현상들의 흐름이다. 이 현상들——택시, 건물, 행인, 무생물, 얼굴——은 뒤따르는 파편적인 사건들과 더불어 관객들의 감각을 자극하고 꿈의 재료를 제공한다. 술집 내부는 기이한 모험을 예감케 하고, 즉흥적인 만남은 새롭게 누군가를 사귈 기회를 약속한다. 갑작스러운 장면 전환은 예측 불가능한 가능성들을 배태한다. 영화는 바로 카메라 현실에 대한 관심 속에서 특히 고독한 관객에게 그의 수축된 자아를——한갓 사물들의 도식이 사물 자체를 밀어내려고 위협하는 환경 속에서 수축된——삶 자체의 이미지들, 반짝이고 암시적이며 무한한 삶의 이미지들로 채울 기회를 제공한다. 꿈꾸는 자에게 이렇게 느슨하게 연결된 이미지들은——그는 물론 이들을 온갖 방식으로 엮어낼 수 있을 것이다——구체적 대상과 충격적인 감각, 흔치 않은 기회가 넘치는 신기루 같은 세계로의 도피로를 제공하기에 대단히 깊은 만족감을 준다. 이제까지 말한 내용은 관객이 영화에서 발견하는 즐거움이 영화의 줄거리 자체에서 나오는 것이 아니라는 점을, 혹은 그럴 필요가 없다는 점을 시사한다. 샤프로의 말을 인용하자면 "우리가 줄거리를 알고 있고 심지어는 그 줄거리의 비극적인 전개를 예측할 수 있는 영화에서조차 때때로 우리는 이미지가 더 높은 차원으로 상승한다는 느낌을, '줄거리'가 부차적인 중요성만을 갖는다는 느낌을 받지 않는가?"³⁸* 영화 팬을 고립 상태에서 구해주는 것은 그를 다시 고립시킬 수도 있을 개인적 운명의 스펙터클이라기보다는, 변화무쌍한 방식으로 서로 섞이고 연결되는 인간 군상이다. 그는 드라마 자체보다는 드라마의 가능성을 찾는 것이다.

유아적 전능성

관객은 이러한 가능성을 활용함으로써 두번째 욕구를 충족시킨다. 이미 언급했듯이 호프만스탈은 관객의 꿈이 그의 무의식 속에 가라앉아 있던 유년 시절의 꿈을 다시 깨운다고 본다. "명멸하는 스크린에서 두 눈이 수천 겹의 삶의 이미지를 읽어내는 동안, 이 지하 식물 전체는 보이지 않는 가장 깊은 뿌리까지 떨린다."³⁹ 호프만스탈이 옳다면, 영화 팬은 완고한 현실보다 더 커버린 꿈의 힘으로 세계를 신비하게 지배한다는 의미에서 아이가 된다. 이러한 견해는 관객 반응에 대한 독일의 설문조사에서도 확인된다. "나는 어디서나 존재할 수 있어요. 이 세계의 신으로 그 위에 서 있으면서요." 심리학을 전공하는 어느 대학생의 말이다. 그리고 어느 여교사는 이렇게 말한다. "마치 모든 것을 바라보는 신이 된 것 같아요. 내 시야에서 빠져나가는 것은 아무것도 없고 모든 것을 다 파악한다는 느낌이 듭니다."⁴⁰

두 응답자는 모두 전능하다는 착각에서 만족감을 느꼈고, 이는 우리의 현 상황에 징후적일 수 있다. 우리의 현 상황은 단지 구속력

---

*   이 책의 149~50쪽을 보라.

있는 규범 및 믿음의 조락과 구체성의 상실—삶에 대한 갈망은 이 두 발전 경향을 통해 설명된다—로만 특징지어지지 않는다. 제3의 요인을 언급해야 한다. 그것은 개개인에게 있어 현대 세계를 형성하고 그의 고유한 운명을 조건 짓는 힘들과 메커니즘 및 과정들을 이해하는 일이 점점 더 어려워진다는 점이다. 세계는 정치든 뭐든 간에 너무나 복잡해져서 더 이상 단순화할 수 없게 되었다. 모든 결과는 그것을 일으킨 갖가지 원인들과 분리된 것처럼 보인다. 종합을 이루려는 모든 시도, 통일된 상을 만들려는 모든 시도는 불충분한 것으로 입증된다. 이렇게 분명히 규정되지도 않고 그래서 통제도 되지 않는 영향에 직면하여 무기력감이 확산되고 있다. 우리 중 많은 이들이 의식적이든 무의식적이든 이런 영향에 무기력하게 노출되어 있다는 사실로 인해 고통받고 있는 것은 분명하다. 따라서 우리는 보상을 찾는다. 영화는 일시적으로 안도감을 선사할 수 있는 것처럼 보인다. 앞서의 교사가 말했듯이 영화 속에서 우리는 "모든 것을 다 파악한다." 좌절한 자는 조물주로 변신하는 것이다.

꿈의 세계로부터의 귀환

하지만 관객은 내내 꿈만 꾸는 것은 아니다. 영화 팬은 누구나 무아지경의 도취적 순간과 영화의 마취 효과가 떨어지는 듯한 순간이 교차하는 것을 경험해보았을 것이다. 그는 한번은 영상과 내밀한 꿈의 강물 속에 푹 빠져들어 있다가, 한번은 다시 강변으로 밀려온 듯이 느낀다. 그리고 어느 정도 의식이 돌아올 때는 곧바로 아주 자연스럽게, 자신에게 밀려들어 오는 감각적 인상들의 영향 아래서 경험하는 것을 열심히 맞추어보고 정리하려 든다. 여기에서 영화 체험의 의미에 대한 결정적인 물음이 제기된다. 이 문제는 잠시 미해결 상태로 남겨두도록 하자.*

---

*   이 책의 515쪽을 보라.

III. 구성

실험영화

서문: 영화의 두 가지 주요한 유형

가장 일반적인 영화의 두 유형은 서사적 영화story film와 비서사적 영화non-story film다. 후자는 대부분의 **실험**영화와 온갖 종류의 **사실영화**film of fact를 포괄한다. 영화 매체의 고유성을 예민하게 감지하는 어느 영화감독이 서사적 영화와 비서사적 영화 중에서 하나를 택할 자유가 있다고 가정해보자. 그러면 그는 자연히 둘 중 하나를 선호하려 들 것인가, 또는 어느 유형이든 똑같이 적절한 해결책이 있다고 믿기에 선택의 문제 자체가 없다고 반박할 것인가?

이 문제는 지나치게 막연해 보일지 모르지만 영화에 관한 문헌에서, 특히 비서사적 영화를 지지하는 논자들의 글에서 많이 논의되어 온 것이다. 그들은 대부분 스토리텔링이 영화적 방식에 방해가 된다고 주장한다. 서사적 영화에 맞선 아방가르드의 봉기를 살펴보기 전에, 우선 그 외의 영역에서 이와 동일한 노선을 취한 두 가지 논평에 대해 숙고해보고자 한다. 이 둘은 서로 아무 관계 없이 독자적으로 이 문제의 중요성을 강조하고 있다.

첫째는 앙드레 모루아의 고찰로서, 섬세한 감수성을 소유한 작가의 직접적인 체험에서 우러나온 것이기에 더욱 예리함을 자랑한다. "영화관에 갔더니 〈광대의 눈물〉이라는 영화의 광고가 나왔다. 광고는 서커스 링과 큰 공을 굴리는 광대들, 무용수를 위협하는 사자가 나오는 꽤 아름다운 영상들을 연이어 보여주었다. 이 모든 것은 생-존 페르스의 시처럼 아름답고 모호하면서 암시적이었다. 다음 주에 나는 그 영화를 보러 갔다. 그것은 그저 소박하고 조리 있고 감상적이며 평면적인 이야기였다. 전에 광고를 보면서 느꼈던 그 모든 시적 매력은 영상이 자의적으로 편집되었기 때문에 생겨난 것이었다. 그러한 편집이 사건을 감싸고 있는 과잉된 통념을 벗겨버렸고, 그 덕택에 관객은 판단해야 한다는 의무에서 해방되어 시적 감정에 더 가까이 다가설 수 있었던 것이다. 결국 영화에는 이야기와 시 사이의 갈등이 존재한다. 이야기가 너무 흥미진진하면 모든 것은 소설처럼 흘러간다. 관객은 묘사적인 부분은 건너뛰고 싶을 것이다. 영화가 도덕적 설교를 하려고 들면 교훈 시처럼 형편없는 것이 되고 만다." 모루아는 장편 극영화의 "시적인" 요소를 유지하기 위해서는 발자크의 방식을 모방하거나 〈파리의 여인〉에서의 채플린의 방식을 모방하여 영화의 본 사건보다는 분위기를 조성하는 이미지가 먼저 나와야 한다고 제안한다. 그 밖에도 모루아는 이야기와 시 사이의 갈등을 해소하는 보다 급진적인 해결책을 대안으로 떠올리는데, 그것은 바로 "어떤 극적 줄거리도 없이 리듬에 맞춰 배치된 이미지들로 구성된 **순수영화**cinéma pur다."[1] 그런데 그가 순수영화의 가능성을 알아보았다는 것은 그리 놀라운 일이 아니다. 그가 이 견해를 표명했을 무렵인 1927년에는 프랑스 아방가르드 영화가 전성기를 구가하고 있었기 때문이다.

두번째로 살펴볼 것은 그 20년 뒤에 뤼시앵 세브가 역시 이 문제에 초점을 맞춰 전개한 이론이다. 모루아가 시사한 저 "시"와 "이야기" 사이의 간극은 세브의 이론에서는 "숏"[plan]의 속성과 "시퀀스"의 속성 사이의 갈등으로 선환된다. "영화는 애매모호한 것"이라고 그는 말한다. "영화는 고립되려 하고 다양한 탐색의 시선을 끄는* 숏에 기반을 두지만, 그와 동시에 숏 간에 통일된 의미를 생성하고 관객에게 연속성에 대한 강렬한 열망을 불러일으키는 시퀀스에도 기초한다. 관객의 시점에서 이것은 이중적 관심의 법칙이라 부를 수 있을 것이다. 관객은 보통 영화는 너무 길고 숏은 너무 짧다고 생각하는데, 그 이유는 관객이 한편으로는 숏을 붙잡아두고 그 풍성함을 흠뻑 음미하려 하면서도 동시에 자신의 호기심과 극적인 것에 대한 입맛을 충족시킬 만큼 숏을 해독하고 나면 그 즉시 그것을 놓아버리는 상반된 경향이 있기 때문이다." (이 용어들이 오해를 부르기 쉽다는 것은 굳이 지적하지 않아도 될 것이다. 세브가 "숏"이라 부르는 것은 예컨대 고전적인 에이젠슈테인 영화에 나오는 것과 같은 숏들의 "몽타주"에 가깝고, 그가 "시퀀스"라 부르는 것은 전체적인 의미가 숏 또는 숏 단위들의 다의성을 가려버리는 방식으로 편집된 몇몇 장편영화 속의 에피소드를 말한다.)

세브는 이어서 시퀀스에 대한 관심이 숏의 힘을 약화시킬 뿐만 아니라 스토리텔링을 원하는 영화는 자동적으로 영화 고유의 특별한 메시지를 전달할 기회를 포기하게 된다는 주장을 예시를 통해 입증하려 한다. "나는 미국의 갱스터 영화를 한 편 보았다. 영화에서 은행원이 급히 집에 가기 위해 차에 올라탄다. 그가 집 앞에 차를 대는 순간부터 내가 이제 별로 집중해서 보지 않으리라는 사실을 직감했다. 그

---

* 이 책 309쪽의 세브에 관한 언급 참조.

는 현관을 지날 테고 계단을 오를 테고 열쇠를 꺼낼 테고 간접조명을 켜겠지. 이 순간부터 다시 영화를 주의 깊게 보기 시작해야 할 것이다. 그가 자신의 안락의자에 누군가가 앉아 있는 것을 볼 수도 있지 않은가. […] 채플린의 몸짓은 언제 어디로 튈지 모르기 때문에 온 주의를 요하는 반면에, 이 영화에선 나는 인물의 몸짓을 보기도 전에 이미 알고 있었고 그 미래도 이미 예상하기에, 몸짓의 변화에도 별 관심을 기울이지 않았다."

이러한 주장이 영화의 서사에 시사하는 바는 무엇인가? 영화의 서사는 "눈보다는 개념과 언어로 작용하는 정신을 더 풍요롭게 한다." 이어서 세브는 이렇게 말한다. "그래서 관객은 소설의 독자와 같고 그와 유사한 활동을 하는 자로, 즉 형태보다는 의도를 찾아내려 하고 몸짓이 아니라 드라마를 갈망하는 자로 규정할 수 있을 것이다. […] 영화가 전하는 것이 드라마든, 탐정 이야기든, 신화든, 일상적 사건이든, 정치적 논설이든 간에 그 결과는 변함없이 같다." 덧붙일 점은 정확히 모루아처럼 세브 역시 스토리텔링을 하지 않고 시퀀스 대신 숏에 기초한 순수영화의 가능성을 지적했다는 사실이다. 하지만 세브는 순수영화가 문학의 미학을 거부한 까닭에 지금까지도 "작품을 구성하는 문제를 해결"[2]하지 못하여 어쨌거나 이상理想으로 남아 있다고 주장한다.

기원들

아방가르드 운동

　역사적으로 실험영화는 1920년대 유럽의 아방가르드 운동에서 태동했는데, 이 운동에 많은 영감을 준 것은 동시대 예술이었다. 아방가르드 예술가의 절반 이상이 작가와 화가였고,* 그 중에서도 주축은 후자였다. 1921년 독일에서 작업하며 서로 친하게 지내던 두 화가 비킹 에겔링과 한스 리히터는 두루마리에서 발전시켰던 기하학적 구성을 정적인 상태에서 해방시켰다. 에겔링은 나선형과 빗 모양의 형상들로 〈대각선 교향곡〉을 만들었고, 리히터는 〈리듬 21〉에서 검정색, 회색, 흰색의 사각형으로 리드미컬한 매혹적 운동을 펼쳐 보였다.[3] 그것은 운동 중인 회화였고 "살아 움직이는 그림"**이었다. 하지만 리히터와 에겔링의 추상 작업은 아방가르드를 이루는 많은 경향들 가운데 하나의 시작이었을 뿐이다. 이 대단히 복합적인 운동은 파리에 본거지를 두었고 문학과 회화의 초현실주의로부터도 강하게 영향을 받았다. 그리고 독일의 표현주의 영화나 미국의 코미디 영화, 꿈 이미지와 합성 기법을 장기로 사용했던 스웨덴 영화, 또 러시아의 독창적인 "몽타주" 기법 등 여러 나라 영화의 다양하고 참신한 접근 방식에 자극을 받았음은 물론이다.

---

*　이는 현재의 실험영화 감독들에 해당되는 말은 아니다. 그들은 대부분 영화를 곧장 자신들의 예술 매체로 택했다.

**　이 책의 91쪽을 보라.

아방가르드의 범례적 성격

실험영화는 잠시 휴지 기간을 거친 뒤 제2차 세계대전 이후에 복귀했다. 현재 미국의 젊은 예술가들 사이에서는 실험영화에 대한 관심이 두드러지게 나타나고 있다. 휘트니 형제, 마야 데렌, 시드니 피터슨, 커티스 해링턴 등의 영화를 떠올려보라. 그리고 이 장르를 발전시키고 있는 것은 비단 예술가들만이 아니다. 어쩌면 실험영화의 부활 ―이것을 부활이라 할 수 있다면― 을 알리는 더욱 확실한 징조는, 영화동호회의 점진적 확산이 입증해주듯이 실험영화에 대한 수요가 점증하고 있다는 사실이다.[4] 여기에서 결정적인 부분은 현 생산물들이 대체로 1920년대에 개발된 패턴을 따르고 있다는 사실이다. 동시대 현장에 맞춰 사소하게 변경된 사항들이나, 예술을 다룬 영화가 추가되었다는 점을 제외하면 동기나 취향, 목적의 면에서 크게 달라진 것은 없다. 옛 실험영화 감독들처럼 몇몇은 추상 형태의 애니메이션에 집중하고 있고, 다른 몇몇은 자신들의 시적인 비전과 동경, 절망을 투사하는 초현실주의 전통을 엄격하게 좇고 있다.

이런 점에서 실험영화는 그 기원에서부터 연구해볼 수 있다. 이는 1920년대 예술가들이 기회가 있을 때마다 자신들의 생각이나 지향점을 기록했다는 점에서 더욱 전망이 좋다고 하겠다. 하지만 미리 언급하자면, 여기서는 실험영화 전체의 특징이 될 만한 그런 **아방가르드적 지향과 영화 경향**만이 다루어질 것이다.

아방가르드적 지향

논쟁적인 이야기 개념

"순수영화"

아방가르드 예술가들이 상업영화와 결별한 것은 당시 스크린을 휩쓸던 연극이나 소설의 영화화가 형편없는 수준을 보였기 때문만은 아니다. 더 중요하게는 장편영화의 주요 요소인 이야기story가 매체에 이질적이며 외부에서 부과된 것이라 확신했기 때문이었다. 그것은 서사적 영화 자체에 대한 봉기였으며 영화의 정화를 위해 극의 족쇄를 깨부수려는 결연한 노력이었다. 당시의 글들은 이런 취지의 항변들로 가득하다. 1921년 장 엡스탱은 이야기를 "거짓말"이라 부르며 단호히 선언했다. "이야기는 없다. 이야기가 있었던 적은 한 번도 없다. 머리도 꼬리도 없는 오직 상황만이 있을 뿐이다. 시작도 중간도 끝도 없는."[5] 주도적인 아방가르드 예술가 중 한 명이었던 제르멘 뒬라크가 1927년에 남긴 발언은 순수영화를 뤼미에르에게까지 소급하여 그의 "서사화할 수 없는" 〈열차의 도착〉의 가르침이 존중받지 못하고 있다는 서글픈 사실을 숙고한다는 점에서 특히 주목할 만하다. 뒬라크는 사람들이 뤼미에르 형제의 카메라에 내재한 새로운 미학을 알아보지 못하고 그것을 전통 미학에 종속시키고 말았다고 주장한다. "사람들은 외적 줄거리 위주로 움직이는 사진들을 배치하려 했다. […] 운동의 거칠고 기계적이고 가시적인 연속성 속에서 운동의 이념을 그 자체로 연구하는 대신에 말이다. […] 영화를 연극에 합병시킨 것이다." 결론적으로 뒬라크는 영화적 행동cinematic action을 서사에 가둔 자들이 "범죄와 다를 바 없는 과오"⁶를 저질렀다고 비난한다. 최초의 필름 다르film d'art[이미 확고하게 예술로 인정받는 연극이나 문학의 요소를 활용하여 영화를 예술로 끌어올리려 했던 1910년대 프랑스 영화의 경향]이자, 도래할 모든 연극적 영화의 원형인 〈기즈 공작의 암살〉이 아방가르드 예술가들에 의해 재발견되어 그들의 영화관에서 그 영화를 조롱하는 음악과 함께 상영되어야 했던 것은 당연한 귀결이었다.[7]

이야기의 제한된 인정

아방가르드 영화감독들은 서사적 영화를 저평가했음에도 불구하고 이야기를 완전히 폐기하는 것은 거부했다. 부분적으로는 영화 산업이 이야기를 상업적 성공의 필수불가결한 전제 조건으로 고집한다는 단순한 이유에서였다.* 아벨 강스, 마르셀 레르비에, 장 엡스탱은 상업영화의 틀 안에서 실험했다. 특별히 흥미로운 것은 가령 델뤼크의 〈열기〉, 제르멘 뒬라크의 〈미소 짓는 마담 뵈데〉, 카발칸티의 〈정박지〉, 키르사노프의 〈메닐몽탕〉을 포함하는 일군의 서사적 아방가르드 영화들이다. 이 영화들은 다른 영화들과 구분되는 공통된 특징이 있었다. 동시대 영화의 정교한 플롯과는 달리 그 영화들의 지루한 줄거리는 실제 삶의 에피소드적 성격을 띠고 있었다. 이 운동의 헌신적 대표자들이 에피소드를 인정했다는 사실에서 분명히 드러나듯

---

* 르네 클레르는 전에도 순수영화를 전적으로 지지했다고 할 수는 없지만 1925년에 이르면 상업영화와의 타협을 옹호하기까지 한다. 그는 "일종의 술수이긴 하지만, 모두를 만족시키기 위해 만든 시나리오 속에 순수하게 시각적인 테마들을 최대한 많이 집어넣자"는 다소 음흉한 제안을 내놓는다(Clair, *Réflexion faite*, p. 104. 또한 Brunius, "Experimental Films in France," in Manvell(ed.), *Experiment in the Film*, pp. 89~90 참조).

이, 그들은 자신들이 생각한 순수영화가 에피소드로 인해 크게 훼손되지는 않는다고 믿었다.* 그럼에도 이러한 스토리텔링으로의 외도는 이 정도 언급하는 것으로 만족하자. 현재 맥락에서 중점적으로 봐야 할 것은 결국에는 아방가르드의 주요 관심사였던 비서사적 영화다.

영화적 언어

1920년대 예술가들은 영화의 본질을 덮어버릴 정도로 많이 사용되었던 연극적, 문학적 요소들을 전부 영화에서 제거하기로 결심한 까닭에, 그들이 영화 매체의 고유한 속성들만을 가지고 영화를 제작하려 했던 것은 당연한 일이었다. 그들은 무슨 이야기를 하든지 간에 영화의 고유한 언어로 이야기하고자 했다. 이것은 그들이 왜 그토록 클로즈업이나 트래킹숏, 괴상한 카메라 앵글, 퀵 커팅, 슬로모션, 왜곡, 연초점 촬영, 베일[조명의 강도를 낮추기 위해 조명 앞에 베일을 치는 기법]과 같은 영화적 기법과 장치에 극도로 집착했는지를 설명해 준다.[8] 물론 모든 내용이 동일한 표현 양식으로 전달하기에 다 똑같이 적합한 것은 아니었다. 따라서 예술가들은 특수하게 영화적인 주제들의 재현을 위해 그들이 개발한 언어를 사용했다. 그것은 마치 이 언어가 전통 예술로는 대개 접근 불가능한 주제를 저절로 끌어들이는 것 같았다. 따라서 아방가르드 영화는 상업영화 방식으로 인물 사이의

---

*   에피소드 영화에 대해서는 14장을 보라.

대화와 행동에 집중하는 대신, 정물 클로즈업을 풍부하게 사용했다. 특히 비일상적인 광경과 대단히 미시적인 것을 두드러지게 선호하는 경향을 보였다.[9]

물리적 현실

예상할 수 있듯이 스토리텔링에 대한 아방가르드 영화의 반감과 이에 정비례하는 영화적 장치 및 주제에 대한 열광은 리얼리즘적 경향에 어느 정도까지는 유리했다. 예술가는 필름 카메라와 그것에 주어진 기술적 가능성에 힘입어 물리적 현실의 최대치를 뽑아낼 수 있었다. 그는 창조적인 사진작가처럼 주어진 재료에서 완전히 비현실적으로 보이는 형태와 운동을 발견하는 것에 만족감을 느꼈다. 당시에는 다큐멘터리로의 전환, 즉 육안으로 보면 잘 보이지 않았던 자연의 숨겨진 측면을 드러내는 영상 보고로의 전환이 있었다. 길에 관한 강스의 장대한 드라마 〈철로〉는 바보 같은 감상성에도 불구하고 철도의 세계를 꿰뚫는 놀라운 영화적 이미지가 다행히 이를 어느 정도 상쇄하는 영화로서, 르네 클레르는 이에 대해 1923년 리뷰에서 이렇게 탄식한다. "아, 아벨 강스 씨가 기관사에게 고대 영웅의 생각을 주입하면서 기관차에 '예' '아니요'로 말하게 하는 것을 포기했더라면…! 그가 순수한 다큐멘터리를 만들었더라면, 기계와 손과 나뭇가지와 기차 연기의 디테일에 생명을 불어넣을 줄 아는 그 누구도 아닌 바로 그가 그랬더라면!"[10] (나중에 클레르는 이야기가 있는 영화에 대해 취했던 혈기 왕성한 반항적 태도를 철회한다.) 그리고 제르멘 뒬라크는 과거를 돌아보면서 이렇게 논평한다. "사람들은 순수영화의 본원적 주제를 몇몇 과학 다큐멘터리에서⋯ 예컨대 수정 결정체의 형성이라든가 총탄의 궤도⋯, 미생물의 진화, 곤충들의 표정과 삶을 다루는 영화에서 발견할 수 있었다."[11]

파리의 길거리와 그곳 사람들의 삶과 표정을 보여주는 아방가르드 다큐멘터리도 여럿 있었다. 라콩브는 〈빈민촌〉에서 데이비드 리스먼의 용어를 사용, 아니 오용해 말하자면 "도시 변두리의 슬픔"의 상태를 묘사했고, 클레르는 〈탑〉에서 에펠탑의 인상들을 조합해냈으며, 카발칸티는 〈오직 시간뿐〉으로 루트만의 〈베를린〉부터 숙스도르프의 전후 스톡홀름에 관한 영화 〈도시인들〉에 이르는 대도시 "교향곡" 시리즈를 열어젖혔다. 아니면 우중충한 빗방울의 장엄한 스펙터클을 펼쳐 보인 이벤스의 영화 〈비〉, 그리고 혁명적 열망과 죽음에 대한 항상적 의식을 강렬히 표현하는 장 비고의 미숙하지만 천재적인 영화 〈니스에 관하여〉와 같은 창조적 독해를 떠올려보라. 여기에는 물론 초현실주의적 모험에서 현실 그 자체의 기괴한 핵심으로 복귀한 부뉴엘의 〈빵 없는 세상〉도 있다. 아방가르드 운동이 종언을 고한 이후인 1930년대 초에 개봉한 이 무시무시한 다큐멘터리는 형언할 수 없는 공포와 고통이 닥쳐올 가까운 미래를 선취하면서 인간적 고난의 깊이를 드러낸다.

"모든 예술 가운데 가장 리얼리즘적이지 않은 예술"

그럼에도 다큐멘터리는 에피소드 영화만큼이나 방계에 불과했다. 아방가르드 영화감독들은 다다이스트와 입체파, 초현실주의자 들과 연합하여 이야기의 헤게모니를 거부했지만, 그렇다고 해서 그 헤게모니를 또 다른 구속적인 요구, 즉 자연이라는 원재료의 헤게모니로 대체하려 한 것은 아니었다. 오히려 그들은 영화를 기존 의미에서의 예술 매체 중 하나로 생각했고, 외적 현실의 요구를 예술가의 창조성과 조형적 충동에 대한 부당한 제한으로 보고 거부했다. 그렇다. 그들은 이미지를 이야기의 지배에 종속시키는 자들에 맞서 이미지의 우위를 주장했고 가시적인 운동을 영화의 본질적인 것으로 인정했으며 현존하는 물리적 현상들을 영화에 집어넣는 아량을 베풀어주기도 했다. 하지만 그렇다고 하여 그들이 외적인 제한으로부터 완전한 독립을 추구하고 순수영화를 자율적인 예술적 표현 수단으로 규정하는 것을 막지는 못했다. 그 자신도 한때 아방가르드 예술가였던 자크 브뤼니위스는 그들의 의도를 적확하게 지적한다. "이제 시, 회화의 권리와 동등한 영화의 권리를 위해서 새로운 요구가 제기되었다. 그것은 리얼리즘과 교훈주의, 다큐멘터리, 소설과 모두 절연하고 결국 스토리텔링을 거부하라는 요구… 심지어는 자연을 모방하지 말고 형태와 운동을 자유롭게 창조하라는 요구였다."[12] 이런 요구에 전적으로 찬동하면서 브뤼니위스는 영화를 "모든 예술 가운데 **가장 리얼리즘적이지 않은** 예술"[13]로 명명한다.

이때 아방가르드 영화감독을 이끄는 지향점은 다음과 같이 기술할 수 있을 것이다.

(1) 작업을 위해 어떤 재료를 선택하든 간에 재료에 일정한 구조를 부여할 때 자연에서 발견되는 패턴을 모방하기보다는 감독 자신의 내적 충동이 만들어내는 리듬을 따르고자 한다.

　　　　　　　　　　　　　　　　　　　　Ⅲ. 구성

(2) 형태들을 기록하거나 발견하기보다는 창조하고자 한다.

(3) 자신이 택한 이미지들을 통해 이미지 자체에 함축된 내용을 전달하기보다는 자신의 비전을 외부로 투사한 내용을 전달하고자 한다.

아방가르드의 경향들

이와 같은 아방가르드적 지향이 키워낸 실험영화로는 어떤 유형의 것들이 있을까? 몇몇 작품은 대단히 개성적이다. 예컨대 알렉산드로프의 〈센티멘털 로맨스〉는 상상 가능한 모든 아방가르드적 혁신과 열망의 단순한 혼합, 혹은 그 총목록과 같은 작품이기에 분류가 불가능하다. 마찬가지로 온갖 아방가르드적 트릭을 활용하여, 일상의 루틴에 반기를 든 모자들과 그릇들의 장난을 묘사한 한스 리히터의 〈오전의 유령〉도 어느 하나로 분류하기 어려운 영화다. 르네 클레르의 〈막간〉 역시 이런 영화들 가운데 한 자리를 차지한다.

〈막간〉

이 "부조리의 고전"[14]은 카메라 현실에 분명한 애착을 보이는 유일한 비서사적, 비다큐멘터리적 아방가르드 실험영화로서 특별히 논평할 가치가 있다. 〈막간〉은 대강 두 부분으로 나눌 수 있다. 첫 부분은 리드미컬한 운동보다는 꿈의 내용(전날 저녁 시장을 다녀온 한 남자의 꿈으로 짐작된다)을 보여준다. 이 꿈 이미지는——파리의 지붕이 즐비한 풍경 위로 두둥실 떠가는 바스라질 것 같은 종이배를 포함하여——유비나 대조 또는 전혀 알 수 없는 원칙에 기초한 자유연상 기법으로 느슨하게 연결되어 있다. 길게 세워진 담배는 그리스 신전의 기둥이 되고, 춤추는 발레리나의 치맛자락은 만개하는 꽃으로 변한다. 카메라가 발레리나의 치마를 타고 올라가 그녀의 나머지 모습을 보여주려 할 때 그녀의 얼굴이 있을 자리에는 수염을 기른 남자의 얼굴이 있다. 이것은 꼭 멜리에스 영화의 마술사가 벌이는 쇼 같다. 실제로 멜리에스와의 유사성은 몇몇 장면이 노골적으로 연극적이라는 사실로 인해 더욱 강화된다. 중요한 것은 이 모든 것이 어떤 메시지를 전달하기 위함이 아니라는 것이다. 담배가 그리스 신전 기둥으로 변하는 것은 멀리 떨어진 유사 관계의 유희에 불과하다. 발레리나의 하반신과 수염 난 얼굴을 조합한 가상의 신체는 바로 다다이스트들의 전형적인 모독 행위다. 요약하자면 환상은 유희적으로 다루어지고 매체의 정신을 파괴하기보다는 확인시켜준다.[*]

클레르가 환상을 카메라 현실보다 우월한 것으로 생각하지 않았다는 내재적 증거가 있다. 꿈 이미지를 다루는 그의 장난스러움은 영화적 방식에 바치는 충성에서 비롯된 것이다. 영화의 첫 부분과 달리 리듬이 두드러지는 두번째 부분을 살펴보자. 어떤 의미에서 꿈은 여기서도 계속된다. 하지만 그 꿈은 느슨하게 연결된 내용의 섬세한 편물에서, 다다 스타일로 어느 장례 행렬의 주위를 도는 노골적인 익살극으로 바뀐다. 장례 행렬은 먼저 놀이공원을 슬로모션으로 통과해

---

[*]   이 책의 172~74쪽 참조.

지나가더니 점차 속도가 붙으면서, 저 혼자 사납게 도로와 시골길을 따라 털털 내려가는 관을 쫓아 경주한다. 〔그림 34〕 어지러운 속도의 인상은 롤러코스터의 하강과 나무 꼭대기, 약간의 길 숏들을 조합한 천재적인 몽타주에서 기인한다. 이 시퀀스에 필적하는 것은 오로지 엡스탱의 〈충실한 마음〉(〈막간〉 직전에 개봉했다)에서 회전목마 에피소드의 "아름다운 시각적 광란"15 시퀀스뿐이다. 다시 말하자면 이 영화의 관심은 영화적 장치들을 통해서 느리고 빠른 움직임을 만들어내는 것, 그 움직임이 주는 리드미컬한 감각에 있다.

그러면 클레르는 어떻게 이러한 리듬들을 전달하는 데 성공하는가? 중요한 것은 리듬들을 재현하기 위해 통상적인 아방가르드의 요구에 따라 추상적인 형태를 사용하는 대신, 실제 삶의 재료들에 의존한다는 것이다. 환언하자면 그는 그의 조형적 요구를 리얼리즘적 경향의 요구에 종속시킨다. 프랑스와 미국의 무성 코미디 영화에 나오는 추격 장면을 떠올리게 하는 장례 행렬의 경주 시퀀스는 물리적 현실과 유희하면서도 그것을 인정한다. 누군가는 이 시퀀스를 보고 현실의 특수한 양태, 즉 고속으로 움직이는 사람이 지각하는 현실의 양태를 묘사한 것이라고 말할 것이다. 영화의 첫 부분이 보여준 유희성은 두번째 부분이 보여준 리얼리즘과 짝을 이룬다.

그 밖에도 〈막간〉은 실습의 성격이 두드러진다. 영화는 클레르가 마치 환상과 테크닉이라는 이름으로 매체 내에서 가능한 모든 것을 의도적으로 시험했다는 인상을 준다. 훗날 그는 여기에서 얻은 경험으로 많은 이득을 보게 된다.

리듬에 대한 강조

시각적 음악

에겔링과 리히터, 루트만이 그들의 첫 추상 작품을 각각 〈대각선 교향곡〉 〈리듬 21〉 〈작품 1번〉이라 명명한 사실은 그들이 일종의 시각적 음악을 열망했다는 점을 짐작케 한다. 이는 많은 프랑스 아방가르드 예술가들의 공통된 열망이었다. 에겔링과 리히터의 영화가 등장하기도 전인 1920년대 초반에 이미 루이 델뤼크는 이렇게 감탄했다. "나는 […] 경이로운 기술적 현상을 보았다. 나는 리듬cadence을 보았다."[16] 앙리 쇼메트도 그의 입장에서 영화의 이미지가 "이야기의 문장 방식이 아니라 조곡의 악절 방식으로 이어지는"[17] 새로운 영화 장르에 대해 말했다. "여기에 교향곡이, 순수음악이 있다"라고 제르멘 뒬라크는 단언했고 이렇게 물었다. "영화라고 해서 자신만의 교향곡을 가져서는 안 될 이유가 무엇인가?"[18] 뒬라크는 순수영화의 단호한 추종자로서 시각적 리듬과 음악적 리듬 사이의 조응 관계를 주장했다.[19]

이 시기의 시각적 "교향곡들"은 두 가지 구조적 특징이 있었다. 첫째, 이런 영화들을 제작한 예술가들 가운데 적어도 일부는 영상 시퀀스를 전개하기 위해서 음악의 지휘를 따르는 것이 편리하다고 생각했다. 뒬라크는 그의 영화 〈디스크 957번〉에서 쇼팽의 〈전주곡 6번〉을 두 눈을 위한 연속체로 번역했다, 혹은 그렇게 번역했다고 믿었다. 그리고 오스카 피싱거는 리드미컬한 추상 형태를 클래식 음악이든 다른 종류의 음악이든 주어진 음악에 맞춰 패턴화하는 것을 좋아했다. 여기서는 음악과 영화가 융합된 실제 몇 가지 경우를 언급하는 것만으로 충분하리라. 실제 사례들이 제기한 미학적 문제는 이미 전의 맥락에서 다룬 바 있다.*

두번째 특징은 리듬이 부여된 재료와 관련된다. 제르멘 뒬라크는 영화를 "운동의 예술이자 삶과 상상력의 시각적 리듬"[20]이라 정의하면서 이 점을 지적했다. 그녀의 정의는 당시 관습적으로 실천되던 것을 승인해주었다. 시각적 리듬은 상상된 사물뿐만 아니라 실제 삶의 현상들을 통해서도 전달되었다. 창조된 형상에 대한 선호는 순수한 추상에 스스로를 가둔 수많은 영화들을 만들어냈다. 마르셀 뒤샹이 동심원과 회전 나선형으로 만든 〈빈혈 영화〉는 이런 방향의 극단으로 나아간다. 다른 리드미컬한 영화들은 이보다는 덜 엄격하다. 〈디스크 957번〉이나 리히터의 〈영화 습작 1926〉을 살펴보면, 영화에서 운동은 추상 패턴뿐만 아니라 실제 사물도 동원한다. 이런 구성적 작품 중 일부는 심지어 물리적 현실에 대해 두드러진 관심을 표명하기도 하는데, 레제의 〈기계적 발레〉는 그리거나 칠한 기하학적 형태들을 아주 최소한으로만 이용한다.[21]

카메라 현실에 대한 침해

시각적 음악을 보여주는 아방가르드 영화에서 실제 삶의 삽입 숏은 정확히 어떤 기능을 수행하는가? 아방가르드 영화 작가들은 관객들로 하여금 주변 세계를 예민하게 지각하도록 하기 위해 순수하게 영화적인 기술을 이용하여 흥미로운 디테일이나 비일상적인 광경을 포착하는 데 열성을 보였다. 〈디스크 957번〉에서 창을 따라 천천히 흘러내리는 물방울과 자욱한 안개는 어느 골목길을 사뭇 신비롭게 만

*   이 책의 288~90쪽을 보라. 또한 283쪽도 참조.

들어준다. 하지만 이들은 그런 물질적 현상들을 물리적 현실의 구축을 위해서가 아니라 구성적인 목적을 위해서 기록했다. 그들은 그 현상들로부터 리드미컬한 운동의 자족적인 시퀀스를 만들고 싶었던 것이다.

이는 〈기계적 발레〉의 리얼리즘에 가까운 에피소드에서 인상적으로 입증된다. 이 에피소드에서 세탁부는 계단을 오르지만 결코 맨 위에 다다르지는 못한다. 세탁부가 맨 위에 도달하려는 순간 그녀는 다시 계단 밑에 있고 다시 오르기를 반복한다. [그림 35] 단순한 편집 트릭에 의해 그 여자는 끝없이 위로 올라가기를 반복하게 된다. 이런 행동의 고집스러운 반복은 계단을 오르는 이 특정한 여자를 우리에게 각인시키기 위한 것은 분명 아니다. 그랬다면 그 여자는 완전히 똑같이 움직여야 했겠지만 얼마 지나면 그녀의 속도는 느려지고 피로의 기색이 보인다. 그녀를 찍은 숏들이 그녀의 현존을 설명해주지 못하기 때문에 우리는 그 숏들이 의미할 법한 바 또한 깨닫지 못한다. 영원히 반복되는 여자의 모습을 보면서 그녀의 헛된 계단 오르기가 시시포스의 고통을 반영하리라는 생각은 꿈에도 할 수 없다. 사실 우리가 보는 것은 악몽 같은 계단을 오르는 실제 삶의 형상이라기보다는 오르기 운동 그 자체다. 리듬에 대한 강조는 그 리듬을 수행하는 여자의 현실을 지워버린다. 그래서 그녀는 구체적인 인물에서 특정한 방식의 운동을 활기 없이 수행하는 자로 바뀌어버린다.* 그녀와 함께 뒤섞여 등장하는[22] 냄비 뚜껑과 거품기 역시 그 운동의 지나치게 두드러

---

* 한스 리히터는 〈오전의 유령〉에서 레제의 영화에 나오는 이 모티프를 빌려다 썼다. 차이가 있다면 오직 층계를 오르는 여자 대신에 사다리를 올라타는 남자를 보여준다는 점뿐이다.

III. 구성

진 성격 때문에 거의 추상에 가까운 형태로 환원되다시피 한다. 그 사물들은 말하자면 우리 눈앞에서 사라져버리고, 남는 것은 체셔 고양이의 미소처럼 붙잡을 수가 없다. 레세는 그의 영화 〈기계적 발레〉가 "일상적 사물들의 리듬을 시공간에서 창조하고 그 사물들을 그것들의 조형적 미 속에서 재현하고픈"[23] 욕망에서 나왔다고 해석했다. 그가 자신의 영화를 오독한 것은 아닐까? 그가 "조형적 미"라고 제시한 것은 어쩌면 리듬에 압도당한 사물들에 있다기보다는 리듬에 내재한 것일 수 있다. 사물 자체의 본원적인 아름다움을 어디선가 찾을 수 있다면 그곳은 도브젠코의 〈대지〉일 것이지, 레제의 영화는 아니다. 도브젠코는 이런 아름다움을 사물들을 인상적으로 움직여서가 아니라, 오히려 그와 반대로 그 사물들을 절대적인 부동의 상태로 보여줌으로써 현시한다.

이 모든 것은 리드미컬한 아방가르드 영화에서 실제 삶의 숏들이 소진의 고통을 겪는다는 점을 지적한다. 그 숏들은 자신들이 연원한 물리적 실재의 연속체를 가리키는 대신에, 원상태의 자연을 말 그대로 배제하는 구성의 요소로서 기능한다. 시각적 음악의 추종자들이 카메라로 자연적 대상을 겨냥하는 것은 사실이지만, 형식적 가치들과 온갖 운동들을 얻기 위한 지속적인 노력에서 드러나는 그들의 조형적 열망은 연출되지 않은 것, 우연적인 것, 아직 형태가 잡히지 않은 것과 친화성을 갖는 영화의 감각을 둔하게 만들었다. 그들 안의 "예술가"가 "독자"에 대해서 승리를 거둔 것이다.

그들 영화에서는 리듬의 흐름이──그것이 하나의 흐름이라면──삶의 흐름을 연거푸 중단시키고 만다. 그 리듬이 삶에서 분리되는 순간, 삶에 속한 현상들은 웅변력을 잃어버린다. 〈디스크 957번〉에서 흘러내리는 물방울과 신비로운 가로수길의 이미지는 자신들의 잘못은 아니지만, 즉시 철회되고 말 약속을 건넨 것이다.

추상으로 기우는 경향

리드미컬한 편집에 대한 배타적 관심이 재현된 실제 삶의 재료들을 공허하게 만들 뿐만 아니라 그것들로부터 더 멀어져서 추상으로 나아가는 경향을 불러낸다고 가정하는 데는 그럴 만한 이유가 있다. 이런 가정은 여기서 말하는 아방가르드 영화가 그것이 재현하는 실제 대상들을 추상적인 패턴으로 바꾸는 방식을 통해서 "다른 차원의 현실"을 보여주는 이미지들을 자주 사용하고 있다는 점에서 사실로 확인된다. 3장에서 나는 이런 경계 영역을 점하는 이미지들이 본성상 애매모호하다는 점을 논증했다. 이미지들이 등장하는 맥락에 따라서 그것들은 순수한 추상으로 식별될 수도 있고 계속해서 실제 삶의 이미지라는 인상을 줄 수도 있다.* 이런 점에서 1928년에 나온 데슬라프의 실험영화 〈기계들의 행진〉은 많은 주목을 받았다. 이 영화에서 기계 부품의 거대한 클로즈업은 리드미컬한 전개에 탐닉하고, 이로 인해 그것이 원래 지닌 리얼리즘적 성격은 사장되고 만다. 기계 부품이 비사실적인 형태의 출발점으로 기능하지 않을 때는 빛의 반사나 수정의 결정 형성 과정이 그런 역할을 한다. 리듬이 영화의 존재 이유인 곳에서는 어디서든지 자연적 대상에서 비대상적 형태로의 비가역적인 이동이 일어난다는 것을 정당하게 지적할 수 있다. (여담이지만, 이러한 경향은 증가 추세로 보인다. 미국에서 가장 리듬 지향적인 현대 실

---

*   이 책의 109쪽을 보라.

험작가들은 휘트니 형제, 더글러스 크록웰, 프랜시스 리, 제임스 E. 데이비스 등이며, 이들은 주어진 자연에서 완전히 멀어지려 한다.[24]

리듬을 지향하는 이 경향은 〈리듬 21〉이나 피싱거의 습작들, 혹은 더 현대적인 사례를 든다면 크록웰의 〈글렌스폴스 시퀀스〉처럼 독립적인 추상에 바쳐진 영화에서 절정에 달하는 것처럼 보인다. 이 영화들은 기술적 관점에서는 애니메이션인 경우가 드물지 않으며, 그렇지 않더라도 특별히 준비된 재료들로 창조한 형태와 운동 들을 재생한다는 점에서 애니메이션을 닮아 있다. 이들 영화가 "조형미"를 획득하는 데 성공한다면, 그 결과물은 분명 그 자체로 즐길 만하다. 몇몇 영화는 명랑하고 즐거운 표현물이지만, 다른 영화들은 유감스럽게도 지루한 쪽에 가깝다. (물론 지루함과 순수 형식미가 상호 배제적일 필요는 없다.)

현대 미술의 연장

문제는 리드미컬한 "교향곡들"이 전적으로 추상적이든 아니든 간에 영화로 완전히 인정받을 수 있는가다. 그 영화들이 애니메이션인 한에서 본래적인 실사영화의 바깥에 있는 장르를 형성하므로 당장은 논외로 두어도 될 것이다. 이런 종류의 다른 작품들의 경우에는 그 작가들이 영화를 실사 매체가 아니라, 상상적 디자인, 주로 비대상적인 디자인에 움직임을 부여하는 수단으로 이용하고 있음이 상당히 명백하다. 전체적으로 보았을 때, 이런 영화들은 심지어 영화로 의도된 것도 아니다. 오히려 현대 미술을 운동과 시간의 차원으로 연장시키려는 의도에서 만들어진 것이다. 혹자는 그 작품들이 영화의 고유한 테크닉을 활용하여 잠재된 의도를 표현했다는 점에서 영화적이라고 주장할지도 모른다. 하지만 그렇게 함으로써 그 작품들은 영화 매체의 기본적 속성을, 영화의 기술적 속성보다 우위를 차지하는 그 속성을 간과한다. 그런 구성들이 시간의 차원이 더해진 촬영된 회화의 인상을 주는 것은 우연이 아니다. 특히 카메라의 탐구보다 추상을 선호하는 영화들의 경우에는 더욱 그렇다. 큐비즘적 색채를 보이는 〈기계적 발레〉는 레제의 캔버스에서 곧바로 튀어나온 것 같다. 실험적 사진가들의 프린트처럼 리듬을 강조하는 영화들은 기존 예술의 새로운 하위 장르로 분류되는 편이 나을 것이다.

내용에 대한 강조

초현실주의적 영화들

1920년대 중반부터 무게 중심이 리듬에서 내용으로 이동하기 시작했다. 초현실주의 운동이 탄력을 받았고, 그에 영향을 받은 아방가르드 예술가들은 꿈 장면과 심리적 전개, 무의식적 또는 잠재의식적 과정들과 같은 것을 스크린에 옮기려고 열과 성을 다했다. 상당수가 프로이트에게 영감을 받았고, 그보다 정도는 덜하지만 마르크스주의에 영감을 받았다. 금지된 성적 욕망으로 괴로워하는 성직자가 주인공인 제르멘 뒬라크의 영화 〈조개와 성직자〉와 로베르 데스노스의 연애시에 왜곡되고 일부러 흐릿하게 만든 이미지의 삽화를 붙인 만 레이의 영화 〈바다의 별〉은 추상과 영화적 언어에 탐닉하는 리드미컬한 순수영화에서 "초현실주의적"이라 불릴 경향으로 이동하는 과도기를 보여준다. 이 시기 초현실주의적 영화에서 가장 독창적이고 대표적인 작품은 부뉴엘과 달리의 〈안달루시아의 개〉다. 관객들에게 다다적인 방식으로 충격요법을 가하려는 의도가 명백한 이 작품의 수수께끼 같고 비합리적인 이미지들은 심리적 심층부에서 벌어지는 다양한 충동들의 유희에서 기원했으며 그 유희를 역으로 가리키는 듯이 보인다. 콕토의 〈시인의 피〉는 시각적인 문학적 환상으로, 콕토 스스로는 인정하지 않으려 했지만 역시 이 그룹에 속한다.* 초현실주의적인 경향은 그 유행이 그다지 사그라들지 않아서 제2차 세계대전 이후 미국에서 다시 맹렬히 부흥할 수 있었다. 마야 데렌, 커티스 해링턴, 케네스 앵거, 그레고리 마르코풀로스 등이 만든 최근에 나온 새로운 실험영화들은 갖가지 환멸과 억압, 동경을 보여주는데, 특히 동성애든 아니든 그런 것과 관련된 청소년기의 뻬딱한 감정적 경험을 선호하는 경향을 보인다.[25] 옛 아방가르드 작품들과 비교해보면 이 새로운 영화들은 소외의 감정에 훨씬 치중하고 있지만 사회적, 정치적 울림은 더 빈약해졌다. 얘기가 나온 김에 언급하자면 리히터 역시 〈돈으로 살 수 있는 꿈들〉에서 초현실주의로 넘어간다.

몇 편의 중요한 초현실주의 영화를 자세히 논평하고 싶은 유혹이 들지만 여기서 내 과제는 전체 장르의 공통된 특징을 밝히는 것이다. 이런 작업을 통해서만이 초현실주의 영화가 영화 매체에 얼마나 적합한가를 우리의 기본적인 가정에 입각하여 판단할 수 있다. 초현실주의적 경향의 논의에서는 전반적으로 무엇이 전제되어 있는지를 분명

---

*   1939년 초에 나는 '술 게임[중세 시대부터 프랑스 북부에서 성행하던, 럭비와 유사한 전통적인 공놀이]의 친구들Amis des Soules'이라는 파리 서클 모임에 참여한 적이 있다. 그곳에서 〈시인의 피〉를 상영하기 전에 콕토의 편지를 읽어주었는데, 거기서 그는 이 영화가 초현실주의와 결단코 아무런 상관이 없다고 밝혔다.

하게 보여주고자 한다. 그렇다고 해서 이런 식의 평가가 인간에 대한 기록이자 집단적 공포와 욕망의 선언이라는 영화들의 가치와 직결될 필요는 없다.

공통된 특징

초현실주의 대 추상　1920년대 후반의 초현실주의자들은 자신들이 영화의 형식보다는 내용과 더 씨름한다는 것을 잘 알고 있었다. 이 사실은 그들이 일방적인 리듬의 강조와 그에 따른 비대상적인 재료의 사용을 명백하게 거부했다는 점에서 잘 알 수 있다. 예컨대 미셸 다르는 "가능한 모든 영화적 트릭을 다 동원하여 힘겹게 변형시킨 여러 기하학적 선들을" 보여주는 것만을 고집한 영화들이 부인할 수 없을 정도로 순수하지만, 여기에 쓰인 "순수한"이라는 표현은 "내게 경직되고, 숨 막히고, 황량하다는 말과 동의어다"[26]라고 분명히 말한다. 또한 〈조개와 성직자〉의 시나리오를 쓴 아방가르드 시인 앙토냉 아르토는 "그 자체로 아무것도 의미하지 않는 순수한 기하학적 형태들에 대해서 우리는 무감각하게 남아 있었다"[27]라고 말한다. 자기 자신을 표현하려는 현대 영화예술가들 역시 추상적인 형식주의에 단호하게 등을 돌린다. 가령 마야 데렌은 이렇게 말한다. "보통의 추상영화에 깔린 콘셉트에 대해서 내가 주요하게 비판하는 점은 그것이 현실의 요소들을 현실로 다루는 영화의 특별한 능력을 부인하고 그 자리를 모조리 인위적인 요소들로 채운다(회화의 방법이다)는 점이다."[28] 추상적 경향이 존재했던 것과 병행하여, 의미심장한 내용으로 가득한 메시지에 대한 요구 또한 존재해왔고 지금도 존재한다.

내적 현실의 우세   초현실주의 영화의 내용 자체는 명백히 환상의 영역에 들어간다. 정확히 말하면 환상이 우리 감각의 세계보다 더 리얼하고 더 중요하게 간주될 것을 요구한다. 뿐만 아니라 〈안달루시아의 개〉에서 그랜드피아노 위의 나귀 사체나 〈시인의 피〉에서 눈으로 덮인 마당으로 예증되었듯이 초현실주의자들이 연출성과 관련해 태평한 태도를 보이는 것도 이해할 수 있다. 우리는 이미 5장에서 그런 유의 영화──확고한 유효성을 주장하는 연출된 환상──가 비영화적 효과를 낼 수밖에 없음을 살펴보았다.*

초현실주의 영화들이 그 밖의 환상영화들과 구분되는 공통된 특징이 없었다면 이 문제는 내버려두어도 좋았을 것이다. 대부분의 환상영화와 달리, 초현실주의 영화는 내적 현실이 외적 현실보다 훨씬 우위에 있다는 믿음에 기초한다. 따라서 초현실주의 영화의 가장 긴급한 목표는 어떤 이야기나 여타 합리적인 장치의 도움을 받지 않고서도 내적인 삶의 흐름을 보여주고, 그 흐름이 본능, 꿈, 환각의 측면에서 수반하는 모든 것을 시각적으로 보여주는 것이다. 그렇다고 초현실주의자들이 "사물의 외피, 현실의 표피… 영화의 원재료"[29]라는 점을 부인하는 것은 아니다. 하지만 그들은 모두 이 그림자 같고 덧없는 재료들이 의미를 얻는 것은 오직 인간의 무의식적 근원에 이르는 내적인 충동과 관심사를 전달하기 위해 사용될 때라는 데 동의한다.

달리는 "혼돈을 체계화함으로써 현실 세계를 완전히 불신에 빠뜨릴 수 있다"[30]는 예술가에게 주어진 가능성에 환호했다──어찌 안

---

*   이 책의 169~72쪽을 보라.

그러겠는가. 물론 정신분석에 의거하고 있었던 1920년대의 저 영화 팬들은 영화가 "우리 영혼의 가장 심오한 메커니즘을 표현할"[31]* 운명을, 또 "지각된 이미지들이 그로부터 연상된 모든 생각들과 함께 분류되어 있는 무의식의 동굴 속을 뚫고 들어갈"[32] 운명을 띠고 태어났다고 확신하고 있었다. (아방가르드 시대에 이러한 생각들은 뿌리 깊은 관습에 가한 다다의 공격에서부터 무정부주의적 소요와 혁명적 시위에 이르기까지 널리 퍼져 있었다.) 그렇다면 초현실주의 영화감독들에게 카메라 현실은 일종의 림보 상태다. 그러니까 그들은 내적 세계를 연속성 속에서 재현하겠다는 유일한 목적을 위해서 외적 현상들을 포착하는 것이다. 이 내적 세계가 그들에게 중요한 유일한 현실이다.

문제적인 상징주의

하지만 자연적 대상들을 담은 숏들 혹은 그 대상들의 연출된 배치가 초현실주의 영화가 중점에 두는 내적인 삶의 사건들을 지시해야 한다면, 그것들은 기호의 기능, 혹은 상징의 기능을 맡지 않을 수 없다. 이 내적인 삶의 사건들을 기호화하는 과중한 의무가 오직 이 숏들에 부과되는 것이다. 이미지와 그것이 명료히 보여주어야 할 꿈 또는 환각 사이를 중개하는 임무를 맡은 어떤 것이 시의 형식을 하고 보조적으로 주어지는 희귀한 경우를 제외한다면 말이다. (이런 경우는 아무튼 —— 예컨대 로베르 데스노스의 시가 자막으로 들어간 〈바다의 별〉에서 볼 수 있듯이 —— 시가 주어진 임무를 서로 다른 두 가지 선택지 안에서 모두 무산시켜버리는 듯하다. 즉, 시는 시각화된 음악의 운명을 공유하여

---

*   이 책의 138~39쪽 참조.

III. 구성

주목받지 못하는 배경음악 신세가 될 수도 있고,* 아니면 주도권을 쥐게 되면서 이미지를 자신의 단순한 삽화로 전락시켜버릴 수도 있다.) 초현실주의 영화에서 영상이 상징으로 의도되었든 아니든 관객에 의해서 그렇게 간주되는 운명은 피할 수 없다.

선행 문헌을 보면 이런 입장에 따른 해석들로 가득하다. 자크 브뤼니위스는 〈안달루시아의 개〉를 논평하면서 "젊은 남자가 여자를 강간하기 위해 끌고 가려는 장면에서 그가 뒤에 끌고 가는 것은… 두 개의 밧줄 끝에 매달린… 코르크와 멜론과 사제, 그리고 당나귀 사체로 채워진 그랜드피아노이고 이것은 그의 유년 시절과 그때 받은 교육에 대한 기억이다."[33] 〔그림 36〕 예상할 수 있듯이 〈시인의 피〉는 방대한 주석 작업을 유발한다. 예컨대 조지 모리슨은 영화의 그림 암호를 해독하는 데 열중한다. "시인이 감옥에서 탈출하는 통로인 거울은 진리이고, 살아난 입은 환각이며, 거짓 자살은 목숨 바칠 가치가 없는 거짓 이상이며, 등등."[34] 영화감독이라기보다 문인인 장 콕토 본인이 그러한 과장된 독해를 부추긴다. 그의 유언에 따르면 "시인의 고독은 너무 크고 깊어서 그가 창조한 것에 생명을 부여하고, 그래서 그런 창조물의 하나인 입은 그의 손에서 상처처럼 살아가며, 그는 이 입을 사랑하고, 자기 자신을 사랑하며, 간단히 말해 그는 아침에 창녀처럼 자신에게 달라붙는 이 입과 함께 깨어나고, 그래서 그는 그 입을 떨쳐버리려 하고, 죽음의 상태에서야 그 입을 떨쳐내는 것이다."[35]

한스 리히터 역시 스스로 자신의 해석가로 나서야 한다는 사명을 느낀다. 그는 〈돈으로 살 수 있는 꿈들〉의 "나르키소스" 에피소드에서

---

*   이 책의 288~90쪽을 보라.

"나르키소스가 돌연 나르키소스와의 사랑에서 빠져나와 자신의 진정한 자아와 마주해야 했을 때 프로이트보다는 융을 따랐다"[36]라고 말한다. 외현적 이미지의 내용이 특정한 지점에서 영화감독에게 떠오르는 내적인 상황을 분명하게 표현해주고 있기 때문에 이러한 권위 있는 설명이 전혀 필요하지 않은 경우도 있다. 우리는 마야 데렌의 〈오후의 올가미〉에서 꿈꾸는 여주인공의 눈으로, 얼굴의 자리에 거울이 있는 검은 옷의 여성을 볼 때 그 여성이——꿈꾸는 여주인공 자체일 수도 있는——하나의 상징이지, 유령이 아님을, 즉 동료들로부터 강제로 고립된 상황에서 나온 꿈꾸는 자의 자기 반영을 상징한다는 것을 금방 알아차릴 수 있다.

자명한 이유에서 초현실주의 영화들은 보통 리드미컬한 구성보다는 실제 삶의 재료들을 더 많이 사용한다. 잘 알려진 사례가 〈안달루시아의 개〉에서 좁은 거리의 군중을 위에서 내려다보며 촬영한 매력적이고 진정으로 리얼리즘적인 숏이다. 이 숏이 카메라 현실과 삶의 흐름을 암시하는 맥락 속에 통합되어 있었더라면 우리는 그 숏의 불확정적인 의미를 찾아 그 안으로 꿈꾸듯이 탐사해 들어가고 싶었으리라. 하지만 실제로 그 숏을 우리 안에 흡수하는 것은 용납되지 않는다. 초현실주의적 이미지에 부여된 상징적 기능들이 그 이미지의 내재적 가능성들을 전개하지 못하도록 자동적으로 방해하기 때문이다. 아방가르드 초현실주의자들은——이러한 경향의 창시자들만 언급한다면——이러한 내적 현실의 막대한 중요성에 대한 확신에 따라 그 중요성을 강조하기 위해 외적 현실과 자연적 친화성을 갖는 매체를 사용한다. 카메라를 진정한 영화적 관심보다는 문학적 관심에 따라 사용한 것이다. 시인의 손에 상처처럼 살고 있는, 시인의 창조물인 입의 언어 이미지는 대단히 시적일 수 있다. 하지만 영화의 관점에서 볼 때 이 이상한 손의 실사 이미지는 입을 닮은 상처를 갖고 있는 실제 손에 불과하다. 그래서 아무리 불가해한 현상이라 하더라도 언어 이미지의 시적인 성격을 결코 띠지 못하는 자연물일 뿐이다.* 이미 1925년에 르네 클레르는 자기 직업에 대한 예리한 감각에서 초현실주의 이미지들의 인위적인 의미들과 억지스러운 연출성을 꿰뚫어보지 않을 수 없었고, 그래서 그는 "영화가 최고의 초현실주의적 표현 수단"이라는 주장을 단호히 거부했다. 다만 그는 영화가 "그럼에도 관객의 정신에 있어서 비할 데 없는 초현실주의적 활동의 영역으로 남는다"[37]라고 조심스럽게 덧붙인다.

클레르는 스크린에서 관객으로 초현실주의를 이동시킴으로써, 물리적 현실에 헌신하는 영화, 즉 영화적인 영화가 내적인 삶의 연관을 재현하는 방식을 가리켜 보이고 싶었을 것이다. 이런 영화적인 영화들은 초현실주의 영화에 비해 그럴 능력이 없지 않지만, 영화가 암시하는 내적 현실을 파악하는 임무를 관객에게 위임한다. 영화적인 영화에서 상징들은 초현실주의적인 방식대로 상징들의 삽화로 쓰인다는 유일한 목적에 따라 선택되거나 제작된 이미지에 인위적으로 부과된 것이 아니라, 외적 현실을 관통하는 것이 주 임무인 이미지들의 부산물 혹은 결과물이라 불러도 좋을 것이다. 이렇게 상징을 서로 다르게 취급하는 이유는 영화적인 영화와 달리 초현실주의 영화가 전통

---

* 세브 역시 유사한 견해를 밝힌다. Sève, "Cinéma et méthode." *Revue internationale de filmologie*, July-Aug. 1947, vol. I, no. 1, p. 45: "무대 위의 문이나 그림 속의 문과 달리 영화 속 문은 균형을 맞추거나 분리시키거나 상징화하는 기능을 갖는 것이 아니라 단지 열리고 닫히는 기능을 가질 뿐이다."

적 의미에서의 예술을 추구한다는 사실에서 찾아야 한다. 그런 이유에서 초현실주의 영화들은 정도의 차이는 있겠지만 닫힌 구성의 성격을 띤다. 그래서 이 구성은 창작자가 집어넣으려고 생각했던 것을 외부로 투사하는 시도에서 소진되고 마는 이미지를 낳고 만다. 영화적인 영화들은 물리적 현실을 완전히 소모하지 않은 상태로 탐구하기 때문에 상징적 의미들을 강조하기보다는 해방시킨다. 영화 매체에 진정으로 알맞은 상징들은 언제나 암시적인 것이다. 〈시민 케인〉의 마지막에 쓰레기 더미 속에서 잠시 등장한 장미 꽃봉오리가 그려진 썰매를 생각해보라. 〈무방비 도시〉에서 처형 장면 직후에 나오는 로마의 원거리 숏을 생각해보라. 또 〈길〉에서 새벽녘의 쓸쓸한 말을, 〈카비리아의 밤〉에서 눈물과 음악, 탄식과 삶의 기쁨이 한데 녹아드는 마법의 숲을 보여주는 탁월한 피날레를 떠올려보라. 분명 이 모든 이미지들은 상징적 해석을 허용한다. 하지만 그 이미지들이 충실하게 모사하는 삶, 모든 측면에서 자기 자신 너머를 가리키는 삶이야말로 그러하지 않은가.

결론

실험영화 감독들은 리드미컬한 추상을 선호하든 내적 현실의 초현실주의적 투사를 선호하든 간에 모두 날것 그대로의 자연, 즉 영화의 고유한 힘의 원천으로부터 자신을 소외시키는 구상을 지향하는 영화로 다가가려는 것처럼 보인다. 그들의 조형적 열망은 현대 회화나 문학의 정신에서 나온 작업에 더 이끌린다. 독립적인 창조성에 대한 그들의 선호는 카메라적 탐구에 대한 관심, 저 바깥의 현실에 대한 호기심을 질식시키고 만다. 그들은 영화를 이야기의 폭정으로부터 해방시켜서 전통 예술 앞에 무릎 꿇린 것이다. 실제로 그들은 미술을 영화로 확장한다. 뉴욕영화창작재단이 1957년에 발간한 책자에는 "영화를 미술의 한 형식으로 발전시키도록 도와주십시오"라고 적혀 있다. 하지만 예술가의 자유는 영화감독에게는 족쇄가 된다.

그럼에도 불구하고 영화 언어, 리드미컬한 편집, 무의식에 가까운 [영혼의] 과정 묘사에서의 아방가르드적 실험이 영화에 전반적으로 아주 유익했다는 사실은 기억될 필요가 있다. 또 잊어서는 안 되는 것은 부뉴엘과 같은 많은 아방가르드 예술가들이 이후 리얼리즘으로 자신의 지향을 바꾸고 외적 현실을 향해 시선을 돌렸다는 사실이다. 예를 들면 요리스 이벤스, 카발칸티는 그들의 관심을 사회 다큐멘터리로 전환했다.[38]

11   사실영화

서론

장르들

또 다른 종류의 비서사적 영화로는 사실영화film of fact가 있다. 이렇게 명명한 이유는 이 장르가 조작되지 않은 재료들을 선호하여 픽션을 멀리하는 까닭이다. 아무리 노력해도 완전히 해결할 수는 없는 분류 문제에 오래 시간을 빼앗기는 것을 피하기 위해서 사실영화라는 이름 아래, 관련된 온갖 변형 장르들을 아우르는 다음의 세 장르를 놓는 것이 가장 좋을 듯하다. (1) 뉴스영화, (2) 여행영화travelogue, 과학영화, 교육용 영화 등의 하위 장르를 포함한 다큐멘터리, (3) 미술에 대한 상대적으로 새로운 종류의 영화. 마지막 장르는 실험영화의 특징을 골고루 갖춘 일군의 작품들을 망라하지만, 그 외 일부는 존 리드라는 젊은 영화감독이 "미술 및 미술가들에 대한 영화를 만드는 이유는 배와 배 만드는 사람에 관한 영화를 만들거나 저 먼 곳에 사는 원시부족들에 대한 영화를 만드는 이유와 하등 다를 것이 없다"[1]*라고 말할 때 의도한 종류의 영화들이 차지한다. 즉 이런 영화들의 상당

수는 다큐멘터리적 성격을 띤다. 따라서 이 장르 전체를 이번 장에서 다루는 것이 정당해 보인다.

특징들

미술 작품, 즉 연출되지 않은 현실의 차원에 완전히 속하지는 않지만 그 차원 속에 들어가는 미술 작품들을 촬영한 미술영화들art films의 시퀀스를 제외한다면,** 사실영화는 실제 물리적 실재에 집중한다. 물론 그렇다고 하여 연출과 재연을 배제하는 것은 아니며 필요하다면 도표나 도해를 사용할 때도 있다. 다큐멘터리와 뉴스영화가 모두 현실 세계를 반영한다고 하지만 현실 세계를 대하는 접근 방식에서 차이를 보인다. 뉴스영화가 간결하고 중립적인 방식으로 이른바 모든 사람들의 관심 대상이 될 법한 현재 진행 중인 사건들을 보여준다면, 자연적 재료를 다양한 목적으로 가공하는 다큐멘터리는 관찰적인 영상 리포트부터 격렬한 사회 비판까지 넓게 포진되어 있다.[2] 두 장르는 모두 영화 매체의 유년기로까지 거슬러 올라가며, 메스기슈가 뤼미에르를 두고 했던 말, 즉 "영화 카메라의 렌즈는 세계를 향해 열린다"라는 말에 다양하게 부응하고 있다.***

---

*   존 리드는 헨리 무어에 대한 영화를 감독했다. 그가 BBC 방송국에서 만든 월터 시커트, 존 파이퍼, 스탠리 스펜서에 대한 영화들은 1953~55년에 BBC TV다큐멘터리 부서의 국장이었던 폴 로타의 지휘하에 제작된 것이다. (로타 씨가 친히 말해준 내용이다.) 이러한 사실은 리드가 왜 미술영화는 미술과 미술가들에 대한 다큐멘터리 영화여야 한다고 주장했는지 설명해준다.

**   이 책의 72쪽을 보라.

*** 이 책의 77쪽을 보라.

하지만 사실영화의 경우에도 카메라의 렌즈는 세계의 일부만을 향해 열린다. 뉴스영화나 다큐멘터리 모두 개인과 그의 내적 갈등보다는 그가 살고 있는 세계를 보여준다. 로타의 말을 빌리자면, 다큐멘터리는 "주변 세계에 대한 개인의 관심에 달려 있다." 로타는 자기 말의 요지가 전달되지 못할까 봐 안절부절못하면서 다음과 같이 말을 이어간다. "다큐멘터리에 인간들이 나오면, 그들은 중심 테마에 종속된다. 그들의 사적인 열정이나 불만은 덜 관심을 끈다."[3] 사실영화가 물리적 현실의 모든 측면을 탐구하는 것은 아니라는 이 말이 지닌 함의는 아무리 강조해도 지나치지 않다. 사실영화들은 가령 이야기에 의해 전해지는 "사적인 열정"에 따라붙는 것들은 제외시킨다. "현실의 특수한 양태"는 사실영화의 가능성 바깥에 있는 것처럼 보인다. 이러한 시야의 제한이 낳는 결과는 이 장의 마지막에 가서 드러날 것이다.

연구 범위

뉴스영화는 이런 맥락에서 딱히 논의할 만한 문제를 제기하지 않는다. 뉴스영화는 조형적 경향을 압도하는 리얼리즘적 경향을 보이면서 영화적 방식의 최소한의 요구 조건을 마땅히 충족시킨다.[*] 실제로 조형적인 노력을 강화하면 이 장르의 목적인 기록의 의무를 방해할 수도 있다. 뉴스영화 숏들은 직설적인 스냅숏의 성격을 지닐 때, 즉

***

* 이 책의 90쪽 참조.

완숙한 구성에 대한 관심보다 현장에서의 즉흥성을 증명해 보일 때 더욱 장르에 부합하는 법이다. 이는 당연히 뉴스영화의 재료들을 촬영하고 편집할 때의 세심한 선별 작업의 중요성을 무시하는 말은 아니다.[4]

교육용 영화도 따로 논의할 필요가 없다. 교육용 영화의 목적은 유용한 지식과 특수한 기술을 전달하는 데 있으며, 이런 목적의 달성과 영화적인 조작 방식이 딱히 상관관계를 갖는 것도 아니다. 캐나다 국립영화위원회가 정신장애에 대한 경각심을 전파하기 위해 제작한 몇 편의 심리학 영화들은 형편없는 영화지만 좋은 실물교육 자료다. 물론 교육적으로 완벽한 자료가 높은 영화적 품격을 보이는 경우도 있다. 예컨대 아서 엘턴 경이 셸 영화사를 위해 제작한 영화들──그의 영화 〈정권 교체〉를 떠올려보라──은 훌륭한 교육 자료이자 탁월한 영화다. 하지만 많은 경우, 다루는 대상 자체가 영화 매체와의 친화성을 고려하지 못하게 한다. 직업교육을 위한 영화는 수업 내용을 이해시키기 위해서 말로 이루어지는 설명에 상당 부분을 의존하곤 한다. 심지어 영화의 침투 작용이 너무 강하면 학습 과정으로부터 관객의 주의력을 빼앗아 산만하게 만든다는 의견도 제기될 수 있다. 교육용 영화는 형식적으로는 다큐멘터리의 하위 장르이지만 어쨌거나 시청각 자료의 범주에 속한다고 하겠다.

미술에 대한 영화

미술영화는 제2차 세계대전 이래로 전면에 부상하기 시작했다.

그 영화들을 검토하기 전에 우선 조금이라도 리얼리즘적인 성격을 지닌 회화들과 소묘들, 아니 그 디테일이 스크린에 옮겨질 때면 나타나는 것으로 보이는 현상에 대해서 논해야 하겠다. 이런 풍경 혹은 초상을 촬영하는 카메라가 정지된 카메라가 아니라 움직이는 카메라라면 스크린상에 재현된 이미지들은 원본보다 훨씬 생생하게 3차원적인 삶을 환기시킬 것이다.

3차원적인 자연성의 획득

이와 같은 효과는 쉽게 관찰되는데, 다음의 세 가지 요인에서 그 이유를 찾을 수 있다. 첫째, 관객은 영화에서 주어진 현실의 이미지와 마주할 것이라고 기대한다. 이러한 기대로 인해 관객은 리얼리즘적인 캔버스의 세부 숏들을 보고는 그것이 실사로 촬영된 3차원적 대상이라고 착각하는 경향이 있다. 가령 루벤스가 그린 초상화 속 여성의 두상 이미지를 자꾸만 실제로 살아 있는 모델의 이미지로 생각하고 싶어지는 것이다. 그 결과 회화들은 공간적 깊이를 얻는 듯 보인다.

둘째, 유달리 미술을 다루는 실험영화 감독들이 많이 쓰는 관행으로서, 회화 전체를 보여주는 대신 조각내어 보여주는 관행——그 어떤 미술평론가도 승인하지 않을 관행이다*——이 이러한 3차원적 환

* Bolen. "Films and the Visual Arts." in Bolen(ed.). *Films on Art: Panorama 1953*(French Edition: p. 7 n.). 볼렌에 따르면 암스테르담 국제미술영화진흥회에서 어떤 미술평론가는 미술 작품에 대한 영화를 찍으려면 그 작품을 영화 처음에 완전하게 보여주어야 한다고 미술영화 감독들에게 요구했다고 한다.

영을 뒷받침해주는 것처럼 보인다. 만일 관객이 액자에 끼워진 그림의 전체 모습을 알지 못한다면 클로즈업된 회화의 부분이 원래 어디에서 온 것인지 알려줄 준거틀이 빠진 셈이어서 클로즈업된 이미지들은 자유롭게 유영하는 개별적 실체의 성격을 띠게 될 것이다. 루벤스 초상화의 여성을 클로즈업한 이미지를 떠올려보라. 초상화 속 여성의 위치가 정해져 있지 않다면, 우리의 상상력은 결국 자극을 받아 그 여성을 자의적인 맥락 속에 통합시킴으로써 그 파편적 실존을 보완하려 들 것이다. 여기에 관객의 기대가 개입될 여지가 있다. 그 기대로 인해 관객은 고립된 머리가 실제 삶의 현상들의 불확정성을 띤다고 착각하게 되고, 이로 인해 그 머리를 그것의 기능과 의미를 결정하는 예술적 구성의 일부였던 초상화의 머리로부터 떼어놓고 보게 된다. 감독은 바로 이렇게 전체를 해체함으로써 마치 미학적 차원 바깥에서도 삶이 전개되리라는 가상을 영상에 부여한다.

셋째, 혹자는 이런 점에서 한 회화 작품의 디테일을 보여주는 슬라이드쇼가, 동일한 디테일을 보여주는 영화 숏과 같은 것이 아니냐고 물을지도 모르겠다.[5] 몇 차례 임의적으로 관찰한 결과에 따르면 다른 모든 조건이 같다고 가정할 때 영화 이미지들은 그 자연스러움에서 슬라이드쇼를 압도하는 것으로 보인다. 그것은 영화에는 움직임이 더해졌기 때문일 것이다. 카메라로 패닝이나 트래블링, 틸팅을 많이 하지 않는 미술영화는 없다. 이러한 운동들은 확실히 운동감각적인 반응들을 일으킨다. 이는 관객으로 하여금 그가 경험하는 공간감의 잔향을 동시적인 지각으로 투사하게 하는 "공명 효과"다. 그래서 관객은 평면적인 인물들의 무리에 자연스러운 충만함이 있다고 간주하거나, 그림으로 그려진 골짜기를 굽이굽이 돌고 있다고 착각하게 된다.

이런 3차원의 환영은 카메라가 가끔씩 어떤 중요한 디테일에 머물기 위해 이동을 멈출 때도 지속된다. 이렇게 만들어진 "스틸 컷"은 규칙적인 슬라이드쇼보다는 전체적인 운동 속에서 일어난 일시적인 정지로 보이고, 이 때문에 움직이는 카메라로 촬영된 영상의 특징을 유지한다. 특정한 카메라 이동은 회화에 생명을 불어넣기에 특히 적합하다. 카메라가 정지된 대상을 향해 수직으로 가까이 가거나 멀어지면 우리는 이동한 것이 대상 자체라고 믿게 된다. 미술영화에서 이러한 기법은 회화 속 인물들이 실제 사람들처럼 막 움직이려 하거나 사람들이 "활인화"를 하기 위해 움직임을 막 멈추었다는 환상을 조장한다.

실험적 경향

실험영화 감독들이 회화에 접근한 것은 회화를 재현해 그 본원의 가치를 드러내려는 의도에서가 아니라, 새로운 창조를 위한 출발점으로서 회화를 이용하고자 하는 욕망에서였다. 정확히 아방가르드가 자연 탐구에 만족하지 못했던 것처럼 실험영화 감독들은 기존의 미술 작품을 신성불가침한 텍스트로 받아들이는 "독자"의 역할을 맡기를 거부한다. 감독에게 미술 작품이란 자신의 비전에 따라 조형할 원재료[6]에 불과하다. 따라서 이런 조형 작업은 그가 미술 작품을 "원자화"하여 그렇게 고립된 원자들 또는 요소들을, 미술 작품에 의존하는지 의심스러운 영화 속에 재통합시킴으로써만 성취될 수 있다. 리드의 말에 따르면, 이런 종류의 영화는 "미술을 단지 본연의 영화적 목적을 위해서 이용할 뿐이다. 그 영화는 자신이 사용하는 작품의 정신과 별반 상관없는 효과를 노리고 있을 수도 있다."[7] 실험적 미술영화를 반대하는 의견으로서 이러한 주장은 별 설득력이 없는데, 그 이유는 전통 예술 내에서 예술 작품을 그것의 원래 매체에서 다른 매체로 전환하는 일이 상당히 빈번했으며 매우 정당한 작업으로 간주되어왔기 때문이다. 피라네시는 그의 판화에서 특유의 바로크적 조망도와 오페라적인 풍경을 구성하기 위해 고대 건축물을 활용했다. 바토는 그의 그림 〈야외의 축제〉에서 프랑스와 이탈리아의 분수 조각상을 축제의 소란 속으로 끌어들여 그 조각상들이 인간들과 한데 어울려 노는 것처럼 보이게 했다. 영화라고 해서 그러한 전환을 해서는 안 될 이유가 무엇이겠는가?

현재 나와 있는 작품들만 가지고 판단해보건대 실험적 미술영화 감독들은 일정 정도 영화적인 방법을 취하여 영화를 만든다. 위에서 이미 언급한 대로 감독들은 카메라를 항상 이동시킴으로써 카메라가 담아내는 대상의 타고난 부동성과 균형을 맞추려 한다. 뿐만 아니라 그들은 편집의 가능성과 다양한 영화적 장치들을 체계적으로 탐구한다. 여기에서 미술 작품이 시사하는 현실로부터 "다른 차원의 현실"로의 전환이 발생한다. 가령 회화 속 얼굴의 의미들에서 그 얼굴의 물질적 특성 등으로 강조점이 바뀌는 것이다. 실험적 미술영화는 영화 매체의 기술적 속성들을 의식적으로 활용한다는 점에서는 대부분의 장편 극영화를 능가하는 것으로까지 보인다.

그렇다면 영화 언어는 어디에 쓰이는가? 미술영화 감독들은 당대의 회화와 소묘를 이용하여 특정한 역사적 시대를 재구성하려 할 때가 있다. 그럴 때 감독의 조형적 노력은 거의 리얼리즘적이라고 할 수 있는 경향에 확실히 맞춰지는 듯하다. 이에 대한 좋은 예가 루차노 엠메르의 영화 〈고야〉다. 이 영화는 18세기 스페인의 삶을 화가가 묘사한 대로 보여준다. 영화는 고야가 그려낸 인물들을 본래의 정적인 상태에서 해방시키기 위해 온갖 노력을 다 기울인다는 점에서 기술적으로 흥미롭다. 감독은 그 인물들을 지금 막 움직이고 있는 실제 삶 속의 사람들처럼 다룬다. 아가씨들이 공중으로 던진 피에로의 장면은 ──그들은 피에로를 다시 받기 위해 그물을 펼쳐 들고 있다──다양한 시점에서 촬영된 빠른 연속 숏들로 재현되고, 이 덕분에 우리는 피에로가 공중에 날아가는 궤적을 눈으로 쫓으며 그가 언제든 다시 그물로 떨어질 것만 같다고 느낄 정도로, 해당 장면이 생생하게 살아난다. 투우를 그린 에칭화의 디테일들을 속사로 몽타주하여 만들어낸 장면은 마치 실제 투우 경기장에서 느낄 법한 극적인 긴장감을 자아낼 정도다. 감독은 실제로 군중 속에 있는 것 같은 회화 속 군중을 포착하기 위해서 롱숏과 클로즈업을 섞어서 사용한다. 또 다른 예로는 〈물랑 루즈〉의 유명한 시퀀스가 있다. 파커 타일러의 말을 빌리자면, 이 시퀀스에서 "로트레크의 댄스홀 속 인물들은 우리 눈앞에서 빠르게 나타나고 교차편집되어 마치 그 유명한 카페에서 실제 움직이는 듯한 **인상**을 자아낸다."[8] 전체적으로 보아 이러한 기술적 수법들은 물리적 현실 자체를 스크린에서 정당화하는 도구이므로, 그에 익숙한 관객들은 일반적으로 그러한 수법들이 회화에 적용되는 것을 점점 더 당연시하게 된다. 관객이 바라보는 대상들은 "살아 움직이는 그림"이며, 따라서 연출되지 않은 현실의 일부를 이룬다. 〈고야〉의 방식을 따르는 미술영화들은 드레이어의 〈분노의 날〉처럼 당대 회화를 모방한 역사영화들과 많은 공통점을 갖는다. 따라서 드레이어 영화의 영화적 특질*에 대해서 말해진 모든 것은 미술영화에도 유효하다. 이런 영화들은 관객으로 하여금 (당연히 관객은 총체적인 실제 삶이 주는 마력이 생명 없는 물질에서 비롯된 것임을 알고 있다) 운동의 탄생을 경험하게 한다. 그래서 그 영화들에는 진짜처럼 보이는 무언가가 담겨 있다. 누군가는 이런 미술영화들을 어떤 의미에서는 역사 다큐멘터리라고 간주할 수도 있다. 그와 같은 성격의 영화로는 메르캉통의 〈1848〉, 〈거인: 미켈란젤로 이야기〉의 전기적 시퀀스, 루이스 제이컵스와 폴 팔켄버그의 〈링컨이 게티즈버그에서 연설하다〉와 같은 "몽타주" 영화들이 있다. 이 영화들은 과거의 유산들을 그 예술성을 떠나 적절하게 조합함으로써 옛 시대의 분위기를 소생시키고 렌즈 앞에 있는 모든 것을 충실히 재현하는 카메라의 능력을 최대한 활용한다.

다른 실험적인 미술영화들은 두 가지의 서로 다른 지향점에서 발생한 것처럼 보인다. 실험영화 작가들은 자유로운 예술적 구성을 원하는 동시에 가르침도 제공하려 한다. 한편으로 그들은 자신들의 창조적 욕구를 만끽하는 가운데, 미술 작품의 특수한 구조를 거의 고려하지 않고 작품을 파편화한다(이는 영화적 관심사를 따르는 것이리라). 다른 한편으로 그들은 미술평론가나 미술사가의 역할을 수행하면서 여기에 맞게 자신의 재료들을 배치하고자 한다(이는 교육적 목적을 위한 것이리라). 예컨대 앙리 스토르크와 폴 하사르츠의 〈루벤스〉는 화가의 세계를 꿰뚫는 영화적으로 탁월한 카메라를 통해서 화가가 나선형의 움직임을 선호했음을 충실히 설명해낸다. 이 영화가 순수한 영화도 아니지만, 그렇다고 단순히 교육용 영화인 것도 아님에 주의하

---

*   이 책의 164~65쪽을 보라.

자. 영화는 그 둘의 훌륭한 혼종물이다. 교육적 관점에서 볼 때 그러한 혼종은 문제적이다. 차라리 교육영화였다면 더 훌륭히 수행했을 해당 자료들의 명료한 설명 기능에 그다지 진지하게 임하지 않기 때문이다.

실험적 미술영화는 감독이 어떤 외적인 목적도 신경 쓰지 않고 자신이 이용하는 회화의 요소들로부터 원작만큼이나 예술적으로 유효한 자족적인 전체를 구성하고자 할 때 비로소 완전히 진가를 발휘하게 된다. 이런 작품들은 일반적인 실험영화들처럼 리듬이나 내용을 강조한다. 리듬을 강조하는 영화의 예로는 〈거인: 미켈란젤로 이야기〉에서 미켈란젤로의 조각상을 집중적으로 보여주는 시퀀스들을 떠올려보라. 카메라는 조각상들의 표면에 바짝 붙어 미끄러지면서 편평한 리듬적 명암의 무늬를 추출해낸다.[9] 추상에 적합한 알렉산더 콜더의 모빌 작품이 여러 차례 유사한 습작의 계기가 된 것도 별로 놀랍지 않다.[10] 내용에 강조점을 둔 구성들은 대부분 일종의 정신적 현실을 환기한다. 그것들은 볼렌이 표현하듯이 "형이상학적이고 비의적이며 철학적인 고찰"의 기반 위에서 미술 재료들을 주조한다.[11] 엠메르는 〈카르파초의 성 우르술라의 전설〉에서 해당 그림에 산재되어 있는 디테일들을 병치하여, 보이지 않는 화자가 이야기하는 전설을 뒷받침하는 데 쓴다. (문제를 단순화하기 위해서 여기에서는 미술영화에서의 소리와 이미지의 관계는 다루지 않겠다.) 〈예술의 악마〉에 대해서 볼렌은 감독 엔리코 카스텔리 가티나라가 "보스, 멤링, 제임스 앙소르의 그림에서 가져온 재료들로 자신의 세계관을 단호하게 표현한다"[12]고 정확하게 말한다. 이러한 경향은 스토르크와 르네 미샤의 〈폴 델보의 세상〉에서 정점에 달한다. 여기서 화가의 작품 속 인물들과 사물들, 부분들은 폴 엘뤼아르의 시가 낭송되는 가운데 꿈과 같은 우주로 합쳐진다. 이처럼 내적으로 체험되는 우주가 델보의 우주인가? 어쨌든 이것이 그의 회화는 아니다. 좀처럼 식별 불가능한 회화 속 현상들의 구도가 스크린에 밀려와 관객들에게 그 의미를 추측해낼 것을 요구한다. 카메라의 움직임은 어쩌면 화가 스스로도 전혀 알지 못했을 연관들을 창조해낸다. 이런 부류의 영화들이 영화 언어를 사용하는 이유는 미술 작품을 미술의 영역에서 영화의 영역으로 이전하기 위해서가 아니라, 미술 작품을 예술을 표방하는 스크린 위의 자립적인 작품으로 변신시키기 위해서다. 이러한 영화들은 초현실주의적인 느낌의 추상이든 구성이든 간에 진정한 영화라기보다는 현대 미술의 연장이다. 영화 매체의 중심은 다른 곳에 있다.

다큐멘터리적 경향

영화 매체의 중심에 더 가까이 있는 것은, 리드가 정의한 대로 "배와 배 만드는 사람에 관한 영화를 만들거나 원시부족들에 대한 영화를 만드는 이유와 하등 다를 것이 없"는 이유에서 만들어진다는 미술영화들이다. 그러면 이런 영화를 찍는 이유는 어디에 있는가? 이런 영화들은 단순히 배나 원시 가면을 보여주는 데 그치지 않고, 자신의 대상들을 그것들이 발생한 실제 삶의 흐름 속에 통합시키기 위해서 만들어진다. 이와 유사하게 다큐멘터리적 경향을 취하는 미술영화들은 미술 작품을 고립시켜서 자립적인 실체로 보여주는 것이 아니라, 자연적 재료에 대한 매체적 친화성과 조화를 이루면서 그 작품을 현실의 한 요소로 보이게 한다. 회화는 카메라를 끌어당기는 일상적 세계에 본질적으로 속하지 않는다는 점에서 음악 공연과 비슷하다. 따라서 회화가 디디고 있는 세계 안으로 회화를 재통합하고자 하는 욕구가 생길 수밖에 없다. 따라서 음악 공연을 카메라적 삶에 맞춰 조정할 때 사용하는 방법들이 미술 다큐멘터리에서도 마찬가지로 사용되는 것은 그리 놀라운 일이 아니다.*

그런 방법들 가운데 두 가지는 표준적인 관습이 되었다. 그 두 가지가 한 영화에서 함께 쓰이는 경우도 많다. 우선 회화의 재현이 작가의 서사, 즉 그의 삶의 조건이라든가 그의 사상 등에 대한 서사 속에 편입되는 방식이 있다. 이런 종류의 전형적인 영화가 〈모지스 할머니〉로서 감독은 존경스러운 모지스 부인의 작품을 언뜻언뜻 비춰주면서 그녀의 시골 생활도 병치해서 보여준다. 카메라는 생동감 넘치는 삶의 분위기를 강화하기 위해서, 때때로 전기적 진술들을 예술가가 영감을 받았던 사람들과 풍경을 보여주는 숏들로 보완한다. 반 고흐에 관한 장편영화 〈열정의 랩소디〉는 그런 식의 예술과 현실의 대치를 즐긴다. 툴루즈-로트레크를 다룬 영화 〈물랑 루즈〉와 같은 영화 전기물들은 콘서트 음악 등의 연주가 어느 명인이나 가수의 낭만화된 삶으로부터 유기적으로 자라난 것처럼 보이는 많은 음악영화와 짝을 이룬다고 볼 수 있다. 그리고 그것이 꼭 전기적 스케치일 필요는 없다. 예술가는 때때로 자기 자신의 해설자로 등장하여 자신의 생각과 인생관을 강조하기도 한다. 고로 수많은 미술 다큐멘터리가 "미술영화는 미술과 미술가에 대한 것이어야 한다"[13]라는 존 리드의 경구—

---

* 이 책의 283~87쪽 참조.

리드 본인도 〈헨리 무어〉〈월터 시커트〉 등에서 이를 따랐다——를 실현한다. 이런 영화들에서 전시되는 미술 작품은 중간에 삽입된 무대처럼 기능하여 대조의 방식으로 작품과 관련된 사건들에 대한 관객의 감수성을 고조시키거나, 해당 미술 작품과 관련된 인간 중심적 이야기를 풀어내는 데 기여한다. (이러한 영화적 특질의 획득이 반드시 미술의 이해에 기여하는가는 또 다른 문제다.)

둘째, 〈빈 숲속의 이야기〉를 작곡하는 요한 슈트라우스를 보여주는 뒤비비에의 〈위대한 왈츠〉와 마찬가지로, 다른 미술 다큐멘터리도 미술 작품 자체보다는 작품의 탄생에 초점을 맞춘다. 이 원칙은 미술영화나 음악영화나 동일하다. 완성된 작품이 스크린으로 옮겨지기에 적합하다면, 그것은 영화가 복제의 기술이기도 하다는 한 가지 이유 덕분이므로 감독은 작품 자체보다는 작품이 되어가는 과정을 보여주고자 한다. 달리 말하자면 감독은 우리가 작품이 탄생하는 창조 과정을 목격하도록 하는 것이다. 카메라는 회화의 탄생 전 단계를 묘사하면서 카메라의 본래 사냥터였던 그 영역으로 우리를 다시 끌어들인다. 이러한 절차는 앙리-조르주 클루조의 〈피카소의 신비〉에서 인상적으로 묘사된다. 이 영화에서 카메라는 예술가가 그림을 그리고 있는 반투명한 "캔버스" 뒤에 자리를 잡고 그의 활동을 충실하게 기록한다. 〔그림 37〕 그렇게 우리는 창조 행위를 지켜볼 기회를 얻는다. 이것은 더없이 흥미진진한 볼거리다. 피카소는 머릿속에 생각하던 것을 일단 스케치하고 나서 그 위에 처음 스케치와는 거의 관련이 없는 두번째 스케치를 덧그린다. 이런 식의 작업이 계속되어 매번 새로운 선이나 색의 체계가 앞의 것을 지워버린다. 마치 피카소 자신이 작업 중에 떠오르는 아이디어나 충동의 폭포수에 압도된 것처럼 보이고,

그 결과로 일관성 없어 보이는 구조들의 더미 아래 묻힌 최초의 초안과 최종 산물은 이제 상당히 동떨어져 보일 것이다.

예술가의 창조적 노고를 직접적으로 관찰할 수는 없다고 해도 그의 비전을 실체화하려는 연속적인 시도들의 "몽타주"를 통해서 그 노력의 인상을 전달할 가능성은 남아 있다. 타일러는 이렇게 말한다. "마티스에 관한 다큐멘터리에서 우리는 예술가가 어느 두상의 구상을 연이어 스케치함으로써 거의 자연주의적인 버전에서 최종적인 형태로 발전시키는 것을 보게 된다. 완성된 스케치들은 투명하게 겹쳐지고 이로써 유기적인 발전 과정의 환영이 생겨난다."[14]

다큐멘터리

다큐멘터리는 그 목적이 무엇이건 현실성을 우선시한다. 그래서 배우가 아닌 일반인들에게 의지하는 것이 아니겠는가? 다큐멘터리는 얼핏 보기에 영화 매체에 아주 충실할 수밖에 없는 것처럼 보인다. 하지만 보다 자세히 들여다보면 이러한 선입관은 부당한 것으로 판명된다. 다큐멘터리가 가시적 세계를 전적으로 탐구하는 것은 아니라는 차후 고려할 사실을 차치하더라도, 다큐멘터리들은 물리적 현실을 대하는 태도에서 서로 엄연히 구분된다. 일부는 분명 날것 그대로의 자연에 진지한 관심을 드러내며, 카메라 작업과 그 영상에서 명확하게 발산되는 메시지를 전달한다. 하지만 다수의 다큐멘터리 작품들은 다른 관심사에 의해 만들어지는 것처럼 보인다. 물론 그런 다큐멘터리 작가들도 자연적 재료에 의존하기는 하지만, 그렇다고 하여 자신들의 목적을 수행하는 데 있어서 그 재료의 이용에 많은 관심을 보이는 것은 아니다. 이런 영화들에서는 리얼리즘적 경향에서 분리된 조형적 충동이 리얼리즘적 경향을 제치고 존재감을 발휘한다.

물질적 현실에 대한 관심

르포르타주

거칠게 말하면 두 가지 종류의 다큐멘터리가 존재한다. 하나는 영화적 방식을 따르는 영화이고, 다른 하나는 그런 방식에 무관심한 영화다. 첫번째 종류의 영화들부터 살펴보면, 여기서 영상은 전달의 주 원천으로 기능한다. 그런 영화들 가운데 다수가 우리 주변 세계의 이런저런 부분들에 대한 직접적인 시각적 기록에 지나지 않는다. 이것들의 "객관성"이 강렬함을 희생하면서 얻어진 것만은 분명하다. 하지만 그 영화들은 비인격적일지도 모르나——프루스트의 서술자가 마치 낯선 사람이 바라보는 것처럼 그의 할머니를 바라보며 묘사하는 대목을 떠올려보라——매체의 최소한의 요구 조건을 충족시킨다.

이를 보여주는 완벽한 사례가 영국의 초창기 다큐멘터리 〈주거 문제〉로, 영화는 카메라를 세워놓고 런던 빈민가의 가정주부들을 인터뷰하는 주된 방식을 통해서 주거 문제의 개선을 요구한다. 영화적으로 보았을 때 이러한 보도는 흥미로운 것과는 거리가 먼데, 영화가 이보다 더 단순할 수 없는 사진적 진술에 제한되어 있기 때문이다. 〔그림 38〕하지만 이 단순성이 영화의 전체 성격과 조화를 이루고 있음을 주목하자. 〈주거 문제〉는 빈민가의 삶이 어떤지를 시각적으로 보여주지 않는다면 지각 있는 사람들을 이 시급한 문제에 관심 갖도록 설득할 수 없다는 믿음에 바탕을 두고 있다. 그래서 다큐멘터리 감독 에드거 앤스티와 아서 엘턴은 상당히 현명하게도 실제 빈민가의 주민들을 관객과 대면시키고, 쥐와 무너진 천장, 배관 문제 등에 대한 그들의 불평을 듣게 한다.[15] (영화에서 언어적 전언에 할당한 커다란 비중은 논지를 위해서 무시하고자 한다. 많은 정보들이 시각적인 방식으로도 전달되기 때문에 이렇게 주장해도 되리라.) 중요한 것은 진실성이다. 그리고 정확히 말해 그 영상을 진짜 자료처럼 보이게 하는 것은 스냅숏적인 특질이다. 만일 빈민가를 더욱 미학적으로 인상적이게 묘사했다면 영화는 중립적인 보고가 아니라 주관적인 논평으로 수용됨으로써 감독이 의도한 효과를 실질적으로 방해하고 말았을 것이다. 〈주거문제〉에서의 진부한 촬영술은 감독의 입장에서는 세심한 자기 절제의 산물이다. 의미심장하게도 그레이엄 그린은 앤스티가 "훌륭하게도 미학적 욕망에 동요되지 않았다"[16]고 상찬한다. 아마도 영화는 그것이 다루는 주제 덕분에 그런 욕망으로부터 자유로웠으리라. 요리스 이벤스는 벨기에 탄광 지대의 광부들을 다룬 〈보리나주의 비참〉을 촬영하면서 자신과 앙리 스토르크가 이 주제를 위해서는 본질적으로 미학적 정교함에서 등을 돌리고 사진적인 "단순성"에 의존해야 함을 깨달았다고 말한다. 〔그림 39〕 "우리는 그런 극한 고난 속의 사람들을 촬영할 때 그들의 고통을 모든 관객에게 정직하게 전달하지 못할 수도 있을 촬영 스타일을 어떤 것이라도 사용한다면 그들을 모욕하게 되리라고 느꼈다."[17] 인간의 고통은 중립적인 보고를 요하는 것처럼 보인다. 그리고 예술가의 양심은 기교 없는 사진에서 드러난다.

상상적 독해

하지만 자기 절제가 언제나 미덕인 것은 아니다. 다큐멘터리 감독이 아무리 엄격한 진실성을 선호한다고 해도 카메라로 찍고 있는 현장에 다가설 때 어쩔 수 없이 감정이 개입되기도 한다. 실제로, 중립적인 기록과 보다 사적인 독해를 오가는 다큐멘터리들이 존재한다. 가령 뉴욕시에 관한 다큐멘터리 〈거리에서〉는 〈주거 문제〉에 부재했거나 최소한 강하게 억제되어 있었던 감정적인 성격을 띤다. 영화는 우선 그 자체로는 단순한 르포르타주다. 영화 속 할렘가의 풍경을 보여주는 숏들은 거의 임의적으로 선택되었다는 인상을 줄 정도로 느슨하게 병치되어 있다. 창가의 한 아이는 창문을 핥고 있고 무서운 표정을 한 여자가 지나간다. 어떤 젊은 남자는 무기력한 태도로 거리에서의 소란을 물끄러미 바라본다. 흑인 아이들은 할로윈 가면에 도취되어 무아경의 상태에서 춤추고 뛰어다닌다. 그런데 이런 보도 작업은 묘사된 사람들에 대한 숨길 수 없는 연민의 감정으로 행해진 것이기도 하다. 카메라의 시선은 그들에게 부드럽게 머무른다. 그들은 다른 어떤 것을 상징한다기보다는 그들 자신이다. (영화는 현장에서 생생하게 관찰한 것들의 스케치적인 조합이자 거리의 일상에 대한 진술하고 매우 영화적인 감수성의 표현이기도 하다. 이러한 미덕은 약점이 없지 않은데, 그것은 바로 구조의 결여로, 이는 영화의 감정적 강렬함과 상충하며 그것을 약화시킨다.)

〈거리에서〉와 같은 다큐멘터리들은 여전히 사실 보고의 형식을 고수한다. 하지만 반드시 그래야 하는 것은 아니다. (꾸밈 없는 사진의 성격을 띠지 않을 수 없는) 중립적인 보도를 하려는 감독의 관심사는 현실을 자신의 시각과 비전에 따라 보여주려는 욕망에 밀려날 수 있다. 그러면 감독은 조형적 충동에 힘입어 자신의 내적인 이미지에 따라 자연적 재료들을 선별하고 이용 가능한 기술에 의해 가공하려 할 것이며, 르포르타주에 어울리지 않을 수 있는 패턴들을 자연적 재료들에 부여하려 들 것이다. 그의 영화는 그의 상상력이 주어진 대상에 자극을 받는 한, 매체의 잠재성을 대체로 구현할 것이다. 그렇게 소박한 재현은 가시적 세계에 대해 이미지적으로 침투하거나 해석하는 작업에 의해서 뒤로 밀려난다.

이런 종류의 다큐멘터리—1920년대 아방가르드에 기원을 둔 것들도 있다—는 드물지 않다. 예컨대 이벤스의 〈비〉가 있다. 이 영화는 주제 자체가 사진적 "단순성"으로 돌아가야 할 의무보다는 오히려 감독의 "미학적 열망"을 향한 도전을 보여준다. 이와 같은 영화로는 해저 세계의 경이로움을 드러내는 팽르베의 〈해마〉가 있으며, 배질 라이트와 해리 와트가 철도의 매력에 빠진 사람들이 경험할 법한, 런던에서 에든버러로 향하는 우편열차의 야간 주행을 그려낸 〈야간 우편〉도 있다. 이 세 편의 영화에서 시적인 표현을 향한 감독의 열망은 대상 자체에 대한 관심에 종속되어 있다. 영화 말미에서 오든의 시가 낭송됨에 따라 영상으로부터 해방되어 심지어 일정한 자립성을 얻는 〈야간 우편〉의 시는 여전히 실제 우편열차의 시이고 그 열차를 감싸는 밤의 시이기도 하다. 기차와 해마와 비라는 상형문자에 보인 헌신이야말로 위의 세 영화들을 도드라지게 한다. 로셀리니가 촬영 예정인 들판을 덮고 있던 시커먼 돌덩이들 사이에서 그와 어울리지 않게 혼자만 하얀 바위를 치웠다는 이유로 한 촬영기사를 꾸짖었던 것은 바로 이런 헌신 때문이었다.

로셀리니는 촬영기사에게 이 들판이야말로 100년, 아니 어쩌면 천 년 전부터 여기 있었을 테고, 이 들판의 모양을 내고 바위를 쪼개고 색을 입히는 데 자연은 그렇게나 오랜 시간을 들였을 텐데 대체 무슨 권리로 자연을 감히 교정할 수 있다고 생각했느냐고 말했다.[18] (자연을 대하는 로셀리니의 태도를 에이젠슈테인의 태도와 비교해볼 수 있을 것이다. 에이젠슈테인은 〈베진 초원〉의 거리 장면을 찍을 때 근방 2킬로미터 거리에 늘어선 전봇대들을 모두 제거해야 한다고 고집을 부렸다. 그는 그 전봇대들이 자연 풍경을 왜곡한다고 생각했던 것이다. 주의해야 할 점은 이 영화가 집단농장화를 위한 당시 소비에트 선전의 한 일화를 보여주고, 흔히 그렇듯 전봇대들은 원래 그것들이 속한 풍경에서 자연스러웠다는 것이다. 에이젠슈테인의 전기작가 마리 시턴의 표현대로라면 그는 자신의 "창조적 비전"[19]에 맞도록 주어진 환경을 과감하게 변경시킨다. 로셀리니는 영화의 렌즈가 물리적 세계를 향해 열려 있고, 오직 이 세계를 통해서만 그 배후의 정신을 향하게 된다는 전제에서 출발한다. 에이젠슈테인에게 자연은 자유롭게 창조된 무대 그림과 비교해 불완전한 것이라면, 이에 반해 로셀리니에게 자연의 설계는 모든 비전의 원천인 것이다.)

들판의 외톨이 돌덩이를 존중하는 "넓은 세계"[20]의 집요한 재현으로서 플라어티의 다큐멘터리는 독특한 성취다. 〈북극의 나누크〉에서 〈루이지애나 스토리〉에 이르기까지 그 영화들은 존재하는——원시 문화에 푹 빠져 있었던 그 영화들을 생각하면 '아직 존재하는'이라고 덧붙이고 싶어진다——모든 것을 애정 어린 시선으로 인정한다. 그 다큐멘터리들이 발하는 고유한 아름다움은 대상들이 발화할 때까지 참을성 있게 기다린 데 대한 보상이다. 대상들에 많은 시간을 들였고, 그렇게 진득하게 기다린 만큼 당연히 인간과 자연, 인간과 인간 사이의 느린 상호 교감을 더욱 예민하게 포착할 수 있다.

지금까지 고찰한 영화들에서는 자연 세계에 대한 헌신이 지배적인 것이었다. 지금부터는 다큐멘터리 감독이 표현하고자 하는 비전이나 이념 들이 영화적인 작업 방식에 어긋나더라도 그것들을 표현하고픈 감독의 욕망이 더욱더 강해진다고 상상해보자. 감독의 욕망은 특정 지점에 도달하면 그와 대척점에 있는 리얼리즘적 경향만큼이나 강해질 것이다. 하지만 리얼리즘적 경향은 전제상 비록 근소한 차이라한들 고삐 풀린 조형적 지향보다는 강할 것이므로, 상충하는 두 경향사이의 균형 상태는 영화 매체의 성향과 모순되지 않을 것이다. 이것은 아주 까다로운 균형 상태이고, 이를 달성한 영화들은 이쪽도 저쪽도 아닌 경계에 있는 사례가 된다.

이런 사례 중 하나가 〈실론의 노래〉일 것이다. 실론 사람들의 삶에 대한 이 아름다운 다큐멘터리는 원주민들의 생활에 미친 서구 문명의 막대한 영향을 축약해 보여주기 위해서 러시아 영화로부터 영향을 받은 것이 분명한 "몽타주" 시퀀스를 담고 있다. 런던의 주식시장, 해운 대리점, 사무실에서 들려오는 유럽인들의 목소리는 실제 산업화의 확산 과정 및 그 확산이 산업화 이전 시대 주민들에게 끼친 영향들을 보여주는 영상들에 입혀져 소리의 네트워크를 이룬다. 산업의 원시사회 침투를 순수하게 영화적인 수단을 사용하여 보여주는 〈루이지애나 스토리〉와 비교하면, 이 몽타주 시퀀스는 구성적 성격이 도드라지고, 지적 논거가 시각적 관찰을 압도하고 있다. 하지만 전체 시퀀스는 카메라 현실이 두드러지는 대목에 끼워 넣어져 있다. 따라서 이 시퀀스는 삽입극의 성격을 갖는다. 이런 방식을 통해서 이 시퀀스는 앞뒤에 나오는 영화적인 삶의 인상을 심화시킨다.

또 다른 사례로는 멕시코에서 폴 로타가, 태국에서 배질 라이트가 촬영한 유네스코 영화 〈끝없는 세상〉이 있다. 이 영화는 저개발 국가의 평범한 사람들과 그들의 일상생활을 비롯해 유네스코가 파견한 의료 팀과 자문 팀이 벌이는 원조 활동도 보여준다. 로타가 말하듯 〈끝없는 세상〉은 "우리 모두가 이웃인 하나의 세상"[21]이라는 기본 주제를 전하는 영화다. 이것은 이념적 주제로서, 해설자는 설명만 많이 하는 것이 아니라 훈계조의 말을 통해 선의의 메시지를 설득하려 든다. 그래서 여기에는 해설자의 청원의 말이 더 이상 물질적 현상이 중요치 않은 영역으로 관객을 끌어들일 위험이 진짜로 도사리고 있다. 하지만 이렇듯 영화가 언어로 전달되는 정신적인 것들에 기우는 경향은 여러 가지 방식으로 다시 상쇄된다. 첫째, 두 감독은 6천 킬로미터 떨어진 두 지역이 유의미한 유사점과 공통의 문제들로 인해 연결되어 있음을 보여줌으로써 하나의 세계라는 이념을 시각적인 차원에서 구현한다. 멕시코와 태국 사람들 모두 어업으로 먹고살며, 인파로 넘쳐나는 형형색색의 시장이 있다. 유엔 전문가들은 멕시코에서는 가뭄에 맞서서, 태국에서는 피부병에 맞서서, 그리고 어디서나 무지에 맞서 싸운다. 영화는 이렇게 닮은 점들과 기본적 욕구들, 휴머니즘적인 노력들에 초점을 맞춰 편집되어 있지만, 그렇다고 모든 이국적인 매력들과 문화적 차이들을 밋밋하게 만들지는 않았다. 어느 좌상불은 고속도로를 달리는 트럭들을 견디고 있으며, 어느 퇴락한 멕시코 마을 교회는 마치 영원히 돌로 굳어진 것처럼 쨍하게 내리쬐는 햇볕 속에서 반짝이고 있다.

둘째, 발화된 말은 실제 소음에 묻히는 경우가 많다. 시끄럽게 폭죽이 터지고, 여가 시간에 사람들은 노래하고 춤춘다. 이런 시끌벅적한 볼거리는 단순히 지엽적인 장면이 아니라 기본 주제를 떠받치는 것이다. 이런 볼거리들은 목적이 분명한 발화가 없을 때 보여지므로 더욱더 주목을 끈다. 셋째, 라이트와 로타는 그들이 보여주는 사람들과 사랑에 빠진 것처럼 보인다. 그들의 카메라는 치료를 받고 행복으로 반짝이는 태국 어린이들에게 머물고, 한 무리의 나이 든 인디오들과 젊은 인디오들의 얼굴에서 시선을 돌릴 때면 눈에 띄게 멈칫한다. 이런 숏들은 그 자체로 영화의 배후에 깔린 이념을 암시하는 온기를 발한다. 〈끝없는 세상〉이 물리적 세계를 상세히 참조하지 않아도 효과적으로 이해 가능한 메시지를 전하는 것은 사실이지만, 감독들은 전달하고자 하는 바를 바로 이 세계에서 꽤 그럴듯하게 발견해낸다. "인류라는 가족"이라는 이상을 선전하려는 그들의 조형적 의도는 리얼리즘적인 태도, 즉 카메라적 삶에 대한 그들의 우직한 태도와 전반적으로 조화를 이룬다.*

이러한 경계 영역에서 강조점이 조금만 이동해도 리얼리즘적 충동과 조형적 충동 사이에 가까스로 맞춰졌던 "올바른" 균형은 흔들리고도 남는다. 월러드 밴 다이크의 〈골짜기 마을〉에서 이 두 경향은 노골적으로 우위를 다툰다. 불황에 빠진 미국의 어느 산업도시를 다루는 이 다큐멘터리는 공장 노동과 번영의 세월, 기계 발전으로 인한 실업의 증가와 같은 과거를 전한다는 점에서는 해설이 얼마 들어 있지 않은 일급의 시각적 보고물이라고 할 수 있다. 하지만 감독이 비참함과 고통으로 가득한 불황의 시대를 전해야 할 때가 오자, 감독 안에

---

* 최근에는 실험영화와 경계를 이루는 상상적 독해들도 존재한다. 이에 대한 좋은 예가 셜리 클라크의 〈마천루〉로, 영화는 1920년대 아방가르드 다큐멘터리의 전통을 종합하는 것처럼 보인다(이 책의 334~35쪽을 보라).

있던 예술가가 대상의 표면에 머물 것을 요구하는 매체의 제한 조건에 반기를 드는 듯하다. 감독은 영화의 윤곽이 잡혀가자 그와 그의 동료들이 대상에 대한 접근 방식을 어떻게 바꾸게 되었는지 이야기한다. "한 가지 빠진 점이 있었습니다. 우리는 어쩐지 사람들의 마음속으로 들어가야 한다고 느꼈습니다. […] 노동자는 자신의 기술이 녹스는 것을 보면서 무슨 생각을 할까요? 우리는 그 노동자가 무슨 말을 하려 할지 잘 알고 있었습니다. 하지만 그것만으로는 충분치 않았습니다. 우리는 그 노동자가 스스로 자신의 생각을 말하게 하는 방법을 찾지 않으면 안 되었습니다."[22] 유감스럽게도 그들은 방법을 발견했다. 〈골짜기 마을〉의 제2부이자 주요 부분은 불황기의 일화에 이르러 절정을 맞이하는데, 이 일화들은 어느 노동자와 그의 부인을 중심으로, 더 정확히 말하자면 그들의 내면적 삶을 중심으로 진행된다. 왜냐하면 두 사람의 숏에 그들의 생각과 감정을 언어화할 요량으로 에코 효과가 들어간 목소리가 입혀져 있기 때문이다. 우리는 그들 내면에 무언가가 목소리를 높이고 비명을 지르고 심지어는 노래에 빠져든다고 믿도록 요구받는다. 하지만 밴 다이크는 노동자 부부의 마음을 노출함으로써 그 의미를 싸고 있던 겉모습의 권리를 박탈시킨다. 이것은 그가 자주 그들의 얼굴로 스크린 전체를 채우기 때문에 더욱더 혼란을 빚어낸다. 물론 이러한 클로즈업과 빅 클로즈업 장면들은 단독으로 쓰였더라면 필요한 모든 말을 다 전할 수도 있었을 테지만, 이제 관객에게는 아무런 효과도 주지 못한다. 허깨비 같은 독백은 관객을 좋든 싫든 독심술사로 만들어버린다.

물질적 현실에 대한 무관심

〈골짜기 마을〉은 다큐멘터리의 여러 분류에서 경계선상에 위치하는 영화다. 이 영화로부터 가시적 세계에 무관심한 영화들로 넘어가는 것은 금방이다. 이러한 무관심이 발생하는 유력한 원인으로 여기서는 두 가지가 흥미로울 법하다. 하나는 사용할 이미지들 간의 형식적 관계들을 일방적으로 고려하기 때문이고, 다른 하나는 더 흔한 이유로, 물리적 현실보다 정신적 현실을 얻고자 하기 때문이다.

형식적 관계들의 우위

발터 루트만의 고전 〈베를린〉은 명확히 형식주의적인 접근 방식의 결과들을 보여준다. 이 "대도시의 교향곡"은 진정으로 영화적인 다큐멘터리의 원료들을 지니고 있어 더욱 혼란스럽다. 영화 속 거리와 풍경에 대한 꾸밈없는 숏들은 사진적인 가치와 순간적인 인상을 포착해내는 경탄할 만한 감각으로 선별되고 배치된 것이다. 그럼에도 불구하고 영화는 그것이 불러일으키는 기대를 충족시키지 못한다. 루트만은 형태와 운동의 측면에서 서로 닮은 숏들을 병치함으로써 베를린의 일상생활에 대한 나름의 단면도를 제작하기도 하고, 노골적으로 드러나는 사회적 명암들을 연결 수단으로 사용하기도 한다. 혹은 〈기계들의 행진〉의 방식처럼 움직이는 기계 부품들을 추상에 가까운 리드미컬한 패턴으로 바꿔놓기도 한다.

이제 유사한 관계들과 극단적 차이들, 그리고 리듬에 맞춰진 편집이 관객의 관심을 이미지의 실체로부터 이미지의 형식적 성격으로 돌려버리고 만다는 사실이 분명해졌다. 이것은 아마도 로타가 〈베를린〉을 "피상적 접근"이라 비판한 이유가 되었으리라.[23] 루트만의 형식주의적 접근 방식은 그의 예술 관념뿐 아니라 입장 표명에 대한 두려움에서도 기인했는데 그로 인해 촬영된 대상들은 주로 이러저러한 연관관계의 요소들로 작동하게 되고, 이 때문에 그 대상의 내용은 증발될 위험에 처해 있다. 이런 관계들은 베를린의 "속도"를 반영하는 것처럼 보이지만, 속도 또한 그것이 만들어지는 대상의 특성으로 정의되지 않는 한 형식적 개념이다.[24] 〈베를린〉과 〈막간〉을 비교해보면 루트만처럼 클레르도 상이한 대상들을 표면적인 유사성에 의거하여 서로 연결시킨다. 하지만 클레르는 루트만과는 달리 장난기가 발동하여 그렇게 하는 것이다. 〈막간〉은 실제 삶의 현상들과 유희하고 이로써 그 현상들을 원래의 통합성 속에서 인정하고 있지만, 그에 반해 〈베를린〉은 조금의 장난기도 없이 현상들의 유사점과 차이점을 강조하고 따라서 그 현상들을 파생시킨 대상들을 대체하려는 성향의 장식적인 관계망을 그 현상들에 덧씌워버린다.

정신적 현실의 우위

다큐멘터리 감독들은 종종 지적인 혹은 이념적인 성격의 명제들을 전하는 데만 혈안이 되어 자신들이 보여주는 시각적인 재료들에서 그 명제들을 이끌어내려는 시도조차 하지 않을 때가 있다. 이런 경우에 정신적 현실은 물리적 현실보다 우위를 차지한다. 심지어는 유성영화가 등장하기 이전에도 이미지의 내용과는 완전히 무관한 메시지들이 스크린에서 전달되기도 했다. 물론 그러한 메시지를 전달하는 임무는 자막과 영상의 몫이었다. 1920년대에 마르크스의 『자본』을 영화화하려는 계획에서 최고조에 달했을 수도 있었을 "지적인 영화

intellectual cinema"라는 이념에 사로잡혀 있었던 에이젠슈테인은 사고의 과정과 태도를 변증법적 유물론의 정신에서 고취시키기 위해서 주로 이미지에 의존했다. 그는 그리피스의 〈인톨러런스〉의 교훈을 지나치게 잘 습득했던 것이다. 에이젠슈테인은 이 작품의 훌륭한 "몽타주" 방법뿐만 아니라 그다지 모범적이지 않은 이미지적 상징주의로의 일탈까지 물려받았다. 〈인톨러런스〉에서 황당하게도 계속 되풀이되는 흔들리는 요람 이미지를 떠올려보라. 그것은 시간 혹은 역사, 아니면 삶의 신비로운 탄생과 재탄생을 상징적으로 보여주기 위한 것이었다. 바로 이 요람에서 에이젠슈테인의 〈10월: 세계를 뒤흔든 열흘〉과 〈옛것과 새것〉의 많은 숏들이 나왔다. 깃털을 활짝 편 공작새와 케렌스키를 함께 보여주는 숏은 무상함에 대한 전형적인 상징이다. 하프를 연주하는 손은 멘셰비키의 평화 탄원의 무용성을 풍자한다. 타이피스트를 난쟁이로 만들어버리는 거대한 타자기는 비인간적인 관료주의를 환기시킨다. 하지만 이런 대상들을 기호나 상징으로 사용하게 되자그 이미지들에 내재해 있던 의미들이 소진되어버린다. 그 이미지들은 자신의 외부에 있는 어떤 것을 상징한다. 사실 공작새 하나 정도는 괜찮을 수도 있다. 적어도 공작새는 잘 알려진 상징이지만, 에이젠슈테인이 채택한 다른 시각적 언어의 요소들은 대부분 이해하기 어렵다. 〈10월〉에는 우리가 직관적으로 받아들이는 바로크의 예수상부터 이국적인 에스키모의 우상까지 다양한 민족들의 신상을 연이어 보여주는 시퀀스가 있다. 이 시퀀스는 무엇을 말하려 하는가? 에이젠슈테인 본인은 이 연쇄적 이미지들이 "선입관을 **그것의 점진적인, 목적의식적으로 단계화한 탈신화화**와 대치시킴으로써 순수한 지성적 결단을 달성하려는 시도"[25]라고 말한다.

환언해 말하자면, 에이젠슈테인은 관객이 하향하는 일련의 이미지들 끝에 원시적인 우상을 보게 된다면 맨 처음 보았던 예수상이 낯설어 보일 것이라고 자신한다. 하지만 적어도 민주주의 국가라면 이러한 시퀀스의 목적이 관객의 관심에서 비껴갈 가능성이 더 크다. 이 시퀀스는 종교에 대한 공격이라기보다는 종교적 이미지들의 막연한 모음이라는 인상을 주기 때문이다. 에이젠슈테인은 이미지들의 상징적 힘을 과대평가하고, 그 이미지들의 본래 의미에 어울린다고 생각한 의미들을 덮어씌우려고 과도하게 공을 들인다. 푸돕킨 또한 상징주의에 빠져 있었다. 당시 러시아에서 혁명적 현실이라는 것은 마르크스주의 교리의 산물로 해석될 수 없다면 현실로 보이지 않았다. 따라서 러시아 감독들은 이미지들을 지배 이데올로기의 준거점으로 오용하는 성향을 띠었다. 여담이지만 에이젠슈테인 영화의 상징적인 숏들과 장면이야말로 시간의 흐름에 가장 취약했다는 것은 그리 놀라운 일이 아니다. 지금 우리에게 그 영화들은 마치 해답을 알게 되면 모든 마력을 잃는 수수께끼 그림 같은 교묘한 구성물처럼 여겨진다. (훗날 "사회주의 리얼리즘"의 영향 아래에서 에이젠슈테인은 "지적인 영화"에 대한 그의 꿈을 포기했다.[26] 하지만 그가 이미지에 상징 기능을 부여하기를 그만둔 것은 아니다. 의미심장한 것을 향한 그의 초월적 열망은 그것이 영화에 적합하든 아니든 간에 그야말로 제어될 수 없는 것이었다.)

유성영화가 도래하자, 정신적 현실을 보다 중시한 다큐멘터리 영화감독들은 말의 발화를 개념적 추론과 이념 전달을 위한 가장 적합한 도구로 사용할 수 있었다. 그것은 가장 손쉬운 타개책이었다. 따라서 이미지적 상징주의는 점차 장황한 해설에 자리를 내주게 된다. 이는 시각 이미지를 영화답지 않게 홀대한 이유가 언어의 우세에 있다는 오해를 낳게 한 양식의 변동이었다. 하지만 사실은 그렇지 않다. 오히려 러시아 무성영화들의 사례가 확실하게 보여주듯이 언어의 지배 자체는 지적이고 이데올로기적인 주제에 대한 최우선적인 관심에서 발원한 것이고, 본질적으로는 바로 그런 주제를 선호한 것이야말로 이미지를 홀대한 원인이 된다.

정신적 현실을 말의 도움을 받아 탐구하는 다큐멘터리 영화들은 이미 9장에서 논의한 바 있다. 다큐멘터리 영화들이 보통 〈마치 오브 타임〉의 전범을 따른다고도 말했다.* 이에 덧붙여 고려해야 할 점은 이미지들의 슬픈 운명이다. 그 이미지들이 그러한 다큐멘터리 영화들의 중추가 되는 자족적인 언어적 해설을 위한 삽화로라도 쓰이기는 하는가? 가령 〈우리의 러시아 동맹군〉을 떠올려보자. 영화는 그리어슨이 2차 대전 중에 프로파간다적인 호소가 담긴 시사 정보들을 전달할 목적으로 제작하고 감독한 캐나다 다큐멘터리 시리즈 〈행동 중인 세계〉의 하나다. 이 영화에는 설원을 이동하는 러시아 군인들과 탱크들을 오랫동안 비춰주는 몇몇의 숏들이 있는데, 이때 해설자는 다음과 같은 장광설을 늘어놓는다.

레닌그라드의 방공호에서 로스토프의 성문까지 그들은 1941년 엄혹한 겨울 내내 전투 대형으로 서 있었습니다. 그들은 겨우내 피에 젖은 설원을 가로질러 역사상 가장 위대한 군대가 자랑스러워할 영웅적 역사의 한 장을 써나갔습니다. 하켄크로이츠와 용맹의 붉은 배지를 단 거대한 군대가 지구상의 6분의 1 면적을 얻기 위해 전투를 벌이는 장장 3천

---

* 이 책의 230쪽을 보라.

III. 구성

킬로미터에 달하는 전선에서 무슨 일이 일어나더라도 러시아는 자신의 진정한 군사력이 무기와 장비만이 아니라 국민들의 정신적 사기에 깃들어 있음을 알고 있습니다.[27]

마치 무덤에서 말하는 듯한 이 목소리가 들리는 장면이 얼마나 전형적인가는 리처드 그리피스가 〈행동 중인 세계〉 시리즈의 많은 영화들에 대해 내린 판결로 미루어 짐작할 수 있다. 이 영화들의 영상에는 "거창하고 우렁찬 해설이 관객으로 하여금 자신이 보고 있는 것이 무엇인지 알 수도 없고 관심 갖게 하지도 않는 무의미한 방식으로 입혀져 있다. 그런 라디오방송을 들을 거였다면 그냥 집에 앉아 있어도 되었을 것이다."[28] 리처드 그리피스의 비판은 정확히 핵심을 찌른다. 방금 언급된 사례에서 러시아 군인들과 탱크들을 보여주는 몇몇의 숏들은 러시아의 영웅주의를 장황하게 찬미하는 말과 어떤 연관 속에 있는지 알 수가 없다. 말 없이도 이루어질 수 있었을 모든 소통을 해설자의 웅변이 자동적으로 질식시키는 효과를 낳기 때문만이 아니다. 해설자의 말이 시각적 재현에서 벗어나는 주제와 이념을 담고 있기 때문이기도 하다. 따라서 설원 속에 흩어져 있는 길게 늘어선 탱크들과 군인들은 삽화조차 되지 못한다. 그 이미지들은 3천 킬로미터에 달하는 전선이나 거대한 전투를 보여주지도 않고 보여줄 수도 없다.

상징 언어가 홍수처럼 밀려든다고 해도 이미지들은 상징으로 기능할 수 없다. 그렇다면 그것들의 역할은 무엇인가? 이미지들은 임시방편이다. 다큐멘터리 감독이 그런 임시방편을 사용하는 것이 주어진 영상 자료를 활용해야 할 필요성이 자주 발생하기 때문은 결코 아니다. 비록 이러한 필요성이 감독에게 심각한 난관으로 작용한다 해도 감독은 언제든지 기존 자료화면들을 그것의 의미에 따라 활용할 수 있다. 그리고 이렇게 무의미한 이미지들을 삽입한다고 해서 그것이 꼭 감독의 예술적인 기량의 부족을 의미하지도 않는다. 로타의 영화 감각은 의심할 여지가 없었지만, 로타조차도 2차 대전이 한창일 때 촬영한 식량에 관한 다큐멘터리 〈풍요의 세계〉에서 별다를 것이 없는 만큼 아무 의미도 없는 군중 이미지와 옥수수밭 이미지를 길게 이어지는 언어적 논증과 결합시키지 않으면 안 된다고 느꼈다. 우위를 점한 언어가 시각화할 수 없는 차원으로 넘어가려 할 때마다 이미지라는 임시방편은 불가결해진다. 이유는 자명하다. 해설자가 계속 말함에 따라 무언가가 스크린에 보여야 하지만 그의 말에 정말로 들어맞는 시각적인 것이 아무것도 없기 때문이다.

말에 대한 의존과 이에 기인한 이미지에 대한 무관심은 그리어슨의 다큐멘터리 이념에서 근거를 찾을 수 있다. 영국에서 다큐멘터리 운동을 일으키고 장려했던 그리어슨은 이 장르에 새로운 생명을 불어넣었지만 동시에 이 장르를 그것의 영화적 뿌리로부터 멀어지게 했다. 그리어슨 본인도 영화로서의 영화에 대한 상대적 무관심을 인정한 바 있다. 그의 말에 따르면 "다큐멘터리 이념"——이때 그는 자신의 이념을 말하는 것이다——은 "기본적으로 전혀 영화적 이념이 아니며, 다큐멘터리 이념에서 영감을 얻은 영화적인 작업 방식은 그 이념의 부수적인 측면일 뿐이었다. 영화는 우리가 이용 가능한 매체 중에서 가장 편리하고 흥미로운 것이었을 뿐이다. 다른 한편으로 다큐멘터리 이념 자체는 공공 교육을 위한 새로운 이념이었다. 그 밑바탕에는 우리 세계가 사고와 실천의 모든 방식에 영향을 받는 극적인 변동의 시대에 있으며, 이러한 변동에 대한 대중의 이해가 중요하다는 생각이 깔려 있었다."[29] 그렇다면 그와 그의 동료에게 영화, 특히 다큐멘터리는 신문이나 라디오 같은 대중매체의 하나일 뿐이고, 민주주의의 힘이 그 어느 때보다도 정보 및 보편적 선의의 확산에 의존하고 있는 시대 및 세계에서 시민 교육을 보급하는 유리한 수단인 것이다.

그리어슨의 시각에서 볼 때, "다성 내레이션multi-voiced narration"[30]을 갖춘 로타의 "논쟁 영화argument film"[31] 〈풍요의 세계〉는 당연히 완벽한 스크린 프로파간다다. 이 훌륭하고 지적인 르포르타주에서는 평범한 사람들과 농부들, 정치가들, 여러 영어권 나라에서 온 식량 전문가들이 식량 생산과 배급 문제를 논의하는 모습이 보인다, 아니 들린다. 이 질서 정연한 논쟁 시퀀스는 전쟁이 끝난 뒤 "세계 식량 계획안"을 요구하자는 인간적이고 열정적인 청원에서 최고의 빛을 발한다. 이 영화는 "창조적 지오그래피"*라는 영화적 장치를 훌륭하게 사용하고 있지만 진짜 영화는 되지 못하고 있다. 영화는 그것을 의도하고 있지도 않으며, 도리어 뉴딜 시대의 중대한 이슈들을 극화해서 보여줬던 양식화된 무대 공연인 1930년대 미국의 "생생한 신문Living Newspaper" 시리즈를 의식적으로 확장한 것이라 하겠다. 이제 진짜 영화들은 〈행동 중인 세계〉나 〈풍요의 세계〉의 방식처럼 언어에 묶인 메시지를 전달할 수 없음이 사실로 확인되었다. 하지만 영화에 가해진 제한이 이미 지적 효과나 암시의 막강한 힘에 의해서 보상된다는 것도 마찬가지로 사실이 아니던가? 이전 장에서 인용한 그리어슨의 생각에서 드러나듯이 "다큐멘터리는 머리로만 찍는 것이 아니라 육감으로도 찍는 것"**이

---

*   이 책의 107쪽을 보라.
**   이 책의 301쪽을 보라.

라는 사실을 그는 알고 있었다.

그의 주장이 언어적 의사소통으로 가득 채워진 다큐멘터리 영화보다는 〈전함 포템킨〉이나 〈끝없는 세상〉과 같이 물리적 현실에 몰두하는 프로파간다 영화에 해당된다는 것은 분명해 보인다. 그리어슨의 최대 장점은 아마도 그가 다큐멘터리 영화를 비영화적으로 이해했다고 하더라도 그가 인상주의자나 "유미주의자"로 여긴 감독들의 성과에 둔감하지 않았다는 데 있으리라. 〈야간 우편〉과 〈실론의 노래〉는 그의 감독하에 촬영되었다. 그는 나중에 그때를 돌아보면서 이렇게 말한다. "우리는 곧 플라어티와 카발칸티 같은 사람들과 힘을 모았다. […] 그들은 뉴스영화보다 더 심오한 영화의 패턴에 관심을 보였고 […] 전원시나 서사시 같은 곳에 도달했다. 교육론자들은 그때부터 유미주의자들을 더 이상 다큐멘터리에 구속시킬 수 없었다. 그들이 그렇게 갇혀 있었더라면, 우리에게 손실이었으리라."[32]

이야기의 재등장

앞의 장과 이번 장에서는 처음에 잠정적으로 세웠던 가설을 입증하기 위해서 비서사적 영화의 주요한 두 가지 유형인 실험영화와 사실영화를 분석해보았다. 그 가설은 스토리텔링이 영화적인 방식에 어긋난다는 것이었다. 지금까지 얻은 결과들을 다음과 같이 요약할 수 있다.

(1) 실험영화는 스토리텔링을 기피하지만 매체적 친화성을 거의 고려하지 않는 작품에 가깝다. 실험영화는 카메라 현실을 포기한다.

실험영화는 추상적인 구성이든 꿈속의 삶의 투사든 간에 영화라기보다는 현대 회화나 문학적 기획의 확장에 가깝다. 실험영화가 이야기의 원리를 폐기하는 것은 오로지 예술의 원리를 대신 추대하기 위해서다. 아마도 예술은 쿠데타로 권력을 잡는 듯하다. 그러나 영화는 아무것도 얻지 못하고, 무언가를 얻는다고 해도 오직 우회적으로 얻을 뿐이다.

(2) 미술영화의 형식을 취한 사실영화는 실험영화에 의거한다면 마찬가지로 문제적인 혼종이 된다. 하지만 미술영화가 미술 작품을 실제 삶의 과정에 통합시켜서 정석적인 다큐멘터리의 성격을 띤다면, 영화적 특질을 획득할 수도 있다.

(3) 이제 사실영화의 본 장르라 할 수 있는 다큐멘터리 자체만 남았다. 여기서는 가시적 세계를 재현하고자 하는 모든 다큐멘터리가 영화의 정신에 합당하다는 것을 반복해서 강조하는 것으로 충분하리라. 다큐멘터리는 영상을 단순히 충전재로 사용하는 대신, 주어진 자연의 재료를 통해서 메시지를 전달한다. 게다가 다큐멘터리는 이야기를 진전시켜야 한다는 부담에서 면제되어 물리적 실재의 연속체를 자유롭게 탐구할 수 있다. 이야기를 억제함으로써 카메라는 제한을 받지 않고 그 자체의 고유한 경로를 따르며, 그렇지 않으면 접근 불가능했을 현상들을 기록한다.

다큐멘터리의 범위가 제한을 받지 않았다면 이것으로 우리의 논의는 다 끝났을 것이다. 다큐멘터리는 정의상 우리 주변 세계의 재현에 국한되므로, 사적인 관여를 통해서만 불러낼 수 있는 잠정적으로 가시적인 현실의 측면들을 포함하지 못한다. 그런 측면들의 출현은 이야기로 전달되는 인간의 드라마와 분리될 수 없다. 이야기의 억제는 다큐멘터리에 이득만이 아니라 손실도 가져다준다. "다큐멘터리의 가장 뼈아픈 결핍 중 하나는 언제나 인간을 전혀 고려하지 못한다는 점이었다"[33]라고 로타는 말한 바 있다. 이러한 결핍을 어떻게 메울 수 있을까? 역설적으로 스토리텔링에 대한 열망은 이야기를 비영화적인 요소로 거부하는 장르 내에서 발전한다.

다큐멘터리 감독은 한편으로는 그의 렌즈를 세계를 향해 열어두기 위해서 이야기를 배제한다. 하지만 그는 동일한 이유에서 극적인 사건들을 재도입해야 할 필요성을 느낀다. 다큐멘터리가 "개개인을 받아들이고"[34] "인간적 관련성을 넓혀야"[35] 한다고 요구한 사람은 또다시 로타다. 버나드 마일스도 비슷하게 다큐멘터리의 목적이 "영화적인 관점에서 전통적인 다큐멘터리가 인간적 가치를 담고 있는 더 많은 이야기와 결합할 때 가장 잘 성취될 수 있다"[36]라고 말한다. 또한 르네 클레르의 태도 변화를 생각해보자. 1950년의 클레르는 1923년의 클레르가 다큐멘터리적 양식으로 시각적 훈련을 하려는 유행에 빠져서 모든 "주제sujet" 또는 이야기를 무시했다는 이유로 과거의 자기 자신을 꾸짖는다.[37]

이렇게 이야기에서 멀어졌다가 다시 돌아가는 변증법적 운동은 서로 모순되면서 타당한 두 가지 원리로 소급될 수 있다. 극의 억제라는 첫번째 운동은 현시하는 카메라적 진술이 사진사의 감정적 무심함을 전제한다는 프루스트의 심오한 관찰과 맞아떨어진다. 프루스트가 말했듯이 사진은 소외의 산물이다.* 이 말은 좋은 영화란 이야기의 매

---

*　　이 책의 48쪽 이하를 보라.

력과 합치될 수 없다는 의미다. 이야기를 인정하는 두번째 운동은, 사건을 인지하고 흡수하는 우리의 능력이 우리의 감정적인 참여를 통해서 강화된다는 취지로 말한 오르테가 이 가세트의 날카로운 소견에서 근거를 찾을 수 있다. "순수한 관조를 왜곡시키는 것처럼 보이는 저 요소들, 즉 관심, 감정, 강박, 정서적 편향이야말로 관조를 위한 필수불가결한 수단으로 보인다."[38]

리얼리즘적 경향과 조형적 경향의 각기 자연스러운 표현 수단에 해당하는, 서로 대립하는 두 운동 사이의 갈등은 특히 뮤지컬 형식에서 잘 나타난다. 뮤지컬에서 실제 삶의 이야기는 어느 정도 일관성에 도달하기만 하면 곧바로 프로덕션 넘버에 의해서 중단된다. 그 공연은 대개 이미 등장 전 단계에서부터 준비되고 있었고, 따라서 가장 안쪽에서부터 이야기를 부식시킨다. 뮤지컬은 서사적 영화와 비서사적 영화 간의 변증법적 관계를 지양하려는 시도 없이 이 관계를 그대로 반영한다. 이를 통해 뮤지컬에는 영화적인 분위기가 부여된다. 뮤지컬은 페넬로페처럼 자신이 짠 플롯을 영원히 풀고 있다. 뮤지컬 속의 노래와 춤은 이야기의 일부를 이루지만 동시에 이야기의 해체를 요란하게 조장한다.*

이야기에 대한 요구는 비서사적 영화의 모태에서 재등장한다. 실제로 수많은 다큐멘터리가 극화를 지향하는 지속적인 경향을 입증해 보인다. 하지만 영화감독은 어떻게 이런 경향을 따르면서, 즉 스토리텔링을 하면서 삶의 흐름을 포착하려고 시도할 수 있겠는가? 환언하자면 감독은 어떻게 하면 카메라적 탐구가 이야기에 의해 방해받으면

---

* 이 단락에 대해서는 이 책의 282~83쪽을 보라.

서 또 진작되는 이 대립하는 두 원리 모두를 공평히 다룰 수 있을 것인가? 우리 주변 세계를 재현함에 있어서 감독은 세계의 소외 혹은 충만함 중 하나를 희생시켜야 하는 딜레마에 봉착한 것처럼 보인다.

뮤지컬 형식이 보여주듯이 두 가지 대립하는 원리가 화해 불가능한 것은 아니라는 점에 주목하자. 그리고 물론 이 원리의 딜레마 역시 마찬가지다. 그 딜레마는 이야기 자체가 영화의 본질에 어긋난다는 잠정적 가설이 옳은 것으로 입증된다면 해결 불가능할 것이다. 어떤 이야기든 간에 이야기에 호소하게 되면 영화적 삶을 드러내는 작업은 자연히 원천 봉쇄당할 것이고 감독이 봉착해 있던 딜레마는 정말로 딜레마로 남을 것이다. 하지만 보다 정확히 고찰해보면 이 가설은 고려될 수 있는 모든 경우의 수를 남김없이 설명하기에는 지나치게 일반적인 가설로 판명된다. 가설을 보다 제한적으로 규정할 필요가 있다. 말하자면 이야기에는 여러 종류가 있고 그중 일부는 저 가설에 부합하게도 영화적 접근에 저항하지만 다른 일부는 잘 조응한다는 보다 통찰력 있는 가설로 대체되어야 한다. 서사적 영화를 거부한 모루아와 세브조차 이 점은 인정했다. 그들은 발자크의 이야기들과 채플린의 영화를 예외로 둠으로써 이야기에 반대했던 입장을 무심코 변경했던 것이다.*

---

*   이 책의 326~28쪽을 보라.

연극적 이야기

서론

형식과 내용

예술 작품의 형식과 내용에 대한 유서 깊은 구분은 이야기의 유형들을 분석하는 작업에서 좋은 출발점이 되어줄 것이다. 어떤 경우든지 예술 작품의 이러한 두 요소는 떼려야 뗄 수 없을 정도로 상호 침투하고 있는 것이 사실이다. 모든 내용은 형식적 요소들을 포함하고 있으며, 모든 형식은 내용이기도 하다. (따라서 "희극" "멜로드라마" "비극"과 같은 용어들의 애매함은 적법한 것이다. 그 용어들은 자신들이 지시하는 장르의 특정한 내용을 가리킬 수도 있고, 형식적 측면을 가리킬 수도 있으며 양자를 구분 없이 가리킬 수도 있다.) 그런데 "형식"과 "내용"이라는 개념이 예술 작품의 속성 자체에 기반을 둔다는 것 역시 사실이다. 그리고 이 개념들을 그 질료에 기초하여 깔끔하게 규정하는 일이 사실상 불가능하다는 점은 오히려 이 개념들로서는 다행이라고 하겠다. 복합적이고 생생한 실체들의 경우 오히려 정확하게 정의를 내리면 그 양끝에 있던 모호한 의미들이 전혀 고려되지 않을 수 있다.

차라리 정반대로 느슨하게 정의해야 그 실체들을 최대한 엄밀하게 포착할 수 있는 것이다. 이는 의미론적으로 이론의 여지가 없는 개념을 만들겠다고 그 안에서 애매모호해 보이는 것들을 제거하려는 모든 시도가 전적으로 기만적이라는 말이다.

이 장과 다음 두 개의 장은 형식상의 차이에 따른 이야기 유형들을 설명하는 데 할애할 것이다. 이들은 영화적으로 중요한 의미가 있으리라고 예상되기 때문에 영화와의 고유한 친화성의 측면에서 정의되어야 할 것이다. 영화의 관점에서 보았을 때 그런 친화성을 드러내는 경우에만 영화적인 이야기 유형으로 인정받을 것이다.

비영화적인 이야기 형식

비영화적인 이야기 형식들부터 살펴보자면, 유독 한 가지 유형이 도드라진다. 그것은 바로 "연극적 이야기theatrical story"로서, 그것의 원형이 연극인 까닭에 그렇게 불린다. 즉, 비영화적인 이야기들은 전통적인 문학 장르를 따르는데, 특히 연극의 방식을 좇는 경향이 있다. 의미심장한 점은 영화 관련 문헌들을 보면 영화와 무대의 비정합성을 대단히 강조하는 주장들로 가득하지만 두 매체의 확연한 유사성에는 별로 주의를 기울이지 않는다는 사실이다. 따라서 에이젠슈테인과 푸돕킨, 알렉산드로프는 1928년 선언에서 음향이 도래하면 "고급 교양 드라마'나 기타 연극류의 공연 촬영"이 범람하게 될 것이라고 우려했다.* 프루스트 소설에서 서술자가 오랜만에 만난 할머니에게서 받은 인상과 할머니가 늙고 병들어 보이는 사진을 비교하는 대목이 있다.

여기서 서술자가 말하기를, 사진은 우리가 세계를, 특히 우리가 애틋하게 여기는 대상들을 받아들이는 일반적인 방식이 아니다. "우리의 눈은 생각에 잠긴 채, 마치 고전 비극이 그러하듯이, 극의 줄거리에 필요하지 않은 이미지는 간과하고 그것의 목적을 이해할 수 있게 해주는 것밖에는 기억하지 않으니 말이다." 그는 사진적 지각으로 빠져들 뻔했던 일을 우리의 두 눈이 "망막에서 먼저 작동하여 그 대상을 점유하면서 마치 영화처럼 기계적으로 작업하게 되면"** 일어날 법한 우연적 사건이라 부르며 이 말을 마무리 짓는다. 이 대목은 영화적인 작업 방식에 가장 적합하지 않은 연극의 종류를 특징짓기 때문에 중요하다. 프루스트는 그것을 고전 비극이라고 본다. 그에게 고전 비극은 특유의 탄탄하고 목적 지향적인 구성 덕분에 사진 매체에 정면으로 맞서는 이야기 형식이다. 여담이지만, 아직 스탈린주의의 압력에 굴복하지 않았던 1928년의 에이젠슈테인은 유성영화의 여파로 "고급 교양 드라마"가 증가할 것이라 예견했을 때 이 대단히 구성적인 독립체를 염두에 두고 말했는지도 모른다.

기원과 원천

연극적 이야기의 유행은 일찍이 1908년 프랑스에서 '필름 다르'라는 새로운 영화사가 설립되면서 시작되었다. 필름 다르사의 첫 작

---

*   이 책의 202쪽을 보라.
**   이 책의 48쪽을 보라.

품으로 칭송과 비난*을 골고루 받은 영화 〈기즈 공작의 암살〉은 영화를 전통적인 문학 매체와 동등한 수준의 예술 매체로 변혁시키려는 의식적인 시도였다. 〔그림 40〕 그것의 의도는 영화가 자기 고유의 언어로 연극이나 소설의 방식에 따라 심오한 이야기를 할 수 있음을 증명하는 데 있었다. 한림원의 한 회원이 이 야심 찬 영화의 시나리오를 집필했고 프랑스희극원의 배우가 역사적 인물들을 연기했으며 명망 있는 연극평론가가 열광적인 영화평을 발표했다. 이렇게 영화는 밑바닥에서 문학 및 연극 예술의 영역으로 상승했다. 교양 있는 사람들은 그런 고귀한 목적을 추구하는 영화를 더 이상 업신여길 수 없었다.

〈기즈 공작의 암살〉은 영화를 예술의 이름으로 복권시키고자 했다. 영화의 시나리오 작가들이 연극의 전통에 정통해 있었기 때문에 그들이 영화가 예술이 되려면 연극과 같은 노선으로 나아가야 한다고 보았던 것도 당연했다. 〈기즈 공작의 암살〉의 줄거리는 무대 위에서 상연될 법한 역사극을 강하게 환기시킨다. 미장센도 마찬가지다. 멜리에스가 영화의 고유한 장치를 이용하여 줄거리를 전개해야 한다고 주장했던 것은 잊힌 듯 보인다. 그 대신에 고정된 카메라는 객석에 앉은 관객의 시점에서 드라마를 촬영한다. 카메라는 곧 관객**이다**. 인물들 또한, 리얼리즘에도 불구하고 그림 무대라는 것이 확연히 티가 나는 세트에서 움직인다. 진짜처럼 보이는 블루아성城은 영화 관객이 아니라 연극 관객을 감명시키고자 한 것이다.[1]

어쨌든 〈기즈 공작의 암살〉이 연극적인 성격을 띠고 있음에도 두 매체의 차이에 대한 모종의 감각을 드러내고 있음은 주목할 만하다.

---

* 이 책의 331~32쪽을 보라.

공작을 타도하고 암살하는 이 이야기는 연극 예술을 영화에 맞추려는 의도로 만들어진 것처럼 보인다. 아무튼 당시로서는 관습적이었던, 유리된 "활인화" 상을 거칠게 늘어놓는 방식이 여기에서는 기나긴 간자막 없이도 이해될 수 있는 일종의 이미지적인 연속성으로 대체되어 있다. 또한 배우들은 자신들의 배역을 캐릭터에 대한 섬세한 감각과 절제된 몸짓으로 연기함으로써 무대의 관습에서 벗어나 있다.[2]

엄청난 성공을 거둔 〈기즈 공작의 암살〉은 프랑스에서 다수의 역사영화와 "고급 교양 드라마"를 선도했다. 미국도 그 뒤를 따랐다. D. W. 그리피스는 이 첫 필름 다르에서 영감을 얻었고, 아돌프 주커[파라마운트 픽처스의 창립자]는 "저명한 작품에 저명한 배우들"을 출현시키기 시작했다. 영화 제작자와 배급자, 극장주 들은 예술이 좋은 사업임을 금방 깨달았던 것이다. 문학의 특권에 기대거나 문학을 모방한 영화들은 그때까지 영화관을 꺼려왔던 교양 있는 부르주아들을 끌어들였다. 이 과정에서 영화관 자체도 하루가 다르게 호화로워졌다.[3] 이들 영화관이 발하는 고가의 천박한 부티는 이러한 문화적 열망의 허위성을 폭로했다는 점에서 어쨌든 용인되는 요소였다. (하지만 예술의 상업화를 비난한 예리한 비평가도 이런 변화가 꼭 예술을 폐지하는 것은 아님을 인정해야만 했다. 많은 상업영화들과 텔레비전 방송물들은 상업적인 성격에도 불구하고 진정한 성취를 보여준다. 새로운 시작의 씨앗들은 완전히 낯선 환경에서도 만개할 수 있는 것이다.)

필름 다르 운동은 현재까지 중단되지 않고 지속되고 있다. 예상할 수 있듯이 〈피그말리온〉이나 〈세일즈맨의 죽음〉과 같은 유형의 수많은 영화들은 실제로 연극을 영화화한 것이다. 사실 할리우드에서

써먹지 않은 브로드웨이 히트작이란 존재하지 않는다. 아니면 〈줄리어스 시저〉〈맥베스〉〈리처드 3세〉에 이르기까지 끊이지 않고 계속 영화화되는 셰익스피어 연극들을 생각해보라. 그런 스크린상의 연극들은 모두 얼마나 훌륭하게 구현되었든 간에 그 정신과 구조 면에서는 여전히 〈기즈 공작의 암살〉에 기원을 두고 있다. 그런 영화들이 꼭 연극의 영화화일 필요는 없다. 〈밀고자〉〈사랑아, 나는 통곡한다〉〈위대한 유산〉〈적과 흑〉 같은 영화들은 소설에서 영감을 얻은 것이지만 그럼에도 연극의 영화화처럼 생생하게 무대를 환기시킨다. 〈모비 딕〉도 크게 다르지 않다. 이 작품은 영화적으로 대단히 공들여 만들었음에도 불구하고 멜빌의 소설을 연극에나 어울릴 법한 극적인 행동의 관점에서 제시한다. 다른 연극적 영화들은 〈기즈 공작의 암살〉처럼 그 소재를 전혀 문학에서 빌려오지 않았다. 에이젠슈테인의 마지막 작품들인 〈알렉산드르 넵스키〉와 〈폭군 이반〉도 마찬가지로 원작이 따로 없는 영화 작품이다. 하지만 그 영화들은 있지도 않은 연극이나 오페라를 모방한 것처럼 느껴진다. 〔그림 41〕 에이젠슈테인이 죽기 직전에 바그너의 〈발퀴레〉 감독을 맡았던 것도 우연이 아니다. 한때 그는 연극에 반항했지만 결국에는 연극으로 복귀했던 것이다.

특징

인간적 상호작용의 강조

사진과 영화의 관점에서 보면 연극적 이야기의 주요한 특징 중

하나는 인간적 성격과 인간적 상호작용에 대단한 관심을 쏟는다는 것
이다. 무대라는 조건을 생각하면 이것은 합당한 일이다. 이미 말한 바
를 반복하자면 연극의 미장센은 현실의 일상적 사건들을 아우르는 완
전한 물리적 현실을 재창조할 수는 없다. 거대한 군중은 무대 안에 들
어갈 수도 없고 미세한 사물들은 전체 그림에서 눈에 띄지도 않는다.
덜어내야 할 것도 많고, 대다수가 실제 사물이 아니라 그 사물을 상징
하는 암시적 대리물이다. 무대의 세계는 우리가 살고 있는 세계의 그
림자 같은 복제본이다. 그 세계는 그중에서 대화와 행동 부분만을 보
여줄 뿐이고 그리하여 어쩔 수 없이 순수하게 인간적인 사건들과 경
험들에 이야기가 집중된다.[4]* 하지만 이 모든 것은 영화를 제한하는
효과로 작용한다. 연극적 이야기는 인간과 무생물 사이에 어떤 차이
도 두지 않는 매체의 고유한 사용에 제한을 가한다.

복잡한 단위들

무대극, 즉 연극적 이야기의 최소 요소들은 카메라가 접근 가능
한 요소들에 비하면 복잡한 단위다. 그 이유는 극작품이 무대의 조건
에 매여 있고 이에 따라 인간적으로 유의미한 행동에 제한되어 있기
때문에 무한히 분해될 수 없다는 데 있다. 물론 극작품이 다양한 정도
의 더 작은 단위들을 담고 있을 수도 있다. 가령 셰익스피어 극들은
있는 그대로의 자연을 상대적으로 충실하게 보여준다. 거기에는 순수

---

*   이 책의 101, 112, 191~92쪽을 보라.

하게 구성적인 관점에서 보았을 때는 빼버려도 좋을 캐릭터들과 상황들이 나온다. 하지만 이렇게 산만하고 여담적인 것들은 어떻게든 날것 그대로의 삶을, 즉 삶의 우연적인 사건들과 무한한 결합들을 환기한다.[5] 또한 실내극Kammerspiel은 관객들이 감지하기 어려운 심리적인 잠재적 흐름과 생리학적 반응들에 예민해질 만큼 극의 인물들에 대단히 밀착해 있다. 하지만 가장 섬세하고 열린 결말의 무대극조차 작품이 암시하는 바를 실현시키고 특정 지점을 넘어서는 분석을 수행하기란 매우 어려운 처지에 있다.

무대극을 이루는 요소들—행동 양식, 정념, 갈등, 믿음—이 대단히 복잡한 집합체라는 사실은 쉽게 알 수 있다. 모더니즘 소설을 생각해보라. 조이스, 프루스트, 버지니아 울프는 시간 순서대로 일어나는 일련의 발전들을 쫓아가는 전통적인 소설 유형의 가장 작은 단위들을 해체한다는 공통점을 보인다. 에리히 아우어바흐에 따르자면 이러한 현대 작가들은 "외적인 전체 흐름을 시간순으로 완전하게 묘사하는 것보다 단 몇 시간이나 며칠 동안 있었던 무작위의 일상적 사건들을 남김없이 서술하는 것을 선호하는데… (어쨌거나 의식적으로) 저 외부의 총체적 연속체 내에서 정말로 완전할 수 있다는 것, 그리고 그 안에서 본질을 도드라지게 한다는 것이 헛된 모험이 아닐까 하는 고민에서 그렇게 하고 있다. 또한 그 작가들은 그들의 주제인 삶에 그 삶 자체에는 있지 않은 어떤 질서를 부여하기를 주저하고 있다."[6] 그런데 삶에 그와 같은 질서를 강요하는 데 있어서 연극은 그 어떤 서사 장르보다 멀리 나아간다. 무대극의 더 이상 쪼갤 수 없는 세포들이나 접점을 이루는 단위들의 입자가 얼마나 거친지 알려면 프루스트 소설의 미시적인 요소들을 잠깐 살펴보면 된다.

영화는 인간적 상호작용을 넘어설 뿐만 아니라 소설을——현대적인 소설이든 아니든——닮아 있기도 하다. 소설은 무대에서 재현될 수 없는 순간적인 인상들과 관계들을 재현하려는 경향이 있기 때문이다. 영화의 관점에서 보면 연극은 카메라적 삶의 극단적인 축약을 보여주는 단위들로 구성된다. 같은 것을 영화 언어로 말하려면 연극적 이야기는 "롱숏"으로 전개되어야 한다. 그렇지 않으면 달리 어떻게 전개될 수 있겠는가? 연극적 이야기는 연극을 위해서 고안된 것이다. 연극은 극적인 행동을 위해서 분석의 축소를 요하며, 또 무대 위의 세계가 적당히 멀리 떨어진 고정된 거리를 두어야만 볼 수 있다고 전제한다. 이러한 것이 바로 젊은 에이젠슈테인이 연극 연출가로서 활동했을 때 경험했던 것이다. 이때 그는 영화에 적합한 종류의 현실을 연출하고 싶다는 열망이 날로 커져가고 있었다. 그는 레슬링 시합을 실제 삶의 사건으로 만들기 위해서 시합을 무대에서 객석 한가운데로 이동시켰다. 심지어 그는 클로즈업의 환상을 불러내기 위해서 손, 기둥, 다리, 주택의 전면을 따로 고립시켜 보는 실현되기 어려운 전략을 감행하기도 했다. 당연히 이는 실패로 돌아갔다. 그래서 그는 무대를 떠나 스크린으로 향했고, 그와 동시에 당시 믿었던 것처럼 개개인의 운명에 매여 있는 이야기라는 것에서 등을 돌린다. 그의 목적은 영화적인 것이었고, 그것은 민중이 진정한 영웅으로 등장하는 집단행동을 그려내는 것이었다.[7]

복잡한 단위들은 영화적 서사에 방해가 된다. 따라서 연극적 이야기를 전개하는 영화들은 급작스러운 데가 있다. 이런 영화들은 단위에서 단위로 비약하고 그 사이에 있는 빈틈을 그냥 내버려두는 듯하다. 이때 영화가 무성영화인지 대화가 중심인 영화인지는 전혀 중요치 않다. 이런 비약은 관객에게 자의적인 방향 전환으로 보이는데, 줄거리의 연결 지점으로 기능하는 단위들이 영화적 분석으로 접근할 수 있는 최종 단위는 아직 아니기 때문이다. 연극 〈로미오와 줄리엣〉에서 수도승은 줄리엣의 편지를 제때 전해주지 못하는데 이러한 실패는 운명의 지배를 암시하므로 수용될 수 있다. 하지만 카스텔라니의 영화 〈로미오와 줄리엣〉에서 동일한 사건은 아무것도 의미하지 않는다. 오히려 그 사건은 선행 사건과 아무 관련이 없는 외부의 간섭이라는 인상을, 아무 이유도 없이 행동의 진행 방향을 급변시키며 이야기를 꼰다는 인상을 준다. 편지와 관련된 전체 사건은 기껏해야 이념적 연속체 속에 들어가는 것이지, 영화가 열망하는 그런 물질적 연속체가 되지 못한다. 이야기는 정신물리적 구성 요소로 분해되어야만 비로소 카메라 현실의 일부가 될 수 있는 가짜 총체다. 그렇다고 해서 영화가 이른바 롱숏으로만 주어지는 단위들을 완전히 무시할 수 있다는 뜻은 아니다. 복잡하게 구조화된 분자들을 닮은 이런 단위들은 일반적으로 이해될 수 있는 생각들과 느낌들, 그리고 비전들을 전달한다. 영화의 내레이션이 때때로 출발점이나 종착점으로 기능하지 않는다면 관객은 연속된 카메라적 현시에 이입하기가 거의 불가능할 것이다.

분리 가능한 의미 패턴들

연극적 이야기는 복잡한 단위에서 또 다른 복잡한 단위로 넘어감으로써 특정한 의미 패턴들을 전개시켜나간다. 영화의 관점에서 보면 이러한 패턴들은 이미지의 흐름과는 독립적으로 유효하기 때문에 미리 정해져 있다는 인상을 준다. 즉 의미 패턴들이 이미지의 흐름으로부터 발전되어 나오는 것이 아니라, 그 흐름——이것이 정말로 흐름이라는 가정하에서——의 방향을 결정짓는 것이 바로 이 의미 패턴들인 것이다. 〈로미오와 줄리엣〉과 〈움베르토 D.〉를 비교해보라. 셰익스피어 영화는 그 자체로 충분히 심오하고 자족적인 이야기를 전하지만, 데시카의 영화는 그 의미가 생활하기에 턱없이 부족한 연금으로 살아가야 하는 어떤 늙은 남자의 일상적 실존을 묘사하는 투철함에 있다. 여기에서 이야기는 카메라가 우리에게 보여주는 것들로 이루어진다. 이런 진정한 영화적 이야기와는 달리 연극적 줄거리는 영화 매체와 언제든지 분리 가능하다. 따라서 그런 줄거리를 전하는 영상은 줄거리의 의미들을 드러내기보다는 줄거리의 삽화로 기능할 뿐이다. 사실 우리가 연극적인 영화를 볼 때 우리의 상상력은 주로 물리적 현실의 이미지에 자극을 받아 그 결과로서 이미지들의 암시를 따르면서 이야기의 중요한 맥락으로 자연스럽게 나아가는 것이 아니다. 그와는 정반대로 이런 맥락에 먼저 주의하게 되고 그런 다음에야 비로소 그 맥락을 담고 있는 이미지 재료를 인지하게 되는 것이다.

유목적적인 총체

연극적 줄거리가 아무리 장황하게 진행되고 이로써 거의 서사적인 성격을 획득한다고 하더라도 영화와 비교해보면 그 줄거리는 모두 프루스트가 "극의 줄거리에 필요하지 않은 이미지는 간과하고 그것의 목적을 이해할 수 있게 해주는 것밖에는 기억하지 않"*는다고 했던 고전 비극을 모방한 것처럼 보인다. 그때 프루스트가 염두에 두었던 이야기 형식은 어떤 총체—모든 예술 작품이 결국은 다 이럴 텐데—일 뿐만 아니라 어떤 목적을 지닌 총체이기도 하다. 즉, 줄거리의 모든 요소가 그 목적을 실현하기 위한 기능만을 갖는다는 것이다. 이제 프루스트가 사용했던 대로 이 "목적"이라는 표현은 줄거리의 의미와 관련된다는 점이 분명해 보인다. 그래서 우리는 영화의 관점에서 연극적 줄거리가 어떤 이념적 구심점을 중심으로, 즉 줄거리의 모든 의미 패턴들이 수렴하는 곳인 그 구심점을 중심으로 진행된다고 말할 수 있을 것이다. 다른 말로 하자면 그 줄거리는 엄밀하게 구성된 것임에 틀림없다. 그것은 그 본성상 완결된 이야기다.

러시아 영화에서 개인적인 영웅이 영웅적인 군중을 밀어내기 시작했던 1930년대 초부터 에이젠슈테인은 전체주의 정권의 공포정치적인 압박하에서 이러한 이야기 유형과 그 구성적 함의를 강하게 지지하고 나섰다. 그는 영화의 모든 부분이 "유기적으로 구상된 총체의 유기적인 부분"[8]이어야 한다고 주장했다. 그리고 그는 말년에 이렇게 선언했다. "우리에게 몽타주는 영화 작업의 모든 요소, 부분, 디테일들을 아우르면서 어떤 특수한 이념적 착상의 유기적 구현을 실현하는 […] 수단이다."[9] 청년 시절에 에이젠슈테인은 이데올로기나 전체주의와 거리가 멀었다. 여기에는 그럴 만한 이유가 있었다. 총체의 핵심에 놓인 (미리 확립된) "이념적 착상"을 시행하는 것이 유일한 존재 이유인 요소들로 이루어진 영화는 "바람에 흔들려 잔물결 치는 나뭇잎

---

* 　이 책의 404쪽을 보라.

　　　　　　　　　　　　　　　　　　　　　　III. 구성

들"*을 포착하는 데 유리한 매체의 정신과 상충하기 때문이다. 벨라 발라즈의 예리한 관찰에 따르면 아이들은 디테일에 머무는 것을 좋아하지만, 어른들은 큰 그림을 보고 디테일을 무시하는 경향이 있다. 어린아이들이 세계를 클로즈업으로 바라본다면, 롱숏으로 이루어진 연극의 세계보다 영화의 분위기 속에서 더 아늑함을 느낄 것이라고 발라즈는 주장한다.[10] 발라즈가 도출한 결론은 아니지만 우리가 여기서 내릴 수 있는 결론은, 연극적인 영화가 호소력을 발휘하는 사람은 자기 안의 어린아이를 억압해온 어른들이라는 사실이다.

조정 시도

"가장 훌륭한 것들"

페데의 명언

프랑스 영화감독 자크 페데는 언젠가 이렇게 주장했다. "모든 것은 스크린에 옮겨질 수 있고 모든 것은 이미지를 통해 표현될 수 있다. 몽테스키외의 『법의 정신』 10장을 가지고도 매력적이고 인간적인 영화를 만들 수 있고… 니체의 『차라투스트라』의 한 단락을 가지고도 그럴 수 있다." 페데는 조심스럽게 덧붙인다. "하지만 그것을 실현하려면 영화에 대한 감각이 절대적으로 필요하다."[11]

페데의 주장이 옳다고 전제한다면, 연극적 이야기는 영화적인 작

---

*   이 책의 77쪽을 보라.

업 방식과 분명 모순되지 않을 것이다. 그렇다면 어떻게 해야 연극적 이야기가 진정한 영화로 거듭날 수 있을 것인가? 영화적 감각을 갖춘 감독이라 해도 그런 이야기를 하려고 하면, 완전히 합치시킬 수 없는 것은 아니지만 서로 다른 두 가지 과제에 직면하게 된다. 감독은 이야기를 목적이 정해진 총체로서 관객에게 전달해야 한다. 이것은 이야기의 복잡한 단위들과 의미 패턴들을 충실하게 전달하라는 과제다. 동시에 감독은 리얼리즘적인 경향을 따라야 한다. 이것은 감독에게 이야기를 물리적 실재의 차원으로까지 확장하라는 과제다.

줄거리의 충실한 재현

수많은 연극적인 영화들——그중에서 몇몇은 대단히 솜씨 좋게 만들어진 영화들인데——은 첫번째 과제는 온당하게 수행하지만 두번째 과제는 시행할 생각조차 하지 않는다. 그 영화들은 줄거리를 그에 내재한 의미들까지 통째로 전달하지만, 그러한 충실한 재현에 완전히 몰두해 있기라도 한 듯이 우리 주변 세계를 탐구하는 데는 실패한다. 〈밀고자〉〈유리 동물원〉〈상복이 어울리는 엘렉트라〉〈세일즈맨의 죽음〉〈적과 흑〉 등은 매체로부터 분리 가능한, 정밀하게 구성된 이야기들을 영화로 주문 제작한 것에 지나지 않는다. 이런 이야기는 그 영화에 딱 맞는 옷처럼 입혀져 있다. 따라서 그 분위기는 관객에게 폐소공포증을 일으킬 것만 같다. 이것은 영화가 영상을 다루는 방법에 그 책임을 물어야 한다.

그리피스의 오래된 영화 〈흩어진 꽃잎〉에서 템스강과 런던의 이스트엔드가 뒤덮고 있는 안개를 보여주는 탁월한 숏들은 행동이 벌어지는 주변 환경을 보여주는 것 말고는 특별한 기능을 하지 않는 듯하다. 그 숏들은 줄거리 구성에 기여하는 바가 없을지도 모르지만 그 줄거리를 뒷받침하는 데에서 자신들의 기능을 다하지도 않는다. 그 숏들은 정말로 도시를 있는 그대로 기록한다. 이러한 자연스러운 안 개와 포드의 〈밀고자〉에서 음흉하게 제 역할을 수행한 안개 사이에는 얼마나 큰 차이가 있는가! 그 안개는 자기 자신을 넘어 줄거리의 "이 념적 착상"을 가리키기 위해서 선별되고 조정된 상징적 안개다.[12] 그 리피스의 렌즈는 세계를 향해 열려 있지만 포드는 연극적인 구성을 위해서 그 세계를 닫는다. 그럼에도 최소한 〈밀고자〉는 카메라 현실 을 가장하지는 않는다. 같은 부류의 다른 영화들은 다르다. 엘리아 카 잔은 〈워터프론트〉를 세미다큐멘터리로 가장하기 위해서 온 힘을 다 쏟는다. 그야말로 역작이라 할 이 영화는 현지 촬영으로 찍었고 사실 영화의 고유한 기법들을 사용한다. 하지만 영화는 그와 거의 정반대 결과를 낸다. 영화의 모든 숏은 꽉 짜인 줄거리의 극적 효과를 높이기 위해서 계산된 것이다. 이런 숏들에는 아무런 분위기가 없다. 숏들이 물질적 현실을 자기 안으로 들이는 것은 사실이지만 그것은 단지 현 실의 본질을 다 비워내기 위해서다. 여기서 현실 자체는 〈밀고자〉의 우주처럼 밀폐된 우주를 구축하기 위해 쓰였을 뿐이다.

　요약하자면 연극적 이야기의 충실한 실행을 목적으로 하는 영화 들은 다음과 같은 확연한 특징들을 공통으로 갖는다. 우선 그 영화들 은 배우들, 그리고 배우들 간의 상호작용을 강조한다. 이런 주된 관심 사를 유지하기 위해서 그 영화들은 하나같이 무생물과 환경적 요소에 보조적 역할만을 할당한다. 궁극적으로, 그리고 가장 중요하게는 그 런 영화들이 이야기 구축의 목적에 봉사하지 않는 이미지는 사실상 단 한 컷도 담고 있지 않다는 것이다. 말하자면 각 이미지는 다양한 의미들에 열린 현실의 파편으로 확립되는 대신, 영화 매체에 낯선 맥락, 즉 이념적 구심점을 향하는 맥락으로부터 끌어낸 의미들을 담고 있을 수밖에 없음을 의미한다.

줄거리의 확장

"나는 셰익스피어를 각색하고 있네." 뤼미에르와 멜리에스의 동시대인이었던 제카는 파란 펜으로 원고를 수정하고 있는 자신의 모습을 본 친구에게 저렇게 말했다. "그 한심한 사람[셰익스피어]은 가장 훌륭한 것들을 빼먹었다네."[13] 제카는 영화 매체에 대한 탁월한 감각의 소유자였다. 그는 연극적 이야기를 카메라적 삶의 방향으로 확장하는 과제에 헌신했을 뿐이다. 제카의 "가장 훌륭한 것들"이 3장에서 다뤘던 영화의 고유한 주제들과 같은 것임은 의심의 여지가 없다. 그것은 바로 움직이는 대상들, 작은 것, 큰 것, 친숙한 것 등이다. 시나리오에 들어 있지 않은데도 이런 주제들을 끼워 넣어야 할 당위성은 비록 그리 순수한 마음에서 나온 생각은 아니더라도 현대 영화감독들과 비평가들에 의해서도 인정받아왔다. 히치콕은 한 인터뷰에서 질문자에게 이렇게 말했다. "연극적 재료의 내용은 영화의 재료보다 훨씬 가볍습니다. 한 편의 영화다운 영화를 만들려면 연극 네 편을 만들 양만큼의 재료가 필요하지요."[14] 또한 파노프스키는 이렇게 주장한다. "영화에서는 한 장소에서 다른 장소로의 장면 전환——그것이 아무리 심리적으로 무의미하다고 해도——이 실제 이동으로 묘사되면, 즉 교통 체증을 뚫고 자동차로 이동하든, 아니면 한밤의 항구를 모터보트로 이동하든, 말을 타고 달리든 간에 이동 과정이 묘사되면, 줄거리가 방해를 받는 것이 아니라 오히려 강화된다."[15]

하지만 연극적인 줄거리를 확장한다고 해서 언제나 "현실 자체를 줄거리에 관여시키는"[16] 확장이 되는 것은 아니다. 가령 내용을 이해하는 데 있어 2차 대전이 반드시 나와야 하는 연극에서라면 그것이 말로 언급될 것이고, 그 연극의 영화 버전이라면 전형적인 전투 장면 몇 개가 들어갈 텐데, 이러한 보충적 숏들은 특별한 인상을 불러내지 못할 것이다. 그 숏들은 그 언급을 확장했다기보다는 시각적으로 묘사한 것이기 때문이다.* 바로 이와 같은 문제는 노버트 러스크의 말년의 비망록에서 재치 있게 설명되고 있다. 러스크는 1923년에 유진 오닐의 『애나 크리스티』를 각색하여 만든 무성영화를 회고하면서, 이 영화 버전에는 연극에 나오지 않았던 에피소드 두 개가 들어 있었다고 말한다. 그것은 애나가 스웨덴의 고향에서 어린 시절을 보냈을 때의 이야기와 그 뒤에 어떤 타락한 남자에게 강간당하는 이야기다. 이렇게 추가된 내용을 두고 줄거리의 확장이라고 할 수 있을까?

러스크는 그렇지 않다고 단언한다. 그의 견해에 따르면 이 에피소드들은 연극에서는 충분히 말로 전할 수 있는 것, 즉 애나가 "외국인이지만 품행이 방정한 아이였고" "나중에 그녀가 겪은 일은 그녀의 책임이 아니라는 것"을 이미지로 이야기하는 데 쓰였을 뿐이다. 극작가도 같은 의견이었다. 러스크는 이렇게 회고한다. "오닐 씨는 본인에게 낯선 매체를 빠르게 간파함으로써 그 이야기를 촬영된 행동의 언어로 다듬으려면 이러한 추가 삽입이 필요하다고 차분히 지적했다. 그는… 그 영화를 자기 연극의 충실한 번역이라고 인정했다."[17] 즉 이 두 에피소드들은 당시에는 달리 표현할 수 없었던 원작의 의도를, 영

---

* 이 책의 228~29쪽을 보라.

화 매체로 충실하게 옮기려는 유일한 목적을 위해서 삽입된 것이다. 유성영화가 아직 나오지 않았기 때문에 이미지들은 연극을 확장하기 위해서가 아니라 복제하기 위해서 필요했다. 따로 추가된 영상은 영화적인 주제를 다루려는 관심에서 비롯된 것이 아니었다.

하지만 대개의 연극적 영화들에서는 그런 관심사가 표명되어 있다. 감독들은 "가장 훌륭한 것들"을 담기 위해서 이야기를 확장한다. 이것은 수많은 방식으로 이루어질 수 있다. 파노프스키도 언급했던 흔하디흔한 방식으로는, 주인공들이 내내 실내에만 있어도 줄거리를 이해하는 데 아무런 지장이 없는 영화에 거리 장면을 집어넣는 수법이 있다. 감독들은 "줄거리를 양식화된 연출(그것이 얼마나 효과적이든 간에)에서 빼내어 완전히 자연스럽게 보여주고 싶을 때면"[18] 길거리 숏들을 집어넣고 싶은 유혹을 거부할 수 없는 것이다. 아마도 이러한 엇비슷한 성향은 있는 그대로의 거리의 삶과 목적 지향적인 무대 위 행동 사이의 확연한 차이에서 비롯되었을 것이다.

성향은 비슷하나 이보다는 덜 전형적인 시도들을 거론해보자. 로런스 올리비에는 영화 〈햄릿〉에서 세트장에 지은 기묘한 계단과 거친 돌벽, 로마네스크식으로 꾸며진 엘시노어성의 미로를 카메라로 쉬지 않고 패닝과 트래블링으로 이동 촬영했는데, 이것은 정신물리적 상응 관계에 있는 어두침침한 지대로 연극을 확장하려는 노력의 일환이었다. 또는 "이념적 착상"에 또렷이 초점이 맞춰진 에이젠슈테인의 〈미국의 비극〉 각본을 떠올려보자. 내적 독백의 형태로 클라이드 내면의 투쟁을 표현하려 했던 감독의 욕망은 각본에서 가장 결정적이고 복잡한 단위들을 이야기 구조상으로는 불필요하지만 무한히 연속되는 영화적인 요소들로 분해시킨다. 때때로 이런 확장은 이야기 자체보다 더 본질적인 것으로 간주되는 듯하다. 슈트로하임은 인터뷰 질문자에게 본인이 "디테일에 대한 광기"를 갖고 있었다고 고백한 적이 있다.[19] 또한 벨라 발라즈는 어떤 미국의 무성영화를 보고 그 영화가 두 번 정도 이야기는 뒷전에 둔 채 세계를 작동케 하는 "빗발치듯 떨어지는 물질적 삶의 작은 요소들"[20]에 탐닉했다고 칭찬한다.

이러한 영화적 가공이 연극적 이야기를 영화 매체에 맞춰 조정하는 기능을 담당한다는 사실은 두말할 필요도 없다. 하지만 이러한 가공 작업은 본래의 이야기와 어떤 관계를 맺는가? 이야기의 관점에서 보자면 이러한 작업은 달갑잖은 여담처럼 보인다. 이야기는 관객을 매료시키기 위해서 그런 여담을 필요로 하지 않는다.[21] 한편으로 그와 같은 확장 작업은 반드시 필요하다고까지 할 수는 없어도 영화적으로는 바람직한 것으로 판명 난다. 다른 한편으로 이런 작업은 충실한 재현을 강력하게 요구하는 이야기 형식과 합치될 수 없다. 확장에 대한 관심, 그리고 이야기 모티프들의 구성에 대한 고려는 서로 충돌하게 마련이다.* 이와 같은 갈등은 해결의 어려움을 직접적으로 보여주는 두 가지 방식으로 드러난다.

* 이 책 327쪽에 나오는 세브의 인용문을 보라.

두 가지 선택지

영화적 가공 작업을 무색하게 만드는 이야기 구성

"나는 영화 〈알렉산드르 넵스키〉가 너무 양식적이고 비즉흥적이라고 생각했다"라고 로타는 말한다. 그는 이 영화를 에이젠슈테인의 그보다 이른 시기의 영화 〈전함 포템킨〉(이하 〈포템킨〉)과 〈10월〉과 비교하면서 다음과 같이 이어서 말한다. "그 유명한 빙판 위에서의 전투는 내게 오데사의 계단이나 겨울 궁전의 급습과 같은 감응을 결코 불러내지 못했다."[22] 이렇게 반응이 달랐던 이유는 〈알렉산드르 넵스키〉(이하 〈넵스키〉)와 다른 두 영화 사이에 이야기 형식상의 차이가 존재하기 때문일 것이다. 그것은 에이젠슈테인 스스로가 훗날 지우고자 노력했던 차이다. 〈넵스키〉를 찍을 당시에 그는 〈포템킨〉이 연대기나 뉴스영화를 닮았다고 인정하기는 했지만, 이 영화가 사실은 "비극 작품, 그것도 비극의 가장 정전적 형태인 5막 비극"[23]이었다고 주장했다.

이 영화에 대한 어떤 정의도 이보다 혼란스럽지는 않을 것이다. 〈포템킨〉이 비극적 긴장의 순간 최고조에 달하고 전반적으로 강렬하고 정교한 편집의 걸작인 것은 맞지만, 프루스트의 의미에서의 비극과는 완전히 다르다. 다시 말해 사진적이거나 영화적인 작업 방식을 극단적으로 방해하는 연극적인 구성이 아니라는 말이다. 이에 대한 증거는 에이젠슈테인이 그 역사적인 오데사의 계단을 본 직후 시나리오를 바꾸기로 갑작스레 결심했다는 사실에서 찾을 수 있을 것이다. 그가 이미 진행된 작업의 상당 부분을 폐기하고, 고전적인 드라마라기보다는 비연극적인 에피소드에 가까운 '포템킨'호 선원들의 반란에만 집중하기로 한 것은 그 계단을 직접 보았기 때문이었다.[24]

두 눈으로 직접 보았던 경험은 영화가 있는 그대로의 삶으로 전율하는 에피소드와 고유의 친화성을 갖는다는 확신을 준 것으로 보인다. 〈포템킨〉은 이미지로 이야기된 실제 삶의 에피소드다. 우리는 줄거리를 파악하려는 목적에서 선원들의 반란이나 오데사 계단의 시퀀스를 보았을 수도 있다. 하지만 이런 이미지들이 이야기를 단순히 보여주는 것이 아니라 구현한다는 사실은 많은 숏들의 불확정성을 통해 짐작해볼 수 있다. 항구에 퍼지는 안개의 숏, 잠자는 선원들의 숏, 달빛을 받아 빛나는 파도의 숏은 정해진 줄거리에 단순히 생기를 더하려고 존재하는 것이 아니라 그 자체로 독립적으로 존재한다. 그러한 숏들은 전적으로 여기에 연루되어 있는 넓은 현실에 속한다. 그리고 그것들은 자신들의 본질에 영향을 줄 만한 어떤 외부 목적에 봉사할 것을 강요받지 않는다. 그것들은 전반적으로 무목적적이다. 그 숏들과 그에 내재한 의미들은 그 자체가 줄거리/사건the action이다.

또한 배의 밧줄 끝에 달랑거리는 외과의사의 코안경을 클로즈업한 유명한 장면도 마찬가지다. 〔그림 42〕 〈포템킨〉을 찍고 십수 년 뒤에 에이젠슈테인은 '부분으로 전체를 대변하는pars pro toto'이라는 방법의 예술적 장점을 설명하기 위해서 특히 이 클로즈업 장면을 예로 들곤 했다. 그에 따르면 예술가는 대상이나 인간 몸의 일부를 보여줌으로써 관객을 원시적인 사유 형태로, 즉 부분이자 동시에 전체와 같은 정신 상태로 퇴행시킨다. "의사의 몸 대신 보였던 코안경은 의사의 역할과 자리를 완전히 대신할 뿐만 아니라 대단히 감각적이고 정서적으로 인상의 강렬함을 고조시킨다."[25] 여기서도 에이젠슈테인은 부분과 파편을 대가로 얻은 전체의 의미를 지나치게 강조한다. 물론 배의 밧줄에 붙들린 코안경은 그것을 썼던 자의 죽음을 의미한다. 하지만 상반된 의미를 풍부하게 가지면서도——거칠기도 하고 섬세하기도 한——재료들이 빚어내는 우연적인 혼돈은 그 자체로 의미심장하다. 그것은 다양한 함의를 내포하지만, 그중 하나만이 에이젠슈테인이 생각했던 방향을 가리킨다.

이제 〈넵스키〉의 빙상 전투 장면을 살펴보자. 이 장면은 오데사의 계단 장면과 달리 〈포템킨〉 자체보다는 그에 대한 에이젠슈테인의 오독誤讀——〈포템킨〉은 "연대기"라기보다는 "가장 정전적 형태를 한 구성"에 가깝다——에 더 잘 어울릴 법한 이야기의 시각적 절정을 보여준다. 〈넵스키〉는 엄밀하게 보면 5막 비극은 아니지만 무대의 시각에서 쓰여진 역사극인 것이 사실이다. 이 영화는 유목적적인 총체다. 영화의 인물들은 닫힌 궤도를 형성한다. 영화의 상호 연결된 모티프들은 모두 이념적 구심점에서 나온다. 〈넵스키〉는 실제 삶의 에피소드와 그야말로 멀리 떨어져 있다. 이런 자족적인 우주 내에서 장대한 스타일의 영화적 가공 작업이라 할 수 있는 페이프스호湖의 전투가 펼쳐진다. 이것은 명백히 줄거리의 확장이다. 하지만 전투 장면은 그 철두철미한 성격에도 불구하고 이야기 전개에 본질적인 어떤 것도 덧붙이지 않는다. 그 장면이 수행하는 구조적인 기능을 고려해볼 때, 그것은 극적 효과를 내기 위해 눈앞에서 보여줄 필요는 없는 셰익스피어극 속의 전투를 닮았다. 거기서 목격자의 요약적인 보고는 이 모든 역할을 톡톡히 해낸다. 전체적으로 줄거리를 확장한 이유는 본래 연극적인 성격을 띤 내러티브를 카메라 현실의 영역 속으로 끌어들이기 위함이 분명하다. 그 시퀀스에는 사실상 삶이 결여되어 있다.

〈넵스키〉의 영상은 덧없는 삶을 반영하기는커녕 삶을 의미하고자 하는 어떤 (재)구성으로 비친다. 각각의 숏들은 미리 결정된 것처럼 보인다. 〈포템킨〉의 영상 중에서 어떤 것도 암시적인 불확정성의 기운을 풍기지 않는다. (그렇다고 해서 이 시퀀스를 여는 평원에서의 원거리 숏의 비할 데 없는 아름다움을 과소평가해서는 안 될 것이다.) 하지만 결정적인 것은 다음과 같은 사실이다. 〈넵스키〉의 이야기를 구성하는 모티프 및 주제 들의 패턴은 대단히 강조되어 있어서 이야기 전개에 걸리적거리는 모든 것을 다 제압해버리고 만다. 따라서 빙상 전투 장면은 오데사 계단 에피소드와 영화적으로 어깨를 나란히 한다고 해도, 문어발처럼 사방으로 뻗어 있는 의미 패턴들이 물리적 사건의 암시적 재현을 화려한 배경 장식으로 바꿔놓음으로써 장면의 실체를 잠식시키고 말 것이다. 빙상 전투 시퀀스는 현재의 구성적인 배치의 성격상 〈포템킨〉 에피소드가 줬던 충격을 줄 수 없을 것이고, 그래서 줄거리의 연극성을 전복시킬 수 없다. 그것은 영화 매체에 강요된 줄거리라는 몸에 붙은 혹에 지나지 않는다. (그러한 "무용한"[26] 확장은 상당히 빈번하게 일어난다. 가령 〈헨리 5세〉에서의 전투는 화려한 야외극에 불과하다. 또한 〈모비 딕〉에서 최후의 고래 사냥 장면은 상징적 암시의 구름에 잔뜩 뒤덮여 있어 그 의미조차 이해하기 힘들다. 사냥 장면의 리얼리즘은 헛수고가 된 셈이다.)

이야기 구성을 무색하게 만드는 영화적 가공 작업

그리피스의 추격 시퀀스 또 다른 선택지——영화적 확장이 이야기의 의미를 무색하게 만드는 것——의 고전적인 사례는 그리피스 영화에 나오는 전형적인 추격 시퀀스다. 그리피스는 연극적인 줄거리에 빠져 있었고, 그래서 영화적인 관점에서 볼 때는 아주 복잡다단한 극적인 사건들과 상황들을 조목조목 보여주는 작업에 오랫동안 만족하고 있었다. 하지만 〈외딴 빌라〉[27]를 시작으로 그의 중요한 영화들은 하나같이 속도가 점차 빨라지는 병렬 편집으로 특수한 긴장을 만들어내는, 길게 이어지는 추격 시퀀스를 담고 있다. 우리는 무고한 희생자가 죽음의 공포로 떨고 있는 것을 지켜보는 동시에 앞으로의 구출자가 급히 달려오는 것을 보게 된다. 그리고 이렇게 교대로 보여지는 장면들 혹은 그 장면의 순간들이 점점 빠르게 교차되다가 마침내 희생자가 구출되는 장면에서 서로 합쳐진다. 그리피스의 추격 시퀀스는 객관적인 물리적 운동이라는 본원적인 영화적 주제를 극적으로 보여준다.

이보다 더 중요한 사실은 그 시퀀스가 연극을 물질적 현상이 전부인 차원으로 확장할 뿐만 아니라 이러한 확장 자체를 이야기의 이념적 절정의 표현으로 보여주는 기발한 시도라는 점이다. 여기서 그리피스가 추구하는 것은 다름 아닌 연극의 요구 조건들을, 물리적 현실과 삶의 흐름에 대한 영화적 편향에서 생겨난 요구 조건들과 화해시키는 일이다. 하지만 그의 시도는 수포로 돌아간다. 그는 연극적 이야기와 영화적 이야기 사이의 간극을 메우는 데 성공하지 못하며 그럴 수도 없다. 물론 그의 추격 시퀀스는 이념적 긴장을 물리적 긴장으로 매끄럽게 변형시키는 것처럼 보인다. 하지만 더 자세히 들여다보면 그 긴장은 물리적 긴장을 더 많이 드러낸다. 따라서 〈인톨러런스〉 "현대 편"에 나오는 "마지막 순간의 구원"은 이야기가 자체적으로 도달할 결론을 영화 언어로 번역한 것이 결코 아니다. 오히려 이 마지막 장면은 적대적인 두 힘 사이에 벌어지는 물리적인 경주로서 관객을 사로잡고 스릴 넘치게 한다. 그 장면은 이야기의 "이념적 착상," 즉 불관용이라는 악에 대한 정의의 승리를 담고 있지도 못하고 명백히 제시하지도 못한다. 그리피스의 추격 장면은 이야기의 실현이라기보다는 영화적으로 효과적인, 이야기로부터의 일탈이다. 그 장면은 물리적 흥분 속에서 이념적 긴장을 삼켜버린다.[28]

피그말리온 영화로 만들어진 〈피그말리온〉도 역시 이러한 사례에 들어간다. 이 영화는 버나드 쇼의 희극을 바탕으로, 근거리에서 찍은 녹음기의 몽타주와 일라이자의 발음 교육에 대한 상세한 묘사, 그리고 그 교육의 무자비함에 의해 그녀가 겪는 고통에 대한 묘사, 사소한 재미들로 가득한 대사관저 무도회 에피소드를 덧붙인다. 이것들은 무대 위 인물들이 처한 물리적 삶과 환경을 보여주는 시퀀스들이다. 그런데 이런 시퀀스들이 존재하는 목적은 무엇인가? 버나드 쇼는 자신의 연극에서 전달하고 싶은 것은 모두 말로 전하기 때문에 이 시퀀스들이 그의 의도를 설명하기 위해서 들어간 것은 아니리라. 그럼에도 시퀀스들은 엄연히 한 자리를 차지한다. 대사관저 무도회 에피소드와 일라이자를 몰아세우는 히긴스의 시퀀스는 영화에서 가장 인상적인 에피소드들이다. 에르빈 파노프스키는 이렇게 논평한다. "극본에는 전혀 나오지 않고 무대에서 상연될 수도 없을 이 두 장면이 영화의 하이라이트다. 반면 쇼의 대사들은 심하게 난도질당하긴 했지만 특정 순간에는 오히려 밋밋하게 들린다."[29]

실제로 중산층의 도덕에 대한 재치 있는 풍자는 스크린상에서 원래의 폭발력을 상당히 잃고, 그중 얼마 남지 않은 것조차 진짜 영화적인 것이라기보다는 연극의 잔여물로 보인다. 이를 더 일반화해서 말해보자면, 연극의 영화화는 무게중심을 지적인 전언의 차원에서 촬영 가능한 대상의 차원으로 이동시키는 작업이라 하겠다. 사회학적 관념들은 주변 세계의 사실들에 압도당하고, 개념적 추론은 자연의 모호한 현시를 당해내지 못한다. 연극은 물리적 실재 차원의 이른바 **위에서** 전개되지만 영화는 그 차원을 모조리 기록하려는 항상적인 노력 속에서 그 차원을 **관통하는** 경향이 있다. 대사관저 계단과 일라이자의 악몽, 히긴스의 도구들에 초점을 맞추는 영화와 반대로 연극은 그런 것을 세련된 대사의 배경으로 자명하게 받아들일 뿐이다. 영화 버전은 쇼가 희극으로 깎아냈던 원석을 되찾고자 하는 소망에서 나온 것처럼 보이고, 또 그 소망이 희극을 끌고 가는 주제들과 논증에 대한 관심을 절로 약화시키는 것 같다. 제카가 셰익스피어에 접붙이고자 했던 저 "가장 훌륭한 것들"은 분명 가장 덧없는 것들이다. 그리고 당연히 이런 삽입은 대가를 요구한다.

계속되는 논쟁 두번째 확장 방식은 오랫동안 무조건적으로 배척되거나 전적으로 환대받아왔다. 이것은 연극적 의도와 영화적 의도가 빚어낸 갈등이 얼마나 뿌리 깊은가를 보여주는 열띤 논쟁인 것이다. 무엇보다 줄거리의 충실한 재현에 역점을 두는 연극적 정신을 지닌 사람들의 진영에서는 〈피그말리온〉처럼 원작의 의도를 흐리는 방식의 각색을 반기지 않는다. 이러한 비판자들은 전체를 위해 꼭 필요해 보이지 않는 부수적 사건들을 늘리는 방식을 나무란다. 혹자는 분노하며 묻는다. "이것이 이야기를 들려주는 전문가의 방식인가?" 그의 대답은 다음과 같다. "살아 있는 이야기란 이야기의 발전에 꼭 필요한 본질적 버팀목으로서 인간들과 그들의 대화에서 나오는 것이다."[30]

한편 영화적 정신을 지닌 사람들은 이야기 구성보다는 "물질적 삶의 작은 요소들"로 이루어진 사건에 더 관심을 갖는다. 그들은 줄거리가 예정된 선로를 따라가야 한다는 의무에 갇힌 경직된 영화들보다 줄거리가 이 선로에서 벗어나 카메라 현실의 방향으로 이탈하는 것을 더 선호한다. 오티스 퍼거슨에 따르면 랑의 영화 〈분노〉는 "영화의 구상과는 상관없지만 그야말로 삶의 충실한 모상인 소소한 것들을 포함한다는 점에서 진정으로 창조적인 정신으로 빛난다."[31]

이 끝없는 논쟁은 동일한 영화를 둘러싸고 발생할 때 더욱 신랄해진다. 가령 1945년에 나온 빈센트 미넬리의 〈시계〉에 대한 비평들을 살펴보자. 영화의 연애 스토리가 엄밀한 의미에서 연극적 이야기인가의 여부와 상관없이, 이야기의 영화적 이탈이 당시로서는 매우 두드러져 보였고, 따라서 상반된 반응을 불러왔다. 연극적 정신을 지닌 스티븐 롱스트리트는 미넬리 감독이 뉴욕의 거리 풍경에 쓸데없이 탐닉하는 것을 보고 분노하여 그가 앞으로는 "정직하고 밀도 있고 깊이 있는" 각본으로 영화를 찍어야 하고, 그것도 "전통적인 세트와 조명 및 가림막 몇 개, 그리고 고루한 촬영기사"[32]를 갖추고 찍어야 한다고 충고했다. 루이스 크로넨버거의 생각은 달랐다. 그는 좀더 영화적 정신을 견지한 사람으로서 "우연과 디테일"에 대한 미넬리의 천부적 감각과 "〈시계〉에서 영화의 이야기 공식을 넘어서는 것을 담아낸"[33] 그의 능력에 찬사를 보냈다.

결론

해결 불가능한 딜레마

결론적으로 말하면 모든 것은 영화적 정신에 맞게 스크린에 옮겨질 수 있다는 페데의 주장은 사실이 아니다. 그의 주장은 너무 관대하게 들린다. 만사가 좋다고 여기는 사람의 주장인 것이다. 연극적 이야기는 리얼리즘적 경향과 영구적으로 갈등을 빚는 조형적 지향에서 기원한다. 따라서 이러한 이야기 형식을 영화의 고유한 영역으로 확장시킴으로써 영화에 맞추려는 모든 시도는 기껏해야 타협을 낳을 뿐이다. 이러한 조정을 위해서 필요한 확장을 하게 되면 줄거리는 〈피그말리온〉의 경우처럼 해체되거나, 영화의 이야기 주제가 빙상 전투 장면을 압도해버리는 〈넵스키〉의 경우처럼 확장의 시도 자체가 끊임없이 무언가를 시사하는 줄거리에 의해 힘을 잃고 만다.

이러한 난점에도 불구하고 필름 다르의 전통을 따르는 영화들이 수없이 나오고 있다. 그렇지만 부인할 수 없는 인기가 그런 영화의 미학적 타당성을 입증하는 징표인 것은 결코 아니다. 오히려 그 인기가 증명하는 바는 영화와 같은 대중매체가 사회적·문화적 관습의 거대한 압박과 집단적 취향의 방향, 관습화된 보는 방식에 굴복하지 않을 수 없다는 사실뿐이다. 이 모든 것들은 고급 오락일 수는 있지만 영화와는 별 관계가 없는 볼거리를 장려하는 복합적인 요인들이다. 이런 맥락에서 프랑스의 유명한 시나리오 작가 피에르 보스트의 주장은 언급할 만하다.

보스트는 장 오랑슈와 함께 영화적 성격에서 극단적으로 갈리는 시나리오 두 편을 작업한 바 있다. 하나는 졸라의 소설 『목로주점』을 각색한 걸작 〈목로주점〉의 시나리오이고, 다른 하나는 스탕달의 소설을 영화화한 〈적과 흑〉의 시나리오인데, 이 영화는 연극과 다를 바가 없다. 한번은 보스트와 이야기를 나눈 적이 있었는데, 그가 스탕달의 영화화에 반대하고 있으며 그 역시 〈적과 흑〉을 〈길〉이나 〈움베르토

D.)와 같은 진정한 영화로 보지 않는다는 사실을 듣고 기분 좋게 놀란 적이 있다. 하지만 여기서 중요한 것은 그가 스탕달의 영화화를 옹호하면서 꺼내 든 근거 가운데 하나다. 그는 문학 고전의 영화화가 관객의 욕구를 지속적으로 충족시킨다고 주장한다. 아무튼 그런 영화들은 프랑스의 확고한 영화 장르라는 것이다. 따라서 그런 영화들이 연극적 성격으로 퇴보한다고 하더라도 나름의 정당성을 갖추고 있다. 우리가 그 영화를 판단하는 기준은 일차적으로는 그 영화가 이 매체에 얼마나 적합한가가 아니라 원작의 정신에 얼마나 근접해 있는가(그리고 당연히 원작을 얼마나 수준 높게 재현하는가)인 것이다.

그리피스의 경탄할 만한 비非해결책

일반적으로 그리피스는 주어진 이야기, 대부분은 연극적 이야기를 영화적으로 이야기할 줄 알았던 최초의 감독으로 인정받는다. 하지만 그의 최대 공적은 아마도 그가 여타의 후계자들과는 달리 연극적 이야기와 영화적 서사 사이의 깊은 심연을 통절히 의식했다는 점이리라. 그가 합치시킬 수 없는 이 두 가지 재현 방식을 융합하고자 헛되이 시도한 마지막 추격 시퀀스를 제외하면, 그는 함께 속하지 않는 것들을 언제나 떨어뜨려 놓았다. 그의 영화들은 기술적 서투름이 아니라 그의 영화적 본능에서 비롯된 온갖 균열들로 가득하다. 그는 극적인 연속성을 최대한 인상적으로 만들어나가기 위해서 분명 힘쓰지만, 다른 한편으로 매번 자신의 영화에, 비단 줄거리를 전개하거나 알맞은 분위기를 전하기 위해서만이 아니라 이야기로부터 모종의 독립성을 유지하고 이를 통해서 물리적 실재를 환기하기 위해 이미지들을 삽입한다. 바로 이것이 그가 보여준 최초의 클로즈업의 의미다.[*] 또한 영화의 극단적인 롱숏,[34] 일렁이는 군중, 거리 삽화와 수많은 파편적 장면들[35]은 우리에게 그 장면을 흠뻑 흡수해보라고 유혹한다. 이런 이미지 혹은 이미지적 배치들을 보고 있으면 실제로 우리는 그 이미지들의 모호한 의미 속에서 중단되는 드라마를 까마득히 잊게 된다. 일례를 들자면 에이젠슈테인이 그랬다. 그는 〈인톨러런스〉를 보고 나서 몇 년 뒤, 이 영화의 "현대 편" 속 거리 장면들에 나왔던 다양한 사람들이 누가 누구인지 더 이상 기억나지 않는다고 말했다. 하지만 "아주 잠깐" 나타났다 사라져버린 어느 행인만은 그의 내면의 눈앞에 아직도 생생하게 서 있었다.[**]

[*]   이 책의 103~107쪽을 보라.

[**]   이 책의 134쪽을 보라.

13   막간: 영화와 소설

유사점

소설은 영화처럼 삶을 완전히 재현하려 한다

『마담 보바리』『전쟁과 평화』『잃어버린 시간을 찾아서』와 같이 위대한 소설들은 현실의 광대한 영역을 포괄한다. 그 소설들의 목적은 본래의 줄거리를 훨씬 뛰어넘는 규모로 삶을 보여주는 데 있고, 또 그런 것처럼 보인다. 영화도 바로 이와 같은 목적을 갖는다. 두 매체의 확연한 유사성은 소설에서도 이야기가 양날의 검과 같은 문제라는 사실을 통해 증명된다.

물론 이야기가 소설에서 삶이라는 미로를 헤치고 나아가는 [아리아드네의] 실처럼 필수불가결하다는 점은 두말할 필요도 없다. 하지만 이야기는 필수적인 만큼 삶의 불가해한 우발성을 일련의 질서 정연한 사건들로 대체할 위험이 있고, 따라서 E. M. 포스터의 표현을 따르자면 마땅히 드러내야 할 삶의 "보다 섬세한 성장 과정"[1]을 흐릿하게 만들 위험이 있다. "오 저런, 맞아요, 소설은 이야기를 해야 되죠"라고 포스터는 말하며 이야기를 "인간 본연의 형식"[2]이라 부른다.

영화감독과 마찬가지로 소설가 역시 극적인 이야기를 창조할 때 정반대까지는 아니더라도 꽤나 상이한 두 가지 요구들을 화해시켜야 한다는 어려움에 직면한다. 나는 그 요구들을 규정함에 있어서, 그간 쌓인 오랜 경험으로 인해 소설 쓰기와 관련된 두 가지 상충되는 과제에 특히나 민감한 포스터의 견해를 다시 따르고자 한다. 첫째, 소설가는 이야기가 없으면 안 되기에 그 중대성을 고려한다면 이야기를 함에 있어서 "느슨한 결말을 남겨두어서는" 안 된다. "각각의 사건들 또는 말은 모두 집계되어야 하며, 경제적이어야 하고 긴축적으로 사용되어야 한다."[3] 둘째, 이러한 구성을 위한 노력을 너무 강조하면 소설은 위험천만하게도 연극적 이야기와 지나치게 가까워지므로 소설가는 동시에 역방향으로도 움직여야 한다. 이야기로부터 멀어져야 하는 것이다. 소설가는 이야기의 구성이 열린 현실을 압도하고 그 자리를 닫힌 우주로 대체하는 것을 용납해서는 안 된다. 이야기 전개 구조에 지나치게 공을 들이지 말고 (물론 이것을 무시해서도 안 되지만), "매끄럽지 못한 결말"[4]로 이익을 취하고, "이야기 전개와 별 관련이 없는 것들"[5]을 말하며, 독자를 깜짝 놀라게 할 수 있을 "입체적"[6] 인물들을 만들어내는 데 신경 써야 할 것이다. 소설가가 흥미진진한 이야기의 패턴을 억제할 때에만 "삶의 예측불허성"[7]을 시사하는 것이 가능해진다. 따라서 토머스 하디가 소설의 인물들을 잠식할 정도로 너무 촘촘하게 플롯을 구성하여 운명의 힘을 과시한다고 포스터가 비난한 것은 당연하다. "캐릭터들은 활기가 떨어졌으며 메마르고 얄팍해지고 말았다."[8]

소설은 영화처럼 무한성을 열망한다

무한성을 향하는 소설의 경향은 삶이라는 광활한 공간을 향하는 소설 고유의 동경과 짝을 이룬다. 루카치가 공산주의로 전향하기 전에 쓴 『소설의 이론』에서 개진한 견해에 따르면, 이런 경향은 그가 생각하는 역사적 과정에서 소설이 점하는 위치와 연관이 있다. 그는 신학적 역사관에 근거하여 소설을 서사시와는 다른 시대의 산물이라고 본다. 그가 의미로 충만한 시대라고 규정한 서사시의 시대에는 모든 인간과 사물이 영원성을 향하고 있으며 잠정적으로 영원성에 참여하기 때문에 연대기적 시간에 대한 관념이 아직은 힘을 발휘하지 못했다. 하지만 소설은 궁극적 의미를 더 이상 알지 못하는 이후以後 시대의 표현 형식이기에, 소설에 담긴 삶—소설이 그리는 삶 그 자체—은 영원한 현존의 온전한 순환 속에서 현현하는 것이 아니라 시작도 끝도 없는 연대기적 시간 속에서 흘러간다.[9]

이러한 무한성에 대한 관심은 이야기의 진로에 지장을 준다. 소설가는 당연히 이야기에 결론을 맺음으로써 총체성을 부여하려 할 것이다. 하지만 진정한 소설에서는 바로 이러한 결론이야말로 독자를 불편하게 한다. 결론은 앞으로 계속될 수도 있고 또 그래야만 할 것 같은 이야기의 전개를 자의적으로 방해하고 중단해버린다. 마치 자신이 달성시키고자 했던 통합성을 소설 스스로가 붕괴시키도록 예정되어 있는 것처럼 보인다. "소설은 왜 계획되어야 하는가?"라고 포스터는 묻는다. "소설은 그냥 성장할 수는 없는가? 어째서 소설은 연극이 막을 내리듯 그렇게 결말이 있어야 하나?"[10] 포스터는 앙드레 지드의 『위폐범들』에서 에두아르가 이야기의 요구를 따르기보다는 삶의 (무한한) 흐름에 빠지고 싶다는 욕망을 표현하는 중심 대목을 언급하면서, 에두아르 혹은 지드에 십분 동의하는 다음과 같은 주장을 내세운다. "플롯에 관해서라면──플롯에 저주가 있으리. […] 미리부터 정해진 모든 것은 잘못된 것이다."[11]

소설 매체와 영화 매체의 이러한 유사성만이 유일하게 결정적으로 작용했다면 소설은 실제로 영화적인 이야기 형식이었을 터이다. 하지만 소설과 영화는 차이를 보인다. 양자의 형식적 속성들은 사실 매우 다르다. 또한 양 매체가 추구하는 세계도 거의 일치하지 않는다. 이 차이들은 정확히 어떤 성격의 것인가? 그리고 그 차이점들은 유사점들을 사소한 것으로 만들 정도로 강력한가?

차이점

형식적 속성들

수리오의 테제

소설이 영화화될 때 부딪치는 난점들은 소설이 묘사 대상으로 삼는 세계의 유형에서 기인하기보다는 소설이 어떤 세계를 아우르든 그 세계를 조형하는 특수한 방식에서 비롯된다고 여겨지곤 한다. 이러한 학설이 문제의 핵심을 건드리고 있는지 알기 위해서 그 주창자 중 하나의 테제를 논의해보려고 한다. 프랑스 미학자 에티엔 수리오는 『영화학과 비교 미학』에서 소설이 영화 언어로의 번역에 고집스럽게 저항하는 네 가지 형식적인(혹은 구조적인) 속성을 보인다고 설명한다. 그의 모든 주장으로 미루어 볼 때, 그가 이 네 가지 속성이 어려움의 주된 원인이라고 여기고 있음이 분명하다.[12] 이 속성들은 소설이 (1) 시간, (2) 속도, (3) 공간, (4) 시점point de vue이라는 요소들을 다루는 방식에서 드러난다. 나는 여기서 수리오가 특히 중요하게 다룬 첫번째와 마지막 요소만을 논해보고자 한다.

시간

수리오는 생각할 수 있는 모든 시제를 다룰 수 있는 소설의 유연성을 영화의 경직성과 대비시킨다. 소설가는 어떤 사건을 관습적인 사건으로 묘사할 수도 있고, 그 사건이 일어난 시간을 특정하지 않고 놓아두거나 과거와 현재의 것들을 서로 연결하는 일 등이 자유자재로 가능하다. 하지만 이 모든 일을 영화는 할 수 없다. 스크린에 나타나는 것은 어쩔 수 없이 지금 여기의 특성을 지닌다. 영화가 과거를 불러낼 수 있는 유일한 수단은 플래시백이다. 수리오는 이를 매우 투박한 장치라고 불렀다.

하지만 영화는 소설처럼 시간을 자유자재로 다루지는 못하더라도 수리오가 생각하는 정도보다 훨씬 더 유연하다. 〈스카페이스〉에서 갱스터 중 한 명이 동전을 공중에 던지는 방식은 우리가 그를 보고 있지 않을 때도 그가 그 동전을 만지작거리며 갖고 다녔음을 짐작케 한다. 우리는 이런 그의 행동이 강박적 습관임을 곧바로 알아보게 된다. 〈길의 노래〉는 시간순으로 정렬된 하나의 에피소드 속 여러 시퀀스들을 관객이 이미 지나간 모든 것을 다시금 체험하고픈 욕구가 계속해서 들도록 배치한다. 관객의 상상은 앞뒤로 왔다 갔다 하면서 그 시퀀스의 시간적 구조와는 거의 무관한 어떤 시간의 구조를 직조하게 된다. 그러한 내면의 시간으로 침잠해 들어간 관객은 스크린을 스치고 지나가는 사건들을 시간 순서대로 파악하는 것이 더 이상 가능하지도 않을뿐더러 그에 더 이상 관심도 갖지 않게 된다. 그 사건들은 한곳에 딱 고정될 수 없는 채로 과거와 현재가 혼융된 시간의 세계 속을 부유한다. (이 영화를 브레송의 〈사형수 탈출하다〉와 비교해보라. 영화는 비가역적인 만큼 덧없는, 그런 순전히 직선적인 시간의 흐름에 스스로를 가두고 있다.)

에이젠슈테인은 〈10월〉에서 어떤 단락 전체, 이를테면 도개교 에피소드를 사건의 시간에서 떼어놓고 소설에서처럼 어떤 감정을 강화하거나 사고를 강조하기 위해서 확장시킨다. 그 밖의 별 볼 일 없는 많은 서사적 영화에서도 연속성은 마치 일순간 모든 시계가 똑딱대기를 멈추기라도 한 듯이 갑자기 중단되기도 하고, 혼종적인 파편들로 이루어진 숏이나 거대한 클로즈업에 의해 소환된 기이한 형상들이 무시간성의 심연에서 떠오르기도 한다. 플래시백 중에는 과거를 단지 소생시키는 것이 아니라 현재와 통합시키는 데 성공한 것들도 있다. 〈라쇼몽〉에서 일어났다고들 하는 범죄를 시각적으로 재구성하는 장면들은 그것들이 현재 진행되는 진리 탐색에 있어서 얼마나 중요한지 정확히 깨닫지 못한다면 따라갈 수 없도록 제시되고 서로 연결되어 있다. 이러한 회상 컷은 현재의 정수를 이룬다.

영화는 심지어 소설에만 가능한 것처럼 보이는 효과도 달성할 수 있다. 가령 어떤 사람이 그가 떠올리는 인물들과 같이 있는 것을 보여줄 수도 있다. 잉마르 베리만의 〈산딸기〉에서 자기 내면과 주변의 공허함에 고통받는 한 노령의 의사는 자신에게 쇄도하는 기억들에 시달린다. 그런데 이러한 플래시백은 단순히 고립되어 있는 삽입 장면이 아니다. 왜냐하면 그는 그 기억 안으로 들어가 살고, 그러면서 한때의 친구들과, 과거에 자신이었던 소년, 그리고 사랑했지만 붙잡지 못했던 소녀를 관찰하기 때문이다. 〔그림 43〕 그가 자신의 현존을 알아차리지 못하는 다른 환영들 속에서 하나의 환영에 불과했다면 과거는 계속해서 어떤 거리를 유지했을 것이다. 하지만 이러한 거리는 소거된다. 꿈꾸는 자는 관찰자에서 참여자로 변신하고, 적어도 저 창백한 인물들 중 한 명과 접촉을 재개하기까지 한다. 과거는 더 이상 그 자체로 완결된 영역이 아니고, 말 그대로 삶을 갖게 된다. 그렇게 과거가 계속 전개됨으로써 나이 든 남자는 스스로 변화를 겪는다. 결국 소설과 영화가 시간을 다루는 방식은 정도의 차이가 있을 뿐이지, 근본적인 차이가 있는 것은 아니다.

시점

수리오는 그 밖에도 소설가는 자신이 창조한 인물의 내면에 들어갈 수 있고, 따라서 외부 세계나 그 세계의 현현을 특정 인물의 내면성intériorité의 시각에서 설정할 수 있다는 점을 지적한다. 그에 반해 영화는 이렇게 특정 시점에서 전개될 수가 없다. 카메라는 소설의 방식처럼 영화상의 캐릭터 중 한 명과 완전히 동일시할 수 없다는 것이다. 카메라는 기껏해야 그 인물이 보고 느끼는 바를 때때로 암시할 수 있을 뿐이다. 수리오는 이러한 주장을 보강하기 위해 영화 주인공이 직접 이야기하는 자서전의 외양을 띤 사샤 기트리의 〈어느 사기꾼의 이야기〉를 언급한다. 이 영화에서 액자 틀을 형성하는 언어적 진술, 또 줄거리와만 관계하는 몇몇 배치들 이외에는 그 어떤 것도 주인공

사기꾼과 화자가 동일한 인물이라는 주장을 뒷받침해주지 못한다는 점에서 수리오는 분명 옳다. 사기꾼은 외부의 시각에서 봤을 때는 다른 캐릭터들과 다를 바가 없고, 이미지들은 그의 내면 심리 상태의 반영이라는 인상을 주지도 않는다. 이 영화에서, 그리고 다른 곳에서도 마찬가지지만, 카메라는 은밀하지만 독립적인 증인의 역할을 한다.[13]

수리오는 영화의 가능성을 또다시 저평가한다. 영화감독은 소설가에 비해 자기가 선택한 인물과 하나가 될 가능성이 훨씬 적다는 사실을 인정한다고 하더라도, 그와 같은 미메시스적 변신의 인상을 주는 데까지는 나아갈 수 있다. 물론 로버트 몽고메리의 〈호수의 여인〉은 이런 부류의 영화는 아니다. 이 영화에서 카메라는 그저 주인공의 눈을 대신해버리는 바람에 주인공이 거의 보이지 않을 정도이고, 그의 주변 세계도 정확하게 그가 서 있거나 움직이는 지점에서 보이는 대로 보여진다. 이렇게 생성된 동일성은 순전히 외적인 것이어서, 이 인물과 실제로 동일시하는 것은 쉽지 않다. 하지만 몽고메리의 영화가 스스로 제기한 문제를 극복하는 데 성공하지 못했다고 해서 이것이 영화 매체에서 해결 불가능한 문제라고 결론지어서는 안 된다.

일부 영화들은 이 문제를 다루는 방식에 있어 성공적인 수준을 보여준다. 〈칼리가리 박사의 밀실〉이 그렇다. 〈칼리가리〉속 이야기의 화자는 직접 영화의 다른 인물들 속으로 섞여 들어가지만, 우리는 그 인물들이 그의 상상이 만들어낸 산물이고, 그 자신과 이 환영들을 둘러싼 괴이한 세계는 그의 내면에서 발산된 것이라고 느끼지 않을 수 없다. 영화 전체는 화자의 내면적 삶에서 자라난 듯하며, 화자가 표출하는 세계를 화자의 시각에서 반영한다. 영화 〈습격〉도 비슷하게, 그러나 더 영화적이고 덜 회화적인 정신으로 문제를 해결한다. 여기에서도 영화를 가득 채우는 현실의 더러운 거리와 방들, 지하도들이 공포에 질린 주인공의 환각인 것처럼 보인다. 이 모든 숏들은 그의 내면으로 수렴하고, 그의 내면은 말하자면 이러한 숏들을 생성하는 카메라의 자리다. 또한 〈라쇼몽〉에서 관객은 연이은 화자들의 다양한 시각에서 살인 장면을 바라보도록 유도되지 않았던가? 그 과정에서 관객은 의식적으로든 아니든 간에 매번 다른 태도를 취하게 된다.

그렇다면 내면성은 영화에서도 달성 불가능한 것은 아니다. 이것은 영화와 소설의 형식적 특성들 간의 차이가 대체로 정도의 차이일 뿐이라는 결론을 확증해준다. 그런 차이들은 두 매체 사이의 본질적 유사성에 비해 중요도가 떨어진다. 그것들은 부수적 차이일 뿐이다. 하지만 그렇기만 하다면 소설은 영화적 방식을 따른 각색에 거의 저항하지 않으리라.

그러나 두 매체는 상이한 세계와 관계한다. 그리고 이것이 실제로 결정적인 차이를 만든다.

두 세계

물질적 연속체와 정신적 연속체

영화와 소설 양자가 삶의 흐름이나 진행을 보여준다는 사실은 영화와 소설이 삶의 동일한 측면에 주목한다는 의미가 아니다. 앞서 언급했듯이 영화는 "정서적, 지적 내용의 모태인 물질적 현상과 아직 뱃줄이 끊어지지 않은 것처럼 내밀하게 연결되어 있는"* 삶의 유형에 더 이끌린다. 다시 말하면, 영화적인 영화는 비가시적이고 물질적인 모든 것을 전달하기 위해서 이런 현상들의 암시적인 힘을 이용한다. 예컨대 〈어느 시골 사제의 일기〉에서 많은 것을 말해주는 젊은 사제의 표정은 그가 쓴 명확한 일기보다 그의 영적인 투쟁과 고통을 더 잘 환기시켜주고 우리에게 그것을 더 가까이 전달해준다. 이 모든 것은 물리적 실체가 믿음과 가치를 투명하게 보여줄 것이라는 생각에 기반을 둔다. 카메라가 포착하는 삶은 대체로 물질적 연속체라고 할 수 있다.

물론 소설 또한 물리적 실재, 즉 얼굴, 사물, 풍경과 같은 것에 자주 침잠해 들어간다. 하지만 이런 것은 소설이 이용할 수 있는 세계의 일부에 불과하다. 언어적 구성물로서 소설은 감정부터 관념들까지, 또 심리적 갈등에서부터 지적인 논쟁에까지 이르는 내면의 사건들을 직접 명명하고 그에 침투할 수 있으며, 또 그렇기에 그런 성향을 갖는다. 실질적으로 모든 소설은 심리적 발전이나 존재의 상태에 치우치는 경향을 보인다. 이런 연속체는 영화가 포착할 수 없는 요소들을 담고 있는 경우가 많은데, 이 요소들에 이렇다 할 물리적 대응물이 없기 때문이다. 시골 사제의 영적인 성격과 달리, 그런 요소들은 표정 같은 것 등으로 암시될 수 없다. 카메라 현실의 내부에는 그러한 요소들을 나타낼 만한 것이 아무것도 없다. (그것들이 대화로 전달될 수 있고, 이런 이유에서 영화가 접근할 수 있다는 반박은 언어적 진술이 지배하는 비영화적 영화를 승인하는 것과 다를 바 없으므로 근거가 빈약하다.) 따라서 영화 매체와 소설 매체의 세계들 간의 차이는 양자의 유사성을 위협할 정도로 지대하다고 하겠다.

---

*   이 책의 148쪽을 보라.

그레고리오 성가에 대한 기억

문학의 서사로 묘사되는 삶이 영화적으로 재현할 수 없는 영역에 뻗어 있다는 점은 프루스트의 소설을 통해 확실하게 증명된 바 있다. "갇힌 여인"이라 제목이 붙은 편의 어느 곳에서, 마르셀은 새벽에 깬 채로 누워서 자신의 침실까지 밀고 들어오는 행상들의 고함 소리에 귀 기울이는 자신의 모습을 서술한다.[14] 여기까지는 이 에피소드가 영화화하기에 아주 적합한 것처럼 보인다. 하지만 프루스트가 상인들의 전형적인 고성과 억양을 묘사하는 것은 그 소리가 그에게 불러내는 기억 때문이다. 그것은 그레고리오 성가를 떠올리게 한다. 이에 따라 이 에피소드는 파리 길거리의 고성과 예배의 대창을 비교하는 장면에서 절정을 맞이한다. 결국 프루스트는 그렇게 자기 삶을 채우는 관찰과 기억의 무한한 편물을 직조함으로써 카메라로는 접근이 제한된 어떤 연속성을 발전시켜나간다.

영화는 우회적인 방편과 인위적인 도구를 강구하지 않고서는 이런 식의 비교와 그에 따른 명상을 암시할 수가 없다. 또 영화는 그런 수단을 이용하는 즉시, 더 이상 영화가 아니게 된다. 영화가 적절하게 재현할 수 있는 것은 완전한 형태의 정신적 연속체가 아니라 그것으로 이끄는 물리적 현상들일 뿐이다. 새벽녘 거리의 상인들, 집집마다 덧창과 커튼을 뚫고 들어오는 그들의 시끄러운 노랫소리, 그리고 이에 대한 화자의 즉각적인 반응. 이러한 사건들을 보여주는 숏들은 관객으로 하여금 그것들이 열어 보이는 길에 어서 들어서라고 독려받는다고 느끼게 할 수 있다. 하지만 관객이 그 길의 의미와 암시 들을 상상함으로써 소설에서 환기되는 정신적인 이미지들과 마주할 가능성은 거의 없다. 그렇게 각색자는 딜레마에 빠지게 된다. 행상들과 그들의 고함 소리를 보여준다면, 그 이미지들과 엮인 기억들을 유기적으로 통합시켜 보여주기는 힘드리라. 만일 그 기억들에 초점을 맞추려고 들면, 거리와 소음들은 어쩔 수 없이 뒷전으로 밀려나는 비영화적인 방식으로만 실현될 수 있을 것이다. 소설의 심리적이고 정신적인 연속체를 카메라적 삶으로 탈바꿈하려는 모든 시도는 처음부터 좌절될 운명에 처해 있는 듯하다.

이 에피소드 전체는 프루스트가 영화와 맺는 애매한 관계를 징후적으로 보여준다. 그는 한편으로 물리적이고 생리적인 사소한 사건들, 즉 차에 담근 마들렌, 특정한 팔다리의 자세, 살짝 울퉁불퉁한 포석의 감각과 같은 것들이 무의지적으로 중대한 기억들을 불러낸다고 주장한다. 그리고 이러한 사건들은 그것의 물질적인 성격과 사소함 때문에 자연히 카메라를 위한 대상이 된다. 다른 한편으로 그는 기억의 연쇄를 쫓아서, 가시적인 세계에서는 어떤 대응물도 찾지 못할 경험들과 생각들에 열중해 있다. 그것들은 언어에 묶여 있는 것들이다. 따라서 가장 창의적인 카메라 작업이라 하더라도 말로 환기된 시각적 이미지들은 그저 빈곤한 대용물로만 보여줄 수 있으리라. 프루스트는 막 새롭게 부상하던 영화 매체의 동시대인으로서 이 매체를 여러 방식으로 인정한다. 하지만 동시에 그는 자신의 작가적 능력의 관점에서 그 매체를 완전히 무시한다. 그가 영화에 느낀 친화성은 그에게 친숙하게 느껴진 세 그루의 나무에 대한 인상처럼 무상한 인상들을 민감하게 느끼도록 해준다. 하지만 그가 그 나무들을 "부디 자신을 데려가 자신의 현존을 되살려 달라고 그에게 애원하는"[15] 아직 해독되지 않은 과거의 환영들로 식별하는 순간, 그는 영화의 세계를 영화에 이질적인 차원으로 바꿔버린다.

그러면 소설은 영화적인 문학 형식이 아니다. 이 결론은 그 즉시 각색의 문제를 부상시키는바, 그것은 너무나 복합적인 문제여서 그 문제의 모든 측면을 논의해보는 것은 별 의미가 없을 것이다.

소설의 각색에 대하여

영화적 특질에서의 차이

소설을 각색한 많은 영화들이 원작의 정신을 고려하지 않는다. 영화 〈육체의 악마〉는 레몽 라디게의 소설에 담겨 있지 않은 모티프와 의미를 끌어들인다. 여담이지만 이것이 아마도 이 소설이 영화화되어서도 그토록 즐거움을 주는 이유일 것이다.[16] 나는 이러한 자유로운 영화화에 대해서는 처음부터 고려하지 않을 생각이고, 그 대신에 상대적으로 원작에 충실한 각색에만 한정하여 살펴보고자 한다. 물론 그 영화들 또한 직역은 아니다. 하지만 원작과의 모든 차이점들, 즉 원작이 영화로 옮겨지는 과정에서 발생한 부분적으로 불가피한 변형들에도 불구하고, 그 영화들은 정도의 차이는 있지만 원작의 본질적인 내용들과 강조점들을 고스란히 보존하려고 노력한다. 이러한 엄밀한 의미의 각색들을 고찰해보기 위해서 한 가지 측면만을 검토해보겠다. 바로 이 영화들이 영화 매체의 요구 조건을 얼마나 충족시키는가다. 수준 높은 소설에서 옮겨 온, 현재 나와 있는 영화들을 잠시 살펴만 봐도 그 영화들이 영화적 특질에서 극단적인 차이를 보인다는 것이 드러난다. 〈분노의 포도〉와 〈목로주점〉은 뛰어난 영화이지만, 장 르누아르의 〈마담 보바리〉와 클로드 오탕-라라의 〈적과 흑〉, 존 휴스턴의 〈모비 딕〉은 진정한 영화라고 부르기 어렵다. 세 감독은 그들의 명성에 걸맞게 훌륭한 영화들을 만들어낸 뛰어난 전문가들이고, 〈적과 흑〉과 〈목로주점〉의 각본은 같은 작가가 맡았다는 점에 주의할 필요가 있다.* 따라서 비영화적인 각색이 그들의 영화적 감각의 부족이나, 아니면 시나리오 작가들의 능력 부족에서 결정적으로 기인했다고 보기는 극히 어렵다. 그러니만큼 〈분노의 포도〉와 〈마담 보바리〉의 영화적 특질에서의 차이를 설명할 수 있는 유일하게 남은 길은 각색된 소설들의 차이에서 그 원인을 찾아보는 방법이다.

소설의 내용

소설이 아우르는 정신적 연속체는 영화가 전유할 수 없는 요소들을 담고 있다는 사실을 떠올려보자. 이제 이러한 요소들이 소설에서 꼭 우세할 필요는 없다. 물론 현재 나와 있는 많은 소설들이 그런 식으로 옮길 수 없는 삶의 측면들을 담고 있거나 보여주기는 하지만 다른 측면들을 중점에 놓는 문학 작품들도 충분히 많다. 그런 작품들은 물리적 현실을 다소간이라도 투명하게 비춰내지 않는 상황, 사건, 관계 들을 건드리는 것을 피한다. 그 작품들은 물질적 현상들의 연속성을 통해서 재현되거나 암시되는 데 적합한 정신적 연속체를 묘사하는

---

*   이 책의 420쪽을 보라.

것들이다. 저 첫번째 유형의 소설들은 영화 매체와 상당히 멀리 떨어져 있지만, 이 두번째 유형의 소설들은 영화에 근접해 있다. 이 두 유형의 소설들이 영화화 가능성의 측면에서 서로 구분된다는 사실은 명백하다. 그렇다면 소설의 서로 다른 내용은 각색 자체에 어떤 영향을 미칠까? 이 문제에 답하기 위해서 나는 각색자나 영화감독 모두가 일급의 섬세한 기술자라고 전제하겠다.

영화적인 각색

우선 영화가 아우르는 영역 내에 머무는 소설들은 영화적인 각색에 유리할 것이라고 당연히 기대할 수 있다. 이런 소설들의 경우에는 문학 매체와 영화 매체 간의 유사성이 두 세계 간의 차이를 압도하는 경향이 있다.

예컨대 영화의 고전이자 스타인벡의 동명 소설을 충실히 각색한 존 포드의 〈분노의 포도〉는 이런 점을 증명해준다. 조지 블루스톤은 포드 감독이 어떻게 영화를 배신하지 않으면서도 소설에 충실할 수 있었는지에 대한 근거 중 하나로 스타인벡의 주제가 영화적인 표현 방식과 친화성을 보인다는 점을 든다. 가령 인물들을 항상 물리적 행동을 통해 보여주고자 하는 노력, 이와 연계된 점으로서 인물의 내면으로 침투하지 않으려는 경향, 명상으로 빠질 우려가 없는 시나리오적인 스타일에 대한 선호가 그렇다.[17] "여기에서 물리적 현실의 이미지로 옮길 수 없는 것은 아무것도 없다"[18]라고 블루스톤은 말한다.

블루스톤은 두 가지 측면에서 더욱 구체적인 지적을 할 수도 있었을 것이다. 첫째, 스타인벡의 소설은 개개인보다는 인간 집단을 다룬다. 개인이 겪을 수 있는 경험들에 비해서 집단의 경험은 상대적으로 원시적인 것이다. 그리고 그러한 경험들은 집단행동의 형태로 드러나야 하므로 가시성의 측면에서는 훨씬 압도적이다. 군중이야말로 훌륭한 영화적 주제이지 않은가? 스타인벡이 집단적인 비참과 불안과 희망을 강조한 덕분에 그의 소설은 영화의 요건을 적잖이 만족시킨다. 둘째로 그의 소설은 유랑하는 농장노동자들의 곤궁을 드러내고, 이로써 우리 사회의 착취를 현시하며 규탄한다. 이것 또한 영화의 특수한 가능성에 부합하는 것이다. 영화는 물리적 현실을 기록하고 탐구함으로써 우리가 이 현실에 대해 흔히 품는 생각들, 즉 우리가 그 현실을 인식하지 못하게 막는 생각들을 그 현실과 대치시킬 것을 잠정적으로 요구한다. 영화 매체가 갖는 의미의 일부는 현시의 위력에 있는지도 모른다.

〈목로주점〉을 감독한 르네 클레망은 졸라의 『목로주점』의 영화화를 두고 "자연주의적 다큐멘터리"[19]라고 불렀다.〔그림 44〕똑같은 지적을 소설 자체에 대해서도, 그것도 훨씬 더 적확하게 할 수 있다. 이 소설은 환경적 조건에서 기인하는 알코올 중독에 대한 픽션적 연구이고, 그것이 건강과 가족생활에 미치는 재앙적인 결과를 보여준다. 졸라 소설에서 늘 그렇듯이, 그가 증명할 목적으로 사용하는 인물들은 대단히 복잡한 개인들이라기보다는 조합된 전형들이다. 그리고 늘 그렇듯이 그는 가장 조야한 물리적 영향과 결과 들을 강조한다. 그의 소설은 각색자들에게는 고마운 것이다. 실제로 그 소설들은 촬영 가능한 사물과 사건, 관계 들로 넘쳐나서, 그 결과 오랑슈와 보스트, 클레망 감독은 졸라가 창조한 물질적 연속체를 결코 떠나지 않으면서도 졸라보다 더 깊숙이 심리적 차원에 침투할 수 있었다. 그 밖의 사소한 변화들을 제외하면 그들은 사회학적 현시——이 또한 스크린에 대단히 적합한 것이다——에 대한 졸라의 강조점을 약화시키고, 대신 자기 주변에서 벌어지는 타락에 물들지 않으려는 제르베즈의 꿋꿋한 노력을 강조한다.[20] 이렇게 그들은 여주인공에게 인간적 깊이를 부여한다. (졸라가 자신의 중심 관심사로부터 이렇게 이탈한 것을 승인했을지는 또 다른 문제다.)

이렇게 중점이 이동했음에도 〈목로주점〉은 순수한 졸라의 세계이자 좋은 영화다. 이 작품이 자기 매체에도 충실하면서 동시에 소설에도 충실했다는 사실은 소설에 담긴 확고한 영화적 실체 덕택이라 하겠다. 소설의 중심 줄거리와 동시대 환경 묘사는 폭넓은 시각적 연속성 속에 쉽게 편입될 수 있었다. 그리고 무엇보다도 폭력성과 동물적 공포를 묘사하는 장면들은 진정한 영화적 재료로 확인된다. 언어에서 이미지로 옮겨졌을 때 진가를 발휘하는 것처럼 보이는 이와 같은 장면들에서 영화는 그것이 주는 심리적 파장의 측면은 물론이고 미학적 적합성의 측면에서도 원작을 능가한다. 오직 카메라만이 그 미쳐 날뛰는 쿠포가 세탁소를 때려 부수고 등에 부항단지가 박힌 채로 나뒹구는 그 역겨운 광경을 냉정하게 담을 수 있다. 물론 이때 가령 아이 나나를 다루는 섬세한 방식에서 드러나는 감독의 감각을 저평가해서는 안 된다. 또한 아직 우리의 어린 시절 기억 속에 희미하게 남아 있어 영화로 다루기가 비교적 쉬운 과거 시대를 배경으로 한다는 점이 영화적 접근 방식에 유리하게 작용한다는 것도 잊어서는 안 된다.*

이 두 가지 사례들을 보고 오직 사실주의와 자연주의 소설들만이 만족스럽게 영화로 옮겨질 수 있다는 인상을 받는다면 오해라고 하겠다. 이런 인상은 사실이 아니다. 실제로 소설의 영화화 가능성은 그 소설이 얼마나 전적으로 물질세계에 바쳐져 있는가보다는 그 소설이 정신물리적 상응 관계의 영역에 속하는 내용을 얼마나 지향하는가에 달려 있다. 사실주의적으로 보이는 소설 또한 스크린에 적합하게 재현되기를 거부할 법한 주제들과 모티프들을 다루기 위해서 외부 세계를 파고들 수도 있다. 이와는 반대로 어떤 소설이 내면생활을 담고 있다는 사실만으로 영화화될 수 없는 이야기라고 낙인 찍히는 것은 아니다.

베르나노스의 동명 원작소설을 영화화한 로베르 브레송의 〈어느 시골 사제의 일기〉는 특정한 종교적 경험과 영적인 성격의 여러 양태들을 영화의 언어로 옮길 수 있는 가능성을 보여준다. 동시에 영화는 그러한 내적인 상태가 완벽하게 옮겨질 수 없다는 사실 또한 보여준다. 영화 내내 비치는 시골 사제의 얼굴은 이제껏 영화에 나온 가장 중요하고 영화적인 요소로서, 정신적으로 몰두해 있는 사제의 영적으로 고양된 성격을 잘 반영해주지만, 그가 몰두하는 내용이 구체적으로 무엇인지를 보여주는 데에는 어쩔 수 없이 실패하고 만다. 소설의 존재 이유라 할 사제의 생각과 미혹, 열망은 그의 외양에서 어떠한 등가물도 찾을 수가 없다. 〔그림 45〕 그럼에도 브레송은 우리에게 사제의 내면세계를 계속 알려주어야 했으므로 임시 수단을 강구했다. 때때로 그는 사제가 자기 일기에 내밀하게 고백한 노트들을, 마치 자막이 잔뜩 들어간 무성영화를 연상시키는 삽입 숏으로 재현한다. 그런

---

*   이 책의 121~22쪽 참조.

성가신 삽입물은 소설의 특정 부분은 영화로 담아낼 수 없다는 사실을 가리키고, 이로써 비영화적인 각색의 문제를 제기한다.

비영화적인 각색

영화적 태도를 갖춘 솜씨 좋은 각색자들이 원작을 충실히 재현하기 위해 시도한 그러한 비영화적인 각색은, 프루스트의 방식처럼 영화적으로는 도저히 다룰 수 없는 세계를 구축하는 소설의 책임이라고 봐야 한다. 여기에는 의문의 여지가 없다. 물어야 할 것은 오히려, 각색자들이 그런 소설들과 마주할 때 발생하는 엄청난 난점들에 어떻게 대처해나가는가다. 이는 마치 그들이 처한 곤란한 상황이 그들로 하여금 하나의 일률적인 조치를 택하도록 몰아가는 것처럼 보일 지경이다. 그리고 그렇게 해서 도달한 "해결책"은 대부분 연극적 방식의 각색이다.

장 르누아르의 〈마담 보바리〉 각색은 이러한 경향을 더욱 설득력 있게 보여주는 사례다. 원작인 플로베르의 소설이 시골 생활의 단조로움을 묘사하는 데에만 공을 들이는 것이 아니라 물리적 디테일에도 대단한 주의를 기울이기 때문이다. 여기에 더해 에마의 주변 현상들은 모두 에마의 관점에서 경험할 법하게 나타나도록 되어 있다. 이것은 에마의 내면적 삶을 외부로 투사하는 것을 돕는다. 그리하여 언뜻 보기에는 플로베르의 사실주의적 묘사에 근거해서 물질적 연속체를 만들어내고 이를 통해 원작의 중심적인 내용들을 전달하는 것이 영화 감독에게 비교적 어렵지 않은 것처럼 보인다. (물론 소설의 다양한 외적 사건들이 실제로는 연대기적 순서로 연달아 벌어지는 사건들이라기보다는 에마의 반응대로 성격이 부여되고 상호 연결된 투사물이라고 하더라도, 그것들을 영화적 이미지로 변형하는 데 중대한 장애물이 될 것은 없다.) 그럼에도 이러한 인상을 받았다면 속은 것이다. 스타인벡과 졸라의 소설들과는 달리 플로베르의 소설은 어떤 물리적 정보와 결합해도 함축적으로 보여줄 수 없는 심리적 사건들의 극치라고 할 수 있다.

저 모든 환경 묘사는, 그 명시적인 목적이 에마의 실존이 직면한 "무정형의 비극"[21]을 납득시키는 데 있는 서사 속에 들어와 있다. 그녀가 느끼는 권태로움, 행복을 향한 헛된 추구, 그녀의 환멸과 돌이킬 수 없는 파멸. 소설은 한 영혼의 역사에 대한 것이다. 에리히 아우어바흐는 이렇게 말한다. "플로베르가 이야기의 진전에 별 도움이 안 되는 사소한 사건들과 일상적인 상황 묘사에 원칙적인 태도로 긴 시간을 들이지만… 그럼에도 처음의 부분적인 위기에서 시작하여 종국적인 파멸로 이끄는, 느리나마 연대순을 충실하게 지키는 이야기의 전개를 끊임없이 감지할 수 있다. 그리고 이러한 전개의 원칙이야말로 작품 전체의 도안에서 지배적인 역할을 하고 있는 것이다."[22] 이런 주도적인 발전들이 어떻게 가시화될 수 있겠는가? 그것들은 에마의 주위 환경에 대한 수많은 묘사들 말고도, 그레고리오 성가에 대한 프루스트의 언급이 그렇듯 카메라 현실로부터 멀리 떨어져 있는 풍부하기 짝이 없는 언어 심상과 언어적 관찰들을 아우르는 줄거리 전체를 통해서 전달된다.

이런 점이 르누아르의 〈마담 보바리〉가 왜 비영화적인 성격을 보이는지 해명해준다. 영화가 에마의 자기 파멸로 이어지는 과정에 대한 소설의 "느리나마 연대순을 충실하게 지키는 이야기의 전개"를 가능한 한 충실하게 재현하고자 들이는 노력이 당연하게 여겨질 수도 있다. 하지만 이런 과정은 영화적 연속성으로의 번역을 거역하는 세계를 구성한다. 르누아르는 그 세계를 스크린으로 한꺼번에 옮길 수 없다. 전체 플롯을 다룸에 있어 그가 손댈 수 있는 최대의 것은 오직 플롯의 뼈대뿐이고, 그것은 앙상한 스토리 라인에 불과하다.『마담 보바리』는 감독이 작품의 핵심으로 침투하고자 하는 욕망 때문에—[앞서 포스터가 말했던] "오 저런, 맞아요[소설은 이야기를 해야 되죠]" 하면서—소설을 관통하는 줄거리에 초점을 맞추게 되는 그런 성격의 소설이다. 결국 감독은 소설에서는 불가분의 관계로 서로 엮여 있는 삶의 "보다 섬세한 성장 과정"에서 그 줄거리를 따로 떼어내어 이야기 전체 다발의 유목적적인 전개에 맞춰 배치해야 했다. 이로써 영화는 연극적 영화의 특징을 모조리 갖춘 영화가 되는 결말을 피할 수 없었다.

르누아르의 〈마담 보바리〉는 응집성을 완전히 결여한 일련의 사건들과 에피소드들로 이루어져 있다. 이런 단위들과 단위들 사이에는 틈이 벌어져 있는 데다, 이런 단위들 자체가 영화적 관점에서 보면 대부분 대단히 복잡한 단위들이다. 그 이유는 그것들이 본질적으로는 영화화될 수 없는 에마 인생의 비극을 보여주려는 의도로 소설에서 추려낸 결과이기 때문이다. 따라서 그 단위들이 어떤 연속성을 형성한다고 해도 그것은 분명 물질적인 것은 아니다. 그 단위들이 전달하는 의미 패턴은 영화 매체와 분리될 수 있는 성격의 것이다. 물론 르누아르가 소설에서 환경의 역할을 영화에서도 복구시키려고 애쓰지 않았다면, 우리가 아는 그 유명한 감독이 아니리라. 그는 농사공진회 장면을 집어넣고 시골길을 되풀이해서 보여준다. 또한 그는 거리의 가수도, 극장과 성당에서의 밀회 장면도 잊지 않는다. 하지만 이런 장면들과 사건들은 소설에서 스크린으로 옮겨지면서 원래 수행했던 기능에 변화를 겪는다. 그 장면들이 소설에서는 전체 서사의 흐름과 완전히 일체를 이루고 있다면, 영화에서는 줄거리 단위들과 단위들 사이의 빈틈을 메우거나, 아니면 그 단위들의 의미 패턴을 강화하는 기능을 할 뿐이다. 첫번째 경우의 예는 그저 생생한 배경으로만 다가오는 농사공진회 장면이 보여주고, 두번째 경우는 반복해서 화면에 비치는 시골길이 예시한다. 그 시골길은 유의미한 이야기 모티프로서의 능력을 얻는 대신, 그 길의 현실적 성격을 상실하고 만다. 소설에서 추출해낸 줄거리가 완전히 우위에 서서 삶의 현실적 성격을 고갈시켜버리는 것이다.

이와 비슷한 주장을 〈위대한 유산〉〈사랑아, 나는 통곡한다〉〈적과 흑〉 등등에 대해서도 개진할 수 있다. 〔그림 46〕 마지막에 언급된 〈적과 흑〉——여기에는 주인공의 생각을 말로 전하는 데까지 나아가는 직설적인 연극적 대화가 나온다——을 논평하면서 가브리엘 마르셀은 카메라의 영역을 훌쩍 넘는 세계를 보여주는 소설들의 영화화가 미치는 해로운 결과를 다음과 같이 간명하게 설명한다. 스탕달의 『적과 흑』은 "그야말로 스크린으로 옮겨서는 안 되는… 전형적인 소설이었다." 왜 그런가? 주인공 쥘리앵 소렐과 관련된 중요한 모든 것이 "애당초 외부로 드러낼 수 있는 것이라곤 거의 없는 특정한 내면적 삶"인 까닭이다. "그것은 마치 그의 겉모습이 그의 현실과 차이를 보이는 만큼이나 중요하다고 하겠다. 소설가는 우리에게 이러한 현실을 드러낼 수 있지만… 영화감독은 외관을 고수할 수밖에 없다. 감독은 어느 정도 사기에 가까울지라도 텍스트로 돌아가지 않고서는, 쥘리앵 소렐의 세계라 할 수 있는 그 내면적 세계를 합당하게——사족을 붙이자면, 어쩔 수 없이 도식적인 방식을 쓴다고 하더라도——보여줄 수 없다. 그 결과, 스탕달이 쓴 걸작의 본질은 대단히 얄팍해지고, 그 책의 핵심을 이루었던 것은 사실상 유실되고 말았다."[23]

14 발견된 이야기와 에피소드

장편소설novel처럼 단편소설 또한 영화로 옮길 수 없는 내적인 삶의 측면에 헌신할 수 있다. 진정으로 영화적인 문학 형식이란 존재하지 않는 것이다.

하지만 그렇다고 해서 기존의 문학 장르로부터 독립적으로 존재하는 영화적인 서사 형식의 가능성이 배제되는 것은 아니다. 물론 영화 관련 문헌에서 이러한 이야기 유형들은 거의 언급된 적이 없었음에 주목하자. 심지어 그것들은 알아볼 수 있는 이름조차 갖지 못했다. 하지만 그런 유형들이 존재하지 않는다고 결론을 내려야 할까? 결코 그렇지 않다. 이야기 유형들에 대한 만연한 무관심은 분명 널리 퍼져 있는 뿌리 깊은 편견에서 기인했음이 틀림없다. 대부분의 비평가들은 영화를 전통적 의미의 예술로 파악했고, 이런 이유에서 영화적인 이야기 유형들의 발견과 식별을 위해 진지한 노력을 기울이지 않았다. 그렇다면 그런 유형들이 필경 존재할 것이라는 전적으로 합당한 전제를 하지 못할 이유는 무엇인가? 이제부터는 이러한 이야기 유형들을 그 억울한 익명성에서 구출하고자 시도할 것이다. 물론 이러한 유형들을 정의하기 위해서는 영화의 특수한 성향을 고려하는 관점에 입각해야 한다. 그리고 그 유형들은 본성상 카메라 현실의 스크린 재현을 가능하게 할 뿐만 아니라 심지어는 유도할 수 있어야 한다.

발견된 이야기

정의

"발견된 이야기found story"라는 용어는 실제 물리적 현실의 재료에서 발견된 모든 이야기를 아우른다. 강이나 호수의 수면을 오랫동안 바라보면, 어떤 미풍이나 소용돌이로 인해 수면 위에 그려지는 특정한 패턴을 감지하게 된다. 발견된 이야기란 바로 그런 패턴의 성격을 지닌다. 그 이야기들은 꾸며냈다기보다는 발견된 것이라는 사실에 힘입어, 다큐멘터리적 지향에 고무된 영화들과 불가분의 관계에 있다. 이런 점에서 이와 같은 이야기들은 "비서사적 영화의 모태에서 재등장한"* 이야기에 대한 요구를 충족해줄 수 있는 가장 유리한 여건에 있다.

발견된 이야기는 자신이 잠재해 있던 원재료에서 핵심적인 부분을 차지하므로 어떤 독립적인 총체로 발전하기란 도저히 불가능하다. 이 말은 그 이야기가 연극적 이야기의 정반대에 가깝다는 뜻이다. 발견된 이야기는 결국 다큐멘터리와의 공생 관계에 힘입어 우리 주변 세계의 일상적 사건들을 재현하는 경향이 있다. 아마도 이런 종류의 서사적 영화를 보여준 최초의 사례가 뤼미에르 형제의 〈정원사 골려

---

*   이 책의 391쪽을 보라.

먹기〉일 것이다. 이 영화의 사건, 즉 우스꽝스러운 해프닝들의 우연한 배치는 꾸밈없는 일상의 삶으로부터 곧장 나온 듯하다.

발견된 이야기는 그 밀도와 명확성에서 서로 차이를 보인다. 그 이야기들은 한쪽 끝에는 발아적인 이야기 패턴들이, 다른 한쪽 끝에는 상당히 명료하게 윤곽이 잡혀 있으며 종종 극적인 사건으로 채워진 이야기가 위치하는 연속체를 따라 움직인다. 이 양극 사이의 어딘가에 플라어티의 "약한 서사slight narrative"가 위치한다.

유형

발아적 패턴들

많은 다큐멘터리는 발견된 이야기를 맹아적 상태로 담고 있는데, 그것은 주위 환경에 대한 인상들의 흐름과 거의 분리될 수 없는 그런 "이야기"다. 아르네 숙스도르프의 〈도시인들〉, 즉 다큐멘터리 스타일로 스톡홀름의 거리의 삶을 담은 "도시 교향곡"이라 할 수 있는 이 영화는 그런 이야기적인 직조물 세 개를 펼쳐놓는다. (1) 문간에서 비 피할 곳을 찾던 한 젊은 남자가 비가 그친 뒤 옆에서 같이 비를 피했던 젊은 여자를 따라간다. (2) 어느 교회에서 어린 학생들이 오르간 음악과 그 공간의 장엄함에 주눅이 든 채로, 그곳에서 잃어버렸다고 생각한 구슬을 슬그머니 찾으러 다닌다. (3) 한 어부가 자신이 잡은 얼마 안 되는 어획물을 강가에 벌려 놓고는 다른 일에 열중해 있다가, 그가 못 본 틈을 타 갈매기들이 물고기를 채간 것을 불현듯 알아차린다. [그림 47] 『뉴요커』가 명명하는 방식대로 불러보면 이 "금주의 가장 매혹적인 뉴스들"——문학에서는 잘못된 것이지만, 영화를 위해서는 종종 옳은 것이다——은 병치된 다큐멘터리 숏들에 생기를 더하기 위해 약간의 인간적 관심을 전해줄 정도로만 표현되어 있다. 그리고 그것들은 그렇게 우연히 포착되어 고정된 다음 다시 일반적인 도시의 삶으로 용해될 수 있을 만큼 개략적이고 두서가 없다. 그런 모호성이 관객을 완전히 만족시키는가는 다른 문제다. 관객은 결코 실현되지 않는 암시와 기대로 인해 실망을 느낄 수도 있다.

플라어티의 "약한 서사"

"약한 서사"라는 용어는 로타가 처음 사용한 것으로, 그는 플라어티 감독에 대해서 이렇게 말했다. "그는 약한 서사를 넣는 것을 선호하는데, 그것은 허구적 사건이나 끼워 넣은 '카메오'가 아니라 그의 원주민들의 일과를 말한다."[1] 로타의 견해는 플라어티가 직접 말한 바 있는 다음과 같은 핵심적인 주장을 일부 부연해주는 것이다. "이야기는 어느 종족의 삶에서 나와야지, 개개인들의 행동에서 나와서는 안된다."[2] 플라어티의 가장 중요한 영화들의 바탕이 되는 이 공식을 완성하려면, 여기서의 종족은 원시 종족이어야 한다는 점을 덧붙여야 할 것이다. 이 공식은 그의 열정과 비전을 그대로 말해준다. 이 공식은 그의 탐험가적 본능을 충족시켜줄 뿐만 아니라 원시 문화야말로 타락하지 않은 인간 본성의 최후의 유물이라는 그의 루소적 신념과 함께 "이러한 종족들의 한때의 위엄과 성격을 아직 가능할 때"[3] 보여주려는 그의 집요한 욕망에 근원을 두고 있다. 〔그림 48〕

플라어티는 낭만주의자라 불렸고, 우리 현대 세계가 절박한 요구를 보내고 있음에도 그 세계로부터 멀어졌다는 이유로 현실도피적이라는 비난을 받았다.[4] 물론 어떤 의미에서 그는 뒤처진 영역을 노래하는 음유시인**이었지만**, 이런 점이 그의 영화의 통합성을 저해하지는 못한다. 그의 영화들은 특유의 낭만주의에도 불구하고 최상의 수준을 자랑하는 영화적 기록이다. 따라서 플라어티가 정립한 공식은 보편적인 의미를 갖는다. 여기서 전적으로 중요한 것은, 방금 인용한 강령적 주장에서 정의된 바대로 그의 영화적 이야기cinematic story라는 개념이다. 이 주장은 네 가지 중요한 함의를 전달한다.

첫째, 플라어티는 이야기의 문제를 직접적으로 제기함으로써 이야기가 다큐멘터리에 바람직하다는 점을 당연시하는 것처럼 보인다. 그의 작업은 이러한 신념에 대한 증거를 담고 있다. 플라어티의 영화치고 공감적 서사의 성격을 띤 구조화된 시퀀스가 들어 있지 않은 영화는 없다. 나아가 그의 영화들은 명료한 이야기 패턴을 지향하는 경향이 점점 더 강해진다. 〈북극의 나누크〉가 아직은 에스키모인들의 삶의 방식을 설득력 있고 이해하기 쉽게 재현하는 데 집중한다면, 〈루이지애나 스토리〉는 케이준[캐나다의 아카디아에 살다가 미국 루이지애나주로 강제 이주된 프랑스인들의 후손] 소년과 유정탑 사이의 충돌을 감독 자신의 강령을 거의 뛰어넘는 방식으로 이야기한다. 이 방향으로 한 발만 더 내딛으면 다큐멘터리는 노골적인 서사적 영화로 전환될 것이다.

둘째, 플라어티가 말한 대로 이야기는 종족의 삶에서 나와야 하고, 여기서 종족은 당연히 원시 종족을 말한다고 이해할 수 있다. 원시적인 삶은 자연을 배경으로 전개되고, 신체적 움직임이나 자연과 밀접한 사건들을 강조한다. 환언하자면 원시적인 삶의 가장 중요한 특징은 사진과의 친화성이다. 이러한 플라어티의 주장이 확장된다면 물리적 세계에서 의미심장하게 드러나는 인간의 현실을 다루는 이야기에 적용될 수 있다. 꼭 원시적인 삶의 방식으로부터 이야기가 자라날 필요는 없으며, 군중이나 거리 장면 혹은 그와 같은 것에서 힌트를 얻을 수도 있다.

셋째, 이야기는 개인의 행동에서 나와서는 안 된다. 이것이 플라어티에게 어마어마하게 중요하다는 것은 그의 전기적 사실로 입증된다. 물론 그가 "우리 시대의 가장 위대한 재담꾼 중 한 명"[5]으로 알려져 있지만 그는 단 한 번도 이야기꾼으로서의 재능을 스크린 위에서 펼쳐 보인 적은 없었다. 이러한 유혹에——만일 그것이 유혹이라면——굴복하지 않겠다는 그의 의지는, 그가 개개인의 행동이 영화 매체의 정신과 합치될 수 없다고 믿었음을 가정하지 않는다면 완전히 납득하기 어려울 것이다. 일반적으로 말해서 그는 전통적으로 개인을 보여주는 완숙한 이야기를 멀리했다. 그는 영화감독으로서 이야기의 필요성을 분명 느꼈지만 원숙하고 연마된 이야기는 꺼리는 것처럼 보였다. 그런 이야기들은 의미 패턴들을 강조하는 경우가 많고 카메라가 스스로 말하지 못하게 막기 때문이다. 이런 점은 그가 왜 전형성을 고수하는 "약한 서사"를 선호했는지를 설명해준다.

넷째, 플라어티의 주장에서 "나오다come out"라는 동사의 의도적인 사용은 이야기를 삶의 원재료에서 끄집어내야 하며, 그 원재료들을 미리 정해진 요구에 종속시키지 않겠다는 그의 고집을 보여준다. "모든 종족에게는 내면의 위대함이 있다"라고 그는 말한다. "그리고 이것은… 그 위대함을 분명히 보여주는 단 한 가지 사건 혹은 심지어 단 하나의 움직임을 찾아내는 감독의 역량에 달려 있다."[6] 그는 "**안에서부터 본질적인 인간의 이야기**를 발견해내려는"[7] 생각을 품고서 그가 보여주고 싶은 종족의 삶에 동화되어 살아가는 일종의 부화 기간 동안 그 이야기를 발전시켜나간다.[8] 하지만 그는 그렇게 모은 경험들과 카메라로 담아낸 이런 탐험들을 어떤 식으로든 이야기에 대한 요구에 맞출 마음이 전혀 없어서, 그 이야기를 영화로 찍는 동안 언제든 계속 바뀔 수 있는 작업 개요를 사용했다. 마치 영화 매체 스스로 이러한 접근 방식을 불러들이는 것처럼 보인다. 아무튼 플라어티가 물질세계와의 직접적인 대면에서 즉흥성에 의지한 유일한 감독은 아니다. 〈국가의 탄생〉을 찍을 때 그리피스는 "즉흥적으로 자유롭게 영화를 찍었다." 여담이지만, 이렇게 말한 루이스 제이컵스는 그리피스의 자기 직관에 대한 자신감에서 그의 영화에 왜 그토록 불합리성이 많이 보이는지가 설명된다고 덧붙인다.[9] 이와 비슷하게 로셀리니 감독 역시 〈무방비 도시〉〈전화의 저편〉〈독일 영년〉에서 단지 안내자 역할을 할 뿐인 아주 기초적인 이야기만을 가지고 즉석에서 영화의 장면들을 발전시켰다.[10] 펠리니 또한 잘 쓰여진 이야기에 구속되지 않으려 한다. "처음부터 모든 것을 안다면 영화 찍는 일이 더 이상 재미가 없을 것이다. 그래서 나는 영화 한 편을 시작할 때면 어디에서, 어떤 배우들을 데리고 찍을지 미리 정해두지 않는다. 내게는 영화를 찍는 것이 여행을 떠나는 것과 같기 때문이다. 여행에서 최고로 재미있는 부분은 여행 중간에 무언가를 발견할 때다."[11]* 에이젠슈테인도 오데사 계단을

---

* 제임스 에이지는 『영화에 대해 에이지가 말하다』, p. 401에서 영화감독 존 휴스턴의 말을 인용한다. "특정한 장면에서 나는 무엇이 일어나야 할지 생각하고 있지만, 배우들에게 말하지는 않는다. 그 대신에 나는 배우들에게 편하게 연기해보라고 말한다. 그러면 그들은 때때로 더 좋은 연기를 한다. 또 우연히도 효과적이고 진실한 것을 연기해내기도 한다. 그러면 나는 주저 없이 그것을 카메라에 담는다."

보고 나서 마음을 바꾸지 않았던가?

플라어티의 "약한 서사"를 시와 접점을 이루는 해석적 보고와 같은 것이라고 부를 수 있을 것이다. 플라어티의 해결책이 초래하는 불가피한 결과는 전형적인 서사적 영화에서처럼 관객을 열정적으로 끌어들이지 못한다는 점이다. 그의 영화가 개인을 멀리하는 만큼 개인들도 영화에 흠뻑 빠져들 필요를 별로 느끼지 못할 수 있다.

극화된 현실

우리 주변 세계를 다루는 영화에 가해진 제한들로 인해 오래전부터 다큐멘터리 감독들은 플라어티가 존중했던 그 경계를 넘고 싶은 유혹을 느껴왔다. 이미 1930년대에 "개인들을 받아들이"*는 다큐멘터리들을 옹호한 바 있는 로타는 20년 이상 지난 후에 "이른바 서사적 영화와 진짜 다큐멘터리는 사회적으로 또 미학적으로 점점 더 긴밀하게 함께 성장하고 있다"[12]고 설명한다. 그런 말이 사실인지는 알 수 없으나, "약한 서사"를 넘어서는 이야기를 갖춘 다큐멘터리 느낌의 영화들이 상당수 존재하는 것은 사실이다. 물론 거기서 이야기들은 여전히 현실에서 발견된 것이고 현실의 전형적인 사건들을 강조하지만, 그런 한편으로 다수의 꾸며진 이야기 못지않게 압축적이고 도드라진다. 〈전함 포템킨〉과 〈어머니〉, 그리고 기타 러시아혁명 영화들이 이런 사례일 것이다. 아니면 현실을 극화한 최초의 영국 다큐멘터리 영화들 가운데 하나인 카발칸티와 와트가 공동으로 작업한 〈북해〉를 떠올려보라. 이런 영화들에서 구성적 열망과 그 기저에 깔린 다큐멘

---

*   이 책의 390쪽을 보라.

터리적 지향은 서로 융해되어 있거나 경합하고 있으며, 극적인 정교화 작업은 주어진 사건들을 보완하거나 강화하는 경향을 보인다. 분명 〈북해〉〈파르비크〉〈투게더〉는 다큐멘터리가 장편영화, 특히 에피소드 영화episode film와 갈라지는 경계 지대에 위치한다.

따라서 이 영화들을 분류하는 어려움이 발생한다. 로저 맨벨은 "〈북해〉의 대사와 행동은 어디서부터가 픽션인가?"라고 질문한 다음, 곧바로 이와 짝을 이루는 질문을 던진다. "〈분노의 포도〉에서… 다큐멘터리는 어디서부터인가?"[13] 극적인 다큐멘터리가 계속해서 어떤 발견된 이야기를 보여준다면, 그리고 그 이야기가 자신이 태어난 환경 속으로 용해되는 것처럼 보인다면, 그것은 진정한 다큐멘터리 영화라고 볼 수 있을 것이다. 이것이 로타가 〈북해〉에 대해 내린 판단이다. 그는 〈북해〉를 "서사적 영화의 경계에 있는"[14] 다큐멘터리로 정의한다. 조르주 루키에의 〈파르비크〉도 마찬가지로 분류될 수 있는 영화다. 감독은 어느 프랑스 농부 가족의 1년 동안의 삶과 함께, 농장의 모습과 계절의 변화에 따른 자연의 모습을 보여준다. 그는 농경 생활의 순환 과정을 헌신적으로 기록하고 섬세하게 매만진다. 그가 고안해낸 사건들은 "변치 않는 현실에 대한 경외감"[15]을 저버리는 것이 아니라 오히려 강화한다.

다른 한편으로 저 경계 지대에 있는 발견된 이야기가 영화의 비서사적인 성격과 현실에 대한 일차적인 관심을 흐리게 할 정도로 견고해진다면, 이 영화들은 다큐멘터리와 접해 있는 에피소드 영화라는 인상을 줄 것이다. 그 예로는 라이어널 로고신의 〈온 더 바우어리〉가 있다. 영화는 제목에 언급된 뉴욕 시내의 싸구려 여인숙과 부랑자들에 대한 훌륭한 영화적 르포다. 〔그림 49〕 여기서는 이야기가, 즉 주인공을 중심으로 하는 늘어진 에피소드가 환경의 일부가 되는 대신 환경을 감싸안는 것처럼 보인다. 영화의 픽션적인 중핵이 마치 자석처럼 르포적 요소들을 끌어당겨서 알맞게 배치한 듯하다. 혁명을 다룬 러시아 영화들도 유사한 방식으로 재현된 현실을 극화한다. 차이가 있다면 그 영화들에서는 마르크스주의적 논증이 본래의 이야기를 대체한다는 것이다.

〈땅끝〉

서사적 영화와 다큐멘터리를 하나로 융합하려는 이 모든 시도들은 플라어티가 회피했던 문제에 직면하게 된다. 플라어티는 자신이 깊숙이 들어가 살던 종족의 삶을 카메라의 도움을 받아 탐구하여 자신의 이야기를 발견했기 때문에, 혹은 그렇다고 믿었기 때문에 그의 다큐멘터리적 보고와 그의 "약한 서사"는 애초부터 상호 침투하고 있었다. 만일 "약한 서사"가 개개인이나 이념을 다루는 이야기에 자리를 내줄 경우 이런 식의 상호 침투가 어떤 어려움을 발생시키는지는 장 엡스탱의 〈땅끝〉이라는 극단적인 사례가 확실히 입증해준다. 이 영화에서 엡스탱은 브르타뉴 지방의 어부에 대한 완숙한 다큐멘터리를 그에 못지않게 완숙한 이야기와 혼합하려 했는데, 그 이야기는 어쨌든 어느 지방 신문 한구석에서 가지고 온 이야기라는 점에서 현실에서 발견한 이야기라 할 수 있었다.

그것은 어떤 구조 행위에 대한 이야기다. 세 명의 동료와 함께 무인도에 낙오된 어느 부상당한 젊은 어부는 늙은 시골 의사가 폭풍을 뚫고서 구하러 오지 않았더라면 목숨을 잃었을 것이다. 영화에서 다큐멘터리적인 부분은 바위섬과 브르타뉴 지방의 마을 공동체, 등대와 바다를 기록한 부분이다. 여기서 중요한 것은 다큐멘터리와 이야기가 서로 다른 재현 방식을 요구한다는 사실에도 불구하고, 즉 전자는 영화의 원재료를 있는 그대로 보여주려 하고 후자는 이 재료를 소모시키려 한다는 사실에도 불구하고, 엡스탱은 어느 한쪽의 장점을 희생시키지 않으면서 양자의 화해를 달성하려 한다는 점이다. 그는 이야기를 필요 이상으로 과하게 다듬고, 다큐멘터리적 스타일의 묘사를 보다 자세히 제공하려는 마음을 억누르지 못한다. 따라서 그가 이 두 가지 재현 형식 사이의 간극을 메우는 데 성공하지 못하는 것은 당연하다. 영화 〈땅끝〉은 양자의 융합을 구현하기는커녕, 전반적으로 현실과 픽션을 기계적이고 상당히 서투르게 합쳐놓은 혼종에 머문다. 하지만 이 영화는 대단히 도드라지는 발견된 이야기를 감독이 비서사적인 다큐적 숏들의 직물 안에 짜 넣으려고 하면 어떤 어려움에 부딪치는지 적나라하게 보여준다는 점에서 대단히 흥미롭다. 이렇게 극적인 다큐멘터리의 요소들이 구성하는 상이한 연속성의 방식들을 하나로 융합하기 위해서는 엄청난 감각이 요구된다.

이런 문제들이 대략적으로나마 해결 가능하다는 것은 로렌차 마체티 감독의 〈투게더〉가 보여준다. 런던 출신의 부두노동자이자 농아인인 두 사람을 다루는 이 영화에서 그들의 음울한 하루하루의 실존에 바쳐진 긴 대목은 극영화적인 성격의 시퀀스와 교차된다.〔그림 50〕한 사람은 구애의 꿈에 흠뻑 빠져 있지만, 결국 아이들의 장난으로 마치 장난감처럼 템스강에 떨어지고, 근처 바지선의 사공들에게 발견되지 못한 채 조용히 익사한다. 듣지 못하고 말하지 못하는 상태를 함의하는 이야기 모티프들을 현명하게 고른 덕분에 드라마와 르포르타주 사이의 균형은 완벽에 가깝다. 그래서 이야기 부분과 다큐 부분의 시간 개념에 차이가 나지 않았더라면, 두 가지 연속성의 방식은 실제로 통합된 영상의 흐름으로 용해되었을 것이다. 다큐 부분에서는 들리지 않고 말을 하지 못하는 림보의 상태가 강조됨으로써 시간의 무한한 폭을 가리키는 장면이 반복되는데, 이것은 이야기 에피소드들이 독립적으로 전개되는 명확히 한정된 짧은 시간대와 조화를 이루지 못한다.

에피소드

정의

웹스터 사전에서는 "에피소드episode"를 "한 사람의 인생이나 역사, 창조와 같이 비교적 긴 연속적인 흐름에서 명확하고 중요하게 부각되는 사건들의 합"이라고 정의한다. 이에 따르면 이 용어는 카메라가 암시하는 삶의 흐름 속에 등장했다가 다시 그 속으로 사라지는 공통점을 지닌 이야기들에 쓰일 수 있다. 어떤 에피소드가 영화에 적합한가의 여부는 그 에피소드가 카메라적 삶과 맺는 관계에 따라 결정된다. 이는 에피소드 영화가 카메라적 삶 대신에 영화화할 수 없는 어떤 내적인 갈등이나 사고를 중점에 둔다면 미학적으로 문제가 될 수 있음을 함의한다. 영화의 그런 비영화적인 내용은 영화의 영화적 형식을 가려버릴 위험이 있다. 이와 같은 에피소드 영화 중 하나로 〈흑과 백〉은 미국 남부의 어느 교도소에서 함께 사슬로 묶인 백인과 흑인 죄수의 탈옥, 안전한 곳으로 도망치려는 그들의 절박하지만 가망 없는 탈출 시도, 그리고 마지막에 불가피하게 닥쳐온 체포의 사건을 그린다.

이 에피소드는 두 명의 기결수가 도망 중에 겪는 심경의 변화를 관객에게 이해시키려는 의도에서 이야기된다. 백인은 흑인이 우정을 나눌 만한 인간이라는 것을 배우게 되고, 흑인은 자신의 불신을 극복하고 그 신의에 신뢰로 보답한다. 그렇다면 영화의 기저에 깔린 이데올로기는 묘사되는 현실에서 싹튼 것이 아니라, 도리어 현실을 이끄는 동력의 역할을 한다는 사실을 쉽게 알아차릴 수 있을 것이다. 두 탈옥수들이 겪는 내면의 변화는 정해져 있는 결말로서, 이어지는 장면들의 배치와 의미를 미리 규정한다. 따라서 영화는 인간의 존엄성에 대한 이야기이자 인종적 편견이라는 죄악을 나무라는 훈계라는 인상을 준다. 이는 곧 이 영화의 에피소드적 이야기가 삶의 흐름을 보여주지 못하고, 그것의 리얼리즘은 꾸며낸 연기에 불과하다는 인상을 자아내는 과장된 도덕극으로 바뀌었다는 뜻이다.

에피소드 영화와 현실을 극화한 다큐멘터리 사이에 놓인 중간 지대에서 양자를 가르는 경계선은 너무나 유동적이어서 명확한 구분에 도달하려는 노력 자체가 무의미할 정도다. 밀도가 높은 발견된 이야기를 담아낸 다큐멘터리 영화라면, 이를테면 〈북해〉나 〈투게더〉와 같은 영화들은 에피소드 영화로도 간주될 수 있다. 또한 에피소드적인 성격이 두드러지는 많은 영화들, 예컨대 〈일요일의 사람들〉〈조용한 사람〉〈어린 도망자〉〈무방비 도시〉 등은 다큐멘터리적인 성격도 갖는다. 〔그림 51〕 하지만 이 두 장르는 서로 중첩됨에도 불구하고 두 가지 측면에서 서로 다르다. 첫째, 에피소드는 〈밀회〉〈캐벌케이드〉〈전화의 저편〉의 로마 에피소드 등에서 볼 수 있듯이, 발견된 이야기와 달리 꾸며낸 이야기라고 할 수 있다. 비슷하게도 〈열기〉〈정박지〉 〈메닐몽탕〉과 같은 옛 아방가르드 영화들은 허구적 사건을 시적인 현실에 끼워 넣는 방식으로 이야기한다. 또는 무성 코미디 영화의 기발한 에피소드들, 다큐멘터리 현실과는 다를 수밖에 없는 뒤죽박죽 세계에서 벌어지는 뒤얽힌 사건들을 떠올려보라. 둘째, 에피소드는 발견된 이야기와 달리 그 이야기가 준거하는 주변 삶의 전형적인 사건과 상황 들에 결코 매여 있지 않다. 〈악몽의 밤〉의 환상적인 이야기들은 이러한 유형의 충실한 사례다. 또한 〈앙코르〉에서 여성 잠수부의 에피소드는 〈쾌락〉에서 젊은이의 가면을 쓴 늙은 댄서의 에피소드만큼이나 이 장르의 정수를 보여준다.

유형

에피소드 영화는 단 한 개의 에피소드 단위로 이루어질 수도 있고——그러면 그것은 더 이상의 분할을 허용치 않는 모나드나 세포를 닮는다——여러 개의 단위로 구성될 수도 있다. 첫번째 경우는 극장용 장편보다는 단편에 적합하므로 흔하게 발견되지는 않는다. 파리의 부랑아 소년과 우정을 나누는 기적과도 같은 풍선에 대한 34분짜리 동화인 〈빨간 풍선〉은 이런 몇 안 되는 예외에 속한다. 하지만 영화 산업은 이러한 효과적이고——또 영화적인——이야기 형식을 이용하기 위해 여러 개의 짧은 이야기 단위들을 공통된 제목하에 일종의 선집 형태로 묶어내는 장치를 강구해야 했다. 방금 전에 언급한 〈쾌락〉과 〈앙코르〉는 자족적인 에피소드들의 기계적인 묶음에 불과하다. 실제로 그 에피소드들 전부는 각각 모파상과 서머싯 몸의 소설에서 가져온 것이지만, 그렇다고 하여 각각의 묶음에 통일적인 외관을 부여해주지는 않는다. 이 영화가 실제로 비치는 모습은 영화라기보다는 독립적인 단편영화들의 임시적인 모음집처럼 보인다. (여담이지만, 많은 에피소드 단위들을 단편소설에서 끌어다 썼다는 사실을 보고 이 문학적 형식이 영화 쪽으로 편향되어 있다고 착각해서는 안 된다.)

두번째 경우는 일련의 에피소드 단위들로 구성된 에피소드 영화들을 포괄한다. 이 단위들은 구슬처럼 엮여서 일정 정도의 응집성을 이루는 비교적 자율적인 총체일 수 있다. 아니면 그 단위들은 독립적인 성격을 잃고 종종 서로 거의 분간되지 않게 되어, 유기체의 세포처럼 완전히 일체를 이루고 있는 이야기의 일부가 될 수도 있다.

꿰어진 단위들

최소한의 통일성은 공간을 통해서, 즉 다양한 이야기가 같은 곳을 무대로 함으로써 달성되기도 한다. 〈나폴리의 황금〉과 〈보르게세 빌라〉에서 나폴리와 보르게세 정원은 각각, 사실상 서로 멀리 있는 단위들을 약하게나마 연결해주는 그 장소의 수호신genius loci이다. 장소 대신 시간이 공통분모가 될 수도 있다. 〈전화의 저편〉의 여섯 개의 에피소드는 전부 전쟁이라는 공통된 배경하에서 일어난다. 이는 흐릿하지만 매우 영화적인 준거틀이다.

아니면 연결 고리가 일종의 이야기일 수도 있다. 그런 이야기들은 무성 코미디 영화처럼 영화의 개그들 또는 모나드적인 개그 요소들을 어떻게든 서로 연결하는 기능을 수행할 뿐이다. 중요한 것은 그 단위들이 서로 끊임없이 이어진다는 점이지, 단위들의 잇따름이 플롯을 구현한다는 점은 아니다. 물론 그 단위들이 상당히 그럴듯한 줄거리로 발전되는 경우도 빈번하지만, 그렇다 해도 그 줄거리는 그것을 이루는 조각들의 의미를 잠식할 정도로 도드라지지 않는다. 〈황금광시대〉와 〈시티 라이트〉는 이 장르를 넘어선 영화지만 포크 춤을 추는 에피소드나 삼켜진 호루라기가 말썽을 부리는 에피소드에서 절정을 맞는다. 이런 개그 조합들은 그 의미나 효과를 생각해봤을 때 그것이 등장한 이야기와 거의 연결되지 않기에 쉽게 분리될 수 있지만, 그렇다고 해서 이야기의 설득력이 떨어지거나 그만의 향취를 잃지는 않는다. 여담이지만 옛날 코미디 영화들은 행동 하나하나가 꼭 결말을 맺어야 하는 것은 아니라는 의도를 분명하게 전달하겠다는 듯이 불합리성에 탐닉하는 모습을 보인다. 맥 세넷 감독의 해수욕하는 소녀들이 보여주는 무의미한 광대 짓은 이해 가능한 플롯으로 발전할 수도 있을 여린 싹들을 짓밟아버린다.

　　에피소드적 단위들을 하나로 연결하기 위해 이야기가 쓰이기 시작하면서, 이야기에 더 많은 자유를 부여하자는 아이디어가 곧바로 나왔다. [에피소드적 단위들의] 접합체에서 보다 응집된 총체로 가는 과도기를 보여주는 영화들이 등장했다. 무성 코미디 영화의 뛰어난 늦깎이 후예라 할 수 있는 〈윌로 씨의 휴가〉는 제대로 된 줄거리를 결여하고 있지만 우연적인 사건들과 즉흥적으로 보이는 것들의 다채로운 다양성을 통일시키는 메시지를 전한다. 이 모든 것은 휴양을 떠나온 중산층들의 삶에 만연한 멜랑콜리적 공허함을 고발하는 것이다. 〈악몽의 밤〉의 액자 이야기는 그것이 주는 충격 면에서 그 이야기가 꿰고 있는 다양한 에피소드들에 거의 뒤지지 않는다. 〈캐벌케이드〉도 이런 영화들에 속하는가? 〈캐벌케이드〉의 전체 이야기는 그 이야기를 구성하는 전쟁과 살롱, 거리 에피소드들을 서로 연결할 뿐만 아니라 그 에피소드들의 감정적 내용과 진로를 결정할 정도로 비중이 크다.

이야기로 통합된 단위들

사실 〈캐벌케이드〉는 통합된 에피소드 영화라고 불러도 될 것이다. 이러한 유형의 복합적인 산물들은 상당히 많다. 그런 작품들 중 일부는, 예컨대 〈카비리아의 밤〉과 〈길의 노래〉는 영화의 에피소드적 단위들이 특정한 개성을 보존하면서도 동시에 사건들 간의 완전히 응집력 있는 시퀀스를 구성해낸다는 점에서 〈캐벌케이드〉와 유사하다. 다른 영화들, 가령 〈자전거 도둑〉 〈밀회〉 〈게임의 규칙〉의 경우에는 에피소드적 단위들이 완전히 융합되는 경향을 보여서 영화가 마치 단 한 편의 에피소드로 이루어진 것처럼 보인다. 이러한 구조적 차이가 대단히 중요하다는 것은 아니다. 중요한 것은 오히려 그 단위들이 열린 결말의 서사—열린 결말이라는 것은 그 서사가 전체성 속에서 삶의 흐름과 관계한다는 의미다—에서 본질적인 부분을 이룬다는 점이다. 이러한 흐름에 대한 민감한 감수성이 이탈리아 네오리얼리즘의 고유한 특징인 것으로 보인다. 로셀리니, 데시카, 펠리니에게 우리와 관련된 삶은 본질적으로는 오직 카메라만이 현시할 수 있는 특정한 종류의 삶이다. 그들의 영화는 언제나 꾸준하게 이러한 삶의 중요한 측면을 면밀히 탐구한다.

구조

투과성

에피소드가 자신이 발원한 삶의 흐름을 투과시킬 수 있다면 영화에 더욱 부합한다. 이는 에피소드의 영화적 특질이 그것의 투과성 정도에 비례하여 달라진다는 것을 의미한다. 즉 투과성의 점증은 카메라 현실의 유입이 증가한다는 말과 같다. 〈밀회〉를 예로 들어보자. 〈밀회〉가 좋은 영화인 이유 중 하나는, 그 영화가 자신의 이야기가 발원하는 물질적 세계를 가리켜 보이는 지시관계들references ——영화의 이야기를 에피소드로 특징짓는 데 일조하는——에 의해 여기저기 끊겨 있기 때문이다. 게다가 이렇게 유입되는 환경 자체는 그 영구적 운동 덕분에 영화적인 주제 중 하나가 된다. 프랑스 비평가 알베르 라페는 다음과 같이 말한다. 〈밀회〉는 "자기 자신을 기껏해야 두세 개의 배경에 한정시킨다. […] 하지만 이러한 배경은 '열려 있다.' 그래서 사람들은 그 배경들 안에서 순환한다. 누군가는 이 배경이 언제든지 대체 가능하다는 것을 항상 의식하고 있다. 그 배경은 기차의 운동이나 흔들림에 투과당해 있기 때문에 관객에게 다른 곳에 있는 듯한 느낌을 준다."[16]

기차역은 이런 "거리"*의 궤도에 들어와 있다. 그곳은 현실의 공간 중에서 삶의 무상성이 가장 명약관화하게 드러나는 곳이다. 이런 이유로 에피소드 영화들은 우연적이고 변화무쌍한 패턴들을 보이는 장소에 친화성을 갖는다. 〈열기〉는 끊임없이 바의 손님들로 되돌아가

---

*   이 책의 132~34, 148~51쪽을 보라.

고, 〈라탈랑트〉에서는 거리를 닮은 강이 사실상 도처에서 흐른다. 〈습격〉은 황량한 거리와 퇴락한 집들에 대한 반복적인 이미지가 없다면 숨 쉬지 않는 영화가 될 것이다. 위대한 이탈리아 영화들은 또 어떠한가? 〈무방비 도시〉부터 〈카비리아의 밤〉에 이르기까지, 〈자전거 도둑〉부터 〈길〉까지 이 영화들은 말 그대로 거리의 세계에 흠뻑 빠져 있다. 이 영화들은 거리에서 시작해 거리에서 끝날 뿐만 아니라 그 거리의 세계를 전적으로 투명하게 비춰준다. 한번은 펠리니가 인터뷰 질문자에게 야경과 텅 빈 거리의 고독에 대한 자신의 편향을 고백한 적 있다.[17] 그의 주요한 주제 중 하나는 분명 텅 빈 거리든 아니든 길거리에서 경험한 인간의 고독이다.[18]

투과성은 느슨한 구성을 요구한다. 〈게임의 규칙〉이나 〈위대한 환상〉에서 드러나듯 투과성에 대한 르누아르의 고집은 그의 이야기들이 에피소드를 지향함에도 완숙한 픽션에 가깝다는 점에서 더욱 주목할 만한 가치가 있다. 그는 마치 자신이 들려주는 영화의 이야기로부터 벗어나고 싶어 하는 것처럼 보인다. 마치 정신이 멍한 상태에서 관련 없는 사건들을 은근슬쩍 끼워 넣어 본래의 이야기 패턴을 흐리게 해도 좋다는 허락을 받은 사람처럼 군다. 직선적인 이야기 구조에 대한 그의 반감은 비평계의 주목을 받아왔다. 하지만 앙리 아젤이 날카롭게 논평했듯이 "르누아르가 이야기 진행 과정에서 보인 극단적인 자유와 부주의에 경악한 보수적인 비평가들은… 르누아르에게는 모든 것이 동적인 것이라는 사실과… 그것이 바로 완전히 느슨하고 확장된 방식으로만 전달할 수 있는 변태變態[mue]의 과정이라는 사실을 이해하지 못한 것이다."[19] 진정한 영화 예술가란 일단 이야기를 시작하지만 그것을 촬영하는 도중에 물리적 현실의 모든 것을 담겠다는 욕망에 휩싸이는 자, 또 어떤 이야기든 영화적 관점에서 이야기를 해나가려면 이 모든 것을 담아야 할 것 같다는 직감을 느끼고 물질적 현상들의 정글 속으로 더 깊숙이 들어가는 모험을 감행하는 자, 그래서 엄청난 노력을 기울여 자신이 떠나온 그 고속도로로 되돌아오지 못한다면 그 정글에서 가망 없이 길을 잃을 수도 있는 위험을 감수하는 자로 상상될 수 있다. 르누아르는 이런 유형의 예술가적 특징을 보인다.

에피소드 영화는 주변 환경의 삶이 유입될 수 있는 틈새들로 가득하다. 그렇다면 이제 하나의 에피소드 단위를 이루는 요소들이 어떻게 서로 연결되는지, 또 복합적인 에피소드의 경우에는 그 단위들 자체가 어떻게 서로 연결되는가 하는 문제가 제기된다. 물론 당연히 그 요소들 혹은 단위들은 미리 규정된 이야기 패턴들을 이행하는 것은 아닌데, 그렇게 되면 그 단위들 간에 숨통이 트이지 못할 것이다. 그것들이 전개하는 이야기는 그것들의 연속됨 속에 내재해 있다. 따라서 우리는 이 요소들이나 단위들이 기이하게도 목적과 방향이 없는 진행 과정을 따른다는 인상을 받지 않을 수 없다. 마치 그것들이 까닭 모를 조류를 따라 표류하고 있는 것 같다. 전통적 미학에서 소중히 다루어졌던 개념들에 정면으로 도전하는 이러한 표류 과정을 승인은 고사하고 알아보기만이라도 했던 비평가들은 매우 소수였으며, 그중에서 최초는 앙리 아젤이었다. 아젤은 펠리니의 〈비텔로니〉에 대해서 이렇게 말한다. "영화 전체는 그 존재 이유가 오직 순간성에 있는 그러한 순간들로 이루어져 있다. 미인 대회가 열리는 동안 난데없이 쏟아지는 폭풍우, 당구 게임, 음울한 밤거리 산책. 이러한 요소들은 서로가 서로의 안으로 미끄러져 들어오기도 하고 서로 결합하기도 하는데, 오직 환경이라는 연결 고리만이 그것들을 묶어준다. [⋯] 이 모든 것의 상호 연결은 임의적으로 보일 뿐이고 아무런 논리나 필연성도 없어 보인다."[20] (아마도 펠리니의 영화들은 비교적 명료한 에피소드 부분들을 담고 있어 투과성과 불가분의 관계에 있는 느슨한 구성의 유형을 가장 잘 보여주는 예이리라. 하지만 다른 모든 에피소드 영화들, 가령 〈전화의 저편〉이나 〈움베르토 D.〉, 장 비고의 아름다운 〈라탈랑트〉도 비슷한 방식으로 진행된다고 이해할 수 있다.) 아젤은 그가 "연대기"라 부르는 에피소드를 비극이나 철학을 담은 영화들과 대조시킴으로써 이러한 표류와 미끄러짐의 과정에 대한 설명을 보충한다. 그는 연대기가 이런 비극이나 철학을 전하는 영화와 달리 "명제의 양식"을 보인다고 설명한다. 즉 "연대기는 우리로 하여금 [우리가 바라보는 사물들에 대해] 불완전한 생각들을 품을 수 있도록 해준다."[21]

그런데 에피소드적 이야기를 투과해야 할 삶의 흐름은 어떻게 되는가? 삶의 흐름은 이야기의 액자 틀 내에서 암시되는 동시에 재현된다. 암시된다 함은 이야기 요소들이 서로가 서로를 잇는 임의적 방식으로 인해서 아무리 혼란스럽더라도 그 잇따름의 원인이 되는, 삶의 흐름으로까지 거슬러 올라가야 하는 어떤 상황들을 상상하게 된다는 뜻이다. 그리고 재현된다는 것은 보통 산만하게 마련인 물리적 현실이 더 넓은 환경에서 끄집어낸 사건들의 형태로서 장면 안으로 들어온다는 뜻이다. 이 사건들은 에피소드를 전체적인 물질세계로 확장시킬 수도 있고, 에피소드의 방향을 바꾸는 우연의 흐름에 속할 수도 있으며, 아니면 에피소드와 전혀 무관할 수도 있다. 이탈리아 네오리얼리즘 영화들에서——물론 이 영화들만은 아니지만——사건들은 어떤 경우에는 너무나 엄선되어 들어가 있어 표의문자의 기능을 떠맡을 정도다. 이런 맥락에서 로셀리니가 펠리니에 대해서 언급한 말이 특별한 의미를 얻는다. 그가 말하기를 펠리니는 "부정확하면서 정확하다."[22] 이것은 데시카와 로셀리니 자신에게도 해당될 수 있는 견해다. 아무튼 그들 모두는 자신들의 영화에서 서사의 요소들 또는 단위들을 합리적인 방식으로 연결 짓지 못할 정도로 부정확하거나 그렇게 보인다. 그 감독들에게는 직선으로 가는 것이 상상조차 할 수 없는 일처럼 보인다. 그들의 영화에서는 실제로 그 어떤 것도 연결되어 있지 않다. 하지만 동시에 그 영화들은 물리적 실재의 미궁을 빠져나오는 자신들의 여정에서 대단히 의미심장한 것으로 여겨질 현상들과 생기生起들을 탐지해내는 어떤 점치는 막대기라도 가지고 있는 것이 아닌가 싶다.

버림받은 젤소미나 옆을 터벅터벅 지나가는 새벽녘의 고독한 말과, 단 한 번도 자신의 둥지를 떠난 적이 없는 겁먹은 작은 동물의 눈을 한 아픈 아이(〈길〉), 하숙집 건물 안에까지 침범해 들어오는 거리의 존재, 달리는 시내 전차에서 바라본 한 줄로 죽 늘어서 있는 로마의 건물들(〈움베르토 D.〉), 독일어로 말하는 한 무리의 빗속의 사제들(〈자전거 도둑〉), 어느 술 취한 흑인 미군이 인형을 실제 군인으로 착각하여 전투를 벌이는 나폴리의 마리오네트 극장(〈전화의 저편〉). 이러한 장면과 이미지 들은 본래의 이야기를 둘러싼 세계에서 발견된 것으로서 비할 데 없는 정확한 감각을 자랑한다. 이는 주변 세계를 풍요롭게 만드는 많은 사건들 중에서 엄선된 것으로서, 실제로 매우 특수한 사례이기는 하다. 그것들은 프루스트 소설에서 세 그루의 나무처럼 대단히 절박하게 우리에게 신호를 보낸다.

고독한 말, 한 무리의 사제들, 인형극을 보면서 우리는 그것들이 우리에게 어떤 중요한 메시지를 전하려고 절박하게 몸부림친다는 느낌을 받는다. (마찬가지로 예컨대 〈길의 노래〉에서 사탕 장수의 등장이나 무성영화 〈잔 네이의 사랑〉에서 파리의 활기찬 시장 구역의 숏들도 그렇다고 할 수 있다. 후자의 에피소드적인 경향은 G. W. 팝스트의 카메라 리얼리즘에 대한 두드러진 편향에서 기인한 것이다.) 이 메시지는 해독 가능한가? 이 표의문자를 어떤 식으로든 알레고리적으로 해석하려고 하면 그것의 실체를 놓치고 말리라. 그 표의문자들은 수수께끼라기보다는 명제들이다. 무상한 삶으로부터 뜻밖에 얻어낸 그 표의문자들로부터 관객은 그것의 비밀을 꿰뚫어보라고 요구받을 뿐만 아니라, 더 나아가서는 훨씬 강력하게, 그것을 대체 불가능한 이미지 그 자체로 보존해줄 것을 요구받는다.

자족성의 위험

에피소드의 영화적 특질이 자신의 투과성에 달려 있는 까닭에, 에피소드가 자신의 원천인 삶의 흐름을 차단하면 어쩔 수 없이 영화적 특질을 상실하게 된다. 만일 그 구멍들이 닫히면 에피소드는 자족적인 것이 되는 것이다. 그러면 에피소드가 더도 덜도 아닌 연극적인 줄거리로 바뀌는 것을 막아줄 장치는 아무것도 없으리라.

〈전화의 저편〉에서 로마 이야기는 이 영화의 다른 모든 에피소드처럼 물론 전쟁 이야기다. 그러나 이 이야기에는 다른 것과 구분되는 특질이 있음을 쉽게 알아차릴 수 있다. 이 영화 대부분의 에피소드와 달리 로마 이야기는 개략적이고 간결한 르포르타주가 아니라 대단히 짜임새 있는 이야기라는 사실이다. 어느 매춘부에게 선택을 받은 술 취한 미군은 그녀에게 프란체스카에 대한 이야기를 들려준다. 프란체스카는 남자의 군대가 1년 반 전에 로마에 주둔했을 때, 탱크를 타고 그녀의 집 바로 앞을 지나가게 되어 만난 여자다. 〔그림 52〕 플래시백으로 우리는 군인이 그 집에 들어가고, 매력적이고 순수하게 시작되나 채 피어나지도 못하고 끝나는 한 편의 사랑 이야기를 본다. 탱크로 복귀해야 했던 군인은 이후 프란체스카가 살았던 집을 다시 찾으려고 갖은 노력을 다 기울였으나 별다른 소득이 없었다. 그는 로마 여자들의 미덕에 대한 실망감에 젖은 채로 이 이야기를 매춘부에게 들려준다. 그녀는 프란체스카도 그가 말한 집도 알고 있다고 말한다. 또한 많은 여자들이 살아남기 위해 고군분투하면서도 정숙한 여자로 남아 있다고 말한다. 그녀는 군인에게 내일 프란체스카가 기다리고 있을 테니 그 집으로 와달라고 청한다. 그는 술기운에 잠이 들고 만다. 프란체스카는 그가 내일 깨어나면 알 수 있도록 쪽지로 주소를 남기고 사라진다. 다음 날 그녀는 그 군인을 헛되이 기다린다. 많은 시간이 지났는데도 그는 오지 않는다. 다른 군인들과 함께 그는 로마를 떠나려고 콜로세움 근처에 서 있다. 그들의 군대는 전장으로 이동한다.

이 모파상적인 색채를 발하는 비극적인 사랑 이야기는 겉으로 보기에는 전쟁 에피소드처럼 보이지만, 전혀 그렇지 않다. 무엇 때문에 이 이야기는 전쟁 에피소드가 되지 않을 수 있었는가? 이야기가 소설적인 사건에 몰입해 있기 때문에? 그것은 분명 아니다. 〈밀회〉를 떠올려보라. 그 영화는 짜임새 있는 줄거리를 갖춘 영화들도 그 정신에서는 에피소드적일 수 있음을 분명하게 보여준다. 로마 이야기의 비非에피소드적인 성격은 그 이야기가 다공성多孔性이 부족한 탓으로 돌려야 할 것이다. 이러한 점은 이 이야기가 진정한 에피소드를 흉내 내고 있기 때문에 더욱 현저하게 드러난다고 할 수 있다. 사실 이 이야기는 전적으로 에피소드적인 재료를 사용하여 반反에피소드적인 태도를 전하고 있기 때문에 특별한 관심을 끈다. 해방전쟁의 소용돌이 속에서 미군은 프란체스카를 만나지만 그녀와 연락이 끊기고, 뜻밖에도 그녀를 다시 찾았으나 전선으로 가기 위해 그녀를 떠난다. 모두 전시라는 만성적으로 불안정한 시대의 특징을 잘 보여주는 이러한 사건들은 이야기 전체를 관통하고 있으며, 그래서 언뜻 보면 저 삶의 흐름이 이야기를 투과하는 것처럼 느껴진다.

하지만 실제로는 정반대다. 삶의 흐름에서 우발적으로 일어난 사건들은 자유롭게 흘러가는 삶의 흐름을 보여주지 못하고 의도적으로 의미를 채워 넣은 구성의 한 요소로 기능할 뿐이다. 로마 이야기는 암시적인 흐름이라기보다는 닫힌 체계다. 이야기의 사건들은 사전에 계획된 것이고, 우연의 일치들은 정교하게 선택된 것이다. 이 모든 우연을 가장한 사건들은 우연에 저항한다. 사건들은 전쟁의 압제하에서는 부드럽고 인간적이며 아름다운 것은 절대로 싹이 트고 살아남을 수 없다는 생각을 보여주려는 확고한 의도에서 조합된 것처럼 보인다.

그 이야기는 열린 결말의 에피소드라기보다는 자족적인 총체에 가깝다. 이 점은 우리로 하여금 결말 장면을 상상케 하는 방식에서 결정적으로 도출된다. 미군은 콜로세움 근처에서 동료 군인들과 등장한다. 그들은 비를 맞으며 서 있다. 미군은 프란체스카의 주소가 적힌 쪽지를 무심하게 바닥에 던지고 그와 그의 동료들을 데리러 온 버스 또는 지프차에 올라탄다. 그 쪽지는 웅덩이에 떠 있다. 이 이야기가 진정한 에피소드가 되기 위해서는 이와 같은 장엄한 마지막 숏들이 애수 어린 삶에서 떠올랐다가 다시 그 삶 속으로 녹아 들어가는 비누 거품처럼 보이게 했어야 했다. 그런 식의 해소는 에피소드에서 더할 나위 없이 적합한 결말이다. 하지만 우리는 이 로마 이야기의 결말에서 에피소드적 이야기가 주변 환경의 조류 속으로 자연스레 침잠해 들어가는 것이 아니라 인위적으로 종결을 맺고 본래 의도된 정점에 달했다고 느낀다. 로마 이야기는 전시에 인간성이 어떻게 타락하는지 보여주려는 의도에서 고안된 것이다. 그래서 프란체스카의 주소가 웅덩이에 떠 있는 이미지가 그 자체로 존재하던 실제 삶의 숏에서 타락이라는 만연해 있는 관념의 궁극적인 상징으로 전환되는 것을 막을 도리가 없다.

수많은 세미다큐멘터리가 이러한 부류에 속한다. 세미다큐멘터리 장르가 2차 대전 이후 부상한 이유 가운데 하나는 아마도 영화 산업이 전쟁 다큐멘터리와 네오리얼리즘 작업의 성공을 상업적으로 이용하고자 했던 데에서 찾을 수 있을 것이다. 이런 유행을 마다하고, 이와 비슷한 방식으로 영화를 찍지 않을 이유가 뭐가 있겠는가? 세미다큐멘터리는 삶을 가능한 한 원재료 상태로 담아내고 시사적인 문제를 선호하는 픽션 영화다. 현실성에 대한 고유한 관심사 덕분에 그 영화들은 에피소드와 친화성을 지니고, 또 그래야 마땅하다. 세미다큐멘터리가 그와 같은 혼종적인 성격으로 인해 서로 화해하기 어려운 이야기와 이야기적이지 않은 요소들을 융합할 필요가 있다는 점에 주의를 기울이자. 지금까지 나온 영화 중 최고의 해결책을 보여준 영화는 루이스 드 로슈먼트가 제작하고 엘리아 카잔이 감독한 〈부메랑〉이다. 영화는 에피소드적인 사건과 사실적인 보고의 성사되기 어려운 조합으로서, 뉴스영화적인 스타일로 실제 사건들을 보여주는데, 그 사건들은 자발적으로 드라마적인 시퀀스로 녹아든다는 인상을 준다. 〈부메랑〉은 좋은 영화다.

하지만 이렇게 천재적 재능과 적절한 타이밍이 만나 만들어진 이 작품에 비해 대부분의 이른바 세미다큐멘터리 영화들은 완전히 엉터리다. 문제는 무엇인가? 그 영화들은 이 장르에 본질적인 무언가를 놓치고 있다. 바로 에피소드적인 이야기 형식이다. 어느 정도는 닫힌 전체로서 카메라 현실에 비투과적인 것으로 드러나는 그 영화들은 스크린보다는 무대가 더 잘 어울리는 자족적인 줄거리로 후퇴해버린다. 세미다큐멘터리는 픽션과 사실을 기계적으로 섞어놓는다. 정확히 말하자면 다루기 까다로운 의미 패턴을 지닌 그런 영화들의 플롯은 어쩔 수 없이 영화의 다큐적인 부분을 장악해버리고 만다. 그래서 전형적인 세미다큐멘터리의 하나인 〈수색〉은 다큐멘터리적인 자료를 덤으로 끼워 넣은 일반 장편 극영화로 남는다.

그런 영화들이 언뜻 보기에는 다큐멘터리 부분을 대단히 강조하는 것처럼 보이지만 이런 부분들은 사실 어떤 중요한 기능도 맡지 못한다. 그 부분들은 이야기를 관통하여 삶의 흐름을 드러내기는커녕 기껏해야 이야기를 매체에 적응시키려는 시도를 보여주는 삽입 장면에 머물 뿐이다. 분명 다큐적 부분들은 신선한 공기 한 모금을 불어넣어 줌으로써 각성제 역할을 하는 것처럼 보이지만, 외려 그 대조로 인해서 다큐적 부분이 양념으로 작용하는 이야기가 다큐멘터리적 진실과 무관한 구조라는 우리의 인식을 더욱 강화시킬 수도 있다. 이것이 플라어티가 다음과 같은 주장을 했을 때 의미했던 바다. "실제 배경에 스튜디오에서 제작한 플롯을 부가하려면 그 배경의 현실성이 당신 이야기의 인위성을 더 강조해서 보여줄 것임을 받아들여야 한다."[23]

액자 장치

　에피소드 영화가 연극적인 서사적 영화보다 영화적 방식에 더 잘 부합한다는 또 다른 증거는 연극적 이야기의 비영화적 성격을 완화시키기 위한 용도로 간혹 쓰이곤 하는 장치에서 발견될 수 있다. 그 장치란 연극적 영화를 액자 속에 넣는 것이다. 이때 액자 역할을 하는 장면들은 연극적 영화의 연출적 성격으로부터 우리의 관심을 돌리고, 실제로 그 영화를 짐짓 하나의 에피소드처럼 제시할 수 있어야 한다. 이러한 액자 장면들은 실제 삶의 상황을 설정하여, 그 상황으로부터 액자 속 사건이 발생한 것처럼 만든다. 예컨대 〈이상적인 남편〉은 런던 하이드파크의 빅토리아적인 삶의 화려함을 엿보게 하는, 다큐멘터리 스타일의 서막으로 시작한다. 마차를 타고 지나가는 귀족 과부들은 말 탄 기사들과 인사를 나누고, 부유한 사람들이 삼삼오오 모여서 한담을 나누고 있다. 카메라는 그 사람들 중 일부, 극중 인물들임을 곧바로 알아볼 수 있는 사람들에게 점점 초점을 맞춘다. 배경 장면은 뒤로 물러나고 와일드의 코미디와 순수한 살롱극이 정해진 진로를 따라 진행된다. 영화는 시작했을 때처럼 끝난다. 기사들과 마차들이 보이고 우연한 회동이 일어나는 하이드파크가 재등장한다. 이는 물론 이 코미디 영화가 단순히 연극 작업이라기보다는 남들에게 전시되는 빅토리아 시대 최상류 계층과 관련된 에피소드라는 환상을 창조하기 위해서다. 에피소드의 그러한 성격은 그것이 거리와도 같은 하이드파크의 화려한 삶의 흐름에서 나왔으며, 결국에는 그곳으로 다시 합류한다는 사실로 인해서 더욱 강조된다. 이러한 마법이 효과를 보았는가? 액자식 다큐멘터리 숏들이 관객에게 작용한 마법은 영화에서 거의 대부분을 차지하는 노골적인 연극성으로 인해 깨진 듯하다.

이와 유사한 방식으로 올리비에 감독의 〈헨리 5세〉의 첫 장면은 셰익스피어 시대 런던의 글로브극장을 보여준다. 관객들은 막이 오르기를 기다리고 있다. 그리고 공연이 끝나면 마지막 부가 장면이 처음의 주제로 되돌아간다. 이러한 액자 틀은 분명 이 연극을 당대 런던의 한 일상적 에피소드처럼 보이게 하려고 의도된 것이다. 전체적인 배치는 올리비에 감독의 영화적 감각을 증명해준다. 이것은 연극 공연을 괄호에 넣고 그것의 양식적 효과를 약간의 카메라 현실로 상쇄하려는 의도다.[24]

이와 현격히 대조되는 사례가 이탈리아 영화 〈백만 도시 나폴리〉로, 영화는 작고 붐비는 나폴리 거리의 수많은 사람들을 보여주고 2차 대전을 전후로 그들이 맞는 운명을 이야기한다. 영화에 연극적인 액자 장면이 들어 있지 않았더라면 그 누구도 이렇게 에피소드적 단위들의 느슨한 연결로 이루어진 영화가 연극에서 각색된 것이라고 생각하지 못했을 것이다. 영화의 처음과 끝에는 두 주인공이 이 세계의 문제적인 상태에 대해서 논쟁하고, 전쟁과 혁명의 소용돌이 속에서도 세계는 늘 변하지 않는다는 의견을 피력한다. 〔그림 53〕 다시 말해, 그들은 영화의 도덕으로 고려되어야 하는 것을 우리에게 말해주고, 그렇게 영화에 의미를 부여함으로써 이미지에 내재한 복합적인 의미들이 가려질 위험이 발생한다. 따라서 액자 장면은 성가신 성격을 띤다. 그 장면들은 영화를 삽화적 설명으로 축소시키고, 영화로 하여금 자연스럽게 전달될 것으로 기대되는 핵심적 메시지를 설명하라고 강제한다. 이런 장면들에 의해 영화는 영화적인 전달에서 이념적 구심점이 들어간 총체로 바뀌어버린다.

내용의 세 측면

형식에 따른 이야기 유형에 대해서는 충분히 고찰했다. 이제 이야기의 내용 문제를 다루고자 한다. 이런 중요한 문제가 이미 다루어지기 시작했으며,* 다양한 종류의 내용이 영화의 적합성 여부에서 차이를 보인다는 것이 자명하게 받아들여지고 있다는 사실은 그리 놀라운 일이 아니다. 따라서 스크린이 특정한 유형의 내용은 끌어들이는 반면, 어떤 유형의 내용에는 둔감하다는 사실을 당연한 것으로 전제해도 되리라.

우선 내용의 세 측면을 구분해보자. 첫번째 측면은 내용의 **영역** area이다. 이야기가 실제 현실을 담는가? 아니면 환상의 영역에 속하는가? 앞서 말한 바에 의거할 때 실사영화에서 영화의 재료가 속한 영역은 당연히 중요하다고 하겠다. 내용의 두번째 측면은 이야기의 **소재** subject matter와 관련된다. 우리는 어떤 영화가 심리적 갈등이나 전쟁 모험, 살인 사건 등을 그린다고 할 때, 또는 사이언스픽션 영화, 서부

---

*   이 책의 383쪽 이하, 431~32쪽, 그리고 435쪽 이하 및 여러 곳을 보라.

영화, 뮤지컬 등처럼 이미 확립된 장르로 영화를 정의할 때 이 측면을 언급한다. 이런 주제나 제재 들은 변화하는 사회적·역사적 환경에 의존하기 때문에 체계적으로 분류하기가 쉽지 않다. 마지막으로 내용은 **모티프**들——이야기의 소재에서 구현되는 것은 맞지만 그와 결코 동일하지는 않은 도드라진 이야기 특징——의 형식 속에서 드러난다. 그렇기에 전쟁영화의 주요 모티프는 전시에 겪는 개개인들의 경험에 대한 관심일 수도 있고, 국민 전체에게 닥친 전쟁의 비참함에 대한 묘사나 영웅적 행동에 대한 찬미일 수도 있으며, 민족들 간의 상호 이해를 위한 호소 등과 같은 것일 수도 있다.

　　이 세 가지 측면들 가운데 첫번째 측면——내용의 영역——은 5장에서 논의한 바 있다. 영화 매체가 실제 물리적 현실과 갖는 친화성 덕택에 역사와 환상 영역의 내용은 오직 특정한 조건하에서만 영화적 접근에 맞춰 조정 가능하다는 점을 5장에서 이미 보여주었다. 따라서 여기에서는 내용의 나머지 두 가지 측면만 다루어도 충분할 것이다. 이어지는 부분에서는 "내용content"이라는 용어를 전적으로 주제 subject 그리고/또는 모티프를 가리키는 경우에만 쓸 것이다. 문제를 단순화하기 위해 주제나 모티프 들은 따로 언급이 없다면 현실성 actuality의 영역에 들어가는 장편 극영화에서만 나타난다고 간주한다. [저자가 subject와 subject matter를 구분해서 쓸 때도 있고 사실상 동의어로 사용할 때도 있기에 두 단어를 구분해줄 필요성을 느껴 subject는 '주제'로, subject matter는 '소재'로 번역했다. 관련하여 혼동을 피하기 위해 topic은 '제재'로 옮겼다.]

비영화적인 내용

이야기 형식을 다룰 때와 마찬가지로 먼저 비영화적인 내용부터 살펴보는 것이 가장 좋겠다. 비영화적인 내용을 추적하는 일은 이런 방향을 가리키는 몇 가지 기본적인 아이디어를 간략하게 재구성해본다면 보다 수월할 것이다. 물질적 현상들을 담은 영화 숏들이 모호한 의미들로 둘러싸여 있다는 사실과, 그 숏들이 특유의 심리적 상응 관계와 정신적 함의들로 인해서 우리를 정신의 외딴 영역으로 끌어들일 수 있다는 사실은 전반적으로 강조되어왔다. 즉, 내적 세계의 재현은 그 세계의 현상들을 외적 세계의 상에서 어떻게든 끌어올 수 있다면 영화적 방식에 부합할 수 있다. 하지만 강조했듯이 만일 현실성을 구성하는 두 세계의 이런 관계가 역전된다면, 상황은 달라진다. 정신적 현실을 이루는 사건들이 자율성을 주장하는 순간, 물리적 현실을 담은 숏들의 성격과 순서를 자기 나름대로 결정하게 된다. 그 사건들은 이미지의 흐름에 의해서 암시되는 대신에, 자신들의 흐름을 겉으로 드러내라고 영상에 강요할 것이다. 또한 독자들에게 이미 강조한바, 정신적 현실은 재현되기 위해서는 어떻게든 우선권을 주장할 수밖에 없는 요소들을 담고 있다. 그 요소들은 물리적 세계에 이렇다 할 대응물이 없기 때문이다.*

비영화적인 내용은 이러한 정신적 연속체의 특수한 요소들과 동일한 것이다. 그것은 자기 고유의 방식으로 전달되지 않는다면 인지될 수 있는 기회 자체를 아예 갖지 못한다. 그러한 내용이 요구되는

---

* 특히 이 책의 431~32쪽을 보라.

곳이라면 어디에서든 그것은 자동적으로 제일 중요한 자리를 차지하고 만다. 시각적 이미지는 이런저런 방식으로 그 내용을 가리킬 수 있을지 모르나, 간접적인 방식으로 그 내용을 환기하는 것은 불가능하다. 분명하게 눈에 띄는 비영화적 내용으로 두 가지 종류가 있는데, 바로 개념적 추론과 비극적인 것이다.

개념적 추론

개념적 추론은 비극적인 것처럼 정신적 독립체라기보다는 사고 과정을 전달하는 방식으로서, 소재도 아니고 모티프도 아니다. 물론 개념적 추론은 소재와 모티프를 정의하는 데 도움을 줄 수 있다. 여기에서는 그런 개념적 추론이 정말로 필수불가결한 것으로 입증되는 경우만을 주목해 살펴보겠다. 그런 경우란 바로 충분히 논증되어야만 이해 가능한 모티프들과 관계할 때다. 이것은 영화 〈피그말리온〉과 그 원작인 연극을 비교함으로써 설명할 수 있다. 연극의 메시지는 캐릭터나 상황에서 나온다기보다는 대화로 이루어지는 논증과 반론에서 나온다. 하지만 영화 버전은 이 대화의 상당 부분을 (각색자의 영화 감각을 존중해주려는 이유에서) 생략한다. 따라서 영화는 연극의 메시지를 전달하는 데 완전히 실패하고 만다. 하지만 가령 쇼의 희곡에 더 충실하지만 〈피그말리온〉보다 덜 영화적인 〈바바라 소령〉의 경우 개념적 사유에 빠져 헤어 나오지 못하고 있다. 〈살인광 시대〉와 〈라임라이트〉에서 채플린 역시 이들 영화의 도덕을 부여하는, 다른 식으로는 전달될 수 없는 생각들을 전하기 위해서 비슷한 방법을 쓰고 있다.* 그 외에도 로타 감독의 "논쟁 영화"인 〈풍요의 세계〉를 포함하여 많은 이데올로기적 다큐멘터리를 떠올려보라. 이런 영화들은 명료한 논증에 기대지 않고서는 그 영화에서 주장하는 테제를 전달하는 데 결코 성공하지 못할 것이다.

개념적 추론이 언어로 표현되어야 하는 것은 분명하지만, 이것만으로는 그것의 비영화적 효과를 충분히 설명하지 못한다. 7장에서 보여주었듯이 대화로 인해 발생하는 난점들은 어느 정도는 극복될 수 있다. 다만 필요한 것은 발화되는 말에 중심적인 역할을 부여하지 않는 것이다. 대화의 내용이 영상의 내용이나 발화의 물질적 특질에 의해 덜 강조된다면 커다란 골칫거리가 되지는 않을 것이다. 진짜 문제는 여기에 있다. 개념적 추론을 강조하는 대화에서 중요한 것은 바로 그 내용——이 전제에 따르면 중요한 모티프를 설명해주는 논증——이기 때문이다. 이런 경우에 모든 것은 말과 그 의미에 달려 있다. 만일 그 말이 영화를 위해서 모호한 상태로 남아 있다면 말이 전달하려는 지극히 중요한 생각은 표현되지 못한 채로 남는다. 따라서 말은 전면에 나설 수밖에 없다.

개념적 추론은 스크린에 이질적인 요소다. 그 요소가 영화와 얼마나 양립 불가능한지 누구보다 잘 알고 있었던 가브리엘 마르셀은 이렇게 말한다. "가령 소르본 대학의 철학사 교수를 영화 속에 등장시킨다고 상상해보자. 물론 나로서는 그가 칸트의 교리를 논하는 것을 막을 이유는 없다. 하지만 그런 경우 영화 미학의 관점에서는 우스꽝스러운 오용의 사례가 될 것이다. 왜냐고? 관객들이 강의나 들으려고

★   이 책의 212쪽 참조.

영화관에 가는 것이 아니기 때문이다." 마르셀은 이러한 논평을 그에 못지않게 예리한 주장을 통해서 보충하는데, 그는 그 교수를 영화적 방식에 적응시킬 수 있는 가능성을 이렇게 주장한다. "단언컨대 철학 사가는 영화 캐릭터가 될 수 있지만, 이는 [단지 특정한] 조건하에서 만, 또는 매우 엄격히 통제된 관점하에서만 그렇다. 강조되거나 전면 에 드러나야 하는 것은 행동주의 심리학자의 의미에서 그의 몸짓인 바, 이를테면 그의 걷는 자세나 앉는 자세, 말하는 태도나 억양, 얼굴 의 찡그린 표정 같은 것들이지, 결코 그가 말하는 내용이 아니다."[1]

비극적인 것

서문

"비극적tragic"이라는 용어는 여기서 엄정한 의미로 쓰이는 것으 로서, 셰익스피어의 맥베스나 쉴러의 발렌슈타인 같은 순수하게 비극 적인 인물들을 참조할 때 가장 잘 설명된다. 물론 불리한 상황과 불행 한 운명하에 겪는 고통을 비극적이라고 부르는 경우도 더러 있다. 하 지만 그런 것이 비극적인가? 〈라임라이트〉에서 나이 들어가는 칼베 로는 테리의 바람과는 달리 그녀를 포기하고 그녀의 미래를 위해서 자신의 행복을 희생한다. 그의 체념과 고독, 그리고 그의 최후는 비극 적이라기보다는 우울한 것이다. 체포되어 처벌되느니 경찰의 손에 죽 는 것을 택한 갱스터 또한 비극적 영웅과 어떤 점에서도 닮지 않았다.

비극적 갈등에 바쳐진 서사는 환경과 사람들에 따라 매우 상이한 재료들로 만들어질 수 있다. 하지만 소재가 무엇이든 간에 그것은 이러한 서사 속에서 언제나 갈등을 독특한 경험으로, 중대한 중요성을 지닌 정신적 독립체로 강조하기 위해 사용되곤 한다. 비극적인 것은 정말로 실현되려면 라이트모티프의 형식으로 실현될 수밖에 없다.

그런 맥락에서 비극적인 것은 연극적 이야기와 본원적인 친화성을 갖는다. 이는 고전 비극이, 특히 그것의 완벽한 실현이 "극의 줄거리의 목적을 이해할 수 있게 해주는 이미지들만 담는다"라고 했던 프루스트의 정의와 상통한다. 비극의 모티프는 내적 사건이므로, 실제로 대개 이념적 성격을 띤 "유목적적인 총체"*인 이야기 형식에 의해 사용될 수밖에 없는 운명이다. 이러한 모티프가 개념적 추론만큼이나 사진이나 영화에 상충한다는 것은 모티프에 내재된 특징들에서 도출해낼 수 있다.

특징

인간적 상호작용에 대한 특별한 관심   비극은 전적으로 인간사다. 따라서 인간사를 적합하게 재현한다는 것은 무생물을 연극에서의 동등한 상대가 아니라, 전개 중인 내적 드라마를 보강하고 그에 따른 분위기를 조성하는 무대의 소도구로 다룬다는 뜻이다. 이런 점에서 연극적인 서사적 영화에 대해 주장한 바**는 비극적인 테마를 다루는 영화에 더더욱 들어맞는다. 그런 영화들은 자동적으로 연극의 방식으로 후퇴한다. 대단히 강렬한 정신적 사건 위주로 돌아가기 때문에 내면에서 일어나는 일들을 반영하기 위해 외부 사물을 배치할 수밖에 없

---

*　이 책의 403~405쪽을 보라.

**　이 책의 398~99쪽을 보라.

다. 그 영화들의 내적 세계는 주인공들의 내면을 반영하고, 영화의 조명은 여기에 어울리는 분위기를 고조시킨다. 예컨대 〈폭풍의 언덕〉에서 인간들의 정념이 절정에 다다르면 자연지물도 함께 폭발한다. 상징적인 폭풍 한 번 불지 않는 비극 영화란 거의 없다.* 이런 영화들이 영화의 라이트모티프를 위해서 카메라 현실 혹은 그것의 잔해를 얼마나 부당하게 사용하는지는 인간의 행동과 물리적 현실 양자를 폭넓게 아우르는 영화들과 비교해보면 분명하게 알 수 있다. 〈밀회〉에서 철로의 소음은 정신적 격동을 암시하기 위한 것이 아니다. 〈움베르토 D.〉에서 거리는 고유한 생명을 갖는다. 또 슬랩스틱 코미디 영화에서 가구와 계단과 차량은 살아 있는 배우처럼 행동한다.

질서 있는 우주 대 삶의 흐름   비극적 갈등은 신화적 믿음과 도덕 원칙, 정치 교리 등의 지배를 받는 닫힌 우주에서만 구현된다. 이와 같은 구속력 있는 행동 법칙들은 비록 그것들이 자주 일관되게 적용되지는 않는다고 해도 갈등을 일으키는 원인이 될 뿐만 아니라 그 갈등에 비극적인 성격을 부여한다. 그런 행동의 법칙들이 존재하기 때문에 갈등은 중대하면서도 숙명적인 것처럼 보인다. 비극은 유한하고 질서 정연한 우주를 상정한다. 그렇다면 영화는 어떤가? 이 점에 대해서 문제를 제기한 소수의 비평가 가운데 한 사람인 롤랑 카유아는 이렇게 주장했다. "영화에는 우주가 없다. 하지만 대지와 나무와 하늘과 거리와 철도가 있다. 한마디로 물질이 있다."2** 따라서 영화 매체의 성

---

*   이 책의 243쪽 참조.

**   카유아의 관점 — 그리고 내 관점이기도 하다 — 과 정반대로 파커 타일러는 영화라면, 최소한 "창조적인" 영화라면 전통적인 예술에 본질적으로 속할 것이고, 그러면 영화 또한 이를테면 회

향과 비극적 영웅의 죽음은 상충한다. 영웅의 종말은 절대적인 종말을 보여준다. 그가 죽으면 시간은 정지된다. 이러한 궁극적인 해결책이 무한히 종횡무진하고 싶은 영화의 뿌리 깊은 욕망과 충돌하는 것은 자명하다. 〈라임라이트〉에서 채플린은 그러한 피날레를 잘 알겠다는 듯이 피한다. 그는 삶의 흐름을 재도입하는 숏으로 영화를 마무리한다. 즉 카메라는 무대 한편의 사망 장면에서 시선을 돌려 무대에서 계속 공연 중인 테리를 향한다.

우연성의 제거　비극은 우연을 배제한다. 우연이 영웅의 운명을 바꿀 수 있다면 그의 운명은 우연적 사건에 불과할 것이기 때문이다. 비극이 우연적인 사건들을 인정하는 때는 그 사건들이 비극 고유의 목적에 봉사할 때뿐이다. 그때 우연은 비자발적인 조력자이지, 독립적인 행위자가 아니다. 하지만 우연성의 이러한 전유 또는 심지어 우연성의 제거가 영화의 본질을 거역하는 일인 것은 틀림없다. 비극의 고유한 결정론과 영화 사이의 모순을 드러내 보인 사람은 또다시 카유아다. "영화는… 인간관계의 우발성을 강조한다. 비극적 영웅들은 오직 자기들끼리만 서로가 서로를 죽인다. 누군가 그들을 야수처럼 경기장에 가두면 그들은 서로를 갈기갈기 찢어놓으리라. 스크린에서 거리의 행인은 단지 우연히 그때 거기 있었다는 이유로 갱스터에게

화의 법칙과 같은 법칙을 따를 것이라고 주장한다. 그러면 이 법칙들은 무엇을 지시하는가? 파커 타일러는 이렇게 말한다. "예술은… 우주의 통제 원칙들에 의해서 생산되고, 이 **우주**는 혼돈과 다양성의 모든 일상적 양상들의 기저에 깔려 있는 것이며 운명을 우연에 반대되는 것으로, 형식을 무형식에 반대되는 것으로 표상한다"(Tyler, "The Film Sense and the Painting Sense," *Art Digest*, Feb. 15, 1954, pp. 27~28. 나는 이 주장에 동의한다. 하지만 문제는 "영화에는 그런 우주가 없다는 것"이다.

살해당한다. 이 세계에는 질서가 없기 때문이다. 이곳은 운동과 충돌의 한 장소일 뿐이다."[3]

영웅과 갱스터, 경기장과 길거리의 차이가 영화적 수법에 대해서 무엇을 의미하는가는 손턴 와일더의 소설『산 루이스 레이의 다리』를 보면 쉽게 예증할 수 있다. 이 소설에서 거리는 일종의 경기장으로 제시된다. 다리가 무너지고 다섯 명의 여행객이 목숨을 잃는데, 이때까지 그들이 살아온 이야기는 그 재앙이 실제로는 신의 섭리에 따른 결과임을 설득력 있게 보여주기 위한 것이다. 따라서 재앙은 우주 속에 다시 통합된다. (이 특정한 우주가 운명이 아니라 섭리와 관련된다는 사실은 여기서는 중요하지 않은 문제다.) 그러면 이야기의 결정적인 사건을 살펴보자. 그것은 다리의 붕괴다. 이것이야말로 영화적 스펙터클의 전형이 아닌가? 이론의 여지 없이 그렇지만, 이는 물리적 현실의 차원 속 하나의 사건으로 구상되고 도입되었을 때만 그렇다. 그럴 때 사건의 숏들은 정말로 정보의 필수불가결한 원천이 될 것이며 다양한 의미의 핵이 될 것이다. 이와는 정반대로, 재앙이 신의 섭리의 도구로 드러나는 와일더 소설을 충실히 옮긴 영화에서라면, 관객이 재앙의 예단적 의미에 사로잡혀 있어서, 그렇지 않았더라면 발휘될 수도 있었을 숏의 현시적 위력이 아무런 작용도 하지 못할 것이다. 그 말인즉슨 무너지는 다리가 영화적 주제의 영역에서 물러나 형이상학의 영역으로 들어갈 것이라는 얘기다. 그곳에는 다른 유령들과 함께 〈모비딕〉도 살고 있다.

이미지 세계와의 먼 거리　개념적 추론과 마찬가지로 비극적인 것 또한 물리적 세계와의 상응 관계를 결여하고 있는 까닭에, 아무리 암시적이라 한들 이 세계의 재현으로는 환기할 수 없는 내용을 전달한다. 비극적인 것은 카메라적 삶을 벗어난다. 그것은 전적으로 정신적인 사건이기에 가시화되려면 직접적인 방식으로 전달될 수밖에 없다. 하지만 〈움베르토 D.〉와 같은 영화들은 어떤가? 그런 영화들은 자신의 이야기를 주로 이미지의 흐름을 통해서 전하면서도 용케도 비극적인 테마를 담아낸다. 〈움베르토 D.〉의 경우 이러한 비극적 테마는 물론 모멸적인 빈곤에 시달리는 나이 든 연금생활자의 고통이 아니라, 외려 그가 살고 있는 세계 전체를 전염시키는 소외라고 보아야 할 것이다. 그 소외는 이를테면 그 노인이 비참한 젊은 가정부 마리아와 맺는 관계에서 드러난다. 일상적인 대화로만 지탱되는 영상 이미지들은 마리아와 움베르토가 서로 호감을 품고 있음에도 그들 각자가 자신의 실존 속에 고립되어 있어서 그들을 휘감는 고독으로부터 탈출할 수 없음을 분명하게 보여준다. 움베르토가 그의 개에게 품은 애정 또한 고독에서 기인한다는 것은 두말할 필요도 없다.

그런데 실제로는 소외라는 테마가 결코 두드러지게 표현되지 않았다. 이와 관련된 많은 부분들은 기껏해야 비극을 위한 원석일 뿐이지, 비극 자체는 아니다. 만일 데시카 감독이 그가 절제해서 보여준 분위기와 사건들을 제대로 된 비극을 위해 조성했다면, 〈움베르토 D.〉는 의심할 여지 없이 에피소드적 성격을 상실하고 그야말로 연극적 영화로 발전했을 것이다. 비극은 그 어떤 연극 장르 영화보다도, 영화적 화법으로는 전달 불가능한 내용을 구현하는 서사를 훨씬 강하게 필요로 한다. 따라서 줄거리가 영화 매체에서 따로 떨어져 나오는 것은 당연하다. 즉 이야기가 활성화시켜야 할 이미지는 프루스트의 말로 하자면 단지 "줄거리의 목적을 이해할 수 있게"해줄 뿐이고, 이미지가 무력해지는 곳은 어디에서나 발화된 말이 주도권을 쥐게 된다. 스크린 위의 비극은 그 강조점이 이미지에서 떨어져 나와 언어와 결부된 의미로 옮겨 갔다는 것을 의미한다: 카유아는 코르네유의 『르시드』를 가리켜 이렇게 말한다. 연극에서는 "시멘이 돈 고르마스의 시신을 보았는지 여부가 그녀에게나 우리에게나 별로 중요치 않다. 영화에서 본질적인 것은 그 **이미지**로 인해 누군가가 동요된다는 것이다."[4]

문제는 이미지가 비극의 틀 안에서 동요의 효과를 일으키도록 만들어질 수 있는가의 여부다. 앙드레 지드의 소설을 세련된 유사 비극적 이야기로 만들어낸 프랑스 영화 〈전원 교향곡〉은 관객을 영상에 붙들어 두려는 명백한 의도로 아름다운 산악 풍경에 오래도록 머문다. 하지만 이를 통해 드라마가 영화에 적합한 사건으로 바뀌는 것은 아니다. 오히려 근사하기는 하지만 지나치게 강조된 풍경 숏의 아름다움은 영화의 구성적 요소로서 얼마나 사소한 의미를 지니는지를 증명할 뿐이다. 그 숏들은 그저 장식적 기능을 할 뿐이다. 〈전원 교향곡〉의 중심은 영상 바깥에 있다.

보론: 비극적이지 않은 결말들

비극적 죽음과는 반대로 해피엔딩은 관객에게 천국의 공기를 맛보게 하는 동시에 삶이 그렇게 계속될 것임을 암시하는데, 이것은 해피엔딩이 무한한 현실을 향한 카메라의 요구에 응한다는 것을 보여준다. 유명한 독일 무성영화 〈마지막 웃음〉에서는 이러한 정반대의 두 가지 결말을 결합하기 위해 흥미로운 시도가 이루어진 바 있다. 영화는 늙은 호텔 수위의 희망을 철저히 짓밟고 그를 완전히 우스꽝스럽게 만들면서 논리적인 결말을 맺는다. 아니, 아직 끝이 아니다. 추가된 시퀀스에서 그 불쌍한 수난자는 부를 얻고 자신의 삶을 마음껏 즐긴다. 이 모든 것은 그의 꿈인 것일까? 어쨌거나 그 시퀀스는 당시 해피엔딩에 대한 할리우드의 확고한 선호에 보내는 일종의 아이러니한 논평으로 의도된 것처럼 보이는 한 편의 소극farce이다. 하지만 무슨 의도였든 간에 이 "마지막 웃음"은 거칠지만 기발한 영화적인 결말을 통해 그 탁월함을 입증해 보인다. 영화는 자신의 사실적인 성격을 흐리지 않으면서도 비극에 가까운 결말 너머를 가리킨다. (호텔 수위라는 인물은 물론 권위주의적이고 군국주의적인 사고에 흠뻑 젖은 어떤 세계에서만 비극적이다. 그리고 그 세계는 히틀러 이전의 독일 영화가 강박적으로 다루던 것이었다.[5])

그 결말이 꼭 행복한 꿈일 필요는 없다. 중요한 것은 결말이 끝을 표시하는 게 아니라는 점이다. 그런 피날레의 고전적인 사례가 채플린의 옛 코미디 영화에서 늘 반복되는 종결 숏이다. 우리는 그 떠돌이가 비틀비틀 걸어가는 것을 보고 그가 파괴될 수 없는 존재임을 알게 된다. 이와 유사하게도, 전쟁을 다루지 않는 모든 이탈리아 네오리얼리즘 영화들은 마지막에 다시 살아갈 기회를 얻는 인물들을 보여준다. 이런 영화들의 결말은 비극에 반항하며, 일반적으로 연극적 이야기와 양립할 수 없다.

예술적 명석함과 인간적 섬세함이라는 의미에서 탁월한 성취를 보여주는 작업이 〈움베르토 D.〉의 마지막 에피소드다. 여기서 데시카 감독은 임박한 불길한 운명을 생존의 기회로 바꿔놓는 승산 없는 시도를 놀랍게도 성공시킨다. 〔그림 54〕 한계에 이른 늙은 연금생활자 움베르토는 자기 자신을 포기하는 것 말고는 다른 출구가 없음을 깨닫는다. 그런데 그만큼이나 갈 곳 없는 존재인 그의 개가 그를 따라가 겠다고 고집을 피우는 바람에 그는 시민공원 바깥쪽의 철로로 개를 데려간다. 기차가 가까이 오자 그 동물은 괴로워 낑낑대고 짖어댄다. "안 돼"하고 관객은 늙은 남자가 말하는 것을 듣는다. 남자는 살아 있 는 세계와 자신을 유일하게 연결시켜주는 그 존재를 위해서 돌아선 다. 하지만 그가 공원에 다시 돌아오자마자, 자기 주인의 불가해한, 아 니 적대적인 행동에 상처를 받은 개는 주인과 놀기를 거부하고 자기 를 달래는 모든 노력에 무반응으로 대응한다. 실연당한 사람처럼 움 베르토는 계속 절박하게 개를 어르고, 그의 생존 의지도 이로 인해 당 연히 살아난다. 실제로 그가 마침내 다시 개의 친구로 받아들여졌을 때, 이런 표현을 그에게 써도 된다면, 그는 기쁜 마음까지 든다. 남자 와 개는 서로 장난을 치면서, 화면의 뒤편을 향해 가며 점점 작아진 다. 예정된 결말은 미뤄진 것뿐일까? 움베르토와 우리 앞에 펼쳐질 미 래는 아무리 불길해 보여도 가늠할 수 없다.

펠리니의 〈카비리아의 밤〉 결말 장면 또한 이에 못지않게 결정되 어 있지 않다. 비탄에 잠긴 카비리아가, 젊은이들이 디오니소스적으 로 흥청망청 취해 음악을 연주하고 춤추며 돌아다니는 한밤의 숲속을 걸어갈 때, 우리는 그녀에게 무슨 일이 생길지 알지 못한다. 우리는 그저 그녀 얼굴의 표정 변화를 통해 그녀가 계속 걸어갈 것이고 그녀 의 이야기에 어떤 결말도 낼 수 없다는 점을 알아챌 뿐이다. 펠리니 본인도 그의 영화는 결코 결말이 나지 않는다고 말한다. 심지어 그는 어째서 자신이 연극적 이야기와 불가분의 관계에 있는 그런 결말을 의도적으로 피하려 하는지를 설명해준다. "결말이 있는 그런 이야기 를 하는 것은… 비도덕적이라고 생각한다. 그 이유는 당신이 스크린에 결말을 제시하는 순간 관객들은 바로 차단될 것이기 때문이다. […] 오히려 반대로 관객에게 손쉽게 행복한 결말을 제공하지 않음으로써 관객을 숙고하게 할 수 있고, 자기충족적인 확실성을 빼앗을 수 있다. 그러면 관객들은 자신들의 답을 **찾아야 할** 것이다."[6]

이러한 실존주의적 논거는 그 자체로는 불충분하다. 단순히 미리 정해진 결말을 없앤다고 해서 관객이 참여하게 되는 것은 아니다. 오히려 관객이 "참여하게" 되는 것은 끝이 날 수 없는 특성과 과정의 성격 때문이다. 카비리아의 끈기와 움베르토의 의연함, 또는 〈길〉이 보여주는 성숙과 내적 각성의 능력 같은 것 말이다. 〔그림 55〕 채플린의 옛 코미디 영화를 비롯하여 많은 비해결책 뒤에는 몇 번이고 다시 운명을 모면하는, 약자로 보이는 자의 저항하는 힘을 치켜세우려는 욕망이 숨어 있다. 따라서 이런 성격의 에피소드 영화에서는 끝나지 않는 싸움에서의 무기라고 할 수 있는 끈기와 회복력, 그리고 적응력을 강조하게 된다. 이러한 관심사들이 앞으로 간단하게 논의할 영화적 모티프들과 관련이 있음은 물론이고, 삶의 흐름에 대한 영화의 친화성과 합치된다는 점은 두말할 필요도 없을 것이다.

이것은 다시 영화적인 내용에 대한 문제를 제기한다. 사실 대부분의 정신적 현실은 영화적인 재현을 허용한다. 심지어 개념적 추론이나 비극적인 것까지도 삽입극으로 훌륭히 이용될 수 있다.* 하지만 영화적인 내용은 스크린에 상영되기에 특히 더 적합하다는 점에서 그 밖의 많은 대상 및 주제 들과 구분된다. 비영화적인 내용과 달리, 영

---

* 삽입극에 대해서는 특히 이 책의 151~53, 172~73쪽을 보라.

화적인 내용은 모티프의 차원에서만이 아니라 소재의 형식에서도 그 유효성을 입증해 보인다.

영화적인 내용

<u>소재</u>

영화적 주제들

소재의 성격을 지닌 어떤 내용이 오직 카메라만 포착할 수 있는 물리적 현실의 요소들을 보여준다면, 그 내용은 명백히 영화적이다. 여기서 우리는 친숙한 영역에 있다고 할 수 있는데, 이러한 요소들이 3장에서 상세히 논했던 "영화적 주제들"과 의도와 목적 면에서 전적으로 일치하기 때문이다. 이와 관련해 아직 한 가지 설명이 더 필요한데, 그것은 바로 영화적 주제들이 서사적 영화에서 차지하는 다양한 위상의 문제다.

확실히 하자면, 영화적 주제들은 모두 그것들이 다루어지는 영화의 소재에 기여하지만, 전부 다 같은 기여도를 갖는 것은 아니다. 특히 기술적 절차와 카메라 장비에 크게 좌우되는 주제들이 영화 내용의 성격을 결정하는 일은 가장 있을 법하지 않다. 아무리 영화적인 영화들이 작은 물리적 현상들의 암시적인 힘에 의존한다고 해도, 이런 현상들을 묘사하느라 소진되는 법은 거의 없다. 또한 무생물이나 순간적인 인상, 현실의 특수한 양태가 영화의 내용을 결정한다고 생각하기도 어렵다. 마찬가지로 관습적인 전경-배경 도식의 해체, 또 평소에는 너무 익숙하여 눈에 띄지 않는 광경의 낯설게 하기도 그렇다. 물론 예외는 있다. 〈습격〉은 전적으로 현실의 특수한 양태, 즉 공포에 질린 사람에게 나타나는 현실을 보여준다. 드레이어의 무성영화 〈잔 다르크의 수난〉은 본질적으로 얼굴 표정으로 말하는 이야기다. 인간적인 것이든 아니든 간에 작은 것의 세계 또한 많은 실험영화 감독들을 끌어당긴다. 예컨대 스탠 브래키지의 최근 영화 〈러빙〉은 거의 거대한 클로즈업으로만 이루어져 있다. 하지만 이와 같이 산발적인 사례들은 오히려 법칙의 일반성을 확인시켜줄 뿐이다.

다른 영화적 주제들, 이를테면 여전히 기억되는 과거, 또는 의식을 압도하는 특정한 현상들 같은 경우*는 다르게 작용한다. 클로즈업이나 무상한 것 등과는 달리 그것들은 쉽게 중심 테마로 발전된다. 빅토리아 시대나 1차 대전 이전의 나날을 다시 떠올리게 하는 영화들은 상당한 인기를 끌고 있고, 대중의 광기와 자연재해 묘사로 절정에 치닫는 영화들도 수없이 많다. 이런 종류에 속하는 몇몇 주제들은 너무나 빈번하게 반복되어 그런 영화들의 이름을 딴 확고한 장르까지 형성되었을 정도다. 따라서 사람들은 무용영화, 추격영화, 공포영화, 폭력영화 등등에 대해서 운운하는 것이다.

하지만 영화적인 소재를 사용한다고 해서 그 영화가 저절로 영화적 성격을 부여받는 것은 아니다. 마찬가지로 자신의 매체적 본성에 충실하려면 영화는 영상의 재료에 이른바 제 갈 길을 허용해야 한다는 것 또한 자명한 사실이다. 영화가 이러한 요구 조건을 충족하는가의 여부는 영화 재료의 적절성만이 아니라 영화의 이야기 형식과 그

---

*   이 책의 121~22쪽을 보라.

기저에 깔린 모티프의 형식에도 좌우된다.

이야기 형식과 모티프들의 관계

모든 이야기 형식이 영화적 주제를 전달할 수 있는 것은 사실이지만, 우리가 구분해왔던 서사의 다양한 형식들이 영상을 이용하는 방식에서 차이를 보인다는 사실 또한 잘 알려진 바다. 발견된 이야기와 에피소드가 영화의 재료들이 가능한 모든 영향력을 발휘하도록 허용하는 데 반해서, 연극적 이야기는 이러한 재료들을 드러내기보다는 자신을 위해서 착취한다. 연극적 영화에서 거리 장면이나 거대한 군중, 또는 나이트클럽 에피소드는 줄거리가 영상과는 별개로 확립시키는 의미 패턴을 어떻게든 설명하거나 보강하는 데 쓰일 뿐이다. 따라서 연극적 이야기의 틀 내에서 영화적 주제들의 본래 의미를 회복시켜주려는 시도는 쓸모가 없다. 12장에서 확인할 수 있었듯이, 그런 시도는 주어진 이야기 패턴을 해체할 수 있게 영상을 다듬는 결과를 가져오거나 아니면 그런 이야기 패턴에 대부분 가려지도록 영상을 다듬는 결과를 낳게 마련이다.*

하지만 연극적 이야기 형식의 전통적인 하위 장르 모두가 영화 재료들의 통합성을 동일한 정도로 저해하는 것은 아니다. 일반적으로 코미디는 이런 점에서 비극보다 더 유연한 것으로 나타난다. 코미디는 어느 정도는 우연성을 받아들인다. 그것은 무생물을 자신의 배우로 받아들이기도 한다. (이러한 용인에도 불구하고 이 장르는 연극의 문제로 남는데, 이는 아무 연극용 코미디를 영화화한 영화와 진짜 코미디

---

*   이 책의 412~19쪽을 보라.

영화를 비교하면 알 수 있다.) 이외에도 멜로드라마가 있다. 멜로드라마가 강조하는 선정적인 사건들은 물리적 세계의 깊숙한 곳에 도달하고, 플롯과 너무 느슨하거나 거칠게 연결되어 있어서 플롯을 이루는 부분들의 상대적 자율성에 별 영향을 미치지 않는다. 뿐만 아니라 멜로드라마 장르들은 저런 사건들과 불가분의 관계에 있는 강렬한 감정에 빠지는 성향과 해피엔딩에 대한 편향을 보인다. 멜로드라마는 아마도 연극적인 장르를 통틀어서 영화적 소재를 재현하는 일에 가장 적합할 것이다.*

지금까지 비영화적인 모티프들—비극적인 것을 비롯해 명료한 개념 작업을 요하는 이념이나 사고의 조합—만을 다루어보았다. 하지만 여기서는 이러한 모티프들만이 관심 대상이었다. 이상의 논의에 따르면 영화적 주제를 다루는 영화에서 비영화적인 모티프들이 우세해지면 영화적 주제의 생생한 표현력을 가로막는다는 결론이 나온다. 와일더의 소설 『산 루이스 레이의 다리』를 각색한 영화에서 다리가 붕괴하는 이미지들은 이미 전제된 신적 섭리의 작용을 환기해야 했을 것이고, 따라서 그 자체의 메시지를 전하지는 못할 것이다. 비영화적인 모티프들은 나란히 존재하던 영화적 소재를 자기 밑으로 종속시켜 버린다.

---

* 연극적 장르에 대해서는 이 책의 399~400, 402~403쪽 또한 보라.

모티프

서론

정의   어떤 모티프가 영화의 이런저런 속성과 일치하거나 그런 속성에서 생겨났다면 그 모티프는 영화적이다. 결론부터 얘기하자면, 다윗과 골리앗 테마가 영화적인 특징을 갖는 이유는 알고 보니 작은 것이 엄청난 힘의 중심이었음을 현시하기 때문이고, 이는 말하자면 클로즈업과 유사한 것으로 해석될 수 있다. 영화적 모티프들은 매체와 맺는 긴밀한 관계에 힘입어, 특유의 성향을 의미의 영역에서도 발휘한다.

이야기 형식과 소재의 관계   영화적 모티프와 영화적 주제는 연극적인 이야기 형식과 맺는 관계에 있어서 흥미로운 차이를 보인다. 어떤 연극적 영화에서든 영화적 주제는 어쩔 수 없이 그 영화적 성격이 약화되고 말지만, 영화적 모티프는 영화적 성격을 유지할 뿐만 아니라 그 영화의 연극적 성격과 상관없이 영화 전체에 영화적 성격을 나누어 주는 경향까지 보인다. 모티프가 주제보다 전투력과 침투력이 더 강하다는 것은 이어지는 단락에서 증명될 것이다.

다른 한편으로 영화적 모티프와 비영화적 소재의 관계에서는 그런 원리가 적용될 수 없다. 어떤 영화적인 테마, 이를테면 탐문수사가 주로 대화를 기본 재료로 이루어진다고 상상해보라. 탐문수사 모티프가 특유의 강한 전염력으로 존재감이 강한 언어적 진술의 비영화적 효과를 경감시키는 것은 충분히 가능하다. 하지만 그와 똑같은 확률로, 발화된 말의 우세가 탐문수사 과정의 고유한 매력을 빼앗는 일도

가능하다. 어떤 쪽으로 저울이 기울지는 결국 개별적인 경우마다 무게중심이 어떻게 분배되느냐에 따라 달라진다.

삶의 흐름

영화적 모티프들 가운데 특별한 지위를 점하는 것이 하나 있다. 바로 삶의 흐름이다. 그것은 가능한 모티프들 가운데 가장 일반적인 것이고, 일개 모티프에 불과한 것이 아니라는 점에서 여타 모티프들과 구별된다. 이 모티프의 내용은 영화의 기본적인 친화성에 상응한다. 어떤 의미에서 삶의 흐름은 영화 매체 자체의 발현이다.

그야말로 하나의 모티프로서 삶의 흐름은 오직 그 흐름을 보여주는 것 말고는 다른 어떤 의도도 갖지 않는 영화에서 구현된다. 이런 영화들은 쉽게 추측할 수 있듯이 대개는 다큐멘터리이고, 종종 표현주의적 성격을 띠기도 한다. 몇 가지 예를 들자면 〈비〉〈베를린〉〈거리에서〉를 떠올려보라. 아르네 숙스도르프는 스톡홀름에 관한 영화 〈도시인들〉이나 카슈미르에서 찍은 단편영화 〈바람과 강〉에서 알 수 있듯이 그런 흐름을 애호한 것으로 보인다. [네오리얼리즘의] 이론가 체사레 차바티니도 주변의 삶에서 끄집어낸 극적인 시퀀스를 직접 전달하는 쪽을 지지하므로 여기서 언급될 수 있을 것이다. (물론 그의 영화 〈도시의 사랑〉은 그다지 설득력 있는 작품은 아니다.)

이런 예들은 얼마든지 늘어날 수 있는 것처럼 보인다. 수많은 에피소드 영화들과 발견된 이야기로 만든 영화들은 "이런 게 인생이다"라는 테마의 변형들에 지나지 않는 것으로 보인다. 플라어티의 "약한 서사"는 원시 종족들이 간직하고 있는 생활양식을 묘사하거나 혹은 소생시킨다. 루키에의 〈파르비크〉는 전형적인 프랑스 농가의 매년 되풀이되는 경험의 순환을 전달한다. 데시카의 〈움베르토 D.〉는 노령의 퇴직자를 갈수록 짓누르는 사소한 사건들과 상황들의 공모를 폭로한다. 이런 영화들은 모두 삶을 보여주며, 그것도 일상적인 삶을 일련의 우연적인 사건들로, 그리고/또는 성장의 과정(예컨대 펠리니의 〈길〉)으로 보여준다. 그리고 이 영화들은 모두 이 삶을 그 자체가 자기 목적으로 나타날 수 있게 보여준다.

하지만 더 면밀히 들여다보면 "이런 게 인생이다"라는 테마는 그 영화들의 유일한 관심사가 아닌 것으로 드러난다. 이런 테마들을 다루는 대부분의 영화들은 다른 모티프들도 제시한다. 플라어티 감독의 영화 대부분은 문명의 진보에 아직 때 묻지 않은 삶의 방식의 순수성과 "위엄"*을 보여주고 후세를 위해 그것을 보존하려는 낭만적 욕망을 드러낸다. 〈움베르토 D.〉는 네오리얼리즘의 전통에 부합하면서 사회적 문제를 제기한다. 영화는 태만한 정부로 인해 굶어 죽을 운명에 놓인 퇴직 공무원들의 비참한 삶을 폭로한다. 펠리니로 말할 것 같으면, 이탈리아 좌파 비평가들은 펠리니가 이런 전통적인 모티프들을 외면한다고 비난했다. 그들은 펠리니가 그들 눈에 이단으로 보이는 행동, 즉 네오리얼리즘적인 기법을 사회적 관심사가 아니라 개인적 가치를 위해서 사용한 것에 대해 분개한다.[7] 〔그림 56〕

일반적으로 삶 그 자체를 중심에 놓는 영화들은 보다 특수한 메시지를 전달한다. 이들 메시지나 모티프——데시카의 사회적 정의에 대한 관심, 펠리니의 인간의 고독에 대한 침잠 등——는 영화적으로는 크게 중요치 않을 수 있다는 점에 주의하자. 실제로 많은 연극적 영화

---

* 　플라어티 본인의 표현이다. 또한 이 책 449쪽에서도 이미 인용한 바 있다.

들도 〈길〉이나 〈카비리아의 밤〉의 핵심에 있는 소외 같은 문제에 초점을 맞춘다. 중요한 것은 그러한 메시지가 삶 그 자체를 중심에 놓는 영화들과 삶의 흐름이라는 영화적 모티프의 공생에 유리하게 작용한다는 것이다. 확실히 이와 같은 결합 속에서는 삶의 흐름이 모티프의 성격을 계속 유지하게 된다. 그렇지 않다면 삶의 흐름에 대한 투명성이 에피소드 영화에서 반드시 필요하지는 않았으리라. 하지만 그 모티프는 또 다른 무언가이기도 하다. 공생관계가 생기는 곳에서는 어디서나 삶의 흐름이 동시에 이와 연관된 모티프들의 모태가 된다. 삶의 흐름은 그 모티프들을 엮어내는 데 쓰이는 원재료인 것이다. 그것은 모티프이면서 태생적으로 영화적인 재료 또는 내용이기도 하다. 이런 내용으로 암시되는 테마를 다루는 영화들은 그 모티프의 두드러진 존재감에 힘입어 진정한 영화가 된다.

다른 영화적 모티프들은 이보다는 일반적이지 못하다. 그것들은 비극이나 삶의 흐름 테마에 묶인 특수한 명제들과 같은 비영화적 모티프와 마찬가지로, 대략 동일한 제한된 범위를 갖는다고 볼 수 있다. 그 모티프가 몇 가지나 되는지는 확실하게 말할 수 없다. 그것들을 선별하고 언명하는 일은 지배적인 사회적·역사적 조건과 같이 통제할 수 없는 다양한 요인들에 따라 달라질 수 있다. 어차피 이런 영화적 모티프들을 모두 완전하게 다룰 수는 없는 노릇이므로 그 성격을 규명하기 위해서 그중 두 가지를 꼽아 상세히 논하는 편이 가장 좋겠다. 바로 탐문수사 모티프와 다윗-골리앗 모티프다.

탐문수사

영화와의 친화성 이미 1908년 빅토랭 자세 감독의 〈닉 카터 시리즈〉[8]에 등장했던 탐문수사 모티프는 여러 가지 면에서 영화에 친화적이다.

첫째, 탐정은 범인이든 행방이 묘연한 누군가든 추적을 하려면 일반적으로 알아차리기 어려운 물질적 증거들을 찾아내야 한다. 탐문수사 분야에서 독보적인 권위를 자랑하는 셜록 홈스는 이렇게 단언한다. "손톱과 외투 소매와 신발, 바지 무릎… 이런 모든 것이 그 남자의 직업을 알려준다네. 이 모든 것이 유능한 조사원의 눈에 띄지 않는다는 건 상상하기 어려운 일이지."[9] 이것이 뜻하는 바는 물론 탐문수사에 집중하는 영화라면 사건 전개를 위해 물리적 현상들을 보여줘야 한다는 것이다. 이런 영화적 재료들을 부각시키기 위해 클로즈업이 자주 요구된다.

둘째, 탐문수사는 항시 우연적 요소들을 끌어들인다. 에드거 앨런 포의 명탐정 뒤팽은 "진리의 대부분은 사소해 보이는 것에서 나타난다"는 전제하에서 작업한다. 그는 이 전제를 다음과 같이 부연한다. "인간 지식의 역사는 우리가 대다수의 가장 귀중한 발견들을 부수적이고 사소하거나 우연적인 사건들에 빚지고 있다는 것을 끊임없이 증명해왔다. […] **우연**은 하부구조의 일부로 인정된다."[10] 탐문수사 모티프는 우연적인 것에 기울어진 매체의 성향에 적합한 영화들에서 가장 유리하게 나타난다.

셋째, 뒤팽은 과학적 탐구를 모델로 한다. 탐문수사를 "추론과 분석의 과학"이라 불렸던 셜록 홈스도 마찬가지다.[11] 이에 따르면 탐문수사는 응용과학 연구와 많은 공통점을 지닌다. 이는 프리츠 랑 감독의 〈엠〉과 드 로슈먼트 감독의 〈92번가 집〉에서 의도적으로 강조된 사실이다. 탐문수사의 과학적 성격은 그 모티프를 사용하는 영화들에서 물리적 디테일에 관심을 기울이는 것을 정당화한다. 인간의 피부는 "나이를 말해주고, 평화로웠거나 불행했던 과거를 말해주며 그 소유자의 체질을 말해주는 역사적 의미가 있는 건물 전면"[12]이라고 비유함으로써 거대한 클로즈업의 관점에서 사고하는 자는, 탐정이 아니라 피부과 의사다. 여기서 더 중요한 것은 이 영화들이 과학적 탐구의 잠정적인 무한성을 반영할 수 있다는 점이다. 이들은 인과관계의 사슬을 따라가면서 물리적 현실의 무한한 연속체를 상상하게 만든다.*

따라서 이런 영화들은 사진과 영화의 여러 성향 가운데 하나에 부합한다. 의미심장하게도 아마도 이런 영화들이 발산하는 가장 강력한 효과는 탐문수사 과정에서 발생하는 긴장일 것이다. 범인을 최종적으로 발견하게 되면 어쨌든 실망을 안겨주게 된다. 그럼에도 최종 발견은 탐문수사 과정의 완수에 있어서 대단히 중요하다. 따라서 탐문수사 과정이 영화의 전부인 랑의 무성영화 〈첩보원〉은 기이한 무용성을 띤다. 한쪽이 다른 쪽을 감시하지만, 관객은 곧 누가 누구이고 왜 감시하는지 잊게 된다. 끝없는 탐문수사 과정은 자체 목적으로서는 무의미하다.[13] (에이젠슈테인의 전기작가 마리 시턴은 에이젠슈테인이 탐정소설을 좋아했다고 전한다. "탐정소설에 대한 만족을 모르는 열정은 표면상의 플롯에 대한 반응이 아니라, 탐정소설이 그에게 보여주는 것처럼 여겨지는 과정에 매료되었기 때문이었다." 마리 시턴은 탐정소설이 그에게 보여준 것이 추론과 분석에 대한 관심이라기보다는, 신비주의자

---

*   이 책의 137~39쪽 참조.

가 흩어진 단서들에서 자신의 경험을 뒷받침하는 증거를 모으는 힘인 "비범한 의식"의 작동이었다고 지적한다.[14] 여기에는 얼마간의 진실이 들어 있다. 포는 신비주의자가 아니었던가? 탐문수사는 신학적 사변의 세속적 대응물인 것이다.)

넷째, 탐문수사는 추격의 형태를 띨 수밖에 없다. 탐정이 범인을 쫓거나 반대로 악한이—그가 호감형이든 아니든—법의 대리자들을 따돌리기도 한다.* 대부분의 범죄나 탐정 스릴러는—〈제3의 사나이〉를 생각해보라—물리적인 추격 장면을 담는다. 이를 통해서 그 영화들은 자기 영화에 쓰인 영화적 모티프들의 호소력을 높인다. 이 영화들은 특별히 영화적 소재에서 그 모티프를 구현하는 셈이다.

히치콕 스릴러　추격을 "영화 매체의 궁극적 표현"**이라 불렀던 앨프리드 히치콕은 탐문 스릴러의 위대한 기초를 닦았다. 그가 다른 감독들과 달랐던 점은 그의 뛰어난 기술적 능력이 아니라, 정신물리적 상응 관계에 대한 독보적으로 예리한 감각이었다. 내면과 외면의 사건들이 뒤섞이고 녹아드는 그런 모호한 경계 지대에 히치콕만큼 정통한 사람은 없었다. 이는 우선 그가 주어진 물리적 재료들의 잠재적인 의미들을 방출하도록 유도하는 방법을 완벽하게 터득하고 있었음을 말한다. 히치콕은 말 그대로 주변의 암시적인 재료의 관점에서 생각한다. 1937년 그는 사적인 요소가 들어간 여행영화나 더비 경마에

---

* 이후에 나타날 그러한 모든 영화 속 악한들의 원형은 루이 푀야드가 창조한 1913년부터 성공적으로 시작된 시리즈의 주인공 판토마Fantomas였다. Bardèche and Brasillach, *The History of Motion Pictures*, p. 69.

** 이 책의 95쪽을 보라.

　　　　　　　　　　　　　　　　　　　　　　　　　　Ⅲ. 구성

대한 다큐멘터리, 또는 해상 화재를 둘러싸고 일이 벌어지는 영화를 찍고 싶다고 선언했다.[15] 같은 이유로 그는 육체적 영향들과 정신적 영향들이 만나는 경계 지대를 선호했고 그로 인해 심리적 차원 속으로의 깊숙한 침투를 감행할 수 있었으며 거기서 어떤 몸짓이나 의상, 실내 인테리어, 소음 또는 침묵에 의해 우리에게 다가올 수 있을 디테일들을 잡아낸다. 그의 영화에서 추격은 최소한의 물리적 단서에서 발전되어 나온 심리적 추격인 경우가 많다.

전형적인 히치콕 영화에서 플롯이 결코 중요하지 않다는 것은 부인할 수 없는 사실이다. 그의 영화는 감정을 자극제로 이용하고 서스펜스를 위해서 갈등과 문제들을 삽입하며, 전반적으로 진지한 인간적 관심사를 다루기를 피하거나 아니면 제대로 다루는 데 실패한다. 따라서 제임스 에이지는 생전에 히치콕을 찬탄해 마지않았지만 〈구명선〉을 불만족스럽게 생각했고 〈스펠바운드〉는 "실망스럽다"고 봤으며 〈패러딘 부인의 사랑〉에 대해서는 이렇게 말했다. "이 영화에서 히치콕은 대단히 쓸데없는 것들을 위해서 대단히 기교를 부렸다."[16]

이는 흥미로운 질문을 제기한다. 히치콕이 심오한 서사에 의지하면서 동시에 그의 고유한 스릴러 장르로 영화에 기여하는 것이 과연 가능한 일인가? 어쩌면 그는 진정으로 본질적인 플롯의 요건을 갖추게 된다면 자신의 장기를 발휘하지 못하리라는 느낌에서 탐문수사, 추격, 센세이셔널한 효과를 선호한 것이 아닐까? (그런 플롯들이야말로 영화적 해결책을 가능하게 한다는 점을 여기서 또다시 말할 필요는 없다.) 히치콕 영화의 경우에 나는 이야기의 흔해빠진 성격이 그 이야기의 인상적인 장점들과 분리될 수 없다고 가정할 수밖에 없다. 히치콕 스스로도 그가 스릴러로 계속 돌아가는 이유는 가장 "영화 매체에 적합할"[17] 이야기들을 찾기 때문이라고 설명한 바 있다.

스릴러는 그의 욕구를 두 가지 방식으로 충족시켜주었다. 스릴러의 서스펜스 넘치는 탐문수사 과정은 정신물리적 상응 관계의 영역을 들쑤시고, 분위기와 주변 환경, 내적인 흥분과 사물의 외면 사이의 상호 관계를 간파하는 소름 끼치는 감각을 발휘할 것을 요구한다.

하지만 더 중요한 것은 스릴러가 바로 그런 흔해빠진 내용 덕분에 실사로 촬영 가능한 현실의 요소들을 강조하되, 본질적인 문제를 다루는 이야기라면 부과했을 수도 있었을 의무들을 고려하지 않아도 되었다는 점이다. 그는 손목시계의 클로즈업 장면에서 어떤 상징적 기능을 설정하지 않아도 되고, 영화 매체와 언제든 분리 가능한 정해진 플롯을 보완하고 확장하기 위해서 기차에서의 우연한 만남 장면 따위를 끼워 넣지 않아도 된다. 또한 우리가 공공장소나 모임에서 만나게 되는 별종들에 대한 히치콕의 기민한 감각을 고려해보자. 그리하여 범죄의 단서를 묘사하고 범인의 정체에 대한 힌트를 줄 뿐만 아니라 외적인 삶과 내적인 삶 양자를 품고 있는 물질적인 사물들과 사건들을 보여줄 때 히치콕의 영화는 정점에 이른다. 스산한 회전목마, 또 "어두컴컴한 아파트에서 불길하게 타오르는 살인자의 붉은 담뱃불,"[18] 에이젠슈테인이 20년 뒤에도 여전히 기억 속에 남아 있다고 했던 그리피스의 길거리 인물들을 떠올리게 하는 단역들.* 카메라적 삶의 이러한 인상적인 배치들은 고유한 개성과 광휘를 발한다. 그 배치들은 그 안에 여전히 잠들어 있는 이야기에 맞춰 우리의 상상력을 조정하면서 자극한다. 히치콕의 스릴러가 깊이가 부족한 것은 사실이

---

*   이 책의 134쪽을 보라.

다. 하지만 그 영화들은 비록 맹아적이긴 하지만 풍부한 의미가 잠재된 많은 이야기들로 이루어져 있다.

진실을 향한 탐색 구로사와 아키라의 영화 〈라쇼몽〉은 처음에는 중세 일본을 배경으로 벌어지는 정교한 범죄 사건을 이야기하는 것처럼 보인다. 숲속 깊은 곳에서 어느 강도가 여행 중인 사무라이와 그의 처를 습격한다. 부인의 미모에 음심이 발동한 그는 일단 남편을 때려 눕히고 묶어놓은 다음 여자를 강간한다. 나중에 사무라이는 폭행 현장에서 시신으로 발견된다. 이 모든 일은 과거에 벌어진 것이다. 영화 〈라쇼몽〉(이 영화의 액자 이야기는 여기서 무시해도 좋을 것이다)은 사후적으로, 그러니까 정확히 말하면 심문 직후에, 살인——만일 그 죽음이 살인이라면——으로 이끈 사건들을 다시 검토한다. 숲속에서 벌어진 사건들은 세 명의 당사자와 목격자라고 주장하는 어느 나무꾼에 의해서 이야기된다. 그리고 각각의 버전은 그때그때의 화자의 관점에서 묘사되는 그대로 스크린에 나타난다. 강도는 그 남자를 정정당당하게 결투로 죽였다고 떠벌린다. 여자는 착란 상태에서 자기 남편을 찔러 죽였다고 주장하고, 반면 영매를 통해 증언하는 죽은 사무라이는 스스로 할복했다고 주장한다. 나무꾼은 도둑의 진술이 맞다고 확인해주는데, 다만 다른 점이 있다면 강도가 파렴치한 부인의 지시에 따라 그 무사를 잔인하게 살해한 것이라고 말한다. 영화는 전체적으로 숲속의 범죄를 재구성한다는 분명한 목적을 위해 이렇게 상충되는 증언들을 모아놓은 것 같은 인상을 준다. 하지만 범인의 정체는 전혀 밝혀지지 않는다. 이 네 가지 버전을 화해시키려는 최종적인 시도 또한 이루어지지 않는다. 〔그림 57〕

하지만 〈라쇼몽〉은 사실을 밝히는 과정이 중요한 영화인가? 파커 타일러의 뛰어난 해석에 따르면 범인의 정체에 대한 질문은 핵심을 완전히 비껴가는 것이다. 그는 〈라쇼몽〉이 예술 작품이지, 히치콕식의 범죄 스릴러가 아니라고 주장한다. 영화는 인간들이 자신이 저질렀거나 당하는 악행의 충격 속에서 무엇보다도 자신의 도덕적 위신을 회복하려고 안간힘을 쓴다는 것, 그들이 자신들의 절실한 필요에 따라 증거자료를 의식적으로든 무의식적으로든 조작한다는 것, 그리고 이 필요로 인해서 그들 모두가 자신이 참여하고 있는 이 비극에서 주인공의 역할을 맡게 된다는 것을 보여준다. 타일러는 이를 이렇게 표현한다. "〈라쇼몽〉에서 각 개인의 기억 깊은 곳에서는 저 먼 숲에서 일어났던 사건의 이미지가 자신의 이상적인 자아상과 조화를 이루는 방식으로 재창조된다."[19]

〈라쇼몽〉이 전통적인 예술 작품의 특징을 보인다고 해서 자동적으로 좋은 영화가 되는 것은 아니다. 오히려 그런 영화들은 두 가지를 다 잡으려는 혼종인 경우가 많다. 올리비에의 셰익스피어 영화들을 생각해보라. 그렇다면 〈라쇼몽〉은 어째서 진정한 영화처럼 보이고, 예술이 되려고 애쓰는 혼합물처럼은 보이지 않는 걸까? 여기에는 〈라쇼몽〉이 바로 범죄영화라는 착각을 불러일으킨 점이 작용한다. 아무 이유 없이 영화가 그런 인상을 준 것은 아니었다. 〈라쇼몽〉 이야기는 히치콕 영화처럼 서스펜스를 불러내기 위해서 실제로 탐문수사 방식을 사용한다. 〈라쇼몽〉이 실증적 진실 너머에 있는 미스터리를 암시하는 영화라 하더라도 이 작업은 숨겨진 실체적 사실을 드러내는 데 바쳐진 범죄 미스터리의 형식을 빌리고 있다. 따라서 영화 이미지는 대단한 중요성을 갖게 된다.

신기하게도 우리는 같은 이야기가 반복된다고 해서 전혀 지루함을 느끼지 않는다. 우리의 눈은 오히려 더 스크린에 집중하게 되고, 차례차례 선보이는 드라마의 여러 버전들 간의 유사점과 차이점을 알아내기 위해 끊임없이 노력하게 된다. 얼굴 표정 하나가 단서를 줄 수도 있고, 아무리 사소해 보이더라도 의미심장한 디테일을 보지 못하고 지나쳤을 수도 있다. 카메라가 이동하면서 나무꾼이 유유히 숲을 걸어가는 모습을 쫓을 때, 우리는 그 길게 늘어진 아무런 사건도 없는 장면을 있는 힘껏 집중하여 관찰한다. 만일 그 장면이 그렇지 않았더라면 연극적인 성격이 되었을 영화에 단순히 카메라 현실의 가상을 부여하기 위해서 만들어졌다면 우리는 그런 노력을 기울이지 않았을 것이다. 이런 모든 숏들은 물리적 증거로 기능하면서 그 불확실성을 계속 유지한다. 그 숏들은 우리에게 그 안에 흠뻑 빠져보라고 권하며, 미리 구상된 의미 패턴과 이념적 구심점을 지닌 내러티브의 요소가 아니라 끈질긴 탐구의 요소인 것처럼 보인다. 이 탐구 자체는 어떤 최종에 닿지 못한다는 점에서 과학의 과정을 닮았다. 따라서 이렇게 환기된 무한에 대한 생각은 탐문수사의 영화적 효과를 강화한다. (루돌프 아른하임은 〈라쇼몽〉이 어떤 주제든 다양한 시점에서 바라볼 수 있는 카메라의 능력을 스토리텔링의 차원에서 성찰하기 때문에 영화적이라는 통찰력 있는 견해를 밝힌 바 있다.[20])

여기서 누군가는 〈라쇼몽〉의 수사물적 경향이 영화의 심오한 의미를 흐리는 것은 아닌가 의심할 수도 있다. 하지만 그 의미가 어떻든 〈라쇼몽〉은 이 영화에서 본질적인 것은 수색 그 자체라는 점을 아주 분명하게 보여준다. 또한 탐문수사가 범죄를 말 그대로 재구성하는 것을 넘어서는 차원에까지 확장되지 않는다면 사건 전체는 미결 상태로 남게 된다는 것도 보여준다. 각각의 버전이 차례차례 선보일 때마다 관객은 그 버전들 간의 확연한 모순을 갈수록 강하게 인지하게 되면서 믿을 만한 증거를 발굴하려는 온갖 시도를 벌인다 하더라도 인물들과 사건들의 고유한 성격으로 인해서 실패할 수밖에 없다는 것을 종국에는 깨닫지 않을 수 없다. 그렇게 관객의 마음은 실증적 진실과는 별 관련이 없는 진실들에 이끌리게 된다. 이제 이 진실들이 있는 그대로의 범죄 이야기를 통해서 나타나는 것이 아니라, 처음부터 핵심적인 위치를 차지하고 있었고 이로써 콕토의 영화 〈시인의 피〉가 보여주려 했던 진실들처럼 이미지의 선별과 흐름을 결정하고 있었다고 가정해보자. 그렇다면 그 진실들은 부과된 것이지, 함의된 것이 아닐 것이다. 그렇다면 〈라쇼몽〉은 이런 의미에서 중요한 예술적 성취이기는 하겠으나 영화 매체의 고유한 작품으로서 우리에게 그와 같은 충격을 주지는 못했으리라.

〈라쇼몽〉은 탐문수사 모티프의 전염력을 완벽하게 보여준다. 이 모티프는 일반적으로 말하면 전통적인 예술의 방식으로 언제든지 복귀할 위험이 있는 영화를 그렇게 되지 않도록 도와준다. 〈시민 케인〉을 예로 들면, 이 영화가 영화적으로 매력적인 까닭은 영화의 중핵에 숨어 있는 비의적 진실을 탐문을 통해서 전하기 때문이다. 세상을 호령하고 지배하는 사람들 중 하나였던 한 남자의 황폐한 내면에 대한 진실은 처음부터 주어진 것도 아니고 도처에서 발견되는 것도 아니다. 오히려 그것은 구해야 하는 것이고, 흩어져 있는 불충분한 단서 조각들을 모아서 추론되어야 하는 것이다. 영화 끝에 가서야 마지막 물질적 단서가 취재를 시작하게 했던 질문에 답을 준다.

〈산딸기〉에서 노령의 의사로 분한 빅토르 셰스트룀——그는 얼마나 뛰어난 배우인가!——은 자신이 왜 지금 이렇게 고독으로 고통받고 있으며, 인간적 온기가 바싹 마른 삶을 사는 것인지 알아내기 위해 자신의 과거를 탐구한다. 이것은 그가 자신의 과거에 대한 꿈을 꾸었다는 뜻이다. 그렇게 그는 자신이 어떤 사람이었고 어떤 행동을 했으며 또 하지 않았는지 추체험하게 되고, 자신의 죄가 자기 안의 사랑과 자신에게 사랑을 베풀었던 사람들 마음속의 사랑을 없앴다는 사실을 깨닫는다. 그는 탐정이자 동시에 범죄자로서 자기 삶의 공허함의 원인이 자신의 게으름과 이기심에 있었음을 깨닫는다. 이렇게 스스로를 괴롭히면서 구원하는 자기 탐구가 갖는 영화적인 매력은 이 탐구가 삶의 흐름으로부터 성장하는 것처럼 보이는 까닭에 더더욱 강력해진다. 과거로의 탐문이 이루어지는 그 꿈들은 노인에게 대단히 중요한 의미가 있는 사건에 의해 촉발된 것으로서 그의 일상적 실존의 일부가 된다. 꿈은 실존에 스며들고 그것에 영향을 미친다. 재판 꿈은 너무 양식화되었고 목적 지향적이라서 사실상 별다른 감흥을 일으키지 못하지만 그럼에도 전체적으로는 실제 삶의 과정을 이루는 서로 느슨하게 연결된 기억들과 실제 해프닝들이 표표히 흘러가는 모습을 놀라울 만큼 훌륭하게 반영한다. 〈산딸기〉는 주인공이 살아가는 삶의 한 에피소드로서 시작도 없으며, 그 끝도 결코 끝이 아니다. 비록 죽음이 가까워졌다 하더라도 삶의 흐름은 계속된다.

다윗과 골리앗

영화와의 친화성 유서 깊은 다윗과 골리앗 모티프는 "강력해 보이는 것에 대한 미약해 보이는 것의 승리"[21]와 클로즈업이라는 영화의 표준적 수법 사이에 존재하는 유비 관계 덕택에 영화 매체에 자연스럽다. 카메라는 작은 것을 확대함으로써 보통은 너무 작아서 눈에 들어오기 어려운 환상적인 형상들을 보여준다. 그런 형상들이 스크린을 채우게 되면, 이를테면 한 장의 나뭇잎의 매력이나 옷 조각 속에 숨어 있는 에너지를 각인시킴으로써 관객에게 특유의 마력을 행사한다. 모든 클로즈업은 작은 것이 무시할 만한 것이기는커녕, 우리의 시선을 붙드는 큰 것과 큰 사건을 그 영향 면에서는 맞먹거나 능가할지도 모른다는 점을 보여준다.* 본질적으로 이것이 돌팔매질로 골리앗을 죽인 작은 다윗의 이야기가 갖는 교훈이다. 이 이야기는 크기와 힘의 관계가 꼭 비례하는 것은 아님을 증명한다. 아니 외려 작고 연약해 보이는 것이 과시적으로 큰 것을 종종 능가할 수도 있음을 보여준다. 바로 여기에 이러한 모티프의 영화적 특질이 있다. 이것은 클로즈업과 평행 관계를 이룬다. 혹은 다르게 말하면 클로즈업을 의미 있는 사건과 가치의 차원으로 확장시키는 것이라 할 수 있다.

떠돌이 기타 등등 〈순례자〉에서 채플린이 연기하는 떠돌이는 목사 행세를 하는 바람에 어쩔 수 없이 일요일 설교 시간에 다윗이 골리앗을 무찌른 이야기를 팬터마임으로 들려준다. 여기서 그는 바로 자기 자신인 작은 남자 역을 하면서 그의 적수인 거인 역할도 한다. 〔그림 58〕 이 경이로운 일인 공연은 그것이 틀을 빌려온 원형인 성경 이야기를 보여줌으로써 떠돌이 영화의 주제를 강조한다. 떠돌이야말로

---

* 이 책의 103~10쪽 참조. 이와 똑같은 생각을 아달베르트 슈티프터가 자신의 소설집 『여러 가지 돌들』에 붙인 유명한 "서문"에서 고전적으로 표현한 바 있다(Stifter, *Bunte Steine/Nachlese*, Insel Verlag, Leipzig, 특히 p. 8 참조).

완전히 다윗적인 인물이 아니던가? 그리고 이 인물은 현미경을 통해 들여다보는 것처럼 제시되고 있지 않은가? 그 작은 친구의 영화 이미지가 마치 그의 공포와 몽상, 낭패와 책략, 난관과 성공의 길게 이어지는 클로즈업 같지 않은가? 채플린은 클로즈업에 인간적인 중요성을 부여한다. 그의 떠돌이 인물이 지닌 가장 인상적인 특징은 이 세계의 골리앗에 대항하여 살아남으려는, 진정으로 꺾을 수 없는 불굴의 생존력이다. 그가 구현하는 생명력은 식물의 생장을 다룬 영화를 떠올리게 한다. 흙을 뚫고 솟아오르는 연약한 새싹들을 고속 촬영으로 찍은 영상 같은 것들 말이다. 여기에 옛 채플린 코미디와 특정한 네오리얼리즘 영화들을 이어줄 연결 고리가 있을 수 있다. 〈카비리아의 밤〉과 〈움베르토 D.〉와 같은 영화들은 연약하지만 파괴될 수 없다는 점에서 그 떠돌이를 닮았다.* 이런 모든 인물들은 권력자에 굴복하는 듯 보여도 결국에는 그보다 오래 살아남는다.

실제로 떠돌이, 그리고 그의 2차원적 친척인 미키마우스는 오래 전에 사라졌지만 그들이 구현한 모티프는 여전히 유효성을 입증하고 있다. (여담이지만, 이는 영화에서 그들의 소멸이 사회적 이유만으로는, 이를테면 1930년대 사회적 환경의 변화나 이에 따른 관객 취향의 변화 같은 것으로는 충분히 설명될 수 없음을 함의한다. 따라서 다른 설명, 보다 직접적인 설명을 찾는 것이 합당하리라. 저 두 영화적 인격들은 그들을 창조한 사람들의 관심사가 달라졌고 이에 따라 영화 산업이 새로운 길로 나아가게 되면서 버림받았을지도 모른다.) 약자 다윗의 매력적인 화신은 예컨대 항상 우리에게 손쉬운 희생자로 소개되는 서부영화의 전

---

*   이 책의 489쪽을 보라.

형적인 주인공이다. 앨런 래드가 분한 셰인은 동명의 영화 〈셰인〉에서 술집 불량배들에게 둘러싸여 딱한 모습을 보여주고, 제임스 스튜어트는 〈사진〉에서 권총도 없이 다닌다. 또한 〈하이 눈〉에서 고독한 보안관이 자살 행위에 가까운 결투에서 죽음을 맞이하는 것도 비슷한 경우로 볼 수 있다. 하지만 서부영화는 그 잠재적 희생자가 불의를 바로잡는 빛나는 영웅으로 드러나는 순간 절정에 달한다. 그리고 그 영웅들이 결국 압도적 힘을 자랑하던 악당들을 처단하는 대목은 추격신과 질주하는 말들, 그리고 산맥과 평원의 원거리 숏이 발하는 변치 않는 매력에 의미를 더해준다.

윈슬로 보이 탐문수사 모티프처럼 다윗과 골리앗 테마도 연극적 이미지에 영화적 생명을 불어넣을 수 있다. 〈윈슬로 보이〉를 생각해보자. 영화에서는 원작 연극을 진정한 영화로 바꾸려는 어떠한 가시적인 시도도 이루어지지 않았다. 영화의 아주 두드러지는 연극성을 하나 예로 들어보자면, 영화는 법정에서 벌어져야 할 최종 장면이자 결정적인 장면을 보여주는 대신, 그저 늙은 가정부가 그것의 영광스러운 결말을 이야기하도록 한다. 이것은 목격자가 무대에서 보이지 않는 전투의 승리나 패배를 관객에게 보고하는 연극의 유구한, 자랑스러운 수법이다. 하지만 이렇게 해서 영화 관객은 자신이 당연히 누려야 할 즐거움을 박탈당하게 된다. 아무리 그 연기가 훌륭하다고 해도 관객은 그런 볼거리가 없으면 극히 실망하고 말 것이다. 하지만 여기서 다시 약자 다윗——윈슬로 보이——이 골리앗(여기서는 영국의 해군사관학교와 여론)에 승리를 거둔다. 이러한 영화적 모티프의 매력은 영화가 역시 같은 방향을 가리키는 탐문 추적 활동까지 끌어들인다면 더욱 거부할 수 없게 된다. 따라서 관객은 진정한 영화를 체험한다는 느낌 속에서 연극적인 구성을 잊어버리게 된다. 〈윈슬로 보이〉는 아름다운 이야기 덕분에 스크린에서 겉돌지 않을 수 있다.

에필로그

16 우리 시대의 영화

이제 우리는 9장 끝에서 중단한 사고의 흐름을 재개할 때가 되었다. 9장은 관객이 언제나 꿈꾸고 있는 것은 아니며, 그가 각성한다는 사실은 영화가 그의 의식적인 정신 상태에 무엇을 의미하는가라는 질문을 자연히 제기한다는 점을 언급하면서 끝이 났다.* 이러한 물음은 대단히 중요하기에, 아직 충분히 무르익지 않은 시점에 이 물음을 계속 파고드는 것은 별 의미가 없었을 것이다. 오직 지금처럼 영화의 내적인 작동 방식을 논하고 난 뒤에야 가장 핵심적인 그 문제로 들어가는 것이 가능하며 정말로 필요해졌다고 하겠다. 그것은 바로 영화 경험의 가치는 무엇이냐는 물음이다.

내적인 삶의 우월성?

관객을 매혹하고 흥분시키는 영화 재료들의 대다수가 외부 세계의 광경과 거친 물리적 스펙터클 및 디테일 들로 이루어졌다는 것은

---

*   이 책의 321~22쪽을 보라.

분명한 사실이다. 그런데 외적인 것을 강조하다 보면 일반적으로 본질적이라고 간주되는 것들은 무시하게 된다. 영화 〈피그말리온〉에서 원작 연극에 새롭게 추가된 장면들은 일상적인 삶에 치중하다 보니 원작의 교훈에는 소홀해졌지만, 바가텔 형식에 잠식된 쇼의 촌철살인적인 대사보다 훨씬 효과적인 것으로 입증된다. 다시 말해, 영화화로 인해 의미를 잃은 것은 영화적 관점에서 보면 분명 이득을 가져다준 셈이다.* 영화는 사물의 표면에 천착할 때 자신의 진가를 발휘하는 것으로 보인다.

따라서 누군가는 영화가 관객을 삶의 핵심에 집중하지 못하게 한다고 결론 내릴지도 모른다. 이것이 폴 발레리가 영화에 반대했던 이유다. 그는 영화를 "기계적 완벽성을 자랑하는 외부 기억"으로 보았다. 그래서 그는 영화가 스크린에 범람하는 환영의 방식을 받아들일 것을 부추긴다고 비난한다. 웃는 방식이나 죽이는 방식, 또는 시각적으로 숙고하는 방식 같은 것을 말이다. "내가 보고 있는 온갖 교제와 단조로운 다양성을 낳는 이 행동들과 감정들의 의미로부터 대체 무엇이 남는가? 나는 더 이상 삶에 대한 열정을 느끼지 못한다. 산다는 것이 이제는 흉내 내기에 불과하기 때문이다. 나는 미래를 외우고 있다."[1] 발레리에 따르면, 영화는 내적인 삶의 외적인 양상을 보여줌으로써 우리에게 외적인 양상은 모방하고 내적인 삶은 폐기할 것을 강요한다. 삶은 겉모습과 모조품 속에서 스스로 소진되고, 따라서 지금까지 삶을 유일하게 가치 있게 만들었던 독특함을 상실한다. 그 귀결이 권태다.** 환언하자면 발레리는 영화가 외부 세계에 보이는 각별한

---

* 이 책의 417~18쪽 참조.

관심 때문에 우리가 정신의 세계에 참여하지 못하도록 막는다고 주장한다. 영화가 물질적 재료에 갖는 친화성이 우리의 영적인 성향에 방해가 된다는 것이다. 그래서 우리의 내적인 삶, 영혼의 삶은 우리가 스크린에 펼쳐지는 외적인 삶의 이미지에 몰두함으로써 질식된다는 것이다. 그런데 발레리가 이런 식의 주장을 한 유일한 지식인은 아니다. 조르주 뒤아멜 또한 움직이는 이미지, 즉 영화가 그가 원하는 바를 생각하지 못하게 하고, 대신 "그의 생각 자체를 그 이미지로 대체시켜버린다"[2]고 불평한다. 보다 최근에는 니콜라 키아로몬테가 "완전히 외부에서 세계를 응시하게" 만드는 사진과 영화를 비난한다. 또는 그의 말을 그대로 옮기면, "카메라의 눈은 우리에게 바로 저 이상한 것, 즉 의식에 의해 전혀 침입받지 않는 세계를 제공한다."[3]

　이런 주장은 내적인 삶을 이루는 믿음과 생각과 가치 들이 오늘날에도 과거에 차지했던 것과 똑같은 권위를 차지한다고, 그래서 그것들이 영화가 우리에게 각인시키는 외부 세계의 사건들만큼 현재 똑같이 자명하고 강력하고 현실적이라고 가정할 때에만 지지될 수 있을 것이다. 그렇다면 실제로 영화가 우리가 닿을 수 있는 보다 고귀한 대상들로부터 우리를 소외시킨다고 정당하게 비난할 수 있으리라. 하지만 정말로 그런가? 정말로 내적인 우주와 물리적 현실이 맺는 관계들이 언제나 본질적으로 똑같은 것으로 남아 있다고 말할 수 있는가? 사

**　** 이러한 판단에도 불구하고 발레리는 물질적 삶의 흐름을 대단히 예리하게 감지했다. 예컨대 암스테르담 거리와 운하에 대한 그의 유쾌한 묘사를 읽어보면 이런 점이 잘 드러난다. 또한 그는 시각적 형상이 보통 식별을 위해 덧씌워지게 마련인 의미로부터 벗어나지 않는다면 완전히 파악될 수 없다는 점도 잘 알고 있었다. 그는 이런 형상들을 바로 그것 자체를 위해 포착한다는 생각에 더 이끌렸다. Valéry, "Le retour de Hollande," in *Variété II*, pp. 25~27 참조.

실 그 관계들은 지난 3~4세기 동안 심대한 변화를 겪었다. 여기서는 그런 변화들 중 두 가지 정도가 특히 중요하다. 바로 정신에 대한 통상적인 믿음의 가치가 쇠락하고 있다는 사실과 과학의 위세는 꾸준히 상승하고 있다는 사실이다.

서로 관련된 이런 두 가지 발전이——이 발전들은 앞서 "삶 그 자체"라는 개념을 설명하기 위해서 언급된 바 있다*——발레리의 논점을 급진적으로 무효화한다는 점에 주의하자. 이데올로기가 해체 일로에 있고 우리는 내적인 삶의 본질에 더 이상 접근할 수 없다면, 내적인 삶의 우위에 대한 발레리의 주장은 공허하게 울릴 수밖에 없다. 역으로 과학의 영향을 받아 우리 세계를 이루는 물질적 요소들이 중요성을 얻게 되었다면 영화가 그 물질적 요소들에 갖는 편향성은 발레리가 인정하려는 정도보다 훨씬 더 정당해지리라. 어쩌면 발레리의 가정과는 정반대로, 그가 영원히 현전하리라고 당연시하는 내적인 삶의 포착 불가능한 내용으로 가는 지름길이란 없지 않을까? 어쩌면 그 길은, 만일 그런 길이 있다면, 표면적 현실surface reality의 경험을 관통하여 나 있지 않을까? 어쩌면 영화가 막다른 길이나 한갓 이탈로가 아니라 입구라면?

하지만 이 문제는 조금 더 인내심을 갖고 다루어야 한다. 그럼 처음부터 시작해보도록 하겠다. 우선 현대인의 지적 풍경부터 살펴보도록 하자.

---

*   이 책의 317~18쪽을 보라.

지적 풍경

"옛 믿음의 폐허"

19세기부터 사실상 모든 중요한 사상가들은 접근 방식이나 전망에서 어떤 차이가 있든 간에 한때 널리 지지되었던 믿음들——인격의 총체에 의해 받아들여졌고 그 총체성 속에서 삶을 포괄했던 믿음들——이 가차 없이 사라지고 있다는 데 의견의 일치를 보여왔다. 그들은 이 사실을 단지 인정하는 데서 그치지 않고 명백히 내적인 경험에서 우러나온 확신을 가지고 그렇다고 주장했다. 마치 그들이 그런 구속력 있는 규범들의 붕괴를 절절히 느낀 듯했다.

여기서는 이와 관련된 견해들 중 몇 가지를 임의로 골라 살펴보는 것으로 충분할 것이다. 니체, 특히 『인간적인, 너무나 인간적인』에서의 니체는 종교가 이미 그 전성기를 다했고 "이제 다시는 종교에 얽매인 삶과 문화의 지평은 나오지 않으리라"[4]고 천명한다. (하지만 후기 니체는 폐기된 기독교를 안티크리스트의 복음으로 대체함으로써 병자를 건강하게 회복시키고자 했다. 하지만 오귀스트 콩트 또한 종교를 과거의 유물로 낙인찍은 다음 이성으로부터 새로운 종교를 만들려 하지 않았던가? 왕은 죽었다Le roi est mort! 왕이여 만세Vive le roi!) 니체가 열광적으로 요청한 것을 화이트헤드는 체온 차트를 읽는 의사의 태도로 진단한다. "평균 곡선이 종교성의 점진적인 하락을 보여준다." 그는 유럽 문명에서의 종교적 영향력 감퇴와 관련된 맥락에서 이렇게 말한다.[5] 한편 프로이트는 종교의 쇠락을 긍정적인 징후로 진단한다. 그는 종교를 인류의 보편적 환상이라 부르며 심히 대담하게도 종교를 어린

아이의 신경증에 비유한다. "이 견해에 따르면 종교로부터의 독립은 우리의 성장 과정처럼 숙명적이고 가차 없이 이루어질 것이고, 우리는 지금 이런 발달 단계로 나아가는 도중에 있다고 예견해볼 수 있다."[6] 그리고 당연하게도 마르크스에게 종교는 계급 지배가 일소되면 무너지게 될 이데올로기적 상부구조의 하나에 지나지 않는다.

종교적 교리의 영향력이 약해지면 윤리나 관습과 같은 인접한 세속 영역의 보편적 신념 또한 약화되게 마련이다. 우리의 문화적 전통이 전반적으로 쇠퇴의 길을 걷고 있다고, 또 무조건적으로 인정되는 정신적 가치나 규범적 원리란 이제는 정말로 더 이상 존재하지 않는다고 보았던 사상가들은 수도 없이 많다. 그중 한 사람이 세계 문명들을 비교 연구한 슈펭글러다. 그의 광범위한 유비적 연구는 우리의 문명 또한 과거의 문명들처럼 소멸될 운명이고 사실상 이미 그 길의 끝에 와 있다는 서글픈 진리에서 정점에 달한다. 토인비도 슈펭글러와 유사한 비교 연구에 매진했고, 우리의 사기를 올려주고 싶은 그의 욕망이 아니었다면, 그 역시 정확히 같은 결론에 도달했으리라. 그런 욕망은 불길한 역사적 유비를 찾아내는 그의 성향을 언제나 다시 압도하고 만다. 그렇게 그는 서구 문명을 예외로 보고, (우리가 그 기회를 붙잡을 것이라는 전제하에) 우리에게 생존 기회가 있음을 보여주고자 한다. 역사를 그런 식으로 야심 차게 조망할 생각이 없는 다른 사상가들 또한 토인비나 슈펭글러와 마찬가지로 이념적 통일성의 해체가 상당히 진전되었다는 것을 강력하게 확신한다. 예컨대 존 듀이는 "믿음들 간의 합의의 붕괴"가 그의 눈에 비치는 현대 예술의 혼란과 비정합성의 기반이라고 본다. "예술의 소재와 형식에서의 보다 거대한 통합은 문명의 기저에서 자명하게 간주되던 태도의 전반적인 방향 전환에 결국 달려 있다."[7] (아, 이런 처방을 내리는 저 부러울 만큼 소박한 태도를 보라!) "옛 믿음의 폐허"라는 은유를 처음 빚어낸 사람은 뒤르켐이었다.[8]

전망

우리 사회의 인간은 이념적으로 고향 상실 상태에 있다. 이것이 우리 인간의 상황을 보여주는 유일한 측면이 아니라는 점을 굳이 언급할 필요가 있을까? 하지만 인간의 지적 체질의 다른 주요 특징들에 대한 논의로 넘어가기 전에 우선 인간 안에서 포괄적인 믿음의 붕괴가 불러낸 다양한 비전들과 사변들을 살펴보고자 한다.

이런 사변들은 거칠게 두 부류로 나눌 수 있다. 첫째는 자유주의적인 세계관이다. 자유주의 세계관은 계몽주의 시대로까지 거슬러 올라갈 수 있으며, 19세기에 계몽주의와 어쨌든 함께 발전했던 과학적 사고방식이 급증하면서 더 강화되었다. 이 세계관의 주창자들은 공적인 삶의 완전한 세속화를 추구하고 종교적 관념의 쇠퇴를 인류의 한 단계 높은 도약으로 반긴다. 그들은 종교가 이성으로 대체되어야 한다고 주장하면서 이성을 과학과 동일시하는 경향을 보이거나 최소한 핵 시대 이전까지는 그렇게 동일시하고자 했다. 뒤르켐은 "옛 믿음의 폐허"를 입에 올리면서 그 폐허를 "불안하고 서글프게" 바라보는 자들에게 "과학이 초래하기는커녕 오히려 치료하고자 하는 악을 과학과 결부시키지" 말라고 촉구한다. 그리고 이렇게 덧붙인다. "일단 확립된 믿음은 현재의 조류에 휩쓸려 사라지게 되면 다시 인위적으로 확립될 수 없다. 그렇다면 이제는 오직 성찰만이 우리를 우리의 삶 속에서 인도할 수 있다."[9]

그런데 어떤 방향으로 우리를 인도한다는 말인가? 자유주의적으로 사고하는 사상가들은 인류를 교육으로 개선할 수 있다고, 이성의 지도를 받는 교육은 인류를 진보의 길로 인도할 수 있다고, 또한 교육은 구성원들에게 억압으로부터의 해방, 지적 해방, 그리고 특히 기본적 욕구로부터의 해방을 가능하게 하여 구성원들이 타고난 가능성을 성취할 수 있는 사회로 무한히 나아가게 할 수 있다고 자부한다. "계급 없는 사회"는 기본적으로 급진적 자유주의자들의 이상적 사회 배치의 청사진이다. 자유주의적 교리가 아무리 다양하다고 한들 그것은 항상 이성, 진보, 민주주의 원리를 중심으로 움직인다. 이에 대해서 자세히 논할 계제는 아니다. 핵심은 우리가 "옛 믿음"의 상실을 오히려 인류 발전을 위한 소득으로 해석할 비전을 이미 갖고 있다는 것이고, 여기서 종교가 사적 영역으로 밀려난 활력 넘치는 공동체를 만들려다 보니 버려지게 되는 폐허가 생겨난다는 것이다.

하지만 자유주의 진영에서도 낙관론과 회의론은 혼재한다. 에르네스트 르낭은 1848년 혁명기에 과학의 은혜를 예찬했지만 40년이 지난 후 젊은 시절의 열광을 철회했다. 이제 그는 인간 이성이 그 자체로는 종교가 초월적인 명령으로 수행했던 것처럼 효과적으로 우리의 도덕 생활을 규제할 수 있는 규범과 제재를 사실상 제공할 수 없다고 선언하고자 한다. 심지어 그는 한 발 더 나아가, 도덕은 과학의 진보와 반비례하여 악화된다고까지 주장한다.[10] 또는 프로이트의 후기 저작을 떠올려보자. 물론 프로이트가 남겨진 폐허에 대한 르낭의 향수를 공유하지는 않지만 그 역시 이성과 진보의 전망을 장밋빛으로 바라보지는 않는다. "결국 이성을 이겨낼 수 있는 것은 없다"[11]라는 참으로 자유주의적인 견해를 표명한 뒤 고작 2년이 지나고 프로이트는 『문명 속의 불만』에서 심오한 심경 변화를 말해주는 문명 비관주의를 공언한다.

프로이트는 과거에 품었던 희망을 부정하면서 이제 이성의 영역은 인간의 공격충동으로 인해 영구적인 위협을 받는다고 확신한다. 그는 이러한 경향을 "죽음충동"에서 찾아내며, 이를 "엄청난 문명의 난관"[12]이라고 부른다. 프로이트가 인정한 이런 공격성의 파괴적인 기능은 공격충동이 실제로는 우리의 오랜 친구가 아닐지, 즉 원죄가 아닐지를 의심하게 한다. 악의 종교적 정의는 정문으로 쫓겨났지만 심리학적 개념의 탈을 쓰고 다시 뒷문으로 슬며시 들어온 것이다. (어쨌든 프로이트는 이성의 지배를 거역하는 힘의 본성에 대해서 마르크스보다 한층 더 깊이 파고든다. 하지만 이성의 지배를 연장하고자 했던 마르크스는 이런 비관적인 심오한 성찰을 활용할 수는 없었다. 멀리 여행하려는 자는 짐이 가벼워야 하는 법이다.) 소수의 선지자들이 품고 있던 두려움은 그사이 대중에게까지 내려왔다. 핵물리학자가 그들의 도덕적 책임에 대해 걱정하는 시대에 대중은 한때 이성과 동의어로 통했던 과학이 실제로는 기술적 진보 이외의 진보와 우리 사회의 질서에 대해서는 무관심하다는 것을 좋든 싫든 깨닫게 된 것이다. 그럴수록 이성은 실질적인 실체에서 무기력한 관념으로 바뀜으로써 이 모든 도덕적 책임에서 빠져나간다. 하지만 그렇다고 하여 이성의 지도력에 대한 사람들의 확신을 강화시켜주지는 못한다.* 그것은 프로이트의 최

*   이 책의 320~21쪽 참조.

종적 예감을 입증해주는 방향으로 나아가고 있는 사회적·정치적 발달에 힘입어서도 그 명예가 실추된 상태인 것이다.

둘째, 계시적 진리나 대의, 카리스마적 지도자 등 무엇이 되었든 간에 이러한 것에 대한 공통된 믿음의 복권을 주장하는 사람들이 존재한다. 그들의 시각에서 "옛 믿음"의 쇠퇴는 우리를 인간이 만든 더 나은 미래로 인도하기는커녕 오히려 사회를 원자화하고 우리의 정신적 에너지를 소모시킨다. 그들은 자연적 이성이 인간의 가장 내적인 욕구들을 충족시켜줄 수 없다는 이유에서 그것이 지도적 원리가 되는 것을 거부한다. 또한 그들은 진보와 민주주의적 평등 등에 대한 자유주의자들의 믿음이 무지한 평범한 시민과 실속 없는 만족을 확산시킬 것이라고 우려한다. 본래의 종교를 부활시키려고 하는지와는 별개로 그들의 메시지는 무기력한 영혼에 종교적 열정을 불붙이기 위한 것이다. 특기하게도 조르주 소렐은 자신의 사회적 신화를 초기 기독교도들의 정신에 대단히 중요한 역할을 했던 묵시론적 관념과 비교한다. (물론 그의 교리는 새로운 기독교인 대신에 파시스트만을 길러냈고, 생디칼리스트들은 그의 교리에 대해 잘 알지 못했다.)

오늘날 반지성적인 주장들이 비옥한 토양을 발견하게 된 것은 자유주의의 위기를 초래한 발전들에 그 책임이 있다. 그 발전들이 야기한 심리적 결과는 어느 자유주의 저술가가 표현하듯 "한계도 방향도 없이 계속 표류하는 감각"[13]이다. 그것은 마치 의미 있는 목적을 설정하여 지평의 경계를 확정해줄 통합적인 유인 동기가 부재한다는 불안이 우리 주위에 만연해 있는 느낌이다. (그 어떤 현대 비평가도 그냥 지나치지 못하는 이 불쾌감은 보다 최근에는 소련 시민들이 어떤 고통을 받든 간에 적어도 우리의 "표류하는 감각"에 의해서만큼은 고통받지 않아 보인다는 인상으로 인해 유지되고 있다. 하지만 이들이 자발적으로 공산주의의 대의명분을 위해 뛰어든다고 해도 그들의 믿음은 지속적인 감정적 자산이 되지는 못할 것이다. 그 이유는 소련이 만일 미국에 버금가는 물질적 번영을 이룬다고 한다면 아마도 지금 소련 내정에 긴장을 유발하는 모든 이데올로기적 동기와 압박은 이제 그 목적을 다했기 때문에 스스로 무너지게 될 것이고, 그러면 그 결과 생겨날 사회는 계급의 유무와 무관하게 자유주의적 민주주의 체제와 마찬가지로 똑같은 이념적 소진에 위협받을 것이기 때문이다.)

이런 이유에서 믿으려는 의지가 생겨났고, 믿음을 요청하는 호소를 받아들이려는 마음이 생겨났다. 그래서 환멸에 찬 수많은 지식인들은 공허함이 일으키는 찬바람에 맨몸으로 노출되어, 차례차례 공산당의 교리나 정신분석 등지에서 피난처를 구했던 것이다. 믿음을 선동하는 운동도 부족하지 않았다. 토인비는 우리가 다시 모든 세속적 관심사 위에 종교를 두지 않는다면 엉망이 될 것이라고 끈질기게 선전한다. 하지만 무슨 종교여야 한단 말인가? 그는 자신의 역사적 유비를 밀고 나가다 보니 기독교를 능가하는 새로운 "고등 종교들"의 출현을 예언해야 했다. 하지만 토인비는 기독교를 포기하느니 결국 자기 전제를 망각하는 편을 택했고, 혼란스럽게도 논지를 바꾸면서 우리와 같은 특수한 경우는 기독교가 아직 그 가능성을 다한 것이 아니므로 굳이 새로운 "고등 종교"는 필요하지 않다고 단호히 선포한다.[14] 그것이 꼭 기독교일 필요는 없다. 전문화의 치명적인 영향에 위협을 느낀 다른 이들은 인문주의의 부흥을 지지한다. 또 다른 이들은 신화로 돌아가거나 동아시아의 종교에 탐닉하기도 한다. 이런 운동들 대부분은 과학혁명 이전에 지배적이었던 사고와 논거 방식에 기대고 있다는 점에서 퇴행적이다. 그렇지 않은 경우에는 믿을 능력의 부재가 믿으려는 의지만큼이나 강력한 것으로 보인다. 무감각이 전염병처럼 만연해 있다. 그리고 "고독한 군중"[15]은 이 공백을 대체 수단으로 채우고 있다.

공허를 관통하는 고속도로

우리가 처한 상황의 특징 가운데, 이상 논한 특징보다 덜 주목받은 특징을 간단히 추상성이라 정의해볼 수 있다. 이 용어는 각계각층의 사람들이 자기 자신과 세계를 인지하는 추상적인 방식을 지칭한다. 우리는 "옛 믿음의 폐허" 속에서 단지 살아가는 것이 아니라 그 폐허 속에서 기껏해야 충만한 사물의 그림자만을 인식하면서 살아간다. 이것은 과학의 막대한 영향에 책임을 물을 수 있다. "종교성"의 곡선이 하락하는 동안 과학의 곡선은 점진적으로 상승해왔다. 어떻게 안 그럴 수 있겠는가? 과학은 기술적 진보의 원천이자, 우리 일상의 가장 구석진 영역에까지 영향을 미치며 그 영역들을 점점 급속도로 변화시키는 발견과 발명의 끝없는 흐름의 발원지다. 우리는 우리의 모든 행보에서 과학의 영향력을 감지한다고 말해도, 아니 과학 덕분에 생산으로부터 해방되었다고 말해도 과언이 아니다. 유례없을 정도로 엄청난 생산성을 입증한 방법론이 직접적으로 그 방법의 지배를 받지 않는 영역에서의 정신에까지 흔적을 남긴다는 사실은 놀라운 일이 아니다. 우리가 이 점을 의식하든 못하든 우리의 사고방식과 현실에 대한 전반적인 태도는 과학의 발전을 야기한 원리들에 의해 조건 지어져 있다.

이러한 원리들 가운데 단연 두드러지는 것이 바로 추상성의 원리다. 대부분의 과학은 일상적인 경험 대상들을 다루는 것이 아니라 그것들로부터 특정한 요소를 추상화하여 다양한 방식으로 가공한다. 그리하여 대상들은 이런 방식으로 "그것들의 모든 개성과 진귀성"[16](듀이)의 근거였던 속성들을 박탈당하게 된다. 자연과학은 이런 방향으로 가장 멀리까지 나아간다. 자연과학은 측정 가능한 요소나 단위들, 그것도 가능하다면 물질적 요소나 단위들만을 중시한다. 또한 자연과학은 그 요소나 단위들의 규칙적인 행동 양식이나 관계를 발견하기 위해서 그것들을 서로 고립시킨다. 이때 그 목표는 수학적 정확성을 지닌 규칙성을 확립하는 것이다. 만일 양적 방법을 허용하는 단위들이 자신들이 원래 속해 있던 대상의 특징들을 여전히 보존하는 단위들보다 더 추상적인 것이 사실이라면, 과학 자체 내에서 추상성이 증가 추세에 있다고 주장할 수 있을 것이다. 예컨대 사회과학은 주어진 대상의 질적 평가를 정당화하는, 아니 사실상 요구하는 것처럼 보이는 영역을 다루지만 검증 가능한 규칙성(하지만 종종 전혀 중요치 않은)을 찾아내는 양적 절차를 위해서 질적 평가를 소홀히 하는 경향을 보인다. 환원하자면 사회과학은 정밀과학의 지위를 얻는 것을 목표로 한다. 그리고 정밀과학에서는 자신이 관여하는 현실의 흔적을 더욱 계량화하기 위해서 노력한다.

과학적 작업 방식이 점점 더 비의적으로 변해가는 한편, 그 작업 방식에 내재한 추상성은 결국 우리의 사고 습관에 영향을 미칠 수밖에 없다. 이러한 영향들이 전파되는 주요 통로 중 하나는 당연히 기술이다. 기술의 성장과 확산은 현대 문명을 상상할 때 없어서는 안 될 수많은 기계들의 공급과 사용을 위해 양성된 기술자 군단을 배출했다. 이 모든 산물은 그 목적이 무엇이든 여러 목적을 위해 사용 가능한 도구적 성격을 띤다. 그것들은 모두 기계 장치로서 특정한 추상적 관점에서만 이해될 수 있다. 그리고 그것들의 본질은 그것들의 기능과 같다.

기술자들은 존재의 목적이나 양태보다는 수단과 기능에 더 많은 관심을 기울인다. 이러한 정신적 태도는 그가 살아가면서 마주하게 되는 문제, 가치, 대상 들에 대한 감수성을 약화시킬 수 있다. 그는 그것들을 추상적인 방식으로, 즉 그가 관심을 갖는 기술이나 도구에 더 적합한 방식으로 파악하려는 경향을 보일 것이다. 우리 시대가 기술의 시대라는 것은 자주 언명되었다. 여기에는 "낙진" "플라스틱" "자동화" 등과 같은 새로운 기술 용어들의 쉼 없는 유입에서 유추해볼 수 있듯이 일말의 진리가 들어 있다. 실제로 이런 식의 용어들이 우리 일상 언어에 상당 부분 점차 통합되고 있는 것이 사실이다. 단어는 사고를 전달한다. 일상의 발화에서 기술적 신조어들의 비중이 나날이 커지는 현상은 기술자적인 정신적 태도가 널리 확산되고 있음을 방증한다.

오늘날 사람들은 기술자적인 태도를 지니는바, 그것은 그들이 특정 커뮤니케이션 매체에서 느끼는 만족감이 커뮤니케이션 자체의 질과는 종종 무관하다는 사실에서 드러난다. 전송 도구는 전송된 내용을 압도한다. 이에 딱 부합하는 사례가 바로 아주 많은 사람들이 레코드 음악을 사용하는 방식이다. 그들은 마치 레코드 음악의 무제한적인 이용 가능성에 매료되기라도 한 듯이 그것에 배경음의 역할만을 부여한다. 아마도 사람들이 경청하지 않는 그 음악은 사회적 욕구를 충족시켜주는 듯하다. 소음이 그들 사이에 감도는 침묵을 덮어준다면, 그들은 더 이상 고독으로 인해 고통받을 필요가 없다. 그런데 그들은 왜 고독을 느끼는가? 그들은 실로 인간적 접촉을 그리워하기도 하지만, 그들이 느끼는 고독은 우리가 이미지와 의미들과 나누는 상호작용을 방해하는 저 추상성의 징후 중 하나이기도 하다.

실제로 우리가 정신적 실체들과 접촉하려 하면 그것들은 공기 중으로 사라지곤 한다. 우리가 그것들을 거머쥐려 하면 그것들은 라디오 음악이 보통 소음으로 환원되어버리듯이 그렇게 무미건조한 추상성으로 환원되고 만다. 이것은 문화적인 것 또는 정신적인 것에 접근하는 두 가지 대중적인 방식에 의해서 잘 보여진다. 두 방식 모두 그러한 환원을 야기하며 어떤 의미에서는 과학을 모범으로 삼는다. 그중 한 가지 방식은 대체로 프로이트와 심층심리학을 자양분으로 삼아, 온갖 정신적 현상들을 심리적 기질에서 파생된 산물로 치부함으로써 그 현상들의 실체를 비워버리는 것이다. 몇 가지 잘 알려진 사례들을 언급해보면 종교적 믿음은 인간의 타고난 공포와 희망의 표현이나 상징들로 간주되고(하지만 그 믿음이 취하는 형식들은 무엇이며, 그 형식들이 도달하고자 하는 진리의 정도는 어떻게 되는가?), 전쟁은 억제할 수 없는 공격성으로 설명되며(이것은 역사 속 전쟁을 그 어느 것 하나 설명해주지 못한다), 우리 사회 질서의 장단점에 대한 평가는 그 질서가 어떻든 간에 우리가 그에 잘 적응하는가 아닌가의 문제를 둘러싼 고민들에 의해 뒷전으로 밀려난다. 이 모든 것은 태도이자 행동 양식이며, 내적 충동이 되어버린다. 따라서 우리를 감싸는 가치들의 특수한 내용은 심리학의 용어로 멀어져버리며, 그것들이 속해 있던 영역은 불확실한 상태에 잠겨버린다.

이 영역에 접근하는 또 다른 방식은 상대주의적 환원이라 부를 수 있는 것에 기초한다. 사회적 유동성이 증가하고 정보 흐름의 규모도 커지면서——이는 대중매체에 의해 엄청나게 촉진되고 있다——사람들은 모든 것은 한 가지 이상의 시각으로 볼 수 있고, 따라서 그들의 시각이 유일하게 인정받을 권리가 있는 삶의 방식이 아니라는 것을 깨닫게 된다. 이에 따라 절대성에 대한 확신은 흔들리게 된다. 동시에 사람들은 자신들의 지평이 확장되면서 시야에 들어온 다른 관점들과 시각들을 비교해볼 것을 요구받는다.* (첨언하면, 과학적 발전은 전반적으로 상대주의적인 성향과 나란히 발전하는 것으로 보인다. 다양한 사회 집단이나 모임, 문화가 관여하는 모든 영역, 즉 종교나 인류학, 사회학과 같은 영역에서 비교 연구에 대한 학자들의 관심도 증가하는 추세에 있는 듯하다.)

현대인의 정신세계의 특징은 콕 집어 말하기 어렵다. 아마도 그 특징은 앞서 언급한 소름 끼치는 무감각으로 일부 설명할 수 있어 보이며, 문화적 비교와 대조가 구가하는 유행에서 나타나기도 한다. 동양과 서양이라는 주제는 2차 대전 이후에 훨씬 더 각광받고 있다. 결정적인 것은 이 비교가——새로운 방향 설정의 욕구 따위에서 나왔을 터인데——값비싼 대가를 치르고 있다는 것이다. 이런 비교에 휘말리게 되면 우리는 우리가 접하는 다양한 가치 체계의 핵심적인 본질을 놓칠 위험에 처할 수밖에 없다. 그런 체계들의 비교 가능한 요소들에 대한 우리의 관심은 어떤 체계든 그것에 완전히 흡수되려는 마음가짐에 방해가 된다. 가치 체계에 흡수됨으로써만 우리는 그 체계를 속속

***

*   이 책의 39~40쪽 참조.

들이 파악할 수 있으리라고 기대할 수 있기 때문이다. 우리가 조망할 수 있는 가치들과 실체들의 범위가 더 넓어지면서 그것들의 특수성이 휘발될 가능성도 함께 커지고 있다. 우리가 그것들로부터 얻어내는 것은 체셔 고양이의 미소보다 더 본질적인 것이라고 말하기 어렵다.

예술가들은 대부분의 사람들이 어렴풋하게만 알고 있는 우리 내면의 상태를 감지하고 폭로할 수 있다. 추상회화는 반리얼리즘적인 운동이라기보다는 만연한 추상성에 대한 리얼리즘적인 현시에 가깝다. 추상회화가 탐닉하는 선의 배치는 오늘날의 정신적 과정이 갖는 성격을 충실하게 반영한다. 현대 회화는 마치 우리의 사고와 감정이 좇는 길들을 한눈에 보여주는 것이 목적인 듯하다. 이 길들은 현실 자체에 그 대응물이 있다. 그것은 바로 공허를 관통하여 ─ 우리의 시선이 미치지 않는, 인적 없는 숲과 마을을 지나서 ─ 이어지는 고속도로를 닮았다.

도전들

그렇다면 현대인들이 처한 상황은 이러하다. 현대인에게는 구속력 있는 규범의 지도가 결핍되어 있다. 그는 현실을 손가락 끝으로만 건드릴 뿐이다. 현대인의 삶을 결정하는 이 두 가지 요인이 단순히 나란히 존재하는 것은 아니다. 오히려 우리의 추상성은 우리가 이데올로기의 몸체와 맺는 관계에 영향을 미친다. 정확히 말하면 이 추상성은 종교를 부흥시키고 믿음들 간의 합의를 정초하고자 하는 모든 직접적인 노력들에 방해가 된다.

이러한 노력들이 키메라적인 성격을 띤다는 것은 상당히 명백하다. 우리가 보았듯이 종교부흥주의적 신념을 지닌 사람들은 반동적일 때가 많다. 그들은 과학 이전의 사고방식으로 되돌아가서 현대 문명이 기초하는 원리들을 기꺼이 희생시키려 한다. 마치 우리가 원하기만 하면 역사의 시계를 거꾸로 돌릴 수 있기라도 하다는 듯이! 뒤르켐은 과학의 비난자에 맞서 이렇게 과학을 옹호한다. "과학을 침묵시킨다고 하여 사라진 전통의 권위가 다시 돌아오는 일은 없을 것이다. 그렇게 할수록 그 전통들에 대한 대안을 찾는 일만 더욱 어려워질 뿐이다."[17] 유감스럽게도 낭만주의적 허상에 대한 뒤르켐의 정당한 비판에는 이를 보완해줄 논의, 즉 우리가 어떻게 하면 전통적 믿음에 대한 대안을 찾으면서 과학을 계속 긍정할 수 있을 것인가에 관한 논의가 빠져 있다. 바로 이것이 해결되어야 할 난제인데 말이다.

물론 절대적인 것에 대한 믿음을 갱신한다는 목적을 공공연히 내세운 많은 시도들은 그들이 극복하고자 한 추상적 정신에 스스로가 명백히 연루되어 있기 때문에 실패는 이미 예정되어 있는 것이나 다름없다. 이런 실수를 대표하는 토인비의 시도를 살펴보자. 그는 크게 고민하지 않고 자신의 "고등 종교들"을 편리한 도식에 이렇게 배치했다 저렇게 배치했다 하면서 때로는 이들 사이의 유비 관계에 대해 길게 논의하다가 때로는 기독교만의 특수성을 강조하는데, 이는 그에게 기독교와 유대교 등이 실제로 "고등 종교" 이상의 의미를 지니지 않는 것이 아닌가 하는 인상을 준다. 그는 "고등 종교들"을 말하자면 추상으로 환원시켜버렸고, 그것은 자연히 그 종교들이 동전이나 자갈처럼 쉽게 뒤집힐 수 있는 것이 되었다는 뜻이다. 하지만 이렇게 내용을 빼고 껍데기만 남겨놓자 토인비의 간곡한 권고는 힘을 잃는다. "우리는 구원받기 위해서 무엇을 해야 하는가?"라고 토인비는 묻는다. 그는 우리가 영적 영역에서 "세속적 초월 구조를 다시 종교적 반석에 올려"[18]놓아야 할 것이라고 답한다. 이러한 조언은 그 목적을 놓친다. 종교를 부정했던 용어를 가지고 종교로 회귀함으로써 추구했던 목적을 우리 눈앞에서 해체시켜버린다. 반복하자면 토인비는 어떤 전반적인 성향을 대표한다. 지금 우리 주위는 반자유주의를 부르짖든 아니든 이념가들의 얄팍한 설교로 가득하다.

　　이 모든 것은 이념적 통일성이 돌이킬 수 없이 상실되었음을 시사하는가? 이렇게 묻고 싶어진다. 하지만 이런 질문은 중요하지도 않고 현실적이지도 않다. 이런 질문은 사변들 자체를 유발하는 상황은 고려치 않는 사변들만을 끌어들일 뿐이다. 그럼에도 불구하고 이왕 질문이 제기되었으니 그게 무슨 의미가 있든 간에 하나의 사변적인 답변을 제시해볼 수는 있을 것이다. 어떤 가치 체계의 파급력이 열역학 제2법칙을 따른다는 것은 충분히 상상할 수 있다. 이는 한 체계가 시간의 경과에 따라 잃어버린 에너지는 다시 돌아오지 않는다는 것을 뜻한다. 이런 관점에서 보면, "옛 믿음"은 점차 식을 것이다. 그 믿음 안에 축적된 막대한 에너지를 고려해볼 때, 믿음의 온도는 아마도 거의 느껴지지 않을 만큼 천천히 하강할 것이다. 이념적 열기는 때에 따라서 치솟을 수도 있고, 종교 기관들 또한 얼마가 될지는 모르지만 앞으로도 한동안은 우리 곁에 남아 있을 수도 있다. 하지만 이 냉각 과정이 비가역적이라는 것, 그것만은 확실하다. (친숙한 반대 의견 또한 설득력 있게 들릴 수 있다는 점에 주의하자. 누군가는 사람들이 이데올로기적 공백 상태에서는 숨 쉴 수가 없기 때문에 공통된 믿음이 다시 등장할 수밖에 없다고 주장할 수도 있다. 이런 식의 **영원의 상 아래에서의**sub specie aeternitatis 추론은 상당히 쓸모가 없는 편이다.)

다시 한번, 이데올로기가 그 전성기를 다했는가에 대한 물음은 현재의 중요한 문제를 흐리는 가짜 질문이다. 중요한 문제는 그런 통합적인 믿음과 우리가 맺는 관계보다는 그러한 믿음이 오늘날 우리에게 접근 가능해지는 조건들이 무엇인가와 관련된다. 우리가 우리 안과 주변의 것들에 접근하는 방식이 추상적이지 않았더라면, 우리는 그 믿음들에 원칙적으로는 자유롭게 접근할 수 있었으리라. 하지만 영적인 무방비 상태에서 탈출하려는 시도를 좌절시키는 것이 바로 현대인이 지닌 정신상태의 특징이다. 따라서 우리의 상황은 대단히 즉각적이고, 대단히 긴급한 도전에 직면해 있다. 만일 우리가 우리의 지평을 확정하는 가치들을 통합하고자 한다면, 가능한 한 우리 안의 저 추상성을 제거해야 한다. 우리는 이런 도전에 응전하려 노력하면서 여전히 이념적 확실성에 닻을 내릴 수는 없을 것이나, 적어도 우리가 찾지 못한 무언가를, 그 자체로 대단히 중요한 무언가를, 다시 말해 우리가 살고 있는 세계를 찾을 기회를 얻을 것이다.

경험과 그 재료들

"석양의 광휘"

확실히 우리는 존 듀이가 말하듯 대상에 "그것의 독특함과 진귀성"을 부여하는 속성들을 회복시킴으로써만 추상성에 대한 우리의 강박적인 탐닉에 제동을 걸 수 있다. 과학의 막대한 영향 속에서 정신을 압도하는 추상성에 대한 구제책은 경험이다. 그것도 사물들을 그 구체성 속에서 경험하는 것이다. 화이트헤드는 이런 관점에서 우리의 상황을 직시하고 이에 대해 적절하게 논평한 최초의 사람이었다. 그는 자기 시대의 사회가 추상적 사유에 경도되어 있다고 꾸짖고는 우리가 concretion의 이중적 의미, 즉 구체화와 견고화를 원한다고 주장한다. "당신이 태양에 관한 모든 것을, 그리고 대기에 관한 모든 것, 또 지구의 공전에 관한 모든 것을 이해한다고 하더라도 당신은 석양의 광휘를 보지 못할 수 있다. 어떤 사물이 자신의 현실태로 구체적으로/확고하게 실현되는 것을 직접적으로 지각하는 일을 대체해주는 것은 없다. 우리가 원하는 것은 그 귀중함을 이루는 것이 무엇인지가 제대로 부각되어 있는 구체적인/확고한 사실이다."

이 요구는 어떻게 충족될 수 있는가? 화이트헤드는 계속 말을 잇는다. "내가 말하는 것은 예술과 미적 교육이다. 여기서 예술은 너무 일반적인 의미여서 내가 굳이 예술이라고 명명하고 싶지도 않은 그런 것이다. 예술은 하나의 특수한 사례일 뿐이다. 우리에게 필요한 것은 미적 지각의 태도를 기르는 것이다."[19] 경험의 미학적 성격을 강조하는 화이트헤드의 말은 확실히 옳다. "구체적인 사실"의 지각은 그 사실에 대한 사심 없으면서도 강렬한 참여를 전제한다. 사실의 구체성을 현시하기 위해서는 예술을 향유하고 생산하는 데 있어 중요한 역할을 수행하는 방식과 유사한 방식으로 사실을 지각해야 한다.

화이트헤드는 이러한 필요성을 예시하기 위해 한 공장에는 "공장의 기계, 공장 기술자 커뮤니티, 일반 사람들에게 봉사하는 공장의 사회적 기능" 등 다양한 측면이 있음을 지적한다. 우리는 관습적으로 그래왔듯이 공장을 경제적 추상성의 관점에서 파악하는 대신, 그 공장의 모든 가치와 잠재성을 인정하는 법을 배워야 한다. "우리가 훈련하고자 하는 것은 그런 유기적 조직체를 그것의 완전성 속에서 파악하는 습관이다."[20] 아마도 "완전성completeness"이라는 용어는 아주 적합한 말은 아니리라. 우리는 대상을 경험하면서 그것의 다양한 특질들에 대한 지식을 넓힐 뿐만 아니라, 어떤 의미에서 대상을 우리 안에 합체함으로써 내부에서부터 그것의 존재와 역동성을 그 자체로 파악하게 된다. 일종의 수혈의 방식으로 말이다. 외국 사람들의 습관과 전형적 반응에 대해 아는 것과 무엇이 그들을 그렇게 행동하게 하는가를 정말로 경험하는 것은 다른 일이다. (첨언하자면, 여기에 바로 "상호 이해"를 장려한다는 미명하에 현재 성행하는 문화 교류의 문제가 있다.) 또는 우리가 도시와 맺는 관계를 생각해보자. 뉴욕 거리의 기하학적 패턴은 잘 알려진 사실이지만, 그 사실은 우리가 예컨대 모든 교차로가 쭉 뻗어나가 결국 텅 빈 하늘의 무로 사라진다는 것을 깨달을 때에만 구체적인 것이 된다.

그렇다면 우리가 원하는 것은 단지 손가락 끝으로만 현실을 만지는 것이 아니라 그 현실을 붙잡고 그것과 악수를 나누는 것이다. 이런 구체성에 대한 욕구에서 기술자들은 자신들의 통근용 승용차에 변덕스러운 사람의 특징을 붙이는 식으로 장난스러운 애니미즘에 빠져들곤 한다. 그럼에도 다른 현실들, 혹은 다른 현실의 차원들은 존재하며, 우리의 상황은 이 세계들이 다 똑같이 접근 가능한 것은 아니라는 것이다. 그것들 중 어떤 것이 우리의 접근에 응할 것인가? 그 답은 단순하게도 우리는 우리 수중에 여전히 있는 현실만을 경험할 수 있다는 것이다.

접근 가능한 현실

이데올로기의 퇴조로 인해서 우리가 살고 있는 세계는 새로운 종합을 이루어내려는 온갖 시도에도 불구하고 파편들로 채워지고 있다. 이 세계에 전체란 존재하지 않으며, 그 흐름이 의미 있는 연속성을 대신하는 우연적 사건들의 파편들이 세계를 이룬다. 이에 따라 개별 의식들은 믿음들의 파편과 잡다한 활동들의 접합체로 생각되어야 한다. 정신의 삶이 구조를 결여하고 있기 때문에 심신의 영역에서 충동들이 걸핏하면 치솟아 올라와 그 간극들을 채우려 한다. 파편화된 개인들이 파편화된 현실에서 각자의 역할을 수행하고 있는 것이다.

이것이 프루스트, 조이스, 버지니아 울프의 세계다. 프루스트의 작업은 전적으로 어떤 인간도 총체이지 않으며 한 인간을 안다는 것은 우리가 그에 대한 원래의 인상을 정리하는 동안에도 그 스스로가 변화하기 때문에 불가능하다는 확신에 기초하고 있다.[21] 게다가 현대의 리얼리즘 소설은 "외부 사건의 연속성 해체"[22]를 주장한다. 에리히 아우어바흐는 이 점을 입증하기 위해 『등대로』의 한 부분을 인용한다. "버지니아 울프의 소설에서 벌어지는 일은 바로 이런 종류의 소설들 어디서나 시도되고 있는 것이다. […] 바로 임의의 사건을 강조하는 것, 그리고 그 사건을 줄거리의 계획된 연속성을 위해서 사용하는 것이 아니라 바로 그 사건 자체를 위해 사용하는 것이다."[23]* 이렇게 되면 그 결과는 당연히도 다른 어떤 것도 아닌 스스로를 위해 이야기되는 우연적인 해프닝들이 유목적적인 총체에 통합되지 않게 된다는

---

*   이 책의 400쪽 참조.

것이다.* 또는 아우어바흐가 관찰하듯, "이런 대부분의 소설에 공통적인 것은 바로 의미의 흐릿함, 모호한 불확정성… 해석 불가능한 상징주의다."[24] (이는 펠리니의 아무 영화에나——물론 〈달콤한 인생〉 이전에 나온——다 들어맞는 이야기라고 말할 수 있다.)

현대 소설이 묘사하는 세계는 이제 산발적인 정신적 사고에서 확장되어 파편적인 물질적 사건들로 나아간다. 이 세계는 현실의 물리적 차원을 포함하는 정신적 연속체이지만 현실의 물리적 차원을 별도의 것으로 보여주지는 못한다. 하지만 우리가 이 만연한 추상성을 극복하고 싶다면 과학이 나머지 세계에서 성공적으로 분리시켜버린 이러한 물질적 차원에 중점적으로 관심을 기울여야 한다. 과학적·기술적 추상성은 우리의 정신을 가장 효과적으로 조건 짓고 있기 때문이다. 다시 말해, 이 추상성이 우리에게 물리적 현상들을 가리켜 보이기도 하지만, 동시에 그 현상들의 특질에서는 눈을 돌리게 만들기 때문이다. 따라서 이처럼 주어져 있으나 주어져 있지 않은 현상들을 그것들의 구체성 속에서 파악해야 할 절박한 필요성이 생긴다. "미적 지각"의 본질적 재료는 물리적 세계——그 세계가 우리에게 시사할 수도 있을 모든 것을 포함하는——이다. 현실의 가장 낮은 지층에 침투하지 못한다면 그것을 온전하게 받아들일 수 있을 것이라 기대할 수 없다.

★   이 책의 403~405쪽을 보라.

영화의 영역으로서의 물리적 현실

하지만 이 심층부에 어떻게 접근할 수 있는가? 한 가지 분명한 것은 그 심층부에 닿는 작업이 사진과 영화에 의해서 대단히 수월해졌다는 것이다. 사진과 영화는 모두 물리적 정보들을 분리해낼 뿐만 아니라 그것들을 재현하는 데에서 모든 가능성을 다 보여준다. 루이스 멈퍼드는 지당하게도 우리 현대 환경의 "복잡하고 상호 연관된 양상들"[25]을 적합하게 묘사하는 사진의 독특한 능력을 강조한다. 그리고 사진이 그 임무를 다하는 곳에서 영화가 사진의 임무를 훨씬 폭넓게 재개한다. 과학기술의 산물로서 두 매체는 우리의 동시대인——이 말의 모든 의미에서——이라 할 만하다. 따라서 두 매체가 우리의 상황에서 생겨난 성향과 욕구에 부합한다는 것은 놀라운 일이 아니다. 영화와 이런 욕구들 중 하나의 관계를 정립한 사람은 또다시 멈퍼드였다. 그는 영화가 물질적 대상들(혹은 그가 적합하다고 여긴 대로 부르면 "유기체organisms")을 이해하고 인정하도록 도와주는 시의적절한 임무를 수행할 것이라고 주장한다. "영화는 자신의 목적을 전혀 의식하지 않고서 상호 침투하고 상호 영향을 주는 유기체의 세계를 선사한다. 그리고 영화는 우리가 그 세계에 대해서 훨씬 강도 높은 구체성으로 사고할 수 있게 한다."[26]

하지만 이것이 전부는 아니다. 영화는 물리적 현실을 기록하고 탐구하면서, 이전에 한 번도 본 적 없는 세계, 포의 도둑맞은 편지처럼 모든 사람의 시야에 있었기 때문에 결코 발견될 수 없었던 포착되기 어려운 세계를 드러낸다. 여기서 말하는 것은 당연히 과학에 병합되고 있는 일상 세계의 연장이 아니라, 우리의 평범한 물리적 환경 그 자체다. 거리와 얼굴들, 기차역 등은 우리 눈앞에 놓여 있었지만 참으로 이상하게도 지금까지 대부분 우리 눈에 들어오지 않은 채로 남아 있었다. 왜 그런가?

일단 물리적 자연이 끊임없이 우주의 어떤 전체적 양상과 자신의 현시를 관련짓는 이념의 베일에 싸여 있었다는 것을 상기해야 할 것이다. (중세의 리얼리즘적 화가들이 추醜와 공포를 아무리 열심히 그렸다고 하더라도 그들이 보여준 현실에는 직접성이 결여되어 있다. 거기에는 현실이 등장한다고 해도, 외부에서 부과된 구성적인 혹은 여타 성격의 배치들, 죄와 최후의 심판과 구원 등의 전체론적holistic 사고를 반영하는 그런 배치들에 곧바로 다시 흡수되어버린다.) 하지만 이제 전통적 가치와 규범이 와해된 마당에 이런 식으로 우리 주위의 세계를 인지하지 못하는 우리의 과오에 대한 설명은 더 이상 설득력을 갖지 못한다. 이제 저 이념은 해체되었고, 물질적 대상들의 베일은 벗겨졌으므로 우리는 그 사물들을 본래의 모습대로 평가할 수 있다고 결론 내리는 것이 사실상 합당할 것이다. 듀이가 이런 결론으로 성급하게 나아간다. 그는 "사물의 본질에 역행하는 상상력의 종합으로부터의"[27] 우리의 해방은 사물의 본질을 새롭게 인식함으로써 보상받고 있다고 주장한다. 그리고 이런 발전은 허위적 종합의 소멸만이 아니라 과학의 해방적 영향력에서 기인한다고 본다. 그는 과학이 "우리가 전에는 그 존재를 예감조차 하지 못했던 사물들을 기민하게 관찰하는 일에 있어서 최소한 몇몇 사람들을 독려했다"[28]라고 말한다.

하지만 듀이는 과학이 양날의 검이라는 사실을 깨닫지 못한다. 과학은 한편으로는 듀이가 상정하는 대로 과학이 관심을 갖는 세계에 대해서 우리의 주의를 환기시키지만, 다른 한편으로 그 세계를 우리의 시야에서 제거해버리는 경향이 있는데, 이러한 역영향에 대해서 그는 말하지 않는다. 물리적 현실이 포착 불가능한 진짜 결정적인 이유는 우리가 과학과 기술의 지배하에서 추상적 사고의 버릇을 들였기 때문이다. 우리는 "옛 믿음"에서 해방되자마자 사물의 속성을 제거하는 방향으로 나아갔다. 그렇게 사물들은 계속 멀어졌다. 그리고 우리는 그 사물들을 그 자족적인 존재를 넘어서는 관습적인 시각과 목적들의 관점하에 두지 않을 수 없기 때문에 그것들은 더욱더 포착되기 어려워졌다. 따라서 영화 카메라의 개입이 아니었다면, 우리는 우리 자신을 일상의 주변 환경으로부터 떨어뜨려 놓는 장벽들을 극복하는 데 어마어마한 수고를 들여야 했을 것이다.

영화는 우리로 하여금 영화가 출현하기 전에는 보지 못했던 것, 혹은 어쩌면 볼 수도 없었던 것들을 볼 수 있게 한다. 영화는 물질세계와 그것의 정신물리적 상응 관계를 함께 발견하도록 우리를 지원한다. 우리는 카메라를 통해서 이 세계를 경험하려 노력함으로써 이 세계를 잠들어 있는 상태, 즉 잠재적 비실존의 상태에서 말 그대로 깨운다. 그리고 우리가 그 세계를 자유롭게 경험할 수 있는 것은 우리가 파편화되었기 때문이다. 영화는 물리적 현실의 구원을 장려하는 데 특별히 적합한 매체라고 정의할 수 있다. 영화의 이미지는 우리가 사상 처음으로 물질적 삶의 흐름을 이루는 대상과 사건 들을 취할 수 있게 해준다.

물리적 현실의 구원

새로운 차이를 보이는 예술

하지만 물리적 현실을 경험하게 하려면 영화는 자신이 무엇을 담아내는지를 보여주어야만 한다. 이러한 요구는 지나치게 불분명하므로 영화 매체가 전통적인 예술 장르들과 맺는 관계에 대한 물음을 제기한다.

회화와 문학과 연극 등이 자연을 담아내는 정도로 볼 때, 이 예술들은 엄밀히 말하면 자연을 재현하지 않는다. 오히려 이것들은 자율성을 주장하는 작품을 만들기 위해서 자연을 원재료로 사용한다. 그런데 이런 예술 작품에는 어떤 것도 원재료 그대로 남아 있지 않다. 아니 정확히 말하면, 남아 있는 모든 것은 작품이 전달하는 의도를 실행하기 위해 조형되어 있다. 어떻게 보면 실제 삶의 재료들은 예술가의 의도 속에서 사라져버린다고 할 수 있다. 물론 예술가의 창조적 상상력은 실제 대상이나 사건으로 인해 불붙을 수 있지만, 예술가는 그것들을 무형의 상태 속에 보존하는 대신, 자신이 그 대상에서 떠올린 형식들과 생각들에 따라서 즉흥적으로 그것들에 형태를 부여한다.

이 점이 바로 화가나 시인을 영화감독과 구분시켜준다. 영화감독과 달리 화가나 시인은 날것 그대로의 삶을 카메라가 보여주듯 자신의 작품으로 만든다면 더 이상 예술가가 아닐 것이다. 화가나 시인은 아무리 리얼리즘적인 정신을 견지한다고 해도 현실을 기록하기보다는 현실을 압도해버리게 된다. 자신의 조형적 열망에 마음껏 빠져들 수 있기 때문에 그의 작업은 유의미한 총체가 되어버리게 마련이다.

이에 따라 예술 작품의 의미는 작품 요소들의 의미를 결정해버린다. 혹은 역으로 그 요소들은 총체로서의 예술 작품에 내재한 진리나 미에 공헌한다는 점에서 의미를 가진다. 그 요소들의 기능은 현실을 반영하는 것이 아니라 현실의 비전을 입증하는 것이다. 예술은 위에서 아래로 내려간다. 대상과 거리를 두는 실사 매체의 관점에서 보면 이런 예술의 특성은 자연을 모방하는 작품, 우연성을 유발하는 작품, 또는 다다처럼 예술을 훼방 놓는 작품에도 해당된다. 신문 조각의 완벽한 콜라주 작업은, 에이젠슈테인의 용어*를 사용하면, 외재적 현실성의 한 표본을 "이념적 착상"의 발현으로 탈바꿈하는 것이다.

영화 속 예술의 침입은 영화의 고유한 가능성을 무산시킨다. 전통적 예술의 영향을 받은 영화들이 미학적 순수성을 이유로 실제 물리적 현실을 무시한다면, 영화 매체를 위해 마련된 가능성을 놓치는 것이다. 그리고 그런 영화들은 주어진 가시적 세계를 담아낸다 해도 세계를 보여주는 데 실패하고 마는데, 그 세계를 찍은 숏들이 예술 작품으로 행세하는 것들의 요소로 쓰일 뿐이기 때문이다. 이에 따라 그런 영화에서 사용된 실제 삶의 재료들은 원재료로서의 성격을 잃어버린다. 이런 영화들로는——부뉴엘과 달리의 〈안달루시아의 개〉처럼——예술적으로 야심 찬 실험영화만 있는 것이 아니라, 수많은 상업영화들 전부가 해당된다. 그 영화들은 예술로서의 성격이 전무하지만, 그럼에도 반쯤은 의도치 않게 연극의 꽁무니를 좇음으로써 예술에 경의를 바치고 있다.

그 누구도 〈안달루시아의 개〉, 즉 위대한 예술적 관심이 만들어

---

*   이 책의 404쪽을 보라.

낸 혼종과 연극적 전통을 좇는 평범한 영화적 오락의 차이를 축소하려 들지 않을 것이다. 그럼에도 관습적인 상품과 예술가의 작품은 영화 매체를 모두 그것의 고유한 목적으로부터 소외시킨다는 점에서 일치한다. 예컨대 〈움베르토 D.〉 또는 〈카비리아의 밤〉을 비교해보면 평범한 연극적 영화들과 몇몇 수준 높은 아방가르드 영화들은 양자를 갈라놓는 모든 특징에도 불구하고 한데 묶일 수밖에 없다. 이런 종류의 영화는 삽입한 물질적 현상들을 이용할 뿐이지, 탐구하지는 않는다. 이런 영화들이 물질적 현상들을 집어넣는 이유는 자신의 고유한 관심사에 의해서가 아니라 유의미한 총체를 확립하기 위해서다. 그리고 이 영화들은 그러한 총체를 가리켜 보이면서 우리를 다시 물리적 차원에서 이념적 차원으로 데려간다. 영화에서 예술은 반동적이다. 예술이 총체성을 상징하고, 그래서 물리적 현실을 "커버cover"하는, 즉 다루면서도 덮어버리는 믿음들이 여전히 존속하는 것처럼 만들기 때문이다. 그 결과, 현재 만연해 있는 추상성을 뒷받침하는 영화들이 나오게 된다.

이와 같은 영화들이 부인할 수 없을 만큼 흔하다고 하여 "'예술'의 거짓"[29]에 반기를 든 영화들의 존재를 과소평가해서는 안 된다. 이런 영화들은 단순한 사실영화——뉴스영화 혹은 순수하게 사실적인 다큐멘터리——에서부터 작가의 조형적 열망으로 가득 찬 완숙한 장편 극영화에 이르기까지 넓게 포진되어 있다. 첫째 그룹에 속한 영화들은 심지어 예술로서 만들어진 것도 아니고 그저 리얼리즘적 경향을 좇고 있지만, 그렇게 함으로써 적어도 "영화적 방식"이라 불려왔던 것의 최소한의 요구 조건은 충족하고 있다.* 장편 극영화로 말할 것 같으면, 이 영화들에서는 리얼리즘적 경향과 조형적 경향 양자가 충돌한다. 하지만 이런 영화들에서 후자는 전자로부터 결코 해방될 생각이 없고, 연극적 영화에서 그렇듯 전자를 압도하려고도 하지 않는다. 〈전함 포템킨〉, 무성 코미디 영화, 〈탐욕〉, 일부 서부영화와 갱스터 영화들, 〈위대한 환상〉, 이탈리아 네오리얼리즘의 간판작들, 〈잊혀진 사람들〉〈월로 씨의 휴가〉〈길의 노래〉 등을 생각해보라. 이 영화들은 모두 카메라가 담아낸 원재료의 암시적 힘에 상당 부분 의존하고 있다. 그리고 이것들은 모두 "좋은 영화"란 예술 작품의 자율성을 지향해서는 안 되고, "그 안에 실수들을, 즉 삶이나 사람들이 모름지기 그렇듯이 실수들을"[30] 담고 있어야 한다고 했던 펠리니의 격언에 일정 정도 부합한다.

그러면 영화계는 이런 성향의 영화에 이끌리는가? 어떤 경우든 그런 영화들의 두드러진 특징들은 대다수의 영화에서 그 영향력을 드러내며, 또 가장 기대치 않은 곳에서 그 영향력을 드러내는 경우도 종종 있다. 다른 모든 점에서는 연극적인 영화가 의도치 않게 그 자체로 독립적인 이야기를 들려주어, 그 순간 본래 내세우고 있었던 이야기를 깡그리 잊게 만드는 장면을 담고 있는 일이 흔하게 발생한다. 혹자는 그런 영화는 잘못 구성된 영화라고 평할지도 모른다. 하지만 소위 그 결점이라 불리는 것이 실은 장점인 것이다. 세미다큐멘터리를 지향하는 추세는 극적인 다큐멘터리의 미덕을 일부 인정한다는 것을 의미한다.** 뮤지컬의 전형적인 구성은 영화 매체 깊숙한 곳에 자리한 리얼리즘적 경향과 조형적 경향의 모순적이지는 않더라도 불안정한

---

*   이 책의 90쪽 외 여러 곳을 보라.

**   이 책의 471~72쪽 참조.

관계들을 반영한다.* 보다 최근에는 배우들에게 즉석에서 대사를 말하게 함으로써 문학과 엄격한 이야기 구성에서 벗어나려는 시도가 이루어지고, 아니 재개되고 있다.** (이러한 시도가 진정한 우연성을 도입할 수 있을지는 또 다른 문제다.)

이 모든 것이 카메라 리얼리즘과 예술이 상호 배제적임을 함의하지는 않는다. 하지만 자신이 담아낸 것을 정말로 보여주는 영화들이 예술이라면, 그것들은 새로운 차이를 보이는 예술인 것이다. 실제로 영화는 사진과 더불어 자신의 원재료를 그대로 전시하는 유일한 예술이다. 영화적인 영화들에서 입증되는 그러한 예술은 자연이라는 책을 읽어낸 그 창조자들의 능력에 공을 돌려야 할 것이다. 영화 예술가는 상상력 풍부한 독자 또는 탐욕스러운 호기심에 이끌리는 탐험가의 특징을 지닌다.*** 이전의 문맥에서 언급했던 정의를 반복하자면 영화 예술가는 "일단 이야기를 시작하지만 그것을 촬영하는 도중에 물리적 현실의 모든 것을 담겠다는 욕망에 휩싸이는 자, 또 어떤 이야기든 영화적 관점에서 이야기를 해나가려면 이 모든 것을 담아야 할 것 같다는 직감을 느끼고 물질적 현상들의 정글 속으로 더 깊숙이 들어가는 모험을 감행하는 자, 그래서 엄청난 노력을 기울여 자신이 떠나온 그 고속도로로 되돌아오지 못한다면 그 정글에서 가망 없이 길을 잃을 수도 있는 위험을 감수하는 자"****다.

---

* 이 책의 281~83, 391쪽을 보라.
** 이 책의 194쪽, 그리고 452쪽의 주 참조(팝스트의 〈잔 네이의 사랑〉의 미장센에 대한 언급 참조).
*** 이 책의 52~53쪽을 보라.
**** 이 책의 465쪽을 보라.

일상적 삶의 순간들

영화 관객은 꿈꾸듯이 스크린에 뜬 이미지를 바라본다.* 그렇다면 우리는 관객이 물리적 현실을 그것의 구체적인 모습 속에서 파악하고 있다고 가정할 수 있다. 정확히 말하면 관객은 우연적인 사건들, 흩어진 대상들, 이름 모를 형상들의 흐름을 경험한다. 미셸 다르는 영화관에서 "우리는 독초와 조약돌…의 형제다"³¹라고 주장한다. 영화의 물리적 미시 세계**와의 친화성만이 아니라 이데올로기의 쇠락으로 인하여, 실제로 우리의 정신은 파편화되어 있는 만큼 전체보다는 "물질적 삶의 작은 요소들"(발라즈)***을 받아들일 수밖에 없다. 이제 이 물리적 삶은 삶 전반의 다양한 차원들 가운데 핵심적인 부분일지도 모른다. 문제는 우리가 내맡겨져 있는 이 "작은 요소들"이 특정한 삶의 영역에 친화적인가다.

장편 극영화에서 이 작은 단위들은 상상 가능한 모든 영역을 자유롭게 아우르는 플롯의 요소들이다. 그것들은 과거를 재구성하려 할 것이고, 환상에 탐닉할 수도 있고, 믿음을 선전할 수도 있으며, 개인적 갈등이나 기상천외한 모험 등을 보여줄 수도 있다. 그러한 서사적 영화의 아무 단위나 고찰해보자. 물론 그 작은 단위는 자신이 포함된 전체 이야기를 전개하는 임무를 맡는다. 하지만 그 단위는 우리에게 강한 영향을 미치기도 한다. 아니, 무엇보다도 단지 가시적 현실의 파편적 요소로서, 불확정적인 가시적 의미들의 띠로 둘러싸인 본래의 모

---

* 9장 외 여러 곳 참조. 특히 310~12쪽을 보라.
** 이 책의 110, 537~38쪽 참조.
*** 이 책의 177, 411쪽을 보라.

습 그대로 우리에게 영향을 미친다. 이런 능력을 발휘함으로써 그 요소는 이야기 전체가 수렴해가는 갈등, 믿음, 모험으로부터 풀려난다. 영화 속 얼굴 하나가 그 표정을 불러낸 사건과 무관하게 공포와 행복의 독특한 현현으로서 우리를 매료시킬 수 있다. 어떤 싸움이나 연애의 배경으로 쓰이는 거리 풍경 하나가 전면으로 부상하여 황홀경을 자아낼 수도 있는 것이다.

그렇다면 거리와 얼굴은 그것들이 떠받치는 플롯보다 훨씬 넓은 차원을 열어젖히는 것이다. 차원의 확장은 말하자면 특정한 이야기 내용의 상부구조 밑으로 이루어진다. 그리고 그 차원은 모든 사람들의 손길이 미치는 곳에 있는 순간들, 출생이나 죽음, 또는 미소나 "바람에 흔들리는 나뭇잎들"과 같이 흔해빠진 순간들로 이루어져 있다.* 물론 개별 순간들 속에서 일어나는 일은 에리히 아우어바흐가 말하듯 "그 속에 살고 있는 개인과 매우 사적인 방식으로 관련되지만, 바로 그렇기 때문에 인간의 가장 기초적이고 공통된 것 자체와도 관련된다. 바로 그와 같은 임의의 순간이야말로 사람들이 싸우고 절망하는 원인이 되는 논쟁적이고 불안정한 질서로부터 상대적으로 독립적이다. 그 순간은 저 질서 아래에서 일상적인 삶으로서 흘러간다."[32] 이러한 견해는 현대 소설에 대한 것이지만 영화에도 그에 못지않게 들어맞는다. 물론 소설의 요소들이 영화는 다다를 수 없는 방식으로 정신적 삶을 포함한다는 사실만 빼고 말이다.

아우어바흐가 가볍게 언급한 "일상적인 삶"이 중요한 단서를 제공한다는 사실에 주의해야 한다. 너와 나, 그리고 인류 전체에 공통된

---

*   이 책의 77~78쪽 참조.

것들과 관련된 작은 임의의 순간들이 일상적 삶의 차원, 즉 현실의 다른 모든 양태들의 모태를 이룬다고 말할 수 있다. 이것은 매우 실체적인 차원이다. 만일 당신이 명확한 믿음과 이데올로기적 목적, 특수한 모험들과 같은 것에 잠시 눈을 감는다고 하더라도 매일의 생활을 특징짓는 근심과 만족, 불화와 잔치, 욕구와 추구는 여전히 남아 있을 것이다. 이런 것들은 습관과 미시적 소통의 산물로서 느리게 변화하면서, 전쟁과 전염병, 지진과 혁명 들로부터 살아남는 탄력적인 직조물을 형성한다. 대체로 영화는 바로 이런 장소와 시간과 사람들에 따라 가변적인 구성을 갖는 일상의 직조물을 탐험하게 마련이다.* 영화는 우리가 이처럼 주어진 물질적 환경을 단지 인정하는 데서 그치지 않고 사방으로 확장시키도록 돕는다. 영화는 이 세계를 사실상 우리의 집으로 만든다.

이것은 영화 매체의 초창기에도 일찍이 인정받았던 바다. 독일 비평가 헤르만 G. 셰파우어는 이미 1920년에 인간이 영화를 통해서 "자기 동네 바깥으로 단 한 발짝도 나가지 않더라도 지구를 자기 집처럼 알게"[33] 될 것이라고 예견했다. 약 30년 뒤에 가브리엘 마르셀 또한 유사한 관점에서 이야기한다. 그는 영화, 특히 다큐멘터리 영화는 "우리가 우리의 서식처인 지구와 맺는 관계"를 심화시키고 더욱 긴밀하게 만들어주는 힘을 지녔다고 말한다. 그리고 덧붙이기를 "나 자신의 보는 습관—즉 보고는 있지만 실제로는 더 이상 보지 않는—에 오래전부터 싫증이 나 있었던 내게 영화의 고유한 힘은 말 그대로 구원 salvatrice처럼 여겨진다"[34]고 했다.

---

* 이 책의 148~49쪽을 보라.

물질적 증거

영화는 우리가 살고 있는 이 세계를 소개함으로써, 증인석에 서는 것이 특별한 의미를 갖는 현상들을 보여준다. 영화는 우리가 두려워하는 사물들을 정면으로 마주하게 한다. 또한 영화는 자신이 보여주는 실제 삶의 사건들과 우리가 그에 대해서 갖는 생각들을 대면시켜보도록 유도하기도 한다.

메두사의 머리

우리는 학교에서 고르곤 메두사에 대한 전설을 배운 적이 있다. 거대한 이, 앞으로 축 늘어진 혀를 한 메두사의 얼굴은 너무나 무시무시해서 그 얼굴을 슬쩍 보기만 해도 사람들과 짐승들은 돌로 변해버린다. 그래서 아테나 여신은 페르세우스에게 그 괴물을 죽이라고 사주하면서 괴물의 얼굴을 직접 보지 말고, 자신이 주는 반질반질한 방패에 거울처럼 반사시켜 봐야 한다고 경고했던 것이다. 아테나의 조언을 명심한 페르세우스는 메두사의 머리를 헤르메스가 무장시켜준 낫으로 베어버린다.[35]

물론 이 신화의 교훈은 실제 공포란 우리를 마비시키고 눈멀게 하므로 그 공포를 보지도·말고 볼 수도 없다는 것이며, 또 우리는 그 공포의 참된 모습을 재현하는 이미지를 주시함으로써만 그 공포가 실제로 어떤 모습인지를 알게 된다는 점이다. 이와 같은 이미지들은 보이지 않는 공포를 예술가가 상상하여 형상화한 것과는 거리가 멀며, 외려 거울상의 성격을 띤다. 현존하는 모든 매체 중에서 영화만이 자연을 거울로 비춘다. 영화만이 우리가 실제로 보았다면 몸이 돌처럼

에필로그

굳어버렸을 사건들을 반사시켜줄 수 있기에 우리는 영화에 의지한다. 영화의 스크린은 아테나 여신의 반질반질한 방패다.

하지만 이것이 전부가 아니다. 신화는 방패나 스크린에 비친 이미지가 어떤 목적을 위한 수단임을 암시한다. 그 이미지들은 관객으로 하여금 그것들이 거울처럼 비추는 공포를 참수할 수 있게, 아니 더 나아가 참수하라고 독려한다. 많은 전쟁영화들이 잔인한 폭력으로 뒤덮여 있는 것은 바로 이런 이유에서다. 이런 영화들이 그런 목적을 충족시키는가? 신화에서 메두사는 참수되었다고 해서 그 위력이 다하지 않는다. 아테나 여신은 적들에게 공포를 심어주기 위해서 그 무시무시한 머리를 자신의 방패에 달았다고 한다. 그 이미지의 관객인 페르세우스는 영원히 유령을 쫓아내지 못한다.

그렇다면 공포 이미지의 의미를 그 이미지에 깔린 의도나 이미지의 불확실한 효과에서 찾는 것이 합당한가에 대한 물음이 제기된다. 파리의 도살장에 관한 조르주 프랑쥐의 다큐멘터리 〈짐승의 피〉를 생각해보자. 소와 말 들이 조직적으로 도살되는 동안 피 웅덩이가 바닥에 퍼진다. 아직 숨이 붙어 따뜻한 동물의 사지는 톱으로 토막 난다. 그리고 기하학적 무늬의 평온함을 발산하는 투박한 질서로 도열된 송아지 머리들을 촬영한 불가해한 숏이 있다. (그림 59) 이처럼 견딜 수 없이 소름 끼치는 이미지들이 채식주의의 복음을 전파하려는 의도로 만들어졌다는 가정은 터무니없다. 또한 그 이미지들이 파괴의 광경을 찾는 음울한 욕망을 만족시키려 한다고 매도해서도 안 된다.*

공포의 거울상은 그 자체가 목적이다. 그것은 그 자체로 관객들

* 이 책의 123~25쪽 참조.

에게 받아들이라고, 그래서 그의 기억 속에 현실에서 바라보기에는 너무 끔찍한 사물의 실제 얼굴을 각인하라고 요구한다. 일렬로 놓인 송아지 머리, 또는 나치 강제수용소에서 촬영된 영화에 나오는 한 무더기의 고문당한 인간 사체를 접하면서, 우리는 공포와 상상력의 베일 너머에 있는 참혹한 것을 그것의 비가시성으로부터 구원한다. 그리고 이 경험은 가장 강력한 금기를 제거한다는 면에서 해방적인 것이다. 아마도 페르세우스의 가장 큰 위업은 메두사의 머리를 잘라낸 것이 아니라 자신의 공포를 극복하고 방패에 비친 그 머리의 상을 바라보았다는 것이리라. 바로 이것이 괴물의 머리를 벨 수 있었던 위업이 아니겠는가?

대치

확증적인 이미지들　가시적인 물리적 현실을 이에 대한 우리의 표상들과 대치시키는 영화나 장면 들은 그 표상들이 사실임을 확인해줄 수도 있고 거짓임을 밝혀줄 수도 있다. 전자의 경우는 진정한 확증을 담고 있는 경우가 드물기 때문에 덜 흥미롭다. 확증적인 이미지들은 대체로 어떤 이념의 현실이 참인지 검증하는 데 사용되지 않고 그저 그 이념을 무조건적으로 받아들이게 하는 데 사용된다. 에이젠슈테인의 〈옛것과 새것〉에 나오는 집단농장 농부들의 과시적 행복이나 나치 영화들에서 히틀러에 환호하는 광란의 군중, 세실 B. 데밀의 〈십계〉에 나오는 놀라운 종교적 기적 등을 떠올려보라. (안타깝게도 데밀은 얼마나 대단한 흥행술사였는가!)

이 모든 것은 조작된 증거다. 이러한 가짜 증거들은 당신을 믿게 만들려는 것일 뿐, 보게 만들려는 의도의 것이 아니다. 때때로 그것들은 자신들의 정체를 단번에 보여주는 전형적인 숏들을 담고 있다. 가령 역광으로 촬영해 사람의 머리와 뺨 둘레에 마치 후광같이 빛나는 선을 드리우는 얼굴 숏이 있다. 이 숏은 현시의 기능이 아니라 미화의 기능을 수행한다. 이런 기능을 맡은 영상을 접할 때마다 그것이 어떤 믿음을 선전하거나 순응을 장려한다고 확신해도 크게 틀리지 않을 것이다. 물론 모든 확증적인 이미지들이 진정성을 결여하고 있다고 보아서는 안 된다. 〈어느 시골 사제의 일기〉에서 젊은 사제의 얼굴은 그 특유의 힘으로써 그의 종교적 믿음과 영적인 시련의 경외로운 현실을 입증해준다.

폭로　물론 우리의 주된 관심은 확증적인 이미지에 있지 않고, 물리적 세계에 대한 우리의 생각에 의문을 제기하는 이미지들에 있다. 영화에서 카메라가 포착한 현실이 우리가 현실이라고 잘못 믿고 있던 것과 대치되자마자 입증의 전 책임은 전적으로 이미지에 주어지게 된다. 중요한 것은 그 영화들이 지닌 다큐멘터리적 특질이기 때문에 그러한 대치는 영화적 방식과 분명 조화를 이룬다. 실제로 그런 대치들은 물질적 삶의 흐름만큼이나 직접적인 매체의 표명이라 말할 수 있다.

지금까지 나온 영화들이 그런 대치들로 가득하다는 것은 별반 놀라운 일이 아니다. 의미심장하게도, 그와 같은 대치를 희극적 효과를 위해 사용하는 무성영화에서는 영화의 기술적 속성 자체에서 그 대치를 발전시킨다. 채플린이 감독한 〈이민자〉의 어느 배 장면에서 카메라가 뒷모습을 비춰주는 한 여행자는 멀미에 시달리는 몸짓을 하고 있었지만, 카메라가 반대편에서 비추자 그가 낚시를 하고 있었음이 밝혀진다. 카메라 위치가 바뀌자 진실이 드러난 것이다. 이것은 전형적인 개그다. 숏 하나가 이전의 숏들이 고의적으로 부추긴 오해를 해소한다.

이것이 유머든 비난이든 원리는 같다. 카메라를 폭로 수단으로 처음 사용한 사람은, 예측할 수 있다시피 D. W. 그리피스였다. 그는 "보게 만드는 것"*을 그의 임무로 생각했고 이 임무는 우리의 환경을 보여주는 것을 넘어서 우리의 편견을 폭로하는 데까지 나아가야 함을 알고 있었다. 그가 1차 대전 당시에 창조한 많은 전형들 가운데 〈흩어진 꽃잎〉에서 주인공 중국인의 고상하고 겸손한 얼굴을, 느끼한 위선을 발하는 두 명의 선교사 얼굴의 클로즈업과 병치시킨 장면이 있다. 이렇게 그리피스는 백인의 우월함에 대한 믿음을 그것이 은폐하는 현실과 대치시키고, 이를 통해서 그 믿음이 근거 없는 편견이라고 비난한다.

그리피스가 보여준 모범을 좇아서 사회적 불공정과 그 원인이 되는 이데올로기를 폭로하려는 의도를 지닌 영화들이 많이 있다. 주지하다시피 영화의 "현시와 폭로를 향한… 가장 내밀한 경향"을 지적한 벨라 발라즈는 에이젠슈테인과 푸돕킨의 1920년대 영화를 이런 식의 대치에 관심을 보였다는 이유에서 영화 예술의 정점이라고 극찬한다.[36]

이렇게 현시로 보이는 많은 영화들이 실제로는 맹렬한 프로파간다의 전달이었다고 말할 필요가 있을까? 하지만 대중들이 생각하듯 다큐멘터리 영화 재료가 무한정 조작될 수 있는 것은 아니다. 일말의

★   이 책 94쪽의 모토를 보라.

진실은 도처에서 어떻게든 드러나게 마련이다. 예컨대 〈상트페테르부르크의 종말〉에서 젊은 소작농이 차르의 수도에 있는 콜로네이드 궁전을 지나는 장면은 억압적인 전제정치와 빼어난 건축 간의 공모 관계를 단번에 드러낸다.

사회 비판을 수행하는 카메라를 선호한 것은 소비에트 영화만이 아니다. 존 포드도 〈분노의 포도〉에서 유랑하는 농장노동자들의 비참한 삶을 적나라하게 보여줬고, 장 비고는 〈니스에 관하여〉에서 부유한 유한계급의 공허한 삶을 비난하기 위해 그들 삶의 우연적 순간들을 보여주었다. 이런 유의 영화에서 가장 정점에 다다른 성취 중 하나는 프랑스 정부가 의뢰한 다큐멘터리, 조르주 프랑쥐의 〈앵발리드관〉이다. 표면적으로 영화는 역사적 건축물을 돌아보는 관광 투어의 단순한 기록에 지나지 않는다. 늙은 상이군인들로 이루어진 여행 가이드들은 관광객들에 둘러싸여서 전시 장소들을 돌아다니며 나폴레옹과 무장 기사들, 그리고 승전에 대해 떠들어댄다. 그들의 케케묵은 논평들은 그 논평의 의미를 섬세한 방식으로 무효화하는 영상과 동기화되어 영화 전체가 군사주의와 낡아빠진 영웅 숭배에 대한 고발로 바뀌게 된다.〔그림 60〕

또 다른 경우로는 물리적 현실이 관습의 구조를 꿰뚫고자 하는 욕망 속에서 드러나기도 한다. 에리히 폰 슈트로하임은 〈탐욕〉을 비롯한 여러 곳에서 카메라를 삶의 가장 거친 부분에, 다시 말해 문명의 얇은 표층 아래에서 벌어지는 모든 것에 머물게 한다. 주로 폭로에 매진하는 채플린의 영화 〈살인광 시대〉에서 작은 배가 떠 있는 호수의 롱숏은 아마추어 사진사의 평화와 행복에 대한 꿈을 전한다. 하지만 그 꿈은 배를 보여주는 다음 클로즈숏으로 인해 파괴된다. 그 숏에서

베르두 씨로 분한 채플린은 또 다른 희생자를 막 살해하려 한다. 우리가 충분히 자세히 들여다본다면 전원의 이면에 숨어 있는 끔찍한 면들을 발견하게 되리라. 똑같은 교훈을 삶의 평범한 과정에 짙은 그림자를 드리우는 프랑쥐의 도살장 영화에서도 끄집어낼 수 있다.

그와 같은 폭로는 영화의 고유한 모티프와 공통된 특징을 지닌다. 폭로의 전염력은 지극히 강력해서 그것이 없었다면 연극적으로 남았을 영화조차도 그 존재 덕택에 영화적인 영화로 바뀌게 된다. 잉마르 베리만의 〈제7의 봉인〉이 본질적으로 신비극인 것은 사실이나, 영화가 그려내는 중세의 믿음과 미신은 전적으로 기사의 강한 탐구 정신과 그의 종자가 보여주는 노골적인 회의주의에 의해 의문시되고 있다. 두 인물 모두 실용적인 태도를 보인다. 그리고 그들이 품은 세속적 회의는 이 작품을 어느 정도는 영화 매체에 적합하게 만드는 대치들을 낳는다.

아래에서 위로

지금까지 말한 바는 스크린상에 나타나는 물리적 현실의 요소들 또는 계기들과 관련된다. 물질적 계기들의 이미지는 그 자체로 의미가 있는 만큼, 실제로 우리는 그 계기들을 받아들이는 데 만족하는 대신, 그것들이 들려주는 이야기를 우리의 실존 전체에 해당되는 맥락 안에 포함시키고 싶어 한다. 미셸 다르가 표현하듯 "영화는 모든 사물들을 그것들이 속해 있던 혼돈에서 부상시켰다가 다시 영혼의 혼돈 속에 담금으로써 마치 가라앉는 돌멩이가 수면에 파문을 일으키듯 영

혼 속에 거대한 파도를 일으킨다."³⁷

이렇게 영혼 속에 일어난 거대한 파도는 우리가 충만하게 경험한 사물들의 의미에 대한 명제들을 해안가로 떠민다. 그러한 명제들에 대한 우리의 욕망을 충족시켜주는 영화들은 이념의 차원에 잘 도달할 수 있어 보인다. 하지만 그 영화들이 진정으로 영화적이라면, 분명 그 이념을 실현하기 위해서 미리 정해진 이념으로부터 아래의 물리적 세계로 이동하지는 않을 것이다. 그와는 정반대로 물리적 자료를 탐구하기 위해 출발해, 그 자료들의 신호를 쫓아서 어떤 문제나 믿음을 향해 진척해나간다. 영화는 유물론적 입장을 취한다. 그것은 "아래"에서 "위"로 나아간다. 영화가 이러한 방향으로 이동하는 성향을 타고났다는 것이 의미하는 바는 아무리 강조해도 지나치지 않다. 실제로 위대한 미술사가 에르빈 파노프스키는 이 지점에서 영화와 전통 예술의 차이를 찾아낸다. "기존의 모든 재현 예술의 작업 과정은 정도의 차이는 있겠으나, 세계의 관념적 구상에 순응적이다. 이러한 예술들은 말하자면 위에서 아래로 작업하지, 아래에서 위로 작업하지 않는다. 이 예술들은 무정형의 재료들에 투사되는 관념에서 출발하지, 물리적 세계를 구성하는 대상들에서 출발하지 않는다. […] [하지만] 영화는, 아니 오직 영화만이, 우리가 좋아하든 좋아하지 않든 지금 우리 문명에 퍼지고 있는 우주의 유물론적 해석을 정당하게 대우한다."³⁸

그렇다면 우리가 영화의 인도를 받아 관념에 접근하게 되는 것은, 만일 우리가 그러려고 한다면, 더 이상 공허를 관통하는 고속도로 위에서가 아니라, 사물의 덤불 속으로 구불구불 난 오솔길 위에서다. 연극 관객이 주로 자신의 정신에 영향을 미치고, 또 오직 그럼으로써 그의 감수성에도 영향을 미치는 스펙터클을 관람한다면, 영화 관객은 생리학적으로 흠뻑 빠져들어야만 질문을 하고 답을 구할 수 있는 상황에 처한다. 뤼시앵 세브가 말하듯이 "영화는… 관객에게 새로운 활동의 형식을 요구하는데, 그것은 관객의 꿰뚫는 시선이 육체적인 것에서 정신적인 것으로 이동해야 한다는 것이다."[39] 샤를 드쾨켈레르는 이러한 상승 운동의 의미를 다음과 같이 지적한다. "감각이 우리의 영적인 삶에 영향력을 행사한다면 영화는 우리의 감각적 지각의 양과 질을 증대함으로써 강력한 영성의 효모가 된다."[40]

"인류라는 가족"

그렇다면 영적인 삶 자체는 어떻게 되는가? 영화들이 아래에서 위로 향하는 도정에서 발전시키는 명제들은 이 책의 영역 바깥에 있지만, 그럼에도 책을 마무리하기 위해 이와 관련된 두 가지 견해를 밝히고자 한다. 우선 이 명제들 내지는 교훈들 간에 어떤 위계질서를 세우려는 모든 시도는 지금까지 무익한 것으로 입증되었다. 영화는 혁명적 목적에 봉사할 때만이 진정한 영화가 된다는[41] 벨라 발라즈의 테제는, 영화와 사회주의 또는 집단주의와의 긴밀한 관계를 주장했던 네오리얼리즘이나 그 밖의 다른 유사한 유파들의 경우와 마찬가지로 옹호될 수 없다.[42]* 또한 영화를, 아니 더 정확히는 다큐멘터리 영화를 책임 있는 시민의식을 향상하는 교육적 도구이자 수단이라 명명했던 그리어슨의 정의도 충분히 포괄적이지 못하다.[43] 그와 같이 고만고만

---

* 　　이 책의 496~97쪽 참조.

하게 정당한 명제들은 수없이 많다. 그중 몇 가지만 언급해보자면, 공감과 목적을 찾아 헤매는 방랑하는 개인들에 대한 펠리니의 강렬한 관심이 있다.[44] 또 우리 실존의 헛간을 채우고 있는 잔혹성과 쾌락에 대한 부뉴엘의 집착도 있다. 그리고 일상 그 자체인 심연에 대한 프랑쥐의 공포도 있다. 그것은 어느 청년이 한밤에 깨어나 갑자기 죽음의 존재를, 쾌락과 살육이 함께하는 것을 느낄 때 엄습하는 종류의 공포다.

영화에 대한 명제들 가운데 한 가지는 특별히 언급할 가치가 있다. 그 명제가 세계 민족들의 상호 접근을 성찰하고 긍정하기 때문이다. 에리히 아우어바흐는 현대 소설에 묘사된 삶의 우연적 순간들이 "인간의 가장 기초적이고 공통된 것 자체"[*]에 해당한다는 견해에서 바로 이 명제를 추론해낸다. "이런 사심 없고 깊이 탐색하는 종류의 묘사를 통해 우리가 볼 수 있는 것은 표면적인 충돌에도 불구하고 인간들의 삶의 방식 및 사고 형태들 사이의 차이가 엄청나게 줄어들었다는 사실이다. […] 표면적 충돌 이면에서, 또 이러한 충돌을 통해서도 경제적·문화적 평등을 향한 노력이 꾸준히 진행되고 있는 것이다. 물론 지구상의 인간들 간에 평등한 삶이 실현되는 일은 요원하기 짝이 없다. 하지만 이제 적어도 인류가 도달할 그 목적지가 우리 눈에 보이기 시작했다."[45]

아우어바흐라면 이런 목적을 향해 가는 인류를 시각적으로 보여주는 임무가 오직 카메라 매체에 주어져 있다고 덧붙였을 것이다. 오직 실사 매체만이 다양한 장소에서 공통적으로 일어나는 일상적 삶의

---

[*]   이 책의 548쪽 참조.

물질적 측면을 기록할 수 있다고. "인류라는 가족"이라는 전시 아이디어가 전업 사진작가에게서 나온 것은 우연이 아니다. 에드워드 스타이컨의 전시가 세계적인 성공을 거둔 이유 중 하나는 그 전시가 자신이 보여주는 비전이 실재함을 확인시켜줄 수밖에 없는 사진 이미지들로 이루어졌다는 사실에서 찾아야 한다. 바로 그런 실사적 성격에 힘입어 영화는 바로 이러한 주제를 다룰 운명인 것이다.[46] 일부 영화들은 실제로 그렇게 하고 있다. 그래서 멕시코인들과 태국인들의 유사성을 입증하는 폴 로타와 배질 라이트의 〈끝없는 세상〉은 세계의 격차를 해소하는 과정의 한계를 인정한다는 점에서 그 유사성을 보다 설득력 있게 증명한다. 황폐한 마을 교회는 용케도 살아남았고 옛 부처상은 트럭의 속도에 관해 명상한다.[*]

　　혹은 사티야지트 레이의 〈아파라지토〉를 떠올려보라. 이 에피소드 영화는 다음과 같은 장면들로 가득하다. 카메라는 고목 껍질의 복잡한 무늬에 초점을 맞추더니, 대도시로 나간 아들 아푸를 그리워하는 병든 어머니의 얼굴로 천천히 수직 하강한다. 멀리서 기차가 지나간다. 어머니는 아푸가 "엄마" 하고 외치는 소리가 들려온 것만 같은 자신의 집으로 무겁게 발걸음을 옮긴다. 아들이 어머니에게로 돌아오고 있는 것인가? 그녀는 일어나서 물그림자와 춤추는 도깨비불로 빛나는 텅 빈 밤하늘을 바라본다. 이 에피소드는 인도에서 벌어지지만 이는 비단 인도에서만 일어나는 일이 아니다. 〔그림 61〕『뉴욕타임스』의 독자는 영화란의 편집자에게 이렇게 쓰고 있다. "〈아파라지토〉에서 주목할 만하다 생각되는 점은 이 영화가 머나먼 나라에서 벌어

---

[*]　　이 책의 377쪽을 보라.

지는 이야기이고 이국적으로 아름다운 얼굴이 나오지만, 그럼에도 맨해튼이나 브루클린, 또는 브롱크스에서 매일같이 벌어지는 일과 똑같다고 느끼게 된다는 점이다."[47]

이런 명제들은 내용의 측면에서는 서로 다를지 몰라도, 이들 모두는 순간적인 물리적 현실 속으로 뚫고 들어가 그 현실을 타오르면서 통과한다. 하지만 다시 한번 말하자면 그 명제들의 목적지는 더 이상 이 연구의 대상이 아니다.

주

따로 특별히 표기하지 않은 경우, 여기서 인용한 텍스트의 번역은 저자가 직접 한 것이다.

1장

1. Langer, *Philosophy in a New Key*, p. 210.
2. Whitehead, *Adventures of Ideas*, p. 27.
3. 게이뤼삭의 프랑스 상원 연설(1839년 7월 30일)에서 인용: Eder, *History of Photography*, p. 242.
4. 같은 연설에서 인용: 같은 책, p. 242.
5. 아라고의 프랑스 하원 연설(1839년 7월 3일)에서 인용: 같은 책, p. 235.
6. Newhall, *The History of Photography...*, pp. 17~18.
7. Newhall, "Photography and the Development of Kinetic Visualization," *Journal of the Warburg and Courtauld Institutes*, 1944, vol. 7, p. 40. 이 논문은—뉴홀에 따르면 아직 제대로 쓰이지 않은—즉석사진의 역사에 관한 중요한 업적이다.
8. Ruskin, *Praeterita*, p. 341.
9. Eder, *History of Photography*, p. 341에서 인용.
10. Newhall, *The History of Photography...*, p. 21.
11. 올리버 웬들 홈스와 다윈의 말은 Newhall, "Photography and the Development of Kinetic Visualization," *Journal of the Warburg and Courtauld Institutes*, 1944, vol. 7, pp. 41~42에서 인용.
12. Newhall, *The History of Photography...*, p. 27.
13. 예를 들어 Ueberweg/Heinze, *Grundriss der Geschichte der Philosophie*, vol. 5, p. 27 참조.
14. Freund, *La Photographie en France au dix-neuvième siècle*, pp. 102~107. 텐의

인용문은 같은 책, p. 103 참조. 지젤 프로인트는 이 탁월한 연구에서 사진의 발전에 중요한 영향을 미친 사회적, 이데올로기적 경향을 추적하고 있다. 그녀의 책은 때로 상투적인 유물론으로 후퇴하기도 하지만, 이러한 사소한 결점은 그녀가 제공하는 풍부한 원천 자료를 통해 충분히 상쇄되고도 남는다.

15. 같은 책, pp. 49, 53~57.

16. Hauser, *The Social History of Art*, vol. II, p. 775(trans. Stanley Godman).

17. 같은 책, pp. 775, 779; Freund, *La Photographie en France*..., pp. 106~107.

18. Newhall, *The History of Photography*..., p. 71.

19. 같은 책, p. 71.

20. Weston, "Seeing Photographically," *The Complete Photographer*, 1943, vol. 9, no. 49, p. 3200.

21. Newhall, *The History of Photography*..., pp. 75~76; Freund, *La Photographie en France*..., p. 113.

22. Hauser, *The Social History of Art*, vol. II, p. 778.

23. Freund, *La Photographie en France*..., p. 96.

24. 같은 책, p. 12; Newhall, *The History of Photography*..., p. 43.

25. Freund, *La Photographie en France*..., pp. 78~79.

26. 같은 책, p. 92.

27. 같은 책, pp. 83, 85, 90.

28. Newhall, *The History of Photography*..., pp. 71~72.

29. 같은 책, p. 76.

30. 같은 책, p. 81.

31. 같은 책, p. 75.

32. 같은 책, pp. 71~72; Freund, *La Photographie en France*..., pp. 69, 101.

33. Freund, *La Photographie en France*..., pp. 107~108, 110~12.

34. 같은 책, pp. 117~19.

35. 같은 책, pp. 108~109.

36. 같은 책, pp. 116~17.

37. 화가이자 사진작가인 찰스 쉴러의 1914년 발언: Newhall, *The History of Photography*..., p. 152에서 재인용.

38. Weston, "Seeing Photographycally," *The Complete Photographer*, 1943, vol. 9,

no. 49, p. 3202. Moholy-Nagy, *Malerei, Photographie, Film*, p. 22도 참조.

39. Moholy-Nagy, *Vision in Motion*, pp. 206~207, 210.

40. Newhall, *The History of Photography...*, p. 218. Moholy-Nagy, *Malerei, Photographie, Film*, p. 27.

41. Moholy-Nagy, *Vision in Motion*, p. 178.

42. 같은 책, p. 178.

43. Moholy-Nagy, *Malerei, Photographie, Film*, p. 22.

44. Katz, "Dimensions in Photography," *The Complete Photographer*, 1942, vol. 4, no. 21, p. 1354.

45. Newhall, *The History of Photography...*, p. 131.

46. Moholy-Nagy, *Malerei, Photographie, Film*, p. 24.

47. Feininger, "Photographic Control Processes," *The Complete Photographer*, 1942, vol. 8, no. 43, p. 2802.

48. Schmoll, "Vom Sinn der Photographie," in Steinert, *Subjective fotografie 2*, p. 38.

49. "Reaction to 'Creative Photography,'" *The New York Times*, Dec. 16, 1951.

50. Newhall, *The History of Photography...*, p. 78에서 인용. 원 출처는 H. P. Robinson, *Pictorial Effect in Photography*(1869), p. 109.

51. Newhall, *The History of Photography...*, pp. 157~58.

52. Cellini, *The Autobiography of Benvenuto Cellini*, p. 285.

53. Eisenstein, *Film Form*, p. 16.

54. Gasset, *The Dehumanization of Art...*, p. 54(번역자 미상).

55. Newhall, *The History of Photography...*, p. 218. Moholy-Nagy, *Vision in Motion*, p. 177 참조.

56. Freund, *La Photographie en France...*, pp. 105~106.

57. Proust, *Remembrance of Things Past*, vol. I, pp. 814~15(trans. C. K. Scott Moncrieff).

58. Sherif and Cantril, *The Psychology of Ego-Involvements*, 여러 곳; 예를 들어 pp. 30, 33, 34. Arnheim, "Perceptual Abstraction and Art," *Psychological Review*, March 1947, vol. 54, no. 2.

59. Mumford, *Technics and Civilization*, p. 339.

60. Freund, *La Photographie en France...*, p. 59.

61. Newhall, *The History of Photography...*, p. 47.

62. 같은 책, p. 150.

63. Weston, "Seeing Photographically," *The Complete Photographer*, 1943, vol. 9, no. 49, p. 3205.

64. Newhall, *The History of Photography...*, p. 91.

65. 같은 책, p. 139.

66. Moholy-Nagy, "Surrealism and the Photographer," *The Complete Photographer*, 1943, vol. 9, no. 52, p. 3338.

67. 내가 이 사진에 주목하게 된 것은 전적으로 에드워드 스타이컨Edward Steichen 씨 덕분이다.

68. Mumford, *Technics and Civilization*, p. 339 참조.

69. Hajek-Halke, *Experimentelle Fotografie*, 서문; p. 14. 위에 인용된 카츠Katz, 파이닝어Feininger, 슈몰Schmoll의 논문도 참조.

70. Newhall, *The History of Photography...*, p. 213에서 인용.

71. Mumford, *Technics and Civilization*, p. 340.

72. Newhall, "Photography and the Development of Kinetic Visualization," *Journal of the Warburg and Courtauld Institutes*, 1944, vol. 7, p. 40.

73. Newhall, *The History of Photography...*, p. 40; 원 출처는 H. Fox Talbot, *The Pencil of Nature*(London, 1844), p. 40.

74. 같은 책, p. 144에서 인용. 원 출처는 테넌트John A. Tennant가 1921년에 쓴 뉴욕 스티글리츠 전시 리뷰.

75. Albert Londe, *La Photographie instantanée*(Paris, 1886), p. 139. 이 전거는 즉석사진에 관한 자신의 노트를 제공해준 보몬트 뉴홀 씨 덕분에 찾은 것이다.

76. Newhall, "Photography and the Development of Kinetic Visualization," *Journal of the Warburg and Courtauld Institutes*, 1944, vol. 7, p. 41.

77. McCausland, "Alfred Stieglitz," *The Complete Photographer*, 1943, vol. 9, no. 51, p. 3321.

78. Newhall, *The History of Photography...*, p. 126.

79. Proust, *Remembrance of Things Past*, vol. I, p. 815(trans. C. K. Scott Moncrieff).

80. Newhall, *The History of Photography...*, p. 91.

81. Benjamin, "Über einige Motive bei Baudelaire," *Zeitschrift für Sozialforschung*, 1939, vol. VIII, nos. 1~2, p. 82.

82. Newhall, *The History of Photography...*, pp. 140, 143 참조.

83. 같은 책, p. 182에서 인용. 원 출처는 H. Fox Talbot, *The Pencil of Nature* (London, 1844), p. 52.

84. Delluc, "Photographie," in Lapierre(ed.), *Anthologie du cinéma*, p. 135.

85. Moholy-Nagy, *Vision in Motion*, p. 209.

86. Newhall, *The History of Photography...*, p. 198; 원 출처는 Morgan and Lester(eds.), *Graphic Graflex Photography*(1948), p. 218.

2장

1. Sadoul, *L'Invention du cinéma*, pp. 8, 49 이하, 61~81(마레에 관하여). 이 책은 뤼미에르에 이르는 복잡한 발전 과정에 관심 있는 사람에게는 "필독서"다. 머이브리지에 관해서는 Newhall, "Photography and the Development of Kinetic Visualization," *Journal of the Warburg and Courtauld Institutes*, 1944, vol. 7, pp. 42~43 또한 참조. T. Ra., "Motion Pictures," *Encyclopedia Britannica*, 1932, vol. 15, pp. 854~56은 이 시기에 관한 간단한 개관을 제공한다.

2. Newhall, "Photography and the Development of Kinetic Visualization," p. 40.

3. 같은 글, p. 40.

4. Sadoul, *L'Invention du cinéma*, p. 38.

5. Herschel, "Instantaneous Photography," *Photographic News*, 1860, vol. 4, no. 88, p. 13. 이 인용문을 알게 된 것은 보몬트 뉴홀 씨 덕택이다.

6. Sadoul, *L'Invention du cinéma*, pp. 36~37, 86, 241~42.

7. 1864년에 이미 이러한 발전을 예견한 사람은 뒤코 뒤 오롱이었다. Sadoul, *L'Invention du cinéma*, p. 37 참조.

8. 예컨대 Balázs, *Der Geist des Films*; Arnheim, *Film*; Eisenstein, *The Film Sense and Film Form*; Pudovkin, *Film Technique and Film Acting*; Rotha, *The Film Till Now*; Spottiswoode, *A Grammar of the Film and Basic Film Techniques* (University of California Syllabus Series No. 303); Karel Reisz, *The Technique*

of Film Editing 등을 참조.

9.   Caveing, "Dialectique du concept du cinéma," *Revue internationale de filmologie*(part I: July-Aug. 1947, no. 1; part II: Oct. 1948, nos. 3~4)는 다소 독단적인 방식으로 헤겔의 변증법적 원리를 영화의 진화 과정에 적용한다. 이에 따르면 변증법의 첫 단계는 뤼미에르의 현실 재현과 이에 대한 안티테제로서 멜리에스가 보여준 철저한 환영주의로 이루어진다(특히 part I, pp. 74~78 참조). 이와 유사하게 Morin, *Le Cinéma ou l'homme imaginaire*, p. 58은 멜리에스의 "절대적 비현실"을 뤼미에르의 "절대적 리얼리즘"에 대한 헤겔식 안티테제로 파악한다. Sadoul, *Histoire d'un art*, p. 31도 참조.

10. Sadoul, *L'Invention du cinéma*, pp. 21~22, 241, 246.

11. Langlois, "Notes sur l'histoire du cinéma," *La Revue du cinéma*, July 1948, vol. III, no. 15, p. 3.

12. Sadoul, *L'Invention du cinéma*, p. 247.

13. 같은 책, pp. 249, 252, 300; Sadoul, *Histoire d'un art*, p. 21.

14. Gorki, "You Don't Believe Your Eyes," *World Film News*, March 1938, p. 16.

15. Bessy and Duca, *Louis Lumière, inventeur*, p. 88. Sadoul, *Histoire d'un art*, pp. 23~24.

16. Sadoul, *L'Invention du cinéma*, p. 208에서 인용. 같은 책, p. 253도 참조.

17. 같은 책, pp. 242~44, 248. Vardac, *Stage to Screen*, pp. 166~67. 바르닥에 따르면 점증하는 리얼리즘에 대한 요구로 인해 19세기 연극 무대는 정교한 특수 장치를 활용하게 된다. 예컨대 바이터스코프[초기 영사기]가 등장하기 직전에 죽은 연극 제작자 스틸 맥케이Steele MacKaye는 페이드인, 페이드아웃, 디졸브와 같은 효과를 내기 위해 "빛의 커튼"을 발명했다(p. 143).

18. Sadoul, *L'Invention du cinéma*, p. 246.

19. Bessy and Duca, *Louis Lumière, inventeur*, pp. 49~50. Sadoul, *Histoire d'un art*, p. 23.

20. Sadoul, *L'Invention du cinéma*, pp. 222~24, 227.

21. 같은 책, p. 332. Sadoul, *Histoire d'un art*, p. 24.

22. Sadoul, *L'Invention du cinéma*, pp. 322, 328.

23. 같은 책, p. 332. Langlois, "Notes sur l'histoire du cinéma," *La Revue du cinéma*, July 1948, vol. III, no. 15, p. 10.

24. Bardèche and Brasillach, *The History of Motion Pictures*, p. 10에서 인용.

25. Sadoul, *L'Invention du cinéma*, p. 332.

26. 같은 책, pp. 102, 201; 특히 p. 205.

27. 같은 책, pp. 324~26.

28. 멜리에스의 기술적 혁신에 대해서는 Sadoul, *Les Pionniers du cinéma*, pp. 52~70 참조.

29. Langlois, "Notes sur l'histoire du cinéma," *La Revue du cinéma*, July 1948, vol. III, no. 15, p. 5.

30. Sadoul, *Les Pionniers du cinéma*, pp. 154, 166.

31. Sadoul, *L'Invention du cinéma*, pp. 330~31.

32. Meyerhoff, *Tonfilm und Wirklichkeit*, pp. 13, 22 참조.

33. Clair, *Réflexion faite*, p. 96; 그가 이 진술을 한 것은 1924년이다.

34. 같은 책, p. 150.

35. Vuillermoz, "Réalisme et expressionisme," *Cinéma*(Les cahiers du mois, 16/17), 1925, pp. 78~79.

36. Kracauer, *From Caligari to Hitler*, p. 240 참조.

37. Berge, "Interview de Blaise Cendrars sur le cinéma," *Cinéma*(Les cahiers du mois, 16/17), 1925, p. 141. 현실의 연출에 따르는 문제들에 대해서는 Mauriac, *L'Amour du cinéma*, p. 36, 그리고 Obraszow, "Film und Theater," in *Von der Filmidee zum Drehbuch*, p. 54도 참조.

38. Scheffauer, "The Vivifying of Space," *The Freeman*, Nov. 24 and Dec. 1, 1920.

39. Eisenstein, *Film Form*, pp. 181~82.

40. Kracauer, *From Caligari to Hitler*, p. 68 참조.

3장

1. Jacobs, *The Rise of the American Film*, p. 119에서 인용.

2. "Core of the Movie—the Chase," *The New York Times Magazine*, Oct. 29, 1950(앨프리드 히치콕과의 인터뷰).

3. Langlois, "Notes sur l'histoire du cinéma," *La Revue du cinéma*, July 1948,

vol. III, no. 15, p. 6 참조. Sadoul, *Les Pionniers du cinéma*, pp. 264~65.

4. Rosenheimer, "They Make Documentaries...," *Film News*, April 1946, vol. 7, no. 6, p. 10(로버트 J. 플라어티와의 인터뷰).

5. Knight, "Dancing in Films," *Dance Index*, 1947, vol. VI, no. 8, p. 195. 또한 pp. 185~86, 193도 참조할 것. 애스테어 영화 가운데 가장 유명한 것으로는 〈톱 햇〉과 〈스윙 타임〉을 꼽을 수 있다.

6. Rotha, *The Film Till Now*, p. 370. 또한 Dard, *Valeur humaine du cinéma*, p. 17 참조.

7. Arnheim, *Film*, p. 121 참조.

8. Kracauer, *From Caligari to Hitler*, p. 189.

9. Léger, "A New Realism—The Object," *The Little Review*, 1926, p. 7.

10. Cohen-Séat, *Essai sur les principes d'une philosophie du cinéma*, p. 100.

11. Henry, "Le film français," *Cinéma*(Les cahiers du mois, 16/17), 1925, pp. 197~98에서 인용.

12. Doniol-Valcroze and Bazin, "Conversation with Buñuel," *Sight and Sound*, Spring 1955, vol. 24, no. 4, p. 185.

13. Jacobs, *The Rise of the American Film*, p. 103. 사둘은 애니 리의 클로즈업 장면을 언급하면서 그리피스의 방식과 멜리에스의 방식을 비교한다(Sadoul, *Les Pionniers du cinéma*, pp. 555~57).

14. Jacobs, *The Rise of the American Film*, p. 197 참조. 또한 Pudovkin, *Film Technique and Film Acting*, part I, pp. 118~19도 참조.

15. Eisenstein, *Film Form*, p. 238. 이와 유사하게 Pudovkin, *Film Technique and Film Acting*, part I, p. 65.

16. Eisenstein, *Film Form*, p. 238.

17. Proust, *Remembrance of Things Past*, vol. I, pp. 978~79(trans. C. K. Scott Moncrieff).

18. Benjamin, "L'Oeuvre d'art à l'époque de sa reproduction mécanisée," *Zeitschrift für Sozialforschung*, 1936, vol. V, no. 1, pp. 59~60.

19. Pudovkin, *Film Technique and Film Acting*, part I, pp. 60~61.

20. Tyler, "The Film Sense and the Painting Sense," *Art Digest*, Feb. 15, 1954, p. 27 참조.

21. Benjamin, "Über einige Motive bei Baudelaire," *Zeitschrift für Sozialforschung*, 1939, vol. VIII, nos. 1~2, pp. 59~60, 64~67, 68 n.

22. Faure, "Cinema," in *Le Rôle intellectuel du cinéma*, pp. 220~21 참조.

23. Sadoul, *Les Pionniers du cinéma*, pp. 414~15.

24. Benjamin, "L'Oeuvre d'art...," *Zeitschrift für Sozialforschung*, 1936, vol. V, no. 1, p. 65 n.

25. Epstein, *Cinéma*, Paris, 1921, pp. 99~100 참조.

26. Pudovkin, *Film Technique and Film Acting*, part I, pp. 53~54. 또한 Wright, "Handling the Camera," in Davy(ed.), *Footnotes to the Film*, p. 49 참조.

27. Cohen-Séat, *Essai sur les principes...*, pp. 117, 123~24. 코엔-세아는 롱숏-클로즈숏-롱숏 등의 순서를 전형적인 과학적 절차와 동일한 것으로 파악한다.

28. 알렉상드르 아르누의 견해. Clair, *Réflexion faite*, p. 103에서 인용.

29. Aragon, "Painting and Reality: A Discussion," *transition*, 1936, no. 25, p. 98.

30. Epstein, "The Reality of Fairyland," in Bachmann(ed.), *Jean Epstein, 1897-1953; Cinemages*, no. 2, p. 44. 슬로모션 영상에 관해서는 Rotha, *The Film Till Now*, p. 370; Pudovkin, *Film Technique and Film Acting*, part I, p. 153; Deren, *An Anagram of Ideas on Art...*, p. 47 역시 참조할 것.

31. Epstein, *Le cinématographe vu de l'Etna*, p. 18; Deren, *An Anagram of Ideas on Art...*, p. 46.

32. Maddison, "Le cinéma et l'information mentale des peuples primitives," *Revue internationale de filmologie*, 1948, vol. I, nos. 3~4, pp. 307~308.

33. Kracauer, "Jean Vigo," *Hollywood Quarterly*, April 1947, vol. II, no. 3, p. 262 참조.

34. Proust, *Remembrance of Things Past*, vol. I, pp. 630~31(trans. C. K. Scott Moncrieff).

35. Clair, *Réflexion faite*, p. 77(인용문은 1924년의 진술이다). Rotha, *The Film Till Now*, pp. 367~68 또한 참조할 것.

36. 예컨대 Balázs, *Der sichtbare Mensch*, p. 120 참조.

37. Bachmann, "The Films of Luis Buñuel," *Cinemages*, no. 1 참조.

38. Laffay, "Les grands thèmes de l'écran," *La Revue du cinéma*, April 1948, vol. II, no. 12, p. 13에서 인용. 프랑스 영화 〈우리는 모두 살인자다〉에 대한 리뷰가

실린 *The New York Times*, Jan. 9, 1957; *New York Post*, Jan. 9, 1957; *Cue*, Jan. 12, 1957 참조. 평론가들은 프랑스의 사형 문제에 관한 이 영화의 어두운 리얼리즘과 "무자비한 솔직함"(『뉴욕타임스』)에 일제히 찬사를 보낸다. 그들은 모두 참상을 있는 그대로 보여주는 것이 영화의 임무임을 암묵적으로 전제하고 있다.

39. Kracauer, *From Caligari to Hitler*, pp. 194~96 참조. 영화감독들은 그와 같은 특수한 양상의 현실을 적절하게 묘사하기 위해서 때로 "다른 차원의 현실"에 속하는 영상에 의지하기도 한다.

4장

1. Stern, "D. W. Griffith and the Movies," *The American Mercury*, March 1944, vol. LXVIII, no. 303, pp. 318~19.

2. Kracauer, *From Caligari to Hitler*, pp. 69~70 참조.

3. Kracauer, "Silent Film Comedy," *Sight and Sound*, Aug.-Sept. 1951, vol. 21, no. 1, p. 31 참조.

4. Eisenstein, *Film Form*, p. 199.

5. Léger, "A propos du cinéma," in L'Herbier(ed.), *Intelligence du cinématographe*, p. 340.

6. Laffay, "Les grands thèmes de l'écran," *La Revue du cinéma*, April 1948, vol. II, no. 12, pp. 7, 9~10.

7. Kracauer, *From Caligari to Hitler*, p. 185. 지가 베르토프에 대해서는 Rotha, *The Film Till Now*, p. 246도 참조할 것.

8. Rotha, *The Film Till Now*, pp. 364~65 참조.

9. Laffay, "Les grands thèmes de l'écran," pp. 10~11.

10. Cohen-Séat, *Essai sur les principes...*, p. 100.

11. Tyler, "The Film Sense and the Painting Sense," *Art Digest*, Feb. 15, 1954, p. 12 참조.

12. Eisenstein, *Film Form*, pp. 99, 103~105, 106.

13. Sève, "Cinéma et méthode," *Revue internationale de filmologie*, July-Aug. 1947,

vol. I, no. 1, p. 45; 또한 pp. 30~31도 참조할 것.

14. Pudovkin, *Film Technique and Film Acting*, part I, p. 140.

15. Epstein, *Le Cinématographe vu de l'Etna*, p. 13.

16. Eisenstein, *Film Form*, pp. 64~68.

17. Scheffauer, "The Vivifying of Space," *The Freeman*, Nov. 24 and Dec. 1, 1920. 또한 Clair, *Réflexion faite*, p. 106도 참조할 것. 로타는 자크 페데의 〈테레즈 라캥〉을 "미묘한 간접적 암시"가 풍부한 이미지들에서 생성된 영화로 특징짓는다 (Rotha, *The Film Till Now*, p. 365).

18. Eisenstein, *Film Form*, p. 199.

19. Benjamin, "Über einige Motive bei Baudelaire," *Zeitschrift für Sozialforschung* 1939, vol. VIII, nos. 1~2, pp. 60 n., 67, 88.

20. Kracauer, *From Caligari to Hitler*, p. 121 참조.

5장

1. Cavalcanti, "Sound in Films," *films*, Nov. 1939, vol. I, no. 1, p. 37.

2. Laffay, "Les grands thèmes de l'écran," *La Revue du cinéma*, April 1948, vol. II, no. 12, p. 8.

3. Mauriac, *L'Amour du cinéma*, p. 213에서 인용. 원 출처는 Faure, *L'Arbre d'Eden*, 1922. Morin, *Le Cinéma ou l'homme imaginaire*, p. 68에서도 포르의 아이디어가 언급된다.

4. Dreville, "Documentation: the Basis of Cinematography," *Close Up*, Sept. 1930, vol. VII, no. 3, p. 206.

5. Rotha, *The Film Till Now*, p. 377 참조.

6. T., H.H., "The Screen: 'Emperor and Golem,'" *The New York Times*, Jan. 10, 1955.

7. Clair, *Réflexion faite*, p. 79. Lindgren, *The Art of the Film*, p. 45에서도 유사한 견해가 개진된다. 그러나 예외도 있다. 예컨대 Obraszow, "Film and Theater," in *Von der Filmidee zum Drehbuch*, pp. 57~58에서는 환상이 영화 매체와 양립할 수 없다고 주장한다.

8. Pierre-Quint, "Signification du cinéma," *L'Art cinématographique*, 1927, vol. II, p. 24. 이러한 교리를 옹호하는 최근의 예는 Kyrou, *Le Surréalisme au cinéma* 의 곳곳에서 발견된다.

9. Johnson, "The Tenth Muse in San Francisco," *Sight and Sound*, Jan.-March 1955, vol. 24, no. 3, p. 154 참조.

10. Gibbon, *The Red Shoes Ballet*, p. 12.

11. Kracauer, *From Caligari to Hitler*, pp. 61~76 참조.

12. Clair, *Réflexion faite*, p. 38(이 진술은 1922년의 것이다).

13. Eisenstein, *Film Form*, p. 203.

14. Cavalcanti, "Sound in Films," *films*, Nov. 1939, vol. I, no. 1, p. 38.

15. Neergaard, *Carl Dreyer...*, p. 29(trans. Marianne Helweg).

16. Clair, *Réflexion faite*, p. 24 참조.

17. Huff, *Charlie Chaplin*, p. 112 참조.

18. 같은 책, p. 133.

19. Kracauer, *From Caligari to Hitler*, pp. 77~79 참조.

20. Lindgren, *The Art of the Film*, p. 28 참조.

21. Cavalcanti, "Comedies and Cartoons," in Davy(ed.), *Footnotes to the Film*, pp. 77~78. 여기서는 무성 코미디 영화가 세미다큐멘터리적 성격을 지니며 속도를 맞추기 위한 편집에 거의 의존하지 않는다는 점이 지적된다.

22. Nicholl, *Film and Theatre*, p. 169. 또한 p. 93도 참조할 것.

23. Balázs, *Der sichtbare Mensch*, pp. 46~47에서 인용.

24. Neergaard, *Carl Dreyer...*, p. 27(trans. Marianne Helweg).

25. 같은 책, p. 30.

26. Griffith, "The Film Since Then," in Rotha, *The Film Till Now*, p. 604.

27. Neergaard, *Carl Dreyer...*, pp. 27~28.

28. Sadoul, *Histoire d'un art*, p. 180.

6장

1. 예컨대 Lindgren, *The Art of the Film*, pp. 156~57; Barbaro, "Le cinéma sans

acteurs," in *Le Rôle intellectuel du cinéma*, p. 227; Barjavel, *Cinéma total...*, p. 81 참조.

2. Lyons, "The Lyons Den," *New York Post*, June 5, 1950에서 인용.

3. Clair, *Réflexion faite*, p. 187.

4. "Film Crasher Hitchcock," *Cue*, May 19, 1951.

5. Barjavel, *Cinéma total...*, pp. 84~85 참조.

6. Clair, *Réflexion faite*, p. 187.

7. Rotha, *Documentary Film*, p. 143에서 인용. 원 출처는 Pudovkin, "Acting—The Cinema v. the Theatre," *The Criterion*, vol. VIII, no. 1.

8. Sachs, "Film Psychology," *Close Up*, Nov. 1928, vol. III, no. 5, p. 9.

9. Eisenstein, *Film Form*, p. 192.

10. Rossellini, "Dix ans de cinéma (I)," *Cahiers du cinéma*, Aug.-Sept. 1955, vol. IX, no. 50, p. 9. Balázs, *Der sichtbare Mensch*, pp. 55~56 또한 참조.

11. Pudovkin, *Film Technique and Film Acting*, part I, p. 109.

12. Cooke, *Douglas Fairbanks*, p. 6 참조.

13. Barjavel, *Cinéma total...*, p. 81.

14. Rotha, *Documentary Film*, p. 149에서 인용. Rotha, *The Film Till Now*, p. 363도 참조할 것.

15. Marie Epstein, "Biographical Notes," in Bachmann(ed.), *Jean Epstein, 1897-1953; Cinemages*, no. 2, p. 8에서 인용.

16. Kracauer, *From Caligari to Hitler*, p. 175 참조.

17. Chiaromonte, "Rome Letter: Italian Movies," *Partisan Review*, June 1944, vol. XVI, no. 6, p. 628.

18. Rotha, *Documentary Film*, p. 148. Nicholl, *Film and Theatre*, p. 172 또한 참조.

19. Reynolds, *Leave It to the People*, p. 147.

20. Miles, "Are Actors Necessary?," *Documentary News Letter*, April 1941, vol. 2, no. 4, p. 71.

21. Rossellini, "Dix ans de cinéma (I)," *Cahiers du cinéma*, Aug.-Sept. 1955, vol. IX, no. 50, p. 9.

22. Chiaromonte, "Rome Letter: Italian Movies," p. 623.

23. Zinnemann, "On Using Non-Actors in Pictures," *The New York Times*, Jan. 8,

1950.

24. Ferguson, "Life Goes to the Pictures," *films*, Spring 1940, vol. 1, no. 2, p. 22.

7장

1. Clair, *Réflexion faite*, p. 141(1928년의 진술).

2. Kracauer, *From Caligari to Hitler*, p. 205 참조.

3. Eisenstein, *Film Form*, pp. 257~59.

4. Clair, *Réflexion faite*, p. 116.

5. 예컨대 Charensol, "Le cinéma parlant," in L'Herbier(ed.), *Intelligence du cinématographe*, p. 170; Adler, *Art and Prudence...*, p. 541; Lindgren, *The Art of the Film*, p. 106 참조.

6. Clair, *Réflexion faite*, p. 43.

7. Cavalcanti, "Sound in Films," *films*, Nov. 1939, vol. I, no. 1, p. 29.

8. Eisler, *Composing for the Films*, p. 77 참조. Leech, "Dialogue for Stage and Screen," *The Penguin Film Review*, April 1948, no. 6, p. 100에서도 비슷한 이유에서 연극적 대사는 거부된다. "경구, 정형화된 응답, 미리 잘 짜놓은 연설 등은 연극 극장의 제의적 분위기와 살아 있는 배우의 현존을 필요로 한다."

9. Barjavel, *Cinéma total...*, p. 29 참조. 바르자벨은 대사가 있는 영화를 보는 관객의 상상은 "그에게 퍼부어지는 말에서 형성되고 스크린 위의 이미지를 대사가 암시하는 이미지로 대체하게 된다." Clair, *Rélexion faite*, pp. 146, 150, 158, 188 또한 참조.

10. Panofsky, "Style and Medium in the Motion Pictures," *Critique*, Jan.-Feb. 1947, vol. 1, no. 3, p. 9.

11. Nicholl, *Film and Theatre*, pp. 178~80.

12. Balázs, "Das Drehbuch oder Filmszenarium," in *Von der Filmidee zum Drehbuch*, p. 77 참조.

13. 예를 들어 Balázs, "Das Drehbuch oder Filmszenarium," pp. 76~77; Arnheim, *Film*, p. 213; Leech, "Dialogue for Stage and Screen," pp. 99~101 참조.

14. Cavalcanti, "Sound in Films," *films*, Nov. 1939, vol. I, no. 1, p. 31.

15. Meyerhoff, *Tonfilm und Wirklichkeit*, pp. 75~76; Arnheim, *Film*, p. 213 참조.

16. Ruskin, *Praeterita*, p. 106.

17. Hardy(ed.), *Grierson on Documentary*, pp. 115~16.

18. 내가 이 영화에 주목하게 된 것은 아서 나이트Arthur Knight 씨 덕분이다.

19. Pudovkin, *Film Technique and Film Acting*, part I, pp. 157~58.

20. Reisz, *The Technique of Film Editing*, pp. 278~79.

21. Eisenstein, *Film Form*, p. 258. 또한 Pudovkin, *Film Technique and Film Acting*, p. 143 참조.

22. Pudovkin, *Film Technique and Film Acting*, p. 157.

23. 이미 1930년에 아른하임은 이런 혼동에 대해 경고한 바 있다(Arnheim, *Film*, p. 251 참조).

24. 예컨대 Reisz, *The Technique of Film Editing*의 여러 곳 참조.

25. Pudovkin, *Film Technique and Film Acting*, part I, pp. 159~60; part II, pp. 86~87.

26. Griffith, "Documentary Film Since 1939...," in Rotha, *Documentary Film*, p. 332, 그리피스의 주장에 따르면 캐나다의 〈월드 인 액션〉 영화들은 "〈마치 오브 타임〉의 형식 속에 이미 있던" 패턴을 따랐다.

27. Kracauer, *From Caligari to Hitler*, p. 220 참조.

28. Knight, *The Liveliest Art...*, p. 178 참조. 나이트의 관찰에 따르면, "〈39 계단〉에서 증기기관차의 날카로운 호루라기 소리와 합쳐지는 여자의 비명처럼 경악을 유발하는 히치콕 영화의 사운드트랙 효과는 이 분야의 고전이 되었다."

29. Clair, *Réflexion faite*, p. 159.

30. Arnheim, *Film*, p. 267 참조.

31. Panofsky, "Style and Medium in the Motion Pictures," *Critique*, Jan.-Feb. 1947, vol. 1, no. 3, p. 16 참조.

32. Cavalcanti, "Sound in Films," *films*, Nov. 1939, vol. I, no. 1, pp. 36~37 참조.

33. 같은 글, p. 37.

34. 클레르가 1929년에 그러했다. Clair, *Réflexion faite*, p. 145 참조.

35. MacDonald, "The Soviet Cinema: 1930-1938," *Partisan Review*, July 1938, vol. V, no. 2, p. 46에서 인용.

36. Clair, *Réflexion faite*, p. 145 참조.

37. Huff, *Charlie Chaplin*, pp. 256, 258.

38. Rosenheimer, "They Make Documentaries...," *Film News*, April 1946, vol. 7, no. 6, pp. 10, 23. 유성영화 시대의 초기에 발터 루트만은 〈세계의 멜로디〉에서 차량 소음, 끼익거리는 톱질 소리를 기록하는 데서 즐거움을 만끽했다. 이 녹음에는 숱한 발견이 담겨 있다.

39. Epstein, "Sound in Slow Motion," in Bachmann(ed.), *Jean Epstein, 1897-1953; Cinemages*, no. 2, p. 44.

40. Clair, *Réflexion faite*, p. 152.

41. 같은 책, p. 152.

42. Rosenheimer, "They Make Documentaries...," p. 23.

43. Lindgren, *The Art of the Film*, pp. 104~105 참조.

8장

1. Lindgren, *The Art of the Film*, p. 141에서는 "뤼미에르의 영화가 1896년 2월 이 나라[영국]에서 처음으로 공개 상영되었을 때 피아노로 즉흥 변주한 대중적 멜로디가 반주되었다"고 말한다. 다음 글도 참조하라. Cavalcanti, "Sound in Films," *films*, Nov. 1939, vol. I, no. 1, p. 25.

2. Sadoul, *Les Pionniers du cinéma*, p. 485.

3. London, *Film Music*, pp. 27~28; Cavalcanti, "Sound in Films," p. 27.

4. Landis and Bolles, *Textbook of Abnormal Psychology*, p. 68.

5. Eisler, *Composing for the Films*, p. 75 참조.

6. Murphy, *Personality...*, p. 115 n. 또한 Meyerhoff, *Tonfilm und Wirklichkeit*, pp. 63 이하 참조.

7. Eisler, *Composing for the Films*, p. 78. Vuillermoz, "La musique des images," *L'Art cinématographique*, vol. III, pp. 47~48, 그리고 Lindgren, *The Art of the Film*, pp. 144~45 참조.

8. Epstein, *Cinéma*, p. 106; Balázs, *Der sichtbare Mensch*, p. 143.

9. Cavalcanti, "Sound in Films," p. 39.

10. Copland, "Tip to Moviegoers...," *The New York Times Magazine*, Nov. 6, 1949.

11. Dahl, "Igor Stravinsky on Film Music," *Cinema*, June 1947, vol. 1, no. 1, p. 8.

12. 폴 로타 씨는 나와의 사적인 대화에서 이런 흥미로운 가설들을 조심스럽게 개진했다.

13. Lindgren, *The Art of the Film*, p. 141.

14. Eisler, *Composing for the Films*, p. 69.

15. Milano, "Music in the Film...," *The Journal of Aesthetics and Art Criticism*, Spring 1941, No. 1, p. 91.

16. Copland, "Tip to Moviegoers..."

17. Lindgren, *The Art of the Film*, p. 147 참조.

18. Deren, *An Anagram of Ideas on Art...*, p. 40 참조. 물론 그런 친숙한 멜로디나 시각적 클리셰는 그것들의 도움이 없다면 줄거리 전개가 번거로워질 경우에 지름길로서 정당화될 수 있으리라.

19. 그 사례는 다음 글에서 발견된다. Marc Blitzstein, "Music in Films: A Symposium of Composers," *films*, 1940, vol. 1, no. 4, p. 10.

20. Copland, "Tip to Moviegoers...," *The New York Times Magazine*, Nov. 6, 1949.

21. Pudovkin, *Film Technique and Film Acting*, part I, pp. 162, 164~65.

22. London, *Film Music*, p. 135.

23. Lindgren, *The Art of the Film*, p. 146.

24. Eisler, *Composing for the Films*, p. 70.

25. Copland, "Tip to Moviegoers..."

26. Milano, "Music in the Film...," *The Journal of Aesthetics and Art Criticism*, Spring 1941, no. 1, p. 90.

27. Sargeant, "Music for Murder," *The New Yorker*, Oct. 30, 1954.

28. Cavalcanti, "Sound in Films," *films*, Nov. 1939, vol. I, no. 1, p. 36.

29. Griffith, "The Film Since Then," in Rotha, *The Film Till Now*, pp. 443~44, 478 참조.

30. 〈춤추는 대뉴욕〉〈7인의 신부〉〈레스 걸스〉 등과 같은 뮤지컬을 떠올려보라.

31. Knight, "Dancing in Films," *Dance Index*, 1947, vol. VI, no. 8, p. 193.

32. Eisler, *Composing for the Films*, pp. 73~74.

33. Benjamin, "L'oeuvre d'art...," *Zeitschrift für Sozialforschung*, 1936~37, vol. V, no. 1, pp. 50~51에서 재인용. 벤야민은 프란츠 베르펠의 기고문("Ein Sommer-

nachtstraum: Ein Film von Shakespeare und Reinhardt," *Neues Wiener Journal*)
의 발췌문이 실린 *Lu*(Paris, Nov. 15, 1935)를 참조한다. 아이슬러도 벤야민의
이 단락을 인용하고 있다. Eisler, *Composing for the Films*, pp. 72~73.

34. Erskine, "On Turning an Opera into a Film," *The New York Times*, Feb. 4, 1940
    참조.

9장

1. Clair, *Réflexion faite*, pp. 111~12.

2. 예컨대 코엔-세아는 효과의 연속성을 가정한다. 그는 말이 이미지를 부분적으
   로 "불모로 만들" 수 있을지 모르나 이미지를 압도하는 힘은 없다고 다소 낙관
   적으로 주장한다(Cohen-Séat, *Essai sur les principes...*, p. 92).

3. Clair, *Réflexion faite*, p. 112.

4. Wallon, "L'acte perceptif et le cinéma," *Revue internationale de filmologie*,
   April-June 1953, vol. IV, no. 13, p. 107.

5. Fr. Copei, "Psychologische Fragenzur Filmgestaltung," *Film und Bild*, 1944,
   Jahrgang 10, Nos. 9~12. Meyerhoff, *Tonfilm und Wirklichkeit*, p. 39에서 재
   인용.

6. Cohen-Séat, *Essai sur les principes...*, pp. 154~55.

7. 바르자벨은 유사한 방식으로 다음과 같이 표현한다. "극장에서 관객은 연극에
   참여한다. 영화관에서 관객은 영화에 합체된다"(Barjavel, *Cinéma total*, p. 68).
   Licart, *Théâtre et cinéma: Psychologie du spectateur*를 참조하라. 특히 pp. 19,
   20, 57 참조. 리카르는 무대와 스크린의 상이한 심리적 효과를 상세히 논구할
   뿐만 아니라 그 차이를 다이어그램 두 개를 그려서 그래프로 정리했다. 이 얇은
   책은 예리하면서도 기발한 관찰들의 진기한 모음이다. 한편, 리카르는 영화가
   감각에 미치는 고유한 영향을 인정하면서도, 영화가 정신을 "비옥하게 만드
   는"(p. 57) 데는 무능하다는 이유로 영화를 못마땅해한다. 이런 식의 판단은 분
   명 연극과 전통문화에 대한 그의 각별한 애착과 일치하는 것이다.

8. Wallon, "L'acte perceptif et le cinéma," p. 110.

9. 어둠의 효과와 관련해서는 다음을 참조하라. Mauerhofer, "Psychology of Film

Experience," *The Penguin Film Review*, Jan. 1949, no. 8, p. 103; Clair, *Réflexion faite*, p. 111; Barjavel, *Cinéma total*, p. 68.

10. 영화의 마취 효과에 대해서는 다음을 참조하라. Maugé, "Qu'avez-vous appris au cinéma?," *Du cinéma*, May 1929, Série I, no. 3; Cranston, "The Prefabricated Daydream," *The Penguin Film Review*, 1949, no. 9, p. 27; Epstein, *Cinéma*, p. 103; Wallon, "De quelques problèmes psycho-physiologiques que pose le cinéma," *Revue internationale de filmologie*, July-Aug. 1947, vol. I, no. 1, p. 16.

11. Epstein, *Cinéma*, p. 107; Wallon, "De quelques problèmes psychophysi-ologiques que pose le cinéma," p. 16.

12. 영화의 최면적 힘에 대해서는 빈번하게 언급되고 논구되었다. 예를 들어 다음을 참조하라. Meyer Levin, "The Charge of the Light Brigade," in Cooke(ed.), *Garbo and the Night Watchman*, pp. 124~26; L'Herbier, "Puissance de l'écran," in Ford(ed.), *Bréviaire du cinéma*, p. 76; Epstein, *Cinéma*, p. 107; Cohen-Séat, *Essai sur les principes...*, p. 28; Quesnoy, *Littérature et cinéma*(Le Rouge et le Noir: Les essais, no. 9), p. 31.

13. L'Herbier, "Puissance de l'écran," p. 76 참조.

14. MacDonald, "The Soviet Cinema: 1930-1938," *Partisan Review*, July 1938, vol. V, no. 2, p. 40; Pudovkin, *Film Technique and Film Acting*, part II, p. 44 참조.

15. Hardy(ed.), *Grierson on Documentary*, p. 77.

16. Waddington, "Two Conversations with Pudovkin," *Sight and Sound*, Winter 1948~49, vol. 17, no. 68, p. 161.

17. Kracauer, *From Caligari to Hitler*, p. 284와 Kracauer, "The Conquest of Europe on the Screen," *Social Research*, Sept. 1943, vol. 10, no. 3 등 여러 곳 참조.

18. Kracauer, *From Caligari to Hitler*, p. 280.

19. Rotha, *Documentary Film*, pp. 176, 195~96 참조.

20. Kracauer, *From Caligari to Hitler*, p. 297.

21. Rotha, *Documentary Film*, p. 58.

22. Marcel, "Possibilités et limites de l'art cinématographique," *Revue internationale de filmologie*, July-Dec. 1954, vol. V, nos. 18~19, p. 171. 또한

Meyerhoff, *Tonfilm und Wirklichkeit,* pp. 81~82 참조.

23. Lebovici, "Psychanalyse et cinéma," *Revue internationale de filmologie*, vol. II, no. 5, p. 54.

24. 마우어호퍼는 이렇게 말한다. "영화 체험은 수많은 사람들에게 그들의 몽상을 위해 쓸 만한 재료들을 대준다"(Mauerhofer, "Psychology of Film Experience," *The Penguin Film Review*, Jan. 1949, no. 8, p. 107). 올펜스테인과 레이티스도 저서 『영화: 심리학적 연구*Movies: A Psychological Study*』에서 영화의 몽상적 성격을 일관되게 강조한다.

25. 이 용어는 물론 모든 영화 제작의 중심지에 적용될 수 있지만 두 권의 책 제목에 까지 등장하고 있다. 명석하긴 하지만 과격한 저널리즘의 산물인 일리야 에렌부르크의 『꿈의 공장: 영화의 연대기*Die Traumfabrik: Chronik des Films*』(Berlin, 1931), 그리고 호텐스 파우더메이커의 『할리우드: 꿈의 공장*Hollywood: The Dream Factory*』(Boston, 1950)이 그것이다.

26. Kracauer, "National Types as Hollywood Presents Them," *The Public Opinion Quarterly*, Spring 1949, vol. 13, no. 1, p. 72 참조.

27. Sève, "Cinéma et méthode," *Revue internationale de filmologie*, July-Aug. 1947, vol. I, no. 1, pp. 45~46.

28. Dard, *Valeur humaine du cinéma*, p. 10.

29. Berge, "Interview de Blaise Cendrars sur le cinéma," *Cinéma*(Les cahiers du mois, 16/17), 1925, p. 140.

30. Schachtel, "On Memory and Childhood Amnesia," *Psychiatry*, Feb. 1947, vol. X, no. 1, 여러 곳 참조.

31. Hugo von Hofmannsthal, "Der Ersatz für Träume," in *Die Berührung der Sphären*의 여러 곳 참조.

32. 1920년대 후반 독일에서의 관객의 욕망과 영화 내용 간의 상관성에 대해서는 Kracauer, "Der heutige Film und sein Publikum," *Frankfurter Zeitung*, Nov. 30/ Dec. 1, 1928 참조.

33. Pordes, *Das Lichtspiel: Wesen—Dramaturgie—Regie*, p. 22.

34. Beucler, "L'homme cinéma," *La Revue du cinéma*, Nov. 1, 1930, vol. II, no. 10, p. 20.

35. 이 연구 기획의 상세한 사항은 Wilhelm, *Die Auftriebswirkung des Films*, pp. 6~9

참조.

36. 같은 책, pp. 19, 33, 34, 35.

37. 같은 책, p. 47.

38. Chaperot, "Henri Chomette: Le poème d'images et le film parlé," *La Revue du cinéma*, Aug. 1, 1930, vol. II, no. 13, p. 28.

39. Hofmannsthal, "Der Ersatz für Träume," p. 267.

40. Wilhelm, *Die Auftriebswirkung des Films*, p. 22.

10장

1. Maurois, "La poésie du cinéma," *L'art cinématographique*, 1927, vol. III, pp. 34~35.

2. Sève, "Cinéma et méthode," *Revue Internationale de filmologie*, Sept.-Oct. 1947, vol. I, no. 2, pp. 172~73; Oct. 1948, vol. I, nos. 3~4, pp. 352~53. 또한 Caveing, "Dialectique du concept du cinéma," *Revue Internationale de filmologie*, Oct. 1948, vol. I, nos. 3~4, p. 348. Valéry, "Le cinéma," in *Les techniques au service de la pensée*, pp. 161~62. 발레리 역시 서사적 영화를 픽션과 관찰의 서투른 조합이라고 보고 불편함을 느낀다.

3. Kracauer, *From Caligari to Hitler*, p. 68 n. 참조.

4. Mekas, "The Experimental Film in America," *Film Culture*, May-June 1955, vol. I, no. 3, p. 16, 그리고 Knight, *The Liveliest Art*, pp. 278~85 참조.

5. Epstein, "Le sens 1 bis," in L'Herbier(ed.), *Intelligence du cinématographe*, p. 259.

6. Dulac, "La cinégraphie intégrale," in Lapierre(ed.), *Anthologie du cinéma*, pp. 159~60.

7. Sadoul, *Les Pionniers du cinéma*, p. 541 참조.

8. Brunius, "Experimental Film in France," in Manvell(ed.), *Experiment in the Film*, pp. 68, 84~85 참조.

9. Dulac, "Le cinéma d'avant-garde," in L'Herbier(ed.), *Intelligence du cinématographe*, pp. 346~47 참조.

10. Clair, *Réflexion faite*, p. 53.

11. Dulac, "Le cinéma d'avant-garde," p. 348. 브뤼니위스에 따르면, 파리의 유명한 아방가르드 영화관 비외콜롱비에Vieux Colombier 극장에서 1924년에 잊힌 옛 과학영화가 상영되었고 다큐멘터리의 유행을 크게 촉진시켰다(Brunius, "Experimental Film in France," p. 97). 또한 Dulac, "L'essence du cinéma: L'idée visuelle," in *Cinéma*(Les cahiers du mois, 16/17), 1925, p. 62 참조.

12. Brunius, "Experimental Film in France," p. 69.

13. 같은 글, p. 95.

14. Bardèche and Brasillach, *The History of Motion Pictures*, p. 243(trans. Iris Barry).

15. Clair, *Réflexion faite*, p. 78.

16. Brunius, "Experimental Film in France," p. 71에서 재인용.

17. Chaperot, "Henri Chomette: Le poème d'images et le film parlé," *La Revue du cinéma*, Aug. 1, 1930, vol. 2, no. 13, p. 29.

18. Dulac, "L'essence du cinéma: L'idée visuelle," *Cinéma*(Les cahiers du mois, 16/17), 1925, pp. 65~66.

19. Dulac, "La cinégraphie intégrale," in Lapierre(ed.), *Anthologie du cinéma*, p. 165.

20. 같은 글, p. 165.

21. Iris Barry, *Film Notes...*, p. 47.

22. 같은 책, p. 47 참조.

23. Richter, *Avantgarde: History and Dates...*, p. 5에서 재인용. 미출간 원고 사본 한 부를 제공해주신 한스 리히터 씨에게 감사를 표한다.

24. Mekas, "The Experimental Film in America," *Film Culture*, May-June 1955, vol. I, no. 3, p. 18; Knight, "Self-Expression," *The Saturday Review of Literature*, May 27, 1950 참조.

25. Mekas, "The Experimental Film in America," 여러 곳; Knight, "Self-Expression," 여러 곳; Knight, *The Liveliest Art*, pp. 280~85; Jacobs, "Avant-Garde Production in America," in Manvell(ed.), *Experiment in the Film*, 여러 곳 참조.

26. Dard, *Valeur humaine du cinéma*, p. 11.

27. Artaud, "The Shell and the Clergyman: Film Scenario," *transition*, June 1930,

nos. 19~20, p. 63.

28. Deren, *An Anagram of Ideas on Art...*, p. 46.

29. Artaud, "The Shell and the Clergyman: Film Scenario," p. 65.

30. "Sang d'un poète(Le)," *Film Society Programmes*, April 2, 1933에서 재인용.

31. Allendy, "La valeur psychologique de l'image," in L'Herbier(ed.), *Intelligence du cinématographe*, p. 318(초판은 1926년). 같은 해인 1926년에 팝스트의 영화 〈영혼의 비밀〉이 나왔다. 이 영화에 나오는 꿈 시퀀스는 알렌디 박사의 아이디 어를 실행에 옮기는 것처럼 보인다. 하지만 이 시퀀스가 초현실주의처럼 보이 는 것은 착각으로, 그것이 극히 사실적인 이야기의 일부를 이루고 있다는 것만 봐도 그렇다.

32. Poisson, "Cinéma et psychanalyse," *Cinéma*(Les cahiers du mois, 16/17), 1925, p. 175.

33. Brunius, "Experimental Film in France," in Manvell(ed.), *Experiment in the Film*, p. 100.

34. Morrison, "The French Avant-Garde: The Last Stage," *Sequence*, Winter 1948/49, no. 6, p. 33. Wallis, "The Blood of a Poet," *Kenyon Review*, Winter 1944, vol. 6, no. 1, 여러 곳. 이 글은 콕토 영화의 상징적 의미를 읽어내는 데 있어 모리슨보다 훨씬 멀리 나아간다.

35. Cocteau, *The Blood of a Poet: A Film by Jean Cocteau*, p. 51(trans. Lily Pons).

36. Richter, "The Avant-Garde Film Seen from Within," *Hollywood Ouarterly*, Fall 1949, vol. IV, p. 38.

37. Clair, *Réflexion faite*, p. 107.

38. Brunius, "Experimental Film in France," pp. 102~105; Knight, *The Liveliest Art*, pp. 108~109 참조.

11장

1.   Read, "The Film on Art as Documentary," *Film Culture*, Oct. 1957, vol. III, no. 3, p. 6.

2.   Rotha, *Documentary Film*, pp. 88, 117 참조.

3. 같은 책, p. 123.

4. 미국의 전형적인 뉴스영화에 대한 사회학적 논평에 대해서는 Kracauer and Lyford, "A Duck Crosses Main Street," *The New Republic*, Dec. 13, 1948, 그리고 Meltzer, "Are Newsreels News?" *Hollywood Quarterly*, April 1947, vol. II, no. 3.

5. Arnheim, *Art and Visual Perception*, p. 202. 이 책은 바로 정확히 이 점을 지적한다. 하지만 그는 회화가 스크린에 보여질 때 회화에 무슨 일이 일어나는지에만 관심을 갖는다. "시각적 중첩은 종이나 캔버스보다 스크린에 투사될 때 더 효과적이다. 왜냐하면 그리거나 칠할 때는 편평한 바닥의 가시적인 편평함이 3차원성을 해소하려 하기 때문이다."

6. 예컨대 Tyler, "The Film Sense and the Painting Sense," *Art Digest*, Feb. 15, 1954, p. 10 참조.

7. Read, "The Film on Art as Documentary," *Film Culture*, Oct. 1957, vol. III, no. 3, p. 7.

8. Tyler, "The Film Sense and the Painting Sense," p. 12.

9. 같은 글, p. 12.

10. 허버트 매터의 영화 〈칼더의 작품들〉과 한스 리히터의 〈돈으로 살 수 있는 꿈들〉의 칼더 에피소드가 그렇다.

11. Bolen, "Films and the Visual Arts," in Bolen(ed.), *Films on Art: Panorama 1953*(이 유네스코 출판물의 프랑스어판에서 번역함, p. 6).

12. 같은 곳.

13. Read, "The Film on Art as Documentary," p. 7.

14. Tyler, "The Film Sense and the Painting Sense," p. 12.

15. Iris Barry, "The Film of Fact," *Town & Country*, Sept. 1946, vol. 100, no. 4288, pp. 253~54 참조.

16. Greene, "Nutrition," in Cooke(ed.), *Garbo and the Night Watchman*, p. 228.

17. Ivens, "Borinage—A Documentary Experience," *Film Culture*, 1956, vol. II, no. 1, p. 9.

18. Reynolds, *Leave It to the People*, p. 144.

19. Seton, *Sergei M. Eisenstein*, p. 357. Pudovkin, *Film Technique and Film Acting*, part I, pp. 133~34, 에이젠슈테인은 또한 자연이 감독의 조형적 구상에 조정되

거나 종속되어야 한다고까지 주장한다.

20. 그리어슨은 플라어티의 "스크린은⋯ 연극의 벽 안으로 들어가는 마법의 입구로, 그 입구로 들어가면 더 넓은 세상을 볼 수 있다⋯"라고 말한다. Hardy(ed.), *Grierson on Documentary*, p. 60에서 재인용.

21. Rotha, "Presenting the World to the World," *Films and Filming*, April 1956, vol. 2, no. 7, p. 17.

22. Dyke, "How 'Valley Town' Was Made," *Program Notes of Cinema 16*, Jan. 1950(*U.S. Camera*, Winter 1940에서 전재).

23. Rotha, "It's in the Script," *World Film News*, Sept. 1938, vol. III, no. 5, p. 205.

24. Kracauer, *From Caligari to Hitler*, pp. 182~88 참조.

25. Eisenstein, *Film Form*, p. 62.

26. Rotha, *Documentary Film*, p. 175; Eisenstein, *Film Form*, p. 58 참조.

27. Kracauer, "The Conquest of Europe on the Screen," *Social Research*, Sept. 1943, vol. 10, no. 3, pp. 347~48에서 재인용.

28. Griffith, "Documentary Film Since 1939," in Rotha, *Documentary Film*, p. 335.

29. Hardy(ed.), *Grierson on Documentary*, p. 215.

30. Rotha, *Documentary Film*, p. 106 n.

31. 같은 책, p. 166 n.

32. Hardy(ed.), *Grierson on Documentary*, p. 261.

33. Rotha, *Documentary Film*, p. 142.

34. 같은 책, p. 147.

35. 같은 책, p. 185. Road, "Documentary Film Since 1939," in Rotha, *Documentary Film*, p. 218. 그는 마찬가지로 "어쩌면 개인적인 이야기가 너무 저평가되어왔다"고 주장한다.

36. Miles, "Are Actors Necessary?," *Documentary News Letter*, April 1941, vol. 2, no. 4, p. 73.

37. Clair, *Réflexion faite*, p. 53.

38. Gasset, *The Dehumanization of Art...*, p. 80(번역자는 미상).

12장

1. Sadoul, *Les Pionniers du cinéma*, p. 540 참조.

2. 같은 책, pp. 540, 542; Langlois, "Notes sur l'histoire du cinéma," *La Revue du cinéma*, July 1948, vol. III, no. 15, pp. 13~14 참조.

3. 이 단락에 대해서는 Jacobs, *The Rise of the American Film*, p. 9; Sadoul, *Les Pionniers du cinéma*, pp. 541~43, 573; Clair, "Le cinématographe contre l'esprit," in Lapierre(ed.), *Anthologie du cinéma*, pp. 175~76 참조.

4. Cohen-Séat, *Essai sur les principes...*, pp. 94~95 참조.

5. Auerbach, *Mimesis*, pp. 321~23 참조.

6. 같은 책, p. 548.

7. Eisenstein, *Film Form*, pp. 7, 14, 17 참조.

8. 같은 책, p. 92.

9. 같은 책, p. 254. 푸돕킨이 비슷한 의견을 개진한다는 사실에 주목해야 한다. "영화는 그것의 모든 개별 요소들이 전체에 견고하게 들어맞을 때에만 정말 의미가 있다"(Pudovkin, *Film Technique and Film Acting*, part I, p. 90).

10. Balázs, *Der sichtbare Mensch*, p. 115.

11. Feyder. "Transposition visuelle," in *Cinéma*(Les cahiers du mois, 16/17), 1925, p. 71.

12. Griffith, "The Film Since Then," in Rotha, *The Film Till Now*, p. 483. 그는 〈밀고자〉를 "영화 전반에 허세와 미성숙한 특징을 보이는 상징주의가 지속되는" 멜로드라마라고 규정한다.

13. Bardèche and Brasillach, *The History of Motion Pictures*, p. 46, 그리고 Sadoul, *Les Pionniers du cinéma*, p. 530 n.에서 재인용.

14. Turner, "On Suspense and Other Film Matters: An Interview with Alfred Hitchcock," *Films in Review*, April 1950, vol. I, no. 3, pp. 22, 47.

15. Panofsky, "Style and Medium in the Moving Pictures," *transition*, 1937, no. 26, p. 125.

16. Eisenstein, *Film Form*, p. 182에서 재인용.

17. Lusk, "I love Actresses!," *New Movies*, Jan. 1947, vol. XXII, no. 1, pp. 28, 30.

18. Ferguson, "Life Goes to the Pictures," *films*, Spring 1940, vol. I, no. 2, p. 21.

19. Lewis, "Erich von Stroheim of the Movies...," *The New York Times*, June 22, 1941.

20. Balázs, *Der sichtbare Mensch*, pp. 46~47. 또한 〈우리는 크론슈타트 사람들〉에서의 우연적 삶에 대해서는 Greene, "Subjects and Stories," in Davy(ed.), *Footnotes to the Film*, p. 69 참조. 유사한 내용은 다음을 참조하라. Ferguson, "Life Goes to the Pictures," 여러 곳. 퍼거슨은 영화에서는 물리적 삶의 유동적 요소들을 통합하는 일이 중요하다고 강조한다.

21. Caveing, "Dialectique du concept du cinéma," *Revue internationale de filmologie*, Oct. 1948, vol. I, nos. 3~4, pp. 349~50 참조.

22. Rotha, "A Foreword," in *Eisenstein, 1898~1948*.

23. Eisenstein, *Film Form*, pp. 162~63.

24. Seton, *Sergei M. Eisenstein*, pp. 74~75.

25. Eisenstein, *Film Form*, p. 132.

26. Marcel, "Possibilités et limites de l'art cinématographique," *Revue internationale de filmologie*, July-Dec. 1954, vol. V, nos. 18~19, p. 170. 그는 "무용한"이라는 말을 이런 의미에서 사용한다. 〈모비 딕〉의 대목을 보려면 Bluestone, *Novels into Film*, p. 206 참조.

27. Jacobs, *The Rise of the American Film*, pp. 105~106 참조.

28. Pudovkin, *Film Technique and Film Acting*, part I, p. 19. 그는 줄거리의 절정을 보여주는 그리피스의 추격 시퀀스가 줄거리의 의미에 완전히 부응한다고 본다. 이렇게 표준화된 추격 시퀀스에 대한 에이젠슈테인의 완곡한 독해를 보려면 Eisenstein, *Film Form*, pp. 234~35 참조.

29. Panofsky, "Style and Medium in the Motion Pictures," *Critique*, Jan.-Feb. 1947, vol. 1, no. 3, p. 11.

30. Rawnsley, "Design by Inference," *The Penguin Film Review*, 1949, no. 9, p. 34. Lindgren, *The Art of the Film*, p. 38. 이 책도 유사한 견해를 보인다.

31. Ferguson, "Hollywood's Half a Loaf," in Cooke(ed.), *Garbo and the Night Watchman*, p. 257.

32. Longstreet, "Setting Back the Clock," *The Screen Writer*, Aug. 1945, vol. I, no. 3, p. 12.

33. Kronenberger, "Meet One Day, Mate the Next," *PM*, May 4, 1945. 무르나우

감독의 〈일출〉(1927)에도 똑같은 의견 대립이 있었다. 일부 비평가들은 그 영화의 느슨한 구성을 좋아했지만 다른 비평가들은 일관성의 결여를 문제 삼았다.

34. Reisz, *The Technique of Film Editing*, pp. 24~25; Jacobs, *The Rise of the American Film*, pp. 111, 199 참조.

35. Jacobs, *The Rise of the American Film*, pp. 185, 192.

13장

1. Forster, *Aspects of the Novel*, p. 45.

2. 같은 책, p. 45. Gasset, *The Dehumanization of Art...*, pp. 60, 74에서도 이야기가 일종의 필요악과 같다고 본다.

3. Forster, *Aspects of the Novel*, p. 133.

4. 같은 책, p. 55.

5. 같은 책, p. 55.

6. 같은 책, p. 118.

7. 같은 책, p. 118.

8. 같은 책, p. 142.

9. Lukács, *Die Theorie des Romans*, 여러 곳.

10. Forster, *Aspects of the Novel*, p. 145.

11. 같은 책, p. 152.

12. Souriau, "Filmologie et esthétique comparée," *Revue internationale de filmologie*, April-June 1952, vol. III, no. 10, pp. 125~28.

13. 같은 글, pp. 129~30.

14. *Proust, *Remembrance of Things Past*, vol. II, pp. 459 이하(trans. C. K. Scott Moncrieff).

15. 같은 책, vol. I, pp. 543~45.

16. Lefranc, "Radiguet et Stendhal à l'écran," in Astre(ed.), *Cinéma et roman*, pp. 170~72 참조.

17. Bluestone, *Novels into Film*, pp. 152~61, 163.

18. 같은 책, p. 164.

19. Moskowitz, "'Gervaise': from Zola to Clément," *The New York Times*, Dec. 8, 1957에서 재인용.

20. 이러한 지적은 다음의 두 사람에게서 나온 것이다. Moskowitz, " 'Gervaise': from Zola to Clément"; Croce, "Gervaise," *Film Culture*, Dec. 1957, vol. III, no. 5.

21. Auerbach, *Mimesis*, p. 488(trans. Willard R. Trask).

22. 같은 책, p. 547. [한국어판: 에리히 아우어바흐, 『미메시스』, p. 717. 번역 일부 수정.]

23. Marcel, "Possibilités et limites de l'art cinématographique," *Revue internationale de filmologie*, July-Dec. 1954, vol. V, nos. 18~19, pp. 168~69.

14장

1. Rotha, *Documentary Film*, p. 106.

2. Rosenheimer, "They Make Documentaries...," *Film News*, April 1946, vol. 7, no. 6, p. 9에서 재인용.

3. 플라어티의 말. 같은 글, p. 23에서 재인용.

4. 예컨대 Grierson, "Robert Flaherty: An Appreciation," *The New York Times*, July 29, 1951; Rotha, *Documentary Film*, p. 107; Manvell, *Film*, p. 84.

5. 이렇게 말한 사람은 그리어슨이다. Grierson, "Robert Flaherty: An Appreciation."

6. Rosenheimer, "They Make Documentaries...," p. 10에서 재인용.

7. Grierson, "Robert Flaherty: An Appreciation." (강조는 그리어슨).

8. Goodman, "Pioneer's Return...," *The New York Times*, Aug. 31, 1947.

9. Jacobs, *The Rise of the American Film*, p. 173.

10. 예컨대 "Rossellini," *The New Yorker*, Feb. 19, 1949, p. 25 참조.

11. Bachmann, "Federico Fellini: An Interview," in Hughes(ed.), *Film: Book I*, p. 103.

12. Rotha, "The Last Day of Summer," *Sight and Sound*, Autumn 1958, vol. 27, no. 6, p. 315.

13. Manvell, *Film*, p. 107.

14. Rotha, *Documentary Film*, p. 195. 또한 Road, "Documentary Film Since 1939," in Rotha, *Documentary Film*, p. 250 참조.

15. *Agee on Film*, p. 299. Road, "Documentary Film Since 1939," p. 271 참조.

16. Laffay, "Les grands thèmes de l'écran," *La Revue du cinéma*, April 1948, vol. II, no. 12, p. 8.

17. Bachmann, "Federico Fellini: An Interview," in Hughes(ed.), *Film: Book 1*, p. 97 참조.

18. 같은 글, p. 101.

19. Agel, "Du film en forme de chronicle," in Astre(ed.), *Cinéma et roman*, p. 151.

20. 같은 글, p. 150.

21. 같은 글, p. 149. 또한 Katulla, "Die Antwort des Mönchs: Bemerkungen zu Federico Fellini," *Film 1958*, vol. I, no. 2, p. 150 참조.

22. Bluestone, "An Interview with Federico Fellini," *Film Culture*, Oct. 1957, vol. III, no. 3, p. 3에서 재인용.

23. Goodman, "Pioneer's Return...," *The New York Times*, Aug. 31, 1947에서 재인용.

24. Panofsky, "Style and Medium in the Motion Pictures," *Critique*, Jan.-Feb. 1947, vol. 1, no. 3, p. 11 참조.

15장

1. Marcel, "Possibilités et limites de l'art cinématographique," *Revue Internationale de filmologie*, July-Dec. 1954, vol. V, nos. 18~19, pp. 168~69.

2. Caillois, "Le cinéma, le meurtre et la tragédie," *Revue Internationale de filmologie*, vol. II, no. 5, p. 191.

3. 같은 글, p. 191.

4. 같은 글, p. 191.

5. Kracauer, *From Caligari to Hitler*, pp. 100~101 등 여러 곳 참조.

6. Bachmann, "Federico Fellini: An Interview," in Hughes(ed.), *Film: Book 1*, pp.

101~102에서 재인용.

7.   같은 글, p. 100 참조.

8.   Sadoul, *Les Pionniers du cinéma*, p. 392 참조.

9.   Conan Doyle, *The Complete Sherlock Holmes*, p. 13.

10. Poe, "The Mystery of Marie Rogêt," in *The Great Tales and Poems of Edgar Allan Poe*, pp. 212~13.

11. Conan Doyle, *The Complete Sherlock Holmes*, p. 13.

12. W. K., "'Trade Marks' That Identify Men," *The New York Times*, Jan. 2, 1949. 이렇게 말했다고 하는 로드 아일랜드 병원의 피부과 원장 프란세스코 론체스 Francesco Ronchese 박사를 인용한 것이다.

13. Kracauer, *From Caligari to Hitler*, p. 150 참조.

14. Seton, *Sergei M. Eisenstein*, pp. 301~302.

15. Hitchcock, "Direction," in Davy(ed.), *Footnotes to the Film*, pp. 13~14.

16. *Agee on Film*, pp. 71~72, 179, 295.

17. Hitchcock, "Direction," p. 12.

18. Knight, *The Liveliest Art*, p. 197.

19. Tyler, *Rashomon as Modern Art*(Cinema 16 Pamphlet One).

20. 사적인 만남에서 들은 발언이다.

21. Panofsky, "Style and Medium in the Motion Pictures," *Critique*, Jan.-Feb. 1947, vol. 1, no. 3, p. 12.

16장

1.   Valéry, "Cinématographe," in L'Herbier(ed.), *Intelligence du cinématographe*, p. 35.

2.   Benjamin, "L'oeuvre d'art à l'époque de sa reproduction mécanisée," *Zeitschrift für Sozialforschung*, 1936, Jahrgang V, no. 1, p. 62(Duhamel, *Scènes de la vie future*, Paris, 1930에서 재인용).

3.   Chiaromonto, "a note on the movies," *instead*, June 1948, no. 4.

4.   Nietzsche, *Human, All-Too-Human*, p. 217(234번 단상; trans. Helen

Zimmern).

5.   Whitehead, *Science and the Modern World*, p. 187.

6.   Freud, *The Future of an Illusion*, pp. 77~78, 96(trans. W. D. Robson-Scott).

7.   Dewey, *Art as Experience*, p. 340.

8.   Durkheim, *Suicide*, p. 169(trans. John A. Spaulding and George Simpson).

9.   같은 책, p. 169.

10. Renan, *The Future of Science*, Preface, p. xviii: "심각한 문제는 우리가 근거 없는 신앙으로 복귀하는 것 말고는 앞으로 우리가 받아들일 만한 교리를 인류에 제공할 방법을 도저히 발견할 수 없다는 것이다. 따라서 이념적 믿음의 폐허가 초자연적인 믿음의 폐허로 이어질 가능성이 있다. 인류의 도덕성이 몰락하는 그날은 인류가 사물들의 실재를 보게 되는 날부터 시작되리라"(번역자는 미상). 이 책은 이미 1848년에 쓰였지만 1890년에 출판되었고 이때 르낭이 서문을 추가했다.

11. Freud, *The Future of an Illusion*, p. 98.

12. Freud, *Civilization and Its Discontents*, pp. 61, 75, 103(trans. Joan Riviere).

13. Frankel, *The Case for Modern Man*, p. 20.

14. Toynbee, "Christianity and Civilization," in Toynbee, *Civilization on Trial...*, pp. 207, 209 참조.

15. 데이비드 리스먼의 용어. Riesman, *The Lonely Crowd* 참조.

16. Dewey, *Art as Experience*, p. 338.

17. Durkheim, *Suicide*, p. 168. 또한 다음을 참조. Dewey, *Art as Experience*, pp. 340~41.

18. Toynbee, "Does History Repeat Itself?," in Toynbee, *Civilization on Trial...*, p. 45.

19. Whitehead, *Science and the Modern World*, p. 199.

20. 같은 책, p. 200.

21. Proust, *Remembrance of Things Past*, 여러 곳; 예컨대 vol. I, pp. 15, 656 참조.

22. Auerbach, *Mimesis*, p. 546(trans. Willard R. Trask).

23. 같은 책, p. 552.

24. 같은 책, p. 551.

25. Mumford, *Technics and Civilization*, p. 340.

26. 같은 책, p. 343.

27. Dewey, *Art as Experience*, p. 340.

28. 같은 책, p. 339.

29. Agel, "Du film en forme de chronicle," in Astre(ed.), *Cinéma et roman*, p. 155에서 재인용.

30. Bachmann, "Federico Fellini: An Interview," in Hughes(ed.), *Film: Book 1*, p. 103.

31. Dard, *Valeur humaine du cinéma*, p. 15.

32. Auerbach, *Mimesis*, p. 552.

33. Scheffauer, "The Vivifying of Space," *The Freeman*, Nov. 24/Dec. 1, 1920.

34. Marcel, "Possibilités et limites de l'art cinématographique," *Revue internationale de filmologie*, July-Dec. 1954, vol. V, nos. 18~19, p. 164.

35. Graves, *The Greek Myths*, vol. I, pp. 127, 238~39 참조.

36. Balázs, *Der Geist des Films*, pp. 215~17.

37. Dard, *Valeur humaine du cinéma*, p. 16.

38. Panofsky, "Style and Medium in the Motion Pictures," *Critique*, Jan.-Feb. 1947, vol. 1, no. 3, p. 27. 또한 Hauser, *The Social History of Art*, vol. II, p. 955 참조.

39. Sève, "Cinéma et méthode," *Revue internationale de filmologie*, July-Aug. 1947, vol. I, no. 1, p. 46.

40. Dekeukeleire, *Le Cinéma et la pensée*, p. 15. 또한 L'Herbier, "Théâtre et cinéma," in Ford(ed.), *Bréviaire du cinéma*, p. 99 참조.

41. Balázs, *Der Geist des Films*, pp. 215~17.

42. 예컨대 Faure, "Cinéma," in *Le Rôle intellectuel du cinéma*, pp. 216~20; Hauser, *The Social History of Art*, vol. II, pp. 946~48.

43. Hardy(ed.), *Grierson on Documentary*, 여러 곳.

44. Bachmann, "Federico Fellini: An Interview," in Hughes(ed.), *Film: Book 1*, pp. 104~105 참조.

45. Auerbach, *Mimesis*, p. 552. [『미메시스』, p. 726. 번역 일부 수정.]

46. Cohen-Séat, *Essai sur les principes...*, pp. 30, 180~81 참조.

47. Laing, "Fine Fare," *The New York Times*, June 28, 1959(신문의 영화란 편집자에게 보낸 독자 편지).

참고문헌

참고문헌에는 이 책에서 인용하고 언급한 저작들만 정리했다. 집필에 도움을 준 광범위한 배경 자료는 포함시킬 수 없었다.

Adler, Mortimer J., *Art and Prudence: A Study in Practical Philosophy*, New York, 1937.

Agee on Film: Reviews and Comments, New York, 1958.

Agel, Henri, "Du film en forme de chronicle," in G.-A. Astre(ed.), *Cinéma et roman*, Paris, 1958, pp. 147~55. (La revue des lettres modernes, vol. V, nos. 36~38.)

Allendy, Dr., "La valeur psychologique de l'image," in Marcel L'Herbier(ed.), *Intelligence du cinématographe*, Paris, 1946, pp. 304~18. (초판은 1926년.)

Aragon, Louis, "Painting and Reality: A Discussion," *transition*(New York, Fall 1936), no. 25, pp. 93~103.

Arnheim, Rudolf, *Film*, London, 1933.

──────, *Art and Visual Perception: A Psychology of the Creative Eye*, Berkeley and Los Angeles, 1954.

──────, "Perceptual Abstraction and Art," *Psychological Review*(Princeton, March 1947), vol. 54, no. 2, pp. 66~82.

Artaud, Antonin, "The Shell and the Clergyman: Film Scenario," *transition*(Paris, June 1930), nos. 19~20, pp. 63~69.

Auerbach, Erich, *Mimesis: The Representation of Reality in Western Literature*, Willard R. Trask(trans.), Princeton, 1953.

Bachmann, Gideon, "The Films of Luis Buñuel," *Cinemages*(New York, 1954), no. 1.

──────, "Federico Fellini: An Interview," in Robert Hughes(ed.), *Film: Book 1: The Audience and the Filmmaker*, New York, 1959, pp. 97~105.

──────(ed.), *Jean Epstein, 1897-1953; Cinemages*(New York, 1955), no. 2. A Jean

Epstein memorial issue.

Balázs, Béla, *Der sichtbare Mensch, oder die Kultur des Films*, Wien/Leipzig, 1924.

———, *Der Geist des Films*, Halle, 1930.

———, "Das Drehbuch oder Filmszenarium," in *Von der Filmidee zum Drehbuch*, Berlin, 1949, pp. 60~80.

Barbaro, Umberto, "Le cinéma sans acteurs," in *Le Rôle intellectuel du cinéma*, Paris, 1937, pp. 225~34. (Published by the Institut de Coopération Intellectuelle, Société des Nations.)

Bardèche, Maurice, and Brasillach, Robert, *The History of Motion Pictures*, Iris Barry(trans. & ed.), New York, 1938.

Barjavel, René, *Cinéma total: Essai sur les formes futures du cinéma*, Paris, 1944.

Barry, Iris, *Film Notes—Part I: The Silent Film*, New York, 1949. (Bulletin of The Museum of Modern Art, vol. XVI, nos. 2~3.)

———, "The Film of Fact," *Town & Country*(New York, Sept. 1946), vol. 100, no. 4288, pp. 142, 253~54, 256.

Benjamin, Walter, "L'oeuvre d'art à l'époque de sa reproduction mécanisée," *Zeitschrift für Sozialforschung*(Paris, 1936), vol. V, no. 1, pp. 40~68.

———, "Über einige Motive bei Baudelaire," *Zeitschrift für Sozialforschung*(Paris, 1939), vol. VIII, no. 1/2, pp. 50~91.

Berge, François, and André, "Interview de Blaise Cendrars sur le cinéma," in *Cinéma*, Paris, 1925, pp. 138~42. (Les cahiers du mois, 16/17.)

Bessy, Maurice, and Duca, Lo, *Louis Lumière, inventeur*, Paris, 1948.

Beucler, André, "L'homme cinéma," *La Revue du cinéma*(Paris, Nov. 1, 1930), vol. 2, no. 16, pp. 14~20.

Blitzstein, Marc: statement in "Music in Films: A Symposium of Composers," *films*(New York, Winter 1940), vol. I, no. 4.

Bluestone, George, *Novels into Film*, Baltimore, 1957.

———, "An Interview with Federico Fellini," *Film Culture*(New York, Oct. 1957), vol. III, no. 3, pp. 3~4, 21.

Bolen, Francis, "Films and the Visual Arts," in Bolen(ed.), *Films on Art: Panorama 1953*, Paris, 1953. (또한 같은 유네스코 출판물의 프랑스어판, pp. 5~10도

보라.)

Brunius, B. Jacques, "Experimental Film in France," in Roger Manvell(ed.), *Experiment in the Film*, London, 1949, pp. 60~112.

Caillois, Roland, "Le cinéma, le meurtre et la tragédie," *Revue Internationale de filmologie*(Paris), vol. II, no. 5, pp. 187~91.

Cavalcanti, Alberto, "Comedies and Cartoons," in Charles Davy(ed.), *Footnotes to the Film*, London, 1937, pp. 71~86.

——, "Sound in Films," *films*(New York, Nov. 1939), vol. 1, no. 1, pp. 25~39.

Caveing, Maurice, "Dialectique du concept du cinéma," *Revue internationale de filmologie*(Paris), vol. I, July-Aug. 1947, no. 1, pp. 71~78; Oct. 1948, nos. 3~4, pp. 343~50.

Cellini, Benvenuto, *The Autobiography of Benvenuto Cellini*, New York, 1927. (The Modern Library.)

Chaperot, Georges, "Henri Chomette: Le poème d'images et le film parlé," *La Revue du cinéma*(Paris, Aug. 1, 1930), vol. 2, no. 13, pp. 26~36.

Charensol, Georges, "Le cinéma parlant," in Marcel L'Herbier(ed.), *Intelligence du cinématographe*, Paris, 1946, pp. 169~71. (초판은 1935년.)

Chavance, Louis, "Les conditions d'existence du cinéma muet," Marcel L'Herbier(ed.), *Intelligence du cinématographe*, Paris, 1946, pp. 141~44. (초판은 1929년.)

Chiaromonte, Nicola, "a note on the movies," *instead*(New York, June 1948), no. 4.

——, "Rome Letter: Italian Movies," *Partisan Review*(New York, June 1949), vol. XVI, no. 6, pp. 621~30.

Clair, René, *Réflexion faite: Notes pour servir à l'histoire de l'art cinématographique de 1920 à 1950*, Paris, 1951.

——, "Le cinématographe contre l'esprit," in Marcel Lapierre(ed.), *Anthologie du cinéma*, Paris, 1946, pp. 175~82. (1927년 강의.)

Cocteau, Jean, *The Blood of a Poet: A Film by Jean Cocteau*, Lily Pons(trans.), New York, 1949.

Cohen-Séat, Gilbert, *Essai sur les principes d'une philosophie du cinéma. I.*

Introduction générale: Notions fondamentales et vocabulaire de filmologie,
Paris, 1946.

Cooke, Alistair, *Douglas Fairbanks: The Making of a Screen Character*, New York,
1940.

Copland, Aaron, "Tip to Moviegoers: Take off Those Ear-Muffs," *The New York Times
Magazine*, Nov. 6, 1949.

"Core of the Movies—the Chase: Answers by Alfred Hitchcock," *The New York
Times Magazine*, Oct. 29, 1950.

Cranston, Maurice, "The Pre-Fabricated Daydream," *The Penguin Film
Review*(London, 1949), no. 9, pp. 26~31.

Croce, Arlene, "Gervaise," *Film Culture*(New York, Dec. 1957), vol. III, no. 5, pp.
14~15.

Crowther, Bosley, "Seen in Close-up," *The New York Times*, Sept. 23, 1951.

Dahl, Ingohf, "Igor Stravinsky on Film Music," *Cinema*(Hollywood, June 1947), vol.
7, no. 1, pp. 8~9, 21.

Dard, Michel, *Valeur humaine du cinéma*, Paris, 1928. (Le rouge et le noir: Les
essais, no. 10.)

Dekeukeleire, Charles, *Le Cinéma et la pensée*, Bruxelles, 1947. (Collection Savoir,
no. 13.)

Delluc, Louis, *Photogénie*, Paris, 1920.

——, "Photographie," in Marcel Lapierre(ed.), *Anthologie du cinéma*, Paris, 1946,
pp. 134~36.

Deren, Maya, *An Anagram of Ideas on Art, Form, and Film*, Yonkers, New York, 1946.

Dewey, John, *Art as Experience*, New York, 1934.

Doniol-Valcroze, Jacques, and Bazin, André, "Conversation with Bunuel," *Sight and
Sound*(London, Spring 1955), vol. 24, no. 4, pp. 181~85.

Doyle, A. Conan, *The Complete Sherlock Holmes*, Garden City, New York, 1938.

Dreville, Jean, "Documentation: The Basis of Cinematography," *Close Up*(Territet,
Switzerland, Sept. 1930), vol. VII, no. 3, pp. 202~206.

Dulac, Germaine, "L'essence du cinéma l'idée visuelle," in *Cinéma*, Paris, 1925, pp.

57~66. (Les cahiers du mois, 16/17.)

———, "La cinégraphie intégrale," in Marcel Lapierre(ed.), *Anthologie du cinéma*, Paris, 1946, pp. 157~68. (초판은 1927년.)

———, "Le cinéma d'avant-garde," in Marcel L'Herbier(ed.), *Intelligence du cinématographe*, Paris, 1946, pp. 341~53. (초판은 1932년.)

Durkheim, Emile, *Suicide: A Study in Sociology*, John A. Spaulding and George Simpson(trans.), London, 1952. (프랑스어 원서: Paris, 1897.)

Eder, Josef Maria, *History of Photography*, Edward Epstean(trans.), New York, 1945.

Ehrenburg, Ilja, *Die Traumfabrik: Chronik des Films*, Berlin, 1931.

Eisenstein, Sergei M., *The Film Sense*, Jay Leyda(trans. & ed.), New York, 1942.

———, *Film Form: Essays in Film Theory*, Jay Leyda(trans. & ed.), New York, 1949.

Eisenstein, 1898-1948, London, 1949. (영국의 소련과의 문화교류협회 영화 부서가 발행한 에이젠슈테인 추모 책자.)

Eisler, Hanns, *Composing for the Films*, New York, 1947.

Epstein, Jean, *Cinéma*, Paris, 1921.

———, *Le Cinématographe vu de l'Etna*, Paris, 1926.

———, "Le sens 1 bis," in Marcel L'Herbier(ed.), *Intelligence du cinématographe*, Paris, 1946, pp. 257~65. (초판은 1921년.)

———, "The Reality of Fairyland," in Bachmann(ed.), *Jean Epstein, 1897-1953; Cinemages*, no. 1, pp. 43~44. (바흐만 참고. 이 논문은 엡스탱의 미출간 원고에 기초한다.)

———, "Sound in Slow Motion," in Bachmann(ed.), *Jean Epstein, 1897-1953; Cinemages*, no. 1, p. 44. (미출간 원고.)

Epstein, Marie, "Biographical Notes," in Bachmann(ed.), *Jean Epstein, 1897-1953; Cinemages*, no. 1, pp. 7~8.

Erskine, John, "On Turning an Opera into a Film," *The New York Times*, Feb. 4, 1940.

Faure, Elie, "Cinéma," in *Le Rôle intellectuel du cinéma*, Paris, 1937, pp. 195~221. (국제연맹 산하 지식협력연구소 발간.)

Feininger, Andreas, "Photographic Control Processes," *The Complete Photographer*

(New York, 1942), vol. 8, no. 43, pp. 2795~804.

"Fellini über Fellini," *Film 1958*(Frankfurt a. M., 1958), vol. I, no. 2, pp. 160~62.

Ferguson, Otis, "Hollywood's Half a Loaf," in Alistair Cooke(ed.), *Garbo and the Night Watchman*, London, 1937, pp. 255~59.

———, "Life Goes to the Pictures," *films*(New York, Spring 1940), vol. 1, no. 2, pp. 19~29.

Feyder, Jacques, "Transposition visuelle," in *Cinéma*, Paris, 1925, pp. 67~71. (Les cahiers du mois, 16/17.)

"Film Crasher Hitchcock," *Cue*(New York), May 19, 1951.

Fondane, Benjamin, "Du muet au parlant: Grandeur et décadence du cinéma," in Marcel L'Herbier(ed.), *Intelligence du cinématographe*, Paris, 1946, pp. 145~58. (초판은 1930년.)

Forster, E. M., *Aspects of the Novel*, New York, 1927.

Frankel, Charles, *The Case for Modern Man*, Boston, 1959. (A Beacon Paperback edition.)

Freud, Sigmund, *The Future of an Illusion*, W. D. Robson-Scott(trans.), New York, 1957. (A Doubleday Anchor Book. 초판은 1927년.)

———. *Civilization and Its Discontents*, Joan Riviere(trans.), New York, 1958. (A Doubleday Anchor Book. 초판은 1929년.)

Freund, Gisèle, *La Photographie en France au dix-neuvième siècle: Essai de sociologie et d'esthétique*, Paris, 1936.

Gasset, José Ortega y, *The Dehumanization of Art and Other Writings on Art and Culture*, Garden City, New York, 1956. (A Doubleday Anchor Book, 번역자 미상.)

Gibbon, Monk, *The Red Shoes Ballet*, London, 1948.

Goodman, Ezra, "Pioneer's Return: Robert Flaherty Discusses His Latest Documentary, 'The Louisiana Story'," *The New York Times*, Aug. 31, 1947.

Gorki, Maxim, "You Don't Believe Your Eyes," *World Film News*(London, March 1938), vol. 2, no. 12, p. 16.

Graves, Robert, *The Greek Myths*, Baltimore, Maryland, 1955. 2 vols. (Penguin

Books.)

Greene, Graham, "Nutrition," in Alistair Cooke(ed.), *Garbo and the Night Watchman*, London, 1937, pp. 228~30.

——, "Subjects and Stories," in Charles Davy(ed.), *Footnotes to the Film*, London, 1937, pp. 57~70.

Grierson, John, "Eisenstein and Documentary," in *Eisenstein, 1898-1948*, London, 1949, pp. 15~16.

——, "Robert Flaherty: An Appreciation," *The New York Times*, July 29, 1951.

Griffith, Richard, "The Film Since Then," in Rotha, *The Film Till Now*, New York, 1950.

——, "Documentary Film Since 1939 (II. National Developments, section ii)," in Rotha, *Documentary Film*, London, 1952.

——, "The Use of Films By the U.S. Armed Services," in Rotha, *Documentary Film*, London, 1952.

Hajek-Halke, H., *Experimentelle Fotografie*, Bonn, 1955.

Hardy, Forsyth(ed.), *Grierson on Documentary*, New York, 1947.

Hauser, Arnold, *The Social History of Art*, Stanley Godman(trans. in collaboration with the author), London, 1951. 2 vols.

——, *The Philosophy of Art History*, New York, 1958.

Herschel, Sir J. F. W., "Instantaneous Photography," *Photographic News*(London, May 11, 1860), vol. 4, no. 88, p. 13.

Hitchcock, Alfred, "Direction," in Charles Davy(ed.), *Footnotes to the Film*, London, 1937, pp. 3~15.

Hofmannsthal, Hugo von, "Der Ersatz für Träume," in *Die Berührung der Sphären*, Berlin, 1931, pp. 263~68. (초판은 *Neue Freie Presse*, March 27, 1921.)

Huff, Theodore, *Charlie Chaplin*, New York, 1951.

Ivens, Joris, "Borinage—A Documentary Experience," *Film Culture*(New York, 1956), vol. II, no. 1, pp. 6~9.

Jacobs, Lewis, *The Rise of the American Film*, New York, 1939.

————, "Avant-Garde Production in America," in Roger Manvell(ed.), *Experiment in the Film*, London, 1949, pp. 113~52.

Johnson, Albert, "The Tenth Muse in San Francisco," *Sight and Sound*(London, Jan.-March, 1955), vol. 24, no. 3, pp. 152~56.

K., W., "'Trade Marks' That Identify Men," *The New York Times*, Jan. 2, 1949.

Kast, Pierre, "Une fonction de constat: Notes sur l'œuvre de Buñuel," *Cahiers du cinéma*(Paris, Dec. 1951), vol. II, no. 7, pp. 6~16.

Katulla, Theodor, "Die Antwort des Mönchs: Bemerkungen zu Federico Fellini," *Film 1958*(Frankfurt a. M., 1958), vol. I, no. 2, pp. 139~59.

Katz, Leo, "Dimensions in Photography," *The Complete Photographer*(New York, 1942), vol. 4, no. 21, pp. 1331~55.

Knight, Arthur, *The Liveliest Art: A Panoramic History of the Movies*, New York, 1957.

————, "Dancing in Films," *Dance Index*(New York, 1947), vol. VI, no. 8, pp. 179~99.

————, "Self-Expression," *The Saturday Review of Literature*, May 27, 1950.

Kracauer, Siegfried, *From Caligari to Hitler*, Princeton, 1947.

————, "Der heutige Film und sein Publikum," *Frankfurter Zeitung*, Nov. 30 and Dec. 1, 1928.

————, "The Conquest of Europe on the Screen: The Nazi Newsreel 1939-1940," *Social Research*(New York, Sept. 1943), vol. 10, no. 3, pp. 337~57.

————, "Jean Vigo," *Hollywood Quarterly*(Berkeley and Los Angeles, April 1947), vol. II, no. 3, pp. 261~63.

————, "National Types as Hollywood Presents Them," *The Public Opinion Quarterly*(Princeton, Spring 1949), vol. 13, no. 1, pp. 53~72.

————, "Silent Film Comedy," *Sight and Sound*(London, Aug.-Sept. 1951), vol. 21, no. 1, pp. 31~32.

————, and Lyford, Joseph, "A Duck Crosses Main Street," *The New Republic*(New York, Dec. 13, 1948), vol. 119, no. 24, pp. 13~15.

Kronenberger, Louis, "Meet One Day, Mate the Next," *PM*, May 4, 1945, p. 16.

Kyrou, Ado, *Le Surréalisme au cinéma*, Paris, 1953.

Laffay, Albert, "Les grands thèmes de l'écran," *La Revue du cinéma* (Paris, April 1948), vol. II, no. 12, pp. 3~19.

Laing, Frederick, "Fine Fare," *The New York Times*, June 28, 1959. (신문의 영화란 편집자에게 보낸 독자 편지.)

Landis, Carney, and Bolles, M. Marjorie, *Textbook of Abnormal Psychology*, New York, 1950.

Langer, Susanne K., *Philosophy in a New Key: A Study in the Symbolism of Reason, Rite, and Art*, New York, 1953. (A Mentor Book.) 초판은 Harvard University Press, Cambridge, Mass., 1951.

Langlois, Henri, "Notes sur l'histoire du cinéma," *La Revue du cinéma* (Paris, July 1948), vol. III, no. 15, pp. 3~15.

Lebovici, Dr. Serge, "Psychanalyse et cinéma," *Revue internationale de filmologie* (Paris), vol. II, no. 5, pp. 49~55.

Leech, Clifford, "Dialogue for Stage and Screen," *The Penguin Film Review* (London, April 1948), no. 6, pp. 97~103.

Lefranc, Ph., "Radiguet et Stendhal à l'écran," in G.-A. Astre(ed.), *Cinéma et roman*, Paris, 1958, pp. 170~75. (La revue des lettres modernes, vol. V, nos. 36~38.)

Léger, Fernand, "A New Realism—The Object," *The Little Review* (New York, Winter 1926), pp. 7~8.

―――, "A propos du cinéma," in Marcel L'Herbier(ed.), *Intelligence du cinématographe*, Paris, 1946, pp. 337~40. (초판은 1931년.)

Levin, Meyer, "The Charge of the Light Brigade," in Alistair Cooke(ed.), *Garbo and the Night Watchman*, London, 1937, pp. 124~28.

Lewis, Lloyd, "Erich von Stroheim of the Movies Now is a Vicious Brewster of Chicago's 'Arsenic and Old Lace,'" *The New York Times*, June 22, 1941.

L'Herbier, Marcel, "Puissance de l'écran," in Charles Ford(ed.), *Bréviaire du cinéma*, Paris, 1945, p. 76.

―――, "Théâtre et cinéma," in Charles Ford(ed.), *Bréviaire du cinéma*, p. 99.

Licart, Albert, *Théâtre et cinéma: Psychologie du spectateur,* Bruxelles, 1937.

Lindgren, Ernest, *The Art of the Film*, London, 1948.

Londe, Albert, *La Photographie instantanée*, Paris, 1886.

London, Kurt, *Film Music*, London, 1936.

Longstreet, Stephen, "Setting Back the Clock," *The Screen Writer* (Hollywood, Aug. 1945), vol. I, no. 3, pp. 9~13.

Lukács, George, *Die Theorie des Romans*, Berlin, 1920.

Lusk, Norbert, "I Love Actresses!" *New Movies* (New York, Jan. 1947), vol. XXII, no. 1, pp. 24~30.

Lyons, Leonard, "The Lyons Den," *New York Post*, June 5, 1950.

McCausland, Elizabeth, "Alfred Stieglitz," *The Complete Photographer* (New York, 1943), vol. 9, no. 51, pp. 3319~22.

Macdonald, Dwight, "The Soviet Cinema: 1930-1938," *Partisan Review* (New York), vol. V, July 1938, no. 2, pp. 37~50, and Aug.-Sept. 1938, no. 3, pp. 35~62.

Maddison, John, "Le cinéma et l'information mentale des peuples primitifs," *Revue internationale de filmologie* (Paris, Oct. 1948), vol. I, nos. 3~4, pp. 305~10.

Manvell, Roger, *Film*, London, 1944.

Marcel, Gabriel, "Possibilités et limites de l'art cinématographique," *Revue internationale de filmologie* (Paris, July-Dec. 1954), vol. V, nos. 18~19, pp. 163~76.

Mauerhofer, Hugo, "Psychology of Film Experience," *The Penguin Film Review* (London, Jan. 1949), no. 8, pp. 103~109.

Maugé, André R., "Qu'avez-vous appris au cinéma?" *Du cinéma* (Paris, May 1929), vol. I, no. 3.

Mauriac, Claude, *L'Amour du cinéma*, Paris, 1954.

Maurois, André, "La poésie du cinéma," in *L'Art cinématographique*, Paris, 1927, vol. III, pp. 1~37.

Mekas, Jonas, "The Experimental Film in America," *Film Culture* (New York, May-June 1955), vol. 1, no. 3, pp. 15~19.

Meltzer, Newton E., "Are Newsreels News?," *Hollywood Quarterly* (Berkeley and Los Angeles, April 1947), vol. II, no. 3, pp. 270~72.

Metzner, Ernö, "A Mining Film," *Close Up* (London, March 1932), vol. IX, no. 1, pp. 3~9.

Meyerhoff, Horst, *Tonfilm und Wirklichkeit: Grundlagen zur Psychologie des Films*, Berlin, 1949.

Milano, Paolo, "Music in the Film: Notes for a Morphology," *The Journal of Aesthetics and Art Criticism*(New York, Spring 1941), no. 1, pp. 89~94.

Miles, Bernard, "Are Actors Necessary?," *Documentary News Letter*(London, April 1941), vol. 2, no. 4, pp. 70~74.

Moholy-Nagy, László, *Vision in Motion*, Chicago, 1947.

———, *Malerei, Photographie, Film*, Munich, 1925. (In the series "Bauhausbuecher.")

———, "Surrealism and the Photographer," *The Complete Photographer*(New York, 1943), vol. 9, no. 52, pp. 3337~42.

Morin, Edgar, *Le Cinéma ou l'homme imaginaire*, Paris, 1956.

Morrison, George, "The French Avant-Garde," *Sequence*(London): part 1: Summer 1948, no. 4, pp. 30~34; part 2: Autumn 1948, no. 5, pp. 29~34; part 3: Winter 1948/9, no. 6, pp. 32~37.

Moskowitz, Gene, "'Gervaise': From Zola to Clément," *The New York Times*, Dec. 8, 1957.

Mumford, Lewis, *Technics and Civilization*, New York, 1934.

Murphy, Gardner, *Personality: A Biosocial Approach to Origins and Structure*, New York, 1947.

"Music in Films: A Symposium of Composers," *films*(New York, Winter 1940), vol. 1, no. 4, pp. 5~20.

Neergaard, Ebbe, *Carl Dreyer: A Film Director's Work*, Marianne Helweg(trans.), London, 1950. (The British Film Institute: New Index Series No. 1.)

Newhall, Beaumont, *The History of Photography from 1839 to the Present Day*, New York, 1949.

———, "Photography and the Development of Kinetic Visualization," *Journal of the Warburg and Courtauld Institutes*(London, 1944), vol. 7, pp. 40~45.

Nicoll, Allardyce, *Film and Theatre*, New York, 1936.

Nietzsche, Friedrich, *Human, All-Too-Human*, part I, Helen Zimmern(trans.), Edinburgh and London, 1910. (The Complete Works of Friedrich Nietzsche, vol. 6.)

Obraszow, Sergej, "Film und Theater," in *Von der Filmidee zum Drehbuch*, Berlin, 1949, pp. 41~59.

Panofsky, Erwin, "Style and Medium in the Moving Pictures," *transition*(Paris, 1937), no. 26, pp. 121~33.
———, "Style and Medium in the Motion Pictures," *Critique*(New York, Jan.-Feb. 1947), vol. 1, no. 3, pp. 5~28. (1937년 판의 개정확장판.)
Pierre-Quint, Léon, "Signification du cinéma," in *L'Art cinématographique,* Paris, 1927, vol. II, pp. 1~28.
Poe, Edgar Allan, "The Mystery of Marie Rogêt," in *The Great Tales and Poems of Edgar Allan Poe*, New York, 1940, pp. 178~237. (Pocket Books, Inc.)
Poisson, Jacques, "Cinéma et psychanalyse," in *Cinéma*, Paris, 1925, pp. 175~76. (Les cahiers du mois, 16/17.)
Pordes, Dr. Victor E., *Das Lichtspiel: Wesen—Dramaturgie—Regie*, Wien, 1919.
Powdermaker, Hortense, *Hollywood: The Dream Factory*, Boston, 1950.
Proust, Marcel, *Remembrance of Things Past*, C. K. Scott Moncrieff(trans.), New York, 1932 and 1934, 2 vols. (마지막 7부 「되찾은 과거」의 번역은 Frederick A. Blossom.)
Pudovkin, V. I., *Film Technique and Film Acting*, Ivor Montagu(trans.), New York, 1949. Part I: Film Technique; part II: Film Acting.

Quesnoy, Pierre-F., *Littérature et cinéma*, Paris, 1928. (Le Rouge et le Noir: Les essais, no. 9.)

Ra., T., "Motion Pictures," in *Encyclopedia Britannica*, London & New York, 1932, vol. 15, pp. 854~56.
Rawnsley, David, "Design by Inference," *The Penguin Film Review*(London, 1949), no. 9, pp. 32~38. (오스웰 블레이크스턴과의 인터뷰.)
"Reaction to 'Creative Photography,'" *The New York Times*, Dec. 16, 1951.

Read, John, "The Film on Art as Documentary," *Film Culture*(New York, Oct. 1957), vol. III, no. 3, pp. 6~7.

Reisz, Karel, *The Technique of Film Editing*, London and New York, 1953.

Renan, Ernest, *The Future of Science*, Boston, 1891. 번역자 미상.

Reynolds, Quentin, *Leave It to the People*, New York, 1948.

Richter, Hans, *Avantgarde: History and Dates of the Only Independent Artistic Film Movement, 1921-1931*. (미출간 원고.)

───, "The Avant-Garde Film Seen from Within," *Hollywood Quarterly*(Los Angeles, Fall 1949), vol. IV, pp. 34~41.

Road, Sinclair, "Documentary Film Since 1939(I. The General Scene, and II. National Developments, section i)," in Rotha, *Documentary Film*, London, 1952.

Rosenheimer, Arthur, Jr., "They Make Documentaries: Number One─Robert J. Flaherty," *Film News*(New York, April 1946), vol. 7, no. 6, pp. 1~2, 8~10, 23.

Rossellini, Roberto, "Dix ans de cinéma (I)," *Cahiers du cinéma*(Paris, Aug.-Sept. 1955), vol. IX, no. 50, pp. 3~9.

"Rossellini," *The New Yorker*, Feb. 19, 1949, p. 25.

Rotha, Paul, *The Film Till Now*. With an additional section, "The Film Since Then," by Richard Griffith, New York, 1950.

───, *Documentary Film*. With contributions by Sinclair Road and Richard Griffith, London, 1952.

───, "It's in the Script," *World Film News*(London, Sept. 1938), vol. III, no. 5, pp. 204~205.

───, "A Foreword," in *Eisenstein 1898-1948*, London, 1949, pp. 1~4.

───, "Presenting the World to the World," *Films and Filming*(London, April 1956), vol. 2, no. 7, pp. 8, 17.

───, "The Last Day of Summer," *Sight and Sound*(London, Autumn 1958), vol. 27, no. 6, pp. 314~15.

Ruskin, John, *Praeterita: Outlines of Scenes and Thoughts Perhaps Worthy of Memory in My Past Life*, London, 1949. (초판은 1885년에서 1889년 사이에

발행.)

Sachs, Hanns, "Film Psychology," *Close Up*(Territet, Switzerland, Nov. 1928), vol. III, no. 5, pp. 8~15.

Sadoul, Georges, *L'Invention du cinéma, 1832-1897*(Histoire générale du cinéma, I), Paris, 1946.

───── , *Les Pionniers du cinéma: De Méliès à Pathé, 1897-1909*(Histoire générale du cinéma, II), Paris, 1947.

───── , *Histoire d'un art: Le cinéma des origines à nos jours*, Paris, 1949.

"Sang d'un poète (Le)," *Film Society Programmes*, London, April 2, 1933.

Sargeant, Winthrop, "Music for Murder," *The New Yorker*, Oct. 30, 1954.

Schachtel, Ernest G., "On Memory and Childhood Amnesia," *Psychiatry*(Washington, Feb. 1947), vol. X, no. 1, pp. 1~26.

Scheffauer, Herman G., "The Vivifying of Space," *The Freeman*(New York), Nov. 24, 1920, pp. 248~50, and Dec. 1, 1920, pp. 275~76. (재출판: Lewis Jacobs (ed.), *Introduction to the Art of the Movies*, New York, 1960, pp. 76~85. A Noonday Press paperback.)

Schenk, Gustav, *Schöpfung aus dem Wassertropfen*, Berlin, 1954.

Schmoll, J. A., gen. Eisenwerth, "Vom Sinn der Fotografie," in Otto Steinert, *Subjective fotografie 2: ein Bildband moderner Fotografie*, Munich, 1955.

Seton, Marie, *Sergei M. Eisenstein*, New York, 1952.

Sève, Lucien, "Cinéma et méthode," *Revue internationale de filmologie*(Paris), vol I: July-Aug. 1947, no. 1, pp. 42~46; Sept.-Oct. 1947, no. 2, pp. 171~74; Oct. 1948, nos. 3~4, pp. 351~55.

Sherif, Muzafer, and Cantril, Hadley, *The Psychology of Ego-Involvements: Social Attitudes and Identifications*, New York, 1947.

Souriau, Etienne, "Filmologie et esthétique comparée," *Revue internationale de filmologie*(Paris, April-June 1952), vol. III, no. 10, pp. 113~41.

Spottiswoode, Raymond, *A Grammar of the Film: An Analysis of Film Technique*, London, 1935.

───── , *Basic Film Techniques*, Berkeley and Los Angeles, 1948. (University of

California Syllabus Series No. 303.)

Stern, Seymour, "D. W. Griffith and the Movies," *The American Mercury* (New York, March 1949), vol. LXVIII, no. 303, pp. 308~19.

Stifter, Adalbert, *Bunte Steine/Nachlese*, Insel Verlag, Leipzig.

T., H. H., "The Screen: 'Emperor and Golem,'" *The New York Times*, Jan. 10, 1955.

Toynbee, Arnold, "Christianity and Civilization," in Toynbee, *Civilization on Trial*, and *The World and the West*, New York, 1958, pp. 198~220. (Meridian Books, Inc.)

————, "Does History Repeat Itself?," in Toynbee, *Civilization on Trial*, and *The World and the West*, pp. 37~46.

Turner, John B., "On Suspense and Other Film Matters: An Interview with Alfred Hitchcock," *Films in Review* (New York, April 1950), vol. I, no. 3, pp. 21~22, 47.

Tyler, Parker, "The Film Sense and the Painting Sense," *Art Digest* (New York, Feb. 15, 1954), pp. 10~12, 27~28.

————, *Rashomon as Modern Art*, New York, 1952. (Cinema 16 Pamphlet One.)

Ueberweg/Heinze, *Grundriss der Geschichte der Philosophie*, Band V. Basel, 1953.

Valéry, Paul, "Le retour de Hollande," in *Variété II*, Paris, 1930, pp. 19~41.

————, "Le cinéma," in *Les Techniques au service de la pensée*, Paris, 1938, pp. 157~64.

————, "Cinématographe," in Marcel L'Herbier(ed.), *Intelligence du cinématographe*, Paris, 1946, pp. 35~36.

————, *Degas, danse, dessin*, Paris, 1938.

Van Dyke, Willard, "How 'Valley Town' Was Made," *Program Notes of Cinema 16*, Jan. 1950. (*U.S. Camera*, Winter 1940에서 전재.)

Vardac, A. Nicholas, *Stage to Screen: Theatrical Method from Garrick to Griffith*, Cambridge, 1949.

Vuillermoz, Emile, "Réalisme et expressionisme," in *Cinéma*, Paris, 1925, pp. 72~80.

(Les cahiers du mois, 16/17.)

————, "La musique des images," in *L'Art cinématographique*, Paris, 1927, vol. III, pp. 39~66.

Waddington, Prof. C. H., "Two Conversations with Pudovkin," *Sight and Sound* (London, Winter 1948~49), vol. 17, no. 68, pp. 159~61.

Wallis, C. G., "The Blood of a Poet," *Kenyon Review* (Gambier, Ohio, Winter 1944), vol. 6, no. 1, pp. 24~42.

Wallon, Henri, "De quelques problèmes psycho-physiologiques que pose le cinéma," *Revue internationale de filmologie* (Paris, July-Aug. 1947), vol. I, no. 1, pp. 15~18.

————, "L'acte perceptif et le cinéma," *Revue internationale de filmologie* (April-June 1953), vol. IV, no. 13, pp. 97~110.

Weston, Edward, "Seeing Photographically," *The Complete Photographer* (New York, 1943), vol. 9, no. 49, pp. 3200~206.

Whitehead, Alfred North, *Science and the Modern World*, New York, 1948. (A Mentor Book. 초판은 1925년.)

————, *Adventures of Ideas*, New York, 1955. (A Mentor Book. 초판은 1933년.)

Wilhelm, Wolfgang, *Die Auftriebswirkung des Films*, Bremen, 1940. (Inaugural-Dissertation, Leipzig.)

Wolf-Czapek, K. W., *Die Kinematographie: Wesen, Entstehung und Ziele des lebenden Bildes*, Berlin, 1911.

Wolfenstein, Martha, and Leites, Nathan, *Movies: A Psychological Study*, Glencoe, Ill., 1950.

Wright, Basil, "Handling the Camera," in Charles Davy (ed.), *Footnotes to the Film*, London, 1937, pp. 37~53.

Zinnemann, Fred, "On Using Non-Actors in Pictures," *The New York Times*, Jan. 8, 1950.

610

카메라와 모더니즘 :
크라카우어의 『영화의 이론』에 대한 단상

프롤로그

1889년 프랑크푸르트의 한 유대인 집안에서 태어난 지크프리트 크라카우어는 철학자나 작가가 되고자 하는 소망을 품었지만 먹고살 수 있는 직업을 선택하라는 부모의 강권에 따라 건축학을 공부하고 오스나브뤼크, 뮌헨, 베를린 등에서 건축가로 일했다. 하지만 1920년에 고향 도시 프랑크푸르트로 돌아와서는 당시 유력 일간지 가운데 하나였던 『프랑크푸르터 차이퉁』의 기자가 되고 점차 문필가, 저술가로서 명성을 얻는다. 아도르노, 벤야민 등 프랑크푸르트 학파 지식인들과 긴밀하게 교류했고, 1922년부터 『프랑크푸르터 차이퉁』 문예란 편집장으로서 수많은 영화 비평과 에세이를 기고했다. 1927년에 출간된 『대중의 장식Das Ornament der Masse』과 1930년의 저서 『사무원들Die Angestellten』은 일상적 삶과 대중적 문화 현상의 관찰과 분석에서 출발하는 사회학의 가능성을 개척한 업적이다. 히틀러의 집권 이후 1933년 독일을 떠나 프랑스로 피신한 뒤 1941년에 미국으로 망명했으며, 뉴욕 현대미술관에서 연구원으로 일하면서 구겐하임 재단과 록펠러 재단의 지원을 받으며 독일 영화의 역사에 관해 연구했다. 그 결과물이 1947년에 출간된 유명한 저서『칼리가리에서 히틀러로*From Caligari to Hitler*』다.

『영화의 이론*Theory of Film*』은 미국 망명 이후 그가 완성한 또 하나의 주요 저작이다. 이미『프랑크푸르터 차이퉁』시절부터 엄청나게 왕성한 영화비평가로서 명성을 얻었던 크라카우어는 이 책에서 영화라는 매체 자체의 본질에 대한 일반적 이론을 수립하고 자신의 핵심적 테제를 수없이 많은 개별적 영화들과 영화의 모든 세부 요소에 대한 고찰을 통해 구체적으로 입증해 보인다. 역사에 관한 저서를 준비하던 그는 1966년에 폐렴으로 갑작스럽게 사망한다. 그의 유고는『역사: 끝에서 두번째 세계*History: The Last Things Before The Last*』라는 제목으로 1969년에 출판되었는데, 크라카우어는 이 책에서 19세기 이래 역사의식을 지배해온 거시사적 패러다임을 비판하며 다수의 개인과 개별적인 것들의 총합으로 이루어진 세계의 다층성을 강조한다. 그런 점에서 크라카우어의 마지막 저서는 영화의 미덕을 카메라에 포착된 감각적 세부에서 찾는『영화의 이론』과 동일한 정신을 표명하고 있는 것으로 평가된다.

『역사: 끝에서 두번째 세계』와『칼리가리에서 히틀러로』가 이미 한국어로 번역되었으므로, 이제『영화의 이론』의 번역 출간과 함께 크라카우어가 미국에서 영어로 저술한 주요 후기 저작이 한국어로 완간된 셈이다.

내러티브 장르로서의 영화

지크프리트 크라카우어의 저서 『영화의 이론: 물리적 현실의 구원』은 1960년에 발간되었다. 뤼미에르 형제가 영화를 발명한 뒤 60여 년의 시간이 지난 시점에서 영화의 본질적 특성과 의의를 규명하고자 한 이 저서는 오늘날까지 고전적인 영화 이론서 가운데 하나로 읽히고 있다.

위 문단에서 영화의 발명이라는 표현을 사용했지만, 그것은 순수하게 기술적技術的인 의미로 이해되어야 한다. 뤼미에르 형제의 발명을 통해 인간은 비로소 시간 속에서 움직이고 변화하는 현실을 시각 이미지로 기록하고 이를 큰 화면에 영사할 수 있게 되었는데, 그것은 가장 초보적인 형태의 영화를 생산할 수 있는 기술이 갖추어졌음을 의미할 뿐이다. 이러한 기술적 가능성에서 자동적이고 즉각적으로 우리에게 친숙한 형식의 영화, 하나의 예술적, 오락적 장르로서의 영화가 생겨날 수 있는 것은 아니다. 무대와 객석을 갖춘 공연장이 곧 비극과 희극 같은 형식의 연극적 장르가 성립할 수 있는 충분조건은 아닌 것처럼 말이다. 공연장은 많은 사람들에게 무엇인가를 보여주고 들려줄 수 있는 최소한의 물적 기반일 뿐이다. 그 '무엇'이 비극과 같이 일정한 장르로 식별하고 분류할 수 있는 내용적, 형식적 구성체로 완성되기까지는 오랜 시간 동안 다양한 창조적 시도와 시행착오, 선별을 통한 진화 과정이 필요하다.

아리스토텔레스는 『시학』에서 비극과 희극의 진화 과정을 약술하면서 그 과정의 가장 중요한 계기로서 이들이 하나의 완결된 플롯을 가진 내러티브 장르가 되었다는 점을 꼽는다. 이와 유사하게 영화의 진화 과정 역시 내러티브화의 과정으로 이해하는 것이 가능하다. 오늘날 우리가 알고 있는 예술적 장르로서의 영화는 연극과 마찬가지로 내러티브가 중심이 되는 장르다. 그런데 영화적 내러티브도 하루 아침에 만들어진 것은 아니었다. 〈뤼미에르 공장을 나서는 노동자들〉과 같은 최초의 뤼미에르 영화들은 영화라기보다는 짧은 일상적 풍경의 기록으로 요즘 말로 하자면 차라리 '숏폼'에 가까운 것이었다. 데이비드 보드웰에 따르면 영화사상 가장 영향력 있는 표준적 내러티브의 형식은 할리우드의 영화 제작 스튜디오에서 확립되었다. 그런 의미에서 '고전적 할리우드 영화classical Hollywood cinema'라고 불리는 이 형식은 무성영화 시대의 말기에 기틀이 형성되어 유성영화 시대를 거쳐 1960년대까지 전성기를 구가한다(Bordwell, p. 2). 크라카우어의 『영화의 이론』이 출간된 것은 바로 고전적 할리우드 영화의 최전성기, 영화가 하나의 장르로서 형식적으로 완숙 상태에 이른 시점이었다고 할 수 있다.

고전적 할리우드 영화란 무엇인가? 극히 간단하게 설명한다면 어떤 인간적 갈등을 중심으로 인과적으로 진행되는 하나의 완결된 내러티브가 있는 영화다(Bordwell, pp. 12~22). 이때 모든 영화적 장치와 기법 역시 이러한 인과적 진행을 관객에게 효과적이고 자연스럽게 전달하는 데 투입된다. 영화적 매체와 기법은 내러티브를 전달하는 수단이기에 스스로 전면에 드러나서는 안 된다. 그런 의미에서 고전적 할리우드 영화는 비가시적 양식으로 규정되기도 한다.

사진으로서의 영화: 영화의 예술성 문제

크라카우어의 저서는 고전적 할리우드 영화의 전성기에 나왔지만, 그에 담긴 정신은 할리우드 영화의 내러티브 중심주의에서 대단히 멀리 떨어져 있다. 크라카우어의 『영화의 이론』이 제기하는 핵심적인 문제의식은 영화의 가장 고유한 특성은 무엇인가라는 질문으로 요약할 수 있는데, 영화의 고유성을 내러티브 자체에서 찾을 수는 없기 때문이다. 데이비드 보드웰이 고전적 할리우드 영화의 내러티브 구조로 기술한 내용은 이를테면 전통적인 극적 구조에도, 심지어 민담의 내러티브 구조에도 적용될 수 있는 것이다. 크라카우어는 영화의 고유성을 발견하기 위해 세련된 내러티브 형식을 발전시킨 당대의 영화보다는 차라리 내러티브 형식이 발전되기 이전으로, 영화의 기원으로, 뤼미에르의 최초의 영화로 거슬러 올라간다. 그는 바로 거기에 어떤 다른 예술과도 구별되는 영화만의 고유한 특징이 투명하게 드러나 있다고 본다.

크라카우어에게 영화는 무엇보다도 외적 현실을 영화 카메라로 찍은 것이며, 그런 의미에서 사진적인 것이라 할 수 있다. 일반 카메라가 만들어내는 사진이 움직이고 변화하는 현실에서 시간 차원이 제거된 정적 이미지라면, 영화 카메라는 현실 자체에 더욱 근접한 동적 이미지를 제공한다. 어쨌든 영화는 현실의 시각적 이미지를 그대로 보존한다는 점에서 사진의 일종이며, 활동사진이라는 옛말은 이러한 영화의 특성을 잘 표현해준다. 이처럼 영화를 일종의 사진으로 파악하면, 애니메이션은 영화의 범주 바깥으로 밀려난다. 크라카우어의 이론 속에서 활동사진과 애니메이션 사이의 차이는 사진과 회화 사이의 차이만큼이나 크다. 왜 그에게 이 차이가 중요한가? 그 차이 속에서 드러나는 영화의 고유성은 무엇인가? 크라카우어는 공장에서 일을 마치고 무질서하게 쏟아져 나오는 사람들을 그대로 찍어서 보여주는 것(〈뤼미에르 공장을 나서는 노동자들〉)에 영화의 본질이 있다고 주장한다. 그 본질이란 무엇인가?

카메라라는 기계 장치를 어떤 외적 대상 앞에 들이대면 그 대상의 이미지가 저장되고 재현 가능해진다. 그렇다면 이러한 기록과 재현은 카메라를 들고 찍은 사람의 업적인가? 아니면 카메라라는 기계의 업적인가? 물론 여기에 사람의 역할이 없지 않지만, 그것은 회화적 재현에서 화가가 수행하는 작업과 비교해보면 정말 미미하기 짝이 없다. 처음으로 사진을 본 사람들은 사진의 놀라운 핍진성 앞에서 감탄한다. 그러나 새들의 눈마저 속인 솔거의 소나무 그림이 솔거의 명성을 높인 것과는 달리 사진의 핍진성에 대한 감탄은 카메라라는 기계 장치를 향한 것이지, 카메라의 셔터를 누른 사진사를 향한 것이 아니다. 사진 혹은 영화는 그 시작부터 기계적 복제에 지나지 않는다는 의구심을 불러일으켰고, 이로 인해 많은 사람들이 사진과 영화를 회화와 같은 재현 예술의 하나로 인정하는 것에 거부 반응을 보였다. 루돌프 아른하임은 이러한 사람들의 입장을 다음과 같은 명제로 정리한다. "영화는 현실을 기계적으로 재생할 뿐이기 때문에 예술이 될 수 없다." 이러한 견해에 맞서 루돌프 아른하임은 영화가 예술이라는 것을 입증하고자 하며, 이를 위해 우리가 지각하는 현실의 이미지와 영화의 이미지가 얼마나 상이한가를 조목조목 따져본다. 그에 따르면 이러한 차이야말로 영화가 현실의 기계적 재생산이 아님을 보여주는 증거인 동시에 영화를 예술로 만들어주는 자원이 될 것이다. 현실의 이미지와 영화의 이미지 사이에 필연적으로 존재하는 차이는 현실과 영화적 재현 사이에 예술적 개입의 여지를 산출한다는 것이 아른하임의 논리다(아른하임, pp. 47~48).

크라카우어 역시 영화의 예술적 가능성을 옹호하지만, 어떤 면에서는 아른하임과 정반대 노선을 통해서 그 목표에 도달하고자 한다. 그는 회화와 같은 전통적 예술과 사진/영화 사이에는 뛰어넘을 수 없는 간극이 존재한다고 주장하면서 그 간극의 핵심을 사진의 물질성에서 찾는다. 전통적 예술의 이념에 따르면 예술가는 주어진 재료를 자신의 고유한 예술적 구상에 입각하여 하나의 예술 작품으로 빚어낸다. 예술가는 창조의 주체이며, 비록 작품의 재료나 소재가 작품 외부의 현실에서 유래한 것이라 하더라도 일단 하나의 작품이 완성되고 나면 그 모든 부분이 예술가의 창조적 의지에 매개되어 작품이라는 전체에 봉사하게 된다. 작품의 구석구석 예술가의 손이 닿지 않은 곳이 없고 그의 창조적 의지가 스며들지 않은 부분이 없다. 그러나 카메라를 통해 만들어지는 사진이나 영상 이미지는 그렇지 않다. 화가가 자신이 그리고자 하는 대상만을 자신이 원하는 대로 그리는 존재라면, 사진작가는 그런 정도까지 대상을 장악하지는 못한다. 물론 사진작가 역시 자신의 주체적 의도에 따라 대상을 선택하며 그의 사진이 보여주는 현실에 그가 현실을 바라보는 시선이 담겨 있다고 말할 수는 있을 것이다. 그러나 현실은 그의 주관적 시선이 바라보고 포착하는 것보다 풍부해서 카메라의 이미지에는 그가 미처 보지 못한 것, 그가 전혀 보여주고자 의도하지 않았던 현실의 어떤 모습이 포함될 수밖에 없다.

미켈란젤로 안토니오니 감독의 영화 〈욕망Blow Up〉(1966)에서 사진작가 토마스는 자신이 공원에서 찍은 사진들을 확대해 보다가 권총과 시신을 발견한다. 〈욕망〉은 크라카우어가 『영화의 이론』을 집필할 때는 아직 존재하지도 않은 영화지만, 크라카우어가 생각하는 사진/영화의 본질에 대한 훌륭한 예시를 제공한다. 사진작가는 찍고자하는 것과 다른 것을 찍거나, 찍고자 하는 것보다 더 많이 찍는다. 그가 자신의 카메라를 가지고 어떤 특별한 미적 구도를 구성하더라도 그 구성 속에는 의도하지 않은 이질적인 요소들이 침입해올 가능성이 상존한다. 예술을 지향하는 사진과 영화조차 예술적 의도와 의지를통해 가공되지 않은 날것 그대로의 재료가 작품의 일부가 되는 것을 막을 수는 없다. 카메라는 창조적이기보다 수용적이다. 추격당하는 주인공을 따라가는 영화 카메라는 그때 마침 그 길을 가던 행인과 버스와 자동차를 모두 받아들인다. 영화는 허구적인 추격의 내러티브를 이야기하지만, 영화 속 장면은 추격전과는 전혀 무관한, 심지어 허구의 세계에 속하지도 않는 일상의 세부를 그대로 노출한다. 크라카우어는 말한다. 영화는 예술이되 기존의 예술과는 다른 예술이며(art with a difference), "사진과 더불어 자신의 원재료를 그대로 전시하는 유일한 예술"(p. 546)이다.

영화는 토마스가 찍은 사진처럼 우리가 보지 못하는 것을 보여준다. 그런데 여기에는 어떤 역설이 있다. 크라카우어는 카메라 속에 포착되는 현실을 카메라 현실이라고 부르는데, 카메라 현실은 가시적 현실과 거의 동의어처럼 사용된다. 왜냐하면 카메라가 포착할 수 있는 것은 시각적으로 관찰 가능한 외적, 물질적 대상에 국한되기 때문이다. 그러나 크라카우어는 다른 한편으로 영화가 우리가 보지 못하는 것을 보게 해준다고도 말한다. 카메라가 보여줄 수 있는 것은 우리가 볼 수 있는 것뿐이지만, 우리는 카메라 덕분에 볼 수 없는 것을 볼 수 있게 된다는 것이다. 어떻게 그것이 가능한가? 그것이 가능한 이유는 우리가 순수하게 감각적인 차원에서 볼 수 있는 모든 것을 실제로 다 보지는 못하기 때문이다. 우리의 의식을 사로잡는 어떤 관심이나 욕망, 이념이나 편견, 관습이 감각적 능력의 차원에서는 충분히 볼 수도 있었을, 혹은 이미 보았을 수도 있는 무언가를 보지 못하게 가로막는다. 카메라가 보여주는 것은 우리의 의식 너머에 있는 감각이다. 영화는 우리가 의식적으로 보고 경험한 것, 또는 보았다고, 경험했다고 의식한 것 너머의 지각 세계를 드러낸다. 카메라는 우리의 의식이 가진 편향을 알지 못하는 기계적 무심함으로 가시적인 모든 것을 무차별하게 받아들이기 때문이다. 반대로 우리의 편향적 의식은 카메라 현실의 풍부한 감각적 세부를 현저하게 축소시킨다. 그렇게 축소되고 버려진 현실이 카메라를 통해서, 영화를 통해서 귀환한다. 그것이 크라카우어가 이 책의 부제를 "물리적 현실의 구원"이라고 붙인 이유다.

연극적인 것과 영화적인 것

이상의 논의에서 왜 크라카우어가 자신의 당대에 이미 완숙한, 그리고 소설과 연극을 뛰어넘어 가장 영향력 있는 내러티브 장르로 발전한 영화를 이론적으로 고찰하면서도 본격적인 내러티브의 이론을 전개하기보다는 내러티브 너머에서 영화의 본질을 찾으면서 내러티브의 의미와 가치 역시 그러한 본질과의 관계에서만 고찰의 대상으로 삼았는지가 더욱 분명해진다.

내러티브는 영화감독이 의식적으로 구성하고 전달하는 것이며 영화를 관람하는 관객의 의식이 집중되는 영화의 초점이다. 보드웰이 고전적 할리우드 영화의 핵심이라고 본 내러티브, 즉 전체를 하나의 구조로 통합하는 내러티브는 철저하게 의식적인 구성물로서 크라카우어의 견해에 따르면 전통적 예술의 구성 원리에 따라 만들어진다고 할 수 있다.

크라카우어는 그러한 내러티브를 연극적 이야기라고 규정한다. 고전적 할리우드 영화의 내러티브는 연극적인 것이다. 영화를 다른 예술, 예술적 조형 의식과 의지를 넘어서는 예술로 규정하는 크라카우어의 입장에서 연극적이라는 형용사는 곧 영화의 본질적 의의를 훼손하는 비영화적인 성향을 가리키는 용어이며, 연극적 영화라는 규정은 잘못 만들어진 영화에 가해지는 최대의 비난이 된다. 영화적 현실, 즉 카메라 현실은 결코 한 편의 완결된 연극적 이야기 속에 가둘 수 없고, 현실을 한 편의 잘 짜인 이야기로 파악하는 인간적 의식보다 훨씬 더 풍부한 것이다. 그래서 영화감독은 자신이 재현하고자 하는 현실이 연극 연출가가 장악하고 있는 닫힌 무대 공간과는 근본적으로 다르다는 것을 인식하고, 자신의 의도 너머에 펼쳐져 있는 통제할 수 없고 경계 없는 현실을 수용하고 긍정하는 태도를 취해야 한다. 카메라라는 매체의 결을 거스르는 영화, 영화를 연극과 같은 전통적 예술의 이념으로 되돌리려는 영화에 대해 크라카우어는 일관되게 부정적인 입장을 견지한다. 『영화의 이론』은 이러한 확고한 기준을 바탕으로 영화의 모든 요소, 모든 기법과 장치 들을 하나하나 면밀하게 검토하고 있다.

영화의 사회사와 모더니즘 미학: 카메라 현실의 의미

여기서 영화에 관한 크라카우어의 또 다른 유명한 저서『칼리가리에서 히틀러로』(1947)를 생각해볼 필요가 있다. 이미 이 저서에서도 크라카우어가『영화의 이론』에서 거듭 강조하는 카메라 현실에 관한 논의를 떠오르게 하는 구절들이 발견된다.

영화는 카메라의 다양한 활용[…]에 힘입어 가시적 세계 전체를 면밀히 살펴볼 수 있고, 따라서 그렇게 할 의무를 지닌다. (크라카우어, p. 17)

크라카우어는 이어서 이렇게 말한다.

영화는 허구이든 사실이든 관계없이 그 속에 반영된 세계를 구성하는 다양한 요소를 포착하게 된다. 거대한 매스게임, 인간의 신체와 움직이지 않는 사물의 우연한 구도, 눈에 잘 띄지 않는 현상들의 끝없는 연속 등. 사실 스크린은 눈에 잘 띄지 않는 것, 보통은 간과되는 것에 특별한 관심을 보인다. (크라카우어, p. 18)

그러나『칼리가리에서 히틀러로』는 왜 카메라가 보여주는 가시적 현실에 주목해야 하는가 하는 문제에서『영화의 이론』과 차이를 드러낸다. 1947년의 저서에서 크라카우어는 이렇게 말한다. "내적인 삶은 외적인 삶의 다양한 요소 또는 그것들의 집적된 형태를 통해 […] 표출되는데, 바로 그것을 영화가 취급한다. 영화는 가시적 세계를 카메라에 담아냄으로써 […] 감춰진 정신적 흐름을 들여다보는 열쇠 역할을 한다"(크라카우어, p. 19). 여기서 카메라가 포착하는 감각적 세부는 인간 내면의 기호로서 가치를 지니며, 이러한 전제에서 바이마르 공화국 시대의 독일 영화를 통해 나치즘을 향해 나아가는 독일인의 숨겨진, 무의식적인 심리적 성향을 해독하는 작업이 이루어진다. 그것은 영화에 대한 미학적 접근이라기보다는 사회심리학적, 사회사적 접근에 가깝다.

『영화의 이론』에서 크라카우어는 더 이상 카메라 현실의 배후에 숨겨진 특정한 사회사적 의미를 탐색하는 역사가가 아니다. 이제 그는 바이마르 공화국 시대의 독일 영화가 아닌 영화라는 예술 장르 일반에 대한 이론을 수립하려고 시도한다. 그리고 그가 구상하는 이론의 핵심은 카메라 현실의 의미와 중요성을 그것이 영화의 관객에게 미치는 미학적 작용이라는 면에서 규명하는 데 있다. 이에 대해서는 앞에서 어느 정도 설명한 바 있다. 영화는 우리가 실제 삶에서 우리 의식의 경계 속에 갇혀 지내는 바람에 멀어져버린 감각적 세계를 다시 경험하게 해주고 그렇게 하여 잃어버린 현실을 되돌려준다. 그렇다면 크라카우어의 영화 이론은 인간이 가진 기성의 모든 개념, 언어, 인습적 관념, 이념 등이 참된 현실과의 접촉을 차단한다는 인식에서 이성적인 의도 바깥에 있는 우연적인 것, 무의식적인 것, 유년의 원초적 경험에 경도된 20세기 초의 모더니즘 정신과 상통한다. 따라서 크라카우어가 이 책에서 대표적 모더니스트이자 '비의지적 기억'의 작가 프루스트를 거듭 인용하는 것도 그리 놀라운 일은 아니다.

역사철학적 진단과 디지털 시대

크라카우어는 이 책의 에필로그에서 우리의 의식이 왜 현실과 멀어지게 되었는가에 대해 역사철학적 설명을 덧붙인다. 한편으로 우리는 현대에 이르러 과거 현실의 실체와 동일시되던 종교적 세계관을 상실했다. 다른 한편으로 현대의 기술 문명은 몰가치적 이성과 추상적 자연과학을 통해 엄청난 발전을 거듭해왔으며, 이에 따라 우리의 의식 역시 대상을 양적인 계산 가능성과 조작 가능성의 견지에서 바라보는 추상적 태도에 빠져든다. 그것은 경험을 통해 접할 수 있는 구체적인 사물의 질에 대한 무관심 내지 평가절하로 이어진다. 현대인이 현실과 멀어지고 있다는 것을 크라카우어는 다음과 같은 비유적 문장으로 표현한다. "현대인은 현실을 손가락 끝으로만 건드릴 뿐이다"(p. 531). 크라카우어는 영화가 카메라 현실을 통해 구체적인 질적 경험을 되살림으로써 과거의 지도 이념이 무너지고 방향 없는 추상적 사고가 그 자리를 대신한 오늘의 세계에 어떤 대안적 가능성을 제공하고 있음을 암시한다.

크라카우어의 기대와는 달리 오늘날 영화는 사진적 기원에서 점점 더 멀어지고 있다. 실사영화와 애니메이션의 경계는 이미 상당히 허물어졌다. AI를 통해 조작해낸 이미지는 카메라 이미지와 잘 구별되지 않는다. 무엇이든 원하는 대로 쉽게 조작造作, fabricate할 수 있고 또 조작操作, manipulate할 수 있다는 것이 오늘의 모토가 되었다. 21세기의 인간은 손가락 끝으로 현실조차 건드리지 않고 그저 스크린을 건드릴 뿐이다. 크라카우어는 사진과 영화의 가치가 우리를 우리 자신의 의식과 의도 속에 머무르게 내버려두지 않는다는 것, 우리의 의식의 한계를 넘어서는 현실의 지각을 가능하게 해준다는 데 있다고 보았지만, 손쉬운 조작 가능성은 카메라 이미지에서 주체와 무관하게 존립하는, 주체의 의지에 굴복하지 않고 완강하게 저항하는 진정성의 아우라를 **빼앗아버렸다**. 그리고 그것은 크라카우어가 비판하고 경계한 추상적 사고의 극단적 형태인 디지털 기술이 가져온 결과다.

그럼에도 불구하고 카메라를 사용하는 주체와 그의 도구인 카메라, 카메라의 이미지 사이의 관계에 대한 크라카우어의 이해는 여전히 매력적이고 중요한 시사점을 던져준다. 카메라는 도구이지만 도구를 사용하는 주체의 입장에서 볼 때 목적을 늘 비껴가는 결과를 가져오는 도구이고, 주체는 자신의 목적을 실현하지 못하면서도 빗나간 결과를 기꺼이 그대로 받아들이는 반半수동적 주체다. 다시 말하면 크라카우어가 생각하는 카메라는 목적 달성에 최적화된 합리적 도구성에서 비켜나 있는 대안적 도구이고, 카메라의 주체는 자신의 목적을 실현하기 위해 대상을 장악하고 정복하고 조작하고자 하는 근대적 주체와 구별되는 대안적 주체라고 할 수 있다는 것이다. 도구적 이성을 뛰어넘기 위한 도구, 도구로 세계를 조작하는 것이 아니라 오히려 자신을 변화시키고 세계를 향해 개방하는 주체. 카메라를 든 인간, 카메라의 이미지에 매혹된 인간의 모습에서 우리는 어쩌면 막스 프리쉬가 비판한 맹목적이고 공허하며 세계를 상실한 호모 파베르가 아니라 도구를 통해 자신을 확장하고 세계와 더욱 풍요로운 관계를 맺는 호모 파베르의 가능성을 엿볼 수 있지 않을까. 디지털 매체가 역설적으로 인간의 인식과 경험을 위축시키고 편협하게 하고 현실의 상실을 가속화할 우려가 제기되는 이 시대는 무한히 개방적인 카메라 현실의 가치에 대한 크라카우어의 논의에 여전히 귀를 기울일 것을 요구한다.

추기

　번역 작업은 김태환, 이경진 두 역자가 나누어 번역한 뒤에 상호 검토와 용어 조율을 하는 방식으로 진행했다. 1차 번역은 김태환이 처음부터 7장까지, 이경진이 8장부터 끝까지 맡았다. 번역을 시작하고서 너무나 오랜 세월이 흘렀다. 지지부진한 번역 작업을 지치도록 기다려준 문학과지성사에, 그리고 두 역자 사이에서 원고의 편집 작업에 애써준 최대연 편집자에게 깊은 감사와 미안한 마음을 전해드린다. 번역을 지원해준 서울대학교 인문학연구원에도 감사의 인사와 함께 지원이 늦게나마 결실을 맺었음을 보고드린다. 끝으로 이 번역서는 1997년 프린스턴 대학출판부에서 출간된 영어판을 저본으로 했음을 밝힌다.

2024년 2월

김태환

* 인용한 책

David Bordwell 외, *The Classical Hollywood Cinema: Film Style and Mode of Production to 1960*, Columbia University Press, 1985.

루돌프 아른하임, 「영화와 현실」, 이윤영 엮고옮김, 『사유 속의 영화』, 문학과지성사, 2011.

지크프리트 크라카우어, 『칼리가리에서 히틀러로』, 장희권 옮김, 새물결, 2022. (번역은 문맥에 맞추어 영어판을 참조하여 다소 수정함.)

찾아보기(인명)

ㄱ

가세트, 호세 오르테가 이Gasset, José Ortega y 46, 391

가티나라, 엔리코 카스텔리Gattinara, Enrico Castelli 366

강스, 아벨Gance, Abel 292~94, 332, 334

게이뤼삭, 조제프 루이Gay-Lussac, Joseph Louis 31, 46, 562

고리키, 막심Gorki, Maxim 76

고흐, 빈센트 반Gogh, Vincent van 368

괴벨스, 요제프Goebbels, Joseph 302

구로사와 아키라Kurosawa Akira 503

그루네, 카를Grune, Karl 150~51

그리그, 에드바르Grieg, Edvard 276

그리어슨, 존Grierson, John 216, 301~302, 384, 386~88, 558, 586, 590

그리피스, D. W. Griffith, David Wark 9~10, 94, 96, 103~106, 111~13, 129,
  133~34, 138, 146, 149, 169~70, 173, 382, 397, 406, 415~16, 421, 452, 502,
  554, 569, 576, 588

그리피스, 리처드Griffith, Richard 17~18, 385, 569

그린, 그레이엄Greene, Graham 372

기번, 멍크Gibbon, Monk 170

기트리, 사샤Guitry, Sacha 238, 429

ㄴ

나다르Nadar(Gaspard-Félix Tournachon) 52, 62

네르고르, 에베Neergaard, Ebbe 171, 181

뉴턴 경, 윌리엄Newton, Sir William 34

뉴홀, 보몬트Newhall, Beaumont 18, 47, 51~53, 61, 562, 565~66

니블로, 프레드Niblo, Fred 114, 163

니체, 프리드리히Nietzsche, Friedrich 317, 405, 519

니콜, 앨러다이스Nicoll, Allardyce 177, 206~207

ㄷ

다게르, 루이 자크 망데Daguerre, Louis Jacques Mandé 31, 61

다르, 미셸Dard, Michel 310, 348, 547, 556

다윈, 찰스Darwin, Charles 32, 562

달리, 살바도르Dalí, Salvador 347, 349, 543

더빈, 디애나Durbin, Deanna 285

더스패서스, 존Dos Passos, John 137

데렌, 마야Deren, Maya 108, 330, 347~48, 352

데밀, 세실 B. De Mille, Cecil B. 552

데스노스, 로베르Desnos, Robert 346, 350

데슬라프, 외젠Deslav, Eugène 344

데시카, 비토리오De Sica, Vittorio 151, 195~96, 199, 403, 462, 467, 485, 487, 496

데이비스, 제임스 E. Davis, James E. 345

델뤼크, 루이Delluc, Louis 62, 102, 151, 332, 340

델보, 폴Delvaux, Paul 367

도브젠코, 알렉산드르Dovzhenko, Alexander 99~101, 123, 182, 260, 343

도스토옙스키, 표도르Dostoevsky, Fyodor 310

도어, 메리 앤Dorr, Mary Ann 55

두도프, 슬라탄Dudow, Slatan 162~63

뒤르켐, 에밀Durkheim, Emile 521, 532

뒤비비에, 쥘리앵Duvivier, Julien 286, 369

뒤샹, 마르셀Duchamp, Marcel 40, 341

뒤아멜, 조르주Duhamel, Georges 517

뒤코 뒤 오롱, 루이Ducos du Hauron, Louis Arthur 70, 566

뒤퐁, E. A. Dupont, E. A. 151

뒬라크, 제르멘Dulac, Germaine 142, 152, 289, 331~32, 334, 340~41, 346

듀이, 존Dewey, John 520, 527, 534, 540

드 로슈먼트, 루이스De Rochemont, Louis 471, 499

드레이어, 칼Dreyer, Carl 161~65, 171, 180~81, 364, 491

드쾨켈레르, 샤를Dekeukeleire, Charles 558

들라크루아, 외젠Delacroix, Eugène 36

디스데리, 앙드레 아돌프-외젠Disderi, André Adolphe-Eugène 35

디즈니, 월트Disney, Walt 179~80, 269, 289~90, 295, 305

ㄹ

라디게, 레몽Radiguet, Raymond 435

라마르틴, 알퐁스-마리-루이 드 프라 드Lamartine, Alphonse-Marie-Louis de Prat de
  34

라운스빌, 로버트Rounseville, Robert 294

라이스, 카렐Reisz, Karel 219

라이언스, 레너드Lyons, Leonard 187

라이트, 배질Wright, Basil 374, 377~78, 560

라인하르트, 막스Reinhardt, Max 206~207, 291

라콩브, 조르주Lacombe, Georges 335

라페, 알베르Laffay, Albert 136~37, 158, 463

랑, 프리츠Lang, Fritz 131, 169, 235, 238, 276, 419, 498~99

랑글루아, 앙리Langlois, Henri 18, 80

래드, 앨런Ladd, Alan 510

랭어, 수잔 K. Langer, Susanne K. 29

러스크, 노버트Lusk, Norbert 409

러스킨, 존Ruskin, John 31, 215

런던, 커트London, Kurt 271~72

레닌, V. I. Lenin, Vladimir I. 301

레르비에, 마르셀L'Herbier, Marcel 332

레르스키, 헬마르Lerski, Helmar 304

레뮈Raimu 199

레싱, 고트홀트 에프라임Lessing, Gotthold Ephraim 46

레이, 만Ray, Man 41, 346

레이, 사티야지트Ray, Satyajit 560

레잔, 가브리엘Réjane, Gabrielle-Charlotte Réju 185

레제, 페르낭Léger, Fernand 101, 134~35, 341~43, 346

로, 데이비드Low, David 301

로고신, 라이어널Rogosin, Lionel 454

로런츠, 페어Lorentz, Pare 229~30

로빈슨, 헨리 피치Robinson, Henry Peach 35, 45

로셀리니, 로베르토Rossellini, Roberto 123, 125, 190, 195, 198, 215, 374~75, 452, 462, 466~67

로이드, 해럴드Lloyd, Harold 132

로저스, 진저Rogers, Ginger 279

로타, 폴Rotha, Paul 18, 195, 301, 306, 357~58, 377~78, 380, 386~87, 390, 412, 449, 453~54, 479, 560, 572, 578

로턴, 찰스Laughton, Charles 210, 233

롱스트리트, 스티븐Longstreet, Stephen 419

루벤스, 페테르 파울Rubens, Peter Paul 360~61

루비치, 에른스트Lubitsch, Ernst 279

루빈스타인, 아르투르Rubinstein, Arthur 285~86

루소, 장-자크Rousseau, Jean-Jacques 449

루카치, 게오르크Lukács, Georg 425

루키에, 조르주Rouquier, Georges 454, 495

루트만, 발터Ruttmann, Walter 117, 136, 260, 335, 340, 380~81, 577

룸, 아브람Room, Abram 137

뤼미에르, 루이Lumière, Louis(뤼미에르 형제Lumière brothers) 7, 11, 75~80, 84, 111, 133, 177, 295, 331, 357, 408, 447, 566~67, 577

르낭, 에르네스트Renan, Ernest 522, 593

르누아르, 장Renoir, Jean 215, 252, 436, 441~43, 464~65

르보비시, 세르주Lebovici, Serge 307

리, 프랜시스Lee, Francis 345

리드 경, 캐럴Reed, Sir Carol 266

리드, 존Read, John 356~57, 362, 367~69

리스먼, 데이비드Riesman, David 335, 593

리스트, 프란츠Liszt, Franz 289

리히터, 한스Richter, Hans 329, 337, 340~42, 347, 351, 583, 585

린드그렌, 어니스트Lindgren, Ernest 272

링컨, 에이브러햄Lincoln, Abraham 210~11, 233

ㅁ

마레, 쥘-에티엔Marey, Jules-Étienne 69, 566

마르빌, 샤를Marville, Charles 53, 58

마르셀, 가브리엘Marcel, Gabriel 14, 306, 444, 479~80, 549

마르코풀로스, 그레고리Markopoulos, Gregory 347

마르크스, 카를Marx, Karl 381, 520, 523

마시, 메이Marsh, Mae 104~105, 107~109

마일스, 버나드Miles, Bernard 198, 390

마체티, 로렌차Mazzetti, Lorenza 456

마치, 프레드릭March, Fredric 187~88, 193

마티스, 앙리Matisse, Henri 370

막스 형제Marx Brothers(그루초 막스Groucho Marx; 하포 막스Harpo Marx) 137,
    212~13

맨벨, 로저Manveil, Roger 454

머이브리지, 이드위어드Muybridge, Eadweard 69, 566

멈퍼드, 루이스Mumford, Lewis 52, 539

메노티, 잔-카를로Menotti, Gian-Carlo 293~94

메르캉통, 빅토리아Mercanton, Victoria 365

메스기슈, 펠릭스Mesguich, Félix 76, 357

메이어스, 시드니Meyers, Sidney 308

메츠너, 에르뇌Metzner, Ernö 83, 126

멘델스존, 펠릭스Mendelssohn-Bartholdy, Felix 269, 289

멜리에스, 조르주Méliès, Georges 75, 78~81, 84, 166, 295, 338, 396, 408, 567~69

멜빌, 허먼Melville, Herman 398

모건, 바버라Morgan, Barbara 64

모델, 리젯Model, Lisette 43

모루아, 앙드레Maurois, André 325~28, 392

모리슨, 조지Morrison, George 351, 584

모주힌, 이반Mosjukhin, Ivan 145

모파상, 기 드Maupassant, Guy de 460, 469

모홀리-나기, 라즐로Moholy-Nagy, László 38~39, 41~42, 54, 64

몸, 서머싯Maugham, William Somerset 460

몽고메리, 로버트Montgomery, Robert 430

몽테스키외Montesquieu, Charles de Secondat, Baron de 405

무니, 폴Muni, Paul 200

무르나우, 프리드리히 빌헬름Murnau, F. W. 588

무어, 그레이스Moore, Grace 292

무어, 헨리Moore, Henry 357

미넬리, 빈센트Minnelli, Vincente 280, 419

미샤, 르네Micha, René 366

미켈란젤로Michelangelo 366

미트로폴로스, 디미트리Mitropoulos, Dimitri 285~86

ㅂ

바그너, 리하르트Wagner, Richard 295, 398

바르닥, 니컬러스Vardac, A. Nicholas 191, 567

바르자벨, 르네Barjavel, René 193, 575, 579

바름, 헤르만Warm, Hermann 91, 129

바토, 앙투안Watteau, Jean Antoine 363

발라즈, 벨라Balázs, Béla 106, 405, 411, 547, 554, 558

발레리, 폴Valéry, Paul 14, 63, 516~18, 582

발자크, 오노레 드Balzac, Honoré de 326, 392

밴 다이크, 윌러드Van Dyke, Willard 378~79

밴크로프트, 조지Bancroft, George 118

베르그송, 앙리Bergson, Henri 318

베르나노스, 조르주Bernanos, Georges 440

베르나르, 사라Bernhardt, Sarah 185

베르토프, 지가Vertov, Dziga 136, 571

베르펠, 프란츠Werfel, Franz 291, 295, 578

베르하렌, 에밀Verhaeren, Émile 317

베리만, 잉마르Bergman, Ingmar 428, 556

베토벤, 루트비히 판Beethoven, Ludwig van 290

벤야민, 발터Benjamin, Walter 111, 578~79

벤틀리, 에릭 러셀Bentley, Eric Russell 206

보가트, 험프리Bogart, Humphrey 197

보들레르, 샤를Baudelaire, Charles 36, 61, 111

보스트, 피에르Bost, Pierre 420, 438

볼렌, 프랜시스Bolen, Francis 360, 366

뵈클레르, 앙드레Beucler, André 316

부뉴엘, 루이스Buñuel, Luis 103, 124~25, 184, 196, 214, 335, 347, 355, 543, 559

뷜러모즈, 에밀Vuillermoz, Émile 83

브라사이Brassaï (Gyula Halász) 64

브람스, 요하네스Brahms, Johannes 289

브래디, 매슈 B. Brady, Mathew B. 62

브래키지, 스탠Brakhage, Stan 491

브랜도, 말런Brando, Marlon 252

브레송, 로베르Bresson, Robert 139, 428, 440

브뤼니위스, 자크Brunius, B. Jacques 336, 351, 583

블루스톤, 조지Bluestone, George 437

비고, 장Vigo, Jean 120, 335, 466, 555

비더, 킹Vidor, King 251

빌헬름, 볼프강Wilhelm, Wolfgang 19, 316, 318

ㅅ

사둘, 조르주Sadoul, Georges 71, 182, 569

사전트, 윈스럽Sargeant, Winthrop 275

상드라르, 블레즈Cendrars, Blaise 83, 311

샤프로, 조르주Chaperot, Georges 319

세넷, 맥Sennett, Mack 461

세브, 뤼시앵Sève, Lucien 144, 309, 326~28, 353, 392, 411, 558

셰스트룀, 빅토르Sjoestroem, Victor 507

셰익스피어, 윌리엄Shakespeare, William 12, 79, 86~87, 207~208, 398~99, 403,
   408, 414, 418, 474, 480, 504

셰파우어, 헤르만 G. Scheffauer, Herman G. 88, 147, 549

셍크, 구스타프Schenk, Gustav 38

소렐, 조르주Sorel, Georges 524

소비, 제임스 스롤Soby, James Thrall 56

쇼, 버나드Shaw, George Bernard 205, 417~18, 478, 516

쇼메트, 앙리Chomette, Henri 340

쇼팽, 프레드릭-프랑수아Chopin, Frédéric-François 340

수리오, 에티엔Souriau, Etienne 426~27, 429~30

숙스도르프, 아르네Sucksdorff, Arne 335, 448, 495

쉴러, 프리드리히 폰Schiller, Friedrich von 480

슈베르트, 프란츠Schubert, Franz 290

슈타이네르트, 오토Steinert, Otto 42

슈테른베르크, 요제프 폰Sternberg, Josef von 118

슈트라우스, 요한Strauss, Johann 286, 369

슈트로하임, 에리히 폰Stroheim, Erich von 411, 555

슈티프터, 아달베르트Stifter, Adalbert 508

슈펭글러, 오스발트Spengler, Oswald 520

스콧, 월터Scott, Walter 79

스타이컨, 에드워드Steichen, Edward 18, 560, 565

스타인벡, 존Steinbeck, John 437~38, 442

스탕달Stendhal (Marie-Henri Beyle) 420~21, 444~45

스터지스, 프레스턴Sturges, Preston 206

스토르크, 앙리Storck, Henri 365~66, 372

스토코프스키, 레오폴드Stokowski, Leopold 285

스튜어트, 제임스Stewart, James 510

스트라빈스키, 이고르Stravinsky, Igor 263

스트랜드, 폴Strand, Paul 52

스티글리츠, 앨프리드Stieglitz, Alfred 58, 64, 565

스티븐스, 조지Stevens, George 106, 280

시어러, 모이라Shearer, Moira 85, 294

시커트, 월터Walter Sickert 357

시턴, 마리Seton, Marie 375, 499

ㅇ

아당-살로몽, 앙투안 사뮈엘Adam-Salomon, Antoine Samuel 34~35

아라고, 프랑수아Arago, François 31, 46, 562

아라공, 루이Aragon, Louis 114

아르토, 앙토냉Artaud, Antonin 348

아른하임, 루돌프Arnheim, Rudolf 18, 505, 576

아리스토텔레스Aristotle 30

아우어바흐, 에리히Auerbach, Erich 18~19, 400, 442, 537~38, 548, 559, 590

아이슬러, 한스Eisler, Hanns 266, 272, 283, 579

아제, 장-외젠-오귀스트Atget, Jean-Eugène-Auguste 53, 58, 62

아젤, 앙리Agel, Henri 464~66

알렉산드로프, 그리고리Alexandrov, Grigori 202, 223, 337, 394

앙소르, 제임스James Ensor 366

애덤슨, 로버트Adamson, Robert 52

애스테어, 프레드Astaire, Fred 98, 279, 281, 569

앤스티, 에드거Anstey, Edgar 372

앵거, 케네스Anger, Kenneth 347

앵그르, 장-오귀스트-도미니크Ingres, Jean-Auguste-Dominique 34

에겔링, 비킹Eggeling, Viking 329, 340

에디슨, 토머스 A. Edison, Thomas A. 75, 78

에이젠슈테인, 세르게이 M. Eisenstein, Sergei M. 19, 46, 89, 105~106, 123, 126,

133~34, 140~41, 147, 149, 171, 190, 202, 204, 223, 226, 240, 289, 304, 327, 375, 382~83, 394~95, 398, 401, 404, 410, 412~14, 422, 428, 452, 499, 502, 543, 552, 554, 586, 588

에이지, 제임스Agee, James 452, 501

엘뤼아르, 폴Éluard, Paul 367

엘턴 경, 아서Elton, Sir Arthur 359, 372

엠메르, 루차노Emmer, Luciano 364, 366

엡스탱, 장Epstein, Jean 115, 121, 145~46, 181, 194~95, 235, 246, 331~32, 339, 455~56

오닐, 유진O'Neill, Eugene 409

오든, W. H. Auden, Wystan Hugh 374

오랑슈, 장Aurenche, Jean 420, 438

오탕-라라, 클로드Autant-Lara, Claude 436

오펜바흐, 자크Offenbach, Jacques 178, 295

올리비에 경, 로런스Olivier, Sir Laurence 86, 130, 208, 231, 410, 474, 504

와일더, 손턴Wilder, Thornton 484, 493

와일드, 오스카Wilde, Oscar 473

와트, 해리Watt, Harry 374, 453

왈롱, 앙리Wallon, Henri 298, 300

외르텔, 쿠르트Oertel, Kurt 139

울프, 버지니아Woolf, Virginia 400, 537

웨스턴, 에드워드Weston, Edward 38, 45, 52

웰스, 오슨Welles, Orson 12, 233~34, 240

융, 카를 구스타프Jung, Carl Gustav 352

이벤스, 요리스Ivens, Joris 92, 335, 355, 372, 374

ㅈ

자세, 빅토랭Jasset, Victorin 498

작스, 한스Sachs, Hanns 189

제이컵스, 루이스Jacobs, Lewis 104, 365, 452

제카, 페르디낭Zecca, Ferdinand 408, 418

조이스, 제임스Joyce, James 140, 400, 537

졸라, 에밀Zola, Émile 420, 438~39, 442

주커, 아돌프Zukor, Adolph 397

지드, 앙드레Gide, André 425~26, 486

진네만, 프레드Zinnemann, Fred 199

ㅊ

차바티니, 체사레Zavattini, Cesare 495

채플린, 찰리Chaplin, Charles(Chalie) 118, 131~32, 151, 172~73, 177, 202, 211~12, 215, 242~43, 266~67, 326, 328, 392, 478, 483, 487, 489, 508~509, 553, 555~56

체니, 론Chaney, Lon 200

첼리니, 벤베누토Cellini, Benvenuto 46

ㅋ

카르티에-브레송, 앙리Cartier-Bresson, Henri 64

카발칸티, 알베르토Cavalcanti, Alberto 117, 151, 158, 171, 209, 240, 260, 289, 332, 335, 355, 388, 453

카스텔라니, 레나토Castellani, Renato 12, 86, 165, 402

카유아, 롤랑Caillois, Roland 482~83, 486

카잔, 엘리아Kazan, Elia 252, 407, 471

카츠, 레오Katz, Leo 41, 565

칸트, 이마누엘Kant, Immanuel 479

캐그니, 제임스Cagney, James 199

캐머런, 줄리아 마거릿Cameron, Julia Margaret 35

캐프라, 프랭크Capra, Frank 177, 206

케렌스키, A. F. Kerenski, A. F. 382

코르네유, 피에르Corneille, Pierre 486

코스터, 헨리Koster, Henry 285

코엔-세아, 질베르Cohen-Seat, Gilbert 101, 137, 299, 570, 579

코파이, Fr. Copei, Fr. 298

코플런드, 에런Copland, Aaron 263, 266, 270, 272

콕토, 장Cocteau, Jean 171, 347, 351, 506, 584

콜더, 알렉산더Calder, Alexander 366

콩트, 오귀스트Comte, Auguste 519

쿠르베, 귀스타브Courbet, Gustave 33

쿨레쇼프, 레프Kuleshov, Lev 107, 145, 305

크라우더, 보슬리Crowther, Bosley 106

크라우스, 베르너Krauss, Werner 200

크로넨버거, 루이스Kronenberger, Louis 419

크록웰, 더글러스Crockwell, Douglass 345

클라크, 셜리Clarke, Shirley 378

클레르, 르네Clair, René 82, 97, 108, 121~22, 152, 167, 170, 187, 189, 202~203,
    209~10, 237, 240~42, 248~51, 276, 279~80, 296~97, 332, 334~35, 337~39,
    353, 381, 390, 576

클레망, 르네Clément, René 438

클루조, 앙리-조르주Clouzot, Henri-Georges 369

키르사노프, 디미트리Kirsanov, Dimitri 332

키아로몬테, 니콜라Chiaromonte, Nicola 194, 517

키튼, 버스터Keaton, Buster 131~32

ㅌ

타일러, 파커Tyler, Parker 364, 370, 482~83, 504

타티, 자크Tati, Jacques 214

탤벗, 폭스Talbot, Fox 57, 62

테니슨, 앨프리드Tennyson, Alfred 104

텐, 이폴리트Taine, Hippolyte 33, 36~37, 562

토인비, 아널드Toynbee, Arnold 520, 525, 532~33

툴루즈-로트레크, 앙리-마리-레몽 드Toulouse-Lautrec, Henri-Marie-Raymond de
    178, 368

틸레, 빌헬름Thiele, Wilhelm 279

틸튼, 로저Tilton, Roger 98

ㅍ

파노프스키, 에르빈Panofsky, Erwin 18, 206, 408, 410, 417, 557

파르빌, 앙리 드Parville, Henri de 78

파월, 마이클Powell, Micheal 294~95

파이닝어, 안드레아스Feininger, Andreas 42~43, 565

팔켄버그, 폴Falkenberg, Paul 365

팝스트 G. W. Pabst, Georg Wilhelm 83, 123, 138, 194, 215, 468, 546, 584

팽르베, 장Painlevé, Jean 374

퍼거슨, 오티스Ferguson, Otis 419, 588

페데, 자크Feyder, Jacques 165, 405, 420, 572

페르스, 생-존Perse, Saint-John 326

펠리니, 페데리코Fellini, Federico 7, 229, 452, 462, 464~67, 488, 496, 538, 545, 559

포, 에드거 앨런Poe, Edgar Allan 111, 498, 500, 539

포드, 존Ford, John 407, 437, 555

포르, 엘리Faure, Elie 159~60, 572

포스터, E. M. Forster, Edward Morgan 19, 423~25, 443

퐁단, 뱅자맹Fondane, Benjamin 244

퍼야드, 루이Feuillade, Louis 500

푸돕킨, 프세볼로트Pudovkin, V. I. 112, 145, 189, 193, 202, 218, 223~24, 226, 230,
  248, 265, 270, 301~302, 304, 383, 394, 554, 587

프랑쥐, 조르주Franju, Georges 551, 555~56, 559

프레스버거, 에머릭Pressburger, Emcric 294~95

프로이트, 지크문트Freud, Sigmund 189, 346, 352, 519, 522~23, 529

프루스트, 마르셀Proust, Marcel 19, 48~53, 59~60, 77, 107, 110, 116, 119~20,
  143, 205, 213~14, 304, 311, 371, 390, 394~95, 400, 403~404, 412, 433~34,
  441~42, 467, 481, 485, 537

플라어티, 로버트 J. Flaherty, Robert J. 92, 96, 194, 246, 249~50, 375, 388, 448~53,
  455, 472, 495~96, 569, 586, 590

플로베르, 귀스타브Flaubert, Gustave 441~42

피라네시, 잠바티스타Piranesi, Giambattista 363

피싱거, 오스카Fischinger, Oskar 289~90, 340, 345

638

피카소, 파블로Picasso, Pablo 369

피터슨, 시드니Peterson, Sidney 330

ㅎ

하디, 토머스Hardy, Thomas 424

하사르츠, 폴Haesaerts, Paul 365

하우저, 아르놀트Hauser, Arnold 92~93

하이페츠, 야샤Heifetz, Jascha 285

해링턴, 커티스Harrington, Curtis 330, 347

허셜 경, 존Herschel, Sir John 70

호프만스탈, 후고 폰Hofmannsthal, Hugo von 314~17, 320

홈스, 올리버 웬들Holmes, Oliver Wendell 32, 562

화이트헤드, 앨프리드 노스Whitehead, Alfred North 30, 318, 519, 535

휘트니 형제Whitney brothers 330, 345

휘트먼, 월트Whitman, Walt 317

휴스턴, 월터Huston, Walter 200

휴스턴, 존Huston, John 436, 452

히치콕, 앨프리드Hitchcock, Alfred 12, 95, 188, 236, 283~84, 408, 500~502, 504,
   568, 576

힐, 데이비드 옥타비우스Hill, David Octavius 52

찾아보기(영화명)

ㄱ

〈강The River〉(1937, 미국) 229

〈개의 삶A Dog's Life〉(1918, 미국) 118

〈거리Die Straße〉(1923, 독일) 150

〈거리에서In the Street〉(1953, 미국) 373, 495

〈거인: 미켈란젤로 이야기The Titan〉(1950, 미국) 139, 365~66

〈게임의 규칙La Règle du jeu〉(1939, 프랑스) 462, 464

〈경찰관의 경주Course des Sergeants de Ville〉(1907, 프랑스) 96

〈고야Goya〉(1952, 이탈리아) 364

〈골짜기 마을Valley Town〉(1940, 미국) 378~80

〈구명선Lifeboat〉(1944, 미국) 501

〈92번가 집The House on 92nd Street〉(1945, 미국) 499

〈국가의 탄생The Birth of a Nation〉(1915, 미국) 7, 9, 151, 452

〈글렌스폴스 시퀀스Glens Falls Sequence〉(1946, 미국) 345

〈기계들의 행진La Marche des machines〉(1928, 프랑스) 109, 344, 380

〈기계적 발레Ballet mécanique〉(1924, 프랑스) 341~43, 346

〈기즈 공작의 암살L'Assassinat du duc de Guise〉(1908, 프랑스) 332, 396~98

〈길La Strada〉(1954, 이탈리아) 229, 354, 420, 464, 467, 489, 496~97

〈길의 노래Pather Panchali〉(1956, 인도) 427, 462, 468, 545

〈끝없는 세상World without End〉(1953, 영국) 377~78, 388, 560

ㄴ

〈나는 비밀을 알고 있다The Man Who Knew Too Much〉(1956, 미국) 283

〈나폴리의 황금L'Oro di Napoli〉(1955, 이탈리아) 460

〈노스페라투Nosferatu〉(1922, 독일) 166, 174~75

〈니스에 관하여À propos de Nice〉(1930, 프랑스) 555

〈닉 카터 시리즈Nick Carter series〉(1908~11, 프랑스) 498

ㄷ

〈달나라 여행Le Voyage dans la lune〉(1902, 프랑스) 80

〈대각선 교향곡Symphonie Diagonale〉(1922, 독일) 329, 340

〈대지Zemlya〉(1930, 소련) 99~100, 260, 343

〈도시의 사랑L'Amore in Città〉(1954, 이탈리아) 495

〈도시의 야수The Beast of the City〉(1932, 미국) 216

〈도시인들Människor i stad〉(1947, 스웨덴) 335, 448, 495

〈독일 영년Germania anno zero〉(1947, 이탈리아) 452

〈돈으로 살 수 있는 꿈들Dreams that Money Can Buy〉(1947, 미국) 347, 351, 585

〈동지애Kameradschaft〉(1931, 독일) 83, 215

〈뒷골목Back Street〉(1932, 미국) 251

〈디스크 957번Disque No. 957〉(1929, 프랑스) 289, 340~41, 343

〈땅끝Finis terrae〉(1929, 프랑스) 455~56

ㄹ

〈라쇼몽羅生門, Rashomon〉(1951, 일본) 139, 428, 431, 503~506

〈라임라이트Limelight〉(1952, 미국) 212, 266~67, 478, 480, 483

〈라탈랑트L'Atalante〉(1934, 프랑스) 464, 466

〈러브 퍼레이드The Love Parade〉(1929, 미국) 279

〈러빙Loving〉(1957, 미국) 491

〈레드 갭의 러글스Ruggles of Red Gap〉(1935, 미국) 210, 233

〈로미오와 줄리엣Romeo and Juliet〉(1954, 영국/이탈리아) 12, 86, 165, 402~403

〈로빈슨 크루소Robinson Crusoe〉(1952, 멕시코) 214

〈루벤스Rubens〉(1948, 벨기에) 365

〈루이즈Louise〉(1939, 프랑스) 292

〈루이지애나 스토리Louisiana Story〉(1948, 미국) 102, 375~76, 450

〈뤼미에르 공장을 나서는 노동자들La Sortie de l'usine Lumière à Lyon〉(1895, 프랑스) 77

〈리듬 21 Rhythmus 21〉(1921, 독일) 329, 340, 345

〈리옹의 코르델리에 광장La Place des cordeliers; La Place des cordeliers a Lyon〉
　(1895년경, 프랑스) 77

〈리처드 3세Richard III〉(1955, 영국) 398

〈링컨이 게티즈버그에서 연설하다Lincoln Speaks at Gettysburg〉(1950, 미국) 365

　□

〈마담 보바리Madame Bovary〉(1934, 프랑스) 436, 441~43

〈마지막 무대Ostatni etap〉(1948, 폴란드) 124

〈마지막 웃음Der letzte Mann〉(1924, 독일) 486

〈마천루Skyscraper〉(1959, 미국) 378

〈마치 오브 타임The March of Time. A series〉(1935~51, 미국) 230, 384, 576

〈마티Marty〉(1955, 미국) 214

〈막간Entr'acte〉(1924, 프랑스) 108, 337, 339, 381

〈맥베스Macbeth〉(1948, 미국) 398

〈맨The Men〉(1950, 미국) 199

〈멋진 인생It's a Wonderful Life〉(1946, 미국) 177

〈메닐몽탕Ménilmontant〉(1924, 프랑스) 332, 459

〈메트로폴리스Metropolis〉(1927, 독일) 131

〈멕시코 하늘의 천둥Thunder Over Mexico〉(1933, 미국) 123

〈모던 타임스Modern Times〉(1936, 미국) 202, 211, 215, 242~43

〈모비 딕Moby Dick〉(1956, 미국) 398, 415, 484, 588

〈모지스 할머니Grandma Moses〉(1950, 미국) 368

〈목로주점Gervaise〉(1956, 프랑스) 420, 436, 438~39

〈몬테 카를로Monte Carlo〉(1930, 미국) 279

〈무도회의 수첩Un Carnet de bal〉(1937, 프랑스) 251

〈무방비 도시Roma città aperta〉(1945, 이탈리아) 123, 354, 452, 458, 464

〈무언가Canzoni senza parole〉(1950년경, 이탈리아) 289

〈묵시록의 네 기사The Four Horsemen of the Apocalypse〉(1921, 미국) 166

〈물랑 루즈Moulin rouge〉(1952, 영국) 98, 174, 178, 364, 368

〈물의 딸La Fille de l'eau〉(1925, 프랑스) 166

〈미국의 비극An American Tragedy〉(1930; a film script) 140, 410

〈미소 짓는 마담 뵈데La Souriante Madame Beudet〉(1922, 프랑스) 152, 332

〈미소 짓는 중위The Smiling Lieutenant〉(1931, 미국) 279

〈밀고자The Informer〉(1935, 미국) 398, 406~407, 587

〈밀랍인형 전시실Das Wachsfigurenkabinett〉(1924, 독일) 171

〈밀회Brief Encounter〉(1945, 영국) 458, 462~63, 469, 482

ㅂ

〈바그다드의 도적The Thief of Bagdad〉(1924, 미국) 166

〈바다의 별L'Étoile de Mer〉(1928, 프랑스) 346, 350

〈바람과 강Vinden och floden〉(1950~51, 스웨덴) 495

〈바리에테Varieté〉(1925, 독일) 151

〈바바라 소령Major Barbara〉(1941, 영국) 478

〈밤비Bambi〉(1942, 미국) 180

〈백만 도시 나폴리Napoli Milionaria〉(1951, 이탈리아) 474

〈백만장자Le Million〉(1931, 프랑스) 152, 241~42, 280, 287

〈백설공주Snow White and the Seven Dwarfs〉(1937, 미국) 180

〈밴드 웨건The Band Wagon〉(1953, 미국) 173, 280~81

〈뱀파이어Vampyr〉(1931, 프랑스) 166, 171, 180~81

〈베를린Berlin-Die Sinfonie der Großstadt〉(1927, 독일) 117, 136, 335, 380~81, 495

〈베진 초원Bezhin lug〉(1937; 미완성. 소련) 375

〈벤허Ben Hur〉(1926, 미국) 114, 163

〈병기고Arsenal〉(1929, 소련) 99~100, 123, 182, 260

〈보르게세 빌라Villa Borghese〉(1953, 이탈리아/프랑스) 460

〈보리나주의 비참Misère au Borinage〉(1934, 벨기에) 372

〈부메랑Boomerang〉(1947, 미국) 471

〈북극의 나누크Nanook of the North〉(1922, 미국) 92~93, 246, 375, 450

〈북해North Sea〉(1938, 영국) 453~54, 458

〈분노Fury〉(1936, 미국) 419

〈분노의 날Vredens dag〉(1943, 덴마크) 164~65, 364

〈분노의 포도The Grapes of Wrath〉(1939, 미국) 102, 436~37, 454, 555

〈분홍신Red Shoes〉(1948, 영국) 85, 169~70, 172

〈불가능한 여행Le Voyage à travers l'impossible〉(1904, 프랑스) 79

〈브로드웨이 멜로디Broadway Melody〉(1929, 1935, 1937, 1940; 미국) 249~50, 279

〈비regen〉(1929, 네덜란드) 92, 335, 374, 495

〈비텔로니I Vitelloni〉(1953, 이탈리아) 465

〈빅 브로드캐스트The Big Broadcast〉(1932, 1935, 1936, 1938; 미국) 279

〈빈민촌La Zone〉(1928, 프랑스) 335

〈빈혈 영화Anémic Cinéma〉(1926, 프랑스) 341

〈빗물 가득A Hatful of Rain〉(1957, 미국) 265

〈빨간 풍선Le Ballon rouge〉(1956, 프랑스) 459

〈빵 없는 세상Terre sans pain〉(1932, 스페인) 335

ㅅ

〈사랑아, 나는 통곡한다The Heiress〉(1949, 미국) 398, 444

〈사막의 승리Desert Victory〉(1943, 영국) 114

〈42번가Forty-second Street〉(1933, 미국) 279

〈사진Destry Rides Again〉(1939, 미국) 510

〈사형수 탈출하다Un Condamné à mort s'est échappé〉(1956, 프랑스) 428

〈산딸기Smultronstället〉(1958, 스웨덴) 428, 507

〈살인광 시대Monsieur Verdoux〉(1947, 미국) 212, 478, 555

〈살인의 해부Anatomy of a Murder〉(1959, 미국) 264

〈삼각 달Three-cornered Moon〉(1933, 미국) 216

〈상복이 어울리는 엘렉트라Mourning Becomes Electra〉(1947, 미국) 406

〈상상의 여행Le Voyage imaginaire〉(1925, 프랑스) 177

〈상트페테르부르크의 종말Konets Sankt-Peterburga〉(1927, 소련) 146, 555

〈샌프란시스코San Francisco〉(1936, 미국) 123

〈서부에서의 승리Sieg im Westen〉(1941, 독일) 303, 305

〈서부전선 1918 Westfront 1918〉(1930, 독일) 123

〈성냥팔이 소녀La Petite Marchande d'allumettes〉(1927, 프랑스) 166

〈세계의 멜로디Melodie der Welt〉(1930, 독일) 260, 577

〈세일즈맨의 죽음Death of a Salesman〉(1951, 미국) 89, 92, 397, 406

〈센티멘털 로맨스Romance sentimentale〉(1930, 프랑스) 289, 337

〈셰인Shane〉(1953, 미국) 510

〈소심한 두 사람Les Deux timides〉(1928, 프랑스) 122

〈수색The Search〉(1948, 미국) 472

〈순례자The Pilgrim〉(1923, 미국) 508

〈스윙 타임Swing Time〉(1936, 미국) 280, 569

〈스카페이스Scarface〉(1932, 미국) 118, 427

〈스코틀랜드 여왕 메리의 처형The Execution of Mary Queen of Scots〉(1895, 미국)
   123

〈스펠바운드Spellbound〉(1945, 미국) 501

〈습격Überfall〉(1929, 독일) 126, 430, 464, 491

〈시계The Clock〉(1945, 미국) 419

〈시민 케인Citizen Kane〉(1941, 미국) 139, 354, 506

〈10월: 세상을 뒤흔든 열흘Oktyabr': Desyat' dney kotorye potryasli mir〉(1928, 소
   련) 126, 147, 382, 412, 428

〈시인의 피Le Sang d'un poète〉(1930, 프랑스) 347, 349, 351, 506

〈시티 라이트City Lights〉(1931, 미국) 202, 211, 461

〈신데렐라Cinderella〉(1950, 미국) 179~80

〈실론의 노래The Song of Ceylon〉(1934~35, 영국) 376, 388

〈십계The Ten Commandments〉(1956, 미국) 552

ㅇ

〈아기의 아침밥Repas de bébé〉(1895, 프랑스) 75

〈아파라지토Aparajito〉(1957, 인도) 7, 560

〈악마의 성Le Château hanté〉(1896, 프랑스) 80

〈악몽의 밤Dead of Night〉(1946, 영국) 166, 183, 459, 461

〈안달루시아의 개Un Chien Andalou〉(1928, 프랑스) 347, 349, 351~52, 543

〈알렉산드르 넵스키Alexander Nevsky〉(1937, 소련) 89, 143, 398, 412, 414~15, 420

〈앙코르Encore〉(1951, 영국) 459

〈앵발리드관L'Hotel Des Invalides〉(1952, 프랑스) 555

〈야간 우편Night Mail〉(1936, 영국) 374, 388

〈야수 인간La Bête Humaine〉(1938, 프랑스) 252, 275

〈양지Sunnyside〉(1919, 미국) 172

〈어느 사기꾼의 이야기Le roman d'un tricheur〉(1936, 프랑스) 238, 429

〈어느 시골 사제의 일기Journal d'un curé de campagne〉(1951, 프랑스) 139, 432, 440, 553

〈어둠 속의 여인Lady in the Dark〉(1944, 미국) 172

〈어린 도망자Little Fugitive〉(1953, 미국) 102, 458

〈어린 릴리La P'tite Lili〉(1928, 프랑스) 289

〈어머니Mat〉(1925, 소련) 453

〈어셔가의 몰락La chute de la maison Usher〉(1928, 프랑스) 175, 181

〈엠M〉(1931, 독일) 235, 238, 276, 499

〈열기Fièvre〉(1921, 프랑스) 151, 332, 459, 463

〈열정의 랩소디Lust for Life〉(1956, 미국) 368

〈열차의 도착L'Arrivée d'un train en gare de La Ciotat〉(1895, 프랑스) 77, 79, 331

〈영매The Medium〉(1951, 미국) 293

〈영혼의 비밀Geheimnisse einer Seele〉(1926, 독일) 138, 178, 584

〈영화 습작 1926 Filmstudie 1926〉(1926, 독일) 341

〈예술의 악마Il demoniaco nell'Arte〉(1949, 이탈리아) 366

〈옛것과 새것Old and New〉(1929, 소련) 382, 552

〈오랜 세월이 흐른 뒤After Many Years〉(1908, 미국) 10, 104, 146

〈오셀로Othello〉(1955, 미국) 12, 233, 240, 249

〈오전의 유령Vormittagsspuk〉(1927, 독일) 337, 342

〈오직 시간뿐Rien que les heures〉(1926, 프랑스) 117, 335

〈오케스트라의 소녀One Hundred Men and a Girl〉(1937, 미국) 285

〈오페라의 밤A Night at the Opera〉(1935, 미국) 137

〈오후의 올가미Meshes of the Afternoon〉(1943, 미국) 352

〈온 더 바우어리On the Bowery〉(1956, 미국) 454

〈왈츠 전쟁Walzerkrieg〉(1933, 독일) 286

〈외딴 빌라The Lonely Villa〉(1909, 미국) 416

〈우리의 러시아 동맹군Our Russian Ally〉(1942년경, 캐나다, 〈행동 중인 세계〉 시리
    즈) 384

〈움베르토 D. Umberto D.〉(1952, 이탈리아) 102, 151, 195, 199, 403, 420, 466~67,
    482, 485, 487, 496, 509, 544

〈워터프론트On the Waterfront〉(1954, 미국) 252, 407

〈월터 시커트Walter Sickert〉(1954, 영국) 369

〈위대한 왈츠The Great Waltz〉(1938, 미국) 286, 369

〈위대한 유산Great Expectations〉(1946, 영국) 398, 444

〈위대한 환상La Grande Illusion〉(1937, 프랑스) 151, 215, 464, 545

〈윈슬로 보이The Winslow Boy〉(1948, 영국) 510~11

〈윌로 씨의 휴가Les Vacances de monsieur Hulot〉(1953, 프랑스) 214, 461, 545

〈유령과 뮤어 부인The Ghost and Mrs. Muir〉(1947, 미국) 177

〈유령은 서쪽으로 간다The Ghost Goes West〉(1936, 영국) 174, 177

〈유리 동물원Glass Menagerie〉(1950, 미국) 406

〈육체의 악마 Le Diable au corps〉(1947, 프랑스) 435

〈의지의 승리Triumph des Willens〉(1936, 독일) 117

〈이민자The Immigrant〉(1917, 미국) 553

〈이상적인 남편An Ideal Husband〉(1948, 영국) 473

〈이상한 정열El〉(1952, 멕시코) 184

〈이탈리아 밀짚모자Un chapeau de paille d'Italie〉(1927, 프랑스) 122

〈인간과 음악Of Men and Music〉(1950, 미국) 285~86

〈인톨러런스Intolerance〉(1916, 미국) 104, 133, 163, 169, 382, 416, 422

〈일요일의 사람들Menschen am Sonntag〉(1929, 독일) 100, 458

〈잊혀진 사람들Los Olvidados〉(1950, 멕시코) 124, 195~96, 545

ㅈ

〈자전거 도둑Ladri di biciclette〉(1949, 이탈리아) 151, 195, 199, 462, 464, 467

〈작품 1번Opus I〉(1922, 독일) 340

〈잔 네이의 사랑Die Liebe der Jeanne Ney〉(1927, 독일) 194, 468, 546

〈잔 다르크의 수난La Passion de Jeanne d'Arc〉(1928, 프랑스) 161~62, 165, 491

〈재즈 싱어The Jazz Singer〉(1927, 미국) 285

〈재즈댄스Jazz Dance〉(1954, 미국) 98, 109, 117

〈적과 흑Le Rouge et Noir〉(1954, 프랑스) 398, 406, 420, 436, 444

〈전원 교향곡La Symphonie Pastorale〉(1946, 프랑스) 290, 486

〈전함 포템킨Potemkin〉(1925, 소련) 7, 93, 147, 194, 302, 388, 412~15, 453, 545

〈전화의 저편Paisan〉(1946, 이탈리아) 93, 102, 194, 215, 249, 251, 452, 458, 460,
  466~68

〈젊은이의 양지A Place in the Sun〉(1951, 미국) 106

〈정권 교체Transfer of Power〉(1939, 영국) 359

〈정글 정찰대Jungle Patrol〉(1948, 미국) 217, 251

〈정박지En rade〉(1927, 프랑스) 151, 332, 459

〈정원사 골려먹기L'Arroseur Arrosé〉(1895, 프랑스) 75~76, 447

〈제3의 사나이The Third Man〉(1949, 영국) 146, 266~67, 500

〈제3의 소시민Tretja Mechanskaya)〉(1926, 소련) 137

〈제7의 봉인Det sjunde inseglet〉(1956, 스웨덴) 556

〈제저벨Jezebel〉(1938, 미국) 98

〈조개와 성직자La Coquille et le Clergyman〉(1928, 프랑스) 346, 348

〈조용한 사람The Quiet One〉(1949, 미국) 195, 308, 458

〈주거 문제Housing Problems〉(1935, 영국) 305, 371~73

〈주유소의 세 사람 Drei von der Tankstelle〉(1930, 독일) 279

〈줄리우스 시저Julius Caesar〉(1953, 미국) 398

〈즐거운 영혼Blithe Spirit〉(1945, 영국) 177

〈지나간 50년을 눈앞에Fifty Years Before Your Eyes〉(1950, 미국) 121

〈지옥문地獄門, Gate of Hell〉(1954, 일본) 129~30, 165

〈지하세계Underworld〉(1927, 미국) 118

〈짐승의 피Le Sang des bêtes〉(1949, 프랑스) 551

ㅊ

〈찬란한 20년대The Golden Twenties〉(1950, 미국) 121

〈1900년의 파리Paris 1900〉 (1947, 프랑스) 121

〈천국으로 가는 계단Stairway to Heaven〉 (1946, 영국) 170, 173

〈천국의 사도 조단Here Comes Mr. Jordan〉 (1941, 미국) 177

〈1848〉 (1948, 프랑스) 365

〈철로La Roue〉 (1921, 프랑스) 334

〈첩보원Spione〉 (1928, 독일) 499

〈충실한 마음Coeur fidèle〉 (1923, 프랑스) 121, 339

ㅋ

〈카드놀이 하는 사람들La Partie d'écarté〉 (1895, 프랑스) 75

〈카르파초의 성 우르술라의 전설La leggenda di Sant'Orsola〉 (1948, 이탈리아) 366

〈카메라를 위한 안무 연구A Study in Choreography for Camera〉 (1945, 미국) 108

〈카비리아의 밤Le Notti di Cabiria〉 (1957, 이탈리아) 7, 354, 462, 464, 488, 497, 509, 544

〈칼리가리 박사의 밀실Das Cabinet des Dr. Caligari〉 (1920, 독일) 91, 129~30, 169~71, 430

〈캐벌케이드Cavalcade〉 (1933, 미국) 458, 461~62

〈쾌락Le Plaisir〉 (1952, 프랑스) 459

〈키드The Kid〉 (1921, 미국) 172

ㅌ

〈탈주자Dezertir〉 (1933, 소련) 270~71

〈탐욕Greed〉 (1924, 미국) 545~55

〈탑La Tour〉 (1928, 프랑스) 335

〈태풍Le Tempestaire〉 (1947, 프랑스) 235, 246

〈토퍼Topper〉 (1937, 미국) 177

〈투게더Together〉 (1956, 영국) 454, 456

〈투명인간The Invisible Man〉 (1933, 미국) 177

ㅍ

〈파르비크Farrebique〉 (1946, 프랑스) 454, 495

〈파리의 여인A Woman of Paris〉(1923, 미국) 326

〈파리의 지붕 밑Sous les toits de Paris〉(1929, 프랑스) 251, 276, 280

〈파블로 카살스와의 대담A Conversation with Pablo Casals〉(1956, 미국) 286

〈판타지아Fantasia〉(1940, 미국) 289~90, 295

〈패러딘 부인의 사랑The Paradine Case〉(1948, 미국) 501

〈폭군 이반Ivan Grozny〉(1944, 소련) 89, 214, 398

〈폭풍의 언덕Wuthering Heights〉(1939, 미국) 482

〈폴 델보의 세상Le Monde de Paul Delvaux〉(1946, 벨기에) 366

〈품행 제로Zero de conduite〉(1933, 프랑스) 120

〈풍요의 세계World of Plenty〉(1943, 영국) 386~87, 479

〈프로그먼The Frogmen〉(1951, 미국) 259

〈플랑드르의 사육제Carnival in Flanders〉(1935, 프랑스) 165

〈피곤한 죽음Der müde Tod〉(1921, 독일) 169~70

〈피그가의 총사들The Musketeers of Pig Alley〉(1912, 미국) 133

〈피그말리온Pygmalion〉(1938, 영국) 98, 213~14, 397, 417~18, 420, 478, 516

〈피카소의 신비Le mystère Picasso〉(1956, 프랑스) 369

〈피터 이벳슨Peter Ibbetson〉(1935, 미국) 166

〈피터 팬Peter Pan〉(1925, 미국) 166

ㅎ

〈하이 눈High Noon〉(1952, 미국) 510

〈한여름 밤의 꿈A Midsummer Night's Dream〉(1935, 미국) 206~207, 291

〈할렐루야Hallelujah〉(1929, 미국) 251, 275

〈해마L'Hippocampe, ou 'Cheval marin'〉(1934, 프랑스) 374

〈햄릿Hamlet〉(1948, 영국) 86, 92, 130, 208, 231, 410

〈행동 중인 세계World in Action series〉(1940~46, 캐나다) 384~85, 387

〈헨리 5세Henry V〉(1944, 영국) 415, 474

〈헨리 무어Henry Moore〉(1951, 영국) 369

〈협박Blackmail〉(1929, 영국) 236

〈호박 경주La course aux potirons〉(1907, 프랑스) 96

〈호수의 여인The Lady in the Lake〉(1946, 미국) 430

〈호프만 이야기The Tales of Hoffmann〉(1951, 영국) 293~94

〈황금광시대The Gold Rush〉(1925, 미국) 461

〈황제와 골렘The Emperor and the Golem〉(1952, 체코슬로바키아) 166

〈흑과 백The Defiant Ones〉(1958, 미국) 457

〈흩어진 꽃잎Broken Blossoms〉(1919, 미국) 406, 554

찾아보기(용어)

ㄱ

개념적 추론conceptual reasoning 240, 383, 417, 478~79, 481, 484, 489

갱스터 (영화)gangster films 118, 327, 427, 480, 545

거리street 11, 15, 53, 58, 62, 69, 77, 79, 87, 97, 111~14, 117~18, 126~27, 132~34, 136, 149~52, 159, 183, 194~95, 215, 218, 224, 248~49, 251, 262, 275~76, 280, 291, 293, 308, 335, 352, 373, 375, 380, 410, 419, 422, 431, 433~34, 443, 448, 451, 462~65, 467, 473~74, 482~84, 492, 502, 517, 536, 540, 548

결말ending 139, 269, 400, 424~25, 443, 458, 461~62, 470, 486~89, 510

  해피엔딩happy e. 138, 486~87, 493

고속 모션accelerated-motion 114~15, 176

고안된 현실contrived reality → 다른 차원의 현실

공간space 31, 39, 63, 82, 96, 101, 107~108, 115, 119, 125, 132~33, 136~37, 158, 164, 177, 192, 217, 281, 299, 318, 343, 360, 425, 427, 448, 460, 463

공산주의Communism 270, 425, 525

공포영화horror films 272, 491

과학science 31~32, 38, 40, 59, 78, 110, 113, 138, 318, 335, 498~99, 505, 518, 521~23, 526~27, 529~30, 532, 534, 538~41, 570

  과학영화scientific films 90, 138, 356, 583

  사이언스픽션s. fiction 159, 475

괴물monster 134, 173~74, 550, 552

교육영화/교육용 영화instructional film 90, 356, 359, 365~66

군중crowds 11, 58, 70, 77, 110~12, 125, 131, 149~50, 159~60, 163, 180, 352, 364, 386, 399, 404, 422, 438, 451, 492, 526, 552

그랑기뇰Grand Guignol 124

극작품stage play → 무대극

기독교christianity 519, 524~25, 532

꿈dream 37~38, 58, 70, 85~86, 88, 107~108, 114, 119, 135, 166~67, 171~73, 176~78, 261, 276, 281, 295~97, 304, 306~12, 314~15, 319~21, 329, 337~38, 346, 349~50, 352, 367, 383, 389, 429, 456, 487, 507, 515, 547, 555, 584

   몽상daydream 311~12, 509, 581

ㄴ

낭만주의romanticism 32, 34, 450, 532

내적 독백monologue intérieur 140~41, 410

네오리얼리즘neorealism 10, 194, 462, 466, 471, 487, 495~96, 509, 545, 558

노래song 37, 98, 153, 215, 235, 252, 275~83, 285, 291, 293, 377, 379, 391, 450

   → '음악' 또한 참조

뉴스영화newsreel 70, 84, 90, 121, 123, 229~30, 306, 356~59, 388, 412, 471, 544, 585

뉴 웨이브new wave 10

ㄷ

다게레오타이프daguerreotypy 30~31, 35~36, 69

다다Dada 338, 347, 350, 543

   다다이스트Dadaist 336, 338

다른 차원의 현실reality of another dimension 108~109, 115, 121, 136, 179, 247, 309, 344, 363, 571

다윗과 골리앗 모티프David-Goliath motif 494, 497, 507, 510

다큐멘터리documentary 70, 84, 86, 90, 92, 98, 100, 136, 159~61, 163, 165, 178, 195, 198, 218, 229~30, 238, 285, 289, 301~303, 305~306, 308, 334~36, 355~59, 365, 367~76, 378, 380~81, 383~91, 438, 447~50, 453~56, 458~59, 471~73, 479, 495, 501, 544~45, 549, 551, 553~55, 558, 583

   세미다큐멘터리semi-d. 215, 259, 407, 471~72, 545, 573

대사dialogue 201~10, 213~14, 216, 222~23, 226, 293, 417~18, 454, 516, 546,

대화dialogue(또한 대화적 영화dialogue film) 87, 102, 119, 134, 142, 191, 202, 205~206, 209, 212~16, 224, 230, 233~34, 240, 249, 254, 263, 265, 271, 278, 286, 292~93, 297, 399, 401, 418, 432, 444, 478~79, 485, 494

대위법counterpoint 219, 221, 223~27, 230~35, 237~38, 241, 244, 248, 250, 253, 269~73, 275

동화fairy-tale 79, 287

ㄹ

라디오radio 217, 314, 385, 387, 529

랩디졸브lap-dissolve 73, 80, 135

러시아 혁명Russian revolution 126, 133, 182, 304, 453, 455

롱숏long shot → '숏' 참조

리얼리즘적 경향realistic tendency 32, 44, 47, 51, 54, 75, 81, 85~87, 90, 128, 163~64, 179, 282, 334, 339, 358, 371, 376, 391, 406, 420, 544~45

ㅁ

마르크스주의Marxism 346, 383, 455

메두사Medusa 550~52

멜로드라마melodrama 393, 493, 587

모티프motif 42, 51, 58~59, 70, 77, 123, 270~71, 276, 342, 411, 414~15, 435, 440, 444, 456, 476, 478~79, 481, 490, 492~94, 496~500, 506~10, 556

　　라이트모티프leit m. 266~67, 481~82

　　비영화적 모티프uncinematic m. 493, 497

　　영화적 모티프cinematic m. 489, 494~95, 497, 500, 510

몽타주montage 98, 105~106, 126, 140~41, 147, 171, 223, 327, 329, 339, 364~65, 370, 376, 382, 404, 417

무대stage 46, 80~81, 97~98, 101, 112, 151~53, 172, 186~87, 191, 202, 279, 281, 288, 291, 294~95, 353, 375, 394, 396~99, 401, 410, 414, 417, 472, 481, 483, 510, 579 → '연극' 참조

무대(연극) 공연stage(theatrical) performance 72~73, 102, 128, 151~52, 387, 474

무대극stage play 46, 91, 243, 399~400 → '연극' 참조

무성/무성성silence 240, 254~56, 258, 261, 263, 297

무성영화silent film 100, 118, 131~32, 138, 176, 194, 202~203, 205~206, 213~14, 238, 249, 255~58, 260, 263, 296~97, 310, 314, 384, 401, 409, 411, 440, 468, 486, 491, 499, 553

  무성 코미디 영화s. f. comedy → '코미디' 참조

무용dance(또한 무용영화d. film) 97, 491

뮤지컬musical 98, 151, 173, 277~83, 391~92, 476, 545, 578

ㅂ

발레ballet 72, 97~98, 170, 280, 294

배우actor 80, 86, 101~102, 132, 145, 158, 160, 165, 185~87, 189~90, 192~96, 198~200, 205, 228, 249, 370, 396~97, 407, 452, 485, 492, 507, 546, 575

  아마추어 배우nonprofessional a.(일반인 배우non-a.) 180, 194~99

  연극배우stage a. 185~87, 190~91

  영화배우film a. 185~90, 192~93, 199

보드빌vaudeville 98, 278

비극tragedy(비극적인 것tragic) 12~13, 30, 49, 217, 243, 319, 393, 395, 404, 412, 414, 442~43, 466, 478, 480~87, 489, 492~93, 497, 504

비서사적 영화non-story film 84, 325, 333, 356, 388, 391, 447

ㅅ

사실영화film of fact 84, 325, 356~58, 388~89, 407, 544

사운드트랙soundtrack 11, 204, 256, 263, 576

사진적 방식photographic approach 47, 52~53, 56, 59, 62~63, 90, 259

산책자flâneur 150, 319

삶life

  삶 그 자체l. as such 314, 317, 425, 496~97, 518

  삶의 흐름flow of l. 128, 148~51, 274, 278, 312, 343, 349, 352, 367, 391, 416, 431, 457~58, 462~63, 466, 468, 470, 472~73, 482~83, 489, 495, 497, 507, 517, 541, 553

일상생활/일상적 삶everyday l. 15, 75, 78~79, 116, 119, 135~36, 149, 175, 183, 224, 268, 281, 377, 380, 496, 516, 547~49, 559

삽입극/삽입공연interlude 283~84, 376, 489

　(중간에) 삽입된 무대stage i. 151~52, 172, 278, 284, 369

상대주의/상대성relativism 39, 530

상징symbol 145, 182, 206, 241~45, 247, 253, 270~71, 297, 350~54, 373, 382~83, 385, 399, 407, 415, 471, 482, 502, 529, 538, 544, 584, 587

색/색채color 7~8, 50, 85, 143, 260~61, 294, 305, 346, 369, 375, 469

　착색tinting 260~61, 267

생생한 신문Living Newspaper 387

서부영화Westerns 96, 509~10, 545

서사시epic 388, 425

서사적 영화story film 84, 325, 331~32, 391~92, 428, 447, 450, 453~55, 473, 481, 490, 547, 582

세미다큐멘터리semi-documentary → '다큐멘터리' 참조

세트/무대장치settings 82~83, 85, 91, 129~30, 150, 152, 169, 171, 191, 194, 207, 279, 281, 396, 419

소리/음향/음성sound 11, 69, 141, 178, 184, 192, 201~204, 211~24, 226, 228, 230, 234, 236, 239~58, 260, 263~65, 267, 269, 271, 275~77, 289, 296~97, 310, 366, 376, 394, 433~34, 560, 576~77

　소리 상징법s. symbolism 244

　실제 소리(음성)actual s. 219, 221~22, 228, 230, 234~35, 243, 250

　해설적 소리(음성)commentative s. 219, 221~22, 229, 231, 234~35, 237, 241~42, 247

소묘drawing 56, 360, 363

소설novel 12, 46, 76, 79, 110, 137, 213, 326, 328, 331, 336, 394, 396, 398, 400~401, 420, 423~29, 431~44, 446, 460, 467, 469, 484, 486, 493, 508, 537~38, 548, 559

소외alienation(자기소외self-estrangement) 50, 52~54, 60, 295, 317, 347, 354, 390, 392, 485, 497, 517, 544

소음noise 218, 224, 239~40, 242, 246~49, 251, 264, 275, 377, 434, 482, 501, 529,

577

소프트포커스soft-focus 35, 73

숏shot

롱숏long s. 112~13, 131, 364, 401~402, 405, 422, 555, 570

반응 숏/반응 장면reaction s. 230, 233, 235

원거리 숏long-distance s. 354, 415, 510

클로즈숏close s. 112~13, 153, 555, 570

순수영화cinéma pur 142, 326, 328, 331~33, 335~36, 340, 346

스냅숏snapshot 32, 58, 64, 70, 100~101, 114, 119, 358, 372 → '즉석사진' 또한 참조

스타star 134, 187, 194, 196~97, 199, 285

스틸still 257, 362

슬랩스틱slapstick 132, 206, 213~14, 242, 482 → '무성 코미디 영화' 또한 참조

슬로모션slow-motion 73, 114~15, 176, 179, 181, 246, 333, 338, 570

시간time(temporal) 49, 61, 82, 94, 101, 108, 115, 122, 135~36, 162, 164, 177, 234, 236, 256, 258, 291, 299, 345~46, 377, 382~83, 400, 425, 427~29, 457, 460, 483, 533, 549

실존주의existentialism 489

실험사진experimental photography 42~43

실험사진 작가/실험적 사진가experimental photographer 41, 43, 55~56, 64~65, 346

실험영화experimental film(또한 실험영화 감독e. f. maker) 10, 84~85, 88, 91, 109, 115, 168, 289, 325, 329~30, 337, 344, 347, 354, 356, 360, 362, 365, 378, 388~89, 491, 543

ㅇ

아방가르드avant-garde 10, 142, 152, 171, 325~26, 329~37, 339~41, 343~44, 346~48, 350, 352, 355, 362, 378, 459, 544, 583

애니메이션animated cartoon 7, 69, 174, 179, 289~90, 295, 330, 345

에피소드episode 98, 100, 102, 114, 124, 126, 131, 133, 147, 151, 163~64, 171, 173, 175, 178, 183~84, 195, 210~11, 235~37, 251, 259, 268, 280, 286~87, 294, 327, 332, 339, 342, 351, 409, 412~15, 417, 427~28, 433~34, 443, 455, 457~66,

468~74, 485, 487, 492, 507, 560, 585

에피소드 영화e. film 333, 335, 454, 457~60, 462~63, 465~66, 473, 489, 495, 497, 560

여행기travelogue 136

연극theater 12, 46, 72, 76, 79~81, 85~86, 92, 102, 128, 151, 158, 170, 185~86, 190~92, 202~203, 205, 208, 216, 243, 279, 294~96, 300, 313, 316, 331~32, 394~402, 405, 408~10, 416~18, 420, 425, 473~74, 478, 481, 485~86, 492, 510, 516, 542~43, 557, 567, 575, 579, 586

연극 공연t. play → '무대 공연' 참조

연극적 영화theatrical film 81, 88, 203, 332, 398, 410, 443, 473, 485, 492, 494, 496, 544~45

연극적 이야기theatrical story 273, 394~95, 398~99, 401~402, 405~408, 411, 416, 419~21, 424, 447, 473, 481, 487~88, 492

연극성theatricality 169, 173, 281, 415, 474, 510

연출되지 않은 현실unstaged reality 56~58, 78, 129, 188, 357, 364

연출성staginess 131, 158, 161, 169, 171, 173~74, 349, 353

영화 산업film industry 332, 459, 471, 509

영화적 기술(기법)cinematic techniques 73, 94, 114, 130, 176, 178, 333

영화적 방식cinematic approach 87, 90~91, 113, 115, 124, 157, 164, 166~67, 179~80, 183, 232, 273, 282, 285, 291, 297, 325, 338, 358, 371, 431, 473, 477, 480

영화적 주제cinematic subject 95, 99, 101, 123, 125, 163, 165, 416, 438, 484, 490~94

영화화/각색adaptations 12, 91, 104, 203, 231, 273, 292, 331, 381, 398, 408, 431, 433, 435~37, 440~41, 443, 457, 516

소설의 영화화/각색a. from novels 331, 409, 420~21, 426, 435~38, 440, 444

연극의 영화화/각색theatrical a. 102, 170, 243, 296, 331, 397~98, 417, 474, 492

예술사진가/예술사진 작가artist-photographer 34~35, 37, 42, 45, 52, 79

오페라opera 72, 89, 152, 215, 275, 277, 283, 287, 290~95, 363, 398

오페레타operetta 278~79

와이드스크린wide screen 8, 314

요정극féerie 81, 295

유성영화sound film 76, 97, 142, 201~205, 223, 240, 248~49, 255, 263, 270~71, 279, 296, 381, 383, 395, 410, 577

음성sound → 소리

음악music 11, 147, 178, 254~79, 282~92, 295, 305, 332, 340, 351, 354, 368, 448, 488, 528~29

   부수적 음악incidental m. 274~76

   시각적 음악visual m. 340~41, 343

   시각화된 음악visualized m. 288, 350

   실제 음악actual m. 266, 274, 288

   음악 반주musical accompaniment 248, 254~55, 263~65, 268, 271~72, 274

   음악영화musical film 368~69

   해설적 음악commentative m. 263~66, 268~69, 271, 288

음향sound → 소리

이데올로기ideology 14, 39, 96, 101, 194, 243, 271, 383~84, 404, 458, 479, 518, 520, 525, 531, 533~34, 537, 547, 549, 554, 563

   이념적 구심점ideological center 273, 404, 408, 414, 474, 505

이야기 유형story type 12, 145, 161, 394, 404, 446, 475

인류라는 가족Family of Man 378, 558, 560

일상생활everyday life → '삶' 참조

입체사진stereograph 58, 77

입체파/큐비즘cubism 83, 336, 346

ㅈ

자유주의liberalism 521~25, 533

전쟁영화war films 476, 551

정신분석psychoanalysis 138, 189, 350, 525

조명lighting 57, 64, 73~74, 170, 180, 275, 304, 328, 419, 482

조이트로프Zoetrope 75

조형적 경향formative tendency(또한 조형적 충동f. impulses, 조형적 요구f. urges, 조형적 열망f. aspirations 등) 34, 41, 48, 51~52, 54, 63~64, 75, 84~87, 90~91, 164,

166~67, 190, 282, 336, 339, 343, 354, 358, 371, 374, 378, 391, 542, 544~45

즉석사진instantaneous photography 32, 38, 58, 63, 69~70, 562, 565 → '스냅숏'
또한 참조

ㅊ

착색tinting → '색' 참조

창조적 지오그래피creative geography 107, 387

초자연supernatural 166, 168, 174~75, 177, 181~82, 593

초현실(주의)surrealism 42, 54, 182, 330, 335~36, 346~54, 367, 584

추격the chase 95~96, 127, 133, 136, 163, 176, 266, 268, 339, 415~16, 421, 491,
500~501, 510, 588

추상abstract(추상미술a. art, 추상적 구성a. composition 등) 38, 40, 42, 45, 54, 56, 83,
85, 88, 109, 117, 167, 243, 289, 318, 329~30, 339~41, 343~46, 348, 354,
366~67, 380, 389, 526~29, 531~32, 534~35, 538, 541, 544

ㅋ

카메라 리얼리즘camera-realism 78, 169~70, 174, 243, 281, 468, 546

카메라 현실camera-reality 13, 72, 74, 83, 86, 91, 93, 98, 109, 130~31, 152, 161~62,
166~67, 171~72, 178~79, 181, 183, 205, 225, 246, 250~51, 264, 269, 278, 282,
319, 337~38, 341, 350, 352, 376, 388, 402, 407, 414, 419, 432, 442, 446, 463,
472, 474, 482, 505

카메라적 삶camera-life 163, 273, 283, 287, 368, 378, 401, 408, 434, 457, 485, 502

코미디comedy 96, 131~32, 170, 213~14, 279, 283, 297, 473, 492, 509
코미디 영화film c. 76, 96, 131, 176, 206, 209, 214, 242, 329, 461, 473, 482, 487,
489
무성 코미디 영화silent film c. 102, 285, 339, 459~61, 545, 573 → '슬랩스틱' 또
한 참조
키스톤 코미디Keystone c. 96

클로즈업close-up 10, 54, 73, 101, 103~10, 115, 131, 146, 150, 161~62, 180, 187,
210, 220, 227, 233, 237, 246, 260, 269, 292, 294, 304, 333~34, 344, 361, 364,
379, 401, 405, 413, 422, 428, 491, 494, 498~99, 502, 507~509, 554, 569

키네토스코프Kinetoscope 71

ㅌ

탐문수사sleuth 494, 497~502, 504~506

탤버타이프talbotype 69

텔레비전television 8, 286, 313~14, 397

트래블링 361, 410

틸팅tilting 276, 361

ㅍ

파시즘fascism 194

패닝panning 276, 361, 410

패스트모션fast motion → 고속 모션

편집editing 69, 73~74, 81, 92, 113, 136, 144~46, 148, 174, 178, 182, 184, 193,
   202, 269, 305, 326~27, 342, 344, 355, 359, 363~64, 377, 380, 412, 416, 573

폭력violence 123, 125, 133, 163, 439, 491, 551

폭로debunking 101, 153, 212, 295, 303, 397, 496, 531, 553~56

표현주의expressionism 57, 88, 130, 150, 170~71, 495

   표현주의 영화e. film 88, 91, 171, 329

풍자satire 152, 202, 382, 417

프로덕션 넘버production number 277~78, 281~83, 391

프로파간다propaganda 117, 121, 125, 182, 301~303, 305~306, 384, 387~88, 554

플래시백flashback 303, 427~29, 469

필름 다르film d'art 332, 395, 397, 420

ㅎ

할리우드Hollywood 129, 196~97, 216~17, 269, 279, 307~308, 397, 487

해설commentary 85, 229, 231, 237~38, 253, 303, 378, 383~85

   해설자commentator 85, 229~30, 234, 238, 368, 377, 384~86

환등기magic lantern 69, 79

환상fantasy 11, 38, 52, 58, 79, 83~85, 88, 108, 153, 157, 165~81, 183~84, 240,

281, 283, 294, 306, 308, 312, 317, 338~39, 347, 349, 362, 401, 459, 473, 475~76, 508, 519, 547, 572

회화painting 33~35, 37, 40~42, 45~46, 52~53, 56~57, 60, 62, 72, 91, 101, 114, 129, 157, 163, 165~66, 170, 329, 336, 346, 348, 354, 360~64, 366~69, 389, 430, 531, 542, 585

"영화의 이론과 미학에 관해 영어로 쓰인 저술 중 가장 중요한 책이다.
 영화를 예술로 간주하는 모든 곳에 깊은 충격을 줄 것이다."
 폴 로타(영화감독·평론가)

"영화와 스틸 사진이 발명된 이래로 채택되어온 그에 대한
 모든 태도를 심도 있게 재고한다. [⋯] 크라카우어의 작업은
 이전의 모든 영화 미학 이론을 대체한다."
 리처드 그리피스(영화사가)

"전 세계 대다수 사람들의 사고와 습관을 변화시킨
 이 영화라는 예술 형식을 깊숙이 파고든 가장 세심한 작업."
 『사이언티픽 아메리칸』

"그야말로 탁월하고 중요한 책이다. 폭넓은 관점에서
 체계적이고 철저한 분석을 보여주는 이 책에 비견할 만한
 영화 관련 저작은 내가 아는 한 존재하지 않는다."
 찰스 A. 시프만, 『퍼블릭 오피니언 쿼털리』

"아마도 이 책은 영화 미학 사상 가장 광범위하고 진지한 논의를 담고 있을 것이다.
 모든 영화사가와 교육자 들은 크라카우어 박사의 종합에 주목하고,
 더 정확하게 말하자면 이 책을 필수적으로 소장해야 할 것이다."
 찰스 윌리엄 만 주니어, 『라이브러리 저널』

"미학을 공부하는 사람이라면 이 중요한 작업을 도외시할 수 없을 것이다."
 허버트 리드 경(시인, 예술비평가)

"크라카우어는 심오한 이론적 연구를 통해 영화가 근대성을 특징짓는
 새로운 경험 양식을 가장 잘 포착하는 형식임을 밝혀냈다."
 톰 거닝(영화사가)